Tratado de Direito Internacional

Direito Internacional no Tempo de Francisco de Vitoria

Tratado de Direito Internacional

Direito Internacional no Tempo de Francisco de Vitoria

TOMO 5

2023 • 2ª Edição • Revista, Ampliada e Atualizada

Paulo Borba Casella

ALMEDINA

TRATADO DE DIREITO INTERNACIONAL
DIREITO INTERNACIONAL NO TEMPO DE FRANCISCO DE VITÓRIA
TOMO 5 - 2ª EDIÇÃO EDITADA, REVISTA E ATUALIZADA

AUTOR: Paulo Borba Casella

DIRETOR ALMEDINA BRASIL: Rodrigo Mentz
EDITORA JURÍDICA: Manuella Santos de Castro
EDITOR DE DESENVOLVIMENTO: Aurélio Cesar Nogueira
ASSISTENTES EDITORIAIS: Larissa Nogueira e Letícia Gabriella Batista
ESTAGIÁRIA DE PRODUÇÃO: Laura Roberti

DIAGRAMAÇÃO: Almedina
DESIGN DE CAPA: Roberta Bassanetto

ISBN: 9786556278803
Julho, 2023

Dados Internacionais de Catalogação na Publicação (CIP)
(Câmara Brasileira do Livro, SP, Brasil)

Casella, Paulo Borba
Tratado de direito internacional: direito internacional no tempo de Francisco de Vitória : tomo 5 / Paulo Borba Casella. – 2. ed. rev., ampl. e atual. – São Paulo: Almedina, 2023.

Bibliografia.
ISBN 978-65-5627-880-3

1. Direito internacional – História 2. Direito internacional público 3. Estado (Direito) 4. Europa – História 5. Vitória, Francisco de, 1483-1546 I. Título.

23-153009 CDD-341

Índices para catálogo sistemático:
1. Direito internacional 341
Eliane de Freitas Leite – Bibliotecária – CRB 8/8415

Este livro segue as regras do novo Acordo Ortográfico da Língua Portuguesa (1990).

EDITORA: Almedina Brasil
Rua José Maria Lisboa, 860, Conj.131 e 132, Jardim Paulista | 01423-001 São Paulo | Brasil
www.almedina.com.br

A história, como se sabe, não se repete; mas as forças de toda ordem, que nela sucessivamente afloram, não morrem sem longas agonias.

Paul ZUMTHOR (1964, ed. 2003)[1]

Em finais do século XV e início do século XVI não se pode deixar de ter a impressão de que a história europeia, e mesmo mundial, se acelera de um modo extraordinário. Em 1490, um europeu pode ter uma ideia satisfatória da Europa e dos países que circundam o Mediterrâneo. Tem igualmente uma vaga noção do resto da África e da Ásia, mas são noções que não podem combinar-se num todo coerente. Do mesmo modo, afirma que a Terra é sem dúvida redonda, mas não sabe bem quais são as suas dimensões. Depois, num espaço de trinta anos, tudo muda. Em 1492, COLOMBO atravessa o Atlântico e 'descobre' as Antilhas; nos anos que se seguem, chega ao continente americano. Em 1498, Vasco da GAMA dobra o cabo da Boa Esperança e abre o caminho marítimo para a Índia. Em 1500, Pedro Álvares CABRAL aproa à costa brasileira. Em 1519, CORTEZ desembarca no México e dá início à conquista organizada do continente. Por fim, em 1522, as naus de MAGALHÃES concluem a primeira volta ao mundo, depois de uma viagem que durou três anos. Nunca trinta anos modificariam tanto a face do mundo.

Tzvetan TODOROV (1988, ed. 1991)[2]

[1] Paul ZUMTHOR, **Guillaume le conquérant** (orig. publ. 1964, Paris: Tallandier, 2003, Avant-propos, p. 9-10) ponderava ao lado do trecho citado: "L'homme de l'an mil voisine encore, dans l'Europe moderne, avec celui du XXe siècle, de la même manière que dans le concert des nations, d'archaïques cultures agricoles avec la civilisation de demain."

[2] Tzvetan TODOROV, Viajantes e indígenas (in **O homem renascentista**, dir. Eugenio GARIN, orig. publ. **L'uomo del Rinascimento**, 1988, trad. Maria J. V. de FIGUEIREDO, Lisboa: Presença, 1991, cap. IX, p. 227-248, cit. p. 231).

O Ocidente cristão, fiel ao calendário juliano e depois gregoriano, combinou esse legado romano com elementos diversos, emprestados do calendário judaico. Primeiro uma divisão do tempo, sem qualquer relação com os meses, muito antiga, porque desta se encontra a origem em capítulo do **Gênesis**, a semana, período de sete dias, que se reproduz indefinidamente, sem levar em conta os anos. A introdução desse período tirou do calendário juliano seu caráter de perpetuidade, as diversas datas caindo, a cada ano, em dias diferentes da semana. Apesar desse grave inconveniente, mesmo aqueles para quem esta não tem significado religioso, não pensariam mais em abandonar esse intervalo, que se adapta perfeitamente à vida material de todos os povos: o respeito de um dia, consagrado ao culto religioso e ao repouso enobrece toda a humanidade.

Alfred CORDOLIANI (1961)[3]

O desenvolvimento do estudo das doutrinas, desenvolvidas na Itália, no passado recente e remoto: no recente, tinha determinado definitivamente a vida social, em toda a Europa; e, no remoto, porque na Itália de 1400 e 1500, como antes na Grécia antiga, se tinha desenvolvido uma vida social de estados que poderia, com as mesmas normas, ser imitada pela vida social de todos os estados do mundo. No estudo das normas, que devam reger a vida social dos estados, a ciência italiana se juntava às autoridades do passado, ou seja, aqueles autores que tinham feito progredir as doutrinas do direito público e criado as do direito internacional, na idade de ouro de 1500 e 1600, quando a Itália era um microcosmo de estados, governado pelas mesmas leis de sociabilidade e de equilíbrio que se impuseram depois à sempre mais ampla e abrangente sociedade dos estados modernos.

Enrico CATELLANI (1933, ed. 1935)[4]

[3] Alfred CORDOLIANI, *Comput, chronologie, calendriers* (in **L'Histoire et ses méthodes**, direction de Charles SAMARAN, Paris: Gallimard – Pleiade, 1961, p. 37-51, cit. p. 44, e a seguir, p. 50): "Dans un monde d'êtres vivants, où c'est l'homme qui organise, qui agit, qui impose sa volonté à la nature, rien n'est plus important que de fixer le moment d'une action, d'une pensée."

[4] Enrico CATELLANI, **La dottrina italiana del diritto internazionale nel secolo XIX** (Lezioni all'Accademia di Diritto Internazionale all'Aja nel 1933, Roma: Anonima Romana Editoriale – Pubblicazioni dell'Associazione Italiana per la Società delle Nazioni, vol. XXXVI, 1935, cit. p. 9-10); anteriormente ___, **Les maîtres de l'école italienne du droit international au XIXe siècle** (RCADI, 1933, t. 46, p. 704-826).

ABREVIATURAS

a. C. – antes de Cristo
A.D. – anno Domini, para designar a cronologia a partir do nascimento (presumido) de Jesus Cristo, também designado como "d.C."
AFDI – *Annuaire Français de Droit International* (publicação do C.N.R.S., Paris)
AIEA – Agência Internacional de Energia Atômica (IAEA, em inglês)
AJIL – *American Journal of International Law.*
ARSI – *Archivum Romanum Societatis Jesu* – *Arquivo romano da Companhia de Jesus*
Bol. SBDI ou *Boletim* – *Boletim da Sociedade Brasileira de Direito Internacional.*
BYBL – *British Yearbook of International Law*
© – copyright = indica a data de publicação original da obra citada
ca. – *circa*, por volta de
CBN – Comunidade Britânica de Nações (*British Commonwealth of Nations*)
CDI ou ILC – Comissão de Direito Internacional da Nações Unidas – International Law Commission of the United Nations
CEDIN – Centro de estudos de direito internacional, seguido de indicação da Universidade (Paris e outras)
cf. – conforme
cfr. – confira-se
CIJ – Corte Internacional de Justiça, Haia (1946-)
CPJI – Corte Permanente de Justiça Internacional
C.T.S. – Consolidated Treaty Series (1648-1918) (ed. by Clive Parry, 1969–, New York: Oceana) com indicação do volume e página
d. C. – depois de Cristo, para designar o calendário da era cristã (tb. AD)
DI – Direito internacional (público)
Difel – Editora Difusão Européia do Livro, São Paulo
DIPr – Direito internacional privado
DTV – Deutscher Taschenbuch Verlag, Munique
Edusp – Editora da Universidade de São Paulo, São Paulo
EJIL – European Journal of International Law
Encyclopedia of International Law – The Max Planck Encyclopedia of public international law (ed. by R. WOLFRUM, Oxford: Univ. Press, 2012, 11 vols.), com indicação do tomo e das páginas – edição anterior da Enclyclopedia coordenada por R. BERNHARDT (Dordrecht, 1981-1990, 12 vols.)
FAO – *Food and Agriculture Organization* (Organização para a Agricultura e Alimentação das Nações Unidas), Roma

FCE – *Fondo de cultura economica*, Cidade do México e outras cidades
FUNAG – Fundação Alexandre de Gusmão, Brasília
Fundamentos – P. B. CASELLA, Fundamentos do direito internacional pós-moderno (prólogo Hugo CAMINOS, São Paulo: Quartier Latin, 2008)
GYIL – German Yearbook of International Law i.a. — inter alia – dentre outros
ICLQ – *International and Comparative Law Quarterly*
IDI – Instituto de Direito internacional – *Institut de droit international*
IHLADI – Instituto Hispano-Luso-Americano de Direito Internacional
ISIAO – Istituto Italiano per l'Africa e l'Oriente, Roma
LCL – Loeb Classical Library (Greek and Latin series), Cambridge, Ma. / London, England: Harvard Univ. Press
Manual – H. ACCIOLY — G. E. do NASCIMENTO E SILVA – P. B. CASELLA, Manual de direito internacional público (com a colaboração de Arthur R. CAPELLA GIANNATTASIO, São Paulo: Saraiva, 26ª ed., 2023)
op. cit. – opus cit. – obra citada
orig. publ. – originalmente publicado em
PU – Presses Universitaires (com indicação da universidade / cidade)
SBDI – Sociedade brasileira para o direito internacional
SdN – Sociedade das Nações
SFDI – Sociedade francesa para o direito internacional
OESP – jornal "O Estado de São Paulo"
ONU – Organização das Nações Unidas
PUF – Presses Universitaires de France, Paris
RCADI – Recueil des Cours de l'Académie de Droit International de La Haye – Collected courses of the Hague Academy of International Law (Haia) – publicados desde 1923, com indicação do ano, volume e páginas
RDILC – Revue de droit international et de législation comparée
Restatement – American Law Institute, *Restatement of the law – The foreign relations law of the United States*, St. Paul, Minn., 1987, 2 v.)
RGDIP – Révue Générale de Droit International Public, Paris
tb. – também
Tratado / P. B. CASELLA, Tratado de direito internacional (São Paulo: Almedina, 2022-) com indicação do tomo e do capítulo ao qual se remete
Tratado ACCIOLY – Tratado de direito internacional de H. ACCIOLY (terceira edição, histórica, com pref. P. B. Casella, Brasília: FUNAG / São Paulo: Quartier Latin, 2009, 3 vols.)
UNTS – United Nations Treaty Series – com indicação do volume e página
Univ. – Universidade / University / Université
UP – ou Univ. Press – University Press (seguido da indicação do nome e/ou local da Universidade)
VRBEI – Vorträge, Reden und Berichte aus dem Europa-Institut – Sektion Rechtswissenschaft – Universität des Saarlandes, Saarbrücken
v. – vide – ver
v. tb. – ver também
YILC – *Yearbook of the International Law Commission*
ZEE – Zona Econômica Exclusiva

SUMÁRIO

INTRODUÇÃO

Não é de se desprezar o fato de que, pelas navegações longínquas e explorações tão numerosas, em nosso tempo, muitas coisas que se descortinaram e descobriram podem levar nova luz à filosofia. Assim, será vergonhoso para os homens que, tendo sido tão imensamente abertas e perlustradas em nossos tempos as regiões do globo material, ou seja, da terra, dos astros e dos mares, permaneça o globo intelectual – *orbis intellectualis* – adstrito aos augustos confins traçados pelos antigos.

Francis BACON (1620, ed. 1973)[5]

Os portugueses, mais do que seus contemporâneos, engajaram-se em uma interação entre o norte e o sul, o leste e o oeste, dentro do Atlântico e além dele. Rotas, *commodities*, culturas e povos do Atlântico português foram componentes essenciais no estabelecimento da interconexão global de comércio, migração e intercâmbio cultural, e entre os hemisférios, no início da era moderna.

John RUSSELL-WOOD (2009, ed. 2014)[6]

[5] Francis BACON, **Novum organum** ou verdadeiras indicações acerca da interpretação da natureza (orig. publ. 1620, trad. e notas José Aluysio Reis de ANDRADE, São Paulo: Abril cultural – Os Pensadores, vol. XIII, 1973, p. 1-237, Aforismo LXXXIV, p. 57-58).

[6] John RUSSELL-WOOD, **Histórias do Atlântico português** (org. Angela DOMINGUES e Denise A. S. de MOURA, São Paulo: Ed. Unesp, 2014, esp. – O Atlântico português, 1415-1808, p. 89-123, cit. p. 123).

O termo *Renascimento*, apesar de suas imperfeições, seja como for, ingressou definitivamente na historiografia, graças aos méritos evidentes que apresenta, para os fins da pesquisa empírica, mesmo se nos faz correr o risco, como é o caso de todas as denominações adotadas por conveniência, de simplificar a realidade, composta de aspectos inumeráveis, por vezes opostos, que nem sempre entram no quadro do vocabulário historiográfico. [...] De fato, podemos afirmar que o *Renascimento* é o produto da ressurreição da economia urbana, que ocorre de maneira muito diversa, em cada lugar, em diferentes épocas, em contraste com a parcelização em microssociedades agrícolas autossuficientes, resultante do fracionamento do bloco monolítico do fim do império.

Federico ZERI (1983, ed. 2001)[7]

O passado é infinitamente complexo, composto como é, de pequenos e grandes eventos, muito além do que pode ser computado. Para fazer sentido, o historiador precisa selecionar, simplificar e modelar. Uma maneira de dar forma ao passado é dividi-lo em períodos. Cada período se torna mais memorável e fácil de compreender se puder ser denominado por uma palavra, que resuma o seu espírito. Assim surgiram termos como 'o Renascimento'. Nem é preciso dizer, não são aqueles que efetivamente viveram aquele período que cunham o termo mas, mais tarde, por vezes muito mais tarde, escritores. A periodização e denominação da História é, em grande medida, obra do século XIX. O termo 'Renascimento' se tornou marcante [...] por ser modo conveniente de descrever o período de transição entre a época medieval, quando a Europa era a 'Cristandade' e o início da era moderna.

Paul JOHNSON (2000)[8]

[7] Federico ZERI, **Renaissance et pseudo-Renaissance** (orig. publ. **Rinascimento e pseudo-Rinascimento,** 1983, trad. Christian PAOLONI, Paris: Payot-Rivages, ed. 2001, cit. p. 8-9 e 11) acrescenta logo a seguir: "é assim, indispensável determinar se existe *um estilo do Renascimento* e, na falta deste, determinar as suas características e os limites de sua trajetória histórica".

[8] Paul JOHNSON, **The Renaissance** – A short History (New York: The Modern Library, 2000, Part I – The historical and economic background, p. 1-21, cit. p. 3).

Amparado em suas bases jurídicas e filosóficas medievais – bem como respaldado pela herança antiga –[9] o **Direito internacional no tempo de Francisco de VITÓRIA** reflete a enorme mutação neste ocorrida, como fase de 'aceleração da história' ou fase de transição, entre a época medieval e o início da era moderna, também em decorrência dos grandes 'descobrimentos'. Mesmo que se questione se o uso desse termo é adequado, porque depende da ótica de quem descobre quem – e VITÓRIA indaga, que direitos teriam os índios se eles tivessem descoberto os europeus –[10] é inegável terem as grandes navegações do final do século XV e início do século XVI mudado, para sempre, o mapa e a visão do mundo, pelos humanos daquele tempo, e pelos pósteros: não somente agregam um inteiro continente, até então desconhecido, ao mapa do mundo, como se alteram, de maneira substancial e irreversível, os fluxos humanos e comerciais.[11] Não menos irremissivelmente se transforma a história e se modifica o equilíbrio mundial, com interações passando a contar outras civilizações, a respeito das quais nada se sabia até então.

"Foi tão grande o efeito psicológico da descoberta do Extremo Oriente que dificilmente exageramos ao dizer que ela contribuiu mais do que qualquer outro acontecimento medieval para a mudança da visão de mundo – *Weltanschauung* – da civilização europeia". Observa-se mudança de foco e de perspectiva: "embora a substituição da era 'terrestre' da história humana pela era 'oceânica' não tenha ocorrido antes do século XV, uma leitura da literatura do século XIV e XV torna isso óbvio".[12]

[9] Cfr. **Tratado** (tomo 3 A – **Direito internacional no tempo antigo**, tomo 3 B – **Gregos, romanos, chineses, indianos** e tomo 4 – **Direito internacional no tempo medieval**).

[10] Como se examina, neste tomo, cap. 14.

[11] George H. T. KIMBLE, **A geografia na Idade média** (orig. publ. **Geography in the Middle ages**, 1938, trad. Márcia S. de CARVALHO, Londrina: Eduel / São Paulo: Imprensa official do estado, 2ª ed., 2005, cap. 5 – Ampliando os horizontes – África, p. 119-146, cap. 6 – Ampliando os horizontes – Ásia, p. 147-179, cap. 1 – O fim da geografia clássica, p. 1-22, cit. p. 3-4 e 15-16): "para imaginarmos como eram limitados os horizontes, mesmo dos homens mais cultos – em comparação com a época anterior – e para apreciarmos a *naïveté* da mente que não questionava a existência real de dragões e homens sem cabeça, devemos lembrar, acima de tudo, do mundo esboçado no final da época clássica." [...] "Para a geografia, o desaparecimento do comercio direto com o mundo pagão, principalmente com o Extremo Oriente, significou uma grande diminuição nas suas fronteiras territoriais e, consequentemente, uma perda de conhecimento. [...] Procurar amplos horizontes e conhecimentos nessas circunstâncias era flertar com o desapontamento. Onde não há visão, morrem o conhecimento e o comércio."

[12] G. H. T. KIMBLE, **A geografia na Idade média** (ed. 2005, cap. 6 – Ampliando os horizontes – Ásia, p. 147-179, cit. p. 179).

A transição da perspectiva que via o mundo inteiro subordinado ao Mediterrâneo,[13] para outra que não admitia limites ao mundo habitável – *oikoumené* – pelo menos tinha suas origens nos dois últimos séculos antes da época de COLOMBO.[14]

Cabe falar em conjugação de ampliações no tempo e no espaço, e o mundo atinge proporções difíceis de imaginar: processo já começado com a descoberta do mundo greco-romano: "a memória recentemente adquirida multiplicava por dez ou vinte a duração da história e, correlativamente, a estatura da humanidade".[15] Doravante, à expansão no tempo, acrescentava-se a expansão no espaço: ao Mediterrâneo vem juntar-se os oceanos Atlântico, Índico e Pacífico; a Europa vê-se confrontada com a América, a África e a Ásia.[16]

[13] Na esteira da obra clássica de Fernand BRAUDEL (1902-1985), **La Méditerranée et le monde méditerranéen à l'époque de Philippe II** (orig. publ. 1949, Paris: Armand Colin, 1966, reimpr. 1987, 2 vols.); F. BRAUDEL, **La Méditerranée** – l'espace et l'histoire (orig. publ. 1977, Paris: Flammarion – champs, 1985); F. BRAUDEL et G. DUBY, **La Méditerranée** – les hommes et l'héritage (orig. publ. 1977, Paris: Flammarion – champs, 2009); Orlando RIBEIRO (1911-1997), **Mediterrâneo** – Ambiente e tradição (orig. publ. 1962, Lisboa: Fund. C. Gulbenkian, 4ª ed., 2018); W. V. HARRIS (ed. by), **Rethinking the Mediterranean** (Oxford: Univ. Press, 2005, Preface, p. V-VII): "How useful is the Mediterranean Sea as an intellectual construct? And how should it be studied? Nearly sixty years after the publication of Fernand BRAUDEL's first great book, and some forty years after the Mediterranean became a major category in anthropology, these questions continue to trouble and intrigue us. For those of us who study the ancient world or the Middle Ages, the questions are particularly pressing."

[14] G. H. T. KIMBLE, **A geografia na Idade média** (ed. 2005, loc. cit.): "Cinquenta anos de Catai tinham feito uma mudança maior na visão do mundo ocidental que toda a época da Europa medieval."

[15] No **Tratado** (tomos 1 e 2 – **Direito internacional dos espaços**) para a ampliação do regime jurídico internacional no espaço – terrestre e marítimo, como depois aéreo e do espaço exterior (tomos 3 A – **Direito internacional no tempo antigo** e 3 B – **Gregos, romanos, chineses, indianos** e tomo 4 – **Direito internacional no tempo medieval**) para a ampliação da dimensão temporal; Tzvetan TODOROV, Viajantes e indígenas (in **O homem renascentista**, dir. Eugenio GARIN, orig. publ. **L'uomo del Rinascimento**, 1988, trad. Maria J. V. de FIGUEIREDO, Lisboa: Presença, 1991, cap. IX, p. 227-248, cit. p. 231).

[16] Exatamente no início da era moderna, a partir de 1500, acentua-se a territorialização dos estados cf. se examina no **Tratado** (tomo 1 – **Direito internacional dos espaços**, cap. 1 – evolução do conceito e do tratamento do território no direito internacional); comenta Jared DIAMOND, **Guns, germs and steel: the fates of human societies** (orig. publ. 1997, New York: Norton, 1999, cit. p. 266): "As recently as A.D. 1500, less than twenty percent of the world's land area was marked off as boundaries into states, run by bureaucrats and governed by laws"; tb. T. TODOROV, Viajantes e indígenas (in **O homem renascentista**, dir. E. GARIN,

Nesse contexto tiveram forte atuação as duas potências ibéricas: Espanha e Portugal, tal como emergem de séculos de conflitos e recomposições,[17] para se lançarem na conquista do assim chamado 'novo mundo'. Portugal completa a sua Reconquista em 1249. E foi também "pioneiro em muitos dos desenvolvimentos históricos do mundo europeu":[18]

- os cristãos portugueses da Idade média, com alguma ajuda de mercenários ingleses, combateram de modo sangrento – *fought bloodily*

ed. portuguesa, 1991, loc. cit.): "O mundo era muito grande, não só em relação à ideia que dele se tinha, mas também devido à lentidão das deslocações (que nos séculos posteriores não deixará de ir diminuindo constantemente)". V. tb. Serge GRUZINSKI, **Las cuatro partes del mundo** – Historia de una mundialización (México: FCE, 2010); Aldo FERRER, **História de la globalización** – Orígenes del orden económico mundual (Buenos Aires: FCE de Argentina, 1996) e ___, **História de la globalización II** – La Revolución industrial y el segundo orden mundual (Buenos Aires: FCE de Argentina, 1999).

17 Ver, por exemplo: Denis MENJOT, *Les monarchies ibériques: la genèse de l'Espagne* (in **Histoire du monde au XVe siècle**, dir. de Patrick BOUCHERON, vol. 1 – Territoires et écritures du monde, Paris: Fayard, 2012, chap. V, p. 192-229); David BIRMINGHAM, **A concise history of Portugal** (orig. publ. 1993, Cambridge: Univ. Press, 8th printing, 2011); A. H. de OLIVEIRA MARQUES, **Breve história de Portugal** (orig. publ. 1995, Lisboa: Presença, 11ª ed., 2019, cap. IV – começos da expansão marítima, p. 124-152, cap. V – o estado do Renascimento, p. 153-199 e cap. VI – construção do império, 200-249); Ernest BELENGUER, **História de la España moderna** – desde los Reyes católicos hasta Felipe II (Madri: Gredos, 2011, esp. caps. IX – El gobierno del Imperio, p. 454-526, X – Imperio, reinos y señores: los territorios de Carlos V, p. 527-608 e XI – Las luchas por la hegemonía imperial, p. 609-681); Fernando GARCIA de Cortázar y José Manuel GONZALEZ Vesga, **Breve história de España** (orig. publ. 1994, Madri: Alianza edtrl., 4a. ed. 2009, reimpr. 2010, esp. caps. 1 a 9, p. 7-190); Julio VALDEÓN, Joseph PÉREZ, Santos JULIÁ, **História de Espanha** (orig. publ. **Historia de España**, 2009, trad. Luís Felipe SARMENTO, Lisboa: Ed. 70, 2014, Idade moderna, Joseph PÉREZ, caps. 1 – os reis católicos (1471-1516) e 2 – o império espanhol (1516-1598), p. 153-220); Vamireh CHACON, **A grande Ibéria** – convergências e divergências de uma tendência (São Paulo: Ed. Unesp / Brasília: Paralelo 15, 2005); Roger CROWLEY, **Conquerors** – how Portugal seized the Indian Ocean and forged the first global empire (London: Faber and Faber, 2015); John RUSSELL-WOOD, **Histórias do Atlântico português** (ed. cit., 2014, esp. – Antes de Colombo: o prelúdio africano de Portugal à passagem atlântica e sua contribuição à discussão sobre raça e escravidão, p. 27-71 e O Atlântico português, 1415-1808, p. 89-123, já cit.).

18 D. BIRMINGHAM, **A concise history of Portugal** (op. cit., 2011, Introduction, p. 1-9, cit. p. 1): "Portugal is of history's most successful survivors. It is but a small country whose population rose slowly from one million to nine million over eight hundred years. In that time it acquired a political and cultural autonomy within Europe. It also made its mark on every corner of the globe through colonisation, emigration and commerce." [...] "But Portugal was more than a tenacious survivor in modern history."

– contra os muçulmanos portugueses, para dominar o extremo ocidental da Europa, no século XIII;
- os portugueses criaram o primeiro estado-nação 'moderno' da Europa, cujas fronteiras não mudaram desde a queda do velho 'Reino do Oeste' muçulmano no Algarve;
- um século mais tarde, foram pioneiros na colonização ultramarina das ilhas do Atlântico;
- no início do século XVI tinham encontrado a rota marítima para a Ásia. O império português da pimenta pode ter durado pouco, mas abriu o caminho para os grandes impérios comerciais dos Países Baixos e da Grã-Bretanha, que se seguiram ao seu;
- na América, a conquista portuguesa dos Brasis ultrapassa em extensão as treze colônias britânicas, que se tornariam os Estados Unidos da América; e além disso,
- o fluxo de ouro português proveniente do interior do Brasil foi ingrediente importante para impulsionar a revolução industrial europeia, que começa com os britânicos, no século XVIII.[19]

Sintomaticamente, em 1492, no mesmo ano em que se completa a Reconquista na Espanha, unificada a partir de então, também ocorre o 'descobrimento' da América por Cristóvão COLOMBO.[20] Seguido por mui-

[19] D. BIRMINGHAM, **A concise history of Portugal** (op. cit., 2011, cit. p. 1-2): "It was not only in its overseas enterprises that Portugal led the way. It was also a pioneer in the search for new forms of social organization in Europe. Portuguese liberalism sought to free the country from excessive clericalism and pave the way for democracy and humanitarianism. Portugal was one of the first Old World nations to adopt a republican form of government in the French mode."

[20] Cristóvão COLOMBO (1450-1506), **Diários da descoberta da América** – as quatro viagens e o testamento (trad. Milton PERSSON, Porto Alegre: L&PM, 2001); Pero Vaz de CAMINHA (1450?-1500), **Carta de achamento do Brasil** (ed. comentada por Sheila HUE, Campinas: Ed. da Unicamp, 2021); CABEZA DE VACA [pseud.. Álvar NUÑEZ] (1490-?), **Naufrágios e comentários** (trad. Jurandir S. dos SANTOS, Porto Alegre: L&PM, 1999); **Le Voyage de Magellan (1519-1522)** – La relation d'Antonio PIGAFETTA & autres témoignages (éd. de Xavier de CASTRO avec Jocelyne HAMON et Luís Felipe THOMAZ, Paris: Chandeigne / Lisboa: Fund. C. Gulbenkian, 2007, 2 vols.); VASCO DE GAMA, **Le premier voyage aux Indes** (1497-1499) ("La relation attribuée à ÁLVARO VELHO & les lettres de marchands florentins", traduites et présentées par Paul TEYSSIER, Paris: Chandeigne / Libr. portugaise et brésilienne, orig. publ. 1998, 3e éd., 2016); Patrick GIRARD, **Fernando de Magallanes** – el mundo sin límites (orig. publ. **Fernand de Magellan** – l'inventeur du monde, 2012, trad.

tos outros, navegadores, aventureiros, soldados, funcionários, sacerdotes etc., desde o final do século XV, quando começaram as primeiras incursões europeias nas ilhas do Caribe – e nessa região insular centroamericana as práticas de colonização[21] se estendem por praticamente 500 anos, dado que os novos estados da região acederam sucessivamente à independência, somente na segunda metade do século XX.[22]

Ampliando os mapas do mundo antigo e medieval – Europa, África e Ásia – a partir da inserção do quarto continente – a América – ouro, prata e muitos outros produtos e vegetais passam a ser desta levados para

Silvia KOT, Buenos Aires: El Ateneo, 2014); **Les Conquistadors Mexique – Pérou** – Bernal DIAZ DEL CASTILLO, **La conquête du Mexique** – Hernán CORTÉS, **La conquête du Mexique** – Pedro PIZARRO, **La conquête du Pérou** (éd. présentée par Gérard CHALIAND, Paris: Omnibus, 2003); Bartolomé de LAS CASAS, **Historia de las Índias** (ed. de Agustín MILLARES CARLO y estudio preliminar de Lewis HANKE, México: Fondo de cultura económica, 1ª ed. 1951, 2ª 1965, 4ª reimpr., 1995, 3 vols.); Daniel BOORSTIN, **The Discoverers** (orig. publ. 1983, New York: Random House – Vintage Books, 1985); P. B. CASELLA, **Livro dos ancestrais imaginados e outros ensaios pós modernos** (Madri: Amaral Gurgel Edtrl., 2007, cap. XXII – o olhar do viajante, ou *le regard du voyageur*, p. 217-231); Jean BABELON, **O conquistador** – a vida de Fernando CORTEZ (orig. publ. **La vie de Fernand Cortès**, s/d, trad. Brito BROCA, Rio de Janeiro: José Olympio, 2ª ed., 1958); Toríbio ESQUIVEL Obregón, **Hernán Cortés y el derecho internacional en el siglo XVI** (orig. publ. 1939) – seguido de – Silvio ZAVALA, **Hernán Cortès ante la justificación de su conquista** (orig. publ. 1981, México: Edtrl. Porrúa, 2ª ed., 1985); Salvador de MADARIAGA, **Hernan Cortês** (orig. publ. **Hernán Cortez**, s/d, trad. Jerônimo MONTEIRO, São Paulo: Ibrasa, 1961); Eduardo BUENO, **Brasil: terra à vista!** (Porto Alegre: L&PM, 2003); do uruguaio Guillermo GIUCCI, **Viajantes do maravilhoso** – o novo mundo (orig. publ. **La conquista de lo maravilloso**, 1992, trad. Josely V. BAPTISTA, São Paulo: Companhia das letras, 1992); Sérgio Buarque de HOLANDA, **Visão do paraíso** – os motivos edênicos no descobrimento e colonização do Brasil (orig. publ. 1959, São Paulo: Ed. Nacional / Sec. da cultura, ciência e tecnologia, 3ª ed., 1977); Paulo MARKUN, **Cabeza de Vaca** (São Paulo: Companhia das letras, 2009); Abel POSSE, **Os cães do paraíso** (orig. publ. **Los perros del paraíso**, 1983, trad. Vera MOURÃO e Regina BRANDÃO, Rio de Janeiro: Casa – Maria Edtrl. / LTC – Livros técnicos e científicos, 1989).

21 Cfr. **Tratado** (tomos 14 a 17 – **Direito internacional no tempo do colonialismo**), a colonização das *Índias ocidentais* abrange britânicos (como se examina no item 1.9), franceses (2.8), holandeses (3.2) e, ainda, pelos Estados Unidos (9.5 – sobre as Ilhas Virgens e outras possessões territoriais no Caribe).

22 Jean CRUSOL, **Les îles à sucre** – de la colonisation à la mondialisation (Bécherel: Les Perséides, 2008); B. W. HIGMAN, **A concise History of the Caribbean** (Cambridge: Univ. Press, 2011, I – A History of Islands, p. 1-8, cit. p. 7): "Both the priority and the longevity of the colonial experience in the islands of the Caribbean gave them a central role in the making of what has come to be known as Atlantic History and the Atlantic World and, more broadly, in the making of modern world history."

a Europa e de lá para outros destinos transcontinentais, enquanto são trazidos para as Américas colonizadores europeus,[23] escravos africanos, ideias, armas, doenças. Logo se criaria – e prosseguiria durante séculos – o nefando comércio entre três continentes: partem navios, carregados de mercadorias, de diferentes portos da Europa rumo à África, onde em diferentes portos vendem o que trouxeram e embarcam nova carga – mas esta é carga humana e escrava, capturada e vendida – para ser levada a diferentes destinos no continente americano e lá revendida; depois de vendidos os seres humanos, doravante escravos, abastecem-se os navios de produtos do continente americano, tais como pau-brasil, açúcar, fumo, couros e outros produtos, que ingressarão na Europa, tais como a batata e tantos outros, e lá são vendidos. Para, a seguir, se desencadear novo ciclo desse comércio internacional tricontinental, que cometia com a maior naturalidade, e altos lucros, apesar das perdas de material humano, que morria na travessia, o mais nefando dos crimes – a escravização do ser humano por seu semelhante. A escravidão, conhecida e praticada desde a mais remota Antiguidade, apesar de declarada abusiva e ilegal, a partir do início do século XIX, ainda se pratica, sob diversas formas mais ou menos disfarçadas, até os nossos tempos pós-modernos.[24]

Antes ainda do início do tráfico de escravos africanos trazidos por europeus de diversas nações, aos milhões, para o continente americano, foi preciso entender como se faria a relação entre os recém chegados europeus e os autóctones das Américas: se estes supostos 'índios' eram humanos e como deveriam ser tratados, para os fazer trabalhar para os novos 'donos' do espaço, que passaram a se arrogar a prerrogativa de forjar esse continente à sua imagem e semelhança.

[23] A colonização prossegue e, nos séculos seguintes, se acentua como colonialismo, cf. se examina no **Tratado** (tomos 14 a 17 – **Direito internacional no tempo do colonialismo** e tomo 20 – **Direito internacional, história e cultura**, cap. 3 – Impacto do colonialismo sobre o direito internacional, a descolonização e o desenvolvimento do direito de autodeterminação dos povos).

[24] Cfr. **Tratado** (tomo 13 – **Direito internacional no tempo do concerto europeu**, item 28.1 – temas herdados do Congresso de Viena, e se estendem ao longo do século, esp. 28.1.1 – combate ao tráfico humano). V. tb. Emmanuel DECAUX, **Les formes contemporaines de l'esclavage** (RCADI, 2008, t. 336, tb. publ. Leiden: M. Nijhoff – Adipoche, 2009, Conclusions, p. 237-241, cit. p. 241): "Le tableau éclaté que nous avons esquissé montre bien, au-delà d'une prise de conscience évidente, sans se payer de mots, il est nécessaire de pleinement mettre en oeuvre les engagements assumés, à travers la triple obligation de respecter, de protéger et de réaliser les droits de l'homme."

A partir de Francisco de VITÓRIA, o direito internacional teve de encontrar enquadramentos legais para os homens e as sociedades então 'descobertas', a partir de quando passaram a interagir com os demais, por vezes de maneira catastrófica, por vezes construtiva, em novas configurações.[25] E isso se debateu acirradamente ao seu tempo e depois dele.

Mudanças civilizacionais tendem a se produzir lentamente, e estas se estendem por consideráveis lapsos temporais, e tendem a suscitar grandes controvérsias a respeito de seu início e seu fim, como notoriamente ocorre em relação à caracterização do 'Renascimento'. Controvérsia entre historiadores que, em boa medida, refoge ao escopo do presente trabalho.[26]

[25] Cfr. **Tratado** (tomo 6 – **Direito internacional no tempo de Suárez, Gentili e Zouch**, item – outras vozes no direito internacional: Domingo de SOTO e VAZQUEZ DE MENCHACA e tomos seguintes).

[26] Da imensa literature a respeito, lembraria: Margaret ASTON (ed. by), **The Panorama of the Renaissance** (London: Thames & Hudson, 1996); C. F. BLACK et al., **Cultural Atlas of the Renaissance** (New York: Prentice Hall / Oxford: Andromeda Books, 1993); Jakob BURCKHARDT (1818-1897), **The civilization of the Renaissance in Italy** – An Essay (orig. publ. **Die Kultur der Renaissance in Italien**, 1860, translated by S. G. C. MIDDLEMORE, 1878, introduction by Hajo HOLBORN, New York: Modern Library, 1954); ___, **Kulturgeschichtliche Vorträge** (Stuttgart: Alfred Kröner, 1959); ___, **O retrato na pintura italiana do Renascimento** (orig. publ. **Das Porträt in der italienischen Malerei**, s/d, org., trad. e apresentação Cássio FERNANDES, pref. e notas Maurizio GHELARDI, Campinas: Ed. Unicamp / São Paulo: Fap – Unifesp, 2012); André CHASTEL, **Arte e humanismo em Florença** na época de Lourenço, o magnífico – Estudos sobre o renascimento e o humanismo platônico (orig. publ. 1959, trad. Dorothée de BRUCHARD, intr. e notas Luiz MARQUES, São Paulo: Cosac Naify, 2012); E. CROUZET-PAVAN, **Renaissances italiennes 1380-1500** (Paris: Albin Michel – Histoire, 2007); ___, **Les villes vivantes** – Italie XIIIe – XVe siècle (Paris: Fayard, 2009); Wallace K. FERGUSON, **La Renaissance dans la pensée historique** (orig. publ. **The Renaissance in historical thought**, 1948, trad. Jacques MARTY, préf. Élisabeth CROUZET-PAVAN, Paris: Payot – rivages, 2009); Eugenio GARIN (dir. de), **O homem renascentista** (orig. publ. **L'uomo del Rinascimento**, 1988, trad. Maria J. V. de FIGUEIREDO, Lisboa: Presença, 1991); E. GARIN, **L'humanisme italien** (orig. publ. **Der italienische Humanismus**, 1947, trad. de l'allemand et de l'italien par Sabina CRIPPA e Mario Andrea LIMONI, Paris: Albin Michel, 2005); Joscelyn GODWIN, **The pagan dream of the Renaissance** (Londres: Thames & Hudson, 2002); John HALE, **The civilization of Europe in the Renaissance** (New York: Atheneum, 1994); Geraldine A. JOHNSON, **Renaissance Art** (Oxford: Univ. Press, 2005) ; Paul JOHNSON (1928-2023), **The Renaissance** – A short History (New York: The Modern Library, 2000); Rodolfo MONDOLFO (1877-1976), **Figuras e ideias da filosofia da Renascença** (orig. publ. **Figuras y ideas de la filosofia del Renacimiento**, 1954, trad. Lycurgo Gomes da MOTA, São Paulo: Mestre Jou, 1967); Erwin PANOFSKY, **La Renaissance et ses avant-courriers dans l'art d'Occident** (orig. publ. **Renaissance and Renascences in Western Art**, 1960, trad. Laure MEYER, Paris: Flammarion – champs – arts,

Sem adentrar outros aspectos dessa ilustrada porém inútil controvérsia – onde os arautos das novidades e dos progressos são mais numerosos do que os medievalistas. Estes tentam defender seu campo de estudo, alegando que muitas das supostas 'inovações' renascentistas já estavam plantadas e em germinação no tempo medieval, ou não teriam como ser explicadas em seu súbito florescimento.[27]

Por sua vez, marcos temporais precisos, como 1492 – ou 1500, data oficial do 'descobrimento' do Brasil – representam pontos de corte histórico, e assinalam o fim de uma era e o começo de outra. Eventos como estes também tiveram e tem impacto no direito internacional: sem a 'descoberta' da América e a entrada dos europeus em contato com as civilizações e povos autóctones, não se teriam colocado as questões que VITÓRIA e seus contemporâneos, como Bartolomé de LAS CASAS,[28] tiveram de enfrentar, e ele não teria, dentre outros temas, se dedicado à consideração dos "índios recentemente descobertos" – *de Indis noviter inventis* – em dois de seus cursos de teologia em Salamanca.[29]

O presente tomo situa alguns elementos relevantes do contexto jurídico do fim da Idade média ao início da era moderna. Desenvolvimento dos mais notáveis, dessa época, foi a dedução do direito internacional moderno, a partir do direito romano, com intervenções do direito medieval, laico e canônico, e do que começava a ser direito europeu – *jus gentium, jus commune, jus europaeum*: entre a teoria e a prática, como se examina no capítulo 12 – o que justifica o exame dessa base legal. Sobre a qual se situam os

ed. 1973, impr. 2012); Walter PATER, **The Renaissance** – Studies in Art and Poetry (the 1893 Text, ed. with textual and explanatory notes by Donald L. HILL, Berkeley: Univ. of California Press, 1980); o volume **France 1500 – entre Moyen âge et Renaissance** (Paris: Réunion des musées nationaux / Galeries nationales, Grand Palais, 6 octobre 2010-10 janvier 2011); Pierre TOUBERT et Michel ZINK (dir. de, collab. Odile BOMBARDE), **Moyen âge et Renaissance au Collège de France** – leçons inaugurales (Paris: Fayard, 2009), esp. Georges DUBY (1919-1996), *Des sociétés médiévales* (op. cit., 2009, p. 469-489) e André CHASTEL (1912-1990), *Art et civilisation de la Renaissance en Italie* (op. cit., p. 491-508); Federico ZERI, **Renaissance et pseudo-Renaissance** (orig. publ. **Rinascimento e pseudo-Rinascimento**, 1983, trad. Christian PAOLONI, Paris: Payot-Rivages, ed. 2001).

27 Como se examina no **Tratado** (tomo 4 – **Direito internacional no tempo medieval**).

28 Bartolomé de LAS CASAS (1474-1566), **Historia de las Índias** (ed. de Agustín MILLARES CARLO y estudio preliminar de Lewis HANKE, México: Fondo de cultura económica, 1ª ed. 1951, 2ª 1965, 4ª reimpr., 1995, 3 vols.).

29 Como se examina, neste tomo, cap. 14 – Francisco de VITÓRIA (1480-1546).

desenvolvimentos que ocorrerão com VITÓRIA, a seguir com SUÁREZ e tantos outros expoentes do direito internacional, que bebem diretamente das fontes romanas, para construir o direito internacional moderno e clássico, como também ainda fizeram, dentre outros, GRÓCIO, PUFENDORF, RACHEL, BYNKERSHOEK.[30]

Coube a VITÓRIA enfrentar e responder ao primeiro desafio do direito internacional moderno – colocado como foi, diante do desafio da descoberta do Novo mundo, com seus povos e suas civilizações, e instado a ponderar como se ordenariam as relações com os colonizadores.[31] Longa e complexa trajetória, que até hoje suscita questionamentos, como também mostram outras vozes desde a época até nossos tempos, em torno dos benefícios e dos males da colonização e do colonialismo.[32]

A seguir, são considerados dois campos de desenvolvimento jurídico norteado pela prática, porquanto costumes são sancionados pela tradição e sustentados pelas pressões da opinião de grupos; enquanto as leis são decretadas pelos detentores do poder político e impostas através de mecanismos de controle social, como o estado. Podem ter ou não a sanção da tradição. Esses fenômenos podem ser exemplificados por breve exame do papel da prática de Rodes e a lei do mar, no item 12.1 e prossegue, no item 12.2, o exame do conceito jurídico de império: II – da Idade média à era moderna.[33]

[30] Na sequência do **Tratado** (tomo 6 – **Direito internacional no tempo de Suárez, Gentili e Zouch**, tomo 7 – **Direito internacional no tempo de Hugo Grócio**, tomo 8 – **Direito internacional além do paradigma vestfaliano**, tomo 9 – **Direito internacional no tempo de Samuel Pufendorf**, cap. 19 – Samuel RACHEL (1628-1691) e cap. 20 – Samuel PUFENDORF (1632-1694), tomo 10 – **Direito internacional no tempo de C. van Bynkershoek e Christian Wolff**, e tomo 11 – **Direito internacional no tempo do Iluminismo**).

[31] Cfr. P. B. CASELLA e G. F. NASCIMENTO, *Direitos dos povos indígenas: releitura de Francisco de VITORIA enfatizando os 500 anos do descobrimento* (São Paulo: Revista da Faculdade de Direito da USP, 2000, vol. 95, p. 121-128); Rafael RUIZ, **Francisco de Vitória e os direitos dos índios americanos** – a evolução da legislação indígena castelhana no século XVI (Porto Alegre: EDIPUCRS / Instituto brasileiro de filosofia e ciência Raimundo Lúlio, 2002); neste tomo, cap. 14 e ainda, **Tratado** (tomos 14 a 17 – **Direito internacional no tempo do colonialismo**).

[32] Cfr. **Tratado** (tomos 14 a 17 – **Direito internacional no tempo do colonialismo**, e tomo 20 – **Direito internacional, história e cultura**, cap. 3 – impacto do colonialismo sobre o direito internacional, a descolonização e o desenvolvimento do direito de autodeterminação dos povos).

[33] Na sequência do exposto no **Tratado** (tomo 3 A – **Direito internacional no tempo antigo**, item 3.2 – conceito jurídico de império: I – da Antiguidade rumo à Idade média).

Dentre as concepções que mais se transformam, se adaptam e se renovam ao longo dos séculos cabe apontar algumas das mutações do conceito jurídico de império.[34] Recorrente em vários contextos da Antiguidade, dos babilônios, aos assírios, destes aos persas e aos macedônios foi, contudo, do Império romano[35] que procede seu legado conceitual e enquadramento legal para o conjunto do Ocidente. Essa forte influência permeia todo o período medieval e se estende além deste, em certas facetas até o século XVIII, ou mesmo se prolonga até o século XIX.

Ocorrem mutações também no direito internacional entre o final da Idade média e o início da era moderna: estas são brevemente apontadas nas considerações preliminares da parte II – dos precursores ao direito internacional como sistema. Dentre tais mudanças, com reflexos relevantes no direito internacional, a multipolarização da Europa na era moderna e o advento do direito internacional como sistema. Como ilustra a discussão a respeito das relações entre comunidades cristãs e não-cristãs no contexto medieval.

A partir dessa multipolarização da Europa, no início da era moderna se configura o estado como sujeito de direito internacional. Neste passo, se inscreve o exame da contribuição de MAQUIAVEL e BODIN, no capítulo 13. Destacando, respectivamente: a formulação do 'estado' por Nicolau MAQUIAVEL (1469-1527), no item 13.1, a formulação da 'soberania' por Jean BODIN (1530-1596), no item 13.2, e se encerra com o exame dos dados centrais do 'estado como sujeito de direito internacional', no item 13.3.

Colocados esses elementos, se passa ao exame da contribuição de Francisco de VITÓRIA (1480-1546) para o direito internacional, no capítulo 14.

As conclusões se põem no sentido de apontar o que se pode chamar de 'internacionalidade' – antiga, medieval, moderna, clássica ou pós-moderna

[34] Considerado na perspectiva do direito e das relações internacionais, cf. **Tratado** (tomo 3 A – **Direito internacional no tempo antigo**, item 3.2 – conceito jurídico de império: I – da Antiguidade rumo à Idade média, a sequência da matéria, neste tomo, item 12.2. conceito jurídico de império: II – da Idade média à era moderna).

[35] Cf. **Tratado** (tomo 3 B – **Gregos, romanos, chineses, indianos**, cap. 6 – na formação e no desenvolvimento de Roma); tb. P. COLLIVA, *Império* (in Norberto BOBBIO, Nicola MATTEUCCI e Gianfranco PASQUINO, **Dicionário de política**, orig. publ. **Dizionario di politica**, 1983, trad. J. FERREIRA e outros, Brasília: Ed. UnB, 1986, Império, p. 621-626, cit. p. 621-622): Modelo tipicamente romano, tanto pela forma como pelo conteúdo, o Império representou uma solução permanente para todos aqueles regimes e instituições que, chegando a um determinado momento crítico de sua evolução, procuravam descobrir e definir uma forma superior de poder legal e internamente centralizador, a fim de superar suas dificuldades.

– tem elementos comuns, mas tem, igualmente, as suas especificidades. E a percepção da mutabilidade do objeto traz a compreensão das mudanças ocorridas no sistema institucional e normativo internacional. E temos de reconhecer que estas não se põem de modo linear – o que aumenta a complexidade, e também o interesse, do objeto do estudo.

O tomo se completa com as referências bibliográficas relativas ao tempo medieval e aos desenvolvimentos na era moderna até VITÓRIA.

CAPÍTULO 12
JUS GENTIUM, JUS COMMUNE, JUS EUROPAEUM – ENTRE A TEORIA E A PRÁTICA

Se o direito é 'o sinal de determinada criação do homem' (P. LEGENDRE), vê-se o que as montagens institucionais da Idade média latina – época em que o 'direito comum', a herança romana e as transformações canônicas tiveram tanto relevo – contribuíram para produzir, às vezes selvagemente. [...] O direito medieval contribuiu para edificar a nós mesmos, apesar das transformações mais recentes, ainda mal identificadas, às vezes inquietantes, com frequência surpreendentes, do nosso próprio sistema normativo.

Jacques CHIFFOLEAU (1999, ed. 2006)[36]

O pensamento jurídico moderno vive da herança que lhe legou a filosofia medieval.

Michel VILLEY (2003)[37]

[36] Jacques CHIFFOLEAU, *Direito(s)* (in **Dicionário temático do Ocidente medieval**, coord. Jacques LE GOFF e Jean-Claude SCHMITT, orig. publ. **Dictionnaire raisonné de l'Occident médiéval**, 1999, coord. da trad. Hilário FRANCO Jr., Bauru: Edusc, 2006, vol. I, p. 333-351, trad. Daniel Valle RIBEIRO, cit. p. 349): "É naturalmente o objeto ocidental, apoiado nessas referências originais, que a tecnologia jurídica proporciona e da qual é possível fazer história, por menos que se aceite esse axioma de base que a necessidade da própria referência está em qualquer condição estrutural, ou se se preferir, eterno". Cita Pierre LEGENDRE, **La pénétration du droit romain dans le droit canonique classique**, de GRATIEN à INNOCENT IV (1140-1254) (Paris:Imprimerie Jouve, 1964); ___, **Écrits juridiques du Moyen Âge occidental** – Collected Studies (Londres: Variorum Reprints, 1988).

[37] Michel VILLEY, **La formation de la pensée juridique moderne** (Paris: PUF – Leviathan, 2003, Conclusion sur la scolastique du Moyen Âge, p. 269-276, cit. p. 272 e 273): "Même quand

A exigência do termo escrito – *ratio scripta* – constituída pelo direito romano tinha e tem ainda a sua justificação histórica, não somente na ideia de evolução, e não de revolução, que liga, em nossa opinião, a realidade jurídica, constituída pelo *jus commune*, baseada justamente no direito romano, em relação à realidade própria do direito internacional moderno.

G. BARILE (1977)[38]

Caso se desejasse traçar uma linha de continuidade desde a *Respublica christiana* medieval, com outra formação social, essa linha deveria endereçar-se não rumo à moderna sociedade internacional, que lhe é a clara antítese; mas, se fosse o caso, rumo ao império romano, do qual a primeira representou, definitivamente a continuação e o desenvolvimento, frente às transformações da situação política, econômica, religiosa e social, ocorridas na Europa, depois do fim do Império romano do ocidente.

Mario GIULIANO (1973)[39]

nous avons affaire à ces mélanges effectués entre les principes issus de différents systèmes, il reste vrai que la pensée juridique moderne vit sur l'héritage que lui lègue la philosophie médiévale." Logo a seguir, advertia: "Je ne serais pas étonné non plus qu'un bon bain de scolastique médiévale ne soit aussi recommendable aux juristes qui, méprisant nos modestes études historiques, s'attaquent aux problèmes actuels de la philosophie du droit."

[38] Giuseppe BARILE, **Lezioni di diritto internazionale** (Padova: CEDAM, 1977, cap. III – Le norme generali di diritto internazionale, p. 43-67, cit. p. 57-58): "Si devono ricordare altre categorie di fatti storici-prova dell'esistenza di un attuale coscienza giuridica della communità internazionale che vengono desunte da esperienze giuridiche di un passato remoto o diverse da quelle costituite da comportamenti o situazioni propri della comunità internazionale moderna." [...] "Si comprende, anzi, facilmente come in un ordinamento che si è affermato con le caratteristiche attuali in tempo relativamente recente, la rilevazione delle norme del sistema abbia seguito specialmente all'inizio (sucessivamente sempre in maniera meno pronunciata), procedimenti del genere. Del resto, il richiamo alla *ratio scripta* costituita dal diritto romano trovava e trova la sua giustificazione storica anche, se non solo, in quella idea di evoluzione e non di rivoluzione che lega, a nostro avviso, la realtà giuridica costituita dallo *jus commune*, basata per l'appunto specialmente sul diritto romano, a quella propria al diritto internazionale moderno.

[39] Mario GIULIANO, La *Respublica Christiana* medioevale e le pretese origini della società e del diritto internazionale (in **Multitudo legum, ius unum**: Mélanges en l'honneur de / Essays in honour of / Festschrift für Wilhelm Wengler zu seinem 65. Geburtstag, herausgegeben von Josef TITEL et al., Berlin: Interrecht, 1973, Band I – Allgemeine Rechtslehre und Völkerrecht, p. 155-163, p. 162-163): "Qualora si volesse tracciare una linea di continuità della *Respublica christiana* medioevale con un'altra formazione sociale, questa linea dovrebbe indirizzarci, non

A compreensão da natureza jurídica e do alcance normativo do direito internacional mostra não ser este fenômeno recente, mas a aferição do momento inicial, e origem do marco normativo, constitui discussão que, herdada de outras eras, volta a se colocar em nosso contexto presente. Pode e deve o direito das gentes – *jus gentium* – ser entendido como direito de toda a humanidade – *jus commune* –, ou antes como emanação de contexto histórico e geográfico específico – *jus europaeum*?

Este desempenhou ora um, ora outro de tais papeis, ao longo de sua história. Essa contraposição, entre seu caráter universal ou estritamente europeu – como parecem ter pretendido caracterizar alguns doutrinadores –[40], merece ser considerada, por colocar em jogo o seu sentido, conteúdo e desdobramentos, bem como por influenciar a extensão da aceitação e da aplicação do direito internacional, enquanto sistema institucional e normativo.

O direito internacional se inscreve na evolução da sociedade. E a compreensão do fenômeno jurídico internacional não pode ser desconectada do tempo histórico e do contexto cultural.[41]

Por isso se põe a utilidade de situar, ainda que sucintamente, alguns elementos: "devemos nos aproximar do direito medieval como uma grande experiência jurídica, que nutre no seu seio uma infinidade de ordenamentos", onde o direito – antes de ser norma e comando – "é ordem, ordem do social, moto espontâneo, que nasce de baixo, de civilização que se autotutela contra a incandescência quotidiana, construindo autonomias, verdadeiros e próprios nichos protetores, para indivíduos e para grupos".[42]

Houve todo um movimento de fundação, no qual se empenhou o Ocidente, dos séculos V ao XI.[43] Este não se deve a determinado indivíduo, ou príncipe iluminado, mas se fez

verso la moderna società internazionale che ne è la netta antitesi; ma caso mai verso l'impero romano, di cui la prima non rappresentò in definitiva che una continuazione e uno sviluppo di fronte alle trasformazioni della situazione politica, economica, religiosa e sociale intervenute in Europa dopo il crollo dell'impero romano d'occidente."

[40] Cfr. **Tratado** (tomo 13 – **Direito internacional no tempo do concerto europeu**, item – do universalismo da razão para os nacionalismos).

[41] Cfr. **Tratado** (tomo 20 – **Direito internacional, história e cultura**).

[42] Paolo GROSSI, **L'ordine giuridico medievale** (Roma – Bari: Laterza, 1995, cap. secondo – Premesse ordinative, p. 17-35, cit. p. 31): "La società si impasta di diritto e sopravvive perchè è essa stessa, prima di tutto, diritto, per il suo articolarsi in ordinamenti giuridici."

[43] Cf. examinado no **Tratado** (tomo 4 – **Direito internacional no tempo medieval**).

como *práxis*, sobretudo notarial, mas também judiciária, que, de modo silencioso, mas tenaz, libera de condicionamentos demasiadamente estreitos, no sentido de fundar edifício adequado às exigências sociais e econômicas que mudaram, se faz ouvinte atenta de complexa sedimentação consuetudinária, e a traduz em arranjos organizativos da experiência, aqueles que solitamente chamamos institutos jurídicos.[44]

A ordem jurídica medieval pode ser caracterizada como "unidade experimental, mas também diversidades na unidade",[45] que se divide entre "fundação" e "edificação", como momentos diversos na realização de grande projeto unitário. Ao cabo, a harmonia do inteiro edifício histórico resultará límpida.[46]

O sistema jurídico medieval pode expressivamente ser chamado de "igualitária paisagem pluriordinamental" – *ugualitario paesaggio pluriordinamentale*. Neste, contudo, avulta o direito comum, na cena histórico-jurídica da Europa continental.[47] "O direito comum – *ius commune* – tem penetração capilar mesmo nos mais fechados e hostis ambientes do direito próprio – *ius proprium*" – considerado o fenômeno em relação à codificação de FREDERICO II, no século XIII:

> ambíguo legislador do **Liber constitutionum**, o qual, enquanto impõe o **Liber** como legislação própria – *norma particolare* – para o reino da Sicília, assume o direito comum como objeto primário de estudo, nas escolas jurídicas napolitanas, por ele reordenadas, para lá chamando mestres de estrita formação bolonhesa.[48]

[44] P. GROSSI (op. cit., 1995, cap. terzo – *La tipicità della nascente esperienza e i suoi strumenti interpretativi*, p. 39-85, cit. p. 39): "In questo momento di fondazione emergono e si consolidano alcuni atteggiamenti generali connessi alla nuova e sempre più precisa mentalità giuridica, che conviene individuare e fissare fin da ora perchè varranno come primi e illuminanti strumenti interpretativi dell'esperienza in formazione: fatti di civiltà giuridica, vissutti come valori duraturi, legati al volto autentico di essa, garanti e testimoni della sua tipicità."

[45] P. GROSSI (op. cit., 1995, p. 40): "unità esperienziale ma anche delle diversità nell'unità."

[46] P. GROSSI (op. cit., 1995, p. 41): "Alla fine, l'armonia dell'intero edificio storico risulterà limpida."

[47] P. GROSSI (op. cit., 1995, cap. VIII, *'Pluralismo giuridico del tardo medioevo: diritto comune e diritti particolari'*, p. 223-235, cit. p. 235): "Lo *ius commune* ha pertanto una penetrazione che è capillare anche nei più chiusi e ostili ambienti dello *ius proprium*". Ver tb. M. BELLOMO, **L'Europa del diritto comune** (Roma: Il Cigno, 1993).

[48] P. GROSSI (op. cit., 1995, loc. cit.): "Il paesaggio pluriordinamentale ugualitario si attenua di fronte a un indubbio protagonismo ingombrante del diritto comune sul palcoscenico storico-giuridico dell'Europa continentale."

Dado marcante do contexto medieval, não somente em sua dimensão jurídica, é a incompletude – a falta, o vazio deixado pelo desaparecimento da sólida e admirável estrutura estatal romana, o vazio que se seguiu àquela crise e àquele desabamento, das soluções políticas que, em todo o arco da experiência medieval, se substituem àquele vazio, mas que não puderam nem quiseram preencher aquele vácuo.[49]

Falando de incompletude do poder político medieval se exprime a afirmada ausência do 'estado', na cena política medieval. Usar o termo 'estado' no período medieval se presta a equívocos, e acarreta distorções:[50]

> 'estado' não pode deixar de ser o termo conceito, como se sedimentou na nossa moderna consciência, carregado de especificidade e de intensidade; 'estado' não pode deixar de ser a noção, consolidada no curso da Idade moderna, que o historiador leva dentro de si, como patrimônio do seu presente, e designa realidade político-jurídica rigorosamente unitária, onde unidade quer dizer, no plano material, efetividade de poder em toda a projeção territorial, garantida por aparato centrípeto de organização e de coação; e no plano psicológico, uma vontade 'totalitária', que tende a absorver e a fazer sua qualquer manifestação interssubjetiva, que se realize naquela projeção territorial. Em outras palavras, um macrocosmo unitário, que tende a colocar-se como estrutura global munida de vontade que tudo abrange.[51]

Afastar esse conceito de estado, fruto da era moderna, é necessário[52] para "livrar de equívocos o nosso caminho". Para permitir "uma mais rigorosa precisão da linguagem e dos esquemas interpretativos": "morre o estado romano. Morre de inanição, depois de longo esgotamento interno, que é material e espiritual, por um vazio de poder eficaz, e de programa desejado":[53]

[49] P. GROSSI (op. cit., 1995, p. 41): "La tipicità del medioevo giuridico riposa innanzi tutto su questo relativo vuoto, su [...] l'incompiutezza del potere politico medievale."

[50] Cf. se examina no cap. 13 – estado como sujeito de direito internacional: a contribuição de MAQUIAVEL e BODIN; por sua vez, P. GROSSI (op. cit., 1995, p. 42) fala em "inadeguato e dannoso schema ordinante" a respeito do 'estado', aplicado ao contexto medieval.

[51] P. GROSSI (op. cit., 1995, p. 42-3).

[52] Ver **Tratado** (tomo 3 A – **Direito internacional no tempo antigo**, item 3.2 – conceito jurídico de império: I – da Antiguidade rumo à Idade média), b/c neste tomo, capítulo, item 12.2 – conceito jurídico de império: II – da Idade média à era moderna, e tb. o já ref. cap. 13 – estado como sujeito de direito internacional – a contribuição de MAQUIAVEL e BODIN, especificamente o item 13.3 – estado soberano e direito internacional.

[53] P. GROSSI (op. cit., 1995, p. 42-3) prossegue: "'Stato' è un soggetto politico forte, è l'incarnazione storica di un potere politico perfettamente compiuto".

> É preciso assinalar que esse vazio não será preenchido, durante todo o tempo da vida histórica da Idade média; e quando, com o século XIV, se manifesta a vocação de poder político realizado – se assim se desejar, na forma do estado – representará o fermento de estruturas políticas, e esse momento será a eclipse da civilização política medieval e a inauguração de nova era.[54]

A inocorrência do estado, no contexto medieval, não significa a ausência de estruturas políticas: não temos 'estados', no moderno sentido do termo, mas temos 'entes públicos' – *Gemeinwesen*, ou em latim, *res publica*.[55] Estruturas políticas que se inscrevem no sistema conhecido como 'feudalismo'.[56] Essas estruturas políticas medievais existem e se apresentam sob formas as mais variadas:

> temos as mais diversas formas de regimes – senhorias laicas, senhorias eclesiásticas, cidades livres – temos exemplos de tiranos, munidos de todo o absolutismo de poderes humanamente imagináveis, ou arranjos oligárquicos e 'democráticos' com determinados poderes, mas certamente nunca teremos a presença de organismo totalitário, naturalmente destinado a controlar, regular, absorver qualquer relação interssubjetiva, que se verifique no interior daquele definido objeto territorial. A civilização medieval não sentiu a necessidade de preencher esse vazio, deixado pelo desabamento do edifício estatal romano; não a sentiu, e não a podia sentir.[57]

Esse dado de vazio 'institucional' – decorrente do desaparecimento do estado imperial romano, porque Bizâncio e o Ocidente se apartam progres-

[54] P. GROSSI (op. cit., 1995, p. 44): "fra le varie organizzazioni politiche che si contenderanno d'ora in poi la guida della società, nessuna si presenterà agli occhi dell'indagatore congiungendo in sé l'effetività del potere e la lucidità d'un programma politico onnicomprensivo."

[55] Wilhelm GREWE, **Epochen der Völkerrechtsgeschichte** (Baden-Baden: Nomos, 1984, primeira parte – *Ius gentium*: Grundzüge der mittelalterlichen Völkerrechtsordnung, p. 55-162, 3. Kapitel – *Die Subjekte der Völkerrechtsgemeinschaft*, p. 83-98, cit. p. 83): "Das Gesicht der mittelalterlichen Völkerrechtsordnung ist bestimmt durch die Struktur der politischen Verbände, die diese Ordnung tragen. Diese Verbände sind, wie schon grundsätzlich festgestellt wurde, keine '*Staaten*' in moderne Sinne, sie werden hier als '*Gemeinwesen*' bezeichnet."

[56] O próprio termo 'feudalismo' não existia na época medieval; este somente aparece no século XVII. Como se considerou no **Tratado** (tomo 4 – **Direito internacional no tempo medieval**, item 8.3 – caminhos da instauração medieval). E, se permanece objeto de intensos debates entre os medievalistas, não é objeto desta indagação.

[57] P. GROSSI (op. cit., 1995, p. 44).

sivamente para seguir caminhos distintos. A falta deste elemento estruturante e também o contexto de fluidez da criação normativa são necessários para situar e explicar o contexto medieval.

O que também explica o espaço ocupado e papel desempenhado pela igreja romana – como estrutura institucional centralizada, para preencher esse vazio estrutural – muito além de seu papel como religião organizada, sobre o conjunto do Ocidente medieval.[58]

> A ausência do estado no grande processo de formação da civilização medieval não é artifício verbal; ao menos para quem observe atentamente a esfera do social e do jurídico; essa aparece, assim, como chave interpretativa de grande significado para o historiador do direito, o primeiro precioso instrumento de compreensão, para arrancar do direito medieval o segredo da sua fisionomia, para individuar a pedra angular de todo o seu edifício.[59]

Como o 'estado', também a 'soberania' exige esclarecimento preliminar, como "termos-noção". Talvez 'soberania' o mereça ainda mais que o 'estado', e por motivo elementar. Como é sabido, 'estado' é termo usado no léxico politológico medieval, com conteúdos semanticamente bastante longínquos da noção moderna, faz deste sinônimo de *res publica* e, por sua vez, "com 'soberania', o risco é maior: porque o "seu uso, no léxico politológico medieval tem conteúdo semântico aproximado; nesse caso, a continuidade formal do dado lexical poderia induzir a equívocos grosseiros". E verdadeiramente grosseiros seriam tais enganos, se se pensar que a 'soberania', "no contexto medieval, designa tão somente, segundo a etimologia: superioridade, noção relativa, que fixa o sujeito, no interior de complexa relação hierárquica".[60] Tão somente um conceito operacional, ao qual não se adere a aura mítica, de que se reveste o termo, nas idades moderna e contemporânea!

[58] P. GROSSI (op. cit., 1995, p. 45): "Il medioevo fu così il terreno d'elezione, o per una struttura teorica universale come l'Impero, costruzione ideale e simbolo, più che creatura effettiva, o per una miriade de frantumate entità di gestione politica, e, se qualche coagulazione maggiore vi fu – talune delle quali, come il regno longobardo in Italia e il visigotico in Spagna, considerevole per estensione territoriale e per durata – si tratta pur sempre di regni cui non compete la quafica di 'stato'."

[59] P. GROSSI (op. cit., 1995, p. 47).

[60] P. GROSSI (op. cit., 1995, p. 49).

A utilização de outros termos, para designar o que modernamente se chama de 'estado' remete a termos tradicionais como: '*imperium*', '*regnum*', '*res publica*' ou '*civitas*'. O que evita a confusão com termos revestidos de conteúdo específico – e pesada carga – em nossa era.[61]

Dentre dados característicos do contexto medieval não se deve deixar de reportar a utilização da arbitragem, como modo de solução de controvérsias, públicas e privadas. Igualmente necessário lembrar quanto esse legado, que vem da Antiguidade grega, teve uso corrente na Idade média. Depois sofrerá retração, que justamente coincide com o período de desenvolvimento das máquinas estatais, na era moderna – com os corolários dos elementos formadores do estado, a soberania, etc. – e somente voltará a ser mais frequente a sua utilização a partir do final do século XIX.

Podem ser distinguidas três categorias legais, conforme a previsão de aplicação, para a solução de controvérsias, por meio de arbitragem, no contexto medieval, entre:[62]

(i) direito nacional, público e privado, das partes em litígio, ou seja as suas leis e o seu direito consuetudinário – *lex* e *mos sive usus*;
(ii) o direito geral, ou direito comum a toda a Europa civilizada – "enquanto esta constituía (como a Grécia antiga) uma comunidade jurídica de povos, pertencentes à mesma civilização", ou seja, o direito romano [...] e, *mutatis mutandis*, ao lado deste, o direito canônico pan-europeu da igreja católica romana, que também desempenhou igualmente o papel de direito geral, até a época da reforma, quando se rompeu a unidade religiosa da Europa; e
(iii) o direito das gentes, propriamente dito, que não mais se confunde com o *jus gentium* dos juristas romanos, ou para ser mais exato, que se começa a interpretar no sentido do que hoje se entende por direito internacional (ou interestatal).[63]

Como dado característico do sistema jurídico medieval, se vê a multiplicidade de camadas, ou degraus sucessivos, sobre os quais é construído

[61] Cfr. cap. 13 – estado como sujeito de direito internacional – a contribuição de MAQUIAVEL e BODIN, esp. item 13.3 – estado soberano e direito internacional.
[62] Michel De TAUBE, **Les origines de l'arbitrage international: Antiquité et Moyen Âge** (RCADI, 1932, t. 42, p. 1-116).
[63] M. De TAUBE (op. cit., 1932, p. 92).

o conjunto do sistema. Essa 'diversidade pluriordinamental', conjunto que se ordena segundo categorias muito precisas.

No topo deste sistema, situa-se a *lex divina* – ou *lex aeterna*, na formulação de AGOSTINHO – a lei de ordenação divina do mundo, em sua plena e pura forma.[64] A razão divina é a mais alta lei eterna, que rege o mundo: *Tota comunitas universi gubernatur ratione divina* – afirma, por sua vez, TOMÁS DE AQUINO.[65] O homem, como ser racional, teria essa lei "inscrita em seu coração".

O espelho da lei eterna no homem se reflete como lei natural – *lex naturalis* – e esta, como lei (moral) natural, mesmo para a mais escurecida das almas, deve ser visível, e como tal percebida. Esse direito natural, decorrente do *ius divinum*, ao mesmo tempo decorre da ordenação divina da criação e se apresenta à razão humana; situa o homem, independentemente de qualquer disposição normativa positiva, emanada de legislador humano, quanto ao que deve e pode ser feito, ou não pode nem deve ser. Essas normas decorreriam da natureza das coisas, e como tal seriam reconhecidas pela razão.

Abaixo destas, finalmente, se põe a lei humana – *lex humana* – que se exprime aos homens como direito positivo – *ius positivum*. Assim como o direito natural provém do direito divino, neste se insere, e com ele não pode ter contradição, da mesma forma, a lei humana terá caráter vinculante, "na medida em que decorre do direito natural. E quando não coincida em certo ponto, com o direito natural, não mais é lei, mas constitui perversão desta" – sustentava, ainda, TOMÁS DE AQUINO.[66]

Remonta essa diversidade pluriordinamental à concepção básica do direito natural dos filósofos estoicos na apresentação do direito como sucessão de degraus ou 'camadas'. Esta foi, por sua vez, adotada pelos juristas romanos antigos. Destes passou aos doutrinadores cristãos, pelas mãos de AGOSTINHO e do pensamento escolástico. E como tal – essa mesma base estoica, pagã e antiga – influenciou profundamente a concepção do direito medieval: não somente no mundo e no equilíbrio da natureza está a origem do direito natural, mas diretamente em Deus.

64 A respeito de santo AGOSTINHO, ver **Tratado** (tomo 4 – **Direito internacional no tempo medieval**, item 8.1) e a respeito de santo TOMÁS DE AQUINO (tomo 4, item 10.1).

65 TOMÁS DE AQUINO, **Summa theol.** (II, 1, qu. 91, a.1).

66 TOMÁS DE AQUINO, **Summa theol.** (II, 2, qu. 95, a.2).

Com base nesse legado, alinhado pela filosofia aristotélica, a concepção de TOMÁS DE AQUINO leva a doutrina à sua plena formulação. Em sua expressão mais duradoura sobre o conjunto do direito da Idade média.

Aí cabe perquirir: em qual ponto desta escala se inscreve o direito internacional? Para ISIDORO, seguindo a fórmula romana: *Ius aut naturale est aut civile aut gentium* – seria, assim, o direito natural, civil ou das gentes.[67]

Na linha deste, TOMÁS DE AQUINO situa a relação entre estas categorias jurídicas: pertence, em primeira linha, à essência da lei humana, que esta se distingua do direito natural; e deste ponto, que o direito positivo se divida, em direito das gentes – *ius gentium* – e direito civil – *ius civile* –, correspondendo aos dois modos pelos quais se faz a especificação do direito, a partir do direito natural.[68]

O *ius gentium* é, como tal, direito positivo, que decorre dos princípios do direito natural. Somente as normas de direito positivo, que, por sua essência, decorrem do dirieto natural, constituem o direito das gentes.

Outras normas, quando decorram do direito natural não por meio de conclusão – *per modum conclusionis* –, mas por meio de aproximação – *per modum determinationis* –, ou seja, por meio da aplicação do direito natural às múltiplas formas, que surgem do comércio e da vida prática dos homens, não serão parte do direito internacional. Estas, que decorrem desse modo do direito natural, constituem o direito civil. Este é direito positivo e variável. Enquanto as normas deduzidas por meio de conclusão, como os princípios, que constituem o ponto de partida, são sempre vigentes e independem de positivação. O que, hoje, chamaríamos de 'normas cogentes de direito internacional geral' – para propor comparação, com a terminologia do direito internacional vigente.

Que possam também existir normas de direito internacional, deduzidas por meio de aproximação – para construir meios e modos de aplicação a hipóteses antes não previstas – não parece entrar no esquema conceitual de apresentação deste, tal como formulado por TOMÁS DE AQUINO, mas, essencialmente não lhe muda a natureza. Mesmo no contexto medieval, não haveria dúvida quanto à existência e à aplicação de tais normas:

[67] Sobre ISIDORO DE SEVILHA, ver **Tratado** (tomo 4 – **Direito internacional no tempo medieval**, item 8.2).

[68] TOMÁS DE AQUINO, **Summa theol.** (I, 2, qu. 95, a. 4).

esse direito, convencional ou costumeiro, permanece vinculado ao direito natural, e seu caráter vinculante decorre do princípio de direito natural *pacta sunt servanda* – conhecido desde a Antiguidade.

A evolução do direito internacional nas últimas décadas, quando áreas inteiras deste foram consolidadas, a partir de formulações de séculos anteriores – tais como o direito internacional dos direitos humanos – ou criadas, em decorrência de progressos tecnológicos – como o direito internacional aeronáutico ou o direito internacional do espaço exterior – ou ainda, para paliar o impacto da ação humana sobre o planeta – como o direito internacional do meio ambiente – cada uma destas novas áreas se faz a partir de outras já existentes, por analogia e com aplicação de princípios gerais, ilustrando de modo eloquente o fenômeno, que apontavam os medievais.

Toda a construção do direito na Idade média se faz como consequência da concepção escolástica do direito natural.

Este é identificado com o contido no *Decálogo* e nos **Evangelhos**, como refere GRACIANO, na codificação sistemática do direito canônico – por volta de 1140 – as Decretais, ou **Decretum Gratiani**:[69] *Ius naturale est, quod in lege et Evangelio continetur* – direito natural é o que está contido na lei e no Evangelho. Assim se poderiam, em última análise, reconduzir os princípios de direito internacional aos dez mandamentos.

Sobre o conjunto da ordem jurídica medieval não se pode deixar de considerar a "presença jurídica da igreja",[70] como dado marcante, ao longo de todo o período:

> A igreja não tem um **Corpus [juris civilis]** como o justinianeu, para alçar sobre estas as culminâncias de processo de interpretação (*interpretatio*), nem as excessivamente informes coleções precedentes [ao **Decretum Gratiani**, de 1140] poderiam ser utilizadas para tal fim. [...] É sobretudo um direito canônico descarnado das redundâncias e dos acúmulos de tecidos teológicos,

[69] **Decretum Gratiani** ou **Concordia discordantium canonum** ou, simplesmente, **Decretum**, coletânea de direito canônico, compilada na primeira metade do século XII, por GRACIANO. Parte do conjunto, conhecido como **Corpus juris canonici**, e a principal fonte de direito pelos canonistas, até a adoção das **Decretais** do papa GREGÓRIO IX, em 1234; e, como parte do **Corpus juris canonici**, permaneceu em vigor até 1917.

[70] Paolo GROSSI, **L'ordine giuridico medievale** (Roma/Bari: Laterza, 1995, cap. 7 – *Presenza giuridica della Chiesa*, p. 204-222).

doravante reduzido a uma norma técnica de uma *societas iuridice perfecta*, norma autônoma em todas as suas singularidades.[71]
GRACIANO, em suma, oferece à igreja pós-gregoriana uma compacta armadura jurídica, com a qual afrontar o século, e dominar o século; oferece, em toda a sua valência, uma grande arma – aquela do direito – para a política teocrática do pontificado romano.[72]

A estreita vinculação entre direito e teologia, permanece ainda nos séculos XVI e XVII, e precisa ser compreendida a partir desse ponto de partida sistemático. Notáveis expoentes do direito internacional moderno – como VITÓRIA e SUÁREZ – eram teólogos e professores de teologia.[73] E suas contribuições ao direito internacional partem da teologia. O que também nos permite situar a metodologia da formação jurídica, em seus fundamentos.

Em vista do crescente absolutismo do direito positivo, que ganha espaço dominante na concepção sistêmica do direito internacional clássico, no século XIX, é preciso reconhecer e nos atualizar, com a percepção do papel da doutrina no contexto do direito medieval. Com base na escolástica, desde AGOSTINHO e ISIDORO DE SEVILHA, passa por GRACIANO e seus comentadores – tais como RUFINO (+1190), GUILHERME DE AUXERRE (ou GUILELMUS ALTISSIODORENSIS, + ca. 1231), ALEXANDRE de Halle (+1245), são BOAVENTURA (+1274), são ALBERTO MAGNO (+1280) e culmina em santo TOMÁS DE AQUINO – para não esquecer, não ser essa a única linha possível, para a compreensão do direito

[71] P. GROSSI (op. cit., 1995, p. 205): "Si avvia con GRAZIANO quell'itinerario continuo, senza cesure, che menerà diritto – attraverso il tardo medioevo e l'epoca tridentina e post-tridentina – al primo codice di diritto canonico del 1917: la Chiesa giuridica come *societas inequalis*, il diritto canonico costruito quale *Klerikerrecht*, un diritto di preti, in cui una casta superiore – gli ordinati *in sacris* – è titolare di tutte le potestà e il *populus fidelium* è destinatario dello zelo pastorale ma particularmente dei poteri pressochè esclusivi dei presbiteri."
[72] P. GROSSI (op. cit., 1995, p. 205-206): "La consolidazione grazianea ebbe un successo in tutta Europa. GRAZIANO si impose a tutti come *magister*, il maestro per eccellenza. Fu successo di prassi ma fu anche la sollecitazione per il nascere e lo svilupparsi di una scuola di interpreti – i decretisti – con apporti spesso di notevole qualità speculativa."
[73] A respeito de Francisco SUÁREZ, ver **Tratado** (tomo 6 – **Direito internacional no tempo de Suárez, Gentili e Zouch**, cap. 15); P. B. CASELLA, 400 anos do De Legibus de Francisco Suárez (1548-1617) (Revista Fdusp, 2011-2012, vol. 106-107, p. 25-33 – https://www.revistas.usp.br/rfdusp/article/view/67935); a respeito de Francisco de Vitória, adiante, neste tomo, cap. 14.

internacional. Sem esquecer a matriz antiga e medieval do direito internacional moderno.[74]

Com DUNS SCOT (+1308) e GUILHERME DE OCKHAM (+ 1349), na linha da filosofia nominalista, se desenvolve antítese teológico e filosófica ao tomismo, e também se faz a fundamentação da concepção que – de certa forma – levará ao positivismo jurídico de séculos posteriores, em oposição à doutrina de direito natural.[75]

A ideia de comunidade, da 'cristandade', sempre suscita a questão da extensão física e dos limites intelectuais desta – e da feroz perseguição contra as vozes discordantes:[76]

> Múltiplos e diferenciados foram os elementos, sobre os quais se construiu a consciência de comunidade, no contexto do direito internacional medieval. Apesar de alguns juízos céticos, a respeito da importância e do alcance de tal consciência de comunidade – *Gemeinschaftsbewusstseins* – que sempre volta à questão dos tratados entre príncipes cristãos com infiéis – não há, como um todo, dúvida, quanto a esta consciência ter sido forte o bastante para assegurar base sólida para o ordenamento medieval de direito internacional.[77]

A ideia básica é que o direito internacional põe limites à discricionariedade dos estados, tanto no plano externo, quanto no plano interno. O que se pode manifestar em graus variados de institucionalização. Como se apresenta ao longo dos séculos: pode oscilar mas se conserva a ideia central, de ordenamento e, sobretudo, de conjunto de princípios, que vão além do controle dos estados.

Nesse sentido, desde a primeira guerra mundial, "juristas e publicistas travaram luta vigorosa contra o dogma antigo da soberania absoluta,

[74] Como se considerou no **Tratado** (tomo 4 – **Direito internacional no tempo medieval**, item 10.1, sobre santo TOMÁS DE AQUINO, bem como tomos 6 – **Direito internacional no tempo de Suárez, Gentili e Zouch** e 7 – **Direito internacional no tempo de Hugo Grócio**). Ainda GRÓCIO se fundamenta nesse legado para construir o seu **De jure belli ac pacis**, em 1625.

[75] Cfr. **Tratado** (tomo 4 – **Direito internacional no tempo medieval**, item 9.2, sobre GUILHERME DE OCKHAM).

[76] Wilhelm GREWE, **Epochen der Völkerrechtsgeschichte** (Baden-Baden: Nomos, 1984).

[77] W. GREWE (op. cit., 1984, primeira parte: *Ius gentium*: Grundzüge der mittelalterlichen Völkerrechtsordnung, p. 55-162, cit. p. 82): "Gewölbe der mittelalterlichen Völkerrechtsordnung eine tragfähige Grunlage zu bieten."

que era a negação do direito internacional".[78] Apesar dos percalços subsequentes, "essa luta foi coroada de sucesso; hoje, a ideia de um bem comum internacional é aceita em toda parte; a consciência jurídica internacional admite, enfim, um direito comum internacional".[79]

Existe e se aplica, hoje, o assim chamado "direito internacional comum". Essa ideia de um direito comum internacional está contida no **Estatuto** da Corte Internacional de Justiça – como estava no de sua predecessora – quando se prevê a aplicação de "costume" e de "princípios gerais do direito". Estas ideias operam e se consolidam, no atual sistema institucional e normativo internacional, por meio da jurisprudência internacional, e das grandes convenções multilaterais de codificação.[80]

A existência e o desenvolvimento desse sistema institucional e normativo representou progresso imenso para o conjunto da humanidade, com consequente limitação à arbitrariedade dos estados. Assim como o fato de a competência exclusiva dos estados – o alegado "domínio reservado", ou os supostos "assuntos internos" – não mais serem pelos próprios estados determinada, mas pela Organização das Nações Unidas e pela Corte Internacional de Justiça, consolida parâmetro de juridicidade internacional.

Mas o direito internacional não surge pronto, nem se manifesta em corrente única, nem tampouco de modo unívoco. São variadas as formas atuais, como foram múltiplos os caminhos antes percorridos, no tempo e no espaço.[81] Com consideráveis mutações conceituais e procedimentais, ao longo desses caminhos.

Nesse sentido,[82] os estudos de história do direito internacional se tem ocupado essencialmente do direito desenvolvido para reger as relações

[78] L.-E. Le FUR, **Le développement historique du droit international**: de l'anarchie internationale à une communauté internationale organisée (RCADI, 1932, t. 41, p. 501-602).

[79] L.-E. Le FUR (op cit., 1932, p. 595 e a seguir, p. 596): "il s'agit du droit positif actuel, en harmonie avec les tendances très nettes de l'opinion publique universelle. Nous assistons, depuis une dizaine d'années, à un grignotement, lent mais continu, de la souveraineté de l'état au nom du droit objectif, pour le plus grand bien des individus et, au fond, pour celui des états, eux mêmes."

[80] A respeito, ver **Manual** (26ª ed., 2023, 2 – fundamentos, fontes e codificação do direito internacional, esp. itens 2.2.1 – costume internacional, 2.2.3 – princípios gerais do direito, e 2.3 – codificação do direito internacional).

[81] Como se considerou no **Tratado** (tomos 1 e 2 – **Direito internacional dos espaços**).

[82] Cfr. **Tratado** (tomo 3 A – **Direito internacional no tempo antigo** e 3 B – **Gregos, romanos, chineses, indianos**); v. tb. Robert KOLB, **Esquisse d'un droit international**

interestatais europeias: "trata-se do direito internacional público europeu, do *jus publicum europaeum*, que se estendeu progressivamente ao conjunto do mundo".[83] Mas é preciso ir além: "está na hora de nos distanciarmos dessa maneira estreita de ver, e de estudar os fenômenos do direito internacional público das culturas extraeuropeias por si mesmos, tentando captá-los, em seus próprios contextos":[84]

> Uma tal empreitada somente pode ter sucesso se nos limitarmos ao direito da era pré-colonial. Com certeza, existem casos nos quais as instituições e normas de direito extraeuropeu sobreviveram à chegada do direito público da Europa, importado pelos colonizadores. Estes são, contudo, casos excepcionais. Via de regra, o direito internacional da Europa se implantou com celeridade e com facilidade, que não deixam de surpreender o observador contemporâneo.[85]

public des anciennes cultures extra européennes (Paris: Pedone, 2010), no qual traduz e atualiza trabalho de Wolfgang PREISER, **Frühe völkerrechtliche Ordnungen der aussereuropäischen Welt**: ein Beitrag zur Geschichte des Völkerrechts (Sitzungsberichte der Wissenschaftlichen Gesellschaft an der Johann Wolfgang Goethe Universität Frankfurt am Main – *Societas Scientiarum Francofurtensis*, Wiesbaden: Franz Steiner Verlag, 1976); ver tb., de Wolfgang PREISER, **Die Völkerrechtsgeschichte, ihre Aufgaben und ihre Methode** (Wiesbaden: F. Steiner – Sitzungsberichte der Wissenschaftlichen Gesellschaft an der J. W. Goethe-Universität Frankfurt-am-Main, vol. 2, 1964 – disponível tb. on line); Wilhelm GREWE (hrsg.), **Fontes Historiae Juris Gentium – Quellen zur Geschichte des Völkerrechts** (Berlin / New York: Walter de Gruyter, vol. I – 1380 v. Chr.-1493, LVI + 754 p., 1995; vol. II – 1493-1815, XXVIII + 742 p., 1988; vol. III – 1815-1945 em 2 tomos: III.1 – XLVI + 682 p., 1992, e III.2 – XLIV + 660 p.); Karl-Heinz ZIEGLER, **Völkerrechtsgeschichte** – Ein Studienbuch (Munique: C. H. Beck, 1994; 2º ed., 2007).

[83] Observa R. KOLB (2010, p. 23-24). Em sua fase mais sombria, sob a égide do colonialismo europeu, como se examina no **Tratado** (tomos 14 a 17 – **Direito internacional no tempo do colonialismo**).

[84] W. PREISER (1964, p. 56-60), R. KOLB (2010, p. 25-30).

[85] R. KOLB (2010, p. 24) prossegue: "Elle fait écho à la facilité de l'acquisition territoriale, opérée par la conquête. Ce droit européen a alors écarté l'ensemble des règles et institutions 'primitives' pratiquées dans les contrées colonisées avant l'arrivée de l'homme blanc. Dès lors, si nous voulons saisir les phénomènes de droit international public non influencés par l'Europe, il est nécessaire de remonter passablement loin le fil du temps. Ceci n'est pas sans compliquer la tâche. En effet, des sources primaires font souvent défaut; des monographies scientifiques fiables sont rares; enfin, l'absence d'études juridiques pertinentes force à tirer des conclusions à partir de matériaux essentiellement non juridiques."

Qualquer estudo do direito internacional, em perspectiva histórica e comparada, precisa, ademais compor os elementos que encontre, não enquanto fenômenos fragmentários e isolados, mas em que medida estes formam conjunto coerente, uma "ordem jurídica internacional ao mesmo tempo funcional e representativa de determinada cultura".[86] Para que ocorram tais conjunções, são necessários alguns elementos:

- estados independentes uns dos outros (ou agrupamentos políticos ou tribais, suficientemente organizados, e igualmente independentes), que se reconheçam mutuamente como sujeitos de direito;
- ocorrência, entre esses estados ou agrupamentos, de contínuo intercâmbio cultural, econômico e/ou político, que pressuponham regulação jurídica, ou, ao menos gerem consequências jurídicas;
- que os sujeitos, participantes desses intercâmbios, estejam convencidos de que as normas costumeiras ou convencionais, com base nas quais se fazem tais interações, representem conteúdos juridicamente vinculantes, cujos descumprimentos possam acarretar sanções.[87]

O quadro medieval ilustra a situação, complexa e variada, daquela sociedade internacional, no seu tempo histórico e no seu contexto cultural. Esta já continha elementos propriamente 'internacionais', tais como estruturas políticas independentes e interrelacionadas, em intercâmbios com conteúdos juridicamente vinculantes. Quanto às sanções, estas podem ou não advir – no passado, como no presente.

No contexto europeu ocidental, estavam no topo duas entidades supranacionais – império e papado – conjugadas com outras entidades políticas – estas equiparáveis ao que viriam a ser no futuro denominados 'estados' independentes –, bem como outras entidades de capacidade internacional limitada – duques, condes, barões, senhores feudais, os mais variados, os bispados com suas terras, as ordens monásticas, as ordens de cavalaria, e as combinações de ambas, sob a forma das ordens de monges cavaleiros – tudo isso compondo variado complexo hierarquizado. Contemporaneamente, configurações diversas existiam – totalmente independentes do contexto europeu ocidental medieval – por vezes com interações pontu-

[86] W. PREISER (1964, p. 56-60), R. KOLB (2010, p. 25-30).
[87] W. PREISER (1964, p. 56-60), R. KOLB (2010, p. 25-30).

ais, em relação ao Império romano do Oriente – muito mais frequentes e relevantes, do que habitualmente se reconhece. Como também é preciso entender que o conjunto europeu ocidental medieval é tão somente uma área de atuação e mutação, ao lado de outros sistemas regionais, como o Império chinês, a Índia[88] e outros polos regionais, na África e na América pré-colombiana. A respeito dos quais ainda menos se fala.

A existência de 'sociedade' internacional, em sentido estrito, pressupõe a existência de, pelo menos, dois 'estados' ou entidades 'soberanas' e independentes, como se deu na Idade média ocidental. Com os choques e enfrentamentos entre império e papado, arrastando facções, mais ou menos alinhadas com um e outro – guelfos e gibelinos.

Por serem distintos o conteúdo e a configuração, se deve ter o cuidado de evitar o anacronismo do uso do termo 'estado': pode-se falar, em relação ao período medieval em 'entes políticos' ou entes comuns – *Gemeinschaftswesen* – e também se pode compreender como entes coletivos, comunitários ou públicos – *res publica*.[89]

Utilizar a terminologia 'unidades' ou 'entes políticos' – procura designar, da forma a mais neutra possível, os medievais 'estados' – que não eram estados – e 'soberanos' – em relação aos quais o termo ainda não tinha o sentido que atualmente se lhe atribui. Visto que estes ainda não eram nem podem ser chamados de 'estados', nem tampouco 'soberanos',[90] mas estes existiam e operavam como entidades políticas, atuavam nos respectivos âmbitos internos, como nas assim chamadas relações internacionais.

Em relação ao contexto medieval, outros falam na cristandade – *respublica christiana*.[91] Mas o dado central é assinalar a internacionalidade, que existia e da qual ocorrem manifestações, com as especificidades do contexto medieval, ao longo de séculos.

88 Como se examina no **Tratado** (tomo 3 A – **Direito internacional no tempo antigo** e tomo 3 B – **Gregos, romanos, chineses, indianos**).

89 Wilhelm GREWE, **Epochen der Völkerrechtsgeschichte** (Baden-Baden: Nomos, 1984, primeira parte: *Ius gentium*: Grundzüge der mittelalterlichen Völkerrechtsordnung, p. 55-162).

90 Por isso a discussão colocada no cap. 13 – estado como sujeito de direito internacional – a contribuição de MAQUIAVEL e BODIN, seguinte.

91 Mario GIULIANO, La *Respublica Christiana* medioevale e le pretese origini della società e del diritto internazionale (in **Multitudo legum, ius unum**: Mélanges en l'honneur de / Essays in honour of / Festschrift für Wilhelm Wengler zu seinem 65. Geburtstag, herausgegeben von Josef TITEL et al., Berlin: Interrecht, 1973, Band I – Allgemeine Rechtslehre und Völkerrecht, p. 155-163).

Cabe também a análise das profundas transformações da sociedade medieval – no longo lapso dos séculos V ao XV – sob a ótica, por exemplo, da relação entre o poder e o dinheiro: "do regime pessoal ao estado impessoal no regime senhorial".[92] Nessa trajetória se constroem os elementos que depois se nos tornam mais familiares, tais como: 'estado' e 'soberania'.[93]

O feudalismo, o império, e o papado – como fenômenos em escala europeia, reforçam os dados de base da 'internacionalidade' medieval. E influenciam diretamente o que viria a ser o sistema internacional da era moderna.

Não menos relevante enfatizar as relações internacionais e a longa duração da influência bizantina sobre o conjunto da Europa medieval, que se estendeu não somente sobre a Itália, em áreas sob controle direto, como o Exarcato de Ravena, posto central da administração bizantina na península itálica, mas também em relação a Veneza, Bari, a Itália meridional e a Sicília.[94] Da mesma forma, os reis visigodos da Espanha somente começam a cunhar moeda 'nacional' ao tempo do rei LEOVIGILDO, no ano 586.[95] Antes se apresentavam como lugares tenentes do imperador – *basileus* – de Constantinopla.

O mesmo se dá em relação aos reis francos: desde CLÓVIS, o célebre fundador do reino dos francos, que se considera cônsul e patrício de Roma, e recebe do imperador um manto púrpura e o diadema de flores de lis – a κρηνωνια bizantina, símbolo que se tornará o emblema do reino da França, quando este reino bárbaro se faz cristão – até ao menos o neto,

[92] João BERNARDO, **Poder e dinheiro** – do poder pessoal ao estado impessoal no regime senhorial, séculos V-XV (Porto: Afrontamento/Biblioteca das Ciências do Homem: t. I: Sincronia. Estrutura econômica e social do século VI ao século IX, 1995; t. II: Diacronia. Conflitos sociais do século V ao século XIV, 1997; t. III: Sincronia. Família, dinheiro e estado do século XI ao século XIV, 2002).

[93] João BERNARDO (op. cit., t. III, 2002, p. 21): "No regime senhorial, os problemas da família encontram-se no centro de toda a questão do poder. [...] No seu desenvolvimento, para abarcar a globalidade das populações e dos territórios em novas modalidades de comunitarismo, o *bannum* teve de dissolver antigos laços de parentesco e de alterar substancialmente as células da família."

[94] Michel de TAUBE, **L'apport de Byzance au développement du droit international occidental** (RCADI, 1939, t. 67, p. 233-340).

[95] Angelo HÜSLER, **L'Espagne médiévale**: chrétiens, juifs et musulmans (Gollion, Suiça: Infolio ed., 2008); Fernando GARCÍA DE CORTÁZAR y José Manuel GONZÁLEZ VESGA, **Breve historia de España** (Madri: Alianza, ©1994, nueva ed., 2010, cap. 9 – *Los reinos cristianos*, p. 168-190).

TEODEBERTO I (534-547) que mesmo depois de interromper a cunhagem de moedas com a efígie do imperador bizantino, ainda se fez 'adotar' pelo imperador JUSTINIANO e se refere a ele como pai em manifestações oficiais.[96]

Somente após JUSTINIANO, falecido em 565, cujo império mediterrâneo ainda era suficientemente forte e extenso, para se pretender a universalidade do reinado do imperador romano do Oriente, é que os estados da Europa ocidental, um após o outro, começam a se emancipar da tutela de Bizâncio. Mas, mesmo o papado, durante mais de dois séculos - de 537 até 752 - necessitava da aprovação do imperador em Constantinopla, para a consagração episcopal, o que explica muitos papas terem sido escolhidos dentre os Apocrisiários, bem como provenientes da Grécia, Síria ou Sicília bizantina.[97]

> Em relação a Bizâncio, a atitude dos papas mudou completamente no decorrer dos séculos VII e VIII. As facilidades concedidas ao pontífice por JUSTINIANO tinham tido por contrapartida uma verdadeira tutela do papado pelo império. A partir de 555, os papas tinham de pedir ao imperador que ratificasse a sua eleição, circunstância de que - como é óbvio - o fisco se servia para obrigá-los a pagar uma taxa. E enquanto o decreto de ratificação não chegasse a Roma, não podiam fazer-se sagrar, coisa que, dada a lentidão - voluntária - da administração bizantina, podia causar longas vacâncias no trono pontifício.

[96] Karl Ferdinand WERNER, **Les origines - avant l'an 1000** (vol. I da **Histoire de France**, direction de Jean FAVIER, Paris: Fayard, (c) 1984, impr. 2001); Jean FAVIER, **Le temps des principautés - de l'an 1000 à 1515** (vol. II da **Histoire de France**, dir. de J. FAVIER, Paris: Fayard (c) 1984, impr. 2002); Jules MICHELET, **Le Moyen Age** (livres I a XVII de **L'Histoire de France**, chronologie établie par Alain FERRARI, Paris: Robert Laffont, (c) 1981, impr. 2008).

[97] Ferdinand GREGOROVIUS, **Geschichte der Stadt Rom im Mittelalter vom V. bis XV. Jahrhundert** (orig. publ. em 8 vols., 1859-1873), ed. italiana **Storia della città di Roma nel Medioevo** (intr. Waldemar KAMPF, trad. Andrea CASALEGNO, Torino: Einaudi, 1973, ristampa 2011, vol. primo, livro II - Dall'inizio della dominazione di Odoacre all'istituzione dell'Esarcato di Ravenna nel 568, p. 135-267 e libro III - Dall'inizio dell'Esarcato ai primi del secolo VIII, p. 269-374); Daniel ROPS, **A igreja dos tempos bárbaros** (orig. publ. **L'église des temps barbares**, 1991, trad. Emérico da GAMA, São Paulo: Quadrante, 1991, VI - Dramas e dilacerações do Oriente cristão, p. 318-377 e VII - O papado e o novo império do Ocidente, p. 378-434, cit. p. 383): "Como uma força em plena expansão, estava dentro da lógica das coisas que o papado se aproveitasse do antagonismo entre entre lombardos e bizantinos e caminhasse na direção de um grande destino histórico."

Quando o basileu delegou ao exarca de Ravena esse direito de ratificação, no século VII, os inconvenientes multiplicaram-se, porque esse alto funcionário costumava manter relações muito frias com Roma, e além disso sofria a influência dos arcebispos de Ravena, que tinham sido elevados à categoria de patriarcas em 668 e se mostravam tão invejosos do papa que um deles tentaria fazer da sua sé uma rival de Roma. Os papas tinham-se submetido a essa tutela.[98] No decurso do século VIII, dois fatos evidenciam que tutela do Oriente sobre o papado estava prestes a terminar. Em 710 o papa CONSTANTINO ainda chegou a visitar Constantinopla, como era costume entre os seus predecessores, mas foi o último pontífice romano a fazer essa viagem. Por outro lado, se examinarmos a lista dos papas, no decorrer deste século, observaremos uma mudança significativa. Os sete predecessores do romano GREGÓRIO II (715-731) tinham sido orientais: gregos, libaneses ou sírios; os dois sucessores, GREGÓRIO III e ZACARIAS, também foram orientais, o primeiro sírio e o segundo grego; mas a partir daí, não voltou a acontecer.[99]

Ao se afastarem progressivamente do Oriente, que não mais responde ao estado real das coisas no Ocidente, permanece entre os ocidentais a ideia mestra do Império romano, único, concepção que será retomada, mais adiante. Com o império 'cristianizado', a partir do ano 800 d.C.

Enquanto isso, entre os povos do Oriente, a comunidade de povos organizada em torno do *basileus* de Constantinopla se estendia por toda a península dos Balcãs, à Crimeia, e posteriormente à Rússia, ao Cáucaso, à Armênia, à Ásia menor, à Síria, ao Egito e à Palestina. Logo mais adiante, em relação a búlgaros, sérvios, croatas, kazares e georgianos, o Império romano do Oriente teve papel estruturante nessas sociedades, ao lado da igreja ortodoxa, que se adapta como igrejas nacionais, com simbiótica relação entre igreja e estado: "Bizâncio sempre teve grande autoridade moral e gozou de uma certa supremacia política no Oriente".[100]

[98] D. ROPS, **A igreja dos tempos bárbaros** (op. cit.,1991, cit. p. 383): "As coisas não deviam ficar nesse pé, e é preciso dizer que o papado foi muito ajudado no seu desejo de se libertar dessa tutela pelas próprias faltas do basileu."

[99] D. ROPS, **A igreja dos tempos bárbaros** (op. cit.,1991, cit. p. 384-385): "A principal causa do distanciamento entre Roma e Bizâncio foi a atitude doutrinal dos imperadores." [...] "Pode-se dizer que a partir de meados do século VIII, a escolha pontifícia estava feita, e que, em princípios do século IX, passaria a ser um fato consumado: Roma optaria pelo Ocidente."

[100] M. de TAUBE (op. cit., 1939, chap. premier – *Byzance et la communauté internationale des peuples chrétiens*, p. 242 ss., cit. p. 244-245).

Durante mais de um século – de 1018 a 1185 – estiveram sob controle direto e regime bizantino, não somente grande parte da atual Bulgária bem como da Sérvia, da Albânia e da Macedônia. Mesmo durante o período bizantino, a Bulgária pôde manter a sua igreja nacional separada, chefiada pelo patriarca sediado em Ohrid.[101]

A percepção da continuidade e do encadeamento histórico são fundamentais para a compreensão da formação e do desenvolvimento de qualquer fenômeno humano, mas sobretudo em relação ao direito internacional.[102] Assim, a transmissão do direito romano na era medieval europeia, se deu por meio de encadeamento histórico, por vezes fraco, mas este nunca chegou a ser interrompido.[103]

Em sentido equivalente, a 'ideia de organização internacional',[104] no encadeamento de suas grandes fases, ao menos na perspectiva ocidental, viria desde o império romano – pautado pelo universalismo –, passando

[101] R. J. CRAMPTON, **A concise History of Bulgaria** (orig. publ. 1997, Cambridge: Univ. Press, fourth printing, 2010, chap. 2 – Mediaeval Bulgaria, 681-1393, p. 9-28, Bulgaria under Byzantine rule, p. 21-22): "Bulgaria remained an integral part of the Byzantine imperium until the late twelfth century. There had been a few outbreaks of unrest, mainly social in origin, and it was clear that a sense of Bulgarian cultural identity and separateness survived. Ironically, this was in part due to bogomil influence. Bogomil ideas tended to be absorbed more easily by the Slavs than the Greeks and this hindered the assimilation of the former by the latter. It also prevented any commitment to the ruling state or church."

[102] Como se examina no conjunto do **Tratado** (esp. tomo 20 – **Direito internacional, história e cultura**).

[103] Paul VINOGRADOFF, **Roman Law in Mediaeval Europe** (London/New York: Harper & Brothers, 1909; reproduction Charleston, SC: Bibliolife, 2011, Lecture I – *Decay of the Roman Law*, p. 1-31, cit. p. 31): "there was a constant, though thin, stream of legal learning running through the darkest centuries of the Middle Ages, that is from the fifth to the tenth. The existence of organized law schools is not proved, nor can there be any talk of a very active development of individual thought. But transcripts and abstracts from the fragmentary materials bequeathed by antiquity were made and studied in the scriptoria of monasteries or chapters and in the classrooms of leaders of Arts."

[104] Cfr. P. B. CASELLA, **União europeia**: instituições e ordenamento jurídico (São Paulo: LTr, 2002, esp. 1.2 – projetos e experiências de União europeia: antecedentes históricos, p. 54-71). J. van KAN, **Règles générales du droit de la paix** – l'idée de l'organisation internationale dans ses grandes phases (RCADI, 1938, t. 66, p. 295-602). J. van KAN aponta sucessivas 'ideias de organização internacional' (op. cit., 1938, caps. I, II e III) até chegar à época moderna (cap. IV) na qual aponta a conjugação entre os remanescentes medievais e aspirações nacionalistas – em autor como Pierre DUBOIS, no século XIV; passando por DUPLESSIS, MORNAY e CAMPANELLA, bem como a falsificação perpetrada sob o nome do Duque de SULLY, com o grande plano **Le grand dessein**. Alternam-se tendências morais e soluções utilitárias; a

pelo cristianismo – como princípio moral, e o santo império – no qual se inscreve o supranacionalismo, tudo isso muito antes de se alcançar a era moderna, passando pela crise da organização internacional no final da Idade média.[105]

A formulação do conceito de direito da sociedade humana ocorre na Idade média,[106] entre os canonistas e teólogos, como o direito de circulação – *jus communicationis* –[107] formulação que será adotada por VITÓRIA, que lhe confere alcance intercontinental. Mas, já antes tem grande relevância, na medida em que a estrada desempenha papel fundamental na Idade média – *la route a joué au Moyen Âge un rôle capital.*[108]

Basta considerar, respectivamente, o papel desempenhado pelos romanistas em relação ao direito internacional, a seguir o papel dos canonistas no direito internacional, notadamente quanto à configuração e à extensão

trajetória se encerrava com o que, segundo ele, constituíam às vésperas da segunda guerra mundial as 'hesitações atuais'. Viu-se no que estas resultariam...

105 Michel ZIMMERMANN, **La crise de l'organisation internationale à la fin du Moyen Âge** (RCADI, 1933, t. 44, p. 315-438, cit. p. 434): "une nouvelle conception du droit international, libéré de sa nature hétéronome, droit qui considère les états non pas comme sujets, mais plutôt comme forces créatices des normes juridiques, droit où l'unité ne signifie que l'existence d'une langue juridique commune, où la totalité a perdu sa primauté nécessaire."

106 Jean MOREAU-REIBEL, **Le droit de société interhumaine et le *jus gentium***: essai sur les origines et le développement des notions jusqu'à Grotius (RCADI, 1950, t. 77, p. 481-598, p. 518): "Le droit de société interhumaine est donc d'abord un droit de circulation."

107 J. MOREAU-REIBEL (op. cit., 1950, esp. cap II, '*Première élaboration du* jus humanae societatis – *le droit de circulation chez les canonistes*', p. 513-522, cit. p. 517): "Répresentez-vous la situation du Moyen Âge. Eh bien, les routes n'apparaissent nullement comme essentiellement des moyens d'organisation d'un territoire, à l'intérieur duquel la souveraineté s'est jalousement enfermée, elles apparaissent avant tout comme étant déstinées à la circulation humaine." O que se configurara de modo equivalente na Antiguidade, como se considera neste tomo, cap. 14 – Francisco de VITÓRIA (1480-1546); v. tb. **Tratado** (tomo 1 – **Direito internacional dos espaços**, caps. 1 e 2), ao se qualificar os poderes antigos como *dromo-cracias*, poder que se exercia sobre rotas e caminhos, mais do que sobre espaços estritamente delimitados, por meio de fronteiras, como passa a ser sobretudo do século XVI em diante.

108 Descrevem as andanças pelas rotas da Europa no século XIII, enviados em missão evangelizadora, os franciscanos Jourdain de GIANO, Thomas D'ECCLESTON et Salimbene D'ADAM, **Sur les routes d'Europe au XIIIe siècle** (Chroniques traduites et commentées par Marie-Thérèse LAUREILHE, Paris: Éd. Franciscaines, 1959, respectivamente p. 13-66, p. 67-143 e p. 145-218): o irmão JOURDAIN DE GIANO foi um dos primeiros franciscanos a ser enviado por são FRANCISCO DE ASSIS para a Alemanha; o irmão THOMAS D'ECCLESTON foi enviado para a Inglaterra, e a Crônica do irmão SALIMBENE D'ADAM relata dois períodos de permanência deste na França.

da sociedade internacional. Como se debateu no Concílio de Constança – para determinar se e em que medida os infiéis poderiam participar da sociedade internacional da época.

Diante de tais evidências, "se VITÓRIA e SUAREZ criaram suas obras, isso se deu graças aos caminhos que lhes foram preparados pelos canonistas". Isso é o que ensina o encaminhamento de noções ligadas ao direito da sociedade humana – *jus humanae societatis*.[109]

Na convergência entre o trabalho de canonistas e teólogos, a culminância do conjunto teria sido alcançada por VITÓRIA e por SUAREZ, que reuniam ambas as qualificações. Mas a mesma fundamentação ainda é amplamente utilizada por GRÓCIO.[110] Ao cabo de séculos de evolução e de encadeamento histórico.

Desse grande movimento, operado pelos juristas dos séculos XVI e (ainda no) XVII, convém destacar as características comuns: além da confrontação dos diversos direitos nacionais com o direito romano, também o cuidado com o método, a preocupação em captar o espírito dos textos tradicionais, mediante a aproximação com a filosofia moral e social dos antigos. No mesmo sentido, o esforço filológico, de depuração exegética dos textos, de busca da interpretação autêntica, como o humanismo, é espírito novo, que se encontra tanto nos canonistas e teólogos, como entre os leigos. Assim VITÓRIA e DE SOTO fazem penetrar o humanismo em suas lições e em seus pareceres, e Melchior CANO em seus estudos teológicos.

Aí se inscreve a assim chamada "escola francesa" com a grande ideia de constituir o direito como disciplina metódica, na linha do que já propugnara CÍCERO – *jus in artem redigere* – os juristas franceses são governados pela ideia de unidade do direito, que se torna o princípio dominante. Embora isso comece como a preocupação de submeter a diversidade dos costumes regionais ao mesmo padrão do que viria a ser a identidade 'nacio-

[109] J. MOREAU-REIBEL (op. cit., 1950, p. 514): "Si VITORIA et SUAREZ ont crée une oeuvre, c'est parce que les voies leur ont été préparées par les canonistes. C'est ce que enseigne le cheminement des notions liées au *jus humanae societatis*". V. tb. **Tratado** (tomo 4 – **Direito internacional no tempo medieval**).

[110] A respeito, ver, neste tomo, cap. 14, sobre Francisco de VITÓRIA, bem como **Tratado** (tomo 6 – **Direito internacional no tempo de Suárez, Gentili e Zouch**, esp. cap. 15, sobre Fr. SUAREZ e tomo 7 – **Direito internacional no tempo de Hugo Grócio**, cap. 18, sobre Hugo GRÓCIO); v. tb. P. B. CASELLA, 400 anos do De Legibus de Francisco Suárez (1548-1617) (Revista Fdusp, 2011-2012, vol. 106-107, p. 25-33 – https://www.revistas.usp.br/rfdusp/article/view/67935).

nal', logo esse quadro de reflexão transcende o âmbito interno e se projeta para questões do 'direito natural e das gentes'.

Nessa linha lembre-se a contribuição de François CONNAN, alto funcionário da corte francesa – *maître des requêtes* – ao tempo de FRANCISCO I. Define CONNAN o *jus gentium* de modo a distingui-lo claramente do direito natural: considera-o como o *quasi civile jus* da sociedade humana.[111] Esse direito compreende as instituições fundamentais que a razão humana concebeu com o intuito de manter e salvaguardar a vida social. Assim, o direito das gentes é, por excelência, um direito da utilidade social.

Os grandes juristas do século XVI, ao construírem as suas concepções, teriam marcado o retorno a BÁRTOLO. Especial menção merece a contribuição de BÁRTOLO, quem "adaptou e desenvolveu as concepções romanas sobre a autoridade do povo, como fonte do poder, sobre o papel desempenhado pela coerção na criação de normas (*vis coactiva*), sobre a delegação de autoridade política e de jurisdição, pelo Imperador e assim por diante".[112]

> Seus comentários sobre o assunto se tornaram a base do direito público da Europa central, e é significativo que os professores de direito romano na Alemanha tenham se apropriado de sua doutrina [de BÁRTOLO] preferindo-a ao ensinamento do próprio Código de JUSTINIANO.
>
> Os elementos modernos dos ensinamentos de BÁRTOLO o tornam mais aceitável para a solução de problemas resultantes do emaranhado estado dos negócios públicos na Alemanha do século XV. É nos seus trajes italianos que o direito romano é recebido pelos alemães, e essa modificação, em grande medida explica a razão da facilidade comparativa de sua adoção.[113]

[111] J. MOREAU-REIBEL (op. cit., 1950, p. 538-539) aponta a grande influência que exerceu François CONNAN sobre BODIN e HOTMAN. Mesmo quando o criticam, SUAREZ e GRÓCIO não deixam de reconhecer a importância da contribuição de CONNAN. No final do século XVII, DOMAT retomaria a empreitada encetada por este: "L'inspiration de CONNAN combinait ainsi le meilleur de l'humanisme et de la tradition des post-glosateurs."

[112] Paul VINOGRADOFF, **Roman Law in Mediaeval Europe** (London & New York: Harper & Brothers, 1909, reprint, 2011, lecture V – *Roman Law in Germany*, p. 106-131, cit. p. 124-125) sobre a contribuição de BÁRTOLO: "he adapted and developed the Roman conceptions on the authority of the people as a source of power, of the part played by coercion in the creation of laws (*vis coactiva*), of the delegation of political authority and jurisdiction by the Emperor and the like."

[113] P. VINOGRADOFF (op. cit., 1909, reprint 2011, p. 125): "It is needless to add that in a state of government and society as that which prevailed in Germany in the fifteenth century, the

Nesse sentido, na recepção do direito romano pela civilização medieval, apesar de todas as variações de contexto e de modalidades, duas ou três vertentes principais constantemente reaparecem:

- em primeiro lugar, a recepção do direito romano dependeu, em ampla medida, de causas *políticas* – esse sistema político subordinava-se à ideia do estado, acima dos indivíduos ou classes, livre da mescla de interesses públicos e privados, característica do feudalismo – fadado a ser atrativo para as mentes dos pioneiros da concepção de estado: imperadores ambiciosos, príncipes desejosos de fixar seus territórios – *grasping territorial princes*, legistas reformadores, e mesmo representantes clericais, em defesa da lei e da ordem;
- embora a história não se repita, e as condições da Europa no século XIV fossem bastante diversas das vigentes no Império romano, os resultados da vasta experiência de colocar enquadramentos legais para operações negociais tinha sido acumulado nos livros de direito romano, e as classes progressistas do final da Idade média não deixaram de os utilizar;
- finalmente, de ponto de vista jurisprudencial, o valor científico do direito romano não poderia ser contestado; este se manifestou tão logo se retomou o raciocínio teórico sobre questões jurídicas. E quando a elaboração de direito comum se tornou uma necessidade social, o sistema romano cresceu como uma força, não somente nas escolas, mas também nos tribunais. Em suma, a história do direito romano na Idade média dá testemunho do vigor latente e do poder organizacional das ideias em meio a contextos em mutação.[114]

cross relations between different political units and social groups were constantly producing friction and juridical disputes. And in all such questions, German law arrangements, based primarily on local customs, failed signally. Recourse to Roman Law as 'Common Law' was natural and unavoidable."

[114] P. VINOGRADOFF (op. cit., 1909, reprint 2011, p. 130-131). Deste mesmo Paul VINOGRADOFF, ver também seu instigante **Common Sense in Law** (© 1913, London: Oxford Univ. Press, 2nd. ed., rev. by Dr. H. G. HAMBURY; tb. disponível, **Introducción al Derecho**, trad. Vicente HERRERO, Mexico: FCE, la. ed. em espanhol, 1952, 3ª. ed., 1992, 6ª. reimpr., 1997).

O exemplo mais significativo nesse sentido seria Alberico GENTILI,[115] que exprimiria o encadeamento entre continuidade nas diferentes etapas dessa elaboração e inovação, que se faz a partir das fontes medievais, sobretudo pelo diálogo intelectual de GENTILI com seus grandes compatriotas, BÁRTOLO e BALDO, apesar dos séculos que os separam: "sem a lição de BALDO, nem GENTILI nem tantos outros dentre os seus contemporâneos teriam podido tentar construir. É um dos mais manifestos exemplos de continuidade real das doutrinas".[116]

O mesmo sentido de combinação de elementos em continuidade histórica e de ruptura conceitual se põe em setor dos mais complexos e refratários a qualquer tentativa de regulação razoável: a guerra.[117] Dentre os elementos básicos de qualquer sistema internacional, e que exigem tentativas de regulação jurídica, se inscreve a questão da guerra e da determinação das normas para condução dos conflitos armados.[118] Ao lado desta, se inscreve a questão da convicção da juridicidade das normas *opinio juris*,[119] reguladoras da convivência internacional.

Fenômenos como a 'diplomacia', ou mais singelamente, o envio e o recebimento de representantes entre entidades políticas integrantes do sistema, e a proteção da integridade física e liberdade de deslocamento destes,[120]

115 A respeito de GENTILI, ver **Tratado** (tomo 6 – **Direito internacional no tempo de Suárez, Gentili e Zouch**, cap. 16).

116 J. MOREAU-REIBEL (op. cit., 1950, p. 541-542).

117 Cfr. **Tratado** (tomo 4 – **Direito internacional no tempo medieval**, cap. 11, sobre os tratadistas da guerra). Ver Alexander GILLESPIE, **A History of the Laws of War** (Oxford/Portland, Oregon: Hart Publ., 2011, vol. I – *The Customs and Laws of War with regards to Combatants and Captives*, vol. II. – *The Customs and Laws of War with regards to Civilians in Times of Conflict*; vol. III – *The Customs and Laws of War with regards to Arms Control*'); Hew STRACHAN and Sibylle SCHEIPERS (ed. by), **The changing character of war** (Oxford: Univ. Press, 2011); Keiichiro OKIMOTO, **The Distinction and Relationship between *Jus ad bellum* and *Jus in bello*** (Oxford/Portland, Oregon: Hart Publ., 2011).

118 Como se considerou no **Tratado** (tomo 4 – **Direito internacional no tempo medieval**, cap. 11, sobre os tratadistas da guerra). Observa R. KOLB (2010, p. 26): "Des règles relatives aux causes reconnues de guerre, au déclenchement de celle-ci, à sa conduite et à sa fin, sont indispensables dans les rapports interétatiques."

119 Alguns aspectos são considerados em P. B. CASELLA, Opinio juris e a questão da materialidade emergente do direito internacional pós-moderno (Revista de direito do estado – RDE, 2008, vol. 10, p. 367-386).

120 Ver NASCIMENTO E SILVA – CASELLA – BITTENCOURT NETO, **Direito internacional diplomático** (São Paulo: Saraiva, 4ª ed., 2012).

bem como a celebração de acordos, ou 'tratados', são outras facetas elementares para a caracterização da ocorrência de um sistema internacional.

Mesmo quando não aparentes à primeira vista, não se pode esquecer que o direito internacional, desde quando começou a existir, no Oriente médio e no Egito, a partir de meados do segundo milênio antes de Cristo, trata de questões como a guerra e a paz, a celebração de tratados e alianças, enviar e receber representantes e arautos. As instituições do Oriente médio e do Egito interessam os historiadores do direito enquanto primícias do direito internacional europeu.[121]

Da mesma forma, a contribuição das *póleis* gregas antigas, com seus ulteriores desdobramentos no contexto helenístico, espalhado para consideráveis extensões da Eurásia, na esteira do Império de ALEXANDRE.[122] E também por suas interações e confrontações com o mundo persa.[123] Estes também cuidam das mesmas questões, e são estudados como prenunciadores e formadores do futuro direito internacional europeu.

Roma teve e legou direito internacional para as civilizações que a sucederam:[124] a ideia de direito das gentes surge com o próprio gênero humano – *antiquius jus gentium cum ipse genero humano proditum est*, registrava o **Digesto** –[125] mas ainda há quem pretenda e diga que Roma não teve direito internacional! *O tempora, o mores*!

Apesar de matrizes comuns ou desenvolvimentos concomitantes independentes, os fenômenos do direito internacional nas culturas extra europeias, contudo, somente tem sido isoladamente considerados [126] e isso

[121] Como se considerou no **Tratado** (tomo 3 A **Direito internacional no tempo antigo** e tomo 3 B – **Gregos, romanos, chineses, indianos**).

[122] Cf. **Tratado** (tomo 3 B – **Gregos, romanos, chineses, indianos**, cap. 5). Ver tb. Paul VEYNE, **L'empire gréco-romain** (Paris: Seuil, 2005): "la culture matérielle et morale de Rome est issue d'un processus d'assimilation de cette civilisation héllenique qui, de l'Afghanistan au Maroc, était la culture 'mondiale' du temps dans ce coin du globe."

[123] Cf. **Tratado** (tomo 3 A – **Direito internacional no tempo antigo**, esp. cap. 4).

[124] Nesse sentido, **Tratado** (tomo 3 B – **Gregos, romanos, chineses, indianos**, esp. cap. 6). Ver tb. Pierangelo CATALANO, **Linee del sistema sovrannazionale romano** (Torino: Univ. di Torino-Memorie dell'Istituto Giuridico / G. Giappichelli, serie II, memoria CXIX, 1965) que, contudo, questiona a ocorrência de direito internacional entre os antigos romanos, em razão da inocorrência de 'estado' e da 'soberania'.

[125] Ver D. 41,1,1 cfr. **Corpus iuris civilis**, vol. primum, **Digesta** (recognovit Theodorus MOMMSEN, retractavit Paulus KRUEGER, Dublin / Zurich: Weidmann, 22ª ed., 1973)

[126] Nesse sentido, ver W. PREISER (1964), W. PREISER (1976), R. KOLB (2010). W. GREWE, **Epochen der Völkerrechtsgeschichte** (Baden-Baden: Nomos, 1984), dedica umas poucas

somente quando ocorra ponto de contato entre referidas tradições e as correntes europeias – tal como se deu, por exemplo, de modo muitas vezes desastroso, no contexto das incursões europeias em territórios ultramarinos e implantação de impérios coloniais.[127]

A Índia antiga suscitou alguns estudos, de qualidade desigual, que consideram as suas instituições de direito internacional.[128] Como no Ocidente, a religião desempenhou papel central na Índia antiga, ao estipular normas de conduta.

Ainda aí, esses estudos interessam também diretamente ao mundo europeu, em razão das conexões ancestrais, enraizadas na tradição indo-europeia: a origem do direito internacional na antiga Índia hindu se reporta ao *Dharma*, cujo titular era o rei.[129] A doutrina clássica que governa o estado hindu era mescla do **Código** de MANU e do **Artashastra** de KAUTILYA. Tratava-se combinação do *Dharma* – a norma de bom comportamento (*the law of righteousness*) – e *Arta* – o direito da organização econômica e política.[130]

Assim se exprimem continuidades e encadeamentos, no direito internacional vigente, na formulação de direito comum internacional. Mas, para este fenômeno ser mais adequadamente compreendido, no presente, é não somente útil, como necessário, reportá-lo ao seu surgimento no passado. Isso porque

páginas (p. 27-30) de sua relevante obra à consideração de 'Frühe völkerrechtliche Ordnungen der abdendländischen Antike und der aussereuropäischen Welt'.

127 Cf. **Tratado** (tomos 14 a 17 – **Direito internacional no tempo do colonialismo**, esp. item – colonialismo no tempo e no espaço).

128 Cf. **Tratado** (tomo 3 B – **Gregos, romanos, chineses, indianos**, item 7.1); K. R. R. SASTRY, **Hinduism and International Law** (RCADI, 1966, t. 117, p. 503-616); como tb. breve exame da contribuição de KAUTILYA, tal como contida no **Artashastra**. Ver tb. Ved P. NANDA, *International law in Ancient Hindu India* (in **Religion and International Law**, edited by Mark W. JANIS & Carolyn EVANS, © 1999, Leiden/Boston: M. Nijhoff, 2004, p. 51-61, cit. p. 51): "India presents a rich tapestry of governing rules of international law for interstate (inter-sovereign) conduct, interwoven at various periods of its checkered history."

129 Cf. fontes citadas na nota precedente e **Tratado** (tomo 3 B – **Gregos, romanos, chineses, indianos**, item 7.1) tb. para as referências ao **Código** de MANU e ao **Artashastra** de KAUTILYA.

130 Cit. Ved P. NANDA (cap. cit., 2004, p. 58): "The separation of law and religion had occurred by KAUTILYA's time; interstate relations in India and further India were based on principles of secularism regardless of religion, race or ethnicity."

> Desconhecer os motivos e o contexto em que tais motivos surgiram, a escala de possibilidades, na medida em que essas possibilidades se desenrolavam perante os atores, a maior parte das quais nunca foram nem poderiam ter sido concretizadas; desconhecer o espectro da imaginação e do conhecimento humanos – de que forma o mundo e mesmo essa imaginação e esse pensamento se deparam a homens cuja visão e valores (ilusões, etc.) podemos captar, em última instância, apenas em função de nossa própria visão e dos nossos próprios valores – seria deixar de escrever história.[131]

Cabe, aqui, elucidar o encadeamento desses conceitos. E apontar a relação de cada um com a formação e o desenvolvimento de sistema institucional e normativo internacional.

Capítulos anteriores e alguns dos seguintes serão úteis para reportar a frequência da utilização, pelos assim chamados fundadores do direito internacional de remissões ao direito romano, como parte de herança comum da tradição ocidental, e como meio de dedução de princípios norteadores, sobre a qual poderia ser deduzido o direito internacional moderno – na medida em que não contava com fontes normativas equivalentes às dos direitos nacionais –, quando da construção deste sistema. Esse fenômeno perdurou durante séculos, até os séculos XVII e XVIII. Como ilustram LEIBNIZ e Christian WOLFF destacando a relevância da contribuição civilizacional da China.[132]

Mesmo se atualmente as referências a princípios e fórmulas romanísticas possam ser menos frequentes em relação ao tempo em que os fundadores plasmavam o que viria a ser o direito internacional moderno – e não poderiam fazer de outro modo, de maneira mais ou menos objetiva – a própria consciência jurídica internacional o faz, ainda hoje. Isso se vê, por exemplo, quando a Corte Internacional de Justiça fala em 'princípios consolidados' ou 'práticas consagradas do direito internacional'. Tudo isso se dá, especialmente, sobre concepções jurídicas romanísticas, e também a jurisprudência internacional destaca, por vezes, princípios e normas do

[131] Isaiah BERLIN, **Quatro ensaios sobre a liberdade** (do original **Four essays on liberty** © 1969, trad. Wamberto Hudson FERREIRA, Brasília: Ed. UnB, 1981 / Col. pensamento político, vol. 39, 'introdução', p. 1-41, cit. p. 17).

[132] Cf. **Tratado** (tomo 10 – **Direito internacional no tempo de C. van Bynkershoek e Christian Wolff**, cap. 22 – Christian WOLFF (1679-1754) e item 22.1 – direito segundo LEIBNIZ).

direito romano, ou por assim dizer, 'reforça' o enunciado de normas internacionais gerais, com menção a estes mesmos princípios e normas.

Alguns dos conceitos basilares do direito foram herdados e continuam a ser aplicados com remissões mais ou menos diretas ao direito romano. Se isso pode ser questionado em perspectiva universal, ao menos se põe, de modo incontornável, em relação ao direito ocidental. Como herança direta,[133] do que vem a ser o direito do mundo ocidental moderno.

Curiosamente, o pensamento do século XVI nos é muito mais familiar do que o de séculos anteriores. Mas este, mais do que a originalidade e a inovação, combina, ao mesmo tempo, a persistência da tradição nominalista, com o retorno – o retorno às fontes bíblicas, por parte da Reforma; o retorno às fontes antigas, gregas e latinas, pelo movimento humanista: "menos novidades do que a história de renascimento de velhas ideias. Mas, estas, transplantadas em novo terreno, fizeram as velhas raízes produzirem frutos inéditos".[134]

E como essa ideia de direito comum – *jus commune* –, compartilhado, se reflete no direito internacional – *jus gentium*? E como pode ser conciliado, na medida em que de direito europeu – *jus europaeum*, como se pautou no período dito clássico, pretenda alçar-se a condição de direito de vocação verdadeiramente universal?

A explicitação dessa base conceitual e metodológica é fundamental para a compreensão da 'natureza' e do papel que tem a desempenhar o direito

133 Nesse sentido, ver **Tratado** (tomo 4 – **Direito internacional no tempo medieval**, item 8.3 – caminhos da instauração medieval, bem como o conjunto dos tomos 3 A – **Direito internacional no tempo antigo** e 3 B – **Gregos, romanos, chineses, indianos**); Giambattista VICO, nos seus princípios de uma ciência nova, **Principi d'una scienza nuova d'intorno alla commune natura delle nazioni** (1725) aponta a passagem do que ele chama de 'sociedades primitivas', onde o direito, nos antigos relatos de costumes, que chegaram até nós, se vê envolto em poesia, enquanto o direito 'racionalista' somente seria elaborado mais tarde, em Roma. Não por acaso, Ernst H. KANTOROWICZ, *La royauté médiévale sous l'impact d'une conception scientifique du droit* (Paris: Philosophie – revue trimestrielle, n. 20, automne 1988, p. 48-72), coloca o "direito científico, ou seja o direito romano" como a base para a assim chamada renascença do século XII.

134 Michel VILLEY, **La formation de la pensée juridique moderne** (Paris: PUF, 2003, chap. IV – *Les principes du droit romain*, p. 100-106, referido mais adiante, e a seguir, p. 277): "Moins de nouveautés que l'histoire d'une renaissance de vieilles idées. Mais, transplantées sur une terre nouvelle, ces vieilles racines vont y produire des fruits inédits".

internacional. Isso está inscrito na sua própria história, como se considera, neste capítulo. Nessa linha,

> Os escritos de alguns padres da igreja, as pregações de uma mesma fé nas diversas regiões então conhecidas da Terra, a instituição dos concílios ecumênicos, a própria autoridade que os cânones conquistam, sobretudo a partir do século IX, sobre quase todos os povos da Europa, como, mais tarde, o colossal empreendimento das cruzadas, foram grandes meios de preparação dos povos cristãos, para reconhecer e para constituir entre eles um direito comum internacional.[135]

É problemático enxergar em movimento de ampla confrontação e de conflito aberto com outros povos, cognominados 'infiéis' ou 'hereges' – como foram as cruzadas – a condição de cimento para a configuração de um 'direito comum internacional'.[136]

> Por outro lado, evocando a memória do velho império dos Césares e reanimado por obra de nossas universidades o estudo do direito romano, a autoridade desse antigo depósito da sabedoria itálica veio ressurgindo em toda parte e acabou por (serviço imenso para a civilização do futuro!) tornar-se um direito comum obrigatório de todas as nações civilizadas.[137]

O difícil problema da sobrevivência do direito romano, ao longo da Idade média, e também do processo, por meio do qual se faz a sua assim chamada 'renascença', se põe em várias facetas. Parece ser, por vezes, "uma história de fantasma",[138] onde "se trata da segunda vida do direito romano, depois da queda do corpo, no qual ele primeiro viu a luz".[139]

[135] Pasquale Stanislao MANCINI, **Direito internacional** (do original **Diritto internazionale. Prelezioni**, trad. Ciro MIORANZA, Ijuí, R.S.: Ed. Unijuí, 2003, esp. I. '*A nacionalidade como fundamento do direito das gentes*' – Preleção ao curso de direito internacional e marítimo, proferida na Real Universidade de Turim, em 22 de janeiro de 1851, p. 31-86).

[136] Nesse sentido, ver **Tratado** (tomo 4 – **Direito internacional no tempo medieval**, item 11.1 – cristianizar a guerra? e 11.2 – guerra justa e guerra santa: entre *jihad* e as cruzadas).

[137] P. S. MANCINI (Preleção cit., 1851, ed. bras. 2003, cit. p. 40).

[138] Paul VINOGRADOFF, **Roman Law in Mediaeval Europe** (London/New York: Harper & Brothers, 1909; reproduction Charleston, SC: Bibliolife, 2011).

[139] P. VINOGRADOFF (op. cit., 1909, reprint 2011, p. 4-5): "My tale begins at the epoch of decay during which the Western Empire was engaged in its last struggles with overwhelming

Esse período, que se estende dos séculos V ao X, seria caracterizado pela concomitância de dois fenômenos: "a romanização das províncias e a barbarização de Roma".[140] Dessa época, mais precisamente entre o final do século V e o início do século VI, três 'codificações' de direito romano 'barbarizado' foram compiladas:[141]

- os **Éditos** dos reis ostrogodos, perdem relevância depois da destruição do reino destes pelos bizantinos;
- a **Lex Romana Burgundiorum**, ou lei romana da Borgonha,[142] para os súditos galo-romanos, ao lado da **Lex Gundobada**, para os borguinhões, da segunda década do século VI, ao tempo do rei GUNDOBAD ou de seu filho SIGISMUNDO I, que não passou de fenômeno de alcance regional, com restrita repercussão em escala mais extensa;[143] e

hordes of barbarians. It was the time when the new languages and nations of Western Europe were born; when the races gathered within the boundaries fixed by AUGUSTUS, TRAJAN and SEPTIMIUS SEVERUS were permeated by Latin culture; when the elements of Roman and Teutonic Europe were gradually beginning to assume some shape."

140 Nesse sentido, ver **Tratado** (tomo 4 – **Direito internacional no tempo medieval**, cap. 8 – a longa transição do mundo antigo ao medieval).

141 W. GREWE (hrsg.), **Fontes Historiae Juris Gentium – Quellen zur Geschichte des Völkerrechts** (Berlin / New York: Walter de Gruyter, vol. I – 1380 v. Chr.-1493, 1995); Karl-Heinz ZIEGLER, **Völkerrechtsgeschichte** – Ein Studienbuch (Munique: C. H. Beck, 1994); Aaron X. FELLMETH and Maurice HORWITZ, **Guide to Latin in International Law** (Oxford: Univ. Press, printed version 2009; on line version, 2011, elSBN: 9780199 891498).

142 Da **Lex Romana Burgundiorum** conserva-se versão quase completa do texto em único manuscrito – Vat. Lat. 7277 – na Biblioteca Apostolica Vaticana, enquanto outros contém fragmentos ou títulos específicos, usualmente com partes da **Lex Burgundiorum**. Edição de Ludwig Rudolf von SALIS (hrsg.), **Leges Burgundiorum** (MGH LL nat. Germ. II 1, Hannover 1892) – disponível on line, Univ. de Colônia: Bibliotheca legum, Lex Romana Burgundiorum, leges.uni-koeln.ed.

143 Bertrand SCHNERB, **L'état bourguignon** 1363-1477 (orig. publ. 1999, Paris: Perrin – tempus, 2005, Introduction – Des Burgondes au *Regnum Burggundiae*, p. 11-16, cit. p. 11-12): "À l'origine de la puissance bourguignonne se trouve une principauté, le duché de Bourgogne, elle-même issue d'une entité territoriale plus vaste appelée *Burgundia*. Cette 'Bourgogne' primitive tira son nom des Burgondes, peuple venu des rivages méridionaux de la Baltique, qui avait migré au Ier premier siècle av. J.-C. Vers la basse vallée de la Vistule avant de se diriger vers l'ouest et de s'installer sur le Rhin, à la frontière orientale de l'Empire romain. Intégrés au système de défense de cet empire à titre de 'fédérés', les Burgondes fondèrent un royaume rhénan qui, au début du Ve siècle apr. J.-C., avait Worms pour capitale. En 436,

- dentre as compilações visigóticas, o **Breviarium Alaricianum** ou lei romana dos visigodos – **Lex Romana Visigothorum**,[144] compilada por ordem do rei ALARICO II, em 506, alcançou maior difusão e repercussão:[145] "este demonstra considerável conhecimento e experiência; seu latim é suficientemente puro; apresenta esforço razoável de compressão dos atos legislativos do Império tardio em compêndio de tamanho moderado",[146] "foi desempenho consideravelmente bom do rei 'bárbaro' visigótico, tentar, em 506, com a ajuda de seus nobres, seu clero e os representantes das províncias, fazer para a população romana sob sua administração o que

ils furent vaincus par les Huns et ce qui restait de leur peuple reçut de l'autorité romaine l'autorisation de s'installer en *Sapaudia* – c'est-à-dire, en Savoie – autour du lac de Genève. Partant de cette zone, à la faveur du déclin de l'Empire roman d'Occident, ils reconstituèrent un royaume en s'assurant le contrôle des vallées du Rhône et de la Saône." / "À l'époque du roi GONDEBAUD (474-516), le royaume burgonde s'étendit de la Champagne méridionale jusqu'à la Durance. Mais à la génération suivante, les Burgondes se heurtèrent aux Francs qui annexèrent leur royaume au *regnum Francorum* en 534. Cependant, vingt-cinq ans plus tard, lors du partage succéssoral qui suivit la mort du roi CLOTAIRE Ier, un des fils de ce dernier, GONTRAN, reçut en héritage le royaume de Bourgogne (*regnum Burgundiae*) qui comprenait non seulement les anciens territoires burgondes, mais, en outre, s'étendait au nord jusqu'à la région de Paris, au sud jusqu'à Arles en Provence et à l'est au-delà des Alpes, jusqu'au Val d'Aoste. Ce royaume de Bourgogne mérovingien subsista jusqu'au VIIIe siècle, puis fut annexé à l'Austrasie par CHARLES MARTEL."

144 **Forus Antiquus Gothorum regum Hispaniae** olim Liber Iudicum ... XII Libros continens (Madriti: Ex Officina Petri Madrigal, 1600). A primeira compilação dos visigodos, o **Código de Eurico**, de 476 d.C., foi elaborada para dirimir controvérsias entre visigodos e hispano e galo-romanos. Parte dos originais (60 de 350 capítulos) se encontram em manuscrito conservado na Biblioteca Nacional da França, em Paris. A maior codificação dos visigodos, o **Breviarium Alaricianum**, de 506 d.C., contém seleção e interpretação de textos de *leges* – Constituições imperiais dos códigos Gregoriano, Hermogeniano e Teodosiano – e de *iura* – fragmentos de GAIO e PAULO. A dualidade de direitos, decorrente do princípio da personalidade das leis, somente se supera com a ab-rogação da **Lex Romana Visigothorum**, em 654 d.C., pela **Lex Wisigothorum** de RECESVINT (reinou de 653-672). A denominação 'Liber Iudicum' ou 'Forum Iudicum' depois conhecido como 'Fuero Juzgo' revela a finalidade de servir à prática forense.

145 P. VINOGRADOFF (op. cit., 1909, reprint 2011, p. 7): "The **Breviarium Alaricianum** purposed to be, and indeed was, a more or less complete code for the usage of the Roman populations of France and Spain. And it deserves attention as evidence of the state to which Roman Law had been reduced by the beginning of the sixth century."

146 P. VINOGRADOFF (op. cit. 1909, reprint 2011, p. 8): "It is not to be wondered that the Breviarium obtained a dominant position in European Western countries."

JUSTINIANO fez, trinta anos depois, com recursos infinitamente maiores a disposição dele, para o Império do oriente".[147]

Cabe, ainda, mencionar, quarta compilação de direito romano decadente, feita esta mais tarde, com finalidade específica:

- a **Lex Romana Curiensis**,[148] do final do século VIII, "testemunha decadência adicional e mais profunda", onde se contém a expressão de costumes, compilada para a população românica da parte oriental do que hoje é a Suíça, e foi usado também na região do Tirol e do norte da Itália:[149] "embora a influência de Roma seja manifesta no empréstimo de institutos legais, o tratamento jurídico em nada é melhor, mas é pior do que as coletâneas de costumes francos e lombardos, da mesma época".[150]

A tradição jurídica de Roma, mesmo quando em forma degenerada, não somente foi aplicada na alta Idade média, como continuou presente nas legislações 'bárbaras', mais ou menos abertamente integrada ao 'corpus juris' local: "o direito medieval contribuiu para edificar a nós mesmos, apesar das transformações mais recentes, ainda mal identificadas, às vezes

[147] P. VINOGRADOFF (op. cit., 1909, reprint 2011, p. 9-12) faz comparação entre as grandes linhas estruturais do **Breviário** de ALARICO e o **Corpus juris civilis** de JUSTINIANO. E conclui: "The **Breviarium Alaricianum** consists of laws and rules that are in any case reasonable and tolerably well expressed."

[148] A **Lex Romana Curiensis** também conhecida como **Lex Romana Raetica**, **Lex Romana Utinensis** ou **Epitome Sancti Galli**, edição de Elisabeth MEYER-MARTHALTER (1916-2001), **Römisches Recht in Rätien im frühen und hohen Mittelalter** (orig. publ. Ed. Leemann, 1968, disponível on line – Open Library); ver tb. E. MEYER-MARTHALTER, **Sammlung Schweizerischer Rechtsquellen** (1959 etc – vários volumes).

[149] P. VINOGRADOFF (op. cit., 1909, reprint 2011, p. 12): "Its language and contents are most barbarous."

[150] P. VINOGRADOFF (op. cit., 1909, reprint 2011, p. 12-13, e a seguir, p. 14): "The law in question is based on a very imperfect abstract of the Lex Romana Visigothorum, in which the **Institutes** of GAIUS and the greater part of PAUL's **Sententiae** are dropped, while the enactments of emperors are generally taken from the text of the 'Interpretation'." Com importantes distorsões conceituais: "It is evident that we are in the presence of a rather debased and Germanised form of legal custom, engrafted on fragments of what had once been a system of Imperial law."

inquietantes, com frequência surpreendentes, do nosso próprio sistema normativo".[151]

A tradição jurídica de Roma ainda ensejaria elementos na transição para os autores do direito internacional moderno se nutrirem da fonte romana. E é preciso, como sempre, contextualizar:

> Precisamos notar, primeiro, que nenhum estado desse período era forte o bastante para assegurar a implementação e execução de uma sua ordem jurídica coerente, com exclusão de quaisquer outras leis, ou tratando-as como atos pertinentes a estrangeiros. Mesmo os mais poderosos dentre os governos bárbaros, que se levantaram das ruínas do Império, como os reinos dos Lombardos e dos Francos, tiveram de se confrontar com estado de coisas, baseado em mescla de arranjos jurídicos.
>
> Os dirigentes carolíngios, e especialmente CARLOS MAGNO, introduziram alguma unidade em questões de importância vital para o governo e a segurança pública, mas, mesmo naquele tempo, diferenças raciais manifestavam-se em toda parte. A lei se tornara necessariamente pessoal e local na sua aplicação.[152]

Consequência da adoção medieval do estatuto pessoal do indivíduo, mais do que da incidência territorial de determinado sistema legal moderno, como relata o bispo AGOBARDO, de Lyon, em 850, constantemente ocorria que, de cinco pessoas, reunidas em uma sala, cada um se regesse por uma lei diversa: "nesses relacionamentos ocorriam notáveis exemplos dos assim chamados conflitos de leis".[153] Antes de examinar as

[151] Jacques CHIFFOLEAU, *Direito(s)* (in **Dicionário temático do Ocidente medieval**, coord. Jacques LE GOFF e Jean-Claude SCHMITT, orig. publ. **Dictionnaire raisonné de l'Occident médiéval**, 1999, coord. da trad. Hilário FRANCO Jr., Bauru: Edusc, 2006, vol. I, p. 333-351, cit. p. 349); v. tb. Pierre LEGENDRE, **La pénétration du droit romain dans le droit canonique classique**, de GRATIEN à INNOCENT IV (1140-1254) (Paris:Imprimerie Jouve, 1964); ___, **Écrits juridiques du Moyen Âge occidental** – Collected Studies (Londres: Variorum Reprints, 1988).

[152] P. VINOGRADOFF (op. cit., 1909, reprint 2011, p. 14-16): "The forcible entry of the Goths, Lombards, and Franks into the provinces did not in any sense involve the disappearance or denationalisation of the Roman inhabitants. The legal status of the latter was allowed to continue. [...] All intercourse between Romans was ruled by the law of the race. [...] the legal rights of the Roman would be at variance with those of his German neighbours."

[153] Citado por P. VINOGRADOFF (op. cit., 1909, reprint 2011, p. 16).

questões de fundo, qualquer magistrado tinha de determinar a qual lei se filiava cada uma das partes, o que, consequentemente, determinaria a quais corpos de leis o caso se reportaria. Além das leis pessoais, segundo a região de origem da parte contratante, também tinha de ser levado em conta o estatuto pessoal: por exemplo, as corporações eclesiásticas, enquanto tais, tinham a prerrogativa de serem julgadas segundo o direito romano.[154]

Os costumes locais tornam-se, no curso do tempo, uma característica marcante da Idade média. Estes tendem a restringir a aplicação do princípio puramente pessoal, embora este último não tenha sido abolido, por muito tempo.

> o costume feito com base no direito romano se estendia por ampla área, que abrangia:
> - primeiro, o sul da Itália, onde o Império bizantino manteve a sua autoridade, até o advento dos sarracenos e dos normandos: lá as cortes aplicavam não somente o direito romano, como estipulado no **Corpus juris**, mas igualmente a legislação promulgada pelos sucessores de JUSTINIANO;
> - no centro, o distrito formando a assim chamada Romagna se caracterizava pela aplicação do Código de JUSTINIANO;
> - em terceiro lugar, no sul da França e no norte da Espanha, o **Breviário** de ALARICO reinava soberano.[155]

Além destas três áreas, mesmo em regiões com claro predomínio das leis bárbaras, como no norte da França, na Alemanha e na Inglaterra, a influência de certas instituições romanas era manifesta de muitas formas. Mesmo onde não havia população romana numerosa, mesmo sem o elemento racial romano, o clero, ao menos, se regia pelo direito romano, e muitas normas de direito romano foram adotadas, por sua utilidade prática.

A influência romana mais forte se deu no caso dos godos: estes estiveram em contato com o Império, no tempo da força deste, nos séculos III e

154 P. VINOGRADOFF (op. cit., 1909, reprint 2011, p. 17, e a seguir, p. 18): "The rules as to allowing or disallowing recourse to one or the other personal law were necessarily rather complicated." De tal modo que: "in almost every jurisdictional district, local customs arose to regulate the ordinary dealings of its population."

155 P. VINOGRADOFF (op. cit., 1909, reprint 2011, p. 18-19): "The way in which the light of Roman legal lore was transformed while breaking through the many-coloured panes of local custom was most varied."

IV, e os dois ramos principais deste povo se estabeleceram em solo romano como confederados – "confederados muito indisciplinados e perigosos, como Roma descobriu, nas mãos de ALARICO I, mas, mesmo assim, confederados que aprenderam constantemente de seus vizinhos civilizados" – e a consequência foi terem os ostrogodos fundado a sua legislação diretamente sobre padrões romanos, enquanto os visigodos da Espanha e da França adotaram a legislação romana como pacote fechado, exceto quanto ao fato de – com o **Breviário** – terem codificado o direito imperial para o uso por seus concidadãos romanos.[156]

Mais adiante, no curso do século VI, a influência das normas romanas se torna mais e mais forte, com transposição de seções inteiras da **Lex Visigothorum**, do **Breviarium**, das **Novellae**, e de direito costumeiro, de origem romana, que ainda circulava pelos tribunais, apesar da codificação oficial de ALARICO II:

> cerca de um terço da assim chamada *antiqua* remontava ao direito romano. E no tocante à legislação dos grandes reis do século VII, como CHINDASWIND e RECESVINT, que fizeram esforço para substituir leis pessoais por códigos territoriais, a maior parte se baseia em padrões romanos. É preciso, contudo, reconhecer que essa romanização predominante é, em certa medida, exagerada nas legislações oficiais, em relação ao que circulava na prática forense.
> Pode ser apontado fluxo contínuo de costumes jurídicos germânicos, que se contrapunha às tendências romanizantes das legislações reais, e mantiveram normas e institutos, que nos remetem com força aos costumes escandinavos, e evidentemente remonta às origens teutônicas. Esses elementos germânicos emergem nas coletâneas posteriores de costumes provinciais, os assim chamados *Fueros*.[157]

[156] P. VINOGRADOFF (op. cit., 1909, reprint 2011, p. 20) observa que mesmo em fragmentos de leis de EURICO, a parte mais antiga da legislação visigótica (datada por volta de 460 d.C.) encontram-se numerosos parágrafos tirados de fontes romanas.

[157] A denominação 'Liber Iudicum' ou 'Forum Iudicum' depois conhecido como 'Fuero Juzgo' revela a finalidade de servir à prática forense. Como mencionado **Forus Antiquus Gothorum regum Hispaniae** olim Liber Iudicum ... XII Libros continens (Madriti: Ex Officina Petri Madrigal, 1600), depois da primeira compilação, o **Código de Eurico**, de 476 d.C., a maior codificação dos visigodos, o **Breviarium Alaricianum**, de 506 d.C., ainda contém a dualidade de direitos, decorrente do princípio da personalidade das leis, o que se supera com a ab-rogação da **Lex Romana Visigothorum**, em 654 d.C., pela **Lex Wisigothorum** de RECESVINT (653-672).

Mesmo aceitando a existência dessa corrente profunda de costumes germânicos, não se descaracteriza a tendência geral, no sentido de que a tradição jurídica romana teve a mais poderosa influência sobre os visigodos da Espanha e da França.

> Diversamente se põe a questão em relação aos lombardos, dado que a numerosa população romana do norte e do centro da Itália nunca foi destruída nem inteiramente privada de sua herança jurídica. Muito embora a prática de seu direito tenha ficado restrita às transações voluntárias e a formas de arbitragem, semelhantes às utilizadas pelos cristãos, antes da igreja ser reconhecida pelo Império: os fiéis cristãos evitavam recorrer aos magistrados pagãos, resolvendo entre si as controvérsias por meio de arbitragem.[158]

Algo equivalente se preserva na tradição do direito romano nos distritos lombardos, no curso dos séculos VI e VII, até serem expressamente consignados na **Codificação** de LUITPRAND (cl. 91)[159] onde se estipula que instrumentos feitos perante cartórios romanos deveriam observar as normas do direito romano, e da mesma forma, os instrumentos lombardos deveriam ser redigidos em conformidade com o direito lombardo.[160]

É, assim, notável que embora a legislação lombarda tenha permanecido fiel às suas origens teutônicas, no que diz respeito ao conteúdo das normas, esta continuou, contudo, aberta à poderosa influência do direito romano, em duas vertentes:

- a primeira, com o rápido crescimento das relações econômicas na região do que vem a ser a Itália, tornam-se estas relações mais e mais complexas e tornam necessário contar com sistema jurídico civilizado altamente desejável e necessário, especialmente em relação aos negócios da população etnicamente romana, e nas transações com

[158] P. VINOGRADOFF (op. cit., 1909, reprint 2011, p. 21).

[159] Thom GOBBITT, **Chapter Three LIUTPRAND's Prologues in the *Edictus Longobardorum*** (Leiden: Brill, disponível on line: brill.com – open access – https://doi.org/10.1163/9789004448650_005).

[160] P. VINOGRADOFF (op. cit., 1909, reprint 2011, p. 22): "Although the existence of a body of Roman Law was indirectly recognized in this fashion, no provision was made, even after the above enactment, for the creation of Roman tribunals or the appointment of judges versed in this particular law."

os habitantes das regiões que viviam sob regime direto de aplicação do direito romano, como os territórios bizantinos, por exemplo o Exarcato de Ravena, e toda a região central da Itália, de vigência e aplicação do direito romano codificado, e esse processo de permeabilidade jurídica se mostra pelo crescimento de *formulae* lombardas – formulários padronizados – evidentemente influenciados por padrões romanos; e

- a segunda, se abre canal para a invasão das ideias romanas ante o aparecimento da reflexão jurídica:[161] apesar da linguagem bárbara, o modo de raciocinar testemunha crescente padrão de pensamento jurídico; e embora conexão direta com normas romanas não possa ser apontada, contudo a análise da legislação lombarda sugere que a justiça lombarda progredia de ingênua aplicação de normas bárbaras, para uma jurisprudência objeto de reflexão, que, sem qualquer dúvida, abriu o caminho para a consideração da doutrina romana.[162]

No caso do Império franco temos terceira modalidade do processo de permeabilidade do direito bárbaro por noções romanas: "a resistência ao direito estrangeiro foi ainda mais forte que no caso dos lombardos".[163]

Os **Códigos Sálico**[164] e **Ripuário**[165] eram baseados quase exclusivamente sobre princípios teutônicos. E, contudo, por muitos canais, ideias do direito romano marcaram assertivamente a presença:

[161] P. VINOGRADOFF (op. cit., 1909, reprint 2011, p. 23): "In the legislation of the purely Lombard epoch at the beginning of the eighth century, we find already traces of jurisprudential analysis."

[162] P. VINOGRADOFF (op. cit., 1909, reprint 2011, p. 24).

[163] P. VINOGRADOFF (op. cit., 1909, reprint 2011, p. 25).

[164] O **Código sálico** foi elaborado em latim, entre o início do século IV e o século VI, para o povo dos francos, ditos 'sálicos', dos quais emerge a dinastia dos merovíngios, com destaque para CLOVIS (466-511, reinou 481-511), com extensas contribuições do direito romano, com foco no direito penal e compensações pecuniárias, visava pôr termo à prática da vingança privada – a *faida* – mediante pagamento pelo autor de delito de montante indenizatório, determinado em função da valoração da vítima para a família desta; e também codificava, entre outras matérias, questões de sucessão.

[165] O **Código Ripuário** ou **Lex Francorum Ripuaria** é uma coletânea de direito germânico, surgida em Colônia, por volta de 630 d.C., descrita como desenvolvimento tardio das leis dos francos – conhecida como lei sálica. Apesar de considerada como devendo ser a lei dos Francos ripuários, na verdade era originária do reino da Austrásia – que compreendia o atual nordeste da França – região de Reims, a Bélgica e certas regiões do oeste e do centro da República

- primeiro, por influência da igreja, que deixou as suas marcas especialmente sobre o direito bávaro, e nas *Capitulares* dos reis e imperadores da dinastia carolíngia;
- segundo, pela influência das normas romanas sobre as transações privadas, campo no qual os bárbaros deixaram ampla margem para a solução de dificuldades legais, por meio de acordos privados entre as partes, desde que tais não infringissem alguma norma legal específica, e essas lacunas foram, em considerável extensão, preenchidas com empréstimos de materiais jurídicos romanos – como demonstram as coleções de *formulae* dos francos, contendo modelos prontos de instrumentos jurídicos.[166]

Mesmo no caso da Inglaterra, país menos influenciado que os anteriores pelo direito romano, não se apresenta como exceção nesse aspecto:

- os velhos livros ingleses, **Old English Books**, que constituem concessões de propriedade privada, com exceção da aplicação do direito popular – *Folkright* –, são, em considerável medida, importação romana, efetuada pela igreja, em conjunção com os reis, cujo propósito principal era o de instaurar regime de propriedade similar ao do direito romano, em relação à posse de terras prescrita pelos costumes tribais, que representavam o modo bárbaro de gerenciar o direito de propriedade imobiliária na Inglaterra,[167] com destaque para o **Código de Alfred o grande** (871-899),[168] "conhecido por

federal da Alemanha – até a Turíngia. Em considerável extensão foi a fonte da lei saxônica, editada por CARLOS MAGNO em 802, destinada aos saxões.

166 P. VINOGRADOFF (op. cit., 1909, reprint 2011, p. 25).

167 P. VINOGRADOFF (op. cit., 1909, reprint 2011, p. 26).

168 O **Doom Book, Code of Alfred** ou **Legal Code of Aelfred the Great** foi a codificação legal – *dooms* designa leis ou decisões judiciais – compilados na época de ALFRED, o grande (por volta de 893 A.D.), reunindo três códigos saxônicos anteriores – de AETHELBERT de Kent (por volta de 602 A.D.), de INE de Wessex (por volta de 694 A.D.), e de OFFA de Mércia (por volta de 786 A.D.) – os quais são precedidos pelos dez mandamentos de Moisés e incorpora normas da lei mosaica e do código de ética cristão. **The legal code of Alfred the Great**, ed. with and introduction by Milton Haight TURK, Boston: Ginn and Company, 1890 – disponível on line – reprinted Clark, NJ: The Lawbook exchange, 2004); v. tb. Alfred H. KNIGHT, **The life of the law** – the people and cases that have shaped our society, from King Alfred to Rodney King (New York: Oxford Univ. Press, 1998).

todos, como o rei que, salvou a Inglaterra, a despeito da conjuntura aparentemente sem esperança" – e, depois de expulsar os vikings, fundou o primeiro reino centralizado relevante, no território da atual Inglaterra e País de Gales – monarca culto, que conhecia a teologia cristã e o pensamento clássico, seu 'código' tinha o propósito de apresentar o rei como legislador, segundo os padrões romano e bíblico, ensinando aos seus súditos sobre seus deveres, a autoridade do rei e o destino coletivo de Wessex.[169]

A vida do direito romano nesses reinos 'bárbaros' se conservou por meio da continuidade de normas, mesmo quando estas se punham de modo fragmentário e obscuro, derivando mais ou menos diretamente do sistema formado durante os períodos prósperos da civilização romana. Aí se põe a indagação quanto à perpetuação de linhas de reflexão teórica e de docência esclarecida, em matéria jurídica, onde "existe uma linha distinta de reflexão jurídica (*jurisprudence*) que se desenvolve, através da idade das trevas do século V, quando os juristas ocidentais participam da codificação e da interpretação do direito imperial, até o século XII" –[170] nessa altura, em que já um corpo de doutrina erudita ressurge na Itália e na França? Muitas controvérsias foram travadas a respeito.

> o estudo e o ensino jurídicos, distintos da prática jurídica, não desapareceram totalmente com a queda do Império romano, mas sobreviveu, em alguma medida, em meio a outros remanescentes da cultura antiga, sobretudo por meio das classes cultas daquela época – os clérigos e as ordens monásticas – ainda que isso tenha sido feito de modo superficial e incoerente, e via de

[169] John BLAIR, **The Anglo-Saxon age** (orig. publ. 1984, Oxford: Univ. Press – a very short introduction, 2000, Alfred, p. 42-45): "**Domesday Book** records several links between urban tenements and rural manors. Traders and craftsmen followed, and the strongholds of the late ninth century became the thriving towns of the late tenth and eleventh. Defence happened to coincide with the needs of a growing economy; thus ALFRED has his unexpected but permanent memorial in the road systems of several modern towns." [...] "If ALFRED was more truly 'king of the English' than anyone before him, it was not just through military strength or because no rivals remained: people genuinely wanted him because they knew that he and his family were just and considerate rulers."

[170] P. VINOGRADOFF (op. cit., 1909, reprint 2011, p. 31): "transcripts and abstracts from the fragmentary materials bequeathed by antiquity were made and studied in the scriptoria of monasteries or chapters and in the classrooms of teachers of Arts."

regra, inexoravelmente mesclado com a tentativa da alta Idade média, de salvar restos da cultura clássica.[171]

Diversamente do que ocorria, à mesma época, em Constantinopla, não há traços de escolas de direito organizadas no Ocidente. O que poderia ser chamado de estudo jurídico se fazia como exercícios nas escolas de gramática, retórica e dialética – como ilustram as **Etimologias**, de santo ISIDORO DE SEVILHA –[172]

> o estudo dos textos jurídicos era limitado a duas vertentes estreitas: o lazer da vida dos clérigos era empregado em fazer resumos da volumosa produção dos tempos romanos, tentando laboriosamente descobrir o sentido literal estrito das expressões. O resumo – *Epithome* – e a glosa eram os dois canais da tradição de aprendizado no curso dessa sombria época.[173]

A codificação da assim chamada **Lex romana canonice compta**,[174] compilação de direito romano, datada do século IX, ilustra essa tendência

[171] P. VINOGRADOFF (op. cit., 1909, reprint 2011, p. 28-29).

[172] A respeito de santo ISIDORO DE SEVILHA, ver **Tratado** (tomo 4 – **Direito internacional no tempo medieval**, item 8.2).

[173] P. VINOGRADOFF (op. cit., 1909, reprint 2011, p. 28-29): "The work of supplying glosses goes on uninterrumptedly from classical times right through the Middle Ages. They were the mediaeval substitutes for translations and commentaries."

[174] A **Lex romana canonice compta** – também conhecida como **Capitula leges romanae** – somente foi preservada no manuscrito – *Codex Paris, Bibliothèque Nationale, Lat. 12448* – mas esta versão não é a original da coleção, que se estima teria sido compilada no final do século IX. Originalmente proveniente do norte da Itália, combina trechos dos **Epitome Iuliani** com o Apêndice A do **Codex** Justiniano (livros 2 a 8) e das **Institutas**. Foram ainda incluídos um capítulo das **Capitulare olonnense ecclesiasticum primum** de LOTÁRIO I, datadas do ano 825, bem como dois capítulos do **Edictum Theoderici**. Embora o foco da **Lex romana canonice compta** – como indica o próprio nome – seja o de coligir o direito canônico, também contém normas de direito privado e de direito penal. Carlo Guido MOR (ed.), **Lex romana canonice compta** (Pavia: Pubblicazioni dela R. Università di Pavia – Facoltà di giurisprudenza, vol. 31, 1927). A respeito, Wolfgang KAISER, **Die Epitome Iuliani** – Beiträge zum römischen Recht im frühen Mittelalter und zum byzantinischen Rechtsunterricht (Frankfurt-am-Main: Veröffentlichungen des Max Planck Instituts für europäische Rechtsgeschichte, Nr. 175, 2004). Ver Bibliotheca Legum – a Database on Carolingian Secular Law Texts. Informações adicionais e manuscritos – contendo capitulares e transcrições desses textos – podem ser encontrados no *Capitularia Project Website 'Edition of the Frankish Capitularies'* (University of Cologne, Lead Prof. Dr. Karl UBL) Universität zu Köln © 2023 Bibliotheca Legum /

de compor trabalhos a partir de resumos de outros textos antigos.[175] Nesta se contém seleção de materiais primariamente destinada ao propósito específico de fornecer, aos integrantes da igreja, as indispensáveis normas de direito romano, que poderiam ser úteis para o exercício profissional eclesiástico.

Foge ao escopo do presente trabalho entrar na discussão a respeito da determinação da 'natureza jurídica' do direito canônico.[176] Para o canonista Henrique de SEGUSIA, que foi professor em Bolonha e em Paris, em 1262 nomeado cardeal de Óstia – por isso ficou conhecido como HOSTIENSIS –, e falece em 1271, em sua **Summa aurea**,[177] a ciência jurídica canônica seria outra *scientia*, diversa da teologia e do direito civil: "*tertium genus, ex ingenio quasi permixtum*". Este seria ciência mista – *scientia permixta* – por abranger tanto o espiritual quanto o temporal.[178]

Não parecem os medievais ter mostrado forte sentido da diversidade histórica – *mediaeval people had no strong sense of historical diversities* – mesclando povos e épocas distintas:

powered by Outstandingthemes. Também disponível: **The Lex Romana canonice compta** (expanded introduction, text and notes, ed. by Simon CORCORAN, Benet SALWAY e Charles BARTLETT download cfbartlett-_em_The_-Bibtex.bib 189 B – scholar.harvard.edu) powered by Openscholars.

[175] P. VINOGRADOFF (op. cit., 1909, reprint 2011, loc. cit.).

[176] Sobre o método, ver Erich GENZNER, *Die Iustinianische Kodifikation und die Glossatoren* (Bologna I: **Atti del congresso internazionale di diritto romano**, Pavia, 1934, p. 380 ss. disponível on line – Bibtex: Die Justinianische Kodification_un... 215 B – books.google.com.br); v. tb. Erich GENZMER, *Zum Verhältnis von Rechtsgescchichte und Rechtsvergleichung: eine Vortragsskizze* (Archiv für Rechts- und Sozialphilosophie vol. 41, No. 3, 1955, p. 326-347, publ. Franz Steiner Verlag https://www.jstor.org/stable/23677332

[177] ENRICO DA SUSA, **Henrici Cardinalis Hostiensis Summa Aurea** (Venezia, 1586, Proêmio, nos. 9-10; orig. publ. Lyon: Compagnie des Libraires, 1568). Disponível na Biblioteca Virtual Cervantes – Fondo antiguo de la Universidad de Salamanca – Corpus iuris canonici – Decretales – Comentarios – Obras anteriores a 1800 – Derecho canónico – Obras anteriores a 1800 – ref. Bibtex @Book{BVMC: 629082, author = {Enrico da Susa}, title = {Henrici Cardinalis Hostiensis Summa Aurea} url = {https://www.cervantesvirtual}

[178] Ernst KANTOROWICZ (art. cit., 1988, nota 7, p. 50); Hermann KANTOROWICZ e William W. BUCKLAND, **Studies in the glossators of the Roman Law** – Newly discovered writings of the 12th century (orig. publ. Cambridge, 1938; reimpr. Aalen: Scientia Verlag, 1969) e Charles Homer HASKINS, **Renaissance of the twelfth century** (Cambridge, 1939, esp. cap. VII, sobre o renascimento da filosofia do direito, p. 192-223), com base nos quais, se poderia atribuir a separação do direito civil e da retórica a IRNERIUS, e a separação do direito canônico e da teologia a GRACIANO.

> Os imperadores de raça alemã eram considerados os sucessores diretos de CONSTANTINO e de JUSTINIANO. FREDERICO BARBAROSSA e FREDERICO II apelaram para seu direito hereditário, como sucessores dos antigos imperadores romanos, e efetivamente inseriram algumas de suas próprias leis como sequência das **Novellae** de JUSTINIANO. [...] Nem tampouco havia qualquer incongruência na ideia que o **Corpus juris civilis** fosse o direito imperial de SIGISMUNDO ou FREDERICO III, como governantes do Sacro império romano.
> A igreja, o outro poder cosmopolita da época, ajudou a propagar teoria similar. Tinha desenvolvido seu próprio sistema de direito canônico, e chegado a traçar limites definidos entre os decretos daquele corpo de leis, e as *leges* das autoridades seculares.[179]

Embora fascinante saber a quem se deve a primazia, se a PEPO ou a IRNERIUS, em fazer de Bolonha a terra de acolhida dos estudos jurídicos, grande parte dessa discussão igualmente refoge aos objetivos do presente trabalho. Vale, antes, apontar a enorme relevância da atuação do conjunto dos glosadores e dos pós-glosadores para o desenvolvimento do direito internacional, como um todo, e especificamente do direito internacional privado.

Interessa, igualmente, apontar o dado que, na literatura panfletária, a respeito da querela das investiduras, não é raro que o direito romano, mesmo se isso se faz de maneira esporádica e não sistemática, seja empregado tanto para dar respaldo à posição imperial, como para tentar solapá-la.

No final do século XI, a descoberta em Pisa de manuscrito contendo o texto integral do **Digesto** contribui decisivamente para o desenvolvimento dos estudos e para reviver o conhecimento do direito romano.[180]

[179] P. VINOGRADOFF (op. cit., 1909, reprint, 2011, lecture V, *'Roman Law in Germany'*, p. 106-131, cit. p. 114): "But the jurisprudential affinity of both codes, the ecclesiastical and the civil, was obvious, and at the universities the studies of both were necessarily allied. It came to be so in Prague and in the other purely German universities that followed it – Erfurt, Cologne, Rostock, Heidelberg, Leipzig, Greifswald, etc. It is true that the principal chairs in the law faculties of these universities were chairs of Canon Law, but the holders of them were frequently doctors of both laws (*utriusque juris*), lecturing in Civil as well as in Canon Law."

[180] Paul VINOGRADOFF, **Roman Law in Mediaeval Europe** (London/New York: Harper & Brothers, 1909; reproduction Charleston, SC: Bibliolife, 2011, esp. Lecture II, *'The revival of jurisprudence'*, p. 32-58); E. GENZMER, *Il diritto romano come fattore della civiltà europea* (in

Nessa altura se constata notável mudança nos estudos jurídicos, como na sociedade em geral: o feudalismo estava estruturado como sistema completo e consistente, o papado – com GREGÓRIO VII – alcançara concentração de poder nunca antes experimentada. Ao mesmo tempo, em que as fundações da escolástica tinham sido firmemente colocadas nessa era de ANSELMO (1033-1109)[181] e ocorreram grandes mudanças na vida política e econômica das cidades, sobretudo no norte da Itália.

Em meio a quadro de crescimento econômico e progresso cultural, também se assiste a novo florescimento do direito, tanto na elaboração teórica como no estudo sistemático deste. E tais desenvolvimentos podem ser apontados, ao menos em relação a quatro centros: o primeiro na Provença, ainda parte do Império nessa altura; o segundo, nas cidades da Lombardia; o terceiro em Ravena, com a presença e a filiação direta da tradição do Império romano do Oriente; e o quarto – porém não menos relevante – a escola de Bolonha.

A mais notável prova do desenvolvimento dos estudos jurídicos no sul da França é dada pelo tratado sobre direito romano, **Exceptiones legum romanorum** – também chamado **Exceptiones Petri**, citações ou 'excertos' de Pedro –[182] composto na segunda metade do século XI, e dedicado

Conferenze romanistiche, Milão: Università degli Studi di Trieste, 1960, p. 113-177); P. KOSCHAKER, **Europa und das römischen Recht** (Munique e Berlin: Biederstein Verlag, 1947) tb. disp., ___, **L'Europa e il diritto romano** (trad. italiana, con introd. di F. CALASSO, Milão: Giuffrè, 1954, reimpr. 1962).

181 Karl JASPERS (1883-1969), **Anselm and Nicholas of Cusa** (*Nikolaus Cusanus* from **Die grossen Philosophen** © 1957, **The Great Philosophers**, vol. II, ed. by Hannah ARENDT, transl. by Ralph MANNHEIM, © 1966, New York: Harvest Book – HBJ, 1974, "Anselm", p. 3-25, cit. p. 3): "The greater part of his work was written in the monastery of Bec. His writings deal with God (**Monologium de divinatis essentia, Proslogion**), with God and man (**De veritate, De libero arbitrio, De casu Diaboli**). As archbishop he thought through the great dogmatic questions (in his controversy with ROSCELLINUS: **De fide trinitate**,1093; on the occasion of the Synod of Bari, with the Greeks: **De processione Spiritus Sancti**; in exile: **Cur Deus homo** and **De conceptu virginali et originali peccato**; finally in the last years of his life, on the conjunction between predestination and free will). He also wrote numerous sermons and letters."

182 **The revival of Roman Law: the Exceptiones Petri** by Uta-Renate BLUMENTHAL with contributions by Richard ALLEN, Uta-Renate BLUMENTHAL, Ruth Harwood CLINE, Thomas CRAMER, Mark GARDINER, C. Stephen JAEGER, David A. PELTERET, Sally SHOCKRo, Rebecca L. SLITT and Timothy SMIT, ed. by William L. NORTH (publ. on line by Cambridge University Press, 28 April 2017, Summary): "The work of the Glossators, the patient and exact exploration of the text and meaning of the **Digest** and other parts of the

pelo autor anônimo a ODILO, designado como *vicarius* – ou *viguier* – de Valencia, na região do Dauphiné:[183]

> A existência desse centro francês de retomada dos estudos jurídicos ajuda a mostrar que o mais poderoso e influente centro de Bolonha foi evento resultante do crescimento espontâneo das ideias e exigências, em diferentes localidades das mais civilizadas regiões da Europa.[184]

O segundo centro surge nas cidades da Lombardia. A legislação dos reis lombardos, ROTHARI, GRIMOALDO, LUITPRAND, RACHIS, AHISTULFO, não foi abolida, quando acontece a conquista pelos francos, em 774. A Itália lombarda continuou, em considerável extensão, a desenvolver-se segundo linhas próprias, embora inserta no Império carolíngio e sujeita a certo volume de legislação franca.

No século XI, a interpretação da lei lombarda nos tribunais faz rápidos progressos, e assume o caráter de estudo sistemático e reflexivo, sobretudo em torno da escola de Pavia,[185] mas também com presença de Verona e Nonantula. As maiores autoridades da antiga escola de Pavia – *antiqui, antiqui judices, antiqui causidici* – são referidas em numerosas ocasiões, dentre as quais, os mais destacados foram: BONIFILIUS, assessor dos tribunais imperiais, mencionado em atos, de 1014 até 1055 d.C., e LANFRANC, o famoso arcebispo de Cantuária, que na juventude, fora luminar da escola

Justinian corpus – the **Institutes**, the **Codex** and the **Novels** in their various forms – has long been the dominant focus of shcolars interested in the characteristics and use of Roman law in the Middle Ages.It may appear, therefore, as if it all began in the ivory tower and remained a dry, scholastic enterprise at Bologna. This was not the case, however, we learn from an unusual manual written in the south of France in the first half of the twelfth century: the **Exceptiones legum romanorum** or, as it is also called, the **Exceptiones Petri** (EP). A recently discovered manuscript of the EP is precisely the sort of evidence that could be of help in solving the problems surrounding this rare work and its origin."

183 P. VINOGRADOFF (op. cit., 1909, reprint, 2011, cap. cit., p. 34-35, e a seguir, p. 37): "The work of the **Exceptiones** has been prompted by practical considerations, by difficulties experienced in the administration of the law." [...] "The **Exceptiones** form a short manual of rules for practical use."

184 P. VINOGRADOFF (op. cit., 1909, reprint, 2011, cap. cit., p. 37).

185 P. VINOGRADOFF (op. cit., 1909, reprint, 2011, cap. cit., p. 38): "We hear not only of ingenious barristers (*causidici*) and of learned judges, but of actual schools, in which rival teachers gathered pupils and expounded the materials of Lombard and Franco-Lombard law. A mine of information is supplied by the interpretation of these enactments in the school of Pavia."

de Pavia, antes de partir para a Normandia, em 1042, onde se tornou monge e abade da Abadia do Bec, depois acompanhou GUILHERME, o conquistador, rumo à Inglaterra, e vem a se tornar o primaz de Canterbury.[186]

Outra geração mais nova, de notáveis jurisconsultos lombardos inclui, dentre os mais destacados: GUALCAUSUS (ou WALCAUSUS), GUILELMUS e UGO. Cabe avaliar que "os juízes e jurisconsultos lombardos, de origem bárbara, foram levados ao exercício dialético do direito, para buscar, no direito romano, instrução e direcionamento".[187]

O terceiro centro de florescimento jurídico, em Ravena, se inscreve em filiação direta da tradição bizantina, que se propaga no Ocidente.[188] A 'escola de Ravena' se engaja, direta e firmemente, na grande controvérsia da época, entre o imperador HENRIQUE IV e o papa GREGÓRIO VII. Deu Ravena apoio a WIBERTO de RAVENA – o antipapa CLEMENTE III, eleito por HENRIQUE – contra seu formidável opositor.

De Ravena também, PETRUS CRASSUS lança contra GREGÓRIO VII um violento panfleto, armado com citações de fontes romanas antigas. Do outro lado, o orgulhoso cardeal Pedro DAMIANI lança seu peso, contra aqueles que chama de advogados iníquos de Ravena. Em defesa da supremacia temporal do papado.

O quarto centro de florescimento jurídico da época se teria originado em Roma, e por causa de guerras, se deslocado para Ravena. Em Ravena, teria produzido os frutos referidos, antes de ir para Bolonha.

O primeiro nome da escola de Bolonha, certo PEPO, lá teria ensinado durante os últimos vinte e cinco anos do século XI. Este é mencionado em julgamento, prolatado na corte da duquesa BEATRIZ da Toscana, em 1076, no qual o **Digesto** foi mencionado e utilizado como base para a decisão.

Por volta de 1088, ou logo após, mas antes de 1100, IRNERIUS (ca. 1055-ca. 1125), ou GUARNERIUS, ensinava o direito romano, em Bolonha. Este gramático, que também tinha estudado direito, veio a ser cognominado *Lucerna juris* – ou o luminar do direito.

[186] P. VINOGRADOFF (op. cit., 1909, reprint, 2011, cap. cit., p. 39): "As has been shown by a careful investigation of his later theological writings, he did not consign his juridical training to oblivion even in the time of his greatness in England."

[187] P. VINOGRADOFF (op. cit., 1909, reprint, 2011, cap. cit., p. 42-43).

[188] P. VINOGRADOFF (op. cit., 1909, reprint, 2011, cap. cit., p. 43) observa também haver indícios de estudos jurídicos em Roma, "mas é impossível descobrir se o ensino jurídico lá era conduzido em faculdade específica".

IRNERIUS assume a portentosa tarefa de analisar o conjunto do **Corpus juris civilis**, trazendo nova complexidade para as concepções europeias de princípios jurídicos e estabelecendo o direito como disciplina autônoma. Considera-se que IRNERIUS tenha feito as suas primeiras aulas em 1088 – e esta é a data normalmente adotada como marco da fundação do que viria a ser a Universidade de Bolonha – e se torna o primeiro grande "glosador" jurídico. O nome vem da praxe de inscrever os comentários ao direito romano à margem dos textos, por meio dos quais explicava termos técnicos, citava passagens paralelas, e harmonizava pontos discrepantes.

O renascimento do estudo do direito romano se espalha da Itália para o resto da Europa.[189] Com profunda influência sobre os subsequentes desenvolvimentos de todos os ramos do direito e da teoria política.

A atuação de IRNERIUS teve considerável impacto na difusão do "direito romano na Europa medieval":

> Nem é preciso insistir no brilhante sucesso de seu ensinamento, e nas circunstâncias externas, que levam ao desenvolvimento da escola de Bolonha. É bem conhecido que esta logo se tornou a primeira universidade da Idade média, para o estudo do direito, e que atraia milhares de alunos, de todas as partes da Europa.[190]

[189] Peter D'EPIRO e Mary Desmond PINKOWISH, **Sprezzatura** – Fifty ways Italian Genius shaped the World (New York: Anchor Books, 2001, Ten, *'Salerno and Bologna: the earliest medical school and university'*, p. 64-70, cit. p. 70): "Bologna's innovative response to the increased educational needs of the day soon influenced the rise of other centers of learning at Paris, Oxford, Pádua, and Cambridge. By 1404, twenty-nine universities had been founded in Europe (ten of them in Italy), and they now span the world. Among their goals is the training of students in the logical thinking and precise analysis that the Glossators of Bologna strenously emphasized and that Cardinal NEWMAN, in **The idea of a University** praised as the ability 'to see things as they are, to go right to the point, to disentagle a skein of thought, to detect what is sophistical, and to discard what is irrelevant'." Ver tb. Charles Homer HASKINS, **The rise of universities** (Ithaca, NY.: Cornell Univ. Press, 1957); C. H. HASKINS, *The Revival of Jurisprudence* e tb. *The beginning of universities* (in **The Renaissance of the twelfth century**, Cambridge, Ma.: Harvard Univ. Press, 1990).

[190] Vale acompanhar a reflexão do jurista russo Paul VINOGRADOFF, em conferências feitas na Inglaterra (op. cit., 1909, reprint, 2011, cap. cit., p. 45-46): "I should like to characterise briefly the spirit of this revival of legal studies. It presents at bottom an application to law of the method which was employed by the new scholarship of Western Europe for the treatment of all problems of theology and science – the so-called scholastic method. [...] The great instrument for the advancement of learning at that time was the dialectical process by which

Não foi fruto do acaso que o texto do **Corpus juris civilis** recebeu atenção crítica e foi restaurado em sua completude. Para os doutores da nova escola, os livros de JUSTINIANO eram textos sagrados, a fonte da autoridade, da qual todas as deduções deveriam decorrer. Não se deve admirar que eles não se tenham contentado com fragmentos esparsos, mas fizeram pesquisa de seus elementos componentes, e o consideraram como um todo.[191]
O próprio IRNERIUS teve papel de destaque na ordenação dos textos de JUSTINIANO, recolocando fragmentos das **Novellae**, até então citados do resumo, ou **Epitome** de JULIANO, com o uso do **Authenticum**, uma compilação latina mais completa, de data mais tardia. No conjunto, o exame crítico do estado do texto foi preocupação central dos estudiosos da escola de Bolonha.[192]

Em Bolonha, sucedem a IRNERIUS os chamados "quatro doutores": BULGARUS, Martinus GOSIA, UGO DA PORTA, originário de Ravena, e JACOPUS DE VORAGINE. Os quatro foram também conselheiros do imperador FREDERICO, dito BARBAROSSA, e tiveram atuação relevante no aconselhamento deste, usando como base o direito imperial romano, para justificar as pretensões de hegemonia do imperador em relação ao papado, bem como as prerrogativas imperiais sobre as cidades-estado independentes – *comuni* – da Itália.[193]

formal and universal logic analyses conceptions and constructs syllogisms. The permeation of the insufficient, fragmentary, classical texts by overwhelming logic was, in a sense, a masterly achievement, and the lawyers had more than their fair share in this work. [...] And as legal reasoning largely consists of dialectical analysis and co-ordination, they were able to produce remarkable results even at this early stage."

191 P. VINOGRADOFF (op. cit., 1909, reprint, 2011, cap. cit., p. 46-47): "The use of the Pisa Manuscript of the **Digest** (now in Florence) was certainly of the utmost importance for the reconstitution of a good text of the most valuable part of the **Corpus Juris**. But even apart from the study of that Manuscript, the different elements of JUSTINIAN's codification were gradually saved from oblivion, and the Bolognese *Vulgate*, the version made up for use in the schools, is historically of no less interest than the *Littera Pisana*."

192 P. VINOGRADOFF (op. cit., 1909, reprint, 2011, cap. cit., p. 47): "The next was literal interpretation, and in this respect the Bolognese followed in the footsteps of early mediaeval literary students. They became glossators *par excellence*, although the gloss is certainly not a weapon peculiar to them. But their glosses could not well remain between the lines as explanations of single words or short remarks. They naturally spread out on the margin, where there was more room for notes, that were not merely transliterations."

193 Indro MONTANELLI e Roberto GERVASO, **L'Italia dei Comuni** – Il Medioevo dal 1000 al 1250 (Milão: Biblioteca Univ. Rizzoli, ed. aggiornata, 2010, esp. cap. XVI – *Il Barbarossa*, p. 182-202).

Pela própria formação, estes jurisconsultos tendiam naturalmente a interpretar as fontes do direito romano em sentido literal, e atribuir-lhes efeito direto sobre as controvérsias do século XII. Os quatro doutores – BULGARUS, MARTINUS, JACOBUS e UGO – fizeram a memorável *Declaração* na reunião da Dieta de Roncaglia, em 1158, em favor do direito do imperador BARBAROSSA a tributar as cidades da Lombardia.[194] A inclinação natural destes homens, treinados no direito do Império tardio, os levava a favorecer o ponto de vista monárquico: "eles se punham em favor de uma autoridade central, contra a dispersão da sociedade feudal, e embora alguns dentre eles tivessem feito estudos sobre o direito feudal, eles o trataram como desenvolvimento da doutrina romana da enfiteuse".[195]

Contemporâneo destes, GRACIANO – ou, em latim, Franciscus GRATIANUS –, além de lecionar direito canônico em Bolonha, fez codificação sistemática do direito canônico, por volta de 1140, as Decretais de GRACIANO – ou **Decretum Gratiani** –[196] vasta coleção de 3.800 textos, com seus comentários.[197] Esta obra estabelece o direito canônico como disciplina jurídica independente e se torna o livro texto de base para o trabalho na área:

> Depois de GRACIANO e graças ao seu **Decretum** se abre momento de extraordinária vitalidade especulativa: sobre os fundamentos gracianeus se começa a construir aquilo que, com motivo, vem a ser chamado 'direito canônico clássico', ou seja, um complexo de análises científicas, de intervenções normativas,

[194] P. VINOGRADOFF (op. cit., 1909, reprint 2011, p. 50-51): "the four doctors – BULGARUS, MARTINUS, JACOBUS and UGO – made the memorable declaration at the Roncaglia Diet of 1158, in favour of the Emperor BARBAROSSA's right to tax the cities of Lombardy."

[195] P. VINOGRADOFF (op. cit., 1909, reprint 2011, p. 51).

[196] **Decretum Gratiani** ou **Concordia discordantium canonum** ou, simplesmente, **Decretum**, é coletânea de direito canônico, compilada no século XII, como obra jurídica de GRACIANO, jurista que floresceu na primeira metade do século XII. Compõe parte do conjunto, que se tornaria conhecido como **Corpus juris canonici**.Foi a principal fonte de direito pelos canonistas, até a adoção das **Decretais** do papa GREGÓRIO IX, em 1234; como parte do **Corpus juris canonici**, permaneceu em vigor até 1917.

[197] P. GROSSI, **L'ordine giuridico medievale** (Roma/Bari: Laterza, 1995, cap. 7 – *Presenza giuridica della Chiesa*, p. 204-222, cit. p. 206): "l'opera grazianea nasce dal basso, è e resta iniziativa privata di un operatore che trova il proprio stimolo nel clima storico circostante e nelle esigenze circolanti, risponde e corrisponde pienamente a questa esigenza e in una siffatta corresponsione fonda la propria fortuna."

de atividade prática, na qual se exprime com plena maturidade a consciência do caráter originário e da originalidade de um ordenamento, realizando-a em um conjunto de institutos típicos, em um sistema completo.[198]

Pode-se avaliar a importância do direito civil e canônico – estes "dois conjuntos jurídicos independentes",[199] embora, ocasionalmente, também interdependentes,[200] um e outro universais, em sua competência, e em seu âmbito de aplicação, que surgem no século XII. Parte relevante da assim chamada 'Renascença do século XII'!

A partir da Itália, na cidade de Bolonha, depois se expande a outras regiões, por meio da associação com os estudos notariais e da *ars dictandi*, um conjunto de inteligências, juridicamente formadas.[201] Os juristas se tornam os melhores representantes da *intelligentsia*.[202] Estes constituem

[198] P. GROSSI (op. cit., 1995, p. 206).

[199] E. KANTOROWICZ (art. cit., 1988, p. 50) considera a extensão na qual "a interpretação científica desses conjuntos jurídicos se tornou um exercício obrigatório, em razão das suas numerosas dificuldades e contradições, o que deu origem ao estudo metódico das fontes e dos paralelos, e a partir daí, a uma ciência jurídica, que, no curso do tempo, engendrou nosso método histórico-filológico moderno (*notre méthode historico-philologique moderne*)."

[200] E. KANTOROWICZ (art. cit., 1988, p. 50): "C'est-à-dire qu'une fois ces deux corps de droit, le romain et le canon, furent mis sous les yeux des doctes, il en résulta un défi à comprendre, à interpréter et à appliquer ce droit scientifiquement, défi comparable à ce qui se passait pour l'Écriture sainte, et qui conduisait à des nombreuses explications des livres de la Bible, comme cela se produisit plus tard; comparable aussi, à ce qui s'est passé pour le Corpus aristotélicien et ses commentaires à l'époque de la scolastique. Les études canoniques (qui jusqu'alors étaient une branche de la théologie) et la philosophie du droit séculier (qui jusqu'alors était une branche de la rhétorique) devinrent l'une et l'autre des sciences à part entière. La science juridique acquit le statut de philosophie morale; elle devint autonome et représenta bientôt un défi pour la théologie."

[201] E. KANTOROWICZ (art. cit., 1988, p. 51) observa que até o século XII, o direito era dispensado pelos reis e pelos senhores, os grandes e os sábios antigos – todas as espécies de *witan* – era administrado pelos nobres, pelos clérigos, ou por outras pessoas, que gozavam da confiança do rei ou do senhor local. Mas, a partir do século XII, "o direito se torna matéria que deveria ser tratada com exatidão científica, e a justiça foi administrada – quanto mais se avança no tempo, mais isso se faz de maneira exclusiva – por juízes formados em leis e no pensamento jurídico. Essa evolução conduz a notável mudança das estratificações sociais medievais anteriores".

[202] E. KANTOROWICZ (art. cit., 1988, p. 54): "En vérité, les douzième, treizième et quatorzième siècles furent l'âge d'or des philosophes du droit. A mesure que les juristes devenaient les principaux conseillers des princes, les princes dépendaient de plus en plus d'eux. [...] le juriste professionnel devient l'administrateur professionnel de la justice, le juge

a profissão jurídica, sem equivalente nos séculos anteriores da Idade média.[203]

> O rei permanecia a fonte de toda a justiça; caberia a ele interpretar a lei, em caso de obscuridade; os tribunais continuavam a ser as 'cortes do rei', e o rei ainda era considerado o juiz comum – ou detentor do poder originário de julgar – em seu reino, enquanto os juízes, que tinham dele o seu poder, agiam somente como juízes delegados.
> *Rex autem imperator non cognoscunt in causis eorum* – declara ANDRÉ D'ISERNIE de modo explícito; CINO [de Pistóia] emprega quase a mesma formulação: *Imperator causas suas non ipse cognoscit, sed iudices alios facit* – mas acrescenta – *Licet quando velit et ipse possit in re sua judex esse* – ou seja, o rei pode atuar como juiz, quando quiser e puder. Isso era admitido, também em matéria fiscal. E, sobretudo, no julgamento de casos de alta traição.[204]

Por questão de conveniência operacional, e também por questão de formação especializada: *raro princeps iurista invenitur* – raramente se encontra príncipe que seja jurista: "é a ideia moderna de rei que não mais retira de seus tribunais o conhecimento de certos processos, para os decidir ele mesmo, e essa ideia encontra a sua origem nesse mundo de doutrina científica do direito, que emerge no século XII".[205]

Este pode ter sido dado positivo, do ponto de vista da formação dos juízes e da especialização dos tribunais, mas viria também a ser a base para a afirmação do absolutismo real, que impunha, nesses casos precisos, restrições ao arbítrio real, impedindo o rei de exercer efetivamente a condição de juiz supremo – *siéger en qualité de juge suprême.* O direito

professionnel. Le temps n'est plus où les lois et les coutumes du pays étaient gardés en mémoire seulement par de sages anciens, et où c'était une sorte de raison naturelle, associé à un certain statut social, qui qualifiait pour sièger dans une cour en tant que juge."

203 Sobre a rivalidade entre o direito e a teologia, como profissões lucrativas, ver DANTE, **Divina comédia** (*Paraíso*, IX, 133 ss.). Sobre DANTE ver **Tratado** (tomo 4 – **Direito internacional no tempo medieval**, item 10.2).

204 E. KANTOROWICZ (art. cit., 1988, p. 55 e a seguir, p. 56): "Malgré tout, la coutume s'instaura selon laquelle le roi ne devait pas lui-même prononcer de jugements." Em suma: "le roi était censé juger normalement par l'intermédiaire de ses juges qui étaient des juristes professionnels, et dont on attendait qu'ils aient, en place du roi, toutes les lois afférentes au cas en questions présentes à l'esprit, *in scrinio pectoris*".

205 E. KANTOROWICZ (art. cit., 1988, p. 57).

romano tinha, ainda, como efeito, limitar o rei igualmente em outros aspectos.[206]

Pode ser sintetizada a percepção desse "imenso patrimônio que circula em toda parte e que constitui o *ius*, o direito por excelência":[207]

> a Idade média jurídica é um mundo de autonomias, fundado e construído sobre essa noção basilar, em relação à qual é fácil e simples – quase óbvio – formular hipóteses, no mesmo lugar e no interior da mesma entidade política, a concorrência de uma pluralidade de ordenamentos, cada um dos quais tem o seu âmbito específico, pressupõe a convivência e o respeito com outros, não tem pretensões expansionistas.[208]

Com o trabalho dos juristas AZO e ACCURSIUS, as glosas se expandiram, para se tornarem comentários, na plena extensão do termo. E, nessa altura, por volta de 1250, o período dos glosadores chega a seu termo – depois de se ter estendido por cerca de 150 anos.

No início do século XIII, um dos maiores juristas da época foi AZO, o bolonhês, que no início de sua súmula das instituições, a **Summa institutionum**, exposição sistemática do patrimônio jurídico,[209] na esteira das **Instituições** de JUSTINIANO, contemplava com aberta satisfação a primazia espiritual e intelectual dos juristas sobre o mundo – *iurus professores per orbem terrarum facit solemniter principari.*[210]

[206] Cf. **Tratado** (tomo 3 B – **Gregos, romanos, chineses, indianos**, cap. 6 – na formação e no desenvolvimento de Roma); v. tb. o conjunto dos já referidos estudos: Paul VINOGRADOFF, **Roman Law in Mediaeval Europe** (London/New York: Harper & Brothers, 1909; reproduction Charleston, SC: Bibliolife, 2011); E. GENZMER, *Il diritto romano come fattore della civiltà europea* (in **Conferenze romanistiche**, Milão: Università degli Studi di Trieste, 1960, p. 113-177); P. KOSCHAKER, **L'Europa e il diritto romano** (originalmente publicado em 1958, **Europa und das römischen Recht**, trad. italiana, con introd. di F. CALASSO, Milão, 1962).

[207] Paolo GROSSI, **L'ordine giuridico medievale** (Roma/Bari: Laterza, 1995, cap. VIII – *Pluralismo giuridico del tardo medioevo: diritto comune e diritti particolari*, p. 223-235, cit. p. 226).

[208] P. GROSSI (op. cit., 1995, loc. cit., p. 226).

[209] AZONIS, Portius, **Summa IX librorum priorum Codicis et Institutionum et Summa extraordinaria (Summa digestorum quae fertur Johannes Bassiani, recte Hugolini)** (UER MS 374 – Azonis_Summae_IX_librorum_prior... 246 B – books google.com.br; tb. a ed. Papiae, 1506, reimpressão facsimilar, ex officina Erasmiana, Augustae Taurinorum, 1966).

[210] AZONIS, **Summa institutionum** (eds. cit., *Proemium*).

O maior, dentre os glosadores, foi ACCURSIUS, ou Francesco ACCURSIO, o florentino, cuja monumental **Glossa ordinaria** (1220-1250), complementada com os comentários do próprio ACCURSIO, conhecida como **Glossa magna**,[211] na qual fez a síntese de todos os ensinamentos coligidos, até então, pela escola de Bolonha. Sua obra gozou de autoridade comparável às dos textos originais romanos.

Naquela altura, contavam-se os resultados desses cerca de 150 anos de trabalho intelectual e de reflexão sobre os textos jurídicos romanos antigos. Por meio dos quais os glosadores tinham meticulosamente explanado o inteiro teor do **Corpus juris civilis**. Dando lugar à obra dos pós-glosadores.

De tal modo ultrapassou as obras de seus antecessores, a ponto de as tornar obsoletas e, durante cerca de cinco séculos, a **Glossa** de ACCURSIO foi o complemento indispensável dos textos legais romanos. A obra de ACCURSIO não somente contribuiu para difundir o estudo do direito romano durante o Renascimento, como influenciou o desenvolvimento de códigos europeus, dentre os quais o **Code** Napoléon, em meio ao movimento de codificação do século XIX.

Pode-se considerar que "a análise dialética dos textos foi a grande obra da escola de Bolonha. Nesse campo, esta alcançou nível de excelência que não se pode deixar de admirar, mesmo agora".[212]

O trabalho dos glosadores mudou irreversivelmente o modo de estudar e de compreender o direito desde então. E sobre esses desenvolvimentos exegéticos e interpretativos viria a se acoplar o ulterior desenvolvimento do direito internacional moderno.

A realização destes glosadores logo seria suplantada pelos jurisconsultos do século seguinte, com mudança de foco, no século XIV, entre os assim chamados "pós-glosadores" ou comentadores, concentrados em Perúgia.

211 JUSTINIANUS, **Institutiones**, ACCURSIUS, **Glossa ordinaria** (unfinished) in Latin (illuminated manuscript on parchment Southern France, perhaps Toulouse, c. 1290-1300, Les Enluminures www.lesenluminures.com tm0651-description...).

212 P. VINOGRADOFF (op. cit., 1909, reprint, 2011, cap. cit., p. 49, e a seguir, p. 58): "Judicial interpretation, the influence of custom, the part played by the idea of sovereignty, in the formation of law – all these questions had, besides their intrinsic jurisprudential value, a special interest for men who were moving in a society where the elements of law and political order had to be, as it were, discovered anew. The theorists framed their definitions and distinctions in too rigid a manner; yet they helped materially to disentangle the general conceptions of law from the chaotic uncertainty of a blind struggle for existence."

A estes, além da explicitação do conteúdo do direito romano se devem a fundação das disciplinas do direito comercial e do direito penal.

GRÓCIO, no **Direito da guerra e da paz** (1625),[213] considera "três classes de jurisconsultos que fizeram profissão da ciência do direito romano":

- a primeira se compõe daqueles cujos trabalhos são colocados em evidência nos **Pandectas**, nos **Códigos** de TEODÓSIO e de JUSTINIANO, e nas **Novelas**: concordo bastante com os primeiros, porque eles fornecem excelentes razões para demonstrar o que é do direito natural e conferem muitas vezes a autoridade de seu sufrágio a esse direito, bem como ao direito das gentes, embora eles mesmos, como outros, confundam por vezes, estas duas palavras. Muitas vezes, contudo, chamam de *jus gentium* – direito das gentes – o direito que se pratica somente em alguns povos e que é observado por essas nações, não em virtude de acordo mútuo, mas como imitação recíproca, ou como efeito do acaso. Quanto às regras que realmente pertencem ao *jus gentium* eles as tratam muitas vezes superficialmente e de modo indistinto com aquelas do direito romano, como nos títulos que tratam dos prisioneiros de guerra e do direito de postliminio. Nós nos esforçamos para que essas coisas se tornassem bem distintas umas das outras.[214]
- a segunda classe, "indiferente com relação ao direito divino e à história antiga, quis resolver todas as controvérsias dos reis e dos povos segundo as leis romanas, acrescentando de quando em vez o direito canônico. Para eles também, contudo, a infelicidade de seu tempo tem sido obstáculo que os impediu de compreender de modo sadio essas leis, ainda que fossem muito cuidadosos em sondar a natureza do justo e do honesto".[215] Esta segunda classe compreende aqueles que sucederam a IRNERIUS, ACCURSIO, BÁRTOLO e "tantos outros nomes, que reinaram por longo tempo no banco dos advogados", a respeito dos quais comenta: "disso resulta que fre-

[213] Hugo GRÓCIO, **O direito da guerra e da paz** (do original **De jure belli ac pacis**, 1625, intr. Antonio Manuel HESPANHA, trad. de Ciro MIORANZA, col. clássicos do direito internacional, Ijuí: Ed. Unijuí, 2004, 2 vols.); a respeito, ver **Tratado** (tomo 7 – **Direito internacional no tempo de Hugo Grócio**).

[214] GRÓCIO, **De jure belli** (prolegômenos, § 53).

[215] GRÓCIO, **De jure belli** (prolegômenos, § 54).

quentemente são excelentes autores de novas leis, mesmo sendo maus intérpretes da lei já existente", mas ressalta: "devemos ouvi-los, porém, sobretudo quando dão testemunho da existência de tal costume que constitui o *jus gentium* de nossa época";[216]

– a terceira abraça aqueles que unem as letras ao estudo das leis – assim GRÓCIO descreve os seus predecessores imediatos – os mestres da terceira classe, que se encerram dentro dos limites do direito romano e dele não se afastam jamais, para entrar nesse direito comum, ou não o fazem, senão superficialmente, não são de quase nenhuma utilidade, em nosso tema. Eles uniram a sutilidade escolástica ao conhecimento das leis e dos cânones, a tal ponto mesmo que dois espanhóis, COVARRUBIAS e VAZQUEZ,[217] não se abstiveram assim mesmo de tratar das controvérsias dos povos e dos reis: o primeiro com grande liberdade e o segundo com mais reserva e com julgamento mais exato.[218]

Os franceses tentaram de algum modo introduzir a história no estudo das leis – observava ainda GRÓCIO, na mesma passagem – e entre eles BODIN[219] e HOTMAN ficaram famosos: o primeiro por uma obra sobre o tema; o segundo por questões relevantes. Suas decisões e seus argumentos nos fornecerão muitas vezes o modo de descobrir a verdade.[220]

Logo adiante, GRÓCIO não deixa de o criticar: "em BODIN a política se confunde com o direito".[221] Esse é risco recorrente, e o perigo tem de ser assinalado. Poder-se-ia, assim, dizer que seria BODIN o precursor dos analistas das relações internacionais, ao misturar os dois campos?[222]

[216] GRÓCIO, **De jure belli** (prolegômenos, § 54, cit.).

[217] Sobre a contribuição deste, ver **Tratado** (tomo 6 – **Direito internacional no tempo de Suárez, Gentili e Zouch**, item – outras vozes no direito internacional: Domingos de SOTO e VAZQUEZ DE MENCHACA).

[218] GRÓCIO, **De jure belli** (prolegômenos, § 54, cit.).

[219] Sobre a contribuição deste, v. item 13.2 – Jean BODIN (1530-1596).

[220] GRÓCIO, **De jure belli** (prolegômenos, § 54, cit.).

[221] GRÓCIO, **De jure belli** (prolegômenos, § 57).

[222] André GARDOT, em seu curso na Haia sobre **Le droit de la guerre dans l'oeuvre des capitaines français du XVIe siècle** (RCADI, 1948, t. 72, p. 393-540, chap. I – *Les hommes et les oeuvres*, p. 400) enfatiza o papel de BODIN como ponte entre as teorias e a prática do direito internacional, como faceta 'realista' de sua contribuição. O mesmo André GARDOT dedicara

As referências ao direito romano, como também aquelas a outros fatos históricos, teriam o único propósito de por em relevo a atual consciência jurídica internacional, assim como a discutível menção aos "princípios jurídicos reconhecidos pelas nações civilizadas",[223] de forma que não sejam estes meras abstrações, ou construções conceituais – *Begriffsbildungen*, no sentido de categorias lógicas gerais.[224] Assim, as "referências a institutos antigos servem, em geral, para precisar conceitos jurídicos de especial complexidade – *finezza particolare* –, dificilmente determináveis a luz da menos evoluída experiência de vários estados", e estes encontram, justamente, "perfeita expressão em tais institutos".[225]

O recurso ao direito romano se mostrou particularmente eficaz na formulação de princípios e na individuação de atitudes subjetivas, tais como: na caracterização da posse exercida com intuito de titularidade – *animus possidendi* –,[226] na diligência exercida como em relação a bem próprio – *diligentia quam in suis* –,[227] na configuração da intenção de quem age em fraude a credores – *animus in fraudem creditorum* –,[228] ou regras técnicas em

ao tema seu inteiro curso anterior, na mesma instituição, **Jean Bodin – sa place parmi les fondateurs du droit international** (RCADI, 1932, t. 50, p. 545-748).

[223] Giuseppe BARILE, **Lezioni di diritto internazionale** (Padova: CEDAM, 1977, cap. III – Le norme generali di diritto internazionale, p. 43-67, III.7 – I principi giuridici riconosciutti dalle nazioni civili, p. 59-60): "Naturalmente, il riferimento al diritto romano ha, come il riferimento ad altri fatti storici, l'unico fine di rilevare l'attuale coscienza giuridica internazionale. E lo stesso unico fine si propone anche il richiamo ai 'principi comuni alle nazioni civili', i quali vengono considerati, precisamente come il diritto romano, unicamente nella funzione di elementi di individuazione di una data coscienza giuridica sociale."

[224] G. BARILE (op. cit., 1977, loc. cit.): "concretti e validi principi comuni", justamente como dados necessários para evitar a compreensível "diffidenza che gli Stati di nuova formazione hanno per concetti troppo legati all'antico diritto internazionale aristocratico europeo".

[225] G. BARILE (op. cit., 1977, loc. cit.): "Riferimenti a istituti antichi servono in genere a precisare concetti giuridici di finezza particolare, difficilmente determinabili al lume della meno evoluta esperienza di vari Stati, e che trovano, invece, perfetta espressione in tali istituti."

[226] Cfr. laudo arbitral do Rei da Itália no caso da **soberania sobre a ilha de Clipperton** (1931) no **Tratado** (tomo 2 – **Direito internacional dos espaços**, item 31.6 – laudo arbitral sobre a ilha de Clipperton).

[227] O conceito da *diligentia quam in sui* foi utilizado pelo árbitro Max HUBER no laudo sobre o caso da **ilha de Palmas** (1928). A respeito: **Tratado** (tomo 2 – **Direito internacional dos espaços**, item 31.5 – laudo arbitral sobre a ilha de Palmas); GREEN, **International law through cases** (Londres, 1951, p. 663); BARILE (op. cit., 1977, p. 58, n. 19).

[228] C.P.J.I., **Certains intérêts allemands en Haute-Silésie polonaise**: A 07 (julgamento de mérito em 25 de agosto de 1926); A 06 (questão de jurisdição); A 15 e C 14/2 (direitos das

matéria de obrigações, como a subrrogação[229], ou em matéria processual, como o princípio da coisa julgada – *res judicata* –,[230] ou ainda, em normas no campo da interpretação –[231] *eius est interpretare legem cuis condere,*[232] *ut res magis valeat quam pereat.*[233]

Esse conjunto de princípios não teve somente papel como diretrizes abstratas, mas se pode dizer sejam princípios informadores do sistema institucional e normativo internacional até os nossos dias. E, como tais, diretamente aplicáveis. Isso se deu, ao menos, até o advento da codificação de regras, em matéria de interpretação, pela Convenção de Viena sobre direito dos tratados, de 1969.[234] Esta poderá tornar menos frequente a necessidade de construção *ad hoc* de critérios de interpretação de instrumentos internacionais.

Parte do projeto de poder de construção de monarquia pontifícia absoluta, com o fim declarado de cristianizar o mundo, e o fim não tão oculto de assegurar-se a hegemonia deste, papas como GREGÓRIO VII e seus sucessores reiteradamente utilizaram ferramentas legais, que levaram à consolidação de conjunto normativo, não somente de uso interno eclesi-

minorias na Alta Silésia: escolas minoritárias); A/B 40 e C 52 (acesso às escolas minoritárias alemãs na Alta Silésia; C 09/1 (certos interesses alemães na Alta Silésia polonesa).

229 C.P.J.I., **Concessions MAVROMMATIS en Palestine** (Grécia c. Reino-Unido, decisão em matéria de competência de 30 de agosto de 1924).

230 Tribunal arbitral Estados Unidos – Canadá, **Trail Smelter Case** (sentença arbitral de 16 de abril de 1938 e de 11 de março de 1941) ; v. ACCIOLY – NASCIMENTO E SILVA – CASELLA, **Manual** (2023, 26ª ed., parte 7 – direito internacional do meio ambiente, esp. 7.1.1 – desenvolvimento histórico até 1972, p. 653-655, com ref. ao caso da Fundição Trail, 1941).

231 Voto do Juiz WINIARSKI na C.I.J., **certas despesas das Nações Unidas** (1962), ao enfatizar como critério interpretativo *incivile est nisi tota lege perspecta una aliqua particula ejus proposita judicare vel respondere.*

232 C.P.J.I., **parecer sobre a delimitação de fronteira entre a Polônia e a Tchecoslováquia** (1923, série B, n. 8, p. 37); ver **Tratado** (tomo 2 – **Direito internacional dos espaços,** item 31.1 – questão da Jaworzina).

233 C.I.J., **parecer sobre a interpretação dos tratados de paz celebrados com Bulgária, Hungria e Romênia,** Parecer consultivo de 30 de março de1950 (primeira fase) e parecer consultivo de 18 de julho de 1950 (segunda fase); C.I.J., julgamento dos casos sobre o **Sudoeste africano / South West Africa cases** (Ethiopia v. South Africa; Liberia v. South Africa) Second phase (Judgment 18 July 1966, I.C.J. Reports 1966, p. 6).

234 Ratificada pelo Brasil e promulgada pelo Dec. 7030, de 14 de dezembro de 2009. A respeito, ver **Manual** (26ª ed., 2023, 2 – fundamentos, fontes e codificação do direito internacional, esp. itens 2.2.3 – princípios gerais do direito e 2.3 – codificação do direito internacional).

ástico – o direito romano-canônico –, que buscavam sobrepor aos direitos consuetudinários,[235] das diferentes tradições étnicas medievais, para não dizer 'nacionais' – *avant la lettre* – ou seja, muito antes de se configurarem tais estados nacionais – onde o fenômeno já se verifica, mas o uso do termo somente ocorre séculos mais tarde.

Nesse sentido se pode apontar a exacerbação das pretensões papais ao exercício da jurisdição, entre os governantes da cristandade europeia, primeiro em relação a matérias de conteúdo religioso – como se diria, a jurisdição espiritual *ratione peccati* – e dá lugar, mais adiante, à afirmação da prerrogativa de dizer o direito entre os príncipes cristãos, mesmo em relação a questões estritamente temporais.

Exemplo extremo de exercício de tais pretensões, o *Dictatus Papae* de GREGÓRIO VII (1073-1085): *quod sententia illius a nullo debeat retractari et ipse omnium solus retractare possit. Quod a nemine ipse iudicari debeat* – cuja sentença ninguém pode reformar, se não o próprio; que ninguém, se não o próprio deve julgar. Este *Dictatus papae* "parece ser um resumo dos princípios que guiaram as reformas gregorianas".[236] Os pontos principais são:

1. que a igreja romana foi fundada somente por Deus;
2. que somente o pontífice romano pode ser justamente chamado universal;
3. que somente este pode depor ou repor bispos; [...]
9. que o papa é o único a quem todos os principes tem de beijar os pés;
10. que somente seu nome deve ser pronunciado nas igrejas;
11. que seu título é único no mundo;
12. que pode destituir imperadores; [...]
26. que não deve ser considerado católico quem não está de acordo com a igreja romana;
27. que o papa pode libertar súditos de homens injustos da obrigação de lhes serem fieis.[237]

[235] Ver a respeito, **Manual** (26ª ed., 2023, 2 – fundamentos, fontes e codificação do direito internacional, esp. item 2.2.1 – costume internacional); Brian D. LEPARD, **Customary international law** – a new theory with practical applications (Cambridge: Univ. Press, 2010).

[236] James A. CORBETT, **História de los papas** (do original **The papacy. A brief History**, trad. Enrique GAINZA, Buenos Aires: Paidos, 1967).

[237] J. A. CORBETT (op. cit., ed. argentina, 1967, Documento n. 8 – *El Dictatus Papae de Gregorio VII*, p. 171-173).

No sentido de afirmação de primazia jurisdicional do papado, mesmo em relação a questões de ordem temporal, INOCENCIO III (1198-1216), quando da controvérsia entre FILIPE AUGUSTO da França e JOÃO sem terra, em 1203, declara ser a missão dos sucessores de Pedro, "fundar a paz entre os homens". Mesmo quando o pontífice não tivesse jurisdição, em sentido estrito, sobre determinada controvérsia, esta lhe competiria no âmbito da jurisdição espiritual – *ratione peccati*. E a consequência seria uma espécie de jurisdição quase universal, ao menos em relação aos dirigentes da cristandade: *Non intendimus iudicare de feudo ... sed discernere de peccato.*[238]

Nos pontificados de ALEXANDRE III (1159-1181) e INOCENCIO III (1198-1216) se intensificam os esforços para dar respaldo à ampliação da jurisdição papal sobre questões meramente temporais:[239]

- procuraram os papas elevar-se à condição de juízes do mundo – *iudex mundi* – mesmo em conflitos estritamente políticos entre poderes temporais inserir a prerrogativa da jurisdição, expressa como competência pontifícia de dizer o direito;[240]
- as tentativas papais de exercer jurisdição sobre os poderes temporais, em questões políticas, mesmo em tempos da mais extremada política hierocrática da Cúria, encontrou viva e decidida resistência por parte dos príncipes cristãos. Normalmente aceita e extensamente praticada, por vezes com resultado, e outras não, foi a função dos papas como mediadores e conciliadores.[241]

Também os imperadores romano-germânicos, em muitas ocasiões, atuaram como árbitros em controvérsias entre dirigentes cristãos. Mas, em todos esses casos, a atuação do imperador se fazia enquanto árbitro, de comum acordo escolhido pelas partes em conflito – onde o fundamento da sentença arbitral permanece o compromisso arbitral livremente pactuado.[242] Dois exemplos nesse sentido:

[238] MIGNE, **Patrologiae Latinae** (CCXV, p. 326).
[239] Wilhelm GREWE, **Epochen der Völkerrechtsgeschichte** (Baden-Baden: Nomos, 1984).
[240] W. GREWE (op. cit., 1984, p. 120).
[241] W. GREWE (op. cit., 1984, p. 121).
[242] W. GREWE (op. cit., 1984, p. 121-122): "In diesen wie in allen anderen Fällen ist von einer dem Kaiser *ex officio* zustehenden richterlichen Gewalt über andere Könige und Fürsten der Christenheit keine Rede."

- o laudo do imperador SIGISMUNDO, de 24 de agosto de 1412, para a solução de controvérsias entre a Ordem dos cavaleiros teutônicos e o rei da Polônia, resultantes da interpretação e da aplicação do tratado de paz de Thorn, celebrado, em 1411; e
- o fracasso da comunicação feita pelo imperador, durante o Concílio de Constança, leva o imperador SIGISMUNDO a retomar a questão, em 18 de maio de 1419, para doravante atuar, de modo diverso, como árbitro – *arbiter, arbitrator et amicabilis compositor de et super universis et singulis causis* – entre, de um lado, a Ordem teutônica, e de outro, o rei Ladislau JAGELLO, da Polônia, o grão-duque VITAUSTAS, da Lituânia, e os príncipes JOHANN e ZEMOVITCH, da Masóvia.[243]

No contexto medieval não cabe falar em 'jurisdição internacional' em sentido estrito, como nos últimos cento e poucos anos, mas inegavelmente ocorre e opera fenômeno específico, sobretudo nos séculos finais da era medieval, como dado característico do tempo: a internacionalidade de jurisdição altamente desenvolvida, da qual permaneceram testemunhos relevantes. No conjunto da *respublica christiana*, a solução pacífica de controvérsias, por meio da arbitragem e de outros mecanismos análogos, teve relevante papel para evitar desencadear conflitos armados – e esse papel se contrapõe às tendências segregadoras e particularizantes, que começam a marcar terreno entre as diferentes nações e os futuros estados da Europa, como dados característicos da que viria a ser a era moderna.

A 'internacionalidade' da jurisdição medieval tem de ser entendida no contexto político e social das estruturas do feudalismo – *Lehnfeudalismus*. Mesmo nesse campo, carece de sentido e não é viável a tentativa de estabelecer nítida divisão entre controvérsias 'particulares', regidas pelo direito privado, controvérsias de direito público, e controvérsias de direito internacional público. A linha divisória, muitas vezes, não pode ser traçada, entre tais controvérsias, no contexto medieval.[244]

[243] Sobre o contexto histórico e atuação da Ordem dos cavaleiros teutônicos, ver **Tratado** (tomo 4 – **Direito internacional no tempo medieval**, item 11.1 – cristianizar a guerra? e 11.2 – guerra justa e guerra santa: entre *jihad* e as cruzadas); W. GREWE (op. cit., 1984, p. 121).

[244] W. GREWE (op. cit., 1984, p. 122): "Die Trennungslinie, an der eine Streitigkeit zwischen zwei Feudalherren aus der Sphäre des *Privatrechts* in die des *öffentlichen* Rechts und aus dieser in die Sphäre des *Völkerrechts* hineinragt ist häufig überhaupt nicht zu ziehen"; v. tb. Michel ZIMMERMANN, **La crise de l'organisation internationale à la fin du Moyen Âge** (RCADI, 1933, t. 44, p. 315-438).

Controvérsias ocorrem em todas as sociedades, em todas as eras. E a solução pacífica destas tem sempre de ser buscada, evitando o agravamento de conflitos, que podem se tornar causas para a guerra. Mas, a explicação desse fenômeno remete ao direito romano, com seu sistema de contratos e de ações, onde a 'cláusula' ou compromisso arbitral – *compromissum* – não comportava execução específica,[245] e teria executoriedade somente mediante a cominação de multa, por seu descumprimento. No período do direito romano clássico, a solução arbitral de controvérsias passa a ser equiparada a juízo privado – *iudicium privatum* – e, como tal, mais facilmente poderia ser assegurada a implementação.

No direito germânico antigo também ocorriam vários elementos de arbitragem, como mecanismo de solução de controvérsias.[246] Essa dupla herança teve numerosos e relevantes desdobramentos na formação e no desenvolvimento ulterior do sistema propriamente medieval de solução de controvérsias – com os direitos feudais, os direitos de prestação de serviço, direitos 'públicos', quer emanados dos príncipes, quer criados pelas comunidades independentes.

O fortalecimento da arbitragem intercomunal, com o propósito deliberado de evitar recorrer ao arbitramento das controvérsias pelo imperador – o que acarretaria a implícita submissão e reconhecimento da autoridade pelo menos moral do imperador – aparece entre as cidades do norte da Itália, já nos séculos XI e XII, por meio de compromissos arbitrais e tribunais arbitrais, registrados entre as cidades.[247] De modo semelhante, no sul da França, remontam ao século XI as menções a soluções de controvérsias – por assim dizer, 'públicas' – entre cidades, e esse fenômeno está fartamente documentado no século XII. Entre os cantões suíços, os pri-

245 Como se dava, no Brasil, com a cláusula arbitral, inserta em contrato, quando viesse a ocorrer controvérsia entre as partes contratantes: poderia ser observada e transformada em compromisso arbitral, propriamente dito, mas não comportaria execução específica, antes do advento da Lei de arbitragem, n. 9307, de 1996.

246 W. GREWE (op. cit., 1984, p. 123): "Die Parteien verpflichteten sich in einem aussergerichtlichen *Streitgedinge* zum gerichtlichen Austrag ihres Streits. Der Fortgang des Verfahrens war durch weitere Verträge bestimmt. Das Urteil erging nicht auf Leistung, sondern auf Abschluss eines Sühnevertrags."

247 Veja-se, por exemplo, Indro MONTANELLI e Roberto GERVASO, **L'Italia dei Comuni** – Il Medioevo das 1000 al 1250 (Milão: Biblioteca Univ. Rizzoli, ed. aggiornata, 2010), para situar o contexto das cidades italianas, nessa época.

meiros laudos arbitrais, de natureza equivalente, podem ser assinalados, nos anos 1183, 1219 e 1220.[248]

Pode-se afirmar o reconhecimento da importância da arbitragem, como mecanismo de solução pacífica de controvérsias, contendo elementos de direito internacional público, na era medieval. E assinalar ter essa herança efeito direto sobre o desenvolvimento da arbitragem de direito internacional público, na era moderna:[249]

> como fundamento para o julgamento se põe, em primeira linha, o especificamente acordado entre as partes, direito decorrente de tratado, ou de base costumeira, e a seguir o direito comum, vigente no seio da cristandade – *res-publica christiana* –, especificamente o direito internacional – *ius gentium* –, em sentido estrito, bem como o direito canônico, o direito romano, como fonte jurídica subsidiária reconhecida e, finalmente, os princípios gerais do direito natural – *ius naturale* – e do direito divino – *ius divinum* –, que depois e sobre todos os direitos humanos se colocam.[250]

Nesse esforço, se redescobre o direito romano, que ficara consideravelmente esquecido, durante séculos, na alta Idade média, e se agregam à base romana antiga as construções suplementares, destinadas a atender as necessidades regulatórias da vida social da Idade média. Esse esforço se fez tanto por parte das comunidades independentes, como pelos juristas imperiais, e também por parte da igreja, visando criar instrumentos voltados a assegurar a hegemonia do papado sobre as soberanias temporais.

[248] W. GREWE (op. cit., 1984, p. 124): "Bei der engen, aller nationalen Grenzen überschreitenden Verflechtung der öffentlichen Gewalten bedurfte es von dieser öffentlich-rechtlichen zur völkerrechtlichen Schiedsgerichtsbarkeit kaum eines weiteren Schrittes."

[249] W. GREWE (op. cit., 1984, p. 124-126) enumera precedentes célebres, ocorridos entre 1244 e 1475, e serviriam para ilustrar: "einen Begriff von der Bedeutung, die der Schiedsgerichtsbarkeit im internationalen System dieser Jahrhunderte zukam."

[250] W. GREWE (op. cit., 1984, p. 129) menciona a seguir a institucionalização da arbitragem *ad hoc* no contexto medieval: "Über die Form der 'isolierten', für den einzelnen konkreten Streitfall *ad hoc* geschaffenen Schiedsgerichtsbarkeit hinaus, gibt es bereits seit dem Beginn des 12. Jahrhunderts bedeutsame Ansätze zu einer *institutionellen*, alle künftige Streitfälle erfassenden Schiedsgerichtsbarkeit. [...] Im Gesamtbild der mittelalterlichen Völkerrechtsordnung muss man die Schiedsgerichtsbarkeit als ein bedeutsames und tragfähiges Element der Streitschlichtung und Befriedung bewerten."

No curso da longa luta hegemônica entre o império e o papado inscreve-se toda uma linha de evolução do pensamento ocidental na Idade média.[251] Nesse sentido, o papa GREGÓRIO VII e o imperador HENRIQUE IV, tanto os defensores curialistas quanto os partidários da primazia imperial se puseram a utilizar a *les regia* ou a *les de imperio* para expor os seus argumentos sobre a questão de determinar, por exemplo, se e em que condições o imperador poderia ser deposto.

A lei, como transmitida pelo **Digesto**, pelo **Codex** e pelas **Institutas** de JUSTINIANO, continha a tese de que o *imperium* residia originariamente no povo romano, enquanto *maiestas*. Por delegação do povo, este poder poderia ser exercida pelo imperador.[252]

Esse ato, em si, constituía faca de dois gumes, por tocar dois princípios diametralmente opostos: de um lado, poderia implicar – e esta era a posição do partido imperial – que os romanos tivessem renunciado a seu poder, de uma vez por todas, e o tivessem irrevogavelmente transmitido ao príncipe, ou antes, à função do príncipe; inversamente, essa mesma argumentação fornecia aos curialistas a defesa da tese oposta: cada príncipe tinha sido individualmente designado pelo povo romano, enquanto administrador do império, e essa designação não seria assim irrevogável.[253]

O princípio da soberania popular, entrevisto na ocasião, no curso da grande confrontação entre império e papado, pela hegemonia do poder no Ocidente, e se manifestou também na querela das investiduras laicas de dignatários eclesiásticos, impregnou as ideologias do século XII. Isso

[251] Ver **Tratado** (tomo 4 – **Direito internacional no tempo medieval**, caps. 9 e 10) sobre MARSÍLIO DE PÁDUA, GUILHERME DE OCKHAM, TOMÁS DE AQUINO e DANTE ALIGHIERI.

[252] Ver **Tratado** (tomo 3 B – **Gregos, romanos, chineses, indianos**, cap. 6 – na formação e no desenvolvimento de Roma, esp. item 6.3 – duradoura contribuição do *jus gentium* para o direito internacional).

[253] E. KANTOROWICZ (art. cit., 1988, p. 58, e nota 28): "Le prince devient ainsi l'employé du peuple souverain, puisque le pouvoir suprême est censé résider toujours et de manière imprescriptible dans le souverain peuple de Rome". Reporta o ensinamento de MANEGOLD VON LAUTENBACH (por volta de 1085), em seus **Libelli de lite** (I, 365, 18 ss.), segundo o qual o príncipe que falhava no exercício de sua função de monarca poderia ser mandado embora, exatamente da mesma maneira como um fazendeiro poderia despedir um guardador de porcos desonesto (*porcher malhonnête*). Assim, MANEGOLD compara o rei, que faltou com seus deveres, ao guardador de porcos, que não alimenta os seus animais, e os deixa morrer de fome: pode ser mandado embora, por 'justa causa', sem pagamento, coberto de vergonha. E o povo ... seriam os porcos!

se põe em conflitos abertos,[254] entre as vozes que pretendiam contar com o imperador para reformar a igreja, enquanto outros defendiam que esta deveria reformar a si mesma.

Como ilustra MANEGOLD de Lautenbach. Ao renovar a teoria da soberania popular, a sacralização da realeza se apaga, com apreciação sóbria e funcional da política. Dessacralizada a soberania, esta se fazia um simples instrumento, uma ferramenta, nas mãos do papa.[255] Aquele, investido desse mandato, tem obrigações, em relação ao povo, e o rei que os negligencia pode, pelo povo, ser destituído.

O povo de Roma, na época de ARNALDO DE BRESCIA (1090-1155), defendia essa ideia.[256] Esse monge católico, discípulo de PEDRO

[254] M. T. STEAD, Manegold of Lautenbach (in The English Historical Review, vol. 29, no. 113, Jan. 1914, p. 1-15, publ. by Oxford Univ. Press – https://www.jstor.org/stable/551260): The characteristic literature of the eleventh century was polemical. There were many men who wished to reform the church, but they differed both as to the nature of the problems and as to the method of attack. Some were willing to accept the help of the emperor in their work, while others maintained that the church alone should reform herself. Reformers issued statements of their various opinions, and so began that controversial literature which was a prelude and an accompaniment to the struggle between the empire and the papacy. At this period writers were interested in questions of church government and discipline, and only indirectly touched the affairs of the state; but the spiritual and the temporal were so closely connected that no movement in the one could leave the other undisturbed."

[255] Os projetos de poder do papado contavam com o apoio teórico de argumentos convincentes. Como MANEGOLD von Lautenbach (+1103), da Alta Alsácia, partidário alemão do papado, justificava que o papa pudesse depor o imperador, mediante argumento surpreedente: em última análise é do povo que o soberano tem o seu poder. Kurt FLASCH, **Introduction à la philosophie médiévale** (trad. do alemão Janine de BOURGKNECHT, préf. de Ruedi IMBACH e François-Xavier PUTALLAZ, Fribourg, Suisse / Paris : Editions universitaires / Ed. du Cerf, 1922, chap. VI – Liberté ou servitude à l'égard de la politique et de la culture: MANEGOLD DE LAUTENBACH contre WOLFHELM DE COLOGNE, p. 71-89, cit. p. 82-83).

[256] Ferdinand GREGOROVIUS, **Geschichte der Stadt Rom im Mittelalter vom V. bis XV. Jahrhundert** (orig. publ. em 8 vols., 1859-1873), ed. italiana **Storia della città di Roma nel Medioevo** (intr. Waldemar KAMPF, trad. Andrea CASALEGNO, Torino: Einaudi, 1973, ristampa 2011, vol. secondo, livro VIII – Storia della città di Roma nel secolo XII, cap. quarto, itens 3 e 4, cit. p. 1035-1036): "Un famoso riformatore dell'epoca, ARNALDO DA BRESCIA, è considerato, a torto, il principale eroe di un rivolgimento che nacque invece soltanto dalle esigenze del tempo e dalle particolari condizioni di Roma. Strappare alla nobiltà il potere, al clero i possedimenti, al papa l'autorità di principe, trasferendo al comune del popolo i suoi diritti sovranni, erano mete ben chiare di quel momento storico, per le quali non occorreva una dottrina."

ABELARDO, reformador religioso, participou da Comuna de Roma, exigindo tirar o poder dos nobres, do clero as propriedades, do papa a autoridade temporal, transferindo ao povo seus direitos soberanos. E morreu na forca, por suas ideias.

> ARNALDO, ABELARDO, são BERNARDO, são figuras extraordinárias de contemporâneos, heróis de imponente drama da civilização. As jovens democracias começavam a se afirmar, ainda incertas e inseguras, ainda à sombra da igreja e do império, e justamente na Lombardia nasce um homem como ARNALDO, cheio de entusiasmo pela real liberdade do segmento médio dos cidadãos, tribuno popular em hábito de monge, que no seu espírito austero nutria de uma igreja, purificada das deformações, e de um cristianismo renovado, segundo a concepção das origens. ABELARDO, o herético da filosofia, e ARNALDO, o herético da política, brotaram do mesmo terreno, a burguesia em fase de emancipação. Depois dos cúpidos heróis do absolutismo dogmático, depois de papas como GREGÓRIO e imperadores como HENRIQUE, vemos com alegria avançarem os mártires da liberdade, que levantam a bandeira de uma humanidade mais nobre, e empunham a arma incruenta, mas terrível, do pensamento investigativo e da livre vontade.[257]

Por sua vez, o imperador Frederico BARBAROSSA estava disposto a se fazer coroar em Roma, e os dirigentes romanos pretendiam serem eles os únicos a poderem dispor do diadema imperial. A tal argumento, contrapunha BARBAROSSA, que seu *imperium* provinha de Deus, e somente de Deus, diretamente.[258]

[257] F. GREGOROVIUS (op. cit., ed. 2011, loc. cit.): "Solo l'ignoranza medievale ha potuto far attribuire tali idee ad ARNALDO DA BRESCIA, che pure esercitò grande influenza su alcuni ambienti della vita cittadina."

[258] Eugenio Dupré THESEIDER, **L'idea imperiale di Roma nella tradizione del Medioevo** (orig. publ. Milão, 1942, premessa alla ristampa di Raffaele SAVIGNI, ristampa Spoleto: Centro italiano di studi sull'alto medioevo, 2015, p. 255 ss.), abrange o período da História de Roma, "dal senatorato di Brancaleone degli ANDALÒ (1252) al ritorno dei papi a Roma dopo l'intermezzo avignonese (1377)" e apresenta coletânea útil de extratos de textos jurídicos, relacionados com a *lex regia*; Fritz KERN, **Gottesgnadentum und Widerstandsrecht in früheren Mittelalter** (orig. publ. Leipzig: Koehler, 1914, reed. Darmstadt: WBG – Wissenschaftliche Buchgesellschaft, 1954, reimpr. 1973, p. 251 ss.), sobre o direito divino dos reis e o direito de oposição na Alta Idade média, segundo a concepção de que as leis não são criadas, mas descobertas e, para ser válido, o direito não é feito pelo estadod, mas deve ser antigo e bom – *das gute alte Recht*; ver ainda Johannes LIEBRECHT, **Fritz Kern und das gute**

A história de Roma, nos séculos XIII e XIV, se articula realmente em torno da ideia da soberania popular romana.[259] Isso culmina, em 1328, quando LUIS V da Baviera – excomungado pelo papa – recebe o diadema imperial das mãos dos senadores e do povo de Roma, não em São Pedro, mas no Capitólio.

Os juristas dos séculos XII e XIII tendem a aceitar a tese, segundo a qual o poder imperial vinha, diretamente, de Deus: para estes não parecia haver dúvida que o antigo *populus* romano estava em seu direito, quando pretendia ser a fonte última do poder imperial.[260] Mesmo quando as opiniões estavam divididas, no tocante a saber se isso se aplicaria aos cidadãos romanos da Idade média, ou qualquer outro *populus* medieval.

> A intransigência da teoria hierocrática, segundo a qual o imperador não dependia diretamente de Deus, mas do papa, teve como efeito que os legistas romanos, e, igualmente, alguns canonistas moderados, reconheceram a origem popular do poder imperial,[261] e fizeram uso da ideia de soberania popular para se livrarem das pretensões do papado.[262]

alte Recht – Geistesgeschichte als neuer Zugang für die Mediävistik (Frankfurt am Main: Vittorio Klostermann – Studien zur europäischen Rechtsgeschichte – Veröffentlichungen des Max-Planck-Instituts für europäische Rechtsgeschichte, Band 302, 2016 – disponível on line 9783465142881.pdf); E. SCHOENIAN, **Die Idee der Volkssouveränität in mittlealterlichen Rom** (Leipzig: J. Särchen – Frankfurter historischer Forschungen, vol. 2, 1919, esp. p. 58 ss. – disponível on line books.google.com.br); Walter ULLMANN, **Medieval political thought** (London: Routledge revivals, 2010, 3 vols.); ___, **The medieval idea of law as represented by Lucas de Penna** – a study in fourteenth century scholarship (orig. publ. Londres, 1946, new ed. London: Routledge, 2011); para fontes mais antigas, ver E. KANTOROWICZ, **Kaiser Friedrich der Zweite: Ergänzungsband** (Berlin, 1931, p. 85 ss.).

259 F. GREGOROVIUS, **Storia della città di Roma** (op. cit., ed. italiana 2011, vol. secondo, livro IX – Storia della città di Roma nel secolo XIII, dal pontificato di Innocenzo III al 1260, libro X – Storia della città di Roma dal 1260 al 1305, libro XI – Storia della città di Roma dal 1305 al 1354, esp. cap.terzo, p. 1524-1550; v. tb. vol. terzo, libro XII – Storia della città di Roma dal 1355 al 1420).

260 Ver **Tratado** (tomo 4 – **Direito internacional no tempo medieval**, cap. 9), sobre MARSÍLIO DE PÁDUA e GUILHERME DE OCKHAM, ambos ameaçados pelo papa de Avinhão, foram protegidos e acolhidos na corte de LUÍS da Baviera, em Munique, onde produziram obras importantes, como o **Defensor da paz** e as **Oito questões**, respectivamente, em defesa da primazia temporal do Império, contra as pretensões do papado. Graças a LUÍS V da Baviera, que os acolheu em Munique, se permitiu a continuidade da vida e da obra de ambos.

261 E. KANTOROWICZ (art. cit., 1988, p. 59): "Par conséquent, les juristes bien que toujours disposés à soutenir la notion d'une origine directe et divine du pouvoir impérial, tentaient de la combiner avec l'argument de l'origine populaire de ce pouvoir."

Os argumentos da *lex regia*, em favor da origem popular do poder imperial, foram utilizados por FREDERICO II, contra as pretensões do papado. E, igualmente, contra as pretensões do senador BRANCALEONE, bem como de COLA DI RIENZO.[263]

A longa série daqueles que, enfeitiçados pelos encantos da Cidade eterna, e dominados pelo dogma da monarquia romana, lutaram pela reinstauração de um ideal irremissivelmente passado, se conclui com COLA DI RIENZO. A história da cidade mostra o vínculo entre esses homens, e as ideias do tempo explicam a necessidade do surgimento do último tribuno. No limiar entre duas idades, na emocionante aurora que precede o renascimento da Antiguidade clássica, COLA DI RIENZO representa o produto histórico da contradição de Roma, consigo mesma e com o seu tempo, contradição que levou COLA à loucura. Participantes do mesmo erro foram a própria Roma, DANTE, PETRARCA, HENRIQUE VII, os imperadores, os papas de Avinhão e todo aquele século. O quimérico plano de COLA de unir novamente os povos, durante a ausência do pontífice, em torno do antigo Campidoglio, de restaurar o império mundial latino, reanimou por um momento a exaltada fé na ideia universal de Roma, e foi a despedida daquela antiga tradição, pela humanidade. Mas uma realidade viva e vital toma o lugar dessa ilusão: o espírito que se emancipava da Idade média, por meio da ciência e da arte greco-romana. Esse é o significado profundo da amizade entre PETRARCA e COLA DI RIENZO; o poeta despertou a Antiguidade clássica no reino da inteligência, depois de sua imitação na esfera política ter se mostrado um sonho, desaparecido com o próprio COLA. Na história como na natureza, acontecem movimentos de ar, provenientes de zonas remotas do passado; um destes, o mais extraordinário, foi a figura do tribuno do povo. A mescla de profundidade e estultície, de verdade e mentira, de conhecimento e de ignorância de seu tempo, de fantasia grandiosa e de efetiva mesquinharia, fazem de COLA DI RIENZO, histriônico quase herói, na andrajosa púrpura

[262] E. KANTOROWICZ (art. cit., 1988, loc. cit.): "La **Glossa ordinaria** d'ACCURSIUS associait ainsi clairement 'Dieu' et 'le peuple' comme étant les deux sources de l'autorité impériale". A formulação definitiva foi dada por JEAN DE PARIS, por volta de 1300 : "*populo faciente et Deus inspirante.*"

[263] Nicola GABRINI, conhecido como Nicola DI RIENZO ou COLA DI RIENZO, humanista, orador e político romano, escolhido como notário pontifício pelo papa CLEMENTE VI, nascido em 1313 em Roma e na mesma cidade assassinado em 1354.

do mundo antigo, a alma secreta e o retrato de Roma, no período da extrema decadência.[264]

Esses argumentos culminam na doutrina de MARSÍLIO DE PÁDUA. O contexto no qual a *lex regia* era citada, no **Digesto** e nas **Institutas**, parecia apoiar o absolutismo real nascente, pois era mencionada para dar peso à fórmula que, durante séculos, continuou a ser a essência das tendências absolutistas: *quod princeps placuit legis habet vigorem* – o que agrada ao príncipe tem força de lei. Este seria o detentor legítimo do poder de legislar, depois de o povo lhe ter conferido o *imperium*.[265] COLA DI RIENZO teria sido uma tentativa nesse sentido.[266]

[264] A respeito comenta F. GREGOROVIUS (op. cit., ed. 2011, libro XI, cap. quinto, sesto e settimo, p. 1570-1653, cit. p. 1652-1653) vários episódios da conturbada vida de COLA DI RIENZO e termina, depois da passagem citada: "A sua enigmática figura abre perspectivas tão amplas, para o passado e para o futuro, mostra traços tão fortes de trágica necessidade, que oferece à reflexão filosófica mais matéria do que o governo de uma centena de reis. Os seus grandiosos ideais de independência e unidade da Itália, de reforma da igreja e do gênero humano, bastam para colocar de lado as suas loucuras políticas e a resgatar do esquecimento, para sempre, a sua memória. Nenhum século esquecerá aquele plebeu maluco, coroado de flores entre as ruínas de Roma, que fez brilhar o primeiro raio de liberdade nas trevas de seu tempo e, com olho profético, indicou à sua pátria a meta que somente cinco séculos depois dele conseguiria alcançar." E acrescenta (op. cit., ed. 2011, nota 1, p. 1652): "Como já se disse, este era o programa de COLA para a unidade nacional italiana: uma confederação, chefiada por Roma, governada por um imperador latino, eleito pelo povo. Mais tarde, se retomou a ideia dos guelfos: confederação italiana, sob protetorado do pontífice, que ainda foi o absurdo projeto da paz de Zurique, em 1859."

[265] Ver **Tratado** (tomo 4 – **Direito internacional no tempo medieval**, item 9.1 – MARSÍLIO DE PÁDUA (1275-1342)).

[266] Daniel ROPS, **A igreja das catedrais e das cruzadas** (orig. publ. **L'église de la cathédrale et de la croisade**, 1993, trad. Emérico da GAMA, São Paulo: Quadrante, 1993, cap. XIV – fim da cristandade?, item – o papado em Avinhão, p. 642-652, cit. p. 647-648): "Uma prodigiosa aventura, que teve a própria Roma como cenário, deixou os espíritos estupefatos. Um certo COLA DI RIENZO, legalmente filho de um taberneiro, mas provavelmente filho bastardo de HENRIQUE VII, declarou-se inspirado pelo Espírito Santo para regenerar a Cidade eterna. Excelente tribuno, 'humilde enviado do povo contra os cães e as serpentes do Capitólio', como se autodenominava, conseguiu apoderar-se do poder, em 19 de maio de 1347, e chamar à ordem os aristocratas. Organizou-se uma faustosa representação, no meio das aclamações da multidão: COLA instalou-se faustosamente no Capitólio e declarou-se o único imperador. Foi à pia de basalto onde, segundo a tradição, CONSTANTINO fora batizado por SILVESTRE e, depois de mergulhar na água, anunciou que nele Roma se lavara das suas faltas. Depois ordenou que sete dos mais altos prelados lhe pusessem solenemente sobre a cabeça sete coroas, símbolo dos sete dons do Espírito santo. Em seguida, estendendo sucessivamente a

O direito romano fornecia, igualmente, o meio de pôr em xeque qualquer falta de escrúpulo por parte do rei. Para se opor aos absolutistas, os constitucionalistas se referiam a uma lei do **Codex**, a *digna vox*, na qual o legislador se declara francamente vinculado pela lei: *é uma palavra digna da majestade do governo que o príncipe se proclame a si mesmo vinculado pela lei, tanto é verdade que nossa autoridade depende da autoridade da lei.*[267]

Assim se dava livre curso à questão de saber se o príncipe estaria 'acima' ou 'abaixo' da lei.[268] Os juristas tinham plena consciência da contradição que emanava do próprio direito romano, onde se contrapunham as máximas, quanto a estar o príncipe desvinculado ou ligado à lei: *princeps legibus solutus* e *princeps legibus alligatus*. Tentavam eliminar a incoerência, alegando que o príncipe, embora não acorrentado pela lei, deveria a esta se submeter voluntariamente, especialmente quando se tratasse de leis pelo próprio monarca promulgadas.

A partir dessa contradição, JOHN OF SALISBURY, no **Policraticus** (1159),[269] se viu levado a conceber o príncipe, simultaneamente, como imagem da equidade e servo desta – *imago aequitatis* e *servus aequitatis*:

espada para os quatro pontos cardeais, exclamou: 'o mundo inteiro é meu!' Mas os barões romanos, que COLA tratara com estranha mansidão e não chacinara, voltaram a si. A massa cansou-se daquelas exibições, aliás caras, e o sedutor aventureiro não tardou a descobrir a ingratidão das multidões. Foi deposto em 1354, esquartejado pela populaça e finalmente queimado sobre o túmulo de AUGUSTO. Decididamente, as lembranças da Antiguidade perseguiam os romanos."

[267] **Codex**, I, 14, 4 (**Corpus iuris civilis**, vol. secundum, recognovit et retractavit P. KRUGER, Dublin / Zürich: Weidmann, 14ª ed., 1967).

[268] Para o papel que o direito romano reconhecia ao costume, veja-se **Digesto** (I, 3, 32-40, ed. cit., 1973). E, como observa. KANTOROWICZ (art. cit., 1988, p. 60): "On ne niera pas que le problème ait existé auparavant, mais on commença à le relier à la réactivation et à l'exégèse du droit romain, et il acquit une importance plus grande encore avec la question de savoir si – et dans quelle mesure ? – les gouvernants sont liés par les coutumes locales."

[269] JOHN OF SALISBURY (nascido entre 1115-20 e +1180), **Policraticus**: Of the frivolities of Courtiers and the footprints of Philosophers (edited and translated by Cary J. NEDERMAN, Cambridge: Univ. Press / Cambridge Texts in the History of Political Thought, first publ. 1990, seventh printing, 2007, 'Prologue', p. 3-8, cit. p. 5): "The book concentrates in part on the frivolities of courtiers, and it dwells more upon those frivolities which are more burdensome. The book also busies itself with the footprints of philosophers; it is left to the determination of the wise which footprints should be avoided and which followed in each case."

equidade (como dizem os especialistas em direito) é questão do que é apropriado, segundo o que a razão equaliza o todo, e busca justa igualdade, em questões de desigualdade; o que é equitativo para todos confere a cada um o que é seu. Seu intérprete é lei, na medida em que a lei faz sua a vontade de equidade e de justiça. E assim, CRISIPO afirmava que o direito tem poder sobre todas as coisas, divinas e humanas e, por isso, preside sobre todo o bem e todo o mal, é o governante e o guia das coisas, como dos homens.[270]

Exatamente da mesma forma, o imperador FREDERICO II pretendia ser, ao mesmo tempo, "pai e filho, senhor e servidor da justiça".[271] Este homem extraordinário, "grande demais para o seu tempo", por isso chamado espanto do mundo, imperador coroado em Roma,[272] que detesta as pretensões hegemônicas temporais do papa – e foi por isso duas vezes excomungado – homem que se interessava por outras culturas, pela diversidade da fé, inclusive pelo Islão, e só imaginava cruzada pacífica e diplomática. Também soberano de imensa cultura, que falava fluentemente várias línguas, e reuniu em torno de si, na sua residência favorita em Palermo, sábios judeus, muçulmanos e cristãos, favorecendo o debate entre as confissões religiosas, impulsionando as artes e as ciências.[273]

[270] JOHN OF SALISBURY, **Policraticus** (livro IV, chap. 2 – What law is; and that the prince, although he is an absolutely binding law unto himself, still is the servant of law and equity, the bearer of the public persona, and sheds blood blamelessly, p. 30-31). Define: "equity (as the experts in law assert) is a matter of what is appropriate, according to which reason equalises the whole and seeks just equality in matters of inequality; what is equitable to all is what grants to each person that which is his own. Its interpreter is law, inasmuch as law makes known the will of equity and justice. And thus, CHRISIPPUS asserted that law has power over all divine and human affairs, for which reason it presides over all good and all evil and is ruler and guide of things as well as of men."

[271] **Liber augustalis** (I, 31; éd. HUILLARD-BRÉHOLLES, **Historia diplomatica Friderici Secundi**, Paris, 1852; IV, 33).

[272] Marc BLOCH, *L'empire et l'idée d'empire sous les Hohenstaufen* (conferências em Estrasburgo, em 1927-1928, in Marc BLOCH, **Mélanges historiques**, préface de Yann POTIN, Paris: Ed. CNRS, 2011, p. 529-559).

[273] Olaf B. RADER, **Friedrich II. Der Sizilianer auf dem Kaiserthron** – eine Biographie (orig. publ. 2010, Munique: C. H. Beck, 4a. ed., 2012); Jacques BENOIST-MÉCHIN, **Frédéric de Hohenstaufen** ou le rêve excommunié (1194-1250) (orig. publ. 1980, Paris: Perrin, ed. 2008); Ernst KANTOROWICZ, **L'empereur Frédéric II** (orig. publ. **Kaiser Friedrich der Zweite**, 1927, trad. Albert KOHN, Paris: Gallimard – Quarto, 2000, **Kantorowicz oeuvres**, p. 9-641). Cognominado de 'Anticristo' por seus opositores, e condenado ao esquecimento depois

Foi TOMÁS DE AQUINO quem, com seu espírito de ordem, superou o impasse jurídico, explicando a distinção entre estar, certamente, o príncipe desvinculado da lei – *legibus solutus* –, em relação à *vis coactiva*, o poder coercitivo da lei, feita pelos homens, visto que esta recebe sua força do próprio príncipe; sustentou, por outro lado, estar o príncipe vinculado pela *vis directiva*, a potência diretiva da lei natural, à qual deve se submeter, voluntariamente. Com esse propósito, santo TOMÁS cita, também, a *digna vox*.[274]

Essencialmente alinhada com a igreja – da qual se torna doutrina oficial – parece[275] ter sido habilmente formulada a opinião de TOMÁS DE AQUINO: combina a maioria dos argumentos anteriores e permite encontrar saída para o dilema, aceitável tanto por parte dos adversários como dos defensores das concepções mais absolutistas da realeza. Ainda é citada essa concepção por BOSSUET (1627-1704)[276] e o próprio LUIS XIV – rei paradigma do absolutismo – reconhecia-lhe a substância.

> em certa medida ligam-se, entre si, o conflito, que reinava entre os juristas, sobre a *lex regia*, e o conflito que opunha os novos textos jurídicos aos costumes ou ao direito consuetudinário da terra.
>
> De qualquer forma, há substrato ético nessa querela, como há um, também na própria fórmula da *digna vox*: *é digno da majestade de quem governa, que o príncipe proclame a si mesmo vinculado pela lei.*[277]

de sua morte, FREDERICO II passa a ser pouco visto, ou considerado com reparos, porque a santa Sé nunca deixou de querer apagar a memória da sua obra e o respeito pelo seu nome.

274 Santo TOMÁS DE AQUINO, **Suma teológica** (Ia.-IIae., q. XCVI, a.5, ad 3). A respeito de TOMÁS DE AQUINO ver **Tratado** (tomo 4 – **Direito internacional no tempo medieval**, item 10.1).

275 Ernst KANTOROWICZ, **Les deux corps du roi** (orig. publ. **The Kings two bodies: a study in medieval political theology**, 1957, trad. Jean-Philippe GENET e Nicole GENET, Paris: Gallimard – Quarto, 2000, **Kantorowicz oeuvres**, p. 643-1222, n. 154); E. KANTOROWICZ (art. cit., 1988, p. 61): "le droit romain avait son mot à dire sur des problèmes éminenment politiques et éthiques en appuyant, comme il l'a fait, à la fois la souveraineté populaire et l'absolutisme royal, à la fois une royauté au-dessus de la loi et une royauté soumise à la loi ; par là, on peut dire que, pour le moins, il maintenait vivante la discussion."

276 Jacques-Bénigne BOSSUET, **Discours sur l'histoire universelle** (orig. publ. 1681, textes établis et annotés par l'Abbé VELAT et Yvonne CHAMPAILLER, Paris: Gallimard – Pleiade, © 1961, impr. 2006, p. 657-1027, seguido de notas e variantes, p. 1471-1524).

277 **Codex**, I, 14, 4 (**Corpus iuris civilis**, vol. secundum, recognovit et retractavit P. KRUGER, Dublin / Zürich: Weidmann, 14a. ed., 1967).

Esta é questão central para o direito como para a política – o governante não pode se colocar acima da lei – excetuada a hipótese do tirano. Essa diretriz de ordem jurídica interna, também repercute sobre o modelo, por meio do qual serão organizadas as relações internacionais.

A ética política sofreu influência do direito romano, em vários planos. Particularmente, se vêem manuais de boa governança e conselhos ao bom governante, desde os antigos até os medievais. Dessa longa tradição de projetos de um rei ideal, podemos destacar os temas seguintes – tal como repercutem nas obras de EUSÉBIO DE CESARÉIA e de THEMISTIOS:[278]

- a monarquia seria a forma privilegiada de governo, por se fazer à imagem da estrutura hierárquica do mundo, que é uma espécie de 'cidade' cósmica, governada por um único monarca divino – Zeus;
- o bom rei seria dotado, no mais alto grau, de virtudes morais, à imagem da perfeição divina, sendo assim o intermediário entre Deus e os homens e um modelo edificante para seu povo;
- esse rei buscaria o bem de seu povo, exercendo cuidado quase providencial, paternal, benevolente e beneficente.

Esses temas são retomados e adaptados por EUSÉBIO e por THEMISTIOS, em função do ideal político que procuram formular, segundo as condições de sua época, EUSÉBIO de maneira a afirmar a legitimidade exclusiva do rei, que é vigário político do Cristo, e THEMISTIOS de maneira a propor uma visão mais conservadora do imperador romano, um e outro se opondo ao enfoque de filósofos neoplatônicos, como IÂMBLICO e aqueles que foram por este influenciados, como SOPATROS e JULIANO.[279]

[278] Dominic O'MEARA e Jacques SCHAMP (anthologie éd. par), **Miroirs de prince – de l'empire romain au 4e siècle** (Fribourg, Suisse: Academic Press / Paris: Ed. du Cerf, 2006, Introduction, p. 1-9, cit. p. 3): "Durant la période que nous venons d'esquisser très sommairement [i.e., le bas-empire], les problèmes que connaissait l'empire et les politiques suivies dans la recherche de solutions pouvaient donner lieu à une réflexion philosophique sur les enjeux fondamentaux."

[279] D. O'MEARA e J. SCHAMP (éd.), **Miroirs de prince** (2006, cit. p. 8-9): "Também é possível que IÂMBLICO e seus sucessores tivessem lido os textos (pseudo-) pitagóricos sobre a realeza, na medida em que a valorização desses textos efetivamente integrava o programa de IÂMBLICO, no sentido de reconduzir o platonismo às suas supostas fontes pitagóricas.

Acentua-se, a partir do século XII, a consciência crescente do caráter transpessoal ou 'público' da comunidade – a *res publica*. Com base também no direito romano, JOHN OF SALISBURY falava em unidade,[280] que abrangia todos os reinos – *una res publica*. E fala no dever do príncipe em buscar a "otimização das condições da república humana".[281]

SALISBURY qualificava o príncipe como *persona publica* ou *potestas publica*.[282] Isso se viu adotado na Inglaterra, como também na França, a partir do século XII, quando enceta-se o uso da denominação impessoal da 'Coroa'.

A noção de pátria – *patria* –, aplicada para designar o reino, em textos do século XII, reveste-se de valor emocional mais importante.[283] Nesse sentido, o termo aparece já nas lendas arturianas, com GEOFFREY DE MONMOUTH,[284] e também na **Canção de Rolando**, redigida na virada do século XII.[285]

Nesse sentido, IÂMBLICO e sua escola teriam lido esses textos sobre a realeza, à luz, sem dúvida de sua interpretação de PLATÃO."

280 JOHN OF SALISBURY, **Policraticus**: Of the frivolities of Courtiers and the footprints of Philosophers (original de 1159, edited and translated by Cary J. NEDERMAN, Cambridge: Univ. Press / Cambridge Texts in the History of Political Thought, first publ. 1990, seventh printing, 2007).

281 JOHN OF SALISBURY, **Policraticus** (livro IV, cap. 1 – on the difference between the prince and the tyrant, and what the prince is, p. 28-29).

282 JOHN OF SALISBURY, **Policraticus** (livro IV, cap. 2 – what law is; and that the prince, although he is an absolutely binding law unto himself, still is the servant of law and equity, the bearer of the public persona, and sheds blood blamelessly, p. 30-31).

283 E. KANTOROWICZ, **The Kings two bodies: a study in medieval political theology** (© 1957, ed. francesa, **Les deux corps du roi**, trad. Jean-Philippe GENET e Nicole GENET, Paris: Gallimard – Quarto, 2000); E. KANTOROWICZ (art. cit., 1988, p. 62): "les deux droits, le romain et le canon, avaient contribué à mettre en circulation l'idée de *patria*, en impliquant de la même manière un concept transpersonnel de perpétuiré publique: combattre pour la patrie, mourir pour la patrie, tuer même sans protester son père ou son frère pour le bien de la patrie, procréer les enfants pour la patrie, ou payer des impôts exceptionnels *pro necessitate* ou *pro defensione patriae*, tout cela représente autant d'idéaux (peu importe que nous les appréciions ou non) qui furent diffusés par les deux droits et par la nouvelle philosophie du droit."

284 GEOFFREY DE MONMOUTH ou GODOFREDO DE MONMOUTH, nascido por volta 1100 A.D., foi clérigo galês, um dos principais autores no desenvolvimento das lendas arturianas, inserindo o legendário rei Arthur na sucessão real, em sua obra **Historia Regum Britanniae**, ou **The History of the Kings of Britain** (London: Penguin, 1977).

285 Rolando é herói do poema épico sobre o tempo de CARLOS MAGNO, do qual seria sobrinho, além de conde da Bretanha, companheiro inseparável de Olivier, cuja irmã, a bela Aude, é a sua noiva. Ele opõe heróica resistência e morre em combate aos sarracenos – mas na verdade, aos bascos e gascões da montanha – quando estes atacam a retaguarda do exército dos

Essa ética política ou pública influencia também, inevitavelmente, a imagem que se tem daquele que governa. Isso já vem inscrito no início das **Institutas** de JUSTINIANO:

> a majestade imperial deve se circundar do brilho das armas, como igualmente se armar com a força das leis, para estar em condição de governar, de modo justo, em qualquer tempo, quer na paz como na guerra; para que o príncipe possa ser vitorioso não somente nos combates, mas afaste, pelas vias da lei, as iniquidades da chicana, religiosamente observe a justiça e triunfe sobre os inimigos vencidos.[286]

Essa redação de manual jurídico, revestido de autoridade, não sugeriria somente pausa para o ideal puramente militar da realeza, que repousa sobre a força da espada, mas constituía, igualmente, convite dirigido ao rei, ao atuar como juiz e se comportar como legislador. A dialética contida na fórmula dupla – *armis decorata* – circundada pelo brilho das armas – *legibus armata* – mas também armada com a força da lei, evocava imagem da majestade, ancorada em níveis muito mais profundos, unindo a força e o direito.

> Os juristas da Renascença, versados nas humanidades, reconheciam que a fórmula de JUSTINIANO era uma transformação dos ideais gregos, refletindo o ideal – *optimum* – em matéria de governo, como se encontra na **República** de PLATÃO: reis que filosofam e filósofos que governam, na qualidade de reis.[287]

francos, em Roncevaux, nos Pirineus, em 778. A **Chanson de Roland** foi redigida no século XI, em dialeto anglo-normando, provavelmente por único autor, que assina TUROLD, na última linha do poema. Foi publicada pela primeira vez por Francisque MICHEL, em 1837. **Chanson de Roland** (ed. bilingue, texte présenté, trad. et commenté par Jean DUFOURNET, ed. de 1993, impr. 2004).

[286] **Corpus iuris civilis**, vol. primum – **Institutiones** (recognovit P. KRUGER; seguidas de **Digesta**, recognovit T. MOMSEN, retractavit P. KRUGER, Dublin /Zürich: Weidmann, 23a. ed., 1973); v. tb. **Institutes de Justinien**, traduites et expliquées par A. M. DU CAURROY, Paris: Gustave Thorel, 8e éd., 1851, 2 vols., Proemium, cit. p. 1): «Imperatoriam majestatem non solum armis decoratam, sed etiam legibus oportet esse armatam, ut utrumque tempus et bellorum et pacis recte possit gubernari; et princeps romanus victor existat non solum in hostilibus praeliis, sed etiam per legitimos tramites calumniantum iniquitates expellens, et fiat tam juris religiosissimus, quam victis hostibus triumphator.»

[287] E. KANTOROWICZ (art. cit., 1988, p. 63) comenta: "Les dessins emblématiques qui rendent l'essentiel de la formule de JUSTINIEN ne manquent pas à la Renaissance; ils montrent un roi brandissant une épée dans une main et un livre dans l'autre."

De certo modo, a necessidade da confluência do poder militar e do conhecimento, na pessoa do soberano, já estava expressa por JOHN OF SALISBURY,[288] quando este, no século XII, afirmava que o rei sem letras não passava de asno coroado – *asinus coronatus*. Para paliar tais insuficiências, "um príncipe iletrado deve receber conselhos daqueles que são letrados, de forma que seus negócios sejam conduzidos de modo adequado".[289]

"A filosofia científica do direito começa, assim, a modificar progressivamente o vocabulário da arte política, e esse vocabulário, por sua vez, tende a modificar a própria arte política". Justamente, "sob o impacto da filosofia do direito e do racionalismo jurídico, o ideal da realeza litúrgica começa a se desintegrar".[290] Para dar lugar a modelos com mais 'racionalidade', embora esse anseio por racionalidade tenha se acomodado com a prática do absolutismo monárquico, que se prolongou por séculos.[291]

Mesmo se nunca totalmente esquecido, nem completamente abandonado, nas escolas da Itália, por volta do final do século XI, em Bolonha, se retomava com empenho o estudo do **Corpus juris civilis** de JUSTINIANO, por meio de comentários eruditos. Será esta a base sobre a qual se constrói a Universidade de Bolonha, modelo da universidade medieval, e que influencia todas as demais universidades europeias.[292]

[288] JOHN OF SALISBURY, **Policraticus**: Of the frivolities of Courtiers and the footprints of Philosophers (original de 1159, edited and translated by Cary J. NEDERMAN, Cambridge: Univ. Press / Cambridge Texts in the History of Political Thought, first publ. 1990, seventh printing, 2007).

[289] JOHN OF SALISBURY, **Policraticus** (livro IV, cap. 6 – That the ruler must have the law of God always before his mind and eyes, and he is to be proficient in letters, and he is to receive counsel from men of letters, p. 41-46, cit. p. 44). Logo adiante, na mesma passagem: "For in fact the onset of wisdom is the coming together of all that is desirable."

[290] E. KANTOROWICZ (art. cit., 1988, p. 64): "Ses racines en avaient de toute façon été coupés par la papauté à l'occasion de la réforme de l'Église. Maintenant, il appartient aux manuels de JUSTINIEN et à leur vocabulaire de remplacer et de restaurer en un sens séculier certaines des valeurs réligieuses de la royauté qui, à titres d'effets de la consécration liturgique du gouvernant, avaient déterminé l'image de la royauté dans les siècles qui avaient précédé la querelle des investitures."

[291] Cfr. **Tratado** (tomo 8 – **Direito internacional além do paradigma vestfaliano** e tomo 11 – **Direito internacional no tempo do Iluminismo**, item – império, estado moderno e ascensão do absolutismo).

[292] Philipe NEMO, **Histoire des idées politiques dans l'Antiquité et au Moyen Âge** (orig. publ. 1998, Paris: PUF, ed. 2007, p. 864-865).

Entre o universalismo do império romano e as monarquias territoriais o direito romano também desempenha papel importante. É somente a partir do século XII que o direito romano, que o imaginário popular acreditava ter sido o regente do conjunto do mundo, o *orbis terrarum*, do passado, passa a ser o novo direito imperial, *Kaiserrecht*, o direito em vigor para os senhores medievais no Sacro império.

O caráter universal do direito romano era considerado como fato consagrado, mesmo antes de sua reativação, pelos estudiosos de Bolonha, no século XI.[293] A universalidade do império não era somente espacial, mas igualmente temporal. Assim o proclamam os livros de JUSTINIANO: *imperium semper est* – o império é para sempre. Ao menos como construção conceitual, e por suas recorrências múltiplas, isso não se mostrou totalmente desligado da realidade.

Essa mesma ideia ecoava em autores como São JERÔNIMO. Este se referia somente ao império romano.[294] Mas logo, ao lado da contraposição hegemônica entre o imperador e o papa, dar-se-á outra contraposição, esta de caráter por assim dizer, 'territorial'.

As pretensões ao universalismo, por parte dos imperadores HOHENSTAUFEN,[295] e de seus sucessores foram postas em xeque pelos titulares das monarquias territoriais. O maior desafio consistia em pretender exatamente as mesmas prerrogativas, ou ao menos vizinhas destas, por parte dos estados territoriais: *Rex superiorem non recognoscens est imperator in suo regno* – ou seja, o rei que não reconhece qualquer superior, é imperador em seu reino.

A partir do século XII alguns dogmas políticos fundamentais se desenvolveram entre as diferentes monarquias. Em consequência da máxima acima, algumas prerrogativas imperiais específicas, tais como a de nomear notários, ou legitimar filhos ilegítimos, foram, progressivamente, esten-

[293] E. KANTOROWICZ (art. cit., 1988, p. 69): "por volta de 1050, ANSELMO, o peripatético, exprimia a esperança que o universalismo antigo seria restaurado não pelas armas (*armis*), mas pelas leis (*legibus*) – *legibus antiquis totus reparabitur orbis.*" No século XIV, DANTE também compartilhava essa esperança, cf. se examina no **Tratado** (tomo 4 – **Direito internacional no tempo medieval**, item 10.2 – DANTE ALIGHIERI).

[294] Brevemente mencionado no **Tratado** (tomo 4 – **Direito internacional no tempo medieval**, item 8.1 – AGOSTINHO DE HIPONA).

[295] Veja-se Marc BLOCH, *L'empire et l'idée d'empire sous les Hohenstaufen* (conferências em Estrasburgo, em 1927-1928, in Marc BLOCH, **Mélanges historiques**, préface de Yann POTIN, Paris: Ed. CNRS, 2011, p. 529-559).

didas aos reis, que se pretendiam semelhantes ao imperador, em seus respectivos reinos.

Além das prerrogativas imperiais, bem definidas, transpõem-se, igualmente, aos reis o conjunto da filosofia jurídica, contida no direito romano. Assim, os reis se apropriam da *Lex Julia majestatis*, que regula os crimes de lesa-majestade, embora no **Digesto** e no **Codex**,[296] esta somente diga respeito ao imperador e à *maiestas* do povo romano.

Igualmente o enunciado, segundo o qual *exercitus facit imperatorem* – o exército faz o imperador, se transfere igualmente ao rei – *exercitus facit regem*. Também o enunciado, segundo o qual o imperador era *terra marique dominus* – o senhor da terra e do mar, e dos demais elementos, é noção que remonta à Antiguidade. Esta foi frequentemente aplicada a FREDERICO II. E ainda circula, no século XVII.

Da mesma forma, a célebre máxima do **Codex**, que proclama "ter o imperador todas as leis no segredo do seu coração" se vê transferida não somente ao papa – seria este o *verus imperator*? – como também ao rei da França. Da mesma forma, a concepção de ser o rei a expressão da lei viva – *lex animata*. E, como tal, esse conceito foi útil para a fundamentação do absolutismo. Tanto mais quando, na esteira de ARISTÓTELES, se faz a passagem da *lex* para a *justitia animata*.

A ação do rei seria, assim, sempre a expressão do justo. Este será longo e tortuoso caminho a ser percorrido, nos séculos seguintes.[297]

Iniciador de estudo erudito do direito romano será IRNERIUS (falecido em 1130) "farol do direito". Nessa altura, o objeto do ensinamento passa por grandes transformações. Antes muitas vezes negligenciadas, em favor de medíocres resumos, as fontes originais voltam a ocupar o primeiro lugar.[298]

296 **Corpus iuris civilis**, vol. primum – **Institutiones**, recognovit P. KRUGER; **Digesta**, recognovit T. MOMSEN, retractavit P. KRUGER, Dublin /Zürich: Weidmann, 23a. ed., 1973; vol. secundum – **Codex Iustinianus**, recognovit et retractavit P. KRUGER, Dublin / Zürich: Weidmann, 14a. ed., 1967).

297 E. KANTOROWICZ (art. cit., 1988, p. 72): "la voie qui mène du douzième siècle aux théories absolutistes de la souveraineté est longue, tortueuse et complexe."

298 Para aquilatar o impacto do fenômeno, basta considerar que o mesmo ocorre, em nossos dias, quando estudantes se contentam com 'medíocres resumos', em lugar de buscar as fontes, sobretudo as fontes primárias. É parte do aprendizado do direito compreender a diferença essencial entre "fontes primárias" – tais como tratados, documentos de época – e "fontes secundárias", comentários, doutrina e resenhas. Mesmo entre estas últimas é preciso cuidar

Particularmente o **Digesto** tem papel formador[299] e abre o acesso à reflexão jurídica latina, no que esta tem de melhor. Nesse sentido, cabe enfatizar:[300]

> Existe grande interesse em conhecer a filosofia dos juristas romanos, porque somente isso nos permite restabelecer o teor autêntico de suas soluções, e também as razões profundas dos destinos do direito romano no mundo moderno. (Se o direito romano nos importa, não é porque este esteja 'no programa', mas porque ele voltou a ser o direito do mundo ocidental moderno).[301]

Observa-se ser "nada mais flagrante que os vínculos entre essa renovação e os demais movimentos intelectuais da época".[302] Necessidades análogas se fazem sentir, em outras partes da Europa, nessa mesma época,[303] mas, claramente, o impulso veio da Itália: favorecida por vida de relações

da correção no tocante ao fundo e à forma – averiguar a confiabilidade do material. Por isso se faz curso de graduação em direito, ou em relações internacionais. De outro modo, bastaria ser alfabetizado e ser capaz de ler, por conta própria, os textos de lei.

299 **Corpus iuris civilis**, vol. primum – **Institutiones**, recognovit P. KRUGER; **Digesta**, recognovit T. MOMSEN, retractavit P. KRUGER, Dublin /Zürich: Weidmann, 23a. ed., 1973).

300 Michel VILLEY, **La formation de la pensée juridique moderne** (texte établi, révisé et présenté par Stéphane RIALS, notes revues par Eric DESMONS, Paris: PUF, 2003).

301 M. VILLEY (op. cit., 2003, chap. IV – *Les principes du droit romain*, p. 100-106, cit. p. 100 e 101): "La science juridique romaine, quant aux principes, nous paraît être un produit de la culture grecque. Mais les Romains ont emprunté simultanément à diverses écoles. Le *stoïcisme*, dans lequel surtout fut instruit CICÉRON et auquel adhérèrent un bon nombre de jurisconsultes classiques, a laissé sur le droit romain une empreinte très apparente. Le *platonisme* non plus ne lui fut pas toujours étranger. Mais à nos yeux c'est de la doctrine d'ARISTOTE qu'au début de la période classique il a reçu ses principes constitutifs, et sa valeur exceptionnelle."

302 Marc BLOCH, **La société féodale** (1939, ed. 1994, tome I – La formation des liens de dépendance, primeira parte, livro segundo, chap. V – *Les fondements du droit*, p. 165-179, cit. p. 175): "La crise de la réforme grégorienne avait suscité, dans tous les partis, un effort de spéculation juridique autant que politique ; ce ne fut point hasard si la composition de grands recueils canoniques qu'elle inspira directement se trouva exactement contemporaine des premiers travaux de l'école bolonaise. Dans ceux-ci, par ailleurs, comment ne pas reconnaître les marques à la fois de ce retour vers l'Antique et de ce goût de l'analyse logique qui allaient s'épanouir dans la nouvelle littérature en langue latine comme dans la philosophie renaissante?"

303 M. BLOCH (op. cit., 1939, ed. 1994, p. 175): "Les hauts barons commençaient à éprouver le désir de s'aider de l'avis de juristes professionnels: à partir de 1096 environ, on voit apparaître parmi les jugeurs dont se compose la cour du comte de Blois, des personnages qui, non sans orgueil, s'intitulent 'doctes dans les lois'."

econômicas e políticas mais do que antes intensa, a ação do grupo bolonhês se propagou por meio de seus alunos estrangeiros, pelos escritos, bem como pela emigração de vários de seus mestres,[304] que foram ensinar em outras cidades.

A Idade média conheceu e praticou, de certo modo, a circulação internacional do conhecimento, essa certa forma de 'globalização', ao menos em relação aos professores universitários. Tanto mais que estes, ao lado de suas línguas locais, lecionavam, escreviam, publicavam e debatiam, todos, na mesma língua.

Esse fenômeno da difusão do latim se repetirá, em escala planetária, depois dos grandes descobrimentos, repercutindo nas Américas e na Ásia: "também o latim atravessa os oceanos, e não somente nos missais dos missioneiros; os homens da arte aceitam difundir a sua ciência em outras latitudes".[305]

Confira-se a **Lógica para principiantes** de PEDRO ABELARDO (1079-1142).[306] Esta se apresenta conforme os procedimentos da escolástica,[307] à

304 M. BLOCH (op. cit., 1939, ed. 1994, p. 175): "Fréderic BARBEROUSSE accueillit, dans sa suite, durant ses expeditions italiennes, des légistes lombards. Un ancien élève de Bologne, PLACENTIN, s'établit, peu après 1160, à Montpellier; un autre, VACCARIUS, avait été appelé, quelques années auparavant, à Canterbury. Partout, au cours du XIIe siècle, le droit romain pénetra dans les écoles. Il s'enseignait, par exemple, vers 1170, côte à côte avec le droit canon, à l'ombre de la cathédrale de Sens."

305 Fascinante examinar o uso do latim nas colônias europeias nas Américas e na Ásia, como refere Serge GRUZINSKI, **Las cuatro partes del mundo** – Historia de una mundialización (México: FCE, 2010, cit. p. 57 e a seguir, p. 74): "Al mismo tiempo que los los libros, los idiomas europeos se mundializan. El siglo XVI es la era de difusión de las lenguas antiguas, como el latín y el griego, o de las modernas, como el castellano, el portugués y el italiano. En México, a partir de 1536, los estudiantes indígenas del Colegio imperial de la Santa Cruz de Tlatelolco aprenden latín, al igual que pronto lo harán los de Goa y a finales de siglo los jovenes japoneses del Colégio de Arie (93 alumnos en 1596)."

306 PEDRO ABELARDO, **Lógica para principiantes** (do original **Logica ingredientubus**, trad. Ruy Afonso da Costa NUNES, São Paulo: Abril – Pensadores, vol. VII, 1973, p. 205-245, cit. p. 233): "podemos chamar a realidade que o intelecto tem por sujeito ou de verdadeira substância da coisa, como quando ela existe ao mesmo tempo que o sentido, ou de forma concebida de uma coisa qualquer, isto é, enquanto esta se acha ausente, quer a forma seja comum, como dissemos, quer própria; comum, digo, quanto à semelhança de muitos que ela retém, embora ainda seja considerada como uma só coisa". V. tb. P. ABÉLARD, **Sic et non** (orig. de 1122, Critical edition by B. Boyer and R. McKeon, Chicago: the Univ. of Chicago Press, 1976).

307 Em relação ao tratamento do direito da guerra pelos canonistas e doutrina escolástica, veja-se **Tratado** (tomo 4 – **Direito internacional no tempo medieval**, cap. 11); b/c de Alfred VANDERPOL, **La doctrine scolastique du droit de guerre** (Paris: Pedone, 1919) e **Le droit de guerre d'après les théologiens et les canonistes du Moyen Âge** (Paris/Bruxelles: Tralin, 1911).

época em que alcança seu apogeu e sua maturidade: os doutores buscam, nos pareceres – os *consilia* –, em resposta às indagações que lhes são formuladas, adaptar o direito romano às exigências sociedade do seu tempo. Nesse sentido, irão mesmo a ponto de encetar, nos **Libri feudorum**,[308] traduzir as normas feudais em termos de direito romano.[309]

Cumpre observar que "a influência das fontes romanas se estendeu muito além. Esta afetou substancialmente o estado do direito em partes da França governada por normas costumeiras – *pays de droit coutumier* –, derivadas, em considerável extensão, da tradição germânica". O que configura processo de transformação especialmente sugestivo, porquanto este "não começa com a aceitação de autoridade externa, da qual todas as mudanças em detalhe deveriam ser derivadas, mas de espécie de luta pela vida, entre normas concretas e instituições de origem romana ou germânica".[310]

O renascimento do direito romano na Europa moderna, a partir do século XI, intensificando-se nos séculos seguintes, está ligado à redescoberta e ao estudo de ARISTÓTELES, no Ocidente.[311] Relevante impacto dessa relação entre os dois fenômenos se mostra, por exemplo, em TOMÁS de AQUINO, com seus comentários às obras do Estagirita,[312] até hoje considerados fontes relevantes.

[308] Attilio STELA, **The Libri feudorum** (an annotated English translation of the *Vulgata* recension with Latin text, Leiden: Brill – Medieval Law and its practice, vol. 38, 2023 – e-book (PDF) ISBN 9789004 529175) comenta: "The earliest written body of feudal customs in Europe, codified in Northern Italy, ca. 1100-1250, which gave rise to feudal law as a branch of civil law. Their role in shaping modern ideas of feudalism has aroused an intense debate among medievalists, leading to deep re-thinking of the 'feudal' vocabulary and categories."
[309] Karl LEHMANN, **Die Entstehung der Libri feudorum** (orig. publ. 1891, Whitefish, Mo.: Kessinger – Rare reprints, 2010).
[310] P. VINOGRADOFF (op. cit., 1909, reprint, 2011, Lecture III – *Roman Law in France*, p. 59-83, cit. p. 65-66): "Naturally the initial move in this case came from the spread of knowledge. It was necessary to study Roman Law before applying it, and it is material from this point of view that the Bolognese school not only attracted foreigners, and among them, many Frenchmen, but also that it sent forth disciples into France. One of the most brilliant glossators, PLACENTINUS, disgusted with Bologna, became a famous teacher of the law school at Montpellier. The legal faculty there was situated in the *pays de droit écrit*, in the region dominated by Roman Law, but it also served as an influential centre for the rest of France."
[311] M. VILLEY (op. cit., 2003, p. 106): "la renaissance du droit romain dans l'Europe moderne, à partir du XIIIe siècle, elle sera liée à la renaissance d'ARISTOTE."
[312] Na imensa bibliografia de S. THOMAE AQUINATIS, Ord. Praed., **Opera omnia ad fidem optimarum editionum accurate recognita** (Parmae: P. Fiaccadori, 1862-1873, 25 vols.); **Doctoris angelici divi** THOMAE AQUINATIS **opera omnia ...** Studio St. FRETTÉ et P.

A retomada do direito romano não se fez sem suscitar inimizades e invejas. Fundamentalmente secular, inquietava, por seu paganismo latente, muitos homens da Igreja. Os próprios reis de França ou seus conselheiros, como se deu na época de FILIPE AUGUSTO, parecem ter-se inquietado com a facilidade com a qual se encontravam no direito romano justificações para a primazia do poder imperial, e apoio para os teóricos defensores da hegemonia deste. Mas, longe de conseguir abalar tal desenvolvimento, esses anátemas somente atestam a potência do estudo do direito romano como fonte para a formação jurídica.

> No sul da França, onde a tradição consuetudinária tinha conservado acentuadamente a marca romana – *l'empreinte Romaine* –, os esforços dos juristas, permitindo doravante o recurso aos textos originais, chegaram a elevar o 'direito escrito' ao patamar de uma espécie de direito comum – *droit commun* –, que se aplicava na ausência de costumes expressamente contrários.[313]

O conceito fundamental sobre o qual se orientavam os glosadores era a expressa ou tácita sujeição da pessoa, da coisa, ou do ato, ao estatuto que derrogava o direito romano comum:[314]

MARÉ (Paris: Vivés, 1871-1880, 34 vols.); v. tb. P. MANDONNET, O.P. e J. DESTRES, O.P., **Bibliographie thomiste** (Bibliothèque thomiste, I, Paris: Vrin, 2e éd., 1960); enquanto o *Bulletin thomiste*, publicado regularmente, desde 1924, contém a indicação e muitas resenhas críticas de obras relativas a santo TOMÁS DE AQUINO. Somente os comentários de ARISTÓTELES abrangem: TOMÁS DE AQUINO, **In libros posterium analyticorum** (Roma / Turim: Marietti, 1955); ___, **In libros posterium physicorum** (Roma / Turim: Marietti, 1954); ___, **In duodecim libros Metaphysicorum** (Roma / Turim: Marietti, 1950); ___, **In libros de caelo et mundo** (Roma / Turim: Marietti, 1952); ___, **In libros de generatione et corruptione** (Roma / Turim: Marietti, 1952); ___, **In decem libros ethicorum** (Roma / Turim: Marietti, 1949); ___, **In decem libros ethicorum** (Roma / Turim: Marietti, 1949); ___, **In libros de anima** (Roma / Turim: Marietti, 1949); ___, **In libros meteorologicorum** (Roma / Turim: Marietti, 1952); ___, **In libros peri hermeneias** (Roma / Turim: Marietti, 1955); ___, **In decem libros ethicorum** (Roma / Turim: Marietti, 1949); ___, **In libros politicorum** (Roma / Turim: Marietti, 1951).

313 M. BLOCH (op. cit., 1939, ed. 1994, p. 176): "De même en Provence, où, dès le milieu du XIIe siècle, la connaissance du Code Justinien paraissait si importante aux laïques eux-mêmes qu'on prit soin de leur en fournir un résumé en langue vulgaire. Ailleurs l'action fut moins directe."

314 Irineu STRENGER, **Direito internacional privado** (São Paulo: LTr, 4ª ed., 2000, 8.6 – período estatutário, p. 225-229).

A atividade dos glosadores foi importantíssima para o direito internacional privado, porque procurava interpretar o direito romano com 'autoridade', para justificar seu ponto de vista, em obediência a certos pressupostos metódicos da filosofia escolástica. Os glosadores juristas filiados à escola de Bolonha foram na Itália os primeiros a tratar de apreciar especificamente os aspectos fáticos conflitantes no sistema das relações comerciais e pessoais vigentes em sua época.[315]

IRNERIUS, depois de estudar direito em Constantinopla, se estabelece em Bolonha, por volta de 1100, foi pioneiro – no Ocidente – em se interessar pelo estudo das normas e formas do direito romano, construindo um aparato de glosas, ou notas marginais explicativas do texto, reveladoras de perfeito domínio da compilação romana.[316] Entre os seguidores de IRNERIUS encontram-se doutores que se destacaram, como BULGARUS, MARTINUS, HUGO e JACOBUS, mas o mais célebre foi ACCURSIUS ou ACÚRSIO (nascido em Florença, 1182 e falecido em 1260).

Distinguem-se, a partir do grande IRNERIUS, duas escolas de interpretação, que passam a ser conhecidas:

– a primeira, a escola dos 'glosadores', afeitos à interpretação literal da lei –[317] estes desenvolveram direito interpretativo, visando a solução

[315] I. STRENGER, **Direito internacional privado** (4ª ed., 2000, cit. p. 227).

[316] I. STRENGER, **Direito internacional privado** (4ª ed., 2000, cit. p. 227 e 228) a respeito de IRNERIUS: "tanto se salientou que foi cognominado *primus iluminator scientiae nostrae.*" [...] "Essa escola de Bolonha, fundada por IRNERIUS, é a denominada 'escola de glosadores', que deve a sua força original ao método exegético adotado pelos lombardos, método que, penetrando nas minúcias, mediante glosas explicativas, breves notas interlineares ou marginais, levava a abarcar e dominar todo o **Corpus juris**. Estudavam o direito romano fazendo 'glosas'. Foi o trabalho dos glosadores que serviu de orientação e critério para os pós-glosadores."

[317] A escola dos glosadores (século XII e início do século XIII) será também ilustrada pelas contribuições de PLACENTINUS (falecido em 1192), autor de uma compilação ou suma de códigos, a sua **Summa codicis**, dentre tantas tentativas medievais de compilações de caráter universal. Este jurisconsulto primeiro ensina em Bolonha, depois em Mântua, Piacenza e, finalmente, em Montpellier. Cabe mencionar, também, AZO, AZONE ou, na forma latina do nome, AZONIUS (nascido por volta de 1150, seu período de atividade se estende entre 1198 e 1230), que leciona em Bolonha, e foi autor de uma suma de códigos, a **Summa codicis** (1208-1210), além de uma suma das instituições, a **Summa institutionum**. A recorrente formulação de sínteses e tentativas de sistematização do conhecimento é dado característico da época.

de casos concretos e situações específicas, de direito positivo, conferindo autoridade às soluções que pregavam, com respaldo no direito romano;[318] e

- a sucessora desta, a escola dita dos 'pós-glosadores', ou comentadores – e se distingue da anterior porquanto os seus seguidores se permitem maior liberdade de interpretação dos textos originais – de meados do século XII até o século XIV, na Itália, nas cidades de Perúgia, Pádua e Pisa – "já não cuidavam do direito romano, mas de revelar direito novo, redigiam sob as glosas vastos comentários, recheados de distinções escolásticas".[319]

Essa segunda corrente, denominada escola dos pós-glosadores ou comentadores, representa nova geração, que se destaca dos comentários literais: passa da letra da lei para aplicar, ao estudo do direito, o método dialético e a lógica aristotélica. Um passo a mais, rumo à construção de novos conteúdos jurídicos, como será a dedução do direito internacional moderno, a partir do *jus gentium* romano, com VITÓRIA, SUÁREZ e outros.[320]

As teorias estatutárias visam solucionar questões de direito surgidas devidos aos conflitos entre as leis – e os então chamados estatutos –[321] das

318 Como referido, autor de obra que se torna clássica para o estudo do direito romano, ainda reimpressa no século XVII, o mestre de Bolonha, ACURSIO ou, em forma latina, ACCURSIUS (ca. 1191-1263) formula a sua **Glosa ordinaria** (por volta de 1230), na qual desenvolve comentários ao conjunto da codificação de JUSTINIANO, o **Corpus juris civilis**. Cujo estudo permanece como fonte principal do que de melhor em matéria jurídica se fizera na história.

319 I. STRENGER, **Direito internacional privado** (4ª ed., 2000, cit. p. 228): "Vários são os pós-glosadores que se celebrizaram como juristas, mas de todos o mais notável como *primus inter pares* foi BÁRTOLO, fundador da primeira escola que cuidou especialmente da apreciação de fatos conflitantes, denominada *escola estatutária italiana*."

320 Como se examina no cap. 14 – Francisco de VITÓRIA (1480-1546), b/c no **Tratado** (tomo 6 – **Direito internacional no tempo de Suárez, Gentili e Zouch**, item – outras vozes no direito internacional: Domingo de SOTO e VAZQUEZ DE MENCHACA e cap. 15 – Francisco SUÁREZ (1548-1617)); v. tb. P. B. CASELLA, 400 anos do De Legibus de Francisco Suárez (1548-1617) (Revista Fdusp, 2011-2012, vol. 106-107, p. 25-33 – https://www.revistas.usp.br/rfdusp/article/view/67935).

321 I. STRENGER, **Direito internacional privado** (4ª ed., 2000, cit. p. 229) explicava terem as escolas estatutárias recebido essa denominação pelos seguintes motivos: (a) porque todo o direito está consubstanciado nos estatutos, que se diferenciam das leis, por terem estas âmbito mais amplo. Nos estatutos estavam compreendidos os direitos particulares, municipais.

cidades ou das províncias na Europa ocidental, onde e quando floresceram tais escolas. Com destaque para o norte da Itália e também nos Países Baixos. Em ambas as regiões, da mesma maneira se sentiu a necessidade de meios legais que resolvessem as questões concretas, surgidas em decorrência de contexto equivalente de fracionamento político e diversidade de ordenamentos jurídicos, em áreas de intensa atividade comercial, que transcendia esses limites.

Dentre os pós-glosadores destacam-se: GUILLAUME DE CUNH, ou GUGLIELMUS DE CUNEO (falecido em 1335), que ensinou em Toulouse,[322] comentando o **Digesto** e o **Codex**. BÁRTOLO se mostra grato a GUILLAUME DE CUNH por ter defendido a capacidade do povo – *populus* – não obstante a lei real – *lex regia* – em se dotar de normas costumeiras tendo, como a lei, força vinculante.[323]

"Contrapunha-se o estatuto à lei, que compreendia disposições de interesse geral, aplicáveis em toda a extensão da jurisdição, isto é, o direito romano e o direito lombardo"; (b) o direito estava dividido em duas partes: estatutos pessoais e estatutos reais – referentes às pessoas e às coisas; (c) não tomavam em consideração o fato anormal, para organizar direitos que lhes fossem adequados, e sim pressupunham conflito entre os estatutos, admitindo que estes se aplicavam ao nosso tempo, ao mesmo fato, automaticamente, e pretendendo dizer apenas pelo exame do próprio estatuto se este ou aquele devia ser ou não mantido fora da jurisdição onde vigorava, razão pela qual não conseguiram ver a autonomia do direito internacional privado.

[322] Henri GILLES, La place de l'histoire du droit dans l'oeuvre des juristes toulousains du XIIIe au XVe siècle (in **L'histoire de l'histoire du droit**, textes réunis par Jacques POUMARÈDE, Toulouse: Centre toulousain d'histoire du droit et des idées politiques, Études d'histoire du droit et des idées politiques, n. 10, 2006, p. 23-31, Presses de l'Université de Toulouse 1 – Capitole, 2006 – Licence Open Edition Books); Jacques KRYNEN, L'église dans la *Lectura super Codice* de Guillaume de Cunh (in Cahiers de Fanjeaux, n. 29, 1994, p. 101-116 – disponível on line: portail persee.fr) comenta terem sido os italianos CINUS, RAINIER de Forli e BÁRTOLO, que fizeram a glória de GUILLAUME DE CUNH reconhecendo sua grande autoridade. Embora breve a carreira docente, tendo ensinado em Toulouse de 1314 a 1317, a seguir nomeado capelão do papa JOÃO XXII e auditor de causas do palácio apostólico, teve sua atuação repercussão internacional: "Si donc, du fait même de sa brève carrière professorale, ce civiliste n'a pas de son vivant occupé les premiers rangs parmi les *doctores tholosani*, il n'en a pas moins été celui dont l'oeuvre a obtenu à la fin du Moyen Âge le plus grand rayonnement international."

[323] J. KRYNEN, L'église dans la *Lectura super Codice* de Guillaume de Cunh (art. cit. 1994, cit. p. 105): "De fait, cette défense des droits locaux par la reconnaissance d'un pouvoir normatif 'populaire', GUILLAUME DE CUNH l'exprime sans détours dès son commentaire à la première loi du Code (*Cunctos populos*), et en fait le point de départ de sa théorie des conflits de coutume, celle-là même vite reprise et systématisée en Italie."

Também JACOBUS DE RAVANNIS (nascido na década de 1230 e falecido em 1296)[324] e PETRUS DE BELLAPERTICA (1230-1308),[325] ambos ensinaram em Orleans, bem como em Toulouse, e influenciaram CINO DE PISTOIA (1270-1336),[326] que por sua vez será o mentor da escola de BÁRTOLO de SASSOFERRATO e BALDO DE UBALDIS, mediante a adoção dos métodos escolásticos dos comentadores, em seus ensinamentos, ministrados em Bolonha e Perúgia.

Ilustres integrantes das assim chamadas escolas estatutárias, no caso, a italiana, cujo principal representante, BÁRTOLO, "o maior jurisconsulto de todos os tempos",[327] depois de ter sido aluno de CINO em Perúgia e em Bolonha, desempenhou funções de magistrado e professor de direito em

324 A respeito do jurista francês JACOBUS DE RAVANNIS ou JACQUES DE RÉVIGNY o jurista e poeta italiano CINO de PISTOIA teria declarado "não haver debatedor mais inteligente no mundo". Ver Pierre de TOURTOULON (ed), **Les oeuvres de Jacques de Révigny (Jacobus de Ravanis)** d'après deux manuscrits de la Bibliothèque nationale (ed. Morescq ainé, 1899, disponível on line Les_oeuvres_de_Jacques_de_Révigny 311B – books.google.com.br).

325 PETRUS DE BELLAPERTICA ou PIERRE DE BELLEPERCHE, **De feudis – tractatus novus** (ed. 1564 – Coloniae: apud Ioannem Birckmanum & Wernerum Richswinum, MDLIIII – disponível libriantichionline).

326 CINO de PISTÓIA, ou Guittoncino di ser Francesco dei SIGISBULDI, poeta e mestre de PETRARCA, jurista italiano, primeiro alinhado com os gibelinos, depois com os guelfos, amigo de DANTE ALIGHIERI, foi obrigado a abandonar Pistóia, por alinhar-se com a facção guelfa. Após alguns anos, retorna a Pistóia, onde trabalhou como juiz e depois ensinou direito em várias universidades, como Siena, Perúgia e Nápoles, onde travou conhecimento com BOCCACCIO. Como jurista, destaca-se como autor do **Lectura codicis** (1314). Seu discípulo mais famoso será BÁRTOLO. A edição CYNI PISTOIENSIS, **Super Codice & Digesto veteri lectura ...** (Lugduni, 1547 – disponível on line); v. tb. Antonio GAGLIARDI, **Cino da Pistoia – Le poetiche dell'anima** (Alessandria: ed. Dell'Orso, 2001).

327 A respeito de BÁRTOLO DE SASSOFERRATO (1313 ou 14-1357) ver Irineu STRENGER, **Direito internacional privado** (4ª ed., 2000, 8.7 – escola estatutária italiana, p. 230-234): "devemos a ele não só as teorias que alicerçaram o direito internacional privado, se não também a interpretação das glosas". Ademais, BÁRTOLO "aproveitando e interpretando o que existia na sua época, escreveu notáveis trabalhos de exegese, procurando mostrar quando se deveria aplicar a lei territorial e quando se deveria aplicar a lei extraterritorial". [...] "BÁRTOLO fez a distinção dos estatutos em *pessoais* e *reais* e colocou a questão nestes termos, para mostrar que só podemos distinguir os estatutos atendendo a duas posições: ou levando em consideração as coisas, devendo-se aplicar a *lex rei sitae*, ou seja, a lei da situação da coisa, porque as coisas seguem os estatutos; ou as pessoas, que têm o direito inserido em si mesmas, e este direito pessoal as acompanha. Tratando-se de coisas aplica-se a lei territorial, e das pessoas, a lei extraterritorial."

Pisa, e a partir de 1343, até sua morte, ensina em Perúgia. Autor de comentários de direito romano e livros de teoria 'constitucional', de um ensaio sobre a tirania, o **De Tyranno**, de um ensaio sobre o governo da cidade, o **De regimine civitatis**, e de obra sobre "os guelfos e os gibelinos", foi considerado o maior jurista de seu tempo. Os comentários de BÁRTOLO formam as bases técnicas do direito internacional privado, ou norma conflitual, durante mais de quinhentos anos.[328]

BALDO DE UBALDIS (nascido por volta de 1327, falecido em 1400) foi aluno de BÁRTOLO em direito romano, mas estuda também o direito canônico, e escreve comentário sobre as **Decretais.**[329] Houve considerável esforço em ordenar e comentar as compilações de decretos papais, alguns dos quais tinham sido, em tempos anteriores, falsificados.

> BALDO é figura complexa: é também, primeiro, um grande canonista, autor de um dos mais famosos comentários das Decretais de GREGÓRIO IX; e é também homem de transição – que faz a fronteira (*uomo di confine*) –, colocado temporalmente como está, no final do século XIV. Enquanto homem de transição, pode dar preciosos olhares retrospectivos, sobre caminho já trilhado, mas também pode dar o sentido de caminho em marcha. [330]

[328] Hessel E. YNTEMA, *The historic bases of private international law* (American Journal of Comparative Law, vol. 2, no. 3, 1953, p. 2987-317); Francis WHARTON, **A Treatise on the Conflicts of Laws or Private International Law, including a comparative view of Anglo-American, Roman, German and French Jurisprudence** (Philadelphia: Kay & Brother, 1872, p. 679): "So far as concerns private international law, BARTOLUS betook himself mainly to what no doubt had for a long time been one of the chief problems of the law school – how to reconcile Personal statutes with Real statutes, in other words the uniquity of Personal statutes with the supremacy of the territorial sovereign."

[329] BALDO DEGLI UBALDI ou, em latim, BALDUS DE UBALDIS deixou várias obras, algumas das quais incompletas. Com destaque para os comentários sobre as **Pandectas** e o **Codex Justinianus**. Seu comentário a respeito da coletânea do século XII das normas de direito feudal, **Libri feudorum** é considerado uma das suas melhores obras, **In usus feudorum comentaria** (ed. 1580, disponível on line: Biblioteca europea di informazione e cultura – gutenberg.beic.it) ao lado da compilação das normas de direito canônico, **Decretais**, no **Liber extra** e **Liber sextus**. Destaca-se também pelos seus pareceres – *concilia* – dos quais se conservaram cerca de 3.000.

[330] Paolo GROSSI, **L'ordine giuridico medievale** (Roma – Bari: Laterza, 1995, cap. nono – *Figure della esperienza*, p. 237-253, cit. p. 251).

Ainda nos séculos XV e XVI grandes comentadores estão em atuação, tais como ALEXANDRE TARTAGNUS, JASON DE MAINO e FELIPE DECIUS. Mas estes seguem linhas equivalentes às de seus antecessores.

Esse conjunto de autores e de obras, encetado com o **Decretum** de GRACIANO (Bolonha, por volta de 1140), prossegue com as **Decretais** de GREGÓRIO IX e de outros papas subsequentes. O conjunto chega a ser conhecido sob o termo genérico de corpo do direito canônico, o **Corpus juris canonici**, que recebe sanção oficial de GREGÓRIO XIII, em 1580.

Cabe observar que "muitas questões de direito internacional, especialmente relacionadas com a condução da guerra, foram discutidas pelos canonistas, do ponto de vista da moral, em geral e da tradição cristã".[331] O direito canônico era – ao menos em princípio – válido em toda a Cristandade,[332] e embora aplicado em cortes separadas, serviu para mostrar aos homens o ideal de norma geral de conduta, transcendendo as normas locais, das distintas comunidades.[333]

Assinale-se, ainda, o papel da assim chamada *escola dos juristas napolitanos*, tradição inicialmente autônoma, que confluirá com a dos comentadores, e contribui para a elaboração de teorias sobre a monarquia absoluta, em defesa dos interesses dos reis da Sicília. Dentre os seus expoentes, cumpre mencionar juristas tais como MARINUS DE CARAMANICO (falecido em 1288), ANDREAS DE ISERNIA (falecido por volta de 1316) e LUCAS DE PENNA (falecido em 1390).

As cidades-estado do norte da Itália, tais como Modena, Bolonha, Milão, Florença, Pisa, Pávia, Perúgia, Veneza,[334] em razão da proximidade geográfica, da população numerosa e do intenso comércio, floresceram e desenvol-

331 C. G. FENWICK, **International Law** (1st. publ., 1924, New York / London: D. Appleton-Century Co. Inc., 2nd ed. revised and enlarged, 1934).

332 Ao menos para a Cristandade ocidental, cumpre acrescentar, ao comentário que formulava FENWICK.

333 FENWICK (op. cit., 1934, p. 16). Ver tb. **Tratado** (tomo 4 – **Direito internacional no tempo medieval**, cap. 11 – tratadistas da guerra: AYALA e BELLI).

334 Ver a respeito Élisabeth CROUZET-PAVAN, **Les villes vivantes** – Italie XIIIe-XVe siècle (Paris: Fayard, 2009). Especificamente a respeito de Veneza: Jean-Claude BARREAU, **Un capitalisme à visage humain** – le modele vénitien (Paris: Fayard, 2011); Christian BEC, **Histoire de Venise** (originalmente publicado em 1983, Paris: PUF, 3e éd., reimpr., 2005); Alvise ZORZI, **Histoire de Venise** – La République du Lion (do original **La Repubblica del Leone – Storia di Venezia**, © 1979, trad. Jacques ROQUE, Paris: Perrin – tempus vol. 95, nova ed., 2005, impr. 2010).

veram-se politicamente. Reconhecidas como comunas livres, ou repúblicas autônomas, eram dotadas de direito próprio, escrito ou não, denominado *statuta*, em oposição ao direito romano, que era a *lex*.

Observava-se como "conceito fundamental sobre o qual se orientavam os glosadores outro não era senão a expressa ou tácita sujeição da pessoa, ou da coisa, ou do ato ao estatuto que derrogava o direito romano comum".[335]

Decorrência dessa realidade de convivência frequente e numerosos conflitos entre os estatutos das diferentes cidades, houve necessidade de apreciar tais situações, de modo a encontrar meios adequados de solução de tais conflitos. O trabalho de conciliação entre estes estatutos legais e situações pessoais leva à formação do que viria a ser o direito internacional privado. A aplicação da lei apenas no território (*territorialidade*) acarretava danos ao comércio e assim admitiu-se a autoridade da lei sobre as pessoas (*personalidade*) no exterior (*extraterritorialidade*).[336]

As escolas ditas estatutárias estendem a sua atuação dos séculos XIV ao XVIII. Depois da contribuição italiana, prossegue com contribuições relevantes da escola francesa, no século XVI, holandesa, no século XVII, e alemã, no século XVIII. Não por acaso, cumpre notar, a correspondência entre tais desenvolvimentos intelectuais e conceituais normativos, justamente em períodos onde se combinam expansão e prosperidade econômica, com novas necessidades, para enfrentar situações práticas. [337]

A escola francesa, a respeito da qual se pode preferir, em lugar de 'escola', o uso da expressão *teoria estatutária*,[338] foi liderada por dois juristas, Charles DUMOULIN (1500-1566) e Bertrand D'ARGENTRÉ (1519-1590), mas pode, ainda, ser referido Guy COQUILLE (1525-1603).

[335] I. STRENGER, **Direito internacional privado** (São Paulo: LTr, 4ª ed., rev. e aumentada, 2000, p. 225).

[336] Cfr. **Tratado** (tomo 1 – **Direito internacional dos espaços**, cap. 4 – competências territoriais do estado).

[337] Em relação às cidades italianas, remeto à **Storia degli antichi stati italiani** a cura di Gaetano GRECO e Mario ROSA (Roma-Bari: Laterza, 1996), bem como a obra magistral de Francesco GUICCIARDINI, **Storia d'Italia** (a cura di Silvana Seidl MENCHI, saggio introduttivo di Felix GILBERT, Turim: Einaudi, © 1971, ristampa 2008, 3 vols.). Para exame do contexto da assim chamada "idade de outo" dos Países Baixos, v. Simon SCHAMA, **The embarrassment of riches**: an interpretation of Dutch culture in the Golden Age (Berkeley and Los Angeles: Univ. of California Press, 1988).

[338] Assim, I. STRENGER (op. cit., 2000, p. 229).

DUMOULIN já em 1522 era advogado junto ao Parlamento de Paris, passa do calvinismo ao luteranismo e, supõe-se, teria voltado ao catolicismo, antes de morrer. DUMOULIN teve de deixar a França, e passa anos dedicado a ensinar direito na Alemanha. De volta à França, em 1557, por ter criticado a autoridade do papa em seu **Conseil sur le fait du Concile de Trente**, foi aprisionado e assim permanece até 1564.

Cognominado o "príncipe dos jurisconsultos" em razão de suas importantes obras sobre a história e as fontes do direito francês, mostrou-se hostil à feudalidade e exprimia o desejo de unificar o direito civil em seus comentários, especialmente na obra sobre a revisão dos costumes, **Révision de la coutume de Paris** (1539).

Bertrand D'ARGENTRÉ por sua vez, foi profundamente influenciado pelo direito feudal, no qual prevalecia o princípio de que todos os costumes são reais, elabora com base em tal pressuposto a sua teoria da territorialidade do direito. Pressupõe D'ARGENTRÉ que o estatuto real deve ser territorial.[339]

A grande divisão dos estatutos em reais (eram territoriais) e pessoais (eram extraterritoriais) com estes dois sentidos, é a base da teoria exposta por D'ARGENTRÉ. Sobre tal base são lançados o estatuto real como regra geral e o estatuto pessoal, como exceção de aplicação limitada, pelo que, em dúvida deveria prevalecer a realidade, no sentido da territorialidade.[340]

DUMOULIN era partidário da autonomia da vontade, e não concordava com a rigidez da teoria de D'ARGENTRÉ, para quem só havia a regra da territorialidade, sendo excepcional a da personalidade, pois somente

339 I. STRENGER, **Direito internacional privado** (São Paulo: LTr, 4ª ed., rev. e aumentada, 2000, p. 235): "o estatuto real deve ser territorial, porque se se começa por admitir que o mesmo é feito para a coisa, isto quer dizer que deve permanecer como feito para a coisa, seja qual for a sorte desta, sejam quais forem as relações jurídicas em que esteja envolvida, sejam quais forem as pessoas que a pretendam. Paralelamente se se começa por admitir que o estatuto pessoal é feito para a pessoa, isto quer dizer que é e permanece feito para a pessoa, seja qual for a relação jurídica em que a pessoa se envolva, sejam quais forem as coisas que a pessoa pretenda, nada importando que contrate ou litigue no território de sua província, ou em território estranho."

340 I. STRENGER (op. cit., 2000, p. 236): "O direito pessoal está sempre subordinado ao direito real. A aplicação da lei do domicílio é uma exceção." Mas D'ARGENTRÉ também admitiu a possibilidade de estatutos mistos, no sentido de que se referem simultaneamente aos bens e às pessoas.

se aplicaria quanto à capacidade e estado da pessoa. A polêmica não se restringe a estes dois juristas, nem ao tempo em que atuaram, mas compõe elementos de concepções distintas e antagônicas, que fizeram escola durante longo tempo.

Por sua vez, Guy COQUILLE foi o jurista que restabelece o princípio romano de identificação da justiça com o bom e o equitativo – *jus est ars boni et aequi*. Ele examina as teses de D'ARGENTRÉ, e se afasta do que considera a excessiva rigidez da concepção territorialista deste. Sua síntese sobre o que significou a escola estatutária francesa do século XVI, repercutirá nos Países Baixos e na Alemanha.

A escola estatutária holandesa, no século XVII, parte das teorias de D'ARGENTRÉ e da escola estatutária francesa. Fundador desta nova escola foi Christian RODENBURG (1618-1668). Mas cabe igualmente citar os dois VOET, pela intuição do instituto da *comitas gentium*, antes de chegar à contribuição do expoente máximo que foi HUBER.

RODENBURG e seus sucessores partem das premissas territoriais, mas depois se dão conta de que estes não poderiam ser totalmente aceitos. Outros holandeses exacerbam ainda mais o princípio da territorialidade, estabelecendo o princípio da territorialidade absoluta.

Paul VOET e Johan VOET apresentam como base o princípio da territorialidade, mas ao lado deste, contemplam a aplicação do direito estrangeiro, em determinadas circunstâncias. Justamente intuem o princípio da cortesia internacional, ou *comitas gentium*. Este será o elemento novo, introduzido pelos holandeses, na aplicação de seus estatutos.

O maior expoente do século XVII foi HUBER, por escrever o trabalho de síntese das concepções da escola estatutária holandesa. Sua doutrina está exposta em capítulo da obra de preleções de direito civil, **Praelectionum Juris Civilis**, intitulado *de conflictu legum diversarum in diversis imperiis*, ou dos conflitos de leis diversas em diversos impérios.

Sintetizou HUBER três axiomas fundamentais:

1º o direito de cada estado reina nos limites de seu território, onde rege todos os seus súditos, mas não tem qualquer força além;

2º devem ser considerados súditos de um estado todos os que se encontrem no seu território, quer aí fixados de maneira definitiva ou mesmo somente temporária;

3º os governantes por cortesia – *id comiter agunt* – procedem de modo que o direito objetivo de cada povo, depois de ter sido aplicado nos limites de seu território, conserve seus efeitos em toda parte, desde que nem estados nem súditos estrangeiros sejam de qualquer modo prejudicados, em seu poder, ou em seus direitos subjetivos.[341]

A escola estatutária alemã fará o trabalho de síntese. A partir da influência dos estatutários holandeses nas universidades alemãs, retomam-se nestas as discussões, antes desenvolvidas pelas escolas estatutárias francesa e holandesa, e se desenvolvem as análises, nas quais contrapõem ambas as escolas estatutárias anteriores às bases originais do direito romano.

Dentre os representantes da escola estatutária alemã cumpre mencionar Heinrich COCCEJI e Johannes HERTIUS. Estes influenciarão SAVIGNY e FRANKENSTEIN.

Friedrich Karl von SAVIGNY (1779-1861) é um dos três 'grandes' autores do direito internacional privado, no século XIX.[342] Ao lado de Joseph STORY (1779-1845) e de Pasquale Stanislao MANCINI (1817-1888).[343] Cabe observar que "o oitavo volume do sistema de direito romano atual pode ser considerado como o tratado de direito internacional privado que mais influenciou o desenvolvimento desta matéria".[344]

341 I. STRENGER (op. cit., 2000, p. 239): "Este terceiro axioma introduz elemento novo, que é a cortesia. / Alguns autores entendem que essa ressalva feita por HUBER se prende ao conceito de ordem pública, ou seja, de acordo com a legislação em vigor, podemos aplicar o direito estrangeiro, desde que não fira a ordem pública.

342 Max GUTZWILLER, *International Privatrecht: die drei Grossen des 19. Jahrhunderts* (in **Festchrift für Frank FISCHER zum 60. Geburtstag**, herausgegeben von Peter BÖCKLI, Hans HINDERLING, Kurt EICHENBERGER, Hans-Peter TSCHUDI, Zurique: Schulthess, 1983, p. 131-140).

343 Erik JAYME, escreveu volume a respeito, **Pasquale Stanislao Mancini** – il diritto internazionale privato tra Risorgimento e attività forense (orig. publ. **Pasquale Stanislao Mancini** – Internationales Privatrecht zwischen Risorgimento und praktischer Jurisprudenz, 1980, Ebersbach: Rolf Gremer, trad. Antonio RUINI, Padova: CEDAM, 1988); v. tb. E. JAYME, **Considérations historiques et actuelles sur la codification du droit international privé** (RCADI, 1982, t. 177, p. 9-102).

344 Erik JAYME, *Introdução* (edição brasileira do **Sistema do direito romano atual**, vol. VIII, orig. publ. **System des heutigen römischen Rechts**, trad. de Ciro MIORANZA, Ijuí: Ed. Unijuí, 2004, p. 15-21, cit. p. 15): "Para determinar a lei aplicável a um caso com elementos de estraneidade importa – esta é a nova ideia de SAVIGNY – a sede da relação jurídica". Trata-se de uma revolução copernicana, como disse Paul Heinrich NEUHAUS, em seu artigo *Savigny*

Criticado por sua alegada negligência em relação aos objetivos substanciais das normas jurídicas, nos tempos da revolução do direito internacional privado, nos Estados Unidos, na década de 1860, SAVIGNY "retornou na pós-modernidade, a qual favoreceu o classicismo e também a multiplicidade de teorias jurídicas. E SAVIGNY hoje permanece como um ponto de referência eterno".[345]

Por sua vez, no tocante aos "aspectos filosóficos do direito internacional privado",[346] MANCINI buscou encontrar o fundamento do seu sistema em obrigação de direito internacional.[347]

> Segundo sua opinião, a aplicação do direito estrangeiro não poderia estar baseada na *comitas gentium*, acolhida como fundamento de tal aplicação, pela doutrina da época e denominada por SAVIGNY '*freundliche Zulassung*'.[348] O fundamento da aplicação do direito estrangeiro, segundo MANCINI, derivava da obrigação de cada estado, frente ao outro, de respeitar os direitos dos estrangeiros.[349]

und die Rechtsfindung aus der Natur der Sache (Tübingen: Rabels Zeitschrift, 1949-1950, ano 15, p. 366), deixando a norma e voltando-se aos fatos da vida, do estado, para a pessoa humana.

345 E. JAYME (texto cit., 2004, loc. cit.).

346 Henri BATIFFOL, **Aspects philosophiques du droit international privé** (Paris: Dalloz, 1956, p. 12): "C'est sans doute l'écart excessif entre le système de MANCINI et le donné historique et jurisprudentiel qui explique son déclin, aussi rapide et complet que son ascension avait été immédiate et brillante."

347 E. JAYME, **Pasquale Stanislao Mancini** (ed. italiana, 1988, item I – SAVIGNY e MANCINI, p. 17-19 e item II – I tre principi del sistema di MANCINI, p. 20-22).

348 F. C. von SAVIGNY, **Sistema do direito romano atual** (ed. bras., 2004, par. 348, p. 47-52, cit. p. 50) observa: "darin eine eigenthümliche und forstschreitende Rechtsentwicklung", ou seja: "Não se deve somente ver nessa concessão o efeito de uma simples benevolência, o ato revogável de uma vontade arbitrária, mas muito mais um desenvolvimento próprio do direito, seguindo em seu curso a mesma marcha que seguem as normas sobre a colisão entre os direitos particulares de um mesmo estado."

349 E. JAYME (op. cit., 1980, ed. italiana, 1988, item IV – MANCINI e la codificazione italiana del 1865, p. 27-28, cit. p. 28): "MANCINI riuscí a dimostrare che i nuovi aspetti della disciplina della materia erano conformi alle esigenze del tempo moderno e contemporaneamente che talle disciplina, d'altro canto, non si allontanava dalle precedenti proposte, ma solamente ne colmava le lacune. (...) Nella codificazione italiana del 1865, la disciplina del diritto internazionale privato, a differenza della soluzione precedentemente adottata in Francia, è contenuta in una legge separata dal Codice civile, e precisamente nella legge che contiene le norme sulla applicazione del diritto. In questo modo è stata, al tempo stesso, assunta una

Antes de SAVIGNY, a escola dos glosadores e pós-glosadores tomou como ponto de partida para a determinação da lei aplicável a norma jurídica em si. A inovação de SAVIGNY consiste em apontar não se tratar da norma, mas da relação jurídica – *Rechtsverhältnis* –, como foco do trabalho jurídico.

A tarefa, no âmbito dos conflitos de leis, é a seguinte: "buscar para cada relação jurídica, o território jurídico – *Rechtsgebiet* – ao qual esta relação jurídica pertence ou está sujeita, segundo a sua própria natureza".

O segundo princípio de SAVIGNY diz respeito à harmonia das decisões: as relações jurídicas devem, no caso de conflitos de leis, ser julgadas da mesma maneira, sem levar em conta onde a decisão venha a ser proferida.[350]

Em contraposição à concepção de SAVIGNY de aplicação do direito estrangeiro como expressão da *comitas gentium*, MANCINI funda a teoria da aplicação do direito estrangeiro em obrigação de direito internacional público, e chega assim à norma bilateral de conflitos.

O "conceito original" do direito internacional, ensinado por SAVIGNY, no século XIX se põe no sentido de que "a pessoa ou o sujeito de direito deve coincidir com o conceito do ser humano".[351] A construção das pessoas jurídicas, como ficções legais, acabaria por determinar a condição do ser humano.

chiara posizione sul problema della distinzione sul piano scientifico tra norme di conflitto e norme materiali, distinzione che ai giorni nostri è di nuovo oggetto di contestazione."

350 E. JAYME (texto cit., 2004, p. 16): "Esse princípio passa pela ideia da igualdade dos sistemas jurídicos, mas também pela igualdade das pessoas nacionais e das pessoas estrangeiras. Este princípio tornar-se-á o objetivo formal do direito internacional privado. Desta maneira, justificam-se as normas bilaterais do direito internacional privado."

351 F. C. von SAVIGNY (op. cit., ed. bras., 2004, par. 345, cit. p. 38-39): "Todo direito aparece, em primeiro lugar, como poder pertentencente à pessoa. Devemos, portanto, nesse ponto de vista mais próximo e direto, considerar as relações jurídicas como atributos da pessoa. / Por conseguinte a questão que nos ocupa poderia ser posta nesses termos : A quais pessoas se estende o domínio de determinada norma jurídica ? A quais normas está sujeita ou é pertinente determinada pessoa ? / A consideração seguinte, porém, basta para nos convencer de que a questão não está bem posta. No campo dos direitos adquiridos, a pessoa se estende para os objetos desses direitos adquiridos, colocados fora dela, e dessa extensão já surge a possibilidade que a pessoa se vincule ao domínio de uma norma jurídica que lhe era inicialmente estranha. Essa simples possibilidade, contudo, toma aspecto totalmente diferente, quando consideramos a natureza especial desses direitos adquiridos. Entre esses objetos se colocam, em primeiro lugar, pessoas estranhas, cada uma delas obedecendo a um direito determinado. Ora, como as pessoas que se empenham numa relação jurídica podem muito bem obedecer também ao mesmo direito positivo ou a direitos positivos diferentes, temos aqui uma fonte nova e fecunda de colisões, entre as normas que regem as relações jurídicas."

Importa ver quanto mudou a compreensão do direito, a partir do enfoque histórico de SAVIGNY,[352] enfatizando quanto o direito nasce a partir das crenças e costumes do povo – *Volksglauben, Volksgeist* –, como direito costumeiro, antes de ser tratado como 'ciência jurídica' e depois vir a ser positivado pelo legislador.[353]

Inicialmente estimulado pelo papado, como parte do esforço de construção de quadro jurídico para a ordenação da atividade da Igreja, o estudo do direito romano, sobretudo em sua parte de direito público,[354] logo faz emergir a percepção de modelo de inspiração imperial, favorável ao poder absoluto e universal, mas também de direito de conteúdo laico, estranho à atividade e aos interesses da Igreja. O desenvolvimento dos estudos jurídicos, a partir dos comentários ao direito romano antigo,[355] será a base para a construção dos sistemas de direito não somente medieval, como ainda modernos e contemporâneos.[356] E retornam, em nosso contexto de pós-modernidade.

[352] F. von SAVIGNY (op. cit., ed. bras., 2004, introdução de Erik JAYME, 2004, p. 15-21, cit. p. 17).

[353] F. C. von SAVIGNY, **Sistema do direito romano atual** (op. cit., ed. bras., 2004, Apresentação, DAL RI referira, p. 10-11): "A teoria de SAVIGNY tem suas bases em noção de comunidade internacional formada por nações que mantém estreitas relações entre elas. Noção que se desenvolveu em parte sob a influência do patrimônio cristão comum de ideias e do direito romano, em parte pelas vantagens que todos os povos tiveram por meio dele. A consciência de tal fenômeno imporia aos estados a elaboração de sistema de normas próprio, que não somente evite que os estrangeiros sejam tratados de modo pior que os seus cidadãos, mas também afrontem os problemas dos conflitos de leis em espírito comunitário. Isto, fazendo com que as decisões dos tribunais nacionais venham a avaliar as relações jurídicas, sempre da mesma forma, independentemente do estado onde se encontrem. / "Com essa teoria SAVIGNY tornou-se o primeiro entre os grandes juristas a direcionar o programa do direito internacional privado à busca de complexo de normas, munido de validade universal. Após a sua experiência, o objetivo de alcançar a harmonia das decisões entre os diversos países interessados em determinada relação jurídica se tornou constante nas principais doutrinas."

[354] F. CALASSO, **I glosatori e la teoria della sovranità** – Studio di diritto comune pubblico (Milano: Giuffrè, 1957, p. 20): "il corso naturale di una evoluzione storica che ha avuto le sue tappe decisive, ma non ha conosciuto fratture."

[355] Para a 'reconstituição' do conteúdo das Leis das XII TÁBUAS veja-se *XII Tabulae sive Lex XII Tabularum* (in **Remains of Old Latin**, vol. III, edited and translated by E. H. WARMINGTON, Cambridge, Ma./London: Harvard UP, LCL 329, first publ. 1938, reprinted 2004, p. XXVI-XXXIII e 424-515); ver tb. Jair Lot VIEIRA (supervisão editorial), **Código de Hamurabi – Código de Manu (excertos) – Lei das XII Tábuas** (Bauru, SP: EDIPRO, 2ª ed., 2002).

[356] Paolo GROSSI, **L'ordine giuridico medievale** (Roma – Bari: Laterza, 1995, cap. secondo – *Premesse ordinative*, p. 17-35, cit. p. 33): "Fu un momento singolare di sintonia – direi di più, di

Dado característico do momento e contexto medieval é apontado por Paolo GROSSI (1995):[357] *uma* experiência jurídica para *múltiplos* ordenamentos jurídicos, com pulular de autonomias, mas não de soberania,[358] de estados, onde a dimensão jurídica é tão forte e central, a ponto de representar autêntica constituição do universo medieval, dimensão ôntica, que precede e sobrepuja a dimensão política.[359] Constrói-se esse conjunto, na percepção de GROSSI com base na combinação da fundação de uma experiência jurídica – a oficina da *práxis* – e a elaboração teórica da edificação da experiência jurídica – que chama *il laboratorio sapienziale.*

A análise da ordem jurídica medieval pode ser dividida entre a 'fundação' e a 'edificação' da experiência jurídica medieval. A primeira, pautada

collaborazione – fra analisi teorica ed analisi storica, dimostrando la frutuosità di una scienza giuridica concepita unitariamente senza inaturali scompozioni fra 'storia' e 'dogma', come un tempo malamente si diceva. E fu una boccata d'aria fresca, che la ricchezza d'una visione ordinamentale, pluralistica, portò."

357 P. GROSSI (op. cit., 1995, p. 35 e 109): "Di una presenza della Chiesa (cioè, ovviamente della Chiesa romana) nella civiltà medievale nessuno dubita: questa civiltà è, per buona parte, creatura sua." Ver tb., mais adiante P. GROSSI (op. cit., 1995, cap. 7 – *Presenza giuridica della Chiesa*, p. 204-222).

358 Compare-se cap. 13, item 13.3 – estado soberano e direito internacional; Jens BARTELSON, **A genealogy of sovereignty** (New York / Cambridge: Cambridge Univ. Press, 1995).

359 Esclarece P. GROSSI (op. cit., 1995, cap. secondo, p. 35, nota 20) o sentido no qual utiliza o termo 'constituição', no sentido estruturante de *Verfassung* e não no sentido formal de *Constitution*, onde *Verfassung* corresponde à expressão "la concreta situazione d'insieme, d'unità política e di ordine sociale di un determinato Stato"; tb. considerações expendidas a respeito por Carl SCHMITT, **Verfassungslehre** (orig. publ.1928, Berlin: Duncker & Humblot, 11. Auflage, 2017); O. BRUNNER, *Il concetto moderno di costituzione e la storia costituzionale del medioevo* (in O. BRUNNER, **Per una nuova storia costituzionale e sociale**, Milão: Vita e pensiero, 1970); Léon DUGUIT, **Souveraineté et liberté** ("leçons faites à l'Université Columbia (New York), 1920-1921", Paris: La mémoire du droit, 2002); Jane A. HOFBAUER, **Sovereignty in the exercise of the right to self-determination** (Leiden / Boston: Brill, 2016); Hermann HELLER, **Sovereignty** – a contribution to the theory of public and international law (orig. publ. 1927, ed. and introduced by David DYZENHAUS, translated by Belinda COOPER, Oxford: Univ. Press, 2019); Samuel SALZBORN e Rüdiger VOIGHT (Hrsg.), **Souveränität** – Theoretische und ideengeschichtliche Reflexionen (Stuttgart: Franz Steiner, 2010, Editorial, p. 5): "Der Staat des 21. Jahrhunderts steht in einem Spannungsfeld zwischen Sicherheit und Freiheit, zwischen Ordnung und Veränderung, zwischen Herrschaft und Demokratie. Er befindet sich zudem in einem Dilemma. Internationale Transaktionen reduzieren seine Souveränität nach aussen, gesellschaftliche Partikularinteressen schränken seine Handlungsfähigkeit im Innern ein."

pela predominância dos operadores; a segunda, pela elaboração doutrinária.[360]

Cabe, igualmente, considerar as bases do sistema jurídico medieval.[361] Ao decidir um caso, um juiz da Europa pré-feudal, do início do século IX, deveria se reportar aos textos: as compilações romanas, se o processo deveria ser julgado segundo as leis de Roma;[362] os costumes dos povos germânicos, pouco a pouco fixados por escrito, em sua quase totalidade; ou os éditos legislativos que tinham prolatado em grande número os soberanos dos reinos bárbaros. Onde falavam tais monumentos, o julgador só tinha de obedecer.

Mas a tarefa não se apresentava de modo tão simples: primeiro poderia faltar o manuscrito – o que era perfeitamente compreensível, dada a escassez da época – ou as compilações romanas se mostravam de difícil manuseio e ainda mais incômoda consulta – aparência de consulta difícil, os dispositivos, embora tivessem sua origem no livro, se punham somente como costume: praticamente somente se conheciam e se aplicavam em base consuetudinária. O mais grave era que nenhum livro dava conta de tudo conter:

> Frações inteiras da vida social, tais como as relações no interior da senhoria, os vínculos de homem a homem, nos quais já se prefigurava a feudalidade, somente se achavam imperfeitamente regulados pelos textos, ou mesmo eram, por estes, totalmente ignorados. Assim, ao lado do direito escrito, já existia uma zona de tradição puramente oral.
> Uma das características mais importantes do período que se seguiu, da era, em outros termos, em que se constituiu, verdadeiramente, o regime feudal, foi que essa margem cresceu desmesuradamente, a ponto de, em alguns países, invadir o domínio jurídico inteiro.[363]

[360] P. GROSSI (op. cit., 1995, parte prima – *fondazione d'una esperienza giuridica: l'officina della prassi* e parte seconda – *edificazione d'una esperienza giuridica: il laboratorio sapienziale*, respectivamente p. 37-123 e 125-253).

[361] Marc BLOCH, **La société féodale** (1939, ed. 1994, I: la formation des liens de dépendance, primeira parte, livro segundo, chap. V – *Les fondements du droit*, p. 165-179).

[362] Ver tb. o conjunto da análise do já referido estudo de Paul VINOGRADOFF, **Roman Law in Mediaeval Europe** (London/New York: Harper & Brothers, 1909; reproduction Charleston, SC: Bibliolife, 2011, cit. p. 2): "Within the whole range of history there is no more momentous and puzzling problem than that connected with the fate of Roman Law after the downfall of the Roman State."

[363] M. BLOCH (op. cit., 1939, ed. 1994, p. 165-166).

O fenômeno atinge limites extremos na Alemanha e na França, chegando a não mais existir 'legislação': na França, o último *capitular*, muito pouco original, data do ano 884; na Alemanha, a fonte parece ter secado logo após o desmembramento do império, após LUÍS, o piedoso. Somente alguns príncipes territoriais, como o duque da Normandia ou o duque da Baviera, promulgam, aqui e ali, uma ou duas medidas de caráter um pouco geral.

Refere BLOCH ter "essa carência levado a crer em efeito da fraqueza à qual chegara o poder monárquico, no contexto feudal". Mas, a explicação que poderia valer para a França da época, não se aplicaria aos soberanos, muito mais poderosos, da Alemanha: "no curso do século X, as leis bárbaras, como as ordenações carolíngias, cessam, pouco a pouco, de ser transcritas ou sequer mencionadas, exceto algumas fugazes alusões".[364]

Já se colocaria uma dificuldade, em razão da língua: para manejar os textos de lei era necessário ter a compreensão, ao menos instrumental, do latim.[365] O que não era tão frequente. O domínio do latim estava concentrado entre os clérigos. Mas, nessa altura, já se colocava, mais e mais claramente, a divisão entre o direito canônico e o profano:

> A sociedade eclesiástica se tinha dotado de direito próprio, este cada vez mais exclusivo. Fundado sobre os textos [...] esse direito canônico era ensinado nas escolas clericais. O direito profano, ao contrário, em lugar algum era ensinado (*nulle part matière d'instruction*). Sem dúvida, a familiaridade com as velhas compilações não se teria perdido completamente, se houvesse uma profissão dos homens da lei. Mas o procedimento não comportava advogados, e tudo dependia do juiz. É preciso dizer que a maioria dos juízes não sabia ler: seguramente má condição para a manutenção de direito escrito. [366]

A triste relação entre a decadência do ensino e a decadência da qualidade do direito é bem conhecida – e não ocorreu somente na França e na Alemanha feudais. Em sentido inverso, na Itália, a ligação foi claramente

[364] M. BLOCH (op. cit., 1939, ed. 1994, loc. cit.).

[365] Sobre o papel do latim no conjunto da civilização ocidental, especialmente no período medieval, ver (tomo 4 – **Direito internacional no tempo medieval**, item 8.3 – caminhos da instauração medieval).

[366] M. BLOCH (op. cit., 1939, ed. 1994, p. 166-167) afirma textualmente: "C'est dire que la plupart des juges ne savaient pas lire."

percebida a partir do século XI, segundo relato de observador estrangeiro, o capelão imperial WIPO, que deixou registro de suas impressões: "a juventude inteira" – entenda-se, é claro, aquela pequena parcela das classes dirigentes – "era enviada às escolas para lá trabalhar com o suor do seu rosto".[367]

Na Itália, a partir do século XI, as leis bárbaras, as capitulares carolíngias, e o direito romano não cessaram de ser estudados, resumidos e glosados. Da mesma forma, uma série de atos, espaçados sem dúvida, mas não deixa de ter visível continuidade, atestando a persistência do hábito legislativo.

Na Inglaterra anglo-saxã, onde a língua das leis era a de todo mundo, os juízes que não dominavam as suas letras podiam se fazer ler e interpretar os textos legais. E os príncipes, até CANUTO, se empenharam tanto em codificar os costumes quanto em completar-lhes as lacunas ou mesmo os modificar, mediante éditos.

> Na medida em que os reinos mais e mais se abriram às influências de Roma e da Gália, mudou a natureza da realeza. Era importante, para os governantes, manter – *uphold* – a justiça e conduzir as questões internas de seus reinos, e não meramente vencer batalhas. Mesmo os códigos do século VII, com suas longas listas de multas e penalidades, sugerem um impressionante âmbito de autoridade real.[368]

[367] M. BLOCH (op. cit., 1939, ed. 1994, loc. cit.).

[368] John BLAIR, **The Anglo-Saxon age** (orig. publ. 1984, Oxford: Univ. Press – a very short introduction, 2000, chap. 3 – Christianity and the monastic culture, p. 23-30, item – Literacy and Legislation, p. 29-30): "If kings helped the church to grow, the church also enhanced the status of kings. The grandsons of pagan war-leaders were coming to see themselves as God's appointed deputies. With Christianity, too, came literacy: kings could revise and formulate tribal custom to resemble the legislation of the civilized world. AETHELBERT of Kent, says BEDE, made his laws 'according to the custom of the Romans'. AETHELBERT's Code, and the later seventh century codes from Kent and Wessex, suggest a mixture of local tradition with borrowings from the Continent. Whaterver their practical usefulness (which is problematic), the kings who made them clearly wanted to seem sophisticated: lawgivers in the classical mold". V. tb. do 'Venerável' BEDA (672 ou 673-735 A.D.), **De venerabilis Baedae Historia Ecclesiastica Gentis Anglorum / Of the Venerable Bede's Ecclesiastical History of the English Nation** (ed. bilingue, with an English translation by J. E. KING, Cambridge, Ma. / London: Harvard Univ. Press – Loeb Classical Library, vol. 246 – BEDE vol. I – Ecclesiastical History of the English Nation, Books I-III, this ed. 1930, reprinted 2006; vol. 248 – BEDE

Depois da conquista normanda, em 1066,[369] foi necessário trazer o direito ao conhecimento dos vencedores, ou ao menos, de seus funcionários a substância desses textos, cuja língua era para eles ininteligível. Desse modo se desenvolveu nas ilhas britânicas, a partir do início do século XII, algo desconhecido em todo o continente: uma literatura jurídica, de expressão latina, mas anglo-saxã quanto ao essencial de suas fontes.[370]

Por mais que tenha havido decadência dos padrões de conhecimento e de prática do direito, esta não se perdeu completamente, nem chegou a comprometer o conteúdo essencial do desenvolvimento. Onde o direito tinha cessado de contar com o suporte escrito, muitas antigas normas, de diversas proveniências, se tinham contudo conservado, mediante tradição oral. Inversamente, nas áreas em que se conservara o conhecimento e o respeito dos velhos textos, as necessidades sociais tinham feito surgir, ao lado destes, tanto os completando, como os suplantando, grande número de novas práticas. Assim, de um modo ou de outro, a mesma autoridade decidia a respeito do destino reservado ao patrimônio jurídico da idade precedente: o costume, então a única fonte viva do direito, e que os príncipes, ao legislarem, não pretendiam fazer mais do que interpretar.

Os progressos desse direito costumeiro se fizeram acompanhar por profundo remanejamento da estrutura jurídica. As antigas ordens jurídicas se faziam presentes, simultaneamente, porquanto os indivíduos, pouco importando onde estivessem, eram regidos pela sua lei de origem, o que poderia ensejar consideráveis dificuldades operacionais, e a cada geração surgiram outras suplementares.

Esse fracionamento não chegou a ocorrer nas Ilhas britânicas.[371] E foi eliminada essa diversidade de aplicação na Espanha visigótica.[372]

vol. II – Ecclesiastical History of the English Nation, Books IV-V, Lives of the Abbotts, Letter to Egbert, 1930).

369 John GILLINGHAM e Ralph A. GRIFFITHS, **Medieval Britain** (orig. publ. 1984, Oxford: Univ. Press – a very short introduction, 2000, chap. 3 – Politics, Law and Religion in the Early Middle Ages, p. 42-67); François NEVEUX, **L'aventure des Normands** – VIIIe – XIIIe siècle (avec la collaboration de Claire RUELLE, Paris: Perrin – tempus, 2006, nova ed., 2009, reimpr. 2010, esp. chap. VI – *Guillaume le conquérant de l'Angleterre*, p. 133-172).

370 M. BLOCH (op. cit., 1939, ed. 1994, p. 167).

371 Ver Paul VINOGRADOFF, **Roman Law in Mediaeval Europe** (op. cit., 1909, reprint, 2011, esp. Lecture IV – *Roman Law in England*, p. 84-105, cit. p. 84): "Civil law did not become a constituent element of common law acknowledged and enforced by the courts, but it exercised a potent influence on the formation of legal doctrines during the critical twelfth and thirteenth centuries, when the foundations of common law were laid".

A Itália foi o lugar onde essa diversidade de regimes legais, aplicáveis a diferentes pessoas, conforme a sua lei de origem, se manteve por mais tempo, ao menos até o início do século XII.[373] Tais filiações parecendo mais e mais difíceis de serem determinadas, introduziu-se o hábito de declarar, no momento de contratar, a lei de regência pessoal de cada parte contratante. O que, ademais, poderia variar, segundo o objeto da contratação.

No conjunto do continente, o esquecimento no qual caíram as antigas regras permitiu o progressivo surgimento de novo direito: "direito territorial, dir-se-á; seria melhor dizer, costumes de grupos!"[374]

> A diversidade, contudo, residia sobretudo nos detalhes e na expressão. Entre as regras praticadas por diferentes grupos, em determinada região, reinava ordinariamente um certo ar de família. Muitas vezes, as semelhanças iam mesmo mais longe. Muitas vezes próprias a esta ou aquela das sociedades europeias, outras vezes comuns a toda a Europa, algumas ideias coletivas, fortes e simples, dominaram o direito da era feudal. [375]

Essencialmente conservador, como o conjunto da civilização daquele tempo, o sistema jurídico da era feudal se pautava pela premissa de que aquilo que foi o direito, assim deveria ser e se manter. Embora determinado costume pudesse ser afastado, por ser considerado inadequado, e os documentos da prática muitas vezes fazem referência a tanto – *mauvaises*

[372] Veja-se: Julio VALDÉON, Joseph PÉREZ, Santos JULIÁ, **História de Espanha** (orig. publ. **Historia de España**, 1999, trad. Luís Felipe SARMENTO, Lisboa: Ed. 70, 2014, esp. – Idade media, Julio VALDÉON, cap. 1 – Hispânia no início do século VIII: um denso legado histórico, p. 15-25); Angelo HÜSLER, **L'Espagne médiévale**: chrétiens, juifs et musulmans (Gollion, Suiça: Infolio, 2008); para comparação com o quadro após a conquista islâmica, Brigitte FOULON e Emmanuelle TIXIER DU MESNIL (trad. et présentation), **Al-Andalus**: une anthologie (Paris: Flammarion, 2009).

[373] Para situar o contexto do século XII na peninsula itálica, Indro MONTANELLI e Roberto GERVASO, **L'Italia dei Comuni** – Il Medioevo dal 1000 al 1250 (Milão: Biblioteca Univ. Rizzoli, ed. aggiornata, 2010).

[374] M. BLOCH (op. cit., 1939, ed. 1994, p. 169): "Chaque collectivité humaine, en effet, grande ou menue, inscrite ou non sur le sol en contours précis, tend à développer sa tradition juridique propre: si bien qu'on voit l'homme, selon les divers aspects de son activité, passer successivement de l'une à l'autre de ces zones de droit."

[375] M. BLOCH (op. cit., 1939, ed. 1994, p. 170): "Et s'il est bien vrai que la variété de leurs applications fut infinie, ce prisme, en décomposant les multiples facteurs de l'évolution, que fait-il sinon fournir à l'histoire un jeu exceptionnellement riche d'expériences naturelles?"

coutumes – isso normalmente era utilizado para afastar regras de introdução recente, ou como tal consideradas: "essas detestáveis inovações", "essas exações jamais ouvidas", que denunciam vários textos monásticos.

> Um costume, em suma, parecia condenável sobretudo quando era jovem demais. Quer se trate da reforma da Igreja ou de processo entre dois senhores vizinhos, o prestígio do passado não poderia ser contestado, exceto em se lhe opondo passado ainda mais venerável.
>
> Curioso é que esse direito, aos olhos do qual toda e qualquer mudança parecia um mal, longe de permanecer imutável, foi, na verdade, um dos mais plásticos que já se viu.[376]

Praticamente tudo, em última análise, repousava sobre depoimentos testemunhais. A tradição tinha, como principal garantia, a memória. Como diz BLOCH, a memória humana, a corrente e fluida memória dos homens, sabemos quanto ela pode mudar: "é uma maravilhosa ferramenta de eliminação e de transformação" – sobretudo o que "chamamos de memória coletiva, e que não passa, na verdade, de uma transmissão, de geração em geração, daquilo que se acrescenta, quando não se põe por escrito, aos erros de registro de cada cérebro individual, os mal-entendidos da palavra".[377]

A essa falta de suporte escrito cumpre acrescentar a falta de uma classe de profissionais com formação técnica adequada: não tendo recebido treinamento metódico, a maior parte dos 'profissionais' se deixava guiar, "por suas possibilidades ou por suas fantasias".[378]

A jurisprudência exibia menos de conhecimento do que necessidades. Por não dispor, em seu esforço de imitar o passado, se não de espelhos imperfeitos, a primeira fase da era feudal mudou muito, muito depressa e muito profundamente, mesmo tentando durar: "em certo sentido, a autoridade que se reconhecia à tradição favorecia a mudança". Isso porque "cada ato, uma vez cumprido, ou melhor, depois de repetido três ou quatro vezes,

376 M. BLOCH (op. cit., 1939, ed. 1994, p. 171): "Faute, avant tout, d'être, dans les documents de la pratique, pas plus que sous forme de lois, stabilisé par l'écriture. La plupart des tribunaux se contentaient d'arrêts purement oraux."

377 M. BLOCH (op. cit., 1939, ed. 1994, p. 172).

378 M. BLOCH (op. cit., 1939, ed. 1994, loc. cit.).

podia se transformar em precedente; mesmo se tivesse sido, originalmente, excepcional ou mesmo francamente abusivo".[379]

Em suma, considere-se a principal contribuição do direito romano para o mundo medieval não consistiu na imitação dos modelos antigos, nem nas tentativas canhestras de adaptação das formulações romanas às realidades de tempo diverso, mas sobretudo, "o direito erudito agiu, então sobre o direito vivo: ensinando-o a tomar consciência mais clara a respeito de si mesmo".[380] Isso porque

> uma civilização menos ignorante tinha sede de escritos. Coletividades mais fortes – sobretudo os grupos urbanos – reclamavam a fixação de normas, cujo caráter fluido tinha se prestado a tantos abusos. O agrupamento dos elementos sociais em grandes estados ou em grandes principados favorecia não somente o renascimento da legislação, mas, ainda, em vastos territórios, a extensão de uma jurisprudência unificadora".[381]

A vida do direito não se destaca da dimensão especificamente humana dos motivos, dos propósitos, das escolhas e da experiência, sob pena de se deixar de escrever história:

> tentar reduzir o comportamento de indivíduos ao de 'forças sociais impessoais' que, além do mais, não podem ser analisadas no quadro da conduta dos homens que, mesmo segundo MARX, fazem a história, é a 'reificação' de estatísticas, uma forma da 'falsa consciência' de burocratas e administradores que fecham os olhos a tudo aquilo que se mostra incapaz de ser quantifi-

[379] M. BLOCH (op. cit., 1939, ed. 1994, cit. p.172-173): "Une des conséquences de la conception coutumière fut, trop souvent, de légitimer la brutalité et, en la rendant profitable, d'en répandre l'emploi. [...] Ce respect du fait anciennement accompli agit avec une force particulière sur le système des droits réels."

[380] M. BLOCH (op. cit., 1939, ed., 1973, p. 177): "Face à face, en effet, avec les préceptes purement traditionnels qui avaient jusque là, tant bien que mal, gouverné la société, l'attitude d'hommes formés à l'école du droit romain devait être nécessairement de travailler à en effacer les contradictions et les incertitudes."

[381] Marc BLOCH, **La société féodale** (1939, ed. 1994, I: la formation des liens de dépendance, primeira parte, livro segundo, chap. V, *les fondements du droit*, p. 165-179, cit. p. 178): "une oeuvre de cristallisation se préparait, dont le XIIe siècle finissant devait connaître, sinon l'accomplissement, du moins les prodromes."

cado e, por esse meio, perpetrar absurdos na área da teoria, e desumanização na área da prática.[382]

As ameaças, ocorridas em outros tempos, continuam em nosso momento histórico e nosso contexto cultural. Cabe, ao menos, ter consciência dos riscos que corremos, ao desconhecer – ou preferir desconhecer – a relevância da contribuição de épocas passadas.

Se isso não é, certamente, novidade,[383] é, contudo, importante ressaltar o dado de se ter consciência de tais condicionantes, em relação ao produto do trabalho. Questão de honestidade intelectual.

Para compreender a emergência progressiva de sistema institucional e normativo internacional cabe considerar a dimensão temporal no direito internacional, como interação entre os planos do direito, da história e da cultura: não 'acontece' por acaso, mas se constrói, passo a passo, o direito internacional, enquanto sistema histórica e culturalmente condicionado, desde a Antiguidade e Idade média, até o presente contexto pós-moderno. Considere-se, assim, o direito internacional como dado da *história* e da *cultura*,[384] no sentido de estar inserto no tempo, como qualquer artefato da civilização humana, que não se põe como fim em si mesmo, mas se forma

382 Isaiah BERLIN, **The sense of reality** – Studies in ideas and their history (London: Chatto & Windus, 1st publ. 1996); Isaiah BERLIN, **Quatro ensaios sobre a liberdade** (orig. publ. **Four essas on liberty**, 1969, trad. Wamberto H. FERREIRA, Brasília: Ed. UnB – col. Pensamento político, vol. 39, 1981, cit. p. 17): "Acusam-me de admitir que a história trata de intenções e motivos humanos, os quais CARR pretende substituir pela ação de 'forças sociais'. [...] Sou obrigado a dizer, mais uma vez, que qualquer pessoa interessada em seres humanos está comprometida com o exame de motivos, propósitos, escolhas, a experiência especificamente humana que pertence unicamente aos seres humanos, e não simplesmente com o que aconteceu aos seres humanos como corpos animados ou sencientes."

383 Dentre colóquios, realizados pelo Centro de pesquisas da Academia de direito internacional, da Haia, destaque para: M.-C. FOBLETS e N. YASSARI (ed. by / dir. de), **Approches juridiques de la diversité culturelle / Legal approaches to cultural diversity** (Leiden: M. Nijhoff / Haia: Academia de direito internacional, 2013); R.-J. DUPUY (coord.), **The future of international law in a multicultural world / L'avenir du droit international dans un monde multiculturel** (Haia: ADI, colloque 1983, publ. 1984), b/c R.-J. DUPUY (coord.), **The new international economic order: commercial, technological and cultural aspects / Le nouvel ordre économique international: aspects commerciaux, technologiques et culturels** (Haia: ADI, colloque 1980, publ. 1981).

384 Ver **Tratado** (tomo 20 – **Direito internacional, história e cultura**) e tb. **Fundamentos** (2008, esp. item VI – direito, história e cultura, p. 491-614).

e se desenvolve em função de e para situar premissas conceituais, aprioristicamente determinadas – ou ao menos determináveis – tal como se dá na construção de direito internacional no tempo.

A partir do direito romano, cujo estudo, ao menos inicialmente, foi incentivado pelo papado, a evolução dá lugar a estudo mais amplo desse mesmo direito, sobretudo em sua parte relativa ao direito público,[385] como também direito imperial. Este, compreensivelmente, favorável ao direito absoluto e universal do imperador; e direito laico, que obviamente ignora as **Escrituras**, porquanto desenvolvido em contexto 'pagão', independentemente do aporte posterior de pontos de confluência, ensaiados entre os dois conjuntos de fontes. Ademais, direito que se pretende fundado, de um lado sobre a natureza e, de outro, sobre a legislação e a tradição da jurisprudência pretoriana, vai fornecer aos juristas, a serviço do imperador e dos reis, argumentos *contra* o papado, e as pretensões deste ao exercício de poder e de jurisdição na ordem temporal. Com a concomitante redescoberta da filosofia de ARISTÓTELES, serão também suscitados argumentos contra o próprio cristianismo.[386] O que suscitará oposição e discussões por parte dos teólogos e canonistas.[387]

Diversos concílios no século XII chegam a formular condenações ao estudo do direito romano. O ensino do direito romano chega a ser proibido em Paris, sob a alegação de que este favoreceria a sujeição do rei da França ao imperador romano-germânico.

Não se deve negligenciar o fato de que justamente por refletir a busca de argumentos para respaldar as pretensões da coroa francesa, seja desenvolvida na França, no século XVI, por Jean BODIN, a concepção da soberania.[388] Respondeu BODIN à necessidade conceitual da política de seu tempo – mas isto não significa que a concepção da soberania deva perma-

[385] Ver **Tratado** (tomo 3 B – **Gregos, romanos, chineses, indianos**, cap. 6 – na formação e no desenvolvimento de Roma, esp. item 6.3 – duradoura contribuição do *jus gentium* para o direito innternacional); Antonio FERNÁNDEZ DE BUJÁN, **Derecho público romano** (Cizur Menor, Navarra: Civitas – Edtrl. Aranzadi, 19ª ed., 2016).

[386] V. tb. **Tratado** (tomo 4 – **Direito internacional no tempo medieval**, cap. 10 – TOMÁS DE AQUINO e DANTE ALIGHIERI).

[387] Philipe NEMO, **Histoire des idées politiques dans l'Antiquité et au Moyen Âge** (Paris : PUF, © 1998, ed. 2007, p. 864): "Cependant son langage, ses concepts, ses techniques constituent le bagage intellectuel essentiel pour la formation du nouveau droit canonique par lequel l'Église réformée entend transformer progressivement toute la société civile."

[388] A respeito, v. item 13.2 – Jean BODIN (1530-1596), neste tomo.

necer a mesma, quando mudou de tal modo e em tal extensão o mundo desde então.[389]

Da mesma forma, "a herança de GRÓCIO não é casual",[390] porquanto reflete em sua obra os esforços da luta pela independência dos Países Baixos: "seu homólogo no plano do direito internacional privado foi HUBER, que derivou a teoria da soberania para o direito dos conflitos, e de maneira ainda mais exacerbada que D'ARGENTRÉ".[391]

A consolidação dos estados nacionais leva ao ocaso das teorias estatutárias, no referido período de conformação do direito das gentes moderno,[392] porquanto a ocorrência das codificações jurídicas nacionais, que se segue a tais consolidações políticas suprime a vigência de leis e costumes diferentes num mesmo espaço territorial. Mas o progressivo desenvolvimento do direito internacional moderno e clássico, enquanto sistema institucional e normativo, depois de levar a anseios universalistas, sofre recaídas 'nacionalistas' e regionais – direito internacional europeu, direito internacional americano – sentidos a partir do século XIX, e que se tornam ainda mais presentes no presente contexto pós-moderno.[393]

A globalização, também chamada *mundialização*, da economia e do direito são dados de fato: não mais se trata de ser a favor ou contra. O mundo mudou de modo irreversível, no sentido da fluidez e da permeabilidade,[394] o que somente se tem acentuado,[395] desde o momento em que foi apon-

[389] V. exame da matéria no item 13.3 – estado soberano e direito internacional; tb. Jens BARTELSON, **A genealogy of sovereignty** (New York / Cambridge: Cambridge Univ. Press, 1995).

[390] V. tb. **Tratado** (tomo 7 – **Direito internacional no tempo de Hugo Grócio**, item 18.2 – GRÓCIO na evolução da identidade nacional).

[391] Flavio Augusto PICCHI, **Contribuição à análise econômica do direito internacional privado** (dissertação de mestrado em direito internacional, São Paulo: Faculdade de Direito da USP, 2010, p. 55): "era de seu interesse político o reconhecimento da soberania estatal e da igualdade entre os membros da comunidade internacional, então nascente".

[392] Nesse sentido, ver **Tratado** (tomos 6 a 11 – **Direito internacional no tempo de Suárez, Gentili e Zouch** a **Direito internacional no tempo do Iluminismo**).

[393] Cfr. **Tratado** (tomo 13 – **Direito internacional no tempo do concerto europeu**, item – do universalismo da razão para os nacionalismos).

[394] Aldo FERRER, **História de la globalización** – Orígenes del orden económico mundual (Buenos Aires: FCE de Argentina, 1996) e **História de la globalización II** – La Revolución industrial y el segundo orden mundial (Buenos Aires: FCE de Argentina, 1999).

[395] Serge GRUZINSKI, **Las cuatro partes del mundo** – Historia de una mundialización (México: FCE, 2010)

tado o fenômeno. E se pondera: "viver na hora da globalização é também e justamente por isso aprender a estar em todas as partes como em casa, e experimentar o esquecimento das origens, como espelho da fortuna e do consumo".[396] Por vezes destrutivas e perturbadoras, "as conexões entre os mundos podem se fazer tão intensas e fecundas que engendram situações imprevistas e sem precedente, realidades novas, inclusive obras de arte".[397]

Entre o final do século XV até meados do XVII, impõe-se a *pax hispanica*. Ou o *ius inter gentes* como "ordenamento jurídico internacional da era hispânica", como se caracteriza o período de 1494 a 1648. Tendo VITÓRIA e SUÁREZ como expressões de maior destaque.[398] Assim como, no passado, a *pax romana*, ou a *pax mongolica*, no pós-segunda guerra mundial, se pretendeu impor a *pax americana*,[399] talvez, a seguir, a *pax sinica*.[400]

[396] S. GRUZINSKI (op. cit., 2010, p. 180): "Vivir en la hora de la mundialización es también y por lo tanto aprender a estar en todas partes como en casa, a experimentar el olvido de los origenes en los espejismos de la fortuna y del consumo."

[397] S. GRUZINSKI (op. cit., 2010, p. 181) faz comparações entre os afrescos pintados por índios mexicanos, que mostram como surgem criações mestiças, no cruzamento de universos que pareciam incompatíveis, ou de modo mais prosaico, uma cozinha colonial, que recicla os alimentos provenientes da Espanha, e prossegue: "Cualquier elemento, venga de donde venga, es reinterpretado, acondicionado y modificado para adaptarlo mehor a los gustos, a los bolsillos y a los climas". Ver tb. Serge GRUZINSKI, **L'aigle et la sybille** – fresques indiens des couvents du Mexique (Paris: Imprimerie nationale, 1994), tb. publicado em espanhol, **El águila y la sibila** – frescos índios de México (Barcelona: M. Moleiro, 1994).

[398] Ver, neste tomo, cap. 14 – Francisco de VITÓRIA (1480-1546) e tb. **Tratado** (tomo 6 – **Direito internacional no de Suárez, Gentili e Zouch**, cap. 15 – Francisco SUÁREZ (1548-1617) e ainda o item – outras vozes no direito internacional: Domingo de SOTO e VAZQUEZ DE MENCHACA); P. B. CASELLA, 400 anos do De Legibus de Francisco Suárez (1548-1617) (Revista Fdusp, 2011-2012, vol. 106-107, p. 25-33, https://www.revistas.usp.br/rfdusp/article/view/67935); W. GREWE, **Epochen der Völkerrechtsgeschichte** (Baden-Baden: Nomos, 1984, segunda parte – *Ius inter gentes*: Die Völkerrechtsordnung des spanischen Zeitalters 1491-1648, p. 163-322).

[399] Ainda S. GRUZINSKI (op. cit., 2010, p. 181): "esta América a quien España impone una *pax hispanica*, que vale tanto como la *pax americana* que hoy experimenta."

[400] LU Jianping, *MDM et son* ***Trois défis pour un droit mondial*** (no volume **Mireille DELMAS-MARTY et les années UMR**, Paris: Société de législation comparée – Unité Mixte de Recherche de droit comparé de Paris 2005, p. 197-201, cit. p. 201): "L'avenir de la mondialisation du droit s'est esquissé, mais les résultats en sont encore timides. Et c'est une raison de plus pour nous entraîner de l'avant. Apparemment elle a trouvé la meilleure stratégie pour faire face aux défis d'un droit mondial, c'est l'action!" V. tb. Eric LOQUIN e Catherine KESSEDJIAN (dir. de), **La mondialisation du droit** (Travaux du Centre de recherche sur le droit des marchés et

É preciso ter consciência do tempo histórico e do contexto cultural, no qual tem de inscrever-se e atuar o homem, opera a economia internacional, para o bem e para o mal. Nestes, em mutação, tem de inscrever-se o direito internacional pós-moderno.[401]

Como em relação a qualquer produto humano, o enfoque pós-moderno pode ser útil se permitir maior conscientização do fenômeno, como produto do meio e do tempo, em que se consolida – de modo a ser resolvido à luz do conhecimento histórico.[402] Sem fazer dessa análise histórica fim em si mesma: não se trata de fazer história do direito, mas de captar o direito no tempo (histórico) e contexto (cultural) no qual se inscreve.[403]

A compreensão histórica do direito é indispensável para entender como se formou e chegou até nós esse conjunto de princípios e regras, com os seus indispensáveis mecanismos de implementação. Faça-se paralelo com as necessidades, para quem trabalha com história,[404] ou, em geral, com as ciências sociais,[405] a respeito de estar ao mesmo tempo 'dentro' da própria pele e 'fora' desta.

des investissements internationaux, Paris: Litec, 2000); Roland SÉROUSSI e Jade PLANTIN, **Le droit international public à l'épreuve de la mondialisation** (Paris: Gualino Éd., 1997).

401 Ver **Tratado** (tomo 20 – **Direito internacional, história e cultura**) e tb. **Fundamentos** (2008, esp. item VI – direito, história e cultura, p. 491-614).

402 Mireille DELMAS-MARTY sobre a mundialização do direito (in **Mireille DELMAS-MARTY et les années UMR**, Paris: Société de législation comparée, 2005, p. 331-415, esp. *La mondialisation du droit: chances et risques*, p. 331-349, *Droit et mondialisation*, p. 351-362, *Les processus de mondialisation du droit*, p. 379-393).

403 Ver **Tratado** (tomo 20 – **Direito internacional, história e cultura**, introdução). Aponta-se, normalmente, tripla dimensão da cultura como conjunto de: *instituições*, a saber as regras ou normas que governam o comportamento; *ideias*, conhecimentos e convicções, nas várias dimensões, nas quais se manifestem (filosóficos, científicos, tecnológicos, históricos, sociológicos etc.); e *produtos ou artefatos materiais* que os homens produzem e usam no curso de sua existência coletiva.

404 Eric HOBSBAWM, **Tempos interessantes: uma vida no século xx** (orig. publ. **Interesting times: a twentieth-century life**, 2002, trad. S. DUARTE, São Paulo: Companhia das Letras, 2002, cit. p. 12) observava: "A autobiografia de um historiador é também, em outro sentido, parte importante da construção de seu trabalho. Além da crença na razão e na diferença entre fato e ficção, a autoconsciência – isto é, estar ao mesmo tempo em sua pele e fora dela – é uma habilidade necessária aos que militam na história e nas ciências sociais, especialmente para um historiador que, como eu, escolheu seus temas de maneira intuitiva e acidental mas acabou por juntá-los num todo coerente."

405 Nesse sentido, **Tratado** (tomo 20 – **Direito internacional, história e cultura**, cap. 1 – direito internacional no tempo e seu papel na história); também Jean LEDUC, **Les historiens et le temps** (Paris: Seuil, 1999).

O conhecimento da história e do passado tem papel ao explicar para o homem de onde este vem e por onde passou.[406] Como modo de compreender o próprio tempo histórico e contexto cultural. Muito do desconforto advém da falta de contextualização.[407]

A história do direito,[408] visa fazer compreender como o direito atual se formou e desenvolveu, e de que maneira evoluiu no decurso dos séculos. Quanto mais se avança no estudo do direito, também do direito internacional, mais se percebe quanto a história, mais que a lógica ou as teorias jurídicas respondem pela compreensão do que são as instituições internacionais e de como chegaram a ser o que são.[409] Quem sabe, também, poder-se-á projetar o que podem vir a ser.

Há quem argumente que, em razão da sua dispersão e da sua fragmentação, do caráter e alcance limitados da lei internacional, a escolha da denominação 'sociedade internacional' ser mais adequada, por não se configurar como 'comunidade.[410] Por isso, trata-se da sociedade

[406] Angel PINO e Isabelle RABUT, *Shen Congwen, celui qui s'est tu* (postface a PA Kin, **À la mémoire d'un ami** © 1989, trad. A. PINO e I. RABUT, Paris: Les mille et une nuits, 1995, p. 59-63, cit. p. 61): "Il oeuvre à la manière du savant et du philosophe qui oriente le futur en expliquant à l'homme d'où il vient et par où il est passé."

[407] Sigmund FREUD, **O mal estar na civilização** (orig. publ. **Das Unbehagen in der Kultur**, 1930, trad. J. O. de AGUIAR ABREU, edição standard brasileira das obras psicológicas completas de S.F., Rio de Janeiro: Imago, 1974, vol. XXI, p. 73-171).

[408] John GILISSEN, **Introdução histórica ao direito** (orig. publ. **Introduction historique au droit**, 1979, trad. A. M. HESPANHA e L. M. Macaísta MALHEIROS, Lisboa: Fund. C. Gulbenkian, 1988, Introdução, p. 13-28) e prossegue : "O quadro geográfico desta investigação não pode ser limitado às fronteiras de um só país; é absolutamente necessário situá-la num quadro mais vasto" e cita H. de PAGE, **Traité de droit civil belge** (Bruxelas, 1942, t. VI, 806): "A história do direito é muitas vezes tratada com um condescente desdém, por aqueles que entendem ocupar-se apenas do direito positivo. Os juristas que se interessam por ela, quase sempre à custa de investigações muito longas e muito laboriosas, são frequentemente acusados de pedantismo (...) Uma apreciação deste gênero não beneficia aqueles que a formulam. Quanto mais avançamos no direito civil, mais constatamos que a História, muito mais do que a Lógica ou a Teoria, é a única capaz de explicar o que as nossas instituições são as que são e porque é que são as que existem".

[409] Ver **Tratado** (tomo 20 – **Direito internacional, história e cultura**) e tb. **Fundamentos** (2008, esp. item VI – direito, história e cultura, p. 491-614); E. CHINOY, **Sociedade: uma introdução à sociologia** (5ª ed. bras., 1976, esp. parte i, cap. 2 – sociedade e cultura, itens: 'cultura', p. 56-58, 'os componentes da cultura', p. 58-67, 'a organização da cultura', p. 67-68, cit. p. 58-59).

[410] Celso D. de A. MELLO, **Curso de direito internacional público** (Rio de Janeiro: Renovar, 15ª ed., 2004, cap. I – A sociedade internacional, p. 51-76, cit. p. 64) reporta Charles

internacional, por carecer esta de elementos de coesão, enquanto colegiado. Outros entendem estar, ao menos operacionalmente, configurada a dimensão da 'comunidade internacional'.[411] O que representaria considerável avanço em termos de coesão do sistema institucional e normativo internacional.[412]

Exemplo expressivo da progressiva construção de direito comum foi a experiência de Rodes, no processo de consolidação das leis do mar (12.1). Com numerosos desdobramentos, ao longo de séculos, em contextos bastante diferenciados. Como se passa a considerar.

12.1.Rodes e a lei do mar

> A lei rodiana adverte que, se de um navio são jogadas mercadorias, o dano deve ser ressarcido mediante contribuição de todos, na proporção do que tinha sido embarcado.
>
> PAULO no *Livro segundo das sentenças.*
> **Digesto**, XIV.II.1 – De lege Rhodia de iactu.[413]

Os juristas e os mercadores de Rodes enfrentaram o problema internacional mais imediato que à época desafiava os seus interesses e competência: eles

CHAUMONT e considera "as antinomias existentes" que "impedem a existência de uma comunidade internacional: a) a ordem pública, que pressupõe uma estabilidade e, de outro lado, a ideia de revolução; b) a ideia de cooperação e a ideia de soberania; e c) o direito à autodeterminação dos povos e a divisão do mundo em zonas de influência. Em todas elas existe o interesse nacional."

411 Thomas M. FRANCK, **The power of legitimacy among Nations** (New York / Oxford: Oxford Univ. Press, 1990, cit. p. 205): "It is the community which invests legitimacy with meaning; it is in the community that legitimacy exerts its pull to rule compliance. It is because states constitute a community that legitimacy has the power to influence their conduct." [...]"The force of a rule's compliance pull cannot be gauged solely primarily by examining its source. The community of states, lacking enforcement powers, has come up with its own meter bar to measure the pull to compliance."

412 Th. FRANCK (op. cit., 1990, p. 206): "For the community of states, the basic measure is legitimacy. Once the power of legitimacy is understood, its component factors – determinacy, symbolic validation, coherence and adherence – can be worked out deductively."

413 Ver D. 14,2,1 – cfr. **Corpus iuris civilis**, vol. primum, **Digesta** (recognovit Theodorus MOMMSEN, retractavit Paulus KRUEGER, Dublin / Zurich: Weidmann, 22ª ed., 1973): "PAULUS *Libro secundo sententiarum*. Lege Rhodia cavetur, ut, si levandae navis gratia iactus mercium factus est, omnium contributione sarciatur quod pro omnibus datur est."

coligiram e sistematizaram as leis do mar, tal como eram geralmente observadas, e se puseram a administrar essas leis tão imparcialmente quanto podiam.

Adda BOZEMAN (1960, ed., 2010)[414]

O direito internacional consuetudinário encontrou nas codificações em matéria do direito do mar sua mais notável expressão. O direito internacional do comércio e o direito da navegação marítima vincularam-se estreitamente nessas codificações com o direito internacional do mar para tempos de paz e de guerra.

Wilhelm GREWE (1984)[415]

Quanto menos coesamente estruturada determinada sociedade, tanto maior será o âmbito de abrangência e regulação pelo costume: novas regras tendem a emergir, antes gradativamente, que por decretação formal.[416]

[414] Adda BOZEMAN, **Politics & Culture in International History** – from the Ancient East to the opening of the Modern Age (orig. publ. 1960, New Brunswick, N.J.: Transaction Publishers, 2nd. ed., 4th. printing, 2010, esp. chap. 3 – The empire of Alexander the Great and the Hellenistic System, p. 90-130, cit. p. 105) situa o contexto helenístico – o chama *the Hellenistic moment* – ao colocar juntos os cidadãos de muitos países, conferira à execução diária de muitas atividades individuais caráter internacional, pelo próprio curso das coisas. E nesse processo de internacionalismo funcional (*functional internationalism*) muitas orientações mundiais definidas não somente surgiram, mas também, em ampla medida, se institucionalizaram. E compara: "The citizens of Rhodes showed similar courage. They were too adventurous to permit insecurity to daunt their spirit of enterprise, and too busy ridding the Mediterranean region of its greatest scourge, piracy, to blueprint a perfect order for the cosmic state. Instead, the Rhodian jurists and merchants lowered their sights enough to tackle the most immediate international problem then challenging their interests and competence: they collected and systematized those laws of the sea which were generally observed, and they set about administering those laws as they knew how."

[415] Wilhelm GREWE, **Epochen der Völkerrechtsgeschichte** (Baden-Baden: Nomos, 1984, cit. p. 117): "Völkerrechtliches Gewohnheitsrecht fand besonders auf dem Gebiete des Seerechts in eindrucksvollen Kodifikationen seinen Niederschlag. Internationale Handels- und Schiffahrtsrecht war in diesen Kodifikationen mit völkerrechtlichen Seerecht für Friedens- und Kriegszeiten eng verbunden."

[416] Ver a respeito, **Manual** (26ª ed., 2023, 2 – fundamentos, fontes e codificação do direito internacional, esp. item 2.2.1 – costume internacional); Brian D. LEPARD, **Customary international law** – a new theory with practical applications (Cambridge: Univ. Press, 2010); M. MENDELSON, **The formation of customary international law** (RCADI, 1998, t. 272, p. 155-410).

A imposição não é confiada a pessoas específicas, que operem através de maquinários governamentais formalmente reconhecidos.

Outra dimensão das instituições nasce do contraste entre *costumes* e *leis*. Os primeiros compreendem o 'uso há muito estabelecido', práticas que se tornaram gradativamente aceitas como formas apropriadas de comportamento. Exemplo disso seriam as convenções da arte da guerra.[417]

De um lado, os costumes são sancionados pela tradição e sustentados pelas pressões da opinião de grupos. As leis, por outro lado, são regras decretadas pelos que exercem o poder político e impostas através do mecanismo do estado. Podem ter ou não a sanção da tradição.

Não por acaso, em matérias com grande lapso temporal de consolidação costumeira, bem como grande diversidade cultural e de tradições, como o direito consular, em geral, o trabalho de codificação se mostrou mais extenso e mais complexo, quando este foi encetado. O que resultou em mais tempo de trabalho, depois de se codificarem as normas em matéria de direito diplomático.[418] A mesma complexidade se mostra em relação ao direito marítimo, em especial.

De ponto de vista sociológico, as leis:

> São características de sociedades complexas com sistemas políticos bem desenvolvidos; nas sociedades simples, sem instituições políticas distintivas e fontes reconhecidas de autoridade política, a lei aparece, quando aparece, apenas em forma embrionária. Nessa sociedade simples, o comportamento é principalmente regulado pelo costume, as novas regras tendem a emergir antes gradativamente (...) A linha divisória entre costumes e leis como a que divide *folkways* e *mores*, nem sempre pode ser facilmente traçada, sobretudo em sociedades mais simples, nas quais a estrutura política de que emerge a lei, e através da qual ela é decretada, se acha apenas parcialmente desenvolvida.[419]

É preciso ter presente a existência e impacto desse contexto, histórico e cultural, que inegável e inevitavelmente influencia qualquer construção,

417 Veja-se **Tratado** (tomo 4 – **Direito internacional no tempo medieval**, cap. 11 – tratadistas da guerra).

418 A respeito, **Manual** (26ª ed., 2023, 2.3 – codificação do direito internacional, esp. item 2.3.1 – Convenção de Viena sobre relações diplomáticas e 2.3.2 – Convenção de Viena sobre relações consulares).

419 E. CHINOY (op. cit., ed. cit. 1976, p. 61).

que se queira encetar, no plano institucional e normativo internacional. Isso vale para todo o conhecimento, como fruto da experiência, na lição de KANT.[420] Vale, também, no âmbito específico do direito internacional, no contexto pós-moderno.

O direito internacional é produto da história e da cultura, no seio da qual surge e se desenvolve e somente assim se pode entender.[421] O direito todo, e especificamente o direito internacional, não é algo intrinsecamente dotado de valor e conteúdo, mas conjunto que se inscreve em contexto relacional (conjunto de normas, vigente e aplicado, entre sujeitos de direito internacional), no meio e modo no qual se crie e opere.

A partir dos elementos componentes, a cultura se articula como relações complexas entre os diversos elementos que compõem o todo, como entre instituições e valores, ou entre valores e *artefatos*. Tais interações tornam viva a cultura e se estabelecem como elementos dinâmicos, no interior de *cada* cultura e nas relações *entre* culturas.

Ainda que tais relações constituam 'tema significativo de análise sociológica' a análise pode permanecer no nível da cultura em geral ou, o que é mais frequente, pode ser dirigida para *uma* cultura, o conjunto ou sistema de instituições, valores, crenças e objetos de determinado grupo de pessoas:[422]

> É apenas pelo cotejo das culturas específicas que poderemos, finalmente, dilatar nosso conhecimento da cultura em geral. Os componentes de qualquer cultura particular não se associam ao acaso, mas formam um todo mais ou menos coerente. [...] A estrutura da cultura – seus princípios de organização e as relações entre as partes – é, portanto, relevante para a compreensão de qualquer padrão cultural específico. Os componentes de qualquer cultura, bem como da cultura como um todo, podem ser encarados como se consis-

420 Martin HEIDEGGER, **Kant und das Problem der Metaphysik** (herausgegeben von Friedrich Wilhelm von HERRMANN, Frankfurt-am-Main: Vittorio Klostermann, © 1973, "fünfte, vermehrte Auflage", 1991, cit. p. 1-2, Einleitung): "Metaphysik ist zwar kein vorhandenes Gebäude, aber doch 'als Naturanlage' in allen Menschen wirklich." (...) "So ist die Grundlegung als Entwurf der inneren Möglichkeit der Metaphysik notwendig ein Wirksamwerdenlassen der Trägerschaft des gelegten Grundes. Ob und wie dieses geschieht, ist das Kriterium der Ursprünglichkeit und Weite eine Grundlegung."

421 Ver **Tratado** (tomo 20 – **Direito internacional, história e cultura**, introdução e cap. 1 – direito internacional no tempo e seu papel na história)..

422 E. CHINOY (op. cit., ed. cit. 1976, p. 67-68).

tissem em sistemas mais ou menos independentes, cada qual com sua estrutura ou organização própria.[423]

O legado da civilização é tanto intangível quanto precioso. E igualmente frágil. A ser consciente e zelosamente conservado, contra as tentativas, recorrentes ao longo da história, de fazer prevalecer a barbárie e a força bruta. O que tem de ser combatido a qualquer preço.

O estado seria, assim, *artefato cultural*, e este se mostra histórica e culturalmente condicionado, e ferramenta para a organização da vida social dos homens. Como da vida entre sociedades, politicamente organizadas.[424]

Mostra a história humana, os homens se organizam em grupos sociais independentes, regidos por ordem interna, em tribos, cidades, cidades-estado ou estados. Tão logo distintas unidades, e seus soberanos, estabeleçam contato umas com as outras, primeiro o costume e em seguida o direito costumeiro se desenvolve, para conduzir tais relacionamentos, já revestidos de caráter internacional.[425]

A consolidação das leis do mar reflete o trabalho de consolidação normativa de práticas costumeiras, em decorrência de comunidade de interesse internacional operativa – *operative international community of interest* – que se voltou para finalidade funcional específica – *specific functional pursuit*.[426] Cabe observar a existência de relação direta entre direito interna-

[423] Cfr. E. CHINOY (op. cit., 1961, ed. 1976, 'a organização da cultura', p. 67-68) :

[424] Ver o seguinte cap. 13 – estado como sujeito de direito internacional: a contribuição de MAQUIAVEL e BODIN, esp. item 13.3 – estado soberano e direito internacional.

[425] Ver **Tratado** (tomo 3 A – **Direito internacional no tempo antigo** e 3 B – **Gregos, romanos, chineses, indianos**); cf. **Fundamentos** (2008) e ulteriormente em P. B. CASELLA, Negociação e conflito no direito internacional: cinco mil anos de registro da história (São Paulo: Revista. Fdusp, 2019, vol. 114, p. 185-230), isso pode ser fixado ao tempo do primeiro tratado do qual se tem documentação, no sistema das cidades-estado da Mesopotâmia, que estipulava as fronteiras entre as cidades de Lagash e Umma, com participação de MESILIM, soberano do vizinho estado de Kish, normalmente datado por volta de 3100 a.C. Ver tb. Dominique GAURIER, **Histoire du droit international** (Rennes: Presses Universitaires de Rennes, 2014); W. G. GREWE, **Epochen der Völkerrechtsgeschichte** (Baden-Baden: Nomos, 1984, tb. na trad. inglesa, **The Epochs of international law**, Berlin – New York: W. de Gruyter, 2000); Stephan VEROSTA, **International Law in Europe and Western Asia between 100 and 650 A.D.** (RCADI, 1952, t. 80, p. 485-620).

[426] A. BOZEMAN (op. cit., 1960, ed., 2010, loc. cit., e a seguir D – *The place of Rhodes in Hellenistic Society*, p. 106-110, e E – *The Rhodian Sea Law*, p. 110-113).

cional do comércio e navegação em relação ao direito internacional da paz e da guerra. E concluir serem essas codificações de direito marítimo demonstrações significativas de alta cultura jurídica, por meio das quais "completam o direito expresso em pactos – *Vertragsrecht* – e se inscrevem na estrutura escalonada do direito medieval, que documentam a capacidade de criação jurídica dessa época".[427]

Dentre as coletâneas de práticas e de direito marítimo:

- o mais completo estatuto náutico da era medieval, o *Constitutum Usus* – ou 'uso consolidado' – da cidade de Pisa, de 1160;
- também do século XII, os *Rolos de Oleron* – *Rôles d'Oléron* –, coletânea de conhecimentos do Tribunal do mar de Oléron (a ilha em frente à cidade de La Rochelle), teve enorme papel para o conjunto do direito do comércio e da navegação de toda a região – Inglaterra, norte da França, Países Baixos e da Liga Hanseática – e isso até o século XIX;
- o *direito do mar de Wisby*, ou leis de Wisby, na região de Gotland, com observância das suas normas nas ordenações da Liga Hanseática – conservados em redação, que pode ser situada em Amsterdã, por volta de 1407, contém, ao lado de disposições específicas de direito costumeiro, também conceitos, que informam a coleção precedente;
- o direito marítimo inglês, contido no *Black Book of the Admiralty*, do século XIV, também foi fortemente influenciado pela coletânea dos *Rôles d'Oléron*, do século XII;
- para o conjunto do Mediterrâneo ocidental, o *Consolat de Mar*, coletado em Barcelona, em meados do século XIV, alcança grande autoridade.

O desenvolvimento do comércio marítimo foi outro elemento que concorre para a formação de novas regras de direito internacional, inscritas em coleções de leis ou costumes marítimos.[428] Data também da mesma época

[427] W. GREWE (op. cit., 1984, p. 118).

[428] C. G. FENWICK, **International Law** (orig. publ. 1924, New York / London: D. Appleton-Century Co. Inc., 2nd ed. revised and enlarged, 1934, cit. p. 16) observava: "while dealing with the relations between individuals of different countries and thus belonging to international private law rather than public law, had considerable influence in strenghtening the conception of a general law taking precedence within its field over the law of the particular state. [...] These offered in their limited way an example of the possibility of the order and prosperity

a constituição de ligas de cidades comerciais, para proteção do comércio e dos cidadãos, ligas das quais a mais importante foi a Liga hanseática, que durou de 1250 a 1450.

Por sua vez estarão na base da construção de nova *lex mercatoria* e se reflete no surgimento e no desenvolvimento do conjunto do direito do comércio internacional. O conjunto das normas, no âmbito da Organização Mundial do Comércio, constitui exemplo de desenvolvimento setorial relevante do direito internacional, no contexto pós-moderno.

No caso rodiano, esse esforço foi além do seu tempo – o contexto helenístico de ultrapassar as fronteiras – e do seu meio. Este se projeta como a base, sobre a qual foi construída área inteira do direito internacional pós-moderno.

Efeito do contexto de 'globalização', desencadeado pelo período helenístico, a cooperação em relação aos negócios do mar envolveu o conjunto daqueles que tinham neste o seu campo de ação.[429] Se a ideia de comunidade universal fracassou tão depressa quanto o império de ALEXANDRE – que basicamente dura dez anos de estrondosas campanhas militares, de 333 até 323 a.C. – o sonho prosseguiu: tornou-se a questão central da subsequente era helenística conseguir realizar, ainda que parcialmente, e em relação a setores específicos, com base em experiência acumulada, quer através de indagações filosóficas, quer mediante experiência prática, essa dimensão compartilhada de mundo interdependente e com interesses convergentes, ainda que setorizados.

As condições do comércio marítimo permanecem basicamente inalteradas desde o período helenístico até pelo menos o século XIII. Isso confere à formulação helenística do direito marítimo uma importância atemporal – *a timeless significance* – desenvolvida por numerosas gerações

that might flow from the adoption of a common rule of law". Dentre essas coleções, lembrar as mais famosas: 1 – as *Leis de Rhodes*, de data desconhecida, que se supõe remontarem ao século VII; 2 – a *Tabula Amalfitana*, do século X ou XI; 3 – as *Leis de Oléron*, do século XII; 4 – as *Leis de Wisby*, do século XIII ou XIV; e 5 – especialmente, o *Consolato del Mare*, elaborado em Barcelona, segundo uns, nas proximidades do ano 1300, segundo outros, nos meados do século XIV.

429 Ver **Tratado** (tomo 3 B – **Gregos, romanos, chineses, indianos**, cap. 5, sobre as cidades-estado gregas e mundo helenístico).

de comerciantes e cidadãos de Rodes, agindo nesse sentido como "agentes da cosmópolis helenística":[430]

> Sua residência era uma pequena ilha do Mediterrâneo oriental. Seu estado, antes parte do Império persa, tinha sido restaurado como democracia por ALEXANDRE, o grande, e subsequentemente por este transformado em cidade imperial sob seu domínio direto. Quando ele morreu, os cidadãos declararam a sua total independência.
> Durante a era helenística, essa pequena ilha do Egeu se tornou o principal entreposto – *the chief clearing house* – para carregamentos da Fenícia, Arábia, Egito, Grécia, Itália e Norte da África. Na confluência de interesses comerciais, estratégicos e políticos, igualmente acessíveis às grandes potências, como aos poderes secundários de três continentes, a ilha estado de Rodes manteve posição chave no sistema diplomático helenístico.[431]

Não somente em relação ao direito marítimo, mas o conjunto normativo consuetudinário, já esboçado na Antiguidade, conterá, em toda parte, como direito internacional geral *de facto*, regras a respeito dos elementos basilares da convivência entre unidades políticas independentes – os depois denominados estados – e estas normas se inscrevem como normas vinculantes, cuja observância e aplicação interessas a todos os operadores.

Como se viu, entre 1500 e 1200 a.C. os estados do Oriente médio tinham desenvolvido não somente sistema político de equilíbrio de poder, mas também corpo de normas substantivas de direito internacional. Esse equilíbrio, no sistema mesopotâmico, foi suplantado, em razão das grandes migrações de povos indo-europeus, o que leva à organização de grandes impérios: o persa, com contatos e relações com as cidades-estado gregas, os estados indianos e o império chinês.[432]

> Nas circunstâncias de seu tempo e de seu meio, os rodianos logo perceberam que sua independência estava inseparavelmente ligada com a liberdade do

[430] A. BOZEMAN (op. cit., 1960, ed. 2010, item cit., p. 107).

[431] A. BOZEMAN (op. cit., 1960, ed. 2010, loc. cit.).

[432] Nesse sentido, ver **Tratado** (tomos 3 A – **Direito internacional no tempo antigo** e 3 B – **Gregos, romanos, chineses, indianos**); compare-se o enfoque desenvolvido por Brian D. LEPARD, **Customary international law** – a new theory with practical applications (Cambridge: Univ. Press, 2010).

> comércio internacional no Mediterrâneo oriental, e que o comércio internacional somente poderia ser livre na medida em que o alto mar fosse mantido livre tanto da pirataria como do imperialismo das grandes potências. Fizeram, assim, o seu negócio, com a ajuda de pequena marinha, soberbamente aparelhada, de policiar as águas adjacentes e manter o equilíbrio de poder entre os seus poderosos vizinhos. E como seu estado era pequeno e sujeito a agressões de todos os lados, perseguiram essas políticas ousadas por meio da mobilização de suas capacidades humanas.[433]

Por sua vez, as tribos itálicas, em torno de Roma, a partir de 500 a. C. desenvolvem federação. Esta, inicialmente aceita como a caçula do sistema helenístico, viria suplantar todas as demais se torna a grande potência que suplanta o sistema helenístico, quando chega a estender suas fronteiras até o Reno e o Danúbio. No direito internacional, as relações entre os impérios persa e romano contêm não somente regras indispensáveis para as relações internacionais, como também muitos elementos do moderno direito internacional.

No período de 100 até 650 AD a Ásia ocidental e a Europa, abrange toda a costa mediterrânea no norte da África constitui sistema de estados e unidades políticas, soberanas, regido por regras e princípios nas suas relações internacionais, em sistema político com dois eixos, os grandes impérios, o persa e o romano.

> Os rodianos se tornaram famosos como comerciantes, navegadores, astrônomos, juristas e diplomatas; eram respeitados como corajosos defensores da independência nacional e dos direitos humanos (*defenders of national independence and human rights*). Mas, acima de tudo, eles eram conhecidos pela defesa da liberdade dos mares. Isso queria dizer não conferir privilégios a ninguém. A maior segurança para todos, enquanto em curso de navegação, o mínimo de impostos e de encargos, e o reconhecimento de certos princípios jurídicos gerais, regendo o conjunto do comércio marítimo.[434]

Roma, durante mil e duzentos anos, muito embora tenha tido poucas décadas sem estar envolvida em conflitos armados, com a exceção da con-

[433] A. BOZEMAN (op. cit., ed. cit., 2010, p. 107-108).
[434] A. BOZEMAN (op. cit., ed. cit., 2010, loc. cit.).

quista das Ilhas Britânicas, consistentemente aplicou o princípio de fazer guerras de defesa, mais do que guerras de ataque. Motivada pela necessidade de defender, fortalecer ou recuperar províncias do império, e menos por espírito de agressão, ganância ou vaidade imperial. Roma manteve relações de direito internacional com muitos dos estados, nações e tribos além dos limites do *limes*, a linha de fortificações que marcava o limite do Império romano.[435]

Rodes conseguiu consolidar grande influência e prestígio, sobretudo depois de resistir e sair vitoriosa de ataques contra a sua independência – inclusive depois de um ano de estado de sítio. Foi, finalmente, reconhecida por seus contemporâneos como o mais importante estado secundário do sistema helenístico, e se viu atribuída a confiança de todos para exercer a função de policiar o Mediterrâneo e de intermediar o comércio mundial.

> Quando grande parte da ilha foi destruída por terremoto (em 227 ou 226 a.C.), [os rodianos] receberam assistência de todas as partes do mundo helenístico, tanto das democracias quanto dos regimes autoritários. Esse gesto comprova o reconhecimento calculado dos serviços prestados por Rodes, mas também refletia a genuína admiração pela beleza da cidade e as realizações de sua população.[436]

A atuação de Rodes de certa forma espelha o papel que desempenhara Atenas no apogeu das cidades-estado gregas, no século IV a.C., sem que Rodes jamais tenha ocupado posição hegemônica, como ocorreu com Atenas, e que foi a causa de sua futura decadência no plano dos princípios e derrocada militar – ao cabo das cerca de três décadas da guerra do Pelo-

[435] Sobre a natureza e a evolução do *limes* romano, ver **Tratado** (tomo 1 – **Direito internacional dos espaços**, cap. 4 – competências territoriais do estado).

[436] A. BOZEMAN (op. cit., ed. cit., 2010, p. 108): "Continous contact with the state's well-informed citizenry had convinced contemporaries that the sources of Rhodian skill and success lay in this people's love of learning and scholarship, hospitality to foreign students, and generally cosmopolitan orientation to the world. Special praise was always reserved for Rhodian government, which experts found by far the best of all Greek governments"; ver **Tratado** (tomo 3 B – **Gregos, romanos, chineses, indianos**, cap. 5 – as cidades-estado gregas e mundo helenístico, esp. item 5.2 – mundo helenístico); v. tb.M. I. ROSTOVTZEFF, **Social and economic History of the Hellenistic World** (Oxford: Clarendon Press, 1941, 3 vols., cit. vol. I, p. 229).

poneso. Tanto a constituição doméstica quanto a rede de relações internacionais que os rodianos desenvolveram podem ser comparados com a experiência anterior ateniense: [437]

> os rodianos, como os atenienses, viveram intrinsecamente as questões das suas relações internacionais; alinharam as suas políticas externas com os conceitos básicos, sobre os quais tinham construído o seu sistema interno de governo; em vez de estipular o absoluto primado das relações exteriores, como se dera em vários estados do Oriente médio. [438]

A história também mostra quanto Rodes se empenhou em manter a paz entre os gregos. Quando a sombra de Roma começa a se projetar sobre o conjunto do Mediterrâneo, Rodes congrega todos os helenos, sob a coordenação da Macedônia, e quando as facções gregas ameaçam fazer soçobrar essa ação concertada, como tinha ocorrido com outras federações anteriores, Rodes de novo exerceu grande atividade, por vezes sem sucesso, buscando a reconciliação.

Foi somente depois de terem falhado esses esforços de coordenação e de concertação política, que Rodes se volta para a sua vocação tradicional de exercer o policiamento da navegação.[439] Ante a desunião dos gregos e diante do inexorável aumento do poderio romano sobre o conjunto do Mediterrâneo, Rodes se alinha com o poder de Roma.

[437] A. BOZEMAN (op. cit., ed. cit., 2010, p. 109): "Rhodes had joined the Delian League as well as the Second Athenian Confederacy in 378 b.C. When the ties with Athens were severed in 357 b.C., she became the nucleus for a new league of republics, whose leadership she managed to retain by displaying the restraint and tolerance in confederate affairs for lack of which Athens had eventually come to grief. / Rhodes was equally prudent and considerate in exercising her protectorate over the nominally independent Temple Free State of Delos and the adjoining, strategically very important, Cyclades."

[438] A. BOZEMAN (op. cit., ed. cit., 2010, p. 108-109): "The Rhodians coupled deep concern for the welfare and security of their own city-state with both respect for the local autonomy of the many small islands and coastal communities that formed the expanding Rhodian commonwealth and a keen appreciation of the need to establish collective security among all independent states of the region."

[439] A. BOZEMAN (op. cit., ed. cit., 2010, p. 110): "Frustrated by continuous disunity among the Greek democracies, fearful of the imperialist ambitions of Macedon, and perhaps attracted by some of the manifestations of republicanism in the Roman state, the Rhodians seemed to realize that, under those changed circumstances, their diplomacy alone was no adequate defense of the system under which they had enjoyed their independence."

O inteiro Oriente helenístico vem a ser conquistado pelos romanos. A Macedônia foi derrotada em 168 a.C., e se torna província romana. O conjunto da Grécia, por sua vez, em 147 a.C., depois de profundamente humilhado, foi acrescentado à província da Macedônia.

Rodes foi privada de seus territórios na Ásia menor, privada de sua liderança no Egeu, e anexada em 164 a.C.[440] A partir daí aumenta a ocorrência da pirataria: na altura do final do século, tinha se tornado uma praga que tornava quase inviável o comércio mediterrâneo.

Os rodianos não tinham sido nem os primeiros nem os únicos a se lançarem ao mar e fazerem deste o seu espaço de ação econômica.[441] Rodes, contudo, não fez somente comércio marítimo, mas contribuiu decisivamente para regular as suas operações comerciais mediante referência ao direito:

> Quão antigo possa ser, por exemplo, o costume da responsabilidade mútua – *mutual liability* – não temos como saber; mas leitores dos discursos de DEMÓSTENES podem encontrar as primeiras referências a uma espécie de seguro, e os termos deste parecem ter permanecido substancialmente os mesmos até o século XIII da era cristã.[442]
> Os rodianos coletaram, elaboraram e consolidaram os costumes marítimos, que encontraram em uso, e asseguraram, pela primeira vez na história das relações marítimas internacionais, as condições nas quais tais costumes poderiam

[440] A. BOZEMAN (op. cit., ed. cit., 2010, p. 110): "In her punitive and aggressive expeditions against the states of the Hellenistic system, Rome wantonly destroyed many institutions that might have continued to serve the international community without impairing her own power. By displacing Rhodes as the international policeman of a great and important region, she automatically weakened the principles of law and order. It is therefore a testimony to the strength and vitality of these principles that we can trace the continued survival, across two millenniums and many continents, of the body of maritime law known as the Rhodian sea law."
[441] A. BOZEMAN (op. cit., ed. cit., 2010, p. 110): "We know little about their predecessors in Egypt and Minoan Crete; we can read scraps of shipping documents in the Mesopotamian codes, and we can only make conjectures about the contents of the Phoenician records, for the latter were mostly lost when the Phoenician cities were sacked and burnt."
[442] A. BOZEMAN (op. cit., ed. cit., 2010, p. 110-111): "By the time the Rhodians appeared as the chief navigators and traders of the Mediterranean region, Athenian law had, through borrowing and diffusion, become the basic civil law of the Hellenistic society. An international framework of legal agreement existed, therefore, into which innumerable preexising maritime customs could fit themselves, anonymously but harmoniously, in the course of time. The Rhodians showed their genius by accepting this framework."

ser executados regularmente, e isso em área de vasta extensão. A primeira coletânea de direito internacional operacional do mundo – *the first collection of operative international law in the world* – foi desde então identificada com o nome de Rodes.

Incluía regulamentos, subsequentemente aceitos universalmente, a respeito de parcerias (*copartnerships*), *joint ventures*, *charter parties*, e guias de embarque (*bills of lading*). Estabeleceu padrões de comportamento para passageiros, durante a estadia a bordo de navios, de responsabilidade de comandantes e de marinheiros, em caso de danos às mercadorias, e negligência ou ausência no cumprimento do dever; bem como também listou as penalidades para fraude ou negligência grave (*barratry*), roubo de outros navios, e colisões decorrentes de falta de diligência.[443]

Essas normas alcançaram a posteridade tal como foram sobretudo registradas por escrito no período entre 500 e 800 d.C., por juristas bizantinos. Por esse motivo, ninguém poderá saber com certeza, em qual precisa configuração esses conceitos jurídicos eram aplicados durante a era helenística, sob a égide de Rodes.

Dentre muitas disposições remanescentes – como notoriamente se dá no caso da *lex de iactu* – algumas normas foram claramente identificadas como tendo origem em Rodes. São estas as normas que preveem em quais casos podem mercadorias serem lançadas fora de bordo, para aliviar a carga de navio em caso de extrema dificuldade e risco de afundamento.

O relato dos usos, para os quais foi aplicado o direito marítimo, no contexto de diferentes civilizações e sistemas jurídicos específicos, pode talvez servir para ilustrar duas proposições gerais: a primeira, no sentido de que a data na qual uma lei recebe a sua forma não é necessariamente a data da norma nesta contida; e a segunda, que o próprio direito tende a permanecer inalterado, enquanto permanecerem inalteradas as condições que deram lugar a este.[444]

Quando tiveram de administrar os imensos territórios que tinham conquistado, os romanos se viram irresistivelmente atraídos para o âmbito da cultura helenística. Nesta eles encontraram muitos conceitos não somente

443 A. BOZEMAN (op. cit., ed. cit., 2010, p. 111).

444 A. BOZEMAN (op. cit., ed. cit., 2010, loc. cit., e a seguir p. 112).

intelectualmente persuasivos, para os próprios romanos, como homens inseridos em mundo complexo, mas também extraordianariamente úteis como embasamento ideológico para a ordem mundial, que tinham diante de si para ser estruturada.

Na filosofia do estoicismo, Roma encontrou conceito universalmente atraente de império, e o estoicismo foi, assim, aplicado pelo governo e políticas eivadas de estoicismo, na qual descobriram os necessários princípios de ordem. Mas o centro da filosofia estóica daquele tempo foi o 'estado' cosmopolita de Rodes.

O 'estado' romano, conquistador do mundo, se tornou devedor dessa pequena Confederação do Egeu, que tinha pelos romanos sido tão cruelmente despojada. A lei marítima de Rodes foi elogiada por CÍCERO por sua humanidade.

A adoção, em toda a extensão do império romano, da lei marítima de Rodes, foi determinada pelo imperador AUGUSTO. E a soberania desta foi expressamente reconhecida pelo imperador MARCO AURÉLIO, o mais destacado estoico da história de Roma, no século II d.C.[445]

A menção seguinte às leis marítimas de Rodes é feita ao tempo de JUSTINIANO (483-565 d.C.), quando se faz a grande codificação do direito romano.

A lei marítima de Rodes foi consolidada no **Digesto** e no **Codex** de JUSTINIANO com base no direito marítimo costumeiro, que remontava à Rodes antiga, com foco nas questões de responsabilidade pela perda ou danos a carga e valoração dos prejuízos e ressarcimentos. As perdas de carga podiam ser muito elevadas, em caso de tempestade, quer por soçobrar o navio, quer pela necessidade de praticar alijamento de carga, para tentar salvar o navio.

> JULIANO no livro octogésimo sexto dos Resumos. O navio, subjugado por tempestade, com o cordame e o mastro dianteiro queimados por um raio, foi levado para Hipona, lá reparado e refeito, navegou para Óstia, e a partir de então colocou-se a questão dos ressarcimentos: foi perguntado se os marinheiros deveriam arcar com o fardo decorrente dos danos. Foi respondido

[445] Em resposta à apelação de certo EUDAEMON de Nicomédia, cujas mercadorias tinham sido saqueadas, quando sofrera naufrágio o navio em que estas eram transportadas, o imperador MARCO AURÉLIO teria declarado: "Sou o soberano do mundo, mas a lei de Rodes é soberana em tudo o que não seja contrário ao nosso direito codificado."

que não deveriam: pois, mais do que o custo de equipar um navio, se tinham empenhado em conservar as mercadorias.[446]

Também em razão da prática de pirataria, ocorriam consideráveis perdas de cargas e – por vezes – vidas. Isso se acentua a partir do século VII, com crescente perigo de ataques no mar por piratas árabes e eslavos. Assim, o direito marítimo serviu como forma de seguro, dividindo o impacto das perdas, entre o proprietário do navio, os proprietários das cargas, e os passageiros.

Dentre os monumentos da jurisprudência bizantina, que chegaram até nós, talvez os mais numerosos sejam os manuscritos contendo o pequeno tratado sobre leis marítimas. Nessa altura, contudo, os costumes ancestrais, as leis de Rodes, e as normas romanas tinham se fundido de modo tão completo que não mais se poderiam distinguir os vários componentes.

Nessa forma da consolidação bizantina, as leis marítimas foram copiadas e transmitidas ao longo dos séculos. A influência da lei marítima de Rodes sobre a prática ainda persistia no século XII. Ainda se mantinha, mas decresce, nos seguintes séculos XIII e XIV, com a redução progressiva do comércio marítimo bizantino. Enquanto formulação de direito positivado se torna obsoleta com o desaparecimento de Bizâncio, em 1453.

Mas esse percurso, que começa no Oriente médio, depois passa para o sul da Itália. E a partir da Itália repercute em várias das sucessivas 'consolidações' normativas marítimas.

A lei marítima de Rodes se desenvolveu como conjunto uniforme, supranacional e abrangente. A partir do desenvolvimento do comércio marítimo por cidades italianas, a consolidação bizantina passa a assumir cor local, com as leis marítimas próprias, de cidades como Trani, Amalfi, Veneza e outras cidades portuárias italianas ou controladas por italianos.

As formas nas quais se exprime podem ser algo distintas, bem como ocorrem em vários idiomas, mas continua a representar o direito vivo, tanto

[446] Ver D. 14,2,6 – cfr. **Corpus iuris civilis**, vol. primum, **Digesta** (recognovit Theodorus MOMMSEN, retractavit Paulus KRUEGER, Dublin / Zurich: Weidmann, 22ª ed., 1973): "IULIANUS *Libro octogesimo sexto digestorum*. Navis adversa tempestate depressa ictu fulminis deustis armamentis et arbore et antemna Hipponem delata est ibique tumultuariis armamentis ad praesens comparatis Ostia navigavit et onus integrum pertulit: quaesitum est, an hi, quorum onus fuit, nautae pro damno confere debeant. Respondit non debere: hic enim sumptus instruendae magis navis, quam conservandarum mercium gratia factus est."

para comunidades levantinas como ocidentais, nos séculos X ao XV. Os dispositivos das leis marítimas de Rodes foram de especial importância na condução das aventuras náuticas e comerciais dos europeus durante toda a Idade média.

Encontram-se dispositivos provenientes de Rodes no que é comumente considerado como o mais completo estatuto náutico da era medieval, o *Constitutum Usus* da cidade de Pisa, de 1160.[447] O mesmo se dá com os *Rôles d'Oléron*, da Gasconha, os Estatutos de Ragusa, bem como as práticas de Veneza, de Gênova e de Amalfi.

O seguinte conjunto de normas marítimas, que encontra ampla aceitação foi o *Consolat de Mar* – ou Consulado do mar – originalmente compilado em Barcelona, no século XIII. Mais elaborado do que conjuntos normativos anteriores, o *Consolat* foi extensamente utilizado nas regiões do que hoje é Espanha, sul da França e Itália, com significativo impacto sobre o desenvolvimento do direito marítimo moderno.

Além do Mediterràneo, o primeiro conjunto de normas marítimas, foram os *Rolos de Oléron*, denominados em relação à ilha do mesmo nome, aparentemente datados do século XII. Deixando de lado a controvérsia, no tocante a saber se estes tem origem francesa ou anglo-normanda, tornaram-se o núcleo do direito marítimo, não somente na Inglaterra e na França, como também na Escócia, Flandres e Castilha.

A partir dos *Rolos* gascões se formaram as bases das leis de Wisby, na região de Gotland, com observância das suas normas nas ordenações da Liga Hanseática. Mesmo se cada uma destas consolidações se reporta a "costume" ou mesmo quando especificam se tratar de "costumes locais", todas eram regidas por leis praticamente idênticas, quando se tratava de leis marítimas.

> No âmbito desses princípios de ordem internacional, longamente testados a liderança marítima passou nos tempos modernos primeiro aos holandeses e em seguida, aos ingleses. Ao assumirem a posição internacional, da qual Rodes tinha criado o precedente, essas nações modernas também se torna-

[447] Esclarece A. BOZEMAN (op. cit., 1960, ed. 2010, nota 62, p. 113) que os pisanos nomeavam anualmente funcionários especiais, com a atribuição de julgar questões alfandegárias, e em decorrência de ocorrerem grandes variações nesses julgamentos, foram nomeados outros funcionários, os *constitutores*, com a atribuição de escrever todos esses textos em compilação ordenada.

ram as depositárias do grande legado de direito internacional que Rodes tinha estabelecido em primeiro lugar.[448]

A ilha de Rodes seria o ponto de partida do conjunto normativo da lei e da prática marítimas, em processo de consolidação e de adaptação normativa, que se estende desde o século IV a. C. até os nossos tempos. Com vários ajustes e desdobramentos, em diferentes momentos históricos e contextos culturais distintos, permaneceu homogêneo o núcleo dessa regulação.

A questão do "direito comum" costumeiro ou consuetudinário pode ser bastante discutida. Isso se verifica tanto na formulação original em latim – *jus commune* – como também na tradução para as línguas vernáculas – em francês, *droit qui est commun à tous au royaume de France.* Duas situações podem ser destacadas:

- inicialmente se assimilou o "direito comum" ao direito romano, com base em textos reais declarados como aplicáveis, nos países de direito codificado. Mas se tratava em realidade do costume geral – *la coutume générale* – desses países, dado que o direito romano nestes somente se aplicava com o título de costume;
- o direito comum também foi confundido com as ordenações reais, mas sem razão para tanto, visto que as *ordonnances royales* pouco dizem respeito à Idade média e em relação ao direito privado, e mesmo quando mencionadas, somente eram observadas com a condição de serem efetivamente aceitas como costume pelas populações.[449]

Exprimem vínculos de direito internacional e refletem o sentido de comunidade internacional medieval as ligas entre cidades livres, ao longo

[448] A autoridade das leis de Rodes teria sido oficialmente declarada em 1883, na decisão do caso *Burton v. English*, quando o juiz inglês determinou: "This [case] does not arise from any contract at all, but from the old Rhodian law which has become incorporated in the law of England as the law of the ocean. It is not a matter of contract, but a consequence of the common danger, where natural justice required that all should contribute to indemnify for the loss of property which is sacrificed by one in order that the whole adventure may be saved." A. BOZEMAN (op. cit., 1960, ed. 2010, p. 113).

[449] André CASTALDO, **Introduction historique au droit** (Paris: Dalloz, 3e éd., 2006, § 428 '*La question du droit commun coutumier*', p. 146-147). Ver tb. Jean-Marie CARBASSE, **Manuel d'introduction historique au droit** (Paris: PUF, 3e éd. refondue, 2002).

de vários séculos, em relação a diferentes regiões, no contexto medieval. A partir do final do século XII, sobretudo, mostram as cidades ricas conexões e interações, que se cruzam nessa rede de relações de direito internacional medieval.

Como sujeitos independentes de direito internacional, com direito de celebrar tratados com outras cidades e dirigentes, bem como pela condução da guerra e pela celebração da paz, as cidades independentes, com seus próprios comandos, seus exércitos e suas frotas, são fenômenos do direito internacional medieval. Que de certo modo remetem à experiência antiga das cidades-estado gregas.[450] Com as especificidades do contexto medieval, na Itália.[451]

Também a Liga flamenga de Bruges (1252), a Aliança das cidades renanas (1254), e a Aliança das cidades da Suábia (1376), podem ser lembradas neste contexto. Mas, sobretudo, foi a Liga hanseática (1358), ou *Deutsche Hanse*, que, em defesa do bom funcionamento das atividades comerciais, não somente livra o mar Báltico dos piratas que o infestavam, como também conduz e vence a guerra contra WALDEMAR, rei da Dinamarca, e o obriga a celebrar o tratado de paz de Stralsund (1370).

No exercício das suas atividades, as decisões dos colegiados da Liga hanseática consolidaram inúmeras regras para o comércio e a navegação, que também tiveram relevância para o direito internacional do mar. As grandes cidades comerciais marítimas da Idade média tiveram ainda contribuição decisiva para o desenvolvimento de conjunto de institutos e de práticas, que se tornaram faceta importante do direito internacional vigente, consistentes na prática dos consulados. Como tal se desenvolvem e se consolidam, de fontes diversas, a partir do início do século XIII, com o papel de representantes e órgãos gestores das comunidades de mercadores – *ordines maris* – cônsules aos quais compete a proteção do comércio e dos comerciantes estrangeiros, homens que tem experiência sobretudo no comércio e na navegação, e que por vezes desempenham função de magistrados de suas respectivas comunidades, como se deu, por exemplo, em Ancona, Gênova,

[450] A respeito, no **Tratado** (tomo 3 B – **Gregos, romanos, chineses, indianos** esp. cap. 5 – cidades-estado gregas e mundo helenístico).

[451] Veja-se, por exemplo, Indro MONTANELLI e Roberto GERVASO, **L'Italia dei Comuni** – Il Medioevo das 1000 al 1250 (Milão: Biblioteca Univ. Rizzoli, ed. aggiornata, 2010), para situar o contexto das cidades italianas.

Messina, Pisa, Montpellier, Perpignan, Valencia, Barcelona e Mallorca, nas quais permaneceu registro desses *consules maris*.

Logo depois, aparecem e se consolidam as prerrogativas dos cônsules de além mar – *consuls d'outre mer* – em decorrência do comércio com o Norte da África e o Oriente médio. Muitas vezes se fala nas capitulações, bem como em acordos de extraterritorialidade de jurisdição consular em favor das comunidades de mercadores cristãos, sobretudo venezianos e genoveses, no Oriente médio.[452] Mas deve também ser lembrada a situação inversa: Acordo de 1230 entre o rei da Sicília e príncipes sarracenos estabelecia o poder do cônsul muçulmano na Córsega de dizer o direito em questões entre os seus súditos, que, ademais, poderiam gozar de liberdade de exercício de sua confissão religiosa.

A partir de meados do século XII, aparecem e se difundem os cônsules entre as cidades mercantis do norte da Europa – *consules mercatorum* ou *consules negotiatorum* – mesmo naquelas distantes do mar, com as atribuições de proteção dos operadores do comércio. Em Bruges, a partir de 1251, havia cerca de duas dezenas desses cônsules, responsáveis pela proteção dos interesses das respectivas comunidades de mercadores.

A perda da uniformidade do direito marítimo na Europa coincide com o final do Renascimento e a consolidação dos estados 'nacionais' modernos – com acentuação de nacionalismos. Nessa linha de normas 'nacionais' ou nacionalizadas, no século XVII, ocorre a adoção do *Código marítimo* de CHRISTIAN XI da Suécia, em 1667, a *Ordonnance de la Marine* de LUÍS XIV da França, em 1681, e o Código de CHRISTIAN V da Dinamarca, em 1683.

A mais significativa destas, a *Ordonnance de la Marine* francesa, fazia parte de projeto abrangente do ministro das finanças de LUÍS XIV, Jean-Baptiste COLBERT, de codificar todo o conjunto do direito francês. O que não foi então alcançado. Mas, ao menos em matéria de costumes de direito marítimo, revisados para se ajustarem aos tempos, se tornam parte do direito nacional, aplicáveis pela Corte do Almirantado francesa, com jurisdição exclusiva sobre questões marítimas, em detrimento das antigas jurisdições consulares, com juízes eleitos pelos próprios operadores marítimos.

[452] Ver ACCIOLY – NASCIMENTO E SILVA – CASELLA, **Manual de direito internacional público** (São Paulo: Saraiva, 26ª ed., 2023, esp. item 3.8.4 – capitulações); ver tb. GREWE (op. cit., 1984, p. 82).

As características específicas do direito marítimo, distinto de outros ramos do direito, foi acentuada pela *Ordonnance de la Marine*, que reuniu em um único código todas as normas – direito público e privado, normas penais e processuais – relacionadas com as atividades marítimas. Embora a antiga Corte do Almirantado não tenha sobrevivido à revolução, as disposições de direito material, contidas na *Ordonnance*, persistiram e se refletem com estreita relação no *Code de commerce*, adotado em 1807, como parte do grande esforço de codificação, do período de NAPOLEÃO, na esteira do *Code civil*, de 1804.

Nessa configuração, as leis marítimas passavam a ser consideradas como parte do direito comercial. Com a consequente diminuição do papel, antes reconhecido, ao costume e práticas do comércio. Além disso, em razão da extinção da Corte do Almirantado, o julgamento de questões de direito marítimo passava a ser feito pelos Tribunais de comércio, nos quais, especialmente em portos menores, os interesses dos operadores marítimos poderiam não estar representados. Nos países, cujos códigos são baseados, direta ou indiretamente, no *Code de commerce* francês, questões não penais, bem como questões comerciais não marítimas, são levadas à apreciação e decididas pelos Tribunais do comércio.

Além da difusão alcançada pelo *Code de commerce* francês, na primeira metade do século XIX, o *Código comercial* alemão, de 1861, revisado em 1897, se alinha por outras normas. E as revisões dos Códigos de comércio da Espanha e da Itália, bem como de países influenciados pela legislação espanhola e italiana, também mostram a influência da legislação alemã.

Na Inglaterra, as cortes *Pied Poudre* tinham basicamente jurisdição sobre controvérsias oriundas das feiras e dos mercados ingleses, e também jurisdição especial em casos de marinheiros, porém é provável que os primeiros tribunais ingleses a aplicar direito marítimo tenham sido as cortes de *Cinque Ports*.[453] A Corte do Almirantado, sediada em Londres, bem como as Cortes de vice-almirantado, em outros portos, foram desenvolvimentos subsequentes. Inicialmente tinham somente atribuições administrativas

[453] Os Cinco Portos – *Cinque Ports* – foram confederação medieval dos cinco portos do Canal da Mancha, formada para fornecer embarcações e tripulação para o serviço real. Aos cinco integrantes originais – Sandwich, Dover, Hythe, New Romney e Hastings – somaram-se as 'antigas cidades' de Winchelsea e Rye. Mais de trinta outras cidades de Kent e Sussex também se vincularam. Até o século XIV, os *Cinque ports* formaram o núcleo da frota real. Cfr. *Cinque Ports*, historical towns, England, United Kingdom. Written and fact-checked by The Editors of Encyclopaedia Britannica. Last updated: Article History – disponível on line.

e militares, mas passaram a ter igualmente competência para julgar casos disciplinares e questões como pirataria. No final do século XVI, as Cortes do Almirantado tinham jurisdição sobre ampla gama de questões, muito além do transporte marítimo, em várias matérias de direito comercial.

Por estes elementos se pode avaliar a extensão na qual a herança de Rodes mostra a ocorrência de 'direito comum' – *jus commune* – ao longo de séculos, passando por distintas culturas jurídicas. Adapta-se aos tempos históricos e aos contextos culturais, mas conserva a base que a caracteriza – desde os tempos helenísticos até o mundo contemporâneo.

Dentre as concepções que mais se transformam, se adaptam e se renovam ao longo dos séculos cabe apontar algumas das mutações do conceito jurídico de império.[454] Embora seja recorrente em vários contextos da Antiguidade, dos babilônios, aos assírios, destes aos persas e aos macedônios, foi sobretudo e sobremodo o Império romano que imprime seu legado conceitual e quadro jurídico sobre o conjunto do Ocidente.[455] Com forte influência, permeia todo o período medieval, e se estende além deste, em certas facetas até o século XVIII, ou mesmo se prolonga até o século XIX.

Dada a sua grande relevância para a configuração do eixo central do sistema de ordenação medieval, a seguir se pode passar a considerar os desdobramentos medievais do conceito jurídico de império: II – da Idade média à era moderna (12.2).

12.2. Conceito jurídico de império: II – da Idade média à era moderna

> Qualquer exame aprofundado do direito exige a perspectiva histórica. Tanto mais no caso do direito internacional público, porque nenhum outro campo do direito vigente é tão estreitamente ligado à história.
>
> Karl-Heinz ZIEGLER (2007)[456]

[454] Considerado na perspectiva do direito e das relações internacionais, cf. **Tratado** (tomo 3 A – **Direito internacional no tempo antigo**, item 3.2 – conceito jurídico de império: I – da Antiguidade rumo à Idade média, tb. a sequência da matéria, no seguinte item 12.2. conceito jurídico de império: II – da Idade média à era moderna).

[455] Ver a respeito **Tratado** (tomo 3 B – **Gregos, romanos, chineses, indianos**, cap. 6 – na formação e no desenvolvimento de Roma).

[456] Karl-Heinz ZIEGLER, **Völkerrechtsgeschichte** (orig. publ. 1994, Munique: C. H. Beck, 2ª ed., 2007, Einleitung, p. 1-9, cit. p. 1): "Jede vertiefte Betrachtung des Rechts bedarf der

Modelo tipicamente romano, tanto pela forma como pelo conteúdo, o Império representou uma solução permanente para todos aqueles regimes e instituições que, chegando a um determinado momento crítico de sua evolução, procuravam descobrir e definir uma forma superior de poder legal e internamente centralizador, a fim de superar suas dificuldades.

P. COLLIVA (1983, ed. 1986)[457]

Três vezes Roma ditou o direito ao mundo, três vezes ligou os povos em unidade; a primeira, quando o povo romano ainda estava na plenitude de suas forças, pela unidade do estado; a segunda, quando este, depois da decadência, pela unidade da igreja; a terceira, na sequência da recepção do direito romano na Idade média, pela unidade do direito; a primeira vez isso se fez com a constrição externa, pela força das armas; nas outras duas vezes, pelo poder do espírito.

R. von IHERING (1891)[458]

Qual o segredo do destino histórico de Roma? É que Deus deseja a unidade do gênero humano, pois a religião do Cristo exige fundação social de paz e de entendimento internacional. [...] Esse o sentido de todas as vitórias e triunfos do Império romano: a paz romana preparou o caminho para a vinda do Cristo. Pois que lugar existe para Deus ou para a aceitação da verdade, em mundo selvagem no qual as mentes dos homens estejam em luta e no qual não exista base legal comum?

PRUDENCIO (séc. IV-V d.C.)[459]

historischen Perspektive. Das gilt in besonderen Masse für das Völkerrecht; denn wie kein anderes Gebiet des geltenden Rechts ist es mit der Geschichte verbunden."

[457] P. COLLIVA, *Império* (in Norberto BOBBIO, Nicola MATTEUCCI e Gianfranco PASQUINO (org.), **Dicionário de política**, orig. publ. **Dizionario di politica**, 1983, trad. J. FERREIRA e outros, Brasília: Ed. UnB, 1986, Império, p. 621-626, cit. p. 621-622).

[458] R. von IHERING, **Geist des römischen Rechts auf den verschiedenen Stufen seiner Entwicklung** (5a. ed., Leipzig: Breitkopf und Härtel, 1891, parte I, p. 1): "Drei Mal hat Rom der Welt Gesetze diktiert, drei Mal die Völker zur Einheit verbunden; das erste Mal, als das römische Volk noch in der Fülle seiner Kraft stand, zur Einheit des Staates; das zweite Mal, nachdem dasselbe bereits untergegangen, zur Einheit der Kirche; das dritte Mal in Folge der Rezeption des römischen Rechts im Mittelalter, zur Einheit des Rechts; das erste Mal mit äusseren Zwange durch die Macht der Waffe, die beiden anderen Male durch die Macht des Geistes."

[459] PRUDENCIO, ou Aurelius PRUDENTIUS Clemens formula a resposta a Symmachos, com ataque aos deuses pagãos, **Contra orationem Symmachi** (with an English translation by H.

Vasto e complexo tema, sobre o qual tantas reflexões já foram desenvolvidas.[460] Que em considerável medida vão além do escopo do presente trabalho.[461]

Roma marca o conjunto do Ocidente, em várias formas e nos mais diversos momentos. Como ilustra IHERING, na segunda metade do século XIX, pensando nos frutos jurídicos; enquanto PRUDÊNCIO, no início do século V,[462] admira os feitos dos romanos, mas tenta inscrever a trajetória do Império romano como expressão do desígnio de Deus para o conjunto da humanidade.[463] Forçando a mão e as conclusões, em relação à análise muito mais sutil, desenvolvida por AGOSTINHO.[464] Já em COLLIVA se põe formulação que enfatiza a possível operacionalidade do império, como

J. THOMSON, Cambridge, Ma.: Harvard U.P., vol. II – LCL 398, 1st publ. 1953, reprinted 2005, liber II, 578-592): "*sed video quae te moveant exempla vetustae virtutis: dicis domitum terraque marique orbem, res laetas et prospera quaeque retexis, mille triumphorum memoras ex ordine pompas ductaque per mediam spoliorum fercula Romam. vis dicam quae causa tuos, Romane, labores in tantum extulerit, quis gloria fotibus aucta sic cluat impositis ut mundum frenet habenis? discordes linguis populos et dissona cultu regna volens sociare Deus subiungier uni imperio, quidquid tractabile moribus esset, concordique iugo retinacula molia ferre constituit, quo corda hominum coniuncta teneret religionis amor; nec enim fit copula Christo digna, nisi implicitas societ mens unica gentes.*"

460 Dentre as quais, as considerações no **Tratado** (tomo 3 A – **Direito internacional no tempo antigo**, item 3.2 – conceito jurídico de império: I – da Antiguidade à Idade média).

461 O tema permite extensas e instigantes análises históricas. Veja-se, por exemplo, Guglielmo FERRERO, **Grandeur et décadence de Rome** em seis volumes (trad. de l'italien par Urbain MENGIN): **I – La conquête** (Paris: Plon, 13ª ed., 1908); **II – Jules César**, Paris: Plon, 12e ed., 1907); **III – La fin d'une aristocratie** (Paris: Plon, 11ª ed., 1907); **IV – Antoine et Cléopatre** (Paris: Plon, 11ª ed., 1908); **V – La Republique d'Auguste** (Paris: Plon, 8ª ed., 1907); **VI – Auguste et le grand empire** (Paris: Plon, 4ª ed., 1908).

462 PRUDENCIO [Aurelius Prudentius Clemens], **Líber cathemerinon** (poemas, com prefácio autobiográfico), **Apotheosis** (estudo sobre a divindade do Cristo e a Trindade), **Hamartigenia** (estudo sobre a origem do pecado), **Psychomachia** (ou a luta pela alma do homem, entre as virtudes (cristãs) e os vícios (pagãos)), **Contra orationem Symmachi** (a resposta a Symmachos, com ataque aos deuses pagãos), **Peristephanon Liber** (hinos a quatorze mártires, sobretudo da Espanha), **Tittuli Historiarum** ou **Dittochaeon** e **Epilogo** (edição bilingue PRUDENTIUS, with an English translation by H. J. THOMSON, Cambridge, Ma.: Harvard U.P., vol. I: LCL 387, 1st publ., 1949, reprinted, 2006 e vol. II: LCL 398, 1st publ. 1953, reprinted 2005).

463 PRUDENCIO, **Contra orationem Symmachi** (a resposta a Symmachos, com ataque aos deuses pagãos), vol. I: LCL 387, 1st publ., 1949, reprinted, 2006, liber I, 287-290): "*felices, si cuncta Deo sua prospera Christo principe disposita scissent, qui currere regna certis ducta modis Romanorumque triumphos crescere et impletis voluit se infundere saeclis!*"

464 Cf. se examina no **Tratado** (tomo 4 – **Direito internacional no tempo medieval**, item 8.1).

"solução permanente" para todos aqueles "regimes e instituições que, chegando a um determinado momento crítico de sua evolução, procuravam descobrir e definir uma forma superior de poder legal e internamente centralizador, a fim de superar suas dificuldades".[465]

O império como solução, que se almeja, mas nem sempre se alcança.[466] Como mostra, no início da era moderna, o imenso – e pouco operacional – império de CARLOS V (1500-1558), estendendo-se da Alemanha ao continente americano, passando pela Áustria, Espanha, parte da Hungria e metade da Itália, desafiava a imaginação, por suas dimensões e como potência mundial. O dedicado soberano se empenhou em conferir coesão e unidade a esse agregado inverossímil, fruto de três heranças, conjugado com política audaciosa de conquistas, tecendo extraordinária rede de alianças através da Europa – em meio à reforma protestante, em várias ondas a partir do luteranismo, conjugada com a eclosão de revoltas 'nacionalistas', que levam ao fracasso de seu sonho de federar a cristandade ocidental – até então católica, doravante fracionada em múltiplas denominações confessionais e igrejas mais ou menos nacionais, controladas pelos poderes temporais locais. Todo esse gigantesco quebra-cabeças e confrontação de forças antagônicas o levam a abdicar, em favor de seu irmão, depois de reinar por quatro décadas, vendo essa frágil construção se desfazer, como um castelo de cartas.

A malograda atuação de CARLOS V para dar alguma unidade ao império deu lugar à constatação de que "o império compósito, naquele estado, tinha se tornado indefensável".[467] E não foram mais eficazes as tentativas subsequentes...[468]

[465] P. COLLIVA, *Império* (in **Dicionário de política**, ed. 1986, Império, p. 621-626, cit. p. 621-622).

[466] Cf. **Tratado** (tomo 3 A – **Direito internacional no tempo antigo**, item 3.2 – conceito jurídico de império: I – da Antiguidade rumo à Idade média e tomo 4 – **Direito internacional no tempo medieval**, cap. 8 – a longa transição do mundo antigo ao medieval); P. B. CASELLA, *Empires, hegemony and cooperation* (in **Pravovie aspekti BRICS – Aspetti giuridici del BRICS – Legal aspects of BRICS**, ed. By P. CATALANO and T. ALEXEEVA, Saint Petersburg: National Research Univ., 2011, p. 27-48, cit. p. 48): "the notion of Empire can have different meanings and can be framed in many different ways. As evidenced by its metamorphosis along the centuries and under different civilization contexts".

[467] Jean-Michel SALLMANN, **Charles Quint – l'empire éphémère** (orig. publ. 2000, Paris: Payot – Rivages, 2004, cit. p. 372 e 395): "L'empire de CHARLES QUINT resta, quant à lui, un état hybride. Il naquit autour de deux pôles, le duché de Bourgogne ou ce qu'il en restait,

Aqui se trata e nos interessa considerar o 'conceito jurídico de império', por seus desdobramentos não somente sobre o conjunto da civilização ocidental, sob impacto direto de Roma e de seus modelos, político e jurídico. Como também se projeta a influência de Roma, e do Império romano do Oriente, em toda a era medieval, sobre parte do Ocidente mas, sobretudo, em relação ao conjunto do 'mundo bizantino' – a segunda Roma – e a partir deste, sobre todo o mundo eslavo – e a concepção de Moscou, como a terceira Roma.

A ideia do *imperium romanorum* estendeu-se muito adiante de seus efeitos. Pode-se ver, com altos e baixos, a continuidade deste anseio, até a extinção declarada do Império, por NAPOLEÃO I, em 1806. Outros entendem que o prolongamento do modelo pode ser caracterizado até 1918, ao enterrar-se o modelo de Vestfália,[469] com a queda das dinastias dos ROMANOV, em 1917, HABSBURGO, que marca o fim do Império Austro-húngaro, HOHENZOLERN, que marca o fim do Império alemão, e o fim do Império otomano.[470] Após o término da primeira guerra mundial, teria sido definitivamente enterrado o modelo vestfaliano, para dar lugar às tentativas

centré désormais autour des Pays-Bas et un pôle ibérique lui-même très hétérogène, partagé entre une Castille, que la monarchie avait déjà fait évoluer vers un état territorial, et un Aragon, encore largement pactiste. À ces deux pôles originels vint s'adjoindre un troisième, le Saint Empire romain germanique, un vieil état féodal constitué par un enchevêtrement de droits, dans lequel l'empereur disposait d'une prééminence plus symbolique que réelle. Le tout donnait l'image d'une confédération lâche de territoires dont l'origine était très diversifiée et les intérêts contradictoires."

[468] Ver Ronaldo Rebello de Britto POLETTI, **O conceito jurídico de império** (Brasília: Consulex, 2009); Pierangelo CATALANO, **Linee del sistema sovrannazionale romano** (Torino: G. Giappichelli, 1965); Adda BOZEMAN (op. cit., 1960, ed. 2010, chapter 5 – *The place of Rome in international relations*, p. 162-212); Philip ALLOTT, **The Health of Nations** – Society and Law beyond the State (Cambridge: Univ. Press, 2002, esp. cap. 8 – *The concept of European Union*, p. 229-262).

[469] Ver **Tratado** (tomo 8 – **Direito internacional além do paradigma vestfaliano**, título 2 – da construção de sistemas coesos: de Vestfália (1648) até a guerra dos sete anos (1756-1763)).

[470] Ver **Tratado** (tomo 17 – **Direito internacional no tempo do colonialismo**, cap. 12 – a colonização otomana); Alphonse de LAMARTINE (1790-1869), **Histoire de la Turquie** (Paris: Adolphe Delahays, em 8 vols., publicação iniciada em 1854; t. III: 1859; t. IV-VIII: 1861) da qual se republicou o tomo primeiro, **La vie de Mahomet** (introduction et annotations d'Ali KURHAN, Paris: Institut des Arts et Lettres Arabes-L'Harmattan, 2006); Robert MANTRAN, **Histoire de la Turquie** (orig. publ. 1952, Paris: PUF – Que sais-je? 539, 7e éd., 1993); Yves TERNON, **Empire ottoman**: le déclin, la chute, l'effacement (orig. publ. 2002, Paris: Michel de Maule, 2005, impr. 2007).

de instauração, nos anos vinte do século passado, de novo paradigma de ordenação internacional.

Com altos e baixos, ao longo do tempo, podemos acompanhar as oscilações. Mas, curiosa e tenazmente, a concepção de império se mantém, se renova, se modifica e ressurge.

Depois do efêmero reflorescimento carolíngio do império ocidental, no século IX, este mais uma vez se fraciona. Na segunda metade do século XII, a autoridade monárquica achava-se completamente diminuída no império romano-germânico.[471] Mas a ideia do *imperium romanorum* permanece.

> Na segunda metade do século XII, o renascimento do direito romano, os contatos mais estreitos com Bizâncio, a própria personalidade de FREDERICO BARBAROSSA fortaleceram singularmente a ideia imperial. Confundida agora com a realeza alemã, embora a sagração pelo Papa tendesse a tornar-se uma simples formalidade ritual e os príncipes da Germânia julgassem eleger verdadeiramente o Imperador, ligado mais solidamente à tradição carolíngia, como manifestara com brilho, em 1165, a canonização de CARLOS MAGNO, centrado em Aquisgrana e as regiões renanas, o Império apresentava-se, entretanto, como o prolongamento direto do *imperium romanorum*, cuja majestade única e caráter sagrado os juristas de Bolonha exaltavam.[472]

No século XIII, o império romano-germânico novamente é fórmula de 'longa duração', no sentido estrito do termo,[473] e passa por múltiplos avatares.[474] Desliza, progressivamente, para o sul, tenta manter seu impacto

[471] Peter H. WILSON, **The Holy Roman Empire** – a thousand years of Europe's history (orig. publ. 2016, London: Penguin, 2017); Francis RAPP, **Le saint empire romain germanique**: d'Otton le Grand à Charles Quint (Paris: Tallandier, 2000, impr. 2003); Edouard PERROY, Jeannine AUBOYER, Claude CAHEN, Georges DUBY e Michel MOLLAT, **A idade média** (trad. J. GUINZBURG e Vítor RAMOS, São Paulo: Difel, 4ª ed., 1974, História Geral das Civilizações, vols. 6, 7 e 8).

[472] E. PERROY, J. AUBOYER, C. CAHEN, G. DUBY e M. MOLLAT, **A idade média** (ed. 1974, História Geral das Civilizações, vol. 7, cit. p. 148).

[473] Utiliza-se o termo no sentido da *longue durée*, formulada por F. BRAUDEL, *Histoire et sciences sociales. La longue durée* (orig. publ. 1958, republicado in **Écrits sur l'histoire**, Paris: Flammarion – Champs, © 1969, reimpr. 1989, p. 15-38).

[474] Além dos já referidos estudos Peter WILSON, **The Holy Roman Empire** (London: Penguin, 2017), Francis RAPP, **Le Saint Empire romain germanique**: d'Otton le grand à Charles Quint (Paris: Tallandier, 2000, impr. 2003), v. tb. Fred E. SCHRADER, **L'Allemagne**

sobre a realidade: para conter as rebeliões constantes na Itália, coberta de cidades, foi mudado o foco dos campos germânicos e dos projetos de expansão para o leste, que se realiza, sem presença imperial, a cargo dos princípes reinantes nas regiões de fronteira do império.[475]

Império envolvido na instigante contraposição entre grandes desígnios e interesses paroquiais, por vezes, os mais restritos ou francamente mesquinhos. A diversidade cultural, a competição cultural e o intercâmbio cultural foram fatores intensamente enriquecedores da consciência europeia, mas levam ao ocaso dos planos de conjunto.

Se as cidades eram o terreno prático de ensaio de novas formas políticas,[476] por sua vez, as universidades europeias contavam professores e estudantes de toda a Europa. Em latim, mantinha-se o fluxo de livre 'circulação de pessoas', que não era somente turismo em grande escala, mas o movimento livre de mentes livres – *'grand tourism', a 'free movement' of lively minds.*[477]

Estende-se durante décadas a confrontação entre império e papado, em torno da controvérsia das investiduras. Esta, que culmina com o ato de contrição de Canossa, em 1077, na verdade se estende de 1060 até 1130. Foi somente a celebração da **Concordata de Worms** que permitiu "superar a controvérsia das investiduras (*Investiturstreit*) por meio de compromisso negociado".[478]

A **Concordata de Worms**, de 23 de setembro de 1122, estabeleceu o acordo sobre as seguintes bases: o imperador renunciou a toda a investidura pelo báculo e anel, reservada ao papa ou ao bispo sagrante, e prometeu

avant l'État-nation: le 'corps germanique' (1648-1806) (Paris: PUF, 1998); e tb. o já citado estudo de Jean-Michel SALLMANN, **Charles Quint** – L'empire éphémère (orig. publ. 2000, Paris: Payot, nova ed., 2004).

475 Cfr. **Tratado** (tomo 4 – **Direito internacional no tempo medieval**, cap. 11, esp. itens 11.1 – cristianizar a guerra? e 11.2 – guerra justa e guerra santa: entre *jihad* e as cruzadas).

476 Como se examina, a seguir, no cap. 13 – estado como sujeito de direito internacional – a contribuição de MAQUIAVEL e BODIN.

477 Philip ALLOTT, **The Health of Nations** – Society and Law beyond the State (Cambridge: Univ. Press, 2002, esp. cap. 8 – *The concept of European Union*, p. 229-262, cit. p. 232): "Such cultural transnationalism affected the thinking of those whose thinking had important effects on European consciousness in general, and hence on the course of European history."

478 Wilhelm GREWE, **Epochen der Völkerrechtsgeschichte** (Baden-Baden: Nomos, 1984, primeira parte – *Ius gentium*: Grundzüge der mittelalterlichen Völkerrechtsordnung, p. 55-162, cit. p. 63-64): "Das Grundprinzip der mittelalterlichen Ordnung, das Nebeneinander von Imperium und Sacerdotium, blieb erhalten. Der Ausbau des Kirchenrechtes, gipfelnd im **Decretum Gratiani** (1150), hielt sich im Rahmen dieser Ordnung."

respeitar a liberdade das eleições canônicas. Por sua vez, o papa reconheceu ao imperador HENRIQUE o direito de assistir à eleição dos bispos e dos abades, mas "sem recorrer à violência nem à simonia": "o eleito receberá dele as regalias e cumprirá fielmente os seus deveres de vassalo".[479]

> O primado *espiritual*, reivindicado por GREGÓRIO VII tendia a converter-se em primado *total*, tanto no império como na igreja, num poder que o papa não partilharia com ninguém.
> Desta maneira, a distinção entre os dois poderes, cada um com o seu campo de ação próprio, esvaía-se perante uma afirmação de dignidade e de valor – '*o poder real recebe o seu esplendor da autoridade pontifícia, como a lua reflete o esplendor do sol*'. Era uma confusão de planos extremamente grave. Para realizar essa doutrina até o fim, seria necessário realizar um governo gigantesco, ao mesmo tempo espiritual e temporal, do qual o papa seria o senhor e os príncipes executariam as suas decisões. Este era o resultado de um agostinismo político mal compreendido, a 'utopia teocrática', que tendia muito simplesmente a absorver na igreja toda a sociedade civil. Se essa utopia pudesse existir, a Cidade de Deus seria confundida com a Cidade dos homens. Como poderiam os soberanos laicos aceitar semelhantes princípios?[480]

A seguir, no tempo de FREDERICO BARBAROSSA (1152-1190) foi feita a afirmação da pretensão da primazia e da hegemonia do poder temporal. "Apenas trinta anos depois da Concordata de Worms, a questão do primado, saindo das discussões teóricas, passava para um plano terrivelmente prático".[481] Esse soberano escreveu: *Por disposição divina, me chamo e*

[479] "No ano seguinte, um concílio reunido em Roma confirmava essas sábias decisões". Cfr. Daniel ROPS, **A igreja das catedrais e das cruzadas** (orig. publ. **L'église de la cathédrale et de la croisade**, 1993, trad. Emérico da GAMA, São Paulo: Quadrante, 1993, cap. V – a igreja perante os poderes, item – a questão das investiduras, p. 199-208, cit. p. 208).

[480] Daniel ROPS, **A igreja das catedrais e das cruzadas** (op. cit., 1993, cap. V – a igreja perante os poderes, item – a questão das investiduras, p. 199-208, cit. p. 211 e 212): "É, portanto, sobre este esquema doutrinal que se desenvolverão os graves acontecimentos que, nos séculos XII e XIII, arrastarão a igreja para novos conflitos com os poderes civis. Até o fim, até a terrível crise dos começos do século XIV, os papas manterão essa posição. INOCÊNCIO IV (1243-1254) estabelecerá fórmulas ainda mais categóricas do que as de INOCÊNCIO III e, em 1302, na célebre bula *Unam Sanctam*, BONIFÁCIO VIII reafirmará o direito de a igreja governar com as duas espadas."

[481] Daniel ROPS, **A igreja das catedrais e das cruzadas** (op. cit., 1993, cap. V – a igreja perante os poderes, item – a questão das investiduras, p. 199-208, cit. p. 212).

sou imperador dos romanos. Se não tenho o governo de Roma, tenho apenas a sombra do poder.[482]

Nas quase quatro décadas do reinado de FREDERICO BARBAROSSA, bem como nas obras de homens de seu círculo, como RAINALDO VON DASSEN e o cronista OTTO VON FREYSING, que se dedicaram à teorização sobre o Império, consiste na concepção do Império germânico como a continuação do Império romano, e que as afirmações sobre o poder imperial, contidas no direito romano, poderiam ser utilizadas em relação ao imperador germânico.[483]

A 'romanização' da concepção imperial teve dupla vertente:

- de um lado, significou a secularização da concepção imperial, e que não mais somente enquanto braço secular da igreja se construiria a identidade do Império – ao identificar-se com o *Imperium romanum*, como corpo autárquico, ao mesmo tempo se resgatava a missão civilizatória e a pretensão à dominação em escala mundial – o conceito de *sacrum imperium* passa a ser oponível à *sancta ecclesia*;
- de outro, o "segundo degrau da romanização", consistiu em fazer Roma passar da condição de objeto, para a condição de sujeito – não somente que o rei pode se tornar imperador, mas que o império compreende e pode incluir o reino.

Foi com base nessa construção que se afirma, a partir do século XIII, o 'direito' do imperador germânico de exercer poder sobre territórios italianos, como parte do Império. Os jurisconsultos de Bolonha se empenharam nessa linha de reflexão e de tratamento da matéria.

A concepção do consequente romanismo imperial, esboçada ao tempo de FREDERICO BARBAROSSA, teria ulteriores e relevantes desenvolvimentos com as duas gerações seguintes de imperadores, HENRIQUE VI e com FREDERICO II. Nesse contexto, também se reforçaram as afirmações de pretensão ao poder temporal do papado, com série de grandes papas, politicamente significativos e fortemente engajados nessa luta pela primazia do poder no Ocidente: ALEXANDRE III, INOCENCIO III, GREGÓRIO IX e INOCENCIO IV, assinalam as etapas desse desenvolvimento.

[482] Daniel ROPS, **A igreja das catedrais e das cruzadas** (op. cit., 1993, loc. cit.): "Ir-se-iam reviver as pretensões de CARLOS MAGNO e dos OTÕES? Os papas não o poderiam aceitar."
[483] W. GREWE (op. cit., 1984, loc. cit.).

Na reunião do parlamento imperial, em Besançon, em 1157, confrontaram-se as teses da supremacia imperial e da supremacia papal. O chanceler RAINALD VON DASSEN teve atuação importante, na manobra diplomática, que permitiu fazer prevalecer a tese imperial.

A **paz de Veneza**, em 1177, celebrada entre BARBAROSSA e ALEXANDRE III conseguiu aplacar as facções em confronto. Ao menos por certo tempo. Mas, logo a seguir, INOCENCIO III (papa de 1198 até 1216) fará afirmação das pretensões hegemônicas do papado em escala até então não experimentada. Na prática, afirma a extensão de seu poder sobre o conjunto que se estendia da Sicília à Inglaterra, da Escandinávia até Aragão e Portugal, e se prolongava para a Hungria e a Armênia; enquanto sua **Deliberatio papae** (1200) procurava respaldar conceitual e juridicamente esse quadro – ao papa caberia, segundo ele, conferir a coroa imperial: assim como duas fontes de luz iluminam o mundo, o sol e a lua, assim, a diarquia medieval se ordenaria, com a primazia cabendo ao sol papal, que refletiria a sua luz sobre a lua do poder imperial.

O imperador HENRIQUE VI reclama para si o *dominium mundi*, a direção universal da cristandade, o controle do papado, à moda carolíngia, a autoridade moral e precedência sobre os *provinciarum reges*, os demais reis do Ocidente, considerados satélites do império, e tenta efetivar essa concepção por meio de relações de vassalagem, obtendo a homenagem dos reis de Chipre e da Inglaterra, mas encontra a encarniçada resistência de FILIPE AUGUSTO, de França bem como por parte dos papas.[484]

Enquanto, como referido, HENRIQUE VI, senhor da Sicília, sonhara com a dominação imperial, sobre base mediterrânica, seu filho, FREDERICO II vai mais adiante, e proclama a base laica do poder imperial, ferozmente confrontado pelas forças as mais extraordinárias de seu tempo: o papado medieval, as cidades lombardas, e os príncipes alemães. Seria, assim, precursor do renascimento, preocupado em levar alta cultura, de

[484] Veja-se tb. G. GOYAU, **L'église catholique et le droit des gens** (RCADI, 1925, t. 6, p. 123-240, esp. cap. III – Le rôle international de la papauté dans la vie de la chrétienté: arbitrages et médiations, cit. p. 162) insiste nos aspectos positivos da ação da Igreja, tais como a luta contra os torneios e outras modalidades equivalentes de derramamento de sangue, entre os nobres medievais, e traz considerável volume de informações. Observa: "c'est la Papauté qui, à travers les désordres du temps, et malgré les siens propres, a été l'interprète, le défenseur, le patron du droit des gens." O que parece bastante questionável, como se tem visto, no conjunto.

herança e de inspiração romana, para os povos germânicos, bem como o formulador do protótipo do 'estado' moderno.[485]

Na formulação de 'política externa', por este adotada, ao alicerçar seu poder, para evitar ferir suscetibilidades, renuncia à ideia das relações de vassalagem e propõe pacto, por meio do qual todos os soberanos do Ocidente formariam espécie de comunidade espiritual, a *respublica universae christianitatis*, liga dirigida simultaneamente à luta contra as heresias e contra as pretensões temporais do papado. Foi feroz a resistência deste, apegado com crescente ardor à sua primazia espiritual, usando também de termos muito terrenos de expressão de submissão.[486]

Incapaz de sustentar oposição, simultaneamente, em várias frentes, o Império desapareceria, como instituição eficaz, muito antes de seu desaparecimento definitivo. Historicamente, a ideia imperial só sobrevive como sonho de unidade e de paz.[487]

A concepção imperial foi, ainda, vivificada por corrente de pensamento messiânico, que se alimenta nas obras do abade italiano JOAQUIM DE FIORE, para quem FREDERICO II seria o "Anticristo". Apesar de seu engajamento favorável ao papado, o próprio DE FIORE não se viu nas graças da hierarquia católica, foi considerado herético, e seus escritos foram condenados.

Extensa literatura medieval sobre o Anticristo circula na época: tal condição ora é atribuída a FREDRICO II, ora ao papa. Conforme o alinhamento 'ideológico' do autor, em questão.

485 Ernst KANTOROWICZ, **L'empereur Frédéric II** (do original **Kaiser Friedrich der Zweite**, © 1927, trad. Albert KOHN, Paris: Gallimard – Quarto, 2000, **Kantorowicz oeuvres**, p. 9-641, cit. p. 16), cita o monge cisterciense renano CESARIUS VON HEISTERBACH, segundo o qual "da mesma forma que o sol eclipsa, em tamanho e em brilho, todos os demais astros do firmamento, o império romano brilha com luz mais majestosa que todos os outros reinos da terra. O império romano foi antes uma monarquia, de modo que, como as estrelas recebem a sua claridade do sol, os reis, para poderem reinar, devem ter o seu poder do imperador."

486 Justamente nessa mesma época de exacerbação do poder político e temporal da Igreja Católica, na Europa, a partir do século XIII, foi curiosamente, quando, igualmente, se inserem o prostrar-se de joelhos, durante a celebração da missa, e se encetam as perseguições contra judeus, heréticos e homossexuais. A respeito v. o estudo de John BOSWELL, **Christianity, social tolerance and homosexuality** (orig. publ. 1980, Chicago: Chicago Univ. Press, 1981), cfr. **Fundamentos** (2008, cap. IV –direito internacional e duração, p. 449-490).

487 Edouard PERROY, Jeannine AUBOYER, Claude CAHEN, Georges DUBY e Michel MOLLAT, **A idade média** (trad. J. GUINZBURG e Vítor RAMOS, São Paulo: Difel, 4ª ed., 1974, História Geral das Civilizações, vols. 6, 7 e 8, cit. vol. 7, p. 149).

Exemplo notório da demonização do oponente, no contexto do "império e da ideia de império, sob os Hohenstaufen", o então famoso e amplamente circulado 'teatro' medieval, intitulado **Ludo de antichristo.**[488]

A respeito cabe alertar para o perigo, latente em cada em de nós.[489] E se este

> não pode nascer da simples convicção teórica, de uma errada teorização sobre o estado, mas decorre de se servir essa teorização, como se chamada para ser levada até os seus frutos, à qual, somada com os sempre tão numerosos não--pensantes (*gli irreflessivi di cui vi è sempre gran copia*), acorrem em multidões, aqueles, por natureza, já dispostos à prepotência, à dureza, à mentira, ao servilismo, sob aquela forma teórica satisfazem a sua ávida *bramosia* e deixam irromper o Anticristo que existe em nós.[490]

A outra frente foi fortalecida pelos tratados doutrinários que FREDERICO II Hohenstaufen manda redigir, em sua luta contra o papa.[491] Nessa linha se inscrevem vários autores do seu tempo e das gerações seguintes.[492]

[488] Marc BLOCH, *L'empire et l'idée d'empire sous les Hohenstaufen* (conferências em Estrasburgo, em 1927-1928, in Marc BLOCH, **Mélanges historiques**, préface de Yann POTIN, Paris: Ed. CNRS, 2011, p. 529-559).

[489] Benedetto CROCE *L'Anticristo che è in noi* (1946, in **Filosofia e Storiografia**, 1948, a cura di Stefano MASCHIETTI, Napoli: Bibliopolis / Edizione Nazionale delle Opere di Benedetto CROCE / Saggi filosofici XII, 2005, p. 292-298, cit. p. 292): "la ripigliarono i cristiani in quella dell'Anticristo; e, secondo le contigenze storiche, fu impersonata in questo o quel re o imperatore (e famosa più di tutte rimane l'identificazione che l'Apocalissi ne fece in NERONE), ma talvolta anche in un'istituzione, come nelle polemiche della riforma protestante, nelle quale l'Anticristo fu ritrovato e additato nel Papa; e tal'altra perfino in un popolo o in uno stato, come si è veduto in molti dei sentimenti e dei pensieri e delle risonanze della recente guerra."

[490] B. CROCE (ensaio cit., 1946, ed. cit., 2005, p. 292): "In verità, l'Anticristo non è un uomo, né un istituto, né una classe, né una razza, né un popolo, né uno stato, ma una tendenza della nostra anima, che, anche quando non si fa sentire in essa operosa, vi sta come in agguato; e non sale dagli abissi a muoversi nel mondo né nasce umanamente di donna, sebene taluni credano di averlo incontrato e individuato: non viene tra noi, ma è in noi."

[491] Prosseguem Edouard PERROY *et al.*, **A idade média** (vol. 7, p. 149-151): "Esse esboroamento rompeu a união que ligava a Itália à Alemanha, cavou profunda depressão política entre as regiões, que estiveram diretamente submetidas ao Imperador, entregando-as, em contraste com os reinos coerentes do ocidente europeu, à fragmentação e às rivalidades." Sobretudo na Itália e Alemanha, a fragmentação do espaço antes imperialmente organizado, em múltiplas unidades políticas e poderes concorrentes, perdurará até a metade do século XIX, e explica

GREGÓRIO IX (papa de 1227 até 1241) considerando-se senhor do mundo, sobre todas as coisas, como sobre todos os homens, declara a excomunhão de FREDERICO II, em 1227. Depois do breve intervalo, do papado de CELESTINO IV, em 1241 – que falece 17 dias depois de sua eleição –, o sucessor, INOCENCIO IV (papa de 1243 até 1254), no Concílio de Lyon, em 1245, declara FREDERICO II destituído da dignidade imperial.

Quando encetada, no século XIII, a afirmação da supremacia, não somente espiritual, como temporal, do papa – simbolizada pelo acréscimo de segunda coroa à tiara pontifical, representando a pretensão da soberania temporal, ao lado da espiritual –, como já referido, era esta anacrônica, estava superada pelos fatos, e não mais poderia ser sustentada.[493] Já se abrira o caminho para a multipolarização cultural da Europa.[494]

Tal como o imperador, o papa não mais poderia pretender impor a sua tutela aos estados, que agora partilhavam entre si a Europa. Estas afirmativas talvez chocassem os elementos, cada vez mais numerosos, que, afetados por todos os escritores que, desde o **De Consideratione** (1145) de SÃO BERNARDO, abade de Clairvaux,[495] colocavam o pontífice em guarda, contra as tentações do poder temporal. Estes, alertados pelos polemistas a serviço de FREDERICO II, julgavam que o papa, aspirando à dominação temporal, traía a sua verdadeira missão.

No período desses papas engajadamente 'políticos' deu-se transformação fundamental da constituição jurídica da igreja. A concepção original da diarquia, com divisão de esferas de competência entre o império e o papado – onde este último desempenharia o papel de senhor do mundo,

a particular virulência do nacionalismo italiano e alemão, que foram causa de consideráveis estragos na história europeia e mundial, no final do século XIX e primeira metade do século XX.

492 Como, no século XIV, os especificamente considerados MARSÍLIO DE PÁDUA e GUILHERME DE OCKHAM, cf. **Tratado** (tomo 4 – **Direito internacional no tempo medieval**, cap. 9).

493 Edouard PERROY *et al.*, **A idade média** (vol. 7, p. 151).

494 V., neste tomo, parte II, título I – multipolarização da Europa na era moderna e advento do direito internacional moderno.

495 São BERNARDO, abade de CLAIRVAUX e doutor da Igreja (1090-1153), nas suas **Considerações ao papa Eugênio III** (1145), denuncia com veemência os abusos cometidos por Roma, ao mesmo tempo em que oferece ao papa a fórmula de mediação. Sobre São BERNARDO, ver Pierre PIERRARD, **Dictionnaire des prénoms et des saints** (Paris: Larousse, 1974, p. 40-41).

no campo espiritual, *orbis dominus ad ordinem spiritualem* – dá lugar à afirmação da supremacia papal, com pretensões hegemônicas tanto no terreno espiritual como temporal.

Ocorre gradação crescente e exacerbação das pretensões de poder:[496] se para ALEXANDRE III e INOCENCIO III tinham ocorrido manifestações incidentais, indo além do quadro originalmente estipulado, de convivência de dois poderes – ainda se mantinha a diarquia característica de séculos da Idade média. Mas, com a codificação e sistematizações do direito canônico, conduzidas ao tempo de GREGÓRIO IX e INOCENCIO IV, se constrói a pretensão de primazia hegemônica mundial da igreja, que permaneceria durante séculos, dentre os fundamentos do direito eclesiástico.

A pedido de GREGÓRIO IX, é terminada, em 1234, por RAIMUNDO DE PENAFORTE, a grande coleção oficial das **Decretais** papais. Essa coletânea, feita por encomenda papal, tinha ademais por escopo se contrapor à legislação emanada do Império, sob a égide de FREDERICO II.

Esta coletânea será a base para o desenvolvimento dos juristas eclesiásticos, ou canonistas. Voltados para a nova e essencialmente hermenêutica ciência do direito da igreja, em primeira linha, destinada a fundamentar as pretensões hegemônicas do papado. No topo desta, a mente jurídica do próprio papa INOCENCIO IV, com seu **Apparatus ad quinque libri decretalium**.[497]

> A teoria política da Idade média se descola da realidade política do seu tempo, quando reverenciava as concepções sobre a continuidade do império romano e da dignidade imperial, que viveria na ideia de universalismo cristão, mas pouco tinha em comum com a realidade das relações de força e de política de poder.[498]

Não há mais dúvida que o império, tal como o sonharam DANTE e MARSÍLIO DE PÁDUA, nunca existiu na Idade média – quer se trate de

[496] W. GREWE (op. cit., 1984, p. 66).

[497] W. GREWE (op. cit., 1984, loc. cit.): "Er [INNOZENZ IV.] hat in seinen **Apparatus ad quinque libri decretalium** die gelegentlichen Äusserungen INNOZENZ III. über die papstliche Oberherrschaft zu einer Rechtssytem und zu einer römischen gedachten Souveränität eines Hauptes der ganzen Welt, nicht mehr nur der Christenheit, ausgebaut."

[498] W. GREWE (op. cit., 1984, p. 69): "Bis tief in der Neuzeit hinein ist dadurch das wahre Bild der Staatenwelt des Mittelalters verdeckt worden".

colocar o papa ou o imperador como cabeça visível de toda essa ordem.[499] O descompasso entre concepções teóricas e a realidade histórica não data de hoje. E isso deve ser levado em conta, para entender as mutações ocorridas no quadro medieval, que rumava para o esgotamento do modelo.[500]

De fato, a cristandade unida da época feudal, das primeiras cruzadas, fracionara-se definitivamente. E este próprio fracionamento, o reforço das potências laicas de um lado, e de outro o desenvolvimento econômico, "o crescente poder do dinheiro e a consecutiva transformação dos costumes, acarretavam desde a metade do século XII, o mal estar cada vez mais penoso, no interior da Igreja".[501]

Pode ser mostrada a extensão dessas transformações, por meio da contraposição entre as pretensões hegemônicas, por parte do papa e por parte do imperador. Como expõe as controvérsias em torno do imperador FREDERICO II – cognominado de 'Anticristo' por seus opositores, condenado ao esquecimento depois de sua morte, passa a ser pouco visto, ou considerado com reparos. Como parte de campanha para apagar a memória da sua obra e o respeito pelo seu nome.[502]

499 Cf. se examina no **Tratado** (tomo 4 – **Direito internacional no tempo medieval**, cap. 9 – MASRSÍLIO DE PÁDUA e GUILHERME DE OCKHAM e cap. 10 – TOMÁS DE AQUINO e DANTE ALIGHIERI); o que "GIESEBRECHT e Julius FICKER ainda consideraram como realidade histórica", comentava W. GREWE (op. cit., 1984, p. 69).

500 Como examinam Edouard PERROY *et al.*, **A idade média** (vol. 7, p. 151).

501 Sobre as transformações da relação entre 'poder', 'riqueza' e 'dinheiro', vejam-se: João BERNARDO, **Poder e dinheiro** – do poder pessoal ao estado impessoal no regime senhorial, séculos V-XV (Porto: Afrontamento/Biblioteca das Ciências do Homem: t. I: Sincronia. Estrutura econômica e social do século VI ao século IX, 1995; t. II: Diacronia. Conflitos sociais do século V ao século XIV, 1997; t. III: Sincronia. Família, dinheiro e estado do século XI ao século XIV, 2002); Jacques LE GOFF, **Le Moyen Age et l'argent**: essai d'anthropologie historique (Paris: Perrin, 2010, Introduction, p. 9-15, cit. p. 11) considera que para se estudar o papel do dinheiro na Idade média, é preciso distinguir ao menos dois grandes períodos. No primeiro, que situa de CONSTANTINO a São FRANCISCO DE ASSIS, ou seja, do século IV ao fim do século XII, o dinheiro regride, a moeda se apaga, antes de se anunciar lenta retomada. A distinção social predominante opõe, então, *potentes* e *humiles* – "c'est à dire, puissants et faibles" – ou seja poderosos e desvalidos. Em seguida, do início do século XIII ao fim do século XV, é a dupla *dives* e *pauper*, rico e pobre, que se impõe. E comenta, na mesma passagem: "En effet le renouveau économique et l'essor urbain, l'affermissement du pouvoir royal et la prédication de l'Église, et surtout des ordres mendiants, permettent à l'argent de prendre son essor tout en n'ayant pas, me semble-t-il, encore franchi le seuil du capitalisme, et alors aussi que se développe la pauvreté volontaire et que l'accent est mis plus fortement sur la pauvreté de Jésus."

502 Como examinam, dentre outros Olaf B. RADER, **Friedrich II. Der Sizilianer auf dem Kaiserthron** – eine Biographie (orig. publ. 2010, Munique: C. H. Beck, 4a. ed., 2012); Jacques

Depois de longa fase de ruptura e reacomodação de parâmetros,[503] mostra-se obsoleta a ideia de ordenação do sistema internacional, como todo gravitando em torno de único eixo. Como paradigmaticamente ilustra o conceito de império e mostram as transformações e ajustes, pelos quais passa o conceito, no curso da era medieval.

Na sua obra sobre a **História de Roma na Idade média**, Ferdinand GREGOROVIUS[504] indica o fenômeno da apropriação de símbolos laicos, como parte da ação política de BONIFÁCIO VIII, na busca de consolidação do poder temporal do papado. Bem ilustraria esse propósito a manobra da instituição do jubileu, ao qual se conferiu caráter religioso:[505]

> na Roma antiga, o jubileu secular costumava ser celebrado com grandes jogos, mas, com o passar do tempo, de tal uso se extinguira até mesmo a lembrança, e nenhuma crônica relata que a Roma cristã solenizasse, com festas eclesiásticas, o início ou o fim de um século.[506]

BENOIST-MÉCHIN, **Frédéric de Hohenstaufen** ou le rêve excommunié (1194-1250) (orig. publ. 1980, Paris: Perrin, ed. 2008); Ernst KANTOROWICZ, **L'empereur Frédéric II** (orig. publ. **Kaiser Friedrich der Zweite**, 1927, trad. Albert KOHN, Paris: Gallimard – Quarto, 2000, **Kantorowicz oeuvres**, p. 9-641).

503 Louis E. Le FUR, **Le développement historique du droit international**: de l'anarchie internationale à une communauté internationale organisée (RCADI, 1932, t. 41, p. 501-602), b/c do mesmo Le FUR, tb. seu curso **Règles générales du droit de la paix** (RCADI, 1935, t. 54, p. 1-308). W. GREWE, **Epochen** (op. cit., 1984, parte I, cap. 4 – *Der Eintritt in die Völkerrechtsgemeinschaft: Approbation und Anerkennung*, p. 99-107) fala a respeito do papel do reconhecimento papal, ao lado de progressivo desenvolvimento de sistema de reconhecimento bilateral, entre soberanos, como modo de legitimação do exercício do poder, na Idade média.

504 Ferdinand GREGOROVIUS, **Geschichte der Stadt Rom im Mittelalter vom V. bis XV. Jahrhundert** (orig. publ. em 8 vols., 1859-1873), ed. italiana **Storia della città di Roma nel Medioevo** (intr. Waldemar KAMPF, trad. Andrea CASALEGNO, Torino: Einaudi, 1973, 3 vols., ristampa 2011, livro I, cap. VII, cit. vol. 1, p. 133).

505 F. GREGOROVIUS (op. cit., ed. cit., p. 460): "Nell'antica Roma il giubileo secolare solleva essere celebrato con giochi superbi ma, con l'andare del tempo, di questa usanza si era spento anche il ricordo e nessuna cronaca racconta che la Roma cristiana solenizzasse con feste ecclesiastiche l'inizio o la fine di un secolo".

506 F. GREGOROVIUS, **Storia di Roma nel Medioevo** (edizione, 1989, vol terzo, libro decimo, 'Storia della città di Roma dall'anno 1260 all'anno 1305', cap. 6, p. 460-484, cit. p. 460-461): "BONIFACIO diede forma e sanzione ufficiale con la bolla del giubileo promulgata il 22 febbraio 1300, in cui si prometteva l'assoluzione plenaria a tutti coloro che avessero visitato entro l'anno le basiliche di S. Pietro e S. Paolo."

A distorção mais flagrante do significado consistirá no uso de tal ocasião para estigmatizar os adversários políticos do papa BONIFÁCIO VIII (1294-1303), dado que "foram excluídos somente os inimigos da Igreja, que o papa indicou nominalmente em FREDERICO DA SICÍLIA, na família COLONNA e seus simpatizantes, e finalmente, o que parece muito estranho, todos os cristãos que tivessem comércio com os sarracenos".[507]

A conclusão é taxativa: "BONIFÁCIO, definitivamente, se serviu do jubileu para marcar publicamente seus próprios opositores, excluindo-os do patrimônio providencial do cristianismo".[508]

A publicação da tradução italiana da **História de Roma na Idade média**, em 1873, teve lugar em momento de tensão entre o estado italiano e a Igreja. Nesse mesmo ano, depois da ocupação[509] de Roma tinha sido votada a 'lei das garantias' – *legge delle Guarentigie* – que regulava, pela parte italiana, as relações entre o estado e a igreja.[510] Naquela altura, o então presidente do Conselho, Marco MINGHETTI declarava na Câmara: "a liberdade que pede a Igreja de Roma não é a liberdade, como a entendemos nós, ou seja a liberdade do direito comum; é, antes, o contrário desta, ou seja o privilégio, a independência das leis do estado, a dominação exclusiva da instrução pública, como de toda a beneficência, no conjunto dos atos da vida civil. Esta não é liberdade, mas monopólio".[511]

As distorções, ditadas pelas preferências pessoais e pelos interesses políticos de cada indivíduo ou facção, em relação ao interesse comum,

507 GREGOROVIUS, **Storia di Roma nel Medioevo** (ed. cit., 1989, libro decimo, cap. 6, p. 460-461): "furono esclusi soltanto i nemici della Chiesa, che il papa indicò in FEDERICO DI SICILIA, nei COLONNA e nei loro sostenitori, e infine, il che è molto strano, in tutti i Cristiani che avevano traffici con i Saraceni".

508 GREGOROVIUS, **Storia di Roma nel Medioevo** (ed. cit., 1989, libro decimo, cap. 6, p. 460-461): "BONIFACIO, in definitiva, si serviva del giubileo per bollare pubblicamente i propri oppositori escludendoli dal patrimonio provvidenziale del cristianesimo".

509 Sobre os efeitos da 'ocupação', e a regulação do fenômeno no direito internacional, em perspectiva da evolução histórica do instituto, v. **Tratado** (tomo 1 – **Direito internacional dos espaços**, item 6.1 – ocupação); Vaios KOUTROULIS, em seu **Le début et la fin de l'application du droit de l'occupation** (Paris: Pédone, 2010).

510 Acordo entre o Estado italiano e a Igreja somente será alcançado por meio da Convenção de Latrão, em 1929, cf. se considera no **Tratado** (tomo 1 – **Direito internacional dos espaços**, item 2.1 – soberania e território: a Santa Sé e o estado do Vaticano).

511 Marco MINGHETTI, na Câmara italiana, em 1873: "La libertà che chiede la Chiesa di Roma non è la libertà quale la intendiamo noi, cioè quella del diritto comune; è il suo contrario, cioè il privilegio, l'indipendenza dalle leggi dello Stato, la dominazione esclusiva nell'istruzione, nella beneficenza, negli atti civili. Questa non è libertà, ma monopolio."

podem e devem, sempre, ser objeto de atenção, além da proteção institucional das liberdades públicas, de modo a preservar essas liberdades, institucionalmente estipuladas e protegidas, porque o poder tenderá sempre a exercitar-se além dos limites de suas prerrogativas.

Nesse sentido, se possa, talvez, buscar a chave para a compreensão de fenômeno recente de reconfiguração do jogo e do equilíbrio político mundial. Os desenvolvimentos, todavia em curso, tornam menos clara a compreensão dos fundamentos e das possíveis consequências das mudanças em curso, no atual sistema institucional e normativo internacional.

A multipolarização da Europa será fato político e cultural marcante da história desta região, durante os seiscentos anos seguintes.[512] A essa grande ruptura se acrescem os dados seguintes, com a combinação dos efeitos, decorrentes dos grandes descobrimentos e da reforma protestante. Destes resultarão mudanças substanciais das condições de criação e circulação da riqueza, dos modelos de ordenação política, e das regras de convivência, entre as diferentes unidades soberanas.

Surgem os estados modernos e instauram-se os conceitos a estes relacionados. Os escritos de Jean BODIN[513] ensinam que não se deve medir as leis da natureza pelas ações dos homens.[514] Este e outros teóricos do Renascimento prepararão o caminho para o direito internacional moderno.[515]

[512] Em curso de revisão à medida que simultaneamente se amplia geograficamente e se aprofunda operacionalmente o processo de integração regional na Europa, que não por acaso suscita tantas resistências, por parte daqueles todavia apegados a concepções tradicionais da soberania do estado e funcionamento de sistema internacional preponderantemente estatal. Do funcionamento de sistema com ênfase no bloco regional, neutralizada a carga das identidades e heranças nacionais, poderia a partir da ratificação e da entrada em vigor do tratado de Lisboa, ter conduzido a uma Europa mais ampla e mais vasta, com a possibilidade concreta de ser eixo de equilíbrio do sistema internacional presente. A recusa, ao menos momentânea, por parte dos governos da Hungria e da Polônia, confronta e atrasa a implantação desse novo modelo de Europa, ao se pautar por conservar o modelo anterior, mas tais resistências têm de ser, finalmente, superadas. Continua, assim, aberto o laboratório europeu para a experimentação da sua evolução futura.

[513] Cf. item 13.2 – Jean BODIN (1530-1596); Jean BODIN, **Les six livres de la République** (ed. orig. Paris: Jacques Du Puys, 1576, esta edição segue a 10ª ed., publicada em Lyon: Gabriel Cartier, 1593, reimpressa em 1594, Corpus des oeuvres de philosophie en langue française, Paris: Fayard, 1986, 6 vols.).

[514] Jean BODIN (op. cit., livro I, cap. 5, p. 91) : "il ne faut mesurer la loy de nature aux actions des hommes".

[515] A. GARDOT, **Jean Bodin**: sa place parmi les fondateurs du droit international (RCADI, 1934, t. 50, p. 545-748). Como indica desde o título, deveria BODIN, segundo GARDOT, ter

BODIN ficou associado à formulação da soberania.[516] Esta se põe ainda como dado central para o exame dos sistemas políticos nacionais, como do sistema institucional e normativo internacional.[517]

A indagação principal do direito internacional, desde séculos até o contexto presente, gira em torno da questão da fundamentação e da construção deste, em relação ao conjunto de países que compõem o cenário internacional, com extrema desigualdade de meios e de aspirações, a tal ponto que se indaga se existirá a possibilidade e a necessidade de encontrar bases comuns, para se terem normas comuns?

A dúvida é pertinente e as respostas não são automáticas. Dada a natureza e extensão do problema – o estudo do direito exige a perspectiva histórica,[518] e isso se aplica particularmente ao direito internacional, estreitamente vinculado ao sentido e conteúdo da história, em relação à civilização.[519]

o seu lugar reservado, dentre os fundadores do direito internacional: cada país pode desejar ter os seus representantes, na formação do direito internacional. A ênfase de BODIN na soberania, como poder ilimitado e incontrastável, no meu entender, limita a lógica e o alcance de qualquer sistema institucional e normativo internacional, caso se aplique a concepção deste. A primazia da soberania seria antes a negação do direito internacional, que a afirmação deste.

516 A respeito da contribuição de Jean BODIN, ver o item 13.2; tb. Jean PICQ, **Une Histoire de l'état en Europe** – Pouvoir, justice et droit du Moyen Âge à nos jours (Paris: Presses de Sciences Po, 2009).

517 Cf. cap. 13 – estado como sujeito de direito internacional; ver, dentre outros, Jens BARTELSON, **A genealogy of sovereignty** (New York / Cambridge: Cambridge Univ. Press, 1995).

518 Cfr. **Tratado** (tomo 20 – **Direito internacional, história e cultura**); Karl-Heinz ZIEGLER, **Völkerrechtsgeschichte** (orig. publ. 1994, Munique: C. H. Beck, 2ª ed., 2007, Einleitung, p. 1-9, cit. p. 1): "Jede vertiefte Betrachtung des Rechts bedarf der historischen Perspektive. Das gilt in besonderen Masse für das Völkerrecht; denn wie kein anderes Gebiet des geltenden Rechts ist es mit der Geschichte verbunden."

519 Werner JAEGER, **Paideia**: a formação do homem grego (trad. do original **PAIDEIA** – die Formung des griechischen Menschen © 1936, de Artur M. PARREIRA, São Paulo: Martins Fontes, 1979, introdução – lugar dos gregos na história da educação humana, cit. p. 6-8), aponta as bases para o estudo e compreensão da história: "precisamos adquirir uma consciência clara do sentido que damos à palavra 'história'. (...) é preciso distinguir a história nesse sentido quase antropológico, da história que se fundamenta numa união espiritual viva e ativa e na comunidade dum destino, quer seja o do próprio povo, quer seja o de um grupo de povos estreitamente unidos. Só nesta espécie de história se tem uma íntima compreensão e contato criador entre uns e outros. Só nela existe uma comunidade de ideais e de formas sociais e espirituais que se desenvolvem e crescem independentes das múltiplas interrupções e mudanças através das quais varia, se cruza, choca, desaparece e se renova uma família de povos

Trata-se de reconhecer o papel da história e da cultura na construção do direito internacional – o conceito de civilização foi o cimento básico que deu unidade ao que se poderia chamar de 'mundo ocidental'.[520] Este hoje se renega, depois dos desmandos que cometeu, sobretudo na segunda metade do século XIX e primeira do XX, pelas potências europeias como 'colonizadoras' e, todavia, não se encontrou reparação dessa mácula desde então.[521]

Em tempos de crise, sistemas pacíficos podem parecer menos eficientes e menos atraentes, daí vem em tais momentos o apelo a chavões como a nação e o nacionalismo –[522] sob a égide dos quais os piores abusos já foram

diversos na raça e na genealogia. Essa comunidade existe na totalidade dos povos ocidentais e entre estes e a antiguidade clássica. Se considerarmos a história nesse sentido profundo, no sentido duma comunidade radical, não podemos supor-lhes como cenário o planeta inteiro e, por muito que alarguemos os nossos horizontes geográficos, as fronteiras da 'nossa' história jamais poderão ultrapassar a antiguidade daqueles que há vários milênios traçaram o nosso destino. Não é possível dizer até quando a humanidade continuará a crescer na unidade de sentido que tal destino lhe assinala, nem isso importa para o objeto de nosso estudo". E prossegue: "Não é possível descrever em poucas palavras a posição revolucionária e solitária da Grécia na história da educação humana. (...) Não se trata de conjunto de ideias abstratas, mas da própria história da Grécia na realidade concreta de seu destino vital. (...) E foi sob a forma de *paideia*, de cultura, que os gregos consideraram a totalidade da sua obra criadora em relação aos outros povos da antiguidade de que foram herdeiros. Augusto concebeu a missão do império romano em função da ideia da cultura grega. Sem a concepção grega da cultura, não teria existido a Antiguidade como unidade histórica, nem o 'mundo da cultura' ocidental." O que se discute desde então. Mas a premissa pode ser considerada válida, cf. se apresentou no **Tratado** (tomo 3 B – **Gregos, romanos, chineses, indianos**, cap. 6 – na formação e no desenvolvimento de Roma).

520 A fragmentação do mundo atual, por um lado, torna questionável pretender erigir o legado da Antiguidade clássica como parâmetro de civilização e de construção de valores, mas, por outro, na falta deste, de que forma se poderá alcançar formatação simultaneamente abrangente e sólida, para abarcar o conjunto do Ocidente? Ou, mais remotamente ainda, qual pode ser o parâmetro norteador para o conjunto da humanidade, no tempo presente? A história cultural pode ser base compartilhada para a construção de sistema normativo internacionalmente vigente. O direito internacional pode ser o dado unificador das diferentes percepções do mundo.

521 Cfr. **Tratado** (tomos 14 a 17 – **Direito internacional no tempo do colonialismo**).

522 Eric HOBSBAWM, em seu ensaio sobre 'nações e nacionalismo', **Nations et nationalisme depuis 1780** (Paris: Gallimard, 1992) mostra como é difícil definir o fenômeno, dada a variedade e a extensão de suas manifestações: da nação confederada americana do final do século XVIII à nação unificada francesa de 1990, da nação curda deslocada, ao nacionalismo violento da OLP ou pacífico da Bretanha, do nacionalismo revolucionário da descolonização ao nacionalismo conservador da direita católica francesa, nação e nacionalismo podem ter muitas

cometidos. A concepção da nação, definida a partir de elementos *objetivos* – língua, raça, história comum – tal como se encontra em FICHTE, não parece satisfatória, pois seus critérios são vagos, movediços e ambíguos.[523] A concepção *subjetiva*, ilustrada por RENAN ou FUSTEL DE COULANGES – assimilando a nação a um "querer viver coletivo" – tampouco dá conta da tarefa.[524]

Mas serão estes sistemas institucionais e normativos (pacíficos) os únicos a permitir a superação das crises, mediante a instauração de normas e parâmetros, para nortear a ação dos estados e demais agentes da ordem internacional, na perspectiva de regras comumente aceitas e adotadas, e não em razão das escolhas e critérios de cada um desses agentes, unilateralmente, sem consenso.

Assim, "o ritmo do tempo parece reduzir a velocidade e alongar-se em forma de duração, da qual, ademais, deriva, aos nossos olhos, uma parte consistente do fascínio daquelas mesmas obras".[525] O espaço é dado central nas relações interestatais e no direito internacional:[526] ainda hoje se mata e se morre por território.

O tratamento jurídico deste faz aparecer a sua essencial heterogeneidade: "não existe questionamento mais antigo, do que os pertinentes ao

caras. Este último, contudo, resulta de contexto e de processo histórico preciso. Felizmente, parece destinado a desempenhar papel menos importante no mundo pós-moderno.

523 Ver **Tratado** (tomo 11 – **Direito internacional no tempo do Iluminismo**, tomo 13 – **Direito internacional no tempo do concerto europeu**, item – do universalismo da razão para os nacionalismos e cap. 26 – direito internacional entre o culto à razão e o concerto europeu, item – J. G. FICHTE (1762-1814) – racionalismo, direito natural e nacionalismo?).

524 Segundo HOBSBAWM, **Nations et nationalisme depuis 1780** (op. cit., 1992) ambos enfoques se mostram tautológicos. Quer se pretendam *objetivos* ou *subjetivos*. A nação reuniria elementos de ambos. HOBSBAWM mostra o mesmo ceticismo com relação à possibilidade de encontrar denominação completa e abrangente para o nacionalismo. Prefere distinguir diversos tipos de nacionalismo, cada um dos quais podendo ser caracterizado por dado comum: a valorização da nação como dado primordial, e este, enquanto tal, exigiria respeito. Nações e nacionalismo, assim, somente poderiam ser compreendidos no contexto de processos históricos específicos. Ver tb. Ernest RENAN, **Qu'est-ce qu'une nation?** et autres essais politiques (conferência na Sorbonne, em 1882, e outros textos, escolhidos e apresentados por Joël ROMAN, Paris: Presses Pocket – Agora: les classiques, 1992).

525 Vittorio GREGOTTI, **Identità e crisi dell'architettura europea** (Turim: Einaudi, 1999, cit. p. 13): "Il ritmo del tempo sembra rallentare ed allungarsi in una forma di durata dalla quale, peraltro, deriva, ai nostri occhi, una parte consistente del fascino di quelle stesse opere."

526 Cf. se considera extensamente no **Tratado** (tomos 1 e 2 – **Direito internacional dos espaços**).

território".[527] O espaço é quantitativa e qualitativamente diversificado, é portador de valores e de significados variáveis. Ao mesmo tempo em que não existe questão mais antiga que o território, para todos os soberanos, desde a Antiguidade, a questão do território e do espaço continuam presentes no direito internacional pós-moderno.[528]

Quer do ponto de vista da política espacial dos estados, ou da análise teórica das normas, ocorre dissociação entre espaço 'sensível' e espaço 'jurídico'. Não é a ocorrência da dissociação que deve atrair a atenção, mas, sobretudo, as modalidades segundo as quais esta opera, reveladora das tensões, que percorrem o direito internacional, no contexto pós-moderno.[529]

O mundo atual precisa ter consciência de que somente modelos de ordenação e regulação da convivência, multilateralmente instaurados e aplicados, podem ser o parâmetro para funcionamento de sistema internacional. Esse sistema pode e precisa ser adequado, não somente para o maior número possível de estados, mas como tal aceitável também para o maior número possível dentre os sujeitos não-estatais de direito internacional.

Em lugar de tentar repetir esses hegemonismos obsoletos, herdados de outras épocas, é preciso enxergar que as complexidades e a diversidade cultural são inerentes ao mundo contemporâneo, não podem ser sufocadas pelas forças das armas. Pode-se aniquilar o mundo, mas não se poderá assim regulá-lo. O mundo pós-moderno tem os seus imperativos culturais.[530]

[527] Denis ALLAND, *Les représentations de l'espace en droit international public* (in **Le droit international**, Archives de philosophie du droit, vol. 32, Paris: Sirey, 1987, p. 163-178, cit. p. 163): "Il n'est pas d'interrogation plus ancienne que celle entreprise à propos de l'espace."

[528] Cfr. **Tratado** (tomo 2 – **Direito internacional dos espaços**, cap. 29 – espacialidade e direitos fundamentais: a dimensão humana do território); P. de GEOUFFRE de la PRADELLE, **Notions de territoire et d'espace dans l'aménagement des rapports internationaux contemporains** (RCADI, 1977, t. 157, p. 415-484).

[529] D. ALLAND (art. cit., p. 171): "La véritable définition des espaces doit conduire, en droit international public, au renversement de la perspective jusqu'ici retenue: pure *distribution d'aptitudes légales*, elle fait de l'espace une réalité seconde, un être dérivé, dont on cherche parfois à se débarrasser. La définition des espaces dépend donc des compétences qui s'y exercent, même si les états ne renoncent pas facilement à toute approche zonale."

[530] Catherine KESSEDJIAN, *L'influence de la culture sur le droit international et ses développements* (in **Culture and international law**, based on the annual conference From Peace to Justice 'Culture and International Law' held on 16 and 17 April 2007, ed. by Paul MEERTS, The Hague: Hague Academic Press, 2008, p. 23-41, 'conclusion', p. 41): " Si nous acceptons l'idée que la diversité culturelle est désormais la valeur centrale des sociétés terriennes et de leurs inter-relations, alors les juristes doivent changer de perspective. Nous devons repenser la

O impacto dos valores e conceitos culturais já se faz presente no direito internacional,[531] sobretudo privado,[532] tendo em comum a ênfase na dimensão humana.[533] A percepção do papel da cultura e da diversidade cultural como elementos das ordens jurídicas pós-modernas, pode permitir que o direito internacional seja canal de comunicação intercultural.

Pode-se ir mais longe e ser mais abrangente na formulação. O direito internacional, enquanto canal de comunicação intercultural, amplia o contexto estrito interconflitual para marco mais abrangente. Desse modo, pode levar em consideração não somente estados como sujeitos de direito internacional, mas igualmente entidades sociológicas – povos e outros grupamentos humanos, não estatais – independentemente da maneira como se definem e se situam, em relação aos estados.[534]

A institucionalização crescente pode ser o caminho para mais eficientemente ordenar sistema de convivência organizada, regido por normas multilaterais em lugar da violência, mais ou menos caótica, imposta pelas visões e escolhas unilaterais dos estados e as condicionantes por estes utilizadas na criação e determinação de seus parâmetros de ação interna e externa.

fragmentation comme une valeur et non comme une plaie. Nous devons accepter le pluralisme juridique, sans forcément abandonner toute idée de hiérarchie."

531 Erik JAYME, **Identité culturelle et intégration: le droit international privé postmoderne** (RCADI, t. 251, 1995, p. 9-267; cit. p. 264): "le droit privé ne peut changer les faits politiques. Cependant, il est à même d'en mitiger les effets préjudicables. La reconnaissance de l'individu et de son identité culturelle comme l'une des bases pour la solution pacifique des conflits figure bien parmi les stratégies pour maintenir la paix. En outre, l'équilibre entre la prétention à cette identité et la necessité de l'intégration de la personne dans la société peut servir comme modèle juridique dans d'autres contextes. Cela prouve l'utilité du droit international privé."

532 J. DEPREZ, **Droit international privé et conflits de civilisations: aspects méthodologiques (les relations entre systèmes d'Europe occidentale et systèmes islamiques en matière de statut personnel)** (RCADI, t. 211, 1988, p. 9-372; cit. p. 357): "Est-il pour autant totalement irréaliste d'imaginer que le droit international privé puisse, à l'occasion, comporter des solutions qui prendraient appui non pas sur des ordres étatiques mais sur des entités sociologiques telles que peuples ou nations, qui seraient alors prises en compte pour elles-mêmes, indépendamment de la manière dont elles se définissent et se situent par rapport aux états sur l'échiquier international?"

533 S. SANCHEZ LORENZO, *Postmodernismo y derecho internacional privado* (Revista Española de Der. Int'l., t. XLVI, 1994-2, p. 557 ss.).

534 V. tb. **Tratado** (tomo 2 – **Direito internacional dos espaços** (cap. 29 – espacialidade e direitos fundamentais: a dimensão humana do território).

O desejo permanece válido, mas a *evolução* mais recente, antes parece *involução*. A complexidade da matéria faz parecer ingênuas certas análises.[535]

> Normas jurídicas, invariavelmente, exprimem e refletem valores compartilhados por seus destinatários. Caso as nações do mundo percam a sua fé na promoção pacífica da paz e do bem estar para todos, as normas, estipulando tais objetivos, como legalmente vinculantes, não poderiam resistir a esse processo de erosão, por muito tempo.[536]

A seguir se pode passar ao exame da fase de passagem dos precursores ao direito internacional como sistema (parte II).

[535] Embora poucos anos tenham se passado desde o momento em que o publicou, parece expectativa ingênua de passado distante: "We should lastly mention the danger of a clash of civilizations, as predicted by Samuel S. HUNTINGTON in a famous article published in *Foreign Affairs* [1993 e 1996] and later elaborated upon in more detail in a book [1998]. It is true that in a world society deeply divided by ideological differences international would be in danger of collapsing. Legal rules invariably embody values shared by their addressees. Should the nations of this globe lose their faith in peaceful promotion of peace and welfare for all, the rules setting forth these objectives as legally binding prescription could not resist such process of erosion for long. And yet, there are no actual signs that a new period of ideological struggle has set in. On the contrary: at its Millenium Summit in early September 2000, nearly 150 world leaders – heads of state and government – convening within the framework of the UN General Assembly reaffirmed their faith in the UN Charter and in a number of common values, such as freedom, equality, solidarity, tolerance and respect for nature (UN doc. A/55/L.2, adopted on 8 September 2000). They thereby reject an antagonistic vision of a world according to which the different ethnic and cultural groups in their quest for power are driven to engage in ideological and physical battles instead of furthering a common Project of peaceful coexistence and survival for mankind in its entirety."

[536] Chr. TOMUSCHAT, **International law**: ensuring the survival of mankind on the eve of a new century: general course on public international law (RCADI, 1999, t. 281, p. 9-438, part I – constitutive elements of the present-day international legal order, chap. I – the existence and foundations of the international legal order, p. 25-55, item D – clash of civilizations ?, p. 55).

PARTE II
DOS PRECURSORES AO DIREITO INTERNACIONAL COMO SISTEMA

Se por direito internacional se entende o conjunto das normas, organizando as relações entre estados independentes e iguais, deve-se fazer remontar a sua realização ao século XIX. Será, com efeito, somente nesse período que se assiste à emergência de uma ordem jurídica internacional. A igualdade dos estados era, com certeza, admitida e ensinada pela doutrina anterior, que desta fazia um direito natural. No século XIX, a igualdade é um direito positivo, mais que isso, esta constitui o princípio de base do direito internacional.

S. LAGHMANI (2003)[537]

A mesma atitude [de GRÓCIO e FREITAS] foi a de outros autores clássicos, que fizeram frequentes referências às relações entre a Europa e o Oriente, tais como GENTILI, Christian WOLFF, PUFENDORF ou VATTEL."

C. H. ALEXANDROWICZ (1968)[538]

[537] Slim LAGHMANI, **Histoire du droit des gens**: du *jus gentium* impérial au *jus publicum europaeum* (Paris: Pedone, 2003, chap. 3 – Naissance d'un ordre juridique: le droit international classique, p. 117-222, cit. p. 117): "Si par droit international on entend l'ensemble des règles organisant les rapports entre états indépendants et égaux, on doit en faire remonter la réalisation au XIXe siècle. Ce n'est, en effet, qu'à cette période que l'on assiste à l'émergence d'un ordre juridique international. L'égalité des états était, certes, admise et enseignée par la doctrine antérieure qui en faisait un droit naturel. Au XIXe siècle l'égalité est un droit positif, plus, elle constitue le principe de base du droit international."

[538] C. H. ALEXANDROWICZ, **The Afro-Asian world and the law of nations: historical aspects** (RCADI, 1968, t. 123, p. 117-214, chap. IV – The views of the classic writers on the East

> A história do direito internacional [...] inclui tanto os acontecimentos políticos como as doutrinas e teorias. [...] Este método de relacionar a história política com o direito internacional traz consigo molesto problema. É evidente que quase todas as fases da história política podem referir-se ao direito internacional de um ou de outro modo. Como estabelecer a linha fronteiriça que os separe? Em geral se crê que essa linha penetrou demasiadamente nos domínios da história política.
>
> A. NUSSBAUM (1947, 1949)[539]

Considerável evolução e mutação estrutural marcam o direito internacional nos séculos que se estendem desde o início da Idade média, no século V, até a atuação de VITÓRIA, na primeira metade do século XVI. Não menores serão as mutações ocorridas desde a metade do século XVI, na altura da morte de Fr. de VITÓRIA, em 1546, até a morte de G.-F. von MARTENS, em 1821. E do direito como um todo.[540]

Não menores foram as transformações ocorridas no conjunto do mundo. Dentre estas há de se assinalar: a territorialização dos estados como estruturas centralizadas. Bem como a ruptura da unidade religiosa da Europa ocidental, com as sucessivas reformas protestantes.

Indies, p. 145-149, cit. p. 148) depois de reportar a controvérsia entre GRÓCIO e FREITAS, observava que ambos abriram as portas da Família das Nações para a Ásia, pela mesma razão, a da universalidade do direito das gentes, tal como lastreado na doutrina do direito natural e no princípio de não discriminação por razões de religião ou civilização – como se examinou no **Tratado** (tomo 3 A – **Direito internacional no tempo antigo**, item 2.1 – a controvérsia entre Hugo GRÓCIO e Serafim de FREITAS). Observava ALEXANDROWICZ (1968, p. 148): "The same was the attitude of other classic writers who made frequent references to relations between Europe and the East, such as GENTILI, Christian WOLFF, PUFENDORF or VATTEL."

539 Arthur NUSSBAUM, **Historia del derecho internacional** (orig. publ. **A concise History of the Law of Nations**, 1947, trad. Francisco Javier OSSET, adiciones sobre História de la doctrina hispanica de derecho internacional por Luís GARCIA ARIAS, Madri: Revista de derecho privado, s/d, prólogo de L.G.A. datado "1949", Introducción, p. XIX-XXIII, cit. p. XXII) prossegue: "nuestra investigación sobre la história política solo se referirá a las prácticas internacionales de los Estados en cuanto nos indiquen la adopción o rechazo de las normas legales; y en especial se fijará en los tratados de paz y otras convenciones en las que se enuncien conceptos jurídicos importantes."

540 Cfr. **Tratado** (tomos 6 – **Direito internacional no tempo de Suárez, Gentili e Zouch** a tomo 12 – **Direito internacional no tempo de Vattel e von Martens**).

Grande mudança representou a consolidação dos estados modernos, que se põem como estruturas centralizadas – não somente política, como administrativa e juridicamente. Estes também trazem dado de territorialização exacerbada para o direito internacional, a partir do início do século XVI.[541] Cujos efeitos se mostram até nossos dias – quando se assiste a algum grau de 'desterritorialização' das atividades humanas, e da consequente regulação pelos estados.[542]

Ao mesmo tempo em que o territorialismo mais arraigado se mostra ainda em ação pelo mundo. Aí se inscrevem as doutrinas a respeito do direito de ocupação:[543] distinguido entre modos originários e derivados de sua implementação. E da consequente aquisição de título jurídico sobre o território:

> Considerar o conceito de ordenação do espaço no direito internacional da Idade média deixa claro que, no contexto medieval, não se pode falar em soberania territorial, no sentido moderno do termo. Assim, somente se pode conceber o destino jurídico do espaço, nas suas formas jurídicas específicas do período medieval, na sua concreta ligação com a autoridade de determinado dirigente.[544]

Aí caberia distinguir entre a aquisição de domínio sobre território habitado por cristãos em relação a território habitado por não-cristãos. Com diferentes regimes aplicáveis a cada caso.[545]

[541] Como se considera no **Tratado** (tomo 1 – **Direito internacional dos espaços**, esp. cap. 1 – evolução do conceito e do tratamento do espaço no direito internacional e cap. 2 – soberania e território do estado); tb. já citado, comenta Jared DIAMOND, **Guns, germs and steel: the fates of human societies** (orig. publ. 1997, New York: Norton, 1999, cit. p. 266): "As recently as A.D. 1500, less than twenty percent of the world's land area was marked off as boundaries into states, run by bureaucrats and governed by laws".

[542] Como se considerou nos **Fundamentos** (2008) e tb. **Tratado** (tomo 20 – **Direito internacional, história e cultura**).

[543] Sobre os efeitos da 'ocupação', v. **Tratado** (tomo 1 – **Direito internacional dos espaços**, cap. 6 – modos de aquisição e de perda do domínio do estado sobre o território, item 6.1 – ocupação); tb. Vaios KOUTROULIS, em seu **Le début et la fin de l'application du droit de l'occupation** (Paris: Pédone, 2010).

[544] Wilhelm GREWE, **Epochen der Völkerrechtsgeschichte** (Baden-Baden: Nomos, 1984, primeira parte – *Ius gentium*: Grundzüge der mittelalterlichen Völkerrechtsordnung, p. 55-162, cap. 8 – *Die Rechtsformen der Raumordnung: Adjudikation und Okkupation*, p. 148-156, cit. p. 148).

[545] Levado a extremos no contexto colonial, cfr. **Tratado** (tomos 14 a 17 – **Direito internacional no tempo do colonialismo**).

Em relação à aquisição de domínio territorial entre cristãos, caberia considerar se pode ter existido direito geral de ordenação do espaço medieval europeu ocidental, que pudesse ser determinada pelas duas estruturas centrais de poder, durante a era medieval: o império e o papado.

A resposta é negativa com relação ao Império romano germânico. Com exceção de HENRIQUE VI, cujo domínio territorial se estendeu além da área imperial propriamente dita, até a Sicília, a Inglaterra, a ilha de Chipre e a Armênia – mas representa breve ponto alto histórico, que não pode ser tomado como parâmetro, para a caracterização de todo o período – de modo que não cabe falar em poder universal de ordenação do espaço nas mãos do imperador medieval.

Expressamente e de modo mais consequente lutaram os papas pela afirmação de poder supremo de ordenação de poderes sobre o conjunto dos territórios cristãos. Afirmava GREGÓRIO VII, em *Instrução* aos legados papais, datada de 1081, que CARLOS MAGNO, por meio de instrumentos autênticos, celebrados e conservados na basílica de são Pedro, em Roma, em sinal de devoção e liberdade – *in signum devotionis et libertatis* – teria prometido esse poder aos papas, como autoridade suprema e independente de qualquer outro poder.[546]

Numerosas foram as mudanças territoriais, ocorridas durante a história ocidental, por meio de casamentos e de sucessões, entre casas reinantes. Isso se põe na Idade média, como vertente da concepção privatista do domínio público – entendido como propriedade do príncipe, abrangendo territórios e populações inteiras, que se transferem como 'bem de família' aos herdeiros e sucessores deste.

Ao mesmo tempo, tinham esses modos de transmissão territorial inexoráveis consequências de ordem pública. Ao lado da transmissão de território por casamento ou sucessão se põe a adoção de mecanismos de assunção do poder por meio de eleição. O que limita os efeitos dos casos anteriores.

Não menos importante para todo o conjunto da Idade média foi a construção de vínculos feudais entre senhores, por meio dos quais se criavam não somente os laços de homem a homem, mas igualmente a concessão de território – o feudo. Durante séculos não havia sucessão assegurada dos

546 W. GREWE (op. cit., 1984, p. 149): "Das Streben nach der Zahlung eines Lehnszinses von seiten der weltlichen Gewalten blieb während des ganzen Mittelalters ein bevorzugtes Mittel päpstlicher Oberhoheitspolitik."

vínculos feudais, quer em seus aspectos pessoais, quer em sua dimensão territorial. No máximo se poderia falar em expectativa de direito, por parte dos sucessores do vassalo, em relação à continuidade dos laços anteriormente existentes com o senhor feudal.

Exclui-se, na Idade média, a prática de direito de ocupação: esta, por si, não criaria título sobre território.[547] A ocupação pela força não seria compatível com a concepção da guerra justa, que somente poderia ser levada a cabo, para assegurar o cumprimento de promessa não adimplida.

O fato de serem numerosos os casos de ocupação e de transmissão de título sobre território, mediante o uso da força, mostra, ao mesmo tempo, os esforços que se faziam, no sentido de obter o reconhecimento ou a sanção papal, em relação à busca de legitimação dos efeitos de tais atos. Mesmo GUILHERME o conquistador[548] se empenhou em conseguir o reconhecimento papal da ocupação da Inglaterra pelos normandos, sob seu comando, depois da vitória na batalha de Hastings, em 1066.[549]

Em relação à aquisição de título, sobre território não-habitado ou habitado por não-cristãos punham-se outras modalidades de ordenação da ocupação de território. Com distinção necessária entre os territórios

[547] Interessante comparar o contexto medieval e o presente, em relação à exclusão da aquisição de título de domínio territorial, em virtude de ocupação militar. O quadro atual é considerado pela Corte Internacional de Justiça, no Parecer **sobre as consequências jurídicas da construção do muro no território palestino ocupado**, prolatado em 9 de julho de 2004, cf. se analisa no **Tratado** (tomo 2 – **Direito internacional dos espaços**, item 31.4 – consequências da construção do muro no território palestino ocupado).

[548] GUILHERME, o bastardo, duque da Normandia, em 1066, atravessa o canal da Mancha, com seus cavaleiros armados de machados e suas brigadas internacionais, realiza desembarque em Senlac, perto de Hastings e, substitui a dinastia anglo-saxônica de EDUARDO o confessor (1035-1066), mata o pretendente HAROLD e funda uma nova dinastia. GUILHERME, o conquistador (1066-1087), estabelece a autoridade da coroa à maneira de um líder guerreiro, exige a obediência de todos; o **Doomesday Book** organiza o cadastro de todos os bens para que o fisco possa operar mais facilmente, e a submissão de todos ao rei impede a rivalidade racial entre vencedores e vencidos. Como se examina no **Tratado** (tomo 4 – **Direito internacional no tempo medieval**, cap. 8 – a longa transição do mundo antigo ao medieval).

[549] Na Inglaterra, GUILHERME comete o erro de dividir seus domínios entre os filhos, gerando setenta anos de incertezas, sob os reinados de GUILHERME II, o ruivo (1087-1100), de Henrique BEAUCLERC (1100-1135) e de ESTEVÃO de Blois (1135-1154) – mas se amplia a dominação inglesa na região do Anjou Plantageneta. HENRIQUE II, Plantageneta (1154-1189) restabelece a situação, retoma e consolida a obra do Conquistador, e ELEONORA da Aquitânia, repudiada por LUÍS VII da França, oferece os seus imensos domínios a HENRIQUE, que se torna senhor de estado coeso, da Escócia aos Pirineus.

recém-descobertos na América, e a ocupação pelos cruzados, de territórios conquistados no Oriente médio.

Os papas pretenderam se valer de disposições da suposta *'Doação de Constantino'* – a falsificação, perpetrada no século IX, segundo a qual o imperador CONSTANTINO, ao transferir sua capital para Constantinopla, teria doado aos papas o domínio eminente sobre a metade ocidental do Império.[550] Projetam-se até o início da Idade moderna os efeitos, tendo como base essa falsificação de séculos.

Esta suposta doação teria ainda sido argumentada, como a base para a concessão papal do domínio aos conquistadores espanhóis e portugueses, em relação às terras do Novo mundo.[551] A falsa doação de Constantino teria conferido aos papas poder sobre todas as 'ilhas' – e assim estendeu-se essa interpretação para abranger o conjunto do Novo mundo.

O conceito de 'ilha' – *insula* –, no contexto medieval,[552] pode ser compreendido como o modo de designar territórios ainda não explorados, recém-descobertos, desabitados ou habitados por pagãos. A linguagem jurídica e literária da Idade média apontaria no mesmo sentido, com base no que já continha o direito romano.[553]

550 Como referido no **Tratado** (tomo 4 – **Direito internacional no tempo medieval**, item 8.3 – caminhos da instauração medieval), Lorenzo VALLA (1407-1457), em sua **Declamatio** (1440), somente publicada décadas mais tarde, em 1517, denunciava o caráter fraudulento da suposta *Doação de Constantino*. Algum tempo antes, também o cardeal NICOLAU DE CUSA atacara a "doação" e a considerara espúria em seu tratado **De Concordantia catholica**. Ver a edição do texto de Lorenzo VALLA, **On the Donation of Constantine** (translated by G. W. BOWERSOCK, Cambridge, Ma. / London: Harvard Univ. Press – The I Tatti Renaissance Library, 2007); v. tb. Giovanni Maria VIAN, **La donazione di Costantino** (Bolonha: Il Mulino, 2004, esp. cap. II – Genesi di una legenda, p. 53-89, cap. III – Scoprire un falso, p. 91-128, e cap. IV – Polemica e filologia, p. 129-167).

551 Cfr. **Tratado** (tomo 2 – **Direito internacional dos espaços**, cap. 28 – fases da formação do território brasileiro: algumas lições de direito internacional); W. GREWE (op. cit., 1984, p. 153): "Auf Grund dieser aus der *Constitutio Constantini* abgeleiteten Verfügungsgewalt haben die Päpste die von den Ungläubigen eroberten Gebiete verteilt."

552 G. H. T. KIMBLE, **A geografia na Idade média** (do original **Geography in the Middle Ages**, trad. Márcia Siqueira de CARVALHO, segunda ed. revista, Londrina: Eduel / São Paulo: Imprensa Oficial do Estado, 2005).

553 **Institutas** (II. I, 22): "Insula quae in mari nata est, quod rari accidit, occupantis sit: nullius enim esse creditur" – cf. **Corpus iuris civilis**, vol. primum – **Institutiones** (recognovit P. KRUGER; seguidas de **Digesta**, recognovit T. MOMSEN, retractavit P. KRUGER, Dublin / Zürich: Weidmann, 23a. ed., 1973); v. tb. **Institutes de Justinien**, traduites et expliquées par

BÁRTOLO DE SASSOFERRATO teve enorme importância para o nascimento de numerosos conceitos do direito internacional moderno.[554] Em seu **Tractatus De Insula**,[555] trata de questões, que na concepção do direito internacional clássico, aplicar-se-iam à descoberta de novos territórios e à consequente ocupação.

Contrariamente à tese do poder papal de ordenação do espaço, BÁRTOLO sustenta a primazia do poder imperial, e portanto, como *rex universalis*, caberia a este determinar o título sobre todos os territórios – e sobre todas as 'ilhas' – do mundo. Mesmo se tal formulação permaneceu puramente teórica! Na prática, BÁRTOLO partia não da concepção de domínio mundial pelo imperador, mas do reconhecimento da realidade da multiplicidade de dirigentes – *superiorem non recognoscentes*. E da constatação da efetividade da independência de cada um destes.[556]

Decisivo, segundo BÁRTOLO, para a aquisição de título sobre território desabitado, ou habitado por infiéis, se faz por meio da retomada do conceito de ocupação do direito romano. Neste, a ocupação se fazia como modo de aquisição da propriedade, segundo as normas do direito privado: a propriedade poderia ser adquirida, quer mediante a entrega pelo antigo proprietário – *traditio* –, quer mediante apoderamento – *occupatio*. Da mesma forma, poderia o bem, passível de ser apropriado, mas ainda não, ser ocupado e passar a integrar o patrimônio do agente da ocupação – *res nullius cedit occupanti* – para designar a ocupação 'em sentido estrito', como já a definira GAIO.[557]

Em relação aos territórios, conquistados dos infiéis, durante as cruzadas, tal como o reino de Jerusalém, fundado em 1099, seriam estes, em última

A. M. DU CAURROY, Paris: Gustave Thorel, 8e éd., 1851, vol. I, p. 214); v. tb. **Tratado** (tomo 1 – **Direito internacional dos espaços**, item 5.4 – ilhas).

[554] Como se examina no precedente cap. 12 – *jus gentium, jus commune, jus europaeum*: entre a teoria e a prática; W. GREWE (op. cit., 1984, p. 156): "Wesentliche Elemente des modernen völkerrechtlichen Okkupationsbegriffes und des für ihn wesentlichen Erfordernisses der 'Effektivität' sind in dieser Theorie des BARTOLUS vorgebildet."

[555] BÁRTOLO DE SASSOFERRATO, **Tractatus de Insula** (in **Opera omnia**, 1596, X, p. 137).

[556] BÁRTOLO DE SASSOFERRATO, **Comment. ad Digestum vetus** (P. I, in **Opera omnia**, I, p. 553): "Ego dico quod Imperator est dominus totius mundi vere. Nec obstat quod alii sunt domini particulariter, quia mundus est universitas quaedam; unde potest quis habere dictam universitatem, licet singulae res non sunt suae."

[557] **Digesto** (41.I,3) – **Corpus iuris civilis**, vol. primum – **Institutiones** (recognovit P. KRUGER; seguidas de **Digesta**, recognovit T. MOMSEN, retractavit P. KRUGER, Dublin / Zürich: Weidmann, 23a. ed., 1973).

análise, 'concedidos' pelo papado aos conquistadores cristãos.[558] Haveria regime de cessão, equiparável ao feudal, com base no qual os cruzados exerceriam o domínio sobre territórios, cuja conquista, pela sua alegada finalidade de restaurar domínio cristão sobre os lugares da vida de CRISTO na Terra santa, os faria, em última análise pertencer à igreja.

O mesmo se deu, na península ibérica, em relação à titularidade das terras no processo de 'reconquista' dos territórios antes controlados pelos muçulmanos. Parte dos esforços pelos quais se constrói a potência espanhola,[559] e se destaca Portugal.[560]

O longo processo da reconquista – lusitana, completada em 1249, e a espanhola somente terminada em 1492 –, contou com decisiva contribuição de várias dessas ordens confessionais militares – como os Templários, os Hospitaleiros, os de Avis, de Calatrava, de Santiago e de Alcântara.[561] Com

558 Ver Steven RUNCIMAN, **História das Cruzadas** (do original **A History of the Crusades** © 1951, trad. Cristiana de Assis SERRA, Rio de Janeiro: Imago, 2002, em 3 vols.: I. a primeira cruzada e a fundação do reino de Jerusalém; II. cruzadas do século XII; III. o reino de Acre e as últimas cruzadas).

559 Sylvie DENOIX e Hélène RENEL (dir. de), **Atlas des mondes musulmans médiévaux** (Paris: CNRS Éd., 2022); Angelo HÜSLER, **L'Espagne médiévale**: chrétiens, juifs et musulmans (Gollion, Suiça: Infolio ed., 2008, esp. deuxième partie – *La Reconquista, des capitulations à l'expulsion*, p. 71-115); Fernando GARCÍA DE CORTÁZAR y José Manuel GONZÁLEZ VESGA, **Breve historia de España** (Madri: Alianza, © 1994, nueva ed., 2010, cap. 9 – *Los reinos cristianos*, p. 168-190); Eduardo MANZANO Moreno, **Historia de las sociedades musulmanas en la Edad media** (Madri: Síntesis, 1992); Philippe SÉNAC, **L'Occident médiéval face à l'Islam** – L'image de l'autre (orig. publ. 1983, Paris: Flammarion, 2e éd. rev., 2000).

560 A. H. de OLIVEIRA MARQUES, **Breve história de Portugal** (orig. publ. 1995, Lisboa: Presença, 11ª ed., 2019, cap. II – o nascimento de Portugal, p. 33-78, cit. p. 61): "Nos meados do século XI, mais de metade do Portugal de hoje ainda era muçulmano: uns 53.000 km quadrados. Gradualmente, a ofensiva cristã foi reduzindo esse espaço: um século passado, quando o Tejo se alcançou como fronteira, restavam ainda aos mouros 37.300 km quadrados. Na década de 1230, pertenciam ao islão menos de 15.300 km quadrados. Por último, o que ficou aos muçulmanos entre 1238 e a conquista final de 1249 não compreendia 2.500 km quadrados."

561 Como se examina no **Tratado** (tomo 4 – **Direito internacional no tempo medieval**, cap. 11, esp. itens 11.1 e 11.2); P. CONTAMINE, **La guerre au Moyen âge** (op. cit., 6e éd., 2003); F. GARCÍA FITZ, **La edad média** – guerra e ideología, justificaciones religiosas y jurídicas (Madri: Sílex, 2003, segunda parte – La justificación religiosa de la guerra – el concepto de la guerra santa, esp. La guerra sacralizada, p. 119-164, e Guerras justas y santas: Cruzada y Reconquista, p. 165-217); D. J. KAGAY e L. J. A. VILLALON (ed.), **The circle of war in the Middle Ages** (op. cit., 1999); E. MANZANO Moreno, **Historia de las sociedades musulmanas en la Edad média** (Madri: Síntesis, 1992, esp. cap. 8 – El mundo musulmán en

extensas concessões de terras às ordens monásticas militares que desta participaram, nos sucessivos espaços de fronteira, zonas mais ou menos longas e mais ou menos 'terras de ninguém', caracterizadas por diminuta segurança, desorganização administrativa, povoamento rarefeito e destruição intermitente, acentuada nos povoados maiores.[562]

Outro dado central da mudança de fase e da instauração da multipolarização da Europa foi a ruptura da unidade religiosa do Ocidente em decorrência das sucessivas ondas da reforma protestante.[563] Isso se refere como grande mudança civilizacional, em relação ao quadro antes vigente de relativa unidade católica, durante os dez séculos da Idade média.[564]

la época de las Cruzadas, p. 157-170); C. NADEAU e J. SADA, **Guerre juste, guerre injuste**: histoire, théories et critiques (op. cit., 2009); N. OFFENSTADT, **Faire la paix au Moyen Âge**: discours et gestes de paix pendant la guerre de Cent ans (op. cit., 2007); J. PERINO-ROUX, **Les Templiers** (op. cit. 2015, esp. – Dans la péninsule Ibérique, p. 281-303); P. SÉNAC, **L'Occident médiéval face à l'Islam** – L'image de l'autre (Paris: Flammarion, 2ª ed., 2000); J. VALDÉON, J. PÉREZ, S. JULIÁ, **História de Espanha** (op. cit., ed. 2014, Idade média, esp. caps. 3 – A resistência cristã, p. 43-54 a cap. 10 – O século XV. Os contrastes da coroa de Aragão, p. 139-151).

562 A. H. de OLIVEIRA MARQUES, **Breve história de Portugal** (orig. publ. 1995, Lisboa: Presença, 11ª ed., 2019, cap. I – as origens, p. 11-32, cit. p. 25-26): "Foi o que sucedeu na Galiza e em Entre Douro e Minho, cuja reorganização e repovoamento só começaram, com garantias de continuidade, em meados do século IX. Portucale (Porto) teve papel de relevo nesse movimento."(op. cit., p. 27): "A sul do Douro, os territórios conquistados formavam outra província, chamada *Coimbra*, logicamente continuando a velha tradição administrativa." (op. cit., 2019, cap. II – o nascimento de Portugal, p. 33-78, cit. p. 75): "A ação das ordens religioso-militares ajudou igualmente a reduzir as presúrias. No Sul, grande parte da guerra e das suas vitórias gloriosas pertenceu às ordens de Santiago e de Calatrava, aos freires do Templo e do Hospital. Mostraram-se aí secundárias as iniciativas do rei. Feitos individuais, como o de Geraldo GERALDES no Alentejo, ou a incursão do povo de Santarém contra Évora, eram exceções. Não admira, assim, que a distribuição da terra, no Sul, obedecesse a um quadro inteiramente diferente do do Norte."

563 CALVIN, **Oeuvres** (éd. établie par Francis HIGMAN et Bernard ROUSSEL, Paris: Gallimard – Pleïade, 2009); v. tb. Marian ROTHSTEIN (ed.), **Charting change in France around 1540** (Selingsgrove: Susquehanna University Press, 2006); Jean-Paul BARBIER-MUELLER, **La parole et les armes**: Chronique des guerres de religion en France 1562-1598 (Genebra: Musée international de la Réforme / Hazan, 2006); A. HOBZA, **Questions de droit international concernant les religions** (RCADI, 1924, t. 5, p. 367-424); M. BOEGNER, **L'influence de la Réforme sur le développement du droit international** (RCADI; 1925, t. 6, p. 241-324); b/c vários dos capítulo no volume **Religion and International Law** (ed. by M. W. JANIS and C. EVANS, orig. publ. 1999, Leiden / Boston: M. Nijhoff, 2004).

564 Cf. **Tratado** (tomo 4 – **Direito internacional no tempo medieval**).

A consciência comunitária da sociedade europeia de estados, como antes, continua a se fundar na substância religiosa cristã. Mas esta mudou essencialmente: "não mais se trata da cristandade fechada, da comunidade do Ocidente medieval, mantida reunida em torno da disciplina da igreja, sob a autoridade do papa e do imperador".[565]

> A unidade da fé foi destruída pela reforma, e no lugar desta se instalam profundas e amargas oposições confessionais, que também dominam as controvérsias políticas, [ao menos] até a metade do século XVII. Esta se descreve como a cristandade aflita (*christianitas afflicta*), pressionada e questionada, mas apesar da reforma e da contrarreforma, e de todas as oposições, a cristandade dessa época continua a ver a si mesma como a comunidade cristã de povos.[566]

Nada mostra melhor a substancial mutação do contexto europeu do que a comparação entre as cruzadas medievais e o processo de descoberta, conquista e expansão missionária, do início da era moderna. Nas cruzadas, com todos os reparos que podem ser feitos a esta movimentação – quer quanto aos seus motivos, quanto aos meios empregados, como aos seus resultados – tratou-se de iniciativa mais ou menos conjunta da cristandade;[567] enquanto no caso da movimentação, desencadeada no final do século XV e início do XVI, o movimento nada tem de iniciativa coordenada pan-europeia, mas se pauta pela feroz competição e golpes aplicados entre as potências europeias.

Os reis da Espanha e de Portugal fazem de si mesmos os grão-mestres das ordens de cavalaria, espanhola e portuguesa, e fundem desse modo

565 Wilhelm GREWE, **Epochen der Völkerrechtsgeschichte** (Baden-Baden: Nomos, 1984, Zweiter Teil – *Ius inter Gentes.* Die völkerrechtlichsordnung des spanischen Zeitalters 1494-1648, p. 163-322, 2. Kapitel – *Die Grundlagen der Völkerrechtsgemeinschaft: Die christliche-europäische Völkerfamilie*, p. 168-193, cit. p. 168-169).

566 W. GREWE (op. cit., 1984, p. 168-169): "Die 'Christenheit' des 16. und 17. Jahrhunderts, die in der politischen Publizistik sowohl wie in den Vertragstexten als konkrete Gestalt der Völkerrechtsgemeinschaft dieses Zeitalters als Erscheinung tritt, ist immer noch eine Realität, wenngleich sich ihr Antlitz im Vergleich zum mittelalterlichen *corpus christianum* entscheidend gewandelt hat: die führende Macht dieser Staatengesellschaft ist nicht mehr das Heilige Römische Recht in seiner vorreformatorische-mittelalterlichen Katholizität, sondern das gegenreformatorisch-konfessionelle Spanien. Die partikulare Machtpolitik der sechs grossen europäischen Nationen sprengt jedes gemeinschaftliche Handeln."

567 Como se examina no **Tratado** (tomo 4 – **Direito internacional no tempo medieval**, cap. 11, esp. itens 11.1 e 11.2).

o impulso religioso com as suas políticas nacionais. Mesmo assim, a ideia de 'cruzada' ainda se manifesta ao longo dos séculos: "o termo 'cruzada' passou a servir para designar, na opinião pública, um legítimo movimento agressivo contra forças iníquas e perniciosas – *a legitimate aggressive movement against iniquitous and pernicious forces*".[568]

A banalização do termo em nada contribui para a clareza de seu conteúdo. Mas a continuidade da utilização do mesmo vocábulo é dado sintomático da forma do Ocidente se relacionar com outras culturas e outros continentes.

No final do século XVII, LEIBNIZ, em seu escrito sobre a segurança do reino, em 1670, ainda cogitava uma cruzada geral dos povos cristãos contra os turcos.[569] Não nos esqueçamos que, nessa mesma época, o exército imperial austríaco, reunido por LEOPOLDO, para deter os turcos, alcança vitória decisiva em São Gotardo, na Estíria, em 1664. Embora tenha sido solucionado favoravelmente aos austríacos, o avanço otomano chega a bater às portas de Viena, em 1682-1683.[570]

Pode-se considerar[571] que LUTERO teve considerável impacto[572] sobre os traços específicos da filosofia do direito da Alemanha moderna.[573] Mais

[568] Adda BOZEMAN, **Politics & Culture in International History** – from the Ancient East to the opening of the Modern Age (© 1960, New Brunswick, N.J.: Transaction Publishers, 2nd ed., 4th printing, 2010, esp. chap. 8 – *The Medieval Western European Realm*, p. 238-297, esp. item D – *The Political Effect of the Crusades upon the Christian Community*, p. 281-289, cit. p. 288): "The degeneration of this symbol has had a particularly adverse effect upon the conduct of modern international relations."

[569] Ver **Tratado** (tomo 10 – **Direito internacional no tempo de C. van Bynkershoek e Christian Wolff**, item 22.1 – direito segundo LEIBNIZ).

[570] Steven BELLER, **Histoire de l'Autriche** (orig. publ. **A concise History of Austria**, 2006, trad. Sylvie KLEINMAN-LAFON, Paris: Perrin, 2011, chap. 2 – *AEIOU 1439-1740*, p. 40-88, cit. p. 76-77). A vitória de Viena transforma profundamente a Austria: o desaparecimento da ameaça turca, e o avanço das tropas dos HABSBURGO, até os confins extremos das fronteiras do sudeste modifica a estratégia de poder.

[571] Michel VILLEY, **La formation de la pensée juridique moderne** (texte établi, révisé et présenté par Stéphane RIALS, notes revues par Eric DESMONS, Paris: PUF – Leviathan, 2003, titre 2, ch. I – La réforme protestante, p. 279-325, cit. p. 280) enfatiza as diferenças entre distintas linhas 'reformadas', quer entre os calvinistas, como entre os luteranos; e também nos países católicos, como a influência protestante no jansenismo francês, que se refletiria no Código civil francês (1804). A respeito das influências protestantes, atenuadas como 'jansenismo' no direito civil francês, veja-se Jean CARBONNIER, **Flexible droit** (Paris: LGDJ, 1983, esp. 'variations sur les petits contrats') e tb. André-Jean ARNAUD, **Les origines doctrinales du code civil français** (Paris: LGDJ, 1969). A estes, se contraporia a

do que o ensinamento de especialistas de questões jurídicas, é à teologia de LUTERO que se tem de reportar para compreender a Alemanha na era moderna.[574]

Existe relação direta entre os fenômenos da reforma e o surgimento do direito moderno. Como chave para a compreensão em direito comparado, pode-se enfatizar

> Projetaríamos considerável luz sobre os sistemas jurídicos comparados de diversos países, se chegássemos a caracterizar o que implicam o luteranismo, o calvinismo, etc., enquanto princípios do direito. A carta religiosa da Europa, a partir do século XVI, é coisa imensamente complexa. A partir do século XVI, as igrejas e as seitas cristãs proliferaram.[575]

visão estritamente católica de compêndio de ensino teológico – *Praelectionum theologicarum compendium ad usum theologiae alumnorum* – como o de Jos. CARRIÈRE, **De contractibus** (Paris: Méquignon, "editio secunda, accurate emendata", 1852).

572 Ernst TROELTSCH, **Die Soziallehre der christlichen Kirchen und Gruppen** (Tübingen: Mohr, 1923).

573 Ver também o já referido conjunto de fontes, organizado por Ulrich KÖPF (herausgegeben von), **Deutsche Geschichte** in Quellen und Darstellung, especialmente: Band 3 – **Reformationszeit 1495-1555** (Stuttgart: Reclam, 2001); Band 4 – **Gegenreformation und Dreissigjähriger Krieg 1555-1648** (Stuttgart: Reclam, © 1996, impr. 2002); Band 5 – **Zeitalter des Absolutismus 1648-1789** (Stuttgart: Reclam, © 1997, impr. 2006).

574 Dentre extensa bibliografia disponível, utilizei: Henry BOGDAN, **Histoire de l'Allemagne**: de la Germanie à nos jours (inicialmente publicado em 1999, Paris: Perrin, 2003); Michel KERAUTRET, **Histoire de la Prusse** (Paris: Seuil, 2005, impr. 2010); Joseph ROVAN (1918-2004), **Histoire de l'Allemagne**: des origines à nos jours (inicialmente publicado em 1994, Paris: Seuil, 1999). Ver também as considerações desenvolvidas por FREDERICO II da Prússia (1712-1786), em seu já referido, **L'antimachiavel** – ou examen du Prince de Machiavel (1740, originalmente publicado na Haia: Van Duren, 1741, ed. crítica de Ch. FLEISCHAUER, Genebra, 1958; seguido de **Réfutation du prince de Machiavel**, 1848; edição revista por Jean-Robert ARMOGATHE e Dominique BOUREL, no volume FRÉDÉRIC II, **Oeuvres philosophiques**, 1740-1780, Paris: Fayard – Corpus des oeuvres de philosophie en langue française, 1985).

575 Michel VILLEY, **La formation de la pensée juridique moderne** (ed. cit., 2003, La réforme protestante, p. 279-325): "Nous touchons même là une des clefs de la science du droit comparé. [...] On projetterait beaucoup de lumière sur les systèmes juridiques comparés de ces divers pays, si l'on arrivait à déceler ce qu'impliquent le luthéranisme, le calvinisme, etc., en fait de principes du droit. [...] La carte religieuse de l'Europe à partir du XVIe siècle est chose immensément complexe. [...] à partir du XVIe siècle, églises et sectes chrétiennes ont proliferé."

A 'filosofia do direito' de LUTERO poderia ser coligida a partir de elementos esparsos em suas obras. Esta constitui prolongamento de suas concepções teológicas, prolongamento esse ao qual o próprio não atribuía grande importância, não tendo sequer chegado a fazer formulação homogênea e bem ordenada desta.

Faz falta diálogo estruturado entre teólogos e pensadores do direito, sobre as concepções de autores que tiveram impacto sobre ambas as disciplinas.[576] Mas, ao menos três elementos conceituais da revolução religiosa na obra de LUTERO podem ser apontados:

- depreciação do direito – este é a "chave do resto" – o direito, no pensamento luterano perde parcela considerável de seu anterior prestígio – LUTERO chega a chamar santo TOMÁS DE AQUINO de "porco gordo",[577] e se volta para a concepção menos elaborada do direito, que pautara a obra de santo AGOSTINHO – daí decorre o papel considerável atribuído por LUTERO à sanção;[578]

[576] Como advertia o próprio Michel VILLEY (op. cit., 2003, p. 283): "Il y a un renouveau d'intérêt, chez les historiens, pour les doctrines politiques et juridiques de LUTHER. C'est que la philosophie du droit n'a pas cessé, même aujourd'hui, d'être lié à la théologie (nous nous en sommes bien aperçus au récent colloque de Strasbourg sur **La révélation et le droit**) et que les églises, de nouveau, tendent à se mêler de droit. Les ouvrages récents pullulent, sur LUTHER et le droit. / Je n'accorde pas à la plupart de ces ouvrages une confiance totale. Il manque en effet d'ordinaire aux théologiens (je parle surtout des théologiens d'aujourd'hui) la connaissance de ce qu'est le droit." Nesse curso do ano acadêmico 1963-1964 VILLEY se reportava ao colóquio de Estrasburgo, **La révélation et le droit** (Paris: Dalloz, 1961)

[577] M. VILLEY (op. cit., 2003, p. 294): "LUTHER abolit cette floraison d'humanisme qui était le fruit de la philosophie thomiste. Il brise, au nom du christianisme, avec ARISTOTE, ce païen armé de la raison naturelle: 'Aristote est le rempart impie des papistes. Il est à la théologie ce que les ténèbres sont à la lumière. Son **Éthique** est le pire enemi de la grâce.' Saint THOMAS, lui-même, pour LUTHER, est un 'gros cochon'. Voilà qui n'est guère conciliable avec la thèse d'un LUTHER jusnaturaliste! La même réprobation sans nuance frappera les juristes romains, le droit romain, qui n'avait dû sa remise en honneur en Europe (pour le plus grand progrès du droit) qu'à l'humanisme scolastique, qu'à la renaissance de la doctrine classique du droit naturel." Ver também pensador relevante, que parece ter 'saído de moda', e costuma ser pouco citado ultimamente, Jacques MARITAIN, **Trois réformateurs: Luther, Descartes, Rousseau** (Paris : Plon, 1945).

[578] M. VILLEY (op. cit., 2003, 'Luther et le droit', p. 281-302, cit. p. 281, e mais adiante, p. 284, 286 e 290): "Le principe de la *justification par la foi*, et non par les oeuvres, va constituer, comme le disent les Allemands dans leur langage, le 'principe matériel de la Réforme'. V. tb. VILLEY (op. cit., 2003, p. 289): Le but du droit ramené à cet objectif transitoire et purement

- abandono do direito natural 'clássico': a teologia de LUTERO, sua visão do mundo, impõem a rejeição do direito natural, como tradicionalmente compreendido, até então – e dada a profunda impregnação do mundo germânico pelo pensamento luterano, isso levará pensadores posteriores, dentre os quais PUFENDORF, WOLFF, KANT e outros – na medida em que o conceito original de direito natural se vê esvaziado, e perde, progressivamente o seu sentido autêntico – a buscarem novas bases para a fundamentação do direito natural 'moderno';[579]
- o positivismo jurídico de tipo luterano: LUTERO apresenta modalidade particularmente aguda de positivismo jurídico, que, ao menos do ponto de vista temporal, representa regressão – em relação aos conceitos desenvolvidos, desde o século V, com as formulações de santo AGOSTINHO – em relação a toda a evolução, representada pelas glosas medievais,[580] e pelas doutrinas morais da escolástica.[581]

Em suma, "muitas vezes foi dito que LUTERO, um dos guias do mundo moderno, era um homem da Idade média. Isso se verifica a propósito de sua doutrina do direito", e permite concluir:

> não é o direito natural que tem origens cristãs: este procede de renascimento da cultura pagã antiga, o grande renascimento humanista, dos séculos XII e XIII. É antes o positivismo moderno que sairia de fonte acirradamente cristã,

instrumental: la *répression* des pêcheurs, afin de préserver un peu d'*ordre* dans le monde terrestre. Comme nous notions que c'était déjà la tendance de l'augustinisme, LUTHER pense surtout le droit sous les espèces du droit pénal, du droit répressif."

579 M. VILLEY (op. cit., 2003, p. 294): "Il en perdra progressivement le sens authentique."

580 M. VILLEY (op. cit., 2003, p. 295): "C'est un retour à l'Écriture sainte comme source de droit qu'a prêché premièrement le réformateur – c'est-à-dire un retour aux errements de l'augustinisme. En cela il participe aux tendances communes en son temps à revenir aux sources scripturaires, par-delà les gloses médievales, par-delà les doctrines morales de la scolastique. Aux XVIe et XVIIe siècles, il y eut des sectes assez nombreuses, spécialement en Amérique, pour prétendre faire de la loi biblique même la source unique de leur droit. On contesterait difficilement (du point de vue du bien temporel) qu'au temps de LUTHER cela constitue une régression."

581 Ver tb. Alfred VANDERPOL, **La doctrine scolastique du droit de guerre** (Paris: Pedone, 1919); A. VANDERPOL, **Le droit de guerre d'après les théologiens et les canonistes du Moyen Âge** (Paris/Bruxelles: Tralin, 1911).

vinda do fundo dos claustros, emanada de homens voltados para a vida religiosa, que tendem a transpor para as questões temporais, quando as circunstâncias os levam a se ocuparem de tais matérias, uma concepção do homem e do mundo, forjada para a vida espiritual, e da Escritura, tomada ao pé da letra. É o que fez, por exemplo, LUTERO.[582]

Não menor foi a influência de CALVINO. Sobre outra extensa área da Europa moderna – sobretudo a Holanda, a Inglaterra, a Escócia, e a partir destas duas últimas, sobre as colônias inglesas na América do norte.[583]

Existe muito em comum entre a doutrina de CALVINO e a de LUTERO. Uma continua a outra. Também o pensamento de ambos tem o mesmo fundamento – a busca de todos os elementos a partir da **Bíblia**. Por vezes de modo excessivo, e que pode gerar distorções consideráveis, quando se pretenda aplicar ao pé da letra.[584]

Encontra-se em ambas as doutrinas protestantes a mesma preocupação em regular a conduta humana, segundo leis positivas divinas, e consequentemente, alinham-se ambas pelo mesmo dado característico: a destruição do direito, concebido à maneira de ARISTÓTELES, ou de Roma, ou da igreja católica. Basicamente, a substância é a mesma; mas a formulação da doutrina calvinista se reveste de forma mais acabada, mais polida, mais 'profissional' do que a luterana. Mas ocorrem também diferenças.

[582] M. VILLEY (op. cit., p. 301-302) entende terem sido o estado temporal e o positivismo humano os ganhadores da confrontação de LUTERO com o humanismo renascentista e a escolástica medieval: "LUTHER est de ces écrivains qui imposent leur conception du monde. / À cause de cela je crois majeur dans l'histoire du droit le role de la théorie de LUTHER."

[583] CALVIN, **Oeuvres** (éd. établie par Francis HIGMAN et Bernard ROUSSEL, Paris: Gallimard – Pleïade, 2009); tb. os já mencionados Marian ROTHSTEIN (ed.), **Charting change in France around 1540** (Selingsgrove: Susquehanna University Press, 2006); Jean-Paul BARBIER-MUELLER, **La parole et les armes**: Chronique des guerres de religion en France 1562-1598 (Genebra: Musée international de la Réforme / Hazan, 2006); A. HOBZA, **Questions de droit international concernant les religions** (RCADI, 1924, t. 5, p. 367-424); M. BOEGNER, **L'influence de la Réforme sur le développement du droit international** (RCADI; 1925, t. 6, p. 241-324); b/c Mark W. JANIS, American versions of the International Law of Christendom (in **Religion and International Law**, ed. by M. W. JANIS and C. EVANS, orig. publ. 1999, Leiden / Boston: M. Nijhoff, 2004, p. 211-233).

[584] Ver Hilaire McCOUBREY, Natural law, religion and the development of International law (in **Religion and International Law**, ed. by M. W. JANIS and C. EVANS, orig. publ. 1999, Leiden / Boston: M. Nijhoff, 2004, p. 177-189).

A sólida base filosófica de CALVINO teve forte influência do nominalismo – de modo que OCKHAM permanece como autor marcante, em vários desdobramentos, exercitado na dialética rigorosa dessa escola –[585] mas foi igualmente ligado ao movimento humanista. Como LUTERO foi para a língua alemã, CALVINO foi mestre da língua francesa, mas também da língua latina.[586] Genebra foi o seu centro de atuação.[587] À herança intelectual de CALVINO, filia-se internacionalista como BURLAMAQUI.[588]

Atribuiu-se-lhe, a partir da assim chamada ética protestante, a origem do capitalismo. O que todavia não se sustenta, perante a história:

> A ideia da influência de uma 'ética do trabalho [calvinista]' sobre o desenvolvimento do capitalismo moderno é sedutora, mas a argumentação foi sistematicamente desmontada durante um século de debates publicados desde o aparecimento da tese de WEBER. Assim: o capitalismo já existia antes da reforma, sobretudo entre os banqueiros italianos e alemães; a noção de 'vocação', aplicada por WEBER deve mais a LUTERO que a CALVINO, para quem a vocação é um 'freio', uma barreira, para impedir os homens de ultrapassarem em seus impulsos, os limites da valorização de si mesmos. WEBER fazia referência sobretudo aos puritanos americanos do século XVII e posteriores, que tentaram estabelecer relação entre seu sucesso comercial e a sua condição de eleitos, aspirando verificar em sua existência o silogismo prático que CALVINO jamais ensinou.[589]

585 Cf. se examina no **Tratado** (tomo 4 – **Direito internacional no tempo medieval**, item 9.2).

586 CALVIN, **Oeuvres** (éd. établie par Francis HIGMAN et Bernard ROUSSEL, Paris: Gallimard – Pleïade, 2009); ver o também já referido conjunto de estudos, coordenados por Marian ROTHSTEIN (ed.), **Charting change in France around 1540** (Selingsgrove: Susquehanna University Press, 2006).

587 Alain DUFOUR, *Le mythe de Genève au temps de Calvin* (in **Histoire politique et psychologie historique**, Genève: Droz, 1966). A população de Genebra praticamente dobrou entre 1540 e 1560.

588 Ver **Tratado** (tomo 10 – **Direito internacional no tempo de C. van Bynkershoek e Christian Wolff**, cap. 23 – J. J. BURLAMAQUI (1694-1748)).

589 Francis HIGMAN et Bernard ROUSSEL, Introduction (in CALVIN, **Oeuvres**, Paris: Gallimard – Pleïade, 2009, p. XI-XLI, cit. p. XXXV e XXXVI): "Aucun argument ne permet d'établir une filiation directe entre calvinisme et capitalisme. Elle est pourtant fréquente dans l'historiographie: c'est une forme d'hommage! / L'idée d'un rapport direct entre la doctrine de CALVIN et le capitalisme moderne est donc difficile à défendre. Mais il est intéressant de remarquer que CALVIN est le seul grand réformateur à propos duquel une telle question est évoquée. C'est dire, simplement, à quel point le réformateur de Genève a eu une influence

Essa interação entre ambos tanto pode ser sustentada como atacada de modo candente.[590] Esta pode ser considerada como uma tese sedutora, porém ultrapassada.[591] A ser evitada, pelas suas possivelmente nefastas consequências – facilmente desaguando no racismo, apesar de não ser este garantido em sua base, nem coerente em seus desenvolvimentos, nem tampouco justificado em suas conclusões.[592]

Em comparação com LUTERO, claramente CALVINO teve melhor formação intelectual e filosófica. Ele assimilou a linguagem dos filósofos e da escolástica medieval:[593]

> Ele nos permite compreender o contraste entre o pensamento jurídico moderno e a filosofia clássica do direito natural. Um de seus méritos capitais parece ter sido distinguir claramente o direito do resto da moral. Com sua

(fût-elle indirecte) non seulement sur l'évolution religieuse de son époque, mais aussi sur la vie économique et sociale du monde moderne". Ver tb. Max WEBER, **Die protestantische Ethik und der Geist des Kapitalismus** (orig. publ. 1904-1905, em duas partes, Erftstadt: Area Verlag – Wort-schätze, 2005); em português, **A ética protestante e o espírito do capitalismo** (trad. Karina JANNINI, São Paulo: Edipro, 2020).

590 Brevemente referido, no **Tratado** (tomo 4 – **Direito internacional no tempo medieval**, item 8.3 – caminhos da instauração medieval); ver, neste tomo, item 13.3 – estado soberano e direito internacional; e tb. enfatizam F. HIGMAN e B. ROUSSEL (op. cit., 2009, Introduction, p. XI-XLI).

591 É fácil ver como o prolongamento de tal 'eleição' pode despontar no racismo. Ver, por ex., Albert MEMMI, **Le racisme**: descriptions, définitions, traitement (orig. publ. 1982, nouvelle éd. 1994, Paris: Gallimard – Folio actuel, 1994, chap. 1 – Le discours du raciste, p. 19-37, cit. p. 28): "rien ne veut suggérer que la race la plus homogène, sinon absolumment pure, serait la plus favorisée, ni dans les hasards de l'histoire ni à la suite de quelque projet. Cà et là, dans les mémoires collectives, on trouve bien quelque allusion à une peuplade fameuse, choisie par le destin ou par les Dieux: c'est le thème de l'élection, lequel contrairement à ce que l'on croit, n'est pas spécifiquement juif. En tout cas, il ne se réduit jamais à la seule biologie, ni chez les Hébreux, ni chez les aures peuples. [...] Mais la signification est toujours la même: nous sommes les meilleurs! Lorsque l'élément biologique existe, il est vague, au mieux symbolique, et souvent contradictoire: les cheveux de Samson, signe de virilité; le talon d'Achille, signe de fragilité."

592 A. MEMMI (op. cit., 1994, p. 34): "le discours du raciste n'est pas assuré sur ses bases, ni cohérent dans son développement, ni justifié dans ses conclusions". Logo adiante, A. MEMMI (op. cit., 1994, cap. 2, 'l'observation', p. 38-54, cit. p. 42): "Le fonctionnement de toute société suppose une dépendance réciproque entre ses membres". Ver tb. A. MEMMI, **La dépendance** (Paris: Gallimard, 1979).

593 M. VILLEY (op. cit., 2003, 'Calvin et le droit', p. 303-325).

obra começa a se delinear a separação radical entre direito e moral, e este é fator decisivo para a compreensão do novo pensamento jurídico.[594]

Este se empenha em defender o legado da escolástica católica do século XVI:

> Até passado recente, os historiadores deram provas de grande injustiça em relação à escolástica católica do século XVI: é a herança dos preconceitos antirreligiosos dos séculos XVIII e XIX. Sobre o que tinha realmente contado, para a educação dos nossos ancestrais do antigo regime, sobre CAJETANO, VITÓRIA, BELARMINO e SUAREZ fez-se indevida sombra. Exemplos: fez-se, durante muito tempo, de GRÓCIO o fundador do direito internacional da Europa moderna – ou de ALTHUSIUS, posto em destaque pelos alemães, o criador de seu direito constitucional; um e outro tinham a vantagem de serem protestantes, e ademais de tendência francamente laicizante. Era preciso, necessariamente que o ponto de partida de toda a cultura estivesse fora da igreja católica. Agora, os internacionalistas reconhecem nos espanhóis VITORIA, SOTO e SUAREZ, e em alguns italianos da escolástica católica do século XVI, os verdadeiros 'fundadores do direito internacional'; e na filosofia do direito, mais e mais se reconhece a importância preponderante de SUAREZ.[595]

De tal modo, é preciso situar em seu contexto "além do CALVINO teólogo, também o CALVINO polemista, pedagogo, escritor de cartas, pregador, associado à criação de estruturas sociais, econômicas e políticas", que viriam a se desenvolver, e se diversificam, nos séculos seguintes; enfim, também, "CALVINO dentre os autores que formam a língua francesa clássica".[596] O que reconhecia mesmo autor ferrenhamente católico como BOSSUET.[597]

594 M. VILLEY (op. cit., 2003, cit. p. 305).

595 M. VILLEY (op. cit., 2003, cit. p. 327). Ver **Tratado** (tomo 6 – **Direito internacional no tempo de Suárez, Gentili e Zouch**, cap. 15); P. B. CASELLA, 400 anos do De Legibus de Francisco Suárez (1548-1617) (Revista Fdusp, 2011-12, v. 106-107, p. 25-33, https://www.revistas.usp.br/rfdusp/article/view/67935).

596 Francis HIGMAN et Bernard ROUSSEL, Introduction (in CALVIN, **Oeuvres**, Paris: Gallimard – Pleïade, 2009, p. XI a XLI, cit. p. XL) insistem nas qualidades de CALVINO como escritor, e na qualidade literária de sua escrita, quer em francês, como em latim.

597 Jacques-Bénigne BOSSUET (1627-1704), **Histoire des variations des églises protestantes** (orig. publ. 1668, Paris: Guillaume Desprez et Jean Desessarts, 1752, 2 vols. – diversas edições

O luteranismo e o calvinismo não foram somente fenômenos religiosos, mas também políticos e culturais. Com seus elementos comuns e suas especificidades, nos contextos de língua alemã e francesa da época.

Cabe observar, com Jules MICHELET, na obra sobre as origens do direito francês, buscados nos símbolos e fórmulas do direito universal,[598] "o calvinismo foi antissimbólico e iconoclasta, não somente na igreja, mas também na literatura. Na grande polêmica religiosa, nossa língua assume essa seriedade, essa rapidez, que não se perde em mesuras, quando se trata de perseguir o inimigo".[599] Equipara dois movimentos simultâneos: "o direito francês ganha a Europa quase tão rapidamente como a língua francesa".[600]

Foi grande a transformação do direito de base romana para o direito moderno. Esta acarreta mudanças paradigmáticas.[601] E, "da mesma forma que o direito natural, segundo entendo, é a palavra chave da ciência jurídica romana, assim é o direito subjetivo a palavra chave do direito moderno".[602]

disponíveis on line, 1740, 1770, 1844, 1845) observa a respeito de CALVINO: "son style qui était plus triste [c'est-à-dire sévère] [que celui de LUTHER] était aussi plus suivi et plus châtié."

598 Jules MICHELET, **Origines du droit français** – cherchées dans les symboles et formules du droit universel (orig. publ. em Bruxelas: Meline, Cans et Compagnie, 1840, dois tomos; reedição facsimile, Paris: L'Harmattan, 2009, dois tomos).

599 MICHELET (op. cit., 1840, ed. 2009, tomo I, p. 112-113): "Le calvinisme fut antisymbolique et brise-images, non seulement dans l'église, mais dans la littérature. Dans la grande polémique religieuse, notre langue prit ce sérieux, cette allure rapide, qui ne s'amuse pas aux fleurs, quand il s'agit de poursuivre l'ennemi. [...] Le droit français gagne l'Europe presque aussi rapidement que la langue française." E, a seguir, de MICHELET (op. cit., 1840, ed. 2009, tomo I, nota 2, da p. 113): "Dès qu'il s'agit d'intérêts sérieux, les plus grands ennemis de la France n'ont foi qu'à la langue française. Nulle autre ne possède au même degré le mérite de la clarté, qui est la probité des langues."

600 MICHELET (op. cit., 1840, ed. 2009, p. 106-107): "Ainsi le droit n'immola le symbole, cette fiction de la nature, qu'en y substituant tout un monde de fictions artificielles. Puissante poésie logique, dont l'HOMÈRE est PAPINIEN." MICHELET (op. cit., 1840, ed. 2009, p. 106-107): "Au sens étymologique du mot, poésie (*création*), la vraie poésie du droit, ce n'est pas le symbole, mais plutôt la fiction. Le symbole est un emprunt fait à la nature; la fiction est vraiment de l'homme."

601 Michel BASTIT, **Naissance de la loi moderne** (Paris: PUF – Léviathan, 1990).

602 M. VILLEY, **La formation de la pensée juridique moderne** (Paris: PUF – Léviathan, 2003, p. 268): "De même que le droit naturel est, selon moi, le maître mot de la science juridique romaine, de même le droit subjectif est le maître mot du droit moderne."

A célebre teoria do direito natural foi, primeiro para os teólogos, o apelo à razão humana, para a mais fácil defesa de direito inspirado pela moral cristã. A laicização desse direito não poderia deixar de ser superficial. Esta se fez, contudo, e permitiu aos filósofos do direito do século XVIII defender a concepção de direito imposto pela natureza. Foi este o meio de o opor ao direito arbitrariamente estabelecido pelo soberano. Assim, essa teoria se fez revolucionária.[603]

O passo seguinte se faz com a contraposição entre direito natural[604] e positivismo jurídico: "dá-se o nome de positivismo jurídico à doutrina que, rejeitando a ideia de direito natural, somente reconhece como direito aquele emanado do poder político. Ela cabe inteira numa negação". Isto porque, "dado que a existência do direito positivo não é contestada por ninguém, essa doutrina consiste em não admitir a existência de direito superior ao direito positivo, ou, ao menos, fazer dessa existência o objeto de opinião individual".[605]

Dentre as transformações marcantes da passagem do medieval para o moderno inscrever-se-iam a passagem de concepções predominantemente matizadas pelo direito natural, para as alinhadas pelo positivismo jurídico, onde também se acolhem os direitos individuais e o conceito de direito subjetivo. Isso pode ser simplificação reducionista, enquanto tal, mas é dado a ser computado, em relação ao conjunto. E cuja precisa caracterização pode ser útil, para a compreensão de desenvolvimentos futuros.

603 Georges RIPERT, **Les forces créatrices du droit** (Paris: LGDJ, 1955, chap. I – Stabilité, évolution et progrès du droit, cit. p. 25).

604 G. RIPERT (op. cit., 1955, cap. VI – Naissance des lois, p. 327-328): "Il y a [...] dans la conception du droit naturel un élément qui peut servir de guide dans la recherche des principes. Si des règles sont imposées par la nature de l'homme et par les exigences de la raison elles se retrouveront à toutes les époques de la vie de l'humanité ou du moins dans l'histoire plus ou moins longue d'une civilisation. La constatation de l'exigence de règles traditionnelles suffit dès lors pour affirmer qu'il y a des principes. On les reconnaîtra à leur âge: ce sont les vieillards qui guident encore le pas de l'humanité."

605 G. RIPERT (op. cit., 1955, chap. II – La lutte pour le droit, p. 74-75): "C'est une doctrine très simple et très libérale qui a pu recueillir l'adhésion de juristes pourtant opposés par leurs opinions religieuses ou politiques: CARRÉ DE MALBERG, JÈZE, SCELLE, WALLINE en France, DABIN et DE PAGE en Belgique, pour ne citer que les contemporains. Encore certains n'arrivent-ils pas à se faire admettre parmi les positivistes parce qu'ils ne consentent pas à sacrifier l'apport de la morale transcendante, alors que pourtant ils ne prétendent pas que ces règles morales soient considérées comme des règles de droit."

Como também se deu com a adoção do princípio da laicidade: "o sentido profundo da ideia de laicidade não consiste somente em conflito de competências entre as autoridades ou de resistência à ação política das igrejas. O princípio de laicidade exige a eliminação completa da força religiosa na criação do direito".[606]

Foram necessários séculos, escreve Georges SCELLE, para secularizar o direito. E, em alguns estados a secularização ainda não está terminada.[607]

Esses aspectos, aparentemente tópicos e incidentais, tem, contudo, caráter determinante na configuração da estrutura social. A divisão de tarefas e de competências entre as esferas laica e religiosa da vida foram dados estruturantes da sociedade ocidental moderna. E, como tais, desde então permanecem.

Inversamente, não se deu essa separação entre essas mesmas duas esferas da vida social, no mundo muçulmano.[608] O que traz profundas diferenças, tanto conceituais quanto operacionais, entre estes dois contextos.

Ao mesmo tempo, é preciso atentar para as distorções que podem decorrer da aplicação exacerbada do positivismo jurídico:[609]

> O positivismo jurídico, corolário do nominalismo, durante muito tempo gozou, na teoria jurídica, de triunfo quase total. Bem se poderia dizer que o tema da criação do direito pelo único meio da lei, como o tema do direito subjetivo, sejam o que separa funcionalmente o direito ocidental moderno dos demais sistemas jurídicos (para o que ainda reste no mundo). Contudo, seus

[606] G. RIPERT (op. cit., 1955, chap. III – Religion et morale, cit. p. 136-137): "Le principe de laïcité signifie que les règles religieuses n'ont aucune valeur civile et que le bras séculier n'intervient pas pour assurer leur observation. [...] Le principe de laïcité a un autre sens et plus profond. Il signifie qu'il est nécessaire d'éliminer toute influence de la religion dans la création du droit."

[607] G. RIPERT (op. cit., 1955, chap. III, p. 145-146 e p. 171): "Dans l'histoire des doctrines juridiques la séparation du droit et de la morale est acquise depuis au moins le XVIIIe siècle"; Georges SCELLE, *Le droit public et la théorie de l'état* (in **Introduction à l'étude du droit** de Léon Julliot de la MORANDIÈRE, Paul ESMEIN, Henri LÉVY-BRUHL e Georges SCELLE, Paris: Rousseau et Cie., tome I, 1951, p. 8).

[608] Neste tópico, sem considerar as distinções entre o islamismo sunita e o xiita. Que tem considerável impacto sobre a forma de ordenação da vida em sociedade.

[609] Michel VILLEY (1914-1988), **La formation de la pensée juridique moderne** (Paris: PUF – Leviathan, 2003, Conclusion sur la scolastique du Moyen Âge, p. 269-276). Ver tb. **Tratado** (tomo 4 – **Direito internacional no tempo medieval**, item 9.2 – GUILHERME DE OCKHAM).

> frutos muitas vezes parecem amargos, e isso tanto mais que, a partir do século XVII, o positivismo jurídico se exacerbou e se despojou das balizas salutares que constituíam, em GUILHERME DE OCKHAM, a autoridade preponderante das leis positivas divinas. A lei humana da consciência, colocada no lugar desta, por HOBBES ou LOCKE, sob o nome de lei natural (moral), é demasiadamente vaga e inconsistente, vazia de conteúdo jurídico, para constituir barreira igualmente eficaz. O positivismo jurídico quis fundar todo o direito somente sobre a vontade dos homens. Nós sabemos onde essa via conduz, ao menos logicamente: às ficções do contrato social, à idolatria coletiva da opinião contemporânea por uma mítica 'democracia', finalmente, à ditadura da força e do arbítrio, ao estatismo, ao reino absoluto do poder estabelecido sobre o direito. Não é preciso ensinar que hoje o positivismo jurídico, se permanece majoritário, na opinião dos juristas, se vê denunciado pela maioria dos teóricos do direito; ele entrou em crise.[610]

O complexo debate entre direito natural e positivismo jurídico interessa diretamente à construção de sistema institucional e normativo internacional. Como se ensaia na era moderna. E esse debate repercute até os nossos tempos pós-modernos.

> Em razão do triunfo do nominalismo, a doutrina do direito natural também se corrompeu profundamente na época moderna. Perdeu-se a chave. E, doravante, acomodou-se com seu contrário, a filosofia vitoriosa. Construiu-se esse monstro híbrido, uma doutrina do direito natural, baseada no nominalismo: direito que se pretendia extrair não mais da natureza cósmica, mas da pretensa 'natureza do homem' individual. E, enquanto santo TOMÁS reabilitava a razão, tendo plena consciência de sua falibilidade e de seus limites,

[610] M. VILLEY (op. cit., 2003, p. 273-274): "Quand on s'est trompé de chemin et qu'on est arrivé dans une impasse, il se peut que cela paraîsse pénible; mais plutôt que d'aller se perdre sans résultat à droite ou à gauche, il vaut mieux revenir en arrière jusqu'au carrefour. C'est dire que, dans notre présente situation, le plus court serait peut être de remonter au grand débat philosophique de la scolastique médiévale, au moment décisif du choix entre saint THOMAS et OCCAM, au moment où nominalisme et réalisme ont croisé le fer. Ce n'est qu'au prix de cet effort, et de ce recours à l'histoire, que nous pourrons nous dégager du positivisme juridique et retrouver l'autre chemin (nous n'en voyons pas de troisième qui soit actuellement accessible), celui qui mène au droit naturel – non aux formes bâtardes de droit naturel que nous ont léguées le XVIIe et le XVIIIe siècle, mais au droit naturel thomiste, je dirais plus exactement le droit naturel de saint THOMAS."

o racionalismo moderno teve a louca ambição de deduzir da natureza do homem individual um sistema de normas jurídicas certas, imutáveis, universais, normas imaginadas segundo o modelo daquelas expressas, que produz a lei positiva, mas às quais seria atribuído como autor não a vontade, mas a Natureza ou a Razão. Isso não passou de mistura informe de direito natural e de positivismo jurídico. Eu não volto à crítica dessa caricatura do autêntico direito natural, que parece condenada; esse ramo está, hoje, morto, embora constantemente pareça prestes a reflorescer, como para servir de contrapeso aos excessos da parte adversa.[611]

Cumpre situar o que se pretende nesta parte. A questão do corte metodológico, já colocada, em relação à Antiguidade e a passagem desta à Idade média,[612] novamente se apresenta, na transição da era medieval ao mundo moderno – mesmo sem esquecer quanto tem de arbitrária qualquer generalização dessa ordem – especialmente em relação ao 'Renascimento', ou renascimentos, cuja extensão temporal e de conteúdo pode sofrer variações muito elásticas.

Não menos controvertidas as divisões entre este direito, dito 'moderno', passando ao direito internacional clássico, e de lá até nós, no contexto pós-moderno. Nesse sentido, seria preciso acabar com o simplismo da linha divisória entre os mundos medieval e moderno:[613]

Primeiro haveria séculos de precariedade, de medo e de impotência, o tempo das infelicidades e da resignação. [...] Soma-se a lista dos perigos aos quais, com o resto da humanidade, estavam submetidos, a fome e a guerra, a epidemia

[611] M. VILLEY (op. cit., 2003, p. 274-5) faz a apologia da posição tomista: "trata-se de atitude média, entre o platonismo de alguns de seus contemporâneos e o nominalismo de OCKHAM. Não é verdade que o tomismo aprisione o indivíduo em uma razão impessoal. Santo TOMÁS, seguindo sem dúvida a verdadeira doutrina de ARISTÓTELES, atribui a realidade primeiro ao indivíduo (que é, como diz, 'substância primeira'), e ao que existe de mais individual no indivíduo, a sua vontade: assim se pode colocar lugar no direito, como o fazia ARISTÓTELES, para as leis positivas, que emanam da vontade do indivíduo, que vem dar forma ao conteúdo excessivamente vago do direito natural, acrescentando-lhes as necessárias 'determinações'." [...] "o direito natural tomista nos parece escapar radicalmente da acusação de estatismo, na qual incide ao contrário a escola moderna do direito natural."

[612] Cfr. **Tratado** (tomo 4 – **Direito internacional no tempo medieval**, item 8.3 – caminhos da instauração medieval).

[613] Élisabeth CROUZET-PAVAN, **Les villes vivantes** – Italie XIIIe-XVe siècle (Paris: Fayard, 2009).

> e os incêndios, os tremores de terra e as secas, a chuva e a mortalidade ... A essa visão de homens submetidos aos rigores do meio, perdidos diante da violência das calamidades sucederia a imagem, com a chegada do Renascimento, de humanidade conquistadora, decidida a dominar a natureza, no impulso de postura filosófica levando à inventividade tecnológica. Logicamente é preciso acabar com a simplicidade de uma tal periodização.[614]

As linhas divisórias da evolução da humanidade não são tão simples assim de serem traçadas: existem superposições e influências que se imbricam, no tempo e no espaço. E esses dados têm de ser levados em consideração, para se fazer qualquer avaliação de conjunto de possíveis evoluções.

Assim, cabe perquirir: aonde se vai, no exame da história das ideias e da história em geral, para buscar elementos de direito internacional, propriamente dito? Por isso, esta parte II se intitula dos precursores ao direito internacional (moderno), como sistema.[615] E, novamente, ocorre crise de modelo, na passagem do mundo medieval para o moderno, assim como deste para o direito internacional clássico, e daquele para o pós-moderno.

Será justamente nesses séculos que se constrói um 'sistema' de direito internacional (moderno): este não existe, ao início do período que se passa

614 É. CROUZET-PAVAN (op. cit., 2009, chap. IV – *Périls: entre mythes et vérités*, p. 77-100, cit. p. 77) abrange consideração a respeito da condição humana, a partir do caso específico de Veneza: "Il y a bien peu de résignation et d'impuissance dans les chantiers de Vénitiens appliqués dès l'installation dans les lagunes à composer avec l'hostilité du site, de même qu'il y en a bien peu dans les travaux de ces hommes qui, partout en Occident, au temps de l'expansion démographique, défrichent et labourent, rapportent la terre, montent des terrasses ... Ce qui ne les empêche pas, sous le regard de Dieu, de toujours savoir que leur durée, individuelle et collective, de par l'intromission d'un fléau par lequel la toute-puissance divine marquerait sa colère, pouvait soudainement s'interrompre. / Du cas vénitien se déduisent donc des enseignements généraux."

615 Eugenio BULYGIN, em seu estudo *Système juridique et ordre juridique* (in **L'architecture du droit – Mélanges en l'honneur de Michel Troper** études coordonnés par D. de BÉCHILLON, P. BRUNET, V. CHAMPEIL-DESPLATS e E. MILLARD, Paris: Economica, 2006, p. 223-229, cit. p. 223 e 229) caracteriza 'sistema' como: "conjunto de normas jurídicas com referência a determinado instante", enfatizando assim, a dimensão *temporal* na compreensão de qualquer sistema; 'ordem jurídica', por sua vez, seria sequência termporalmente ordenada de sistemas jurídicos, um "conjunto de conjuntos, ou seja, uma família de normas jurídicas". Entende que "o conjunto das normas que deve ser aplicado a determinado caso não necessariamente – contrariamente a opinião frequentemente externada – precisa pertencer a único sistema jurídico. Na verdade, esse conjunto resulta, muitas vezes, de seleção de normas de diferentes sistemas, que podem pertencer ou não à mesma ordem jurídica."

a examinar – no início do século XVI –, mas está basicamente configurado a partir do término da guerra dos trinta anos – além do paradigma vestfaliano – e a partir desse marco, como direito internacional (clássico) até o início do século XIX. E mutação conceitual não menos relevante ocorrerá a partir desse marco, até o presente contexto pós-moderno.[616]

Passamos de precursores, nos escritos dos quais se vislumbram intuições, do que viria a ser o direito internacional moderno, até a construção de sistema coeso, que se estrutura ao término dos Congressos de Viena, 1815 e de Aachen, 1818. Sistema esse que a partir destes marcos se mantém durante cerca de um século, sob a égide do assim chamado "concerto europeu" (1814-1914).[617]

O "concerto europeu" soçobra com a eclosão da Primeira guerra mundial. Não menores serão as mudanças seguintes, nos marcos do Tratado de Versalhes (1919) e deste, passando pela reformulação institucional, após a segunda guerra mundial, desde a Carta da ONU (1945), para as grandes questões que marcarão o direito internacional pós-moderno e as perspectivas deste, no século XXI.[618]

O sistema internacional se forma como conjunto de questões relativas aos interesses e necessidades da Europa, e algumas emanações a partir desta, como em relação ao Novo Mundo, depois dos grandes descobrimentos. Ou em razão dos interesses e das relações dos europeus com a Ásia, com a África e com a Oceania.[619]

Essa mutação do 'sistema' internacional foi enorme e teve consequências irreversíveis sobre o conjunto do mundo. Cabe observar que as trocas

[616] Como se examina no **Tratado** (tomo 6 – **Direito internacional no tempo de Suárez, Gentili e Zouch**, tomo 7 – **Direito internacional no tempo de Hugo Grócio**, tomo 8 – **Direito internacional além do paradigma vestfaliano**, tomo 9 – **Direito internacional no tempo de Samuel Pufenddorf**, tomo 10 – **Direito internacional no tempo de C. van Bynkershoek e Christian Wolff**, tomo 11 – **Direito internacional no tempo do Iluminismo**, tomo 12 – **Direito internacional no tempo de Vattel e von Martens**, tomo 13 – **Direito internacional no tempo do concerto europeu** e seguintes).

[617] Aachen, Aix-la-Chapelle ou em português, Aquisgrana. Pouco utilizado. Ver **Tratado** (tomo 13 – **Direito internacional no tempo do concerto europeu** item 27.1 – do Congresso de Viena à 'primavera dos povos' (1815-1848), 27.1.1 – Congresso de Aquisgrana (1818), 27.1.2 – Congresso de Troppau (1820), 27.1.3 – Congresso de Laibach (1821), 27.1.4 – Congresso de Verona (1822), 27.1.5 – Congresso de Londres (1830-1833) e seguintes).

[618] Como se examina nos **Fundamentos** (2008) bem como no **Tratado** (tomo 20 – **Direito internacional, história e cultura**).

[619] Cfr. **Tratado** (tomos 14 a 17 – **Direito internacional no tempo do colonialismo**).

"entre o velho mundo e o novo" são múltiplas e variadas as consequências do "descobrimento" e da inserção do Novo mundo,[620] no sistema internacional, a partir daquele momento.

O "verdadeiro significado e natureza do encontro de culturas, inaugurado quando COLOMBO aportou nas primeiras ilhas do Caribe, não pode ser entendido somente em termos de história convencional":[621]

> Por um período de mil anos, antes de 1492, a conquista e a colonização tinham ido por outro caminho: da Ásia e da África para a Europa.[622] O ano de 1492 marca o início da história mundial eurocêntrica, da convicção de que uns poucos países europeus centrais e ocidentais estavam destinados a conquistar e governar o globo, a euro-megalomania.
> A era da 'expansão da Europa', um tema sobre o qual os alunos de História na minha juventude eram examinados, acabou.[623]

[620] Ver por exemplo: A. PAGDEN, *Dispossessing the barbarian: the language of Spanish Thomism and the debate over the property rights of the American Indians* (in **The languages of political theory in early modern Europe** (Cambridge: Univ. Press, © 1987, edição de 1990, p. 78-98); Patricia SEED, **Ceremonies of possession in Europe's conquest of the new world 1492-1640** (New York / Cambridge: Cambridge Univ. Press, 1995).

[621] Eric HOBSBAWM, *O velho mundo e o novo: quinhentos anos de Colombo* (orig. publ. na *London Review of Books*, em 9 de julho de 1992, reunido no volume **Pessoas extraordinárias: resistência, rebelião e jazz**, do original **Uncommun people**, 1998, trad. Irene HIRSCH e Lólio L. de OLIVEIRA, São Paulo: Paz e Terra, 3ª ed., 2005, p. 405-414).

[622] E. HOBSBAWM (art. cit., 1992, ed. cit., 2005, p. 413): "é significativo que a data da descoberta da América por COLOMBO seja também a data da conquista de Granada e da expulsão dos judeus da Espanha: os três fatos são símbolos dessa reviravolta." Comparem-se os ensaios reunidos em Jay A. LEVENSON (edited by), **Circa 1492** (Washington / New Haven: National Gallery of Art / Yale University Press, 1992).

[623] E. HOBSBAWM (art. cit., 1992, ed. cit., 2005, p. 413-414): "Mas isso é história passada. Há muito que Espanha, Portugal, Grã-Bretanha, França e outros países deixaram de governar as Américas. Esses países decaíram de potências mundiais, mesmo de 'grandes potências' no contexto europeu, para estados que por si sós não exercem muita influência, apenas no sentido coletivo, devido à Comunidade Europeia." Doravante, União Europeia. E sem o Reino Unido, a partir do fenomenal erro cometido com o *Brexit*, a saída do Reino Unido da EU. A respeito, P. B. CASELLA, *Imperativo categórico da cooperação e as lições do BREXIT* (in **A evolução do direito no século XXI** – homenagem ao prof. A. WALD, coord. F. U. COELHO, G. TEPEDINO, S. F. LEMES, São Paulo: Ed. IASP, 2022, vol. 3, p. 963-1001), continuam a ocorrer disfuncionalidades, como ilustram a malfadada retirada do Reino Unido e as perniciosas manobras da Hungria e da Polônia na União Europeia.

A compreensão do direito internacional enquanto sistema institucional e normativo não pode ser alcançada somente com uso de dados técnicos – estudo de fontes primárias, como tratados – estas são condições necessárias, mas nem por isso suficientes. O direito internacional deve se contextualizar na história e, na condição do tempo vivido, como produto humano, contextual e culturalmente condicionado.[624]

> Outras consequências diretas da conquista e da colonização das Américas ainda estão conosco. Não pertencem a homens famosos nem a governos. Mas transformaram o tecido da vida europeia para sempre. E também a de outros continentes. Quando a história econômica, social e cultural do mundo moderno for escrita em termos realistas, a conquista do sul da Europa feita pelo milho, do norte e leste da Europa pela batata, e das duas regiões pelo tabaco, e mais recentemente pela Coca-cola, parecerá mais proeminente do que o ouro e a prata em nome dos quais as Américas foram subjugadas.[625]

A necessidade de exame do fenômeno da mundialização do direito internacional e de sua instauração como sistema institucional e normativo internacional pode ser apontada de várias perspectivas, em suas grandes linhas:

- alguns elementos deste surgem na Antiguidade, e acompanham os homens, na medida em que se põe a necessidade de regular alguma convivência entre diferentes civilizações e potentados políticos;[626]
- este se põe na Idade média, como lenta elaboração de algo novo a partir do legado antigo, passando para contexto diverso, com vistas a enfrentar os problemas do tempo, e preparar o caminho para o que viria;[627]

[624] Cf. **Fundamentos** (2008, cap. VI – direito, história e cultura) e no **Tratado** (tomo 20 – **Direito internacional, história e cultura**).

[625] E. HOBSBAWM (art. cit., 1992, ed. cit., 2005, p. 413-414).

[626] Cf. **Tratado** (tomo 3 A – **Direito internacional no tempo antigo** e tomo 3 B – **Gregos, romanos, chineses, indianos**), tb. P. B. CASELLA, Negociação e conflito no direito internacional: cinco mil anos de registro da história (São Paulo: Revista Fdusp, 2019, vol. 114, p. 185-230).

[627] Cf. **Tratado** (tomo 4 – **Direito internacional no tempo medieval**), bem como o cap. 12 – *jus gentium, jus commune, jus europaeum*: entre a teoria e a prática, no presente tomo.

- este se instaura como sistema, no contexto da Europa 'moderna', multipolarizada e fragmentada, depois dos grandes descobrimentos, depois das guerras de religião, e do marco institucional da Paz de Vestfália;[628]
- este direito internacional 'moderno', surgido com vocação universal, vive o paradoxo de, ao mesmo tempo em que se aperfeiçoa tecnicamente, no assim chamado período do direito internacional 'clássico', vive a contradição de se apresentar como estritamente europeu – e mesmo 'nacional', pautado por 'escolas' e 'correntes' de cada estado – sobretudo no contexto do século XIX e primeira metade do XX;[629]
- este direito internacional passa a ter a sua vocação universal resgatada, para acompanhar as necessidades e o âmbito de aplicação que se lhe abre, no presente século – e se verifica no presente contexto pós-moderno.[630]

A vocação universal do direito internacional há de ser resgatada a partir de sua matriz. Esta pode ter sido europeia, cristã e ocidental, mas não se resume, nem se pode restringir somente ao contexto no qual foi criada. Tem papel universal a cumprir. Ou quase...

As mutações institucionais e operacionais do sistema institucional e normativo internacional são possíveis. Estas já foram experimentadas, no passado, em considerável extensão, por exemplo, quando da independência das Américas, no final do século XVIII e início do XIX, e, posteriormente, da descolonização da África e da Ásia, em meados do século XX, até chegarmos ao mundo pós-moderno.[631]

A percepção da vocação de universalidade do direito internacional se inscreve como vertente conceitual estruturante do presente trabalho. E na

[628] Cf. **Tratado** (tomo 6 – **Direito internacional no tempo de Suárez, Gentili e Zouch**, tomo 7 – **Direito internacional no tempo de Hugo Grócio** e tomo 8 – **Direito internacional além do paradigma vestfaliano**).

[629] Cf. **Tratado** (tomo 9 – **Direito internacional no tempo de Samuel Pufenddorf**, tomo 10 – **Direito internacional no tempo de C. van Bynkershoek e Christian Wolff**, tomo 11 – **Direito internacional no tempo do Iluminismo**, tomo 12 – **Direito internacional no tempo de Vattel e von Martens** e tomo 13 – **Direito internacional no tempo do concerto europeu**).

[630] Cf. **Fundamentos** (2008) e no **Tratado** (tomo 20 – **Direito internacional, história e cultura**).

[631] Cfr. **Tratado** (tomos 14 a 17 – **Direito internacional no tempo do colonialismo**).

busca do resgate desta. Isso se faz necessário, para permitir a compreensão da natureza e do papel que tem a desempenhar o direito internacional. O exame do direito internacional no tempo mostra as mutações conceituais, estruturais e operacionais ocorridas no conjunto do sistema.[632]

No exame da matéria, assim, se buscou não somente os termos de tradicional história diplomática – ou como hoje se diria, de relações internacionais – mas se põe o conjunto, aqui encetado, como busca dos dados humanos, sociais, políticos, econômicos e culturais que aportaram e ainda aportam contribuições relevantes para a compreensão do mundo fragmentado e disperso no qual estamos insertos, no qual se busca instaurar sistema institucional e normativo internacional. Justamente, por isso, é preciso ampliar o horizonte, no qual se desenvolve a análise, para se poder, depois, alcançar a compreensão estrita desse sistema institucional e normativo internacional, como se fez o trajeto até chegar a ser tal como hoje existe, e perceber que este não pode ser compreendido sem que se lhe restituam, ou se lhe atribuam, as configurações ancilares, porquanto estas são indispensáveis, na medida que o estruturam e o ordenam, no sentido do que se tornou e do que pode vir a ser. E como tal poderá ser, então, compreendido e manejado de modo adequado.

O foco é o direito internacional no tempo: este é o propósito do conjunto do trabalho. As incursões na história geral, sobretudo política e econômica, como na história da cultura e das ideias, tem o escopo de situar o conjunto, sem o qual não se pode entender o direito internacional pós-moderno como sistema institucional e normativo, inscrito no tempo (histórico) e no contexto (cultural) no qual opera. Igualmente o direito internacional pós-moderno assim se forma e se desenvolve.

Sem estes dados ele não pode ser compreendido de modo adequado, exceto se pensado somente em termos instrumentais. Para o que bastariam artigos comentados dos principais textos internacionais.

A compreensão da formação e da evolução do direito internacional não pode negligenciar o legado antigo e medieval. Sob pena de se comprometer a visão do conjunto. E, se "qualquer exame aprofundado do direito exige a perspectiva histórica". Isso se faz tanto mais necessário "no caso

[632] Cf. **Fundamentos** (2008) e no **Tratado** (tomo 20 – **Direito internacional, história e cultura**).

do direito internacional público, porque nenhum outro campo do direito vigente é tão estreitamente ligado à história".[633]

A relevância da compreensão histórica pode ser ilustrada por breve análise da relação entre comunidades cristãs e não-cristãs: esse é debate que já se encontra tratado no contexto medieval – mais especificamente no Concílio de Constança (1414-1418) – contrariamente ao que se poderia presumir, quanto a ter esse questionamento surgido, no direito internacional e nas relações internacionais, somente após as grandes navegações, que incluem no âmbito de atuação dos europeus o continente americano ao mesmo tempo em que desencadeiam relações comerciais e coloniais com a Ásia.

Relação entre comunidades cristãs e não-cristãs no contexto medieval

> [PAULUS VLADIMIRI] pode ser considerado um dos precursores na doutrina progressista sobre a questão jurídica fundamental da coexistência do mundo cristão com países não-cristãos.
>
> C. H. ALEXANDROWICZ (1963, ed. 2017)[634]

A questão dos aspectos jurídicos da relação entre comunidades cristãs e não-cristãs, antes de ser tratada por autores como Francisco de VITÓRIA, no século XVI, e Serafim de FREITAS, no século XVII,[635] foi objeto de longo debate durante no Concílio de Constança (1414-1418).

633 Karl-Heinz ZIEGLER, **Völkerrechtsgeschichte** (orig. publ. 1994, Munique: C. H. Beck, 2ª ed., 2007, Einleitung, p. 1-9, cit. p. 1) já referido: "Jede vertiefte Betrachtung des Rechts bedarf der historischen Perspektive. Das gilt in besonderen Masse für das Völkerrecht; denn wie kein anderes Gebiet des geltenden Rechts ist es mit der Geschichte verbunden."

634 C. H. ALEXANDROWICZ, Paulus Vladimiri and the development of the doctrine of coexistence of Christian and non-christian countries (orig. publ. British Yearbook of International Law, 1963, vol. 39, p. 441-448, no volume C. H. A., **The law of nations in global history**, ed. by David ARMITAGE and Jennifer PITTS, Oxford: Univ. Press, 2017, p. 53-61, cit. p. 51): "unlike the case of the Christian-Islamic struggle which remained ideologically in the strait-jacket of religious fanaticism, the Polish-Teutonic conflict over pagan communities allowed a more dispassionate examination of the issues involved and provided a useful though hitherto unexplored antecedent of events and problems which arose a hundred years later in connexion with European penetration in the East and West Indies."

635 Cfr. **Tratado** (tomo 3 A – **Direito internacional no tempo antigo**, item 2.1 – a controvérsia entre Hugo GRÓCIO e Serafim de FREITAS e tomo 7 – **Direito internacional no tempo**

No início do século XV, depois da batalha de Tannenberg, perto de Grünwald, em 1410, na qual foram derrotados os cavaleiros teutônicos, pelas forças conjuntas de Polônia e Lituânia, a união entre os dois países foi selada pelo Pacto de Horodlo, em 1413. A controvérsia foi suscitada no Concílio de Constança, em 1415, após o conflito entre o rei da Polônia e a Ordem dos cavaleiros teutônicos – *Ordo cruciferorum* – a respeito das relações da Polônia com as comunidades pagãs da Lituânia.

O motivo alegado foi ter a Polônia feito aliança com país não-cristão, ou virtualmente não-cristão, para combater uma ordem militar cristã, com status de soberano. Para defender o caso polonês, o rei JAGIELO envia para Constança uma delegação, chefiada pelo arcebispo de Gniezno.

Esse conflito se torna relevante para a história do direito internacional, em razão da defesa feita por eminente teólogo e jurista Paulus VLADIMIRI, reitor da Universidade Jageloniana de Cracóvia, que participou do Concílio como 'embaixador do rei da Polônia' – *ambassador regni Poloniae* – e o tratado, no qual apresentou seus argumentos, sobre o poder do papa e do imperador em relação aos infiéis, **De potestate papae et imperatoris respectu infidelium.**[636] O tratado se divide em duas partes, uma dedicada à discussão do poder papal em relação a comunidades não-cristãs e outra relativa ao correspondente poder do imperador do Sacro império

de Hugo Grócio, cap. 18); C. H. ALEXANDROWICZ, **The Afro-Asian world and the law of nations: historical aspects** (RCADI, 1968, t. 123, p. 117-214, chap. IV – The views of the classic writers on the East Indies, p. 145-149) depois de reportar a controvérsia entre GRÓCIO e FREITAS, observava que ambos abriram as portas da Família das Nações para a Ásia, pela mesma razão, a da universalidade do direito das gentes, tal como lastreado na doutrina do direito natural e no princípio de não discriminação por razões de religião ou civilização, e aduzia ALEXANDROWICZ (1968, p. 148): "The same was the attitude of other classic writers who made frequent references to relations between Europe and the East, such as GENTILI, Christian WOLFF, PUFENDORF or VATTEL".

636 Paulus VLADIMIRI, ou em polonês, Pawel WLODKOWIC, ou seja Paulo, filho de Vladimir, foi assistido no Concílio por GASPAR de Perúgia; seu tratado **De potestate papae et imperatoris respectu infidelium** foi republicado por BOBRZYNSKI, em 1878, p. 145 ff., no vol. 5 da série **Monuments du droit polonais / Starodawne prawa Polskiego Pomniki** (1856-1921), publicada em Cracóvia, inicialmente como edição privada e posteriormente pela Academia de ciências e letras de Cracóvia, contém doze volumes em formato grande – *folio* – "constitui obra de grande utilidade, em uso até hoje pelos pesquisadores da história das instituições e do direito polonês" comenta Waclaw URUSZCZAK, Wydawnictwo Zródlowe Starodawne Prawa Polskiego Pomniki (1856-1921) (W URUSZCZAK 2016, p. 11-22 in ruj.uj.edu.pl https://ruj.uj.edu.pl>item/pdf).

romano germânico, em relação a essas mesmas comunidades. A questão é assim colocada:

> Se infiéis têm reinos e províncias separadas das nossas, sobre as quais exercem jurisdição e demais poderes, se é lícito aos cristãos, que vivem em paz com elas, fazer guerra e promover ocupação – *si infidelis habent regna et provincias separatas a nostris et ibidem jurisdictionem exercent et omnia tenent, utrum licet Christianis illis in pace viventibus bellum movere et eorum bona ocupare?*[637]

O autor aponta a existência, fora da comunidade cristã, de entidades politicamente organizadas, regidas por sua própria autoridade 'soberana', com jurisdição para assegurar a implementação da lei. PAULUS VLADIMIRI chega à conclusão óbvia de não existir falta de poder ou vazio territorial que, aos olhos do direito internacional, pudesse justificar a ocupação de terras não-cristãs por soberanos cristãos.[638]

Argumenta VLADIMIRI quanto ao risco de anomia, de anarquia internacional, e mesmo de genocídio, caso prevalecesse a aceitação de uso da força, por potência cristã agressiva, desconsiderando as prerrogativas estatais e direitos de comunidades não-cristãs. Denegar a estes a condição de integrantes da família das nações – *humana societas* – equivaleria a licença para perpetrar crimes de dimensões desastrosas, como poderia infligir um exército de cruzados contra um povo amante da paz.[639] Ele se contrapõe ao argumento do cardeal HOSTIENSIS,[640] para quem, em decorrência do

[637] Paulus VLADIMIRI, **De potestate papae et imperatoris respectu infidelium** (ed. BOBRZYNSKI, op. cit., vol. 5, 1878, p. 162).

[638] C. H. ALEXANDROWICZ, Paulus Vladimiri and the development of the doctrine of coexistence of Christian and non-christian countries (orig. publ. British Yearbook of International Law, 1963, vol. 39, p. 441-448, no volume C. H. A., **The law of nations in global history**, ed. by David ARMITAGE and Jennifer PITTS, Oxford: Univ. Press, 2017, p. 53-61, cit. p. 54-55).

[639] Paulus VLADIMIRI, **De potestate papae et imperatoris respectu infidelium** (ed. BOBRZYNSKI, 1878, 52ª conclusão): "Impium est asserere et absurdum quod infideles alicuius jurisdictionis, honoris, potestatis et dominii essent hodie penitus incapaces, quia haec seditiosa assertio viam praestat in hoc homicidiis et rapinis, quia si non sunt istorum domini, licebit cuilibet ea rapere vel etiam occupare [...] Non etiam negandum est infidelibus generaliter quod eis humanae societatis jus concedit."

[640] Henrique de SEGUSIA foi professor em Bolonha e Paris, em 1262 nomeado cardeal de Óstia – por isso ficou conhecido como HOSTIENSIS, e falece em 1271, em sua **Summa aurea** – ENRICO DA SUSA, **Henrici Cardinalis Hostiensis Summa Aurea** (Venezia, 1586,

advento do Cristo, toda jurisdição, honra, principado e domínio teriam sido transferidos dos infiéis aos fiéis.[641] Igualmente condena a opinião de que a guerra seria sempre lícita – *bellum semper justum et licitum* – no caso de infiéis, que não reconheçam a soberania do Sacro Império romano germânico.[642]

Também discute PAULUS VLADIMIRI a possibilidade de povo não-cristão se opor à entrada e atuação de missionários em seu território e enfatiza que nenhuma conversão religiosa pode ser imposta pela força, contra indivíduos ou contra grupos inteiros.[643] Ademais, a conversão pacífica dos lituanos ao cristianismo, mediante atuação dos poloneses, tornou sem sentido a 'cruzada' pretendida pelos cavaleiros teutônicos, privando a Ordem de um dos seus principais objetivos no leste europeu.[644]

Dois séculos mais tarde, a questão do direito de enviar missionários – *propagatio fidei* – é retomada por Serafim de FREITAS, no **Justo império lusitano na Ásia** (1625), vista como meio e caminho para a abertura de

Proêmio, nos. 9-10; orig. publ. Lyon: Compagnie des Libraires, 1568). Disponível na Biblioteca Virtual Cervantes – Fondo antiguo de la Universidad de Salamanca – Corpus iuris canonici – Decretales – Comentarios – Obras anteriores a 1800 – Derecho canónico – Obras anteriores a 1800 – ref. Bibtex @Book{BVMC: 629082, author = {Enrico da Susa}, title = {Henrici Cardinalis Hostiensis Summa Aurea} url = {https://www.cervantesvirtual}

641 Paulus VLADIMIRI, **De potestate papae et imperatoris respectu infidelium** (ed. BOBRZYNSKI, op. cit., vol. 5, 1878, p. 162-186, conclusões p. 186): "Opinio Hostiensis est quod in advento Christi omnis jurisdictio, principatus, honor et dominium translata fuerunt ab infidelibus ad fideles."

642 Paulus VLADIMIRI, **De potestate papae et imperatoris respectu infidelium** (ed. BOBRZYNSKI, 1878, loc. cit.), dentre outras fontes, menciona PEDRO DE ANCORANO que se opusera, contrariamente à opinião preponderante no concílio de Pisa, à possibilidade de invasão e ocupação, por potências cristãs, das terras de infiéis. De modo igualmente abusivo, 'argumentos' bastante semelhantes serão invocados, nos séculos XIX e XX, por potências colonizadoras para exercer a conquista e a ocupação coloniais, cf. se examina no **Tratado** (tomos 14 a 17 – **Direito internacional no tempo do colonialismo**, esp. item – colonialismo e hipocrisia da suposta 'missão civilizadora do homem branco').

643 Paulus VLADIMIRI, **De potestate papae et imperatoris respectu infidelium** (ed. BOBRZYNSKI, 1878, 17ª conclusão, p. 186): "Licet infideles ad fidem cogi non debeant [...] Potest tamen papa mandare infidelibus quod admittant praedicationem evangelii in terris suis."

644 A respeito da Ordem dos cavaleiros teutônicos, ver **Tratado** (tomo 4 – **Direito internacional no tempo medieval**, item 11.1 – cristianizar a guerra? e 11.2 – guerra justa e guerra santa: entre *jihad* e as cruzadas); v. tb. C. H. ALEXANDROWICZ, Paulus Vladimiri ... (1963, ed. 2017, p. 57).

acessos às Índias orientais.[645] FREITAS, diversamente de GRÓCIO, rejeitava o direito de qualquer país manter relações comerciais e comunicação com quaisquer outros países, quer na Europa, como na Ásia, mas ressalvava o alegado direito dos cristãos de promoverem a propagação de sua fé e civilização.

Outra questão candente, debatida no Concílio de Constança, foi no tocante à validade de aliança ou tratado entre potência cristã e outra não-cristã, voltada contra uma outra potência cristã. Como apontado, a Ordem dos cavaleiros teutônicos sofrera derrota desastrosa, diante da coalizão das forças polono-lituanas, em 1410, na batalha de Tannenberg, perto de Grünwald. PAULUS VLADIMIRI coloca a questão, nestes termos: se um cristão, sem pecado, pode colocar, para sua defesa e a de suas terras, contar com o auxílio de infiéis, que não sejam seus súditos, mas aliados.[646] À afirmação da legalidade da aliança, se segue a afirmação da soberania dos aliados lituanos, perante o direito internacional.

Entendimento semelhante ao de VLADIMIRI tinha sido exprimido, no século XIV, por BÁRTOLO de Sassoferrato, no sentido de que potências cristãs não têm qualquer base legal para atuar contra potências não-cristãs, politicamente organizadas. E estas têm seu lugar, naturalmente, entre os integrantes da família das nações.[647]

Nos séculos seguintes, VITÓRIA, na **Relectio de Indis** (1532)[648] considera a mesma questão, e GRÓCIO, no capítulo II do **Mare liberum**, faz o

[645] Cfr. **Tratado** (tomo 3 A – **Direito internacional no tempo antigo**, item 2.1 – a controvérsia entre Hugo GRÓCIO e Serafim de FREITAS) e, em sentido contrário, Hugo GRÓCIO, como se examina no **Tratado** (tomo 7 – **Direito internacional no tempo de Hugo Grócio**, cap. 18).

[646] Paulus VLADIMIRI, **De potestate papae et imperatoris respectu infidelium** (ed. BOBRZYNSKI, 1878, 51ª conclusão): "An Christianis sine peccato potest ad sui defensionem et suae terrae uti auxilio infidelium" [...] "Princeps Christianus *necessitatem imminente* ... ad sui defensionem et suae terrae uti potest auxilio infidelium, non solum sibi subiectorum sed etiam aliorum". Cf. tb. 52ª conclusão.

[647] A respeito da contribuição de BÁRTOLO DE SASSOFERRATO, ver o precedente cap. 12 – *jus gentium, jus comune, jus europaeum*: entre a teoria e a prática; v. tb., do ponto de vista polonês, Jan Nepomucen FIJALEK (1864-1936), **Dominus Bartolus de Saxoferrato eiusque permagna in Polonos auctoritate** (Cracoviae: Sumptibus Academiae Litteratum Cracoviensis / Typ. Univesitatis Jagellonicae, 1914) – fbc.pionier.net.pl http://polona.pl/item/89764645 Biblioteka Narodowa + 8 editions publ. in Latin and Polish and held in 11 WorldCat member libraries worldwide.

[648] Cf. se considera no cap. 14 – Francisco de VITÓRIA (1480-1546); VITÓRIA, **Relectio de Indis** (ed. By E. NYS, Classics of international law, p. 333-334).

mesmo em relação às comunidades das Índias orientais, e sustenta terem estas seus próprios soberanos – *reges* – sua própria organização pública – *respublica* – e suas próprias leis – *leges et jura*.[649]

No século XVI, Jean BODIN menciona os tratados da Polônia com o Império otomano, bem como os tratados de Veneza, de Gênova e de Ragusa com os turcos.[650] Mas, cabe igualmente lembrar o tratado (capitulação) de FRANCISCO I da França com SOLIMÃO, para combater os HABSBURGO: a carta enviada por FRANCISCO I ao papa, para justificar a capitulação, desenvolvia a moderna concepção de todos os humanos pertencerem à sociedade humana, independentemente de sua confissão religiosa. Argumentos de necessidade e de defesa da igualdade também desempenharam papel relevante na construção doutrinária da matéria.[651]

Em 1566, foi oferecido pelos otomanos, a EMMANUEL FILIBERTO, duque da Savóia, o reino de Chipre, mediante a condição de aliança, para combater Veneza. Dentre os conselheiros jurídicos do duque da Savóia, se encontravam Pierino BELLI[652] e Octavianus CACHERANUS.

Este último escreve tratado, condenando a aliança de príncipe cristão com um infiel, para combater outro soberano cristão. Mas, CACHERANUS

[649] Cf. **Tratado** (tomo 3 A – **Direito internacional no tempo antigo**, item 2.1 – a controvérsia entre Hugo GRÓCIO e Serafim de FREITAS e tomo 7 – **Direito internacional no tempo de Hugo Grócio** , cap. 18).

[650] John Henry POTT, em seu **De foederibus Fidelium cum Infidelibus** (1686) menciona – foedus (illud) perpetuum seu reale quod Turcae cum Polonis sub Solymanno fecerunt. E cita BODIN como fonte; v. a seguir, item 13.2 – Jean BODIN (1530-1596); J. BODIN, **Les six livres de la République** (ed. cit., livro 1, cap. VIII).

[651] Ver **Manual** (26ª ed., 2023, item 3.8.4 – capitulações); **Tratado** (tomo 17 – **Direito internacional no tempo do colonialismo**, cap 12 – a colonização otomana e tomo 20 – **Direito internacional, história e cultura**, cap. 1 – direito internacional no tempo e seu papel na história e cap. 3 – impacto do colonialismo sobre o direito internacional, a descolonização e o desenvolvimento do direito de autodeterminação dos povos); Antje von UNGERN-STERNBERG, Religion and religious intervention (in The Oxford Handbook of **The history of International Law**, ed. by B. FASSBENDER and A. PETERS, Oxford: Univ. Press, 2012, chap. 12, p. 294-316, esp. 3 – International relations between actors of different faiths, cit. p. 301): "The capitulation between FRANCIS I and SULEIMAN the Magnificent, in 1535, directed against HABSBURG and the Holy Roman Empire, was considered treacherous by the rest of Europe, but effectively paved the way for other treaties with the Ottoman empire, for example by England and the Netherlands (fuelled by trade interests) or by the emperor himself (aimed at preventing further Ottoman attacks by the payments of tribute)."

[652] Ver **Tratado** (tomo 4 – **Direito internacional no tempo medieval**, item 11.6.2 – Pierino BELLI (1502-1575)).

formula distinção entre infiéis, sem dúvida em decorrência dos crescentes interesses europeus, nas Índias orientais: ele distingue dos muçulmanos, o caso da Índia e dos tártaros, com os quais não havia estado de guerra, e consequentemente ressalva a possibilidade de tratados e alianças. Seriam, assim, lícitos tratados com tais potências, bem como em relação aos persas. E lembra alianças anti-otomanas, celebradas com a Pérsia.[653]

"É difícil dizer até que ponto os argumentos de PAULUS VLADIMIRI em Constança exerceram influência sobre a doutrina europeia em matéria de tratados entre potências cristãs e infiéis".[654] Vale lembrar que o Concílio de Constança condenou os princípios de WYCLIFFE, fazendo prevalecer o entendimento de que os infiéis não teriam status perante o direito internacional. Foram também condenadas as doutrinas de Jan HUSS. Mas, muitos seguidores hussitas tchecos tinham lutado ao lado dos poloneses e dos lituanos, contra os Cavaleiros teutônicos; eram também simpatizantes de WYCLIFFE e HUSS vários colegas professores da Universidade Jageloniana de Cracóvia.[655]

Há quem sustente ter sido relevante a contribuição para visão abrangente da sociedade internacional, adotada pelo Concílio de Constança (1414-1418), a respeito da inclusão mesmo dos infiéis, ou seja, não-cristãos, na sociedade interhumana:[656]

[653] Octavianus CACHERANUS, **Disputatio an Principi Christiano fas sit pro sui suorumque bonorum tutela foedus inire, ac amicitia infidelibus iungi, ad eisque auxilium adversus alios Principes Christianos petere** (Taurini, 1566) – bibl_list / archiviodistatotorino.beniculturali.it – Biblioteca antica; essa classificação será ulteriormente elaborada por autor como John Henry POTT, em seu **De foederibus Fidelium cum Infidelibus** (1686) – *non pugnant cum jure naturae, sicque omnibus hominibus commune est, ut religionis discrimen non attendat neque differentiam fidelium et infidelium* – a respeito deste, comenta C. H. ALEXANDROWICZ, Paulus Vladimiri ... (1963, ed. 2017, p. 58 e 59): "the author adopts a more liberal atitude towards treaties with infidels and refers several times to Polish precedents" [...] "The treatise of POTT reflects the advanced process of secularization of treaty law and the eclipse of the canon law prohibitions against treaty-making with infidels dating back to the reign of pope NICHOLAS IV."

[654] C. H. ALEXANDROWICZ, Paulus Vladimiri ... (1963, ed. 2017, p. 58).

[655] C. H. ALEXANDROWICZ, Paulus Vladimiri ... (1963, ed. 2017, p. 59).

[656] Jean MOREAU-REIBEL, **Le droit de société interhumaine et le *jus gentium*: essai sur les origines et le développement des notions jusqu'à Grotius** (RCADI, 1950, t. 77, p. 481-598, esp. chap. III – Des canonistes à VITORIA – proclamation du 'jus humanae societatis' au Concile de Constance', p. 523-536).

A descoberta do Novo mundo há muito tempo tem absorvido totalmente a atenção dos historiadores da sociedade internacional, em lugar das etapas da tomada de consciência da civilização nascida no Mediterrâneo oriental, propagada em seguida ao Mediterrâneo ocidental, e finalmente rumo ao Mar do Norte, e estas foram, na verdade, tantas ocasiões para remanejamento da ideia de sociedade internacional. A esse respeito, nenhum momento apresenta interesse tão marcado, tanto em razão dos progressos para a doutrina, quanto da ampliação das perspectivas [a respeito da sociedade humana] como essa questão, discutida no Concílio de Constança, de 1415 a 1418.[657]

Cabe mencionar que o Concílio de Constança teve, ainda, de lidar com a assim chamada controvérsia FALKENBERG, intimamente vinculada às principais questões abordadas:[658] o dominicano Johan FALKENBERG escreveu sátira contra os poloneses, na qual argumentava ser justa a guerra dos cavaleiros teutônicos contra a Polônia, porquanto seu rei tinha virtualmente revertido ao paganismo. Em seu fanatismo chegou a defender o extermínio dos poloneses – *pro exterminio Polonorum et eorum regis Jagyel* – e que o imperador e a Ordem teriam o direito de promover a conversão forçada dos lituanos. Essa conversão mediante uso da força se tornara desnecessária, em razão da pacífica conversão ao cristianismo dos lituanos, pelos poloneses. Toda essa violência, defendida pelo monge FALKENBERG, presumivelmente, seria decorrência da decisiva derrota dos cavaleiros teutônicos, imposta pelas tropas polono-lituanas, na batalha de Tannenberg, em 1410.

PAULUS VLADIMIRI enfrentou a controvérsia FALKENBERG e sua resposta foi submetida ao Concílio, em 1417.[659] Ele assinala o direito de

[657] J. MOREAU-REIBEL (op. cit., 1950, p. 528) prossegue na justificação da relevância da matéria, para a concepção de sociedade internacional: "L'intérêt capital que présente cette cause débattue en des assises publiques de la chretienté apparaît en ce qu'elle pose pour la première fois, dans toute son extension et sous tous ses aspects le problème même des rapports de la chretienté au monde infidèle. Cela justifie amplement l'assertion si remarquable de [Jacques] LENFANT [**Histoire du Concile de Constance**, Amsterdam, 1727], déjà porte-parole du siècle des lumières à savoir que cette cause intéresse tout le genre humain. Ajoutons qu'elle intéresse du même coup l'idée même de l'Europe, telle qu'elle apparaissait déjà assez nettement au seuil du XVe siècle."

[658] C. H. ALEXANDROWICZ, Paulus Vladimiri ... (1963, ed. 2017, p. 60-61).

[659] Paulus VLADIMIRI, **Magistri Paulus Vladimiri Decretorum ...** (ed. BELCH, 1955, Conclusão): "quod haec doctrina non solum est falsa et erronea, sed inquantum divinae legi

todos os povos – independentemente da religião – a viver em paz, em sua organização política. Os poloneses defenderam seus vizinhos, cristãos e não-cristãos, ameaçados de extermínio.

PAULUS VLADIMIRI chamou de heresia prussiana – *haeresis prussiana* – essa desconsideração da dignidade humana e dos seus direitos fundamentais, e concluía:

> Que essa doutrina não somente é falsa e errônea, e por contrária à lei divina, é herética, ímpia e insana; por permitir homicídios, é injusta, e por causar injustiça é periculosa, escandalosa, temerária e cruel; por privar a Polônia de sua legítima defesa, contra o direito natural, é sediciosa, injuriosa e perturbadora da boa política, e, por conseguinte, ofensiva aos ouvidos das pessoas piedosas e, por tudo isso, condenável.[660]

Lutou VLADIMIRI, no Concílio de Constança, não tanto contra o próprio FALKENBERG, mas pela condenação de suas doutrinas, expostas publicamente e estas, segundo argumentou, levavam à prática de crimes internacionais. Compreensivelmente, o Concílio tencionava evitar alinhamento em relação à controvérsia entre poloneses e cavaleiros teutônicos, bem como em relação ao caso FALKENBERG, como efeito colateral. Mas este tinha ido tão longe, em relação aos poloneses, que estes apelaram ao papa MARTINHO V, e o papa nomeou uma comissão de cardeais, para

repugnat, est haeretica, impia et insana; inquantum suadet homicidia iniusta et iniuste fieri est periculosa, scandalosa, temeraria et crudelis; inquantum tollit Polonis legitimam defensionem contra ius naturale, est seditiosa, iniuriosa et politiae turbativa, et, per consequens, piarum aurium ofensiva et pro tali condemnanda"; além da sátira, FALKENBERG ainda escreveu o **Liber de doctrina potestatis papae et imperatoris**, no qual atacava PAULUS VLADIMIRI; cf. C. H. ALEXANDROWICZ, Paulus Vladimiri ... (1963, ed. 2017, p. 61 e nota 26).

660 Paulus VLADIMIRI, **Magistri Paulus Vladimiri Decretorum doctoris scriptum denunciatorium errorum satyrae Joannis Falkenberg O.P. Concilio Constantiniensi Datum** (ed. BELCH, 1955). Outros tratados foram escritos em defesa da Ordem dos cavaleiros teutônicos, pelo bispo JACOBUS de Lodi, **Tractatus episcopi Laudensis contra Polonos**, por ARDICINUS (de Königsberg) e por Johan VREBACH de Bamberg. A este último, a resposta de VLADIMIRI foi apresentada em outro tratado, **Tractatus de Ordine cruciferorum et de bello Polonorum contra dictos fratres** (tb. republicado na série **Monuments du droit polonais / Starodawne prawa Polskiego Pomniki**, vol. 5, 1878, p. 233-296); v. tb. C. H. ALEXANDROWICZ, Paulus Vladimiri ... (1963, ed. 2017, p. 60-61).

examinar a questão. A comissão condenou o trabalho de FALKENBERG. O veredito condenatório foi confirmado por MARTINHO V, em 1424.[661]

Caberá, em seguida, ver como se dá a passagem de sistema medieval e moderno de vocação universal, ainda que geograficamente limitado, porém culturalmente mais abrangente, para dar lugar ao sistema de direito internacional clássico, limitado ao âmbito estritamente europeu, até se avançar rumo a um sistema de vocação mundial – o que se denominou de apogeu e transformação, nos úlitmos duzentos anos.[662]

Nesta parte II se passa a tratar, sucessivamente da multipolarização da Europa na era moderna e advento do direito internacional como sistema (no título I) e, em seguida, da construção de sistemas coesos e aí se tomam como marcos temporais de Vestfália (1648) até Viena (1815) (no título II).[663] Inicia-se com o exame das contribuições de Nicolau MAQUIAVEL e Jean BODIN, na perspectiva da caracterização do estado como sujeito de direito internacional (capítulo 13).

[661] C. H. ALEXANDROWICZ, Paulus Vladimiri ... (1963, ed. 2017, cit. p. 61): "His work has been completely forgotten but deserves to be recalled as it anticipates significant doctrinal developments in the law of nations (particularly connected with European-Asian relations)."

[662] Cf. se considera no **Tratado** (tomo 13 – **Direito internacional no tempo do concerto europeu**).

[663] No **Tratado** (tomo 6 – **Direito internacional no tempo de Suárez, Gentili e Zouch**, tomo 7 – **Direito internacional no tempo de Hugo Grócio**, tomo 8 – **Direito internacional além do paradigma vestfaliano**, tomo 9 – **Direito internacional no tempo de Samuel Pufendorf**, tomo 10 – **Direito internacional no tempo de C. van Bynkershoek e Christian Wolff**, tomo 11 – **Direito internacional no tempo do Iluminismo** e tomo 12 – **Direito internacional no tempo de Vattel e von Martens**).

TÍTULO I
MULTIPOLARIZAÇÃO DA EUROPA NA ERA MODERNA E ADVENTO DO DIREITO INTERNACIONAL COMO SISTEMA

Vão seria esperar-se grande aumento nas ciências pela superposição ou pelo enxerto do novo sobre o velho. É preciso que se faça uma restauração da empresa a partir do âmago de suas fundações, se não se quiser girar perpetuamente em círculos, com magro e quase desprezível progresso.

F. BACON (1620, ed. 1973)[664]

As grandes rupturas históricas dão sempre lugar, ao mesmo tempo, a continuidades. Toda a era moderna já está contida na Idade média. O que, a nosso ver, autoriza a falar em ruptura não é tanto a absoluta novidade do que se segue, o que jamais é verdade, mas antes o espantoso alcance que revela, quando se realiza, o que não existia até então, senão como potencialidade. É essa a ruptura, é a dimensão que toma um elemento de sistema, até então periférico, quase marginal, e este se encontra como central e dominante. E isso explica que as continuidades não se pensem senão depois, e nos impede de ver as necessidades históricas retrospectivamente.

S. LAGHMANI (2003)[665]

[664] Francis BACON, **Novum organum** ou verdadeiras indicações acerca da interpretação da natureza (orig. publ. 1620, trad. e notas José Aluysio Reis de ANDRADE, São Paulo: Abril cultural – Os Pensadores, vol. XIII, 1973, p. 1-237, Aforismo XXXI, p. 25).

[665] Slim LAGHMANI, **Histoire du droit des gens**: du *jus gentium* impérial au *jus publicum europaeum* (Paris: Pedone, 2003, chap. 2 – Déstructuration – restructuration: la naissance de l'Europe des nations, p. 61-116, cit. p. 61).

A cultura intelectual europeia manteve constantemente caráter supranacional, ou se se preferir, extralocal. O uso do latim, como língua culta internacional das ciências, dura ao menos até o final do século XVII, e as trocas, as influências, os dados predominantes no campo das artes visuais são muitas vezes diagonais, em relação às línguas e às etnias, movem-se por séculos, através da geografia.

V. GREGOTTI (1999)[666]

A multipolarização da Europa como fato marcante de sua história, sucede quadro de unidade que – ao menos conceitualmente, e em relação a determinadas camadas sociais, como elites aptas a se comunicarem entre si em latim, na parte 'ocidental' da Europa – constituía base comum, e núcleo de conceitos e valores compartilhados. Se o anseio de unidade e de estabilidade pauta o contexto 'medieval' – com toda a necessidade de matizar generalizações de tal ordem, como se acaba de ver –[667] a diversidade e o fracionamento são características do contexto 'moderno'.

Essas bases comuns da Europa remontariam à cada vez mais remota Antiguidade, com as intercorrências e alternâncias entre as heranças greco-micênica e latina,[668] às quais se somam aportes em proporções e momentos variados, provenientes dos celtas, dos povos germânicos e escandinavos, dos eslavos,[669] dos bizantinos e dos muçulmanos.[670] Como

[666] Vittorio GREGOTTI, **Identità e crisi dell'architetura europea** (Turim: Einaudi, 1999, p. 42): "La cultura intellettuale europea ha invece constantemente avuto un carattere sovranazionale o, se si vuole, extralocale. L'uso del latino come lingua colta internazionale delle scienze dura almeno sino alla fine del XVII secolo e gli scambi, le influenze, i predomini nel campo delle arti visive sono sovente diagonali rispetto alle lingue ed alle etnie, si muovono per secoli attraverso la geografia."

[667] Cf. **Tratado** (tomo 4 – **Direito internacional no tempo medieval**), bem como o cap. 12 – *jus gentium, jus commune, jus europaeum*: entre a teoria e a prática, no presente tomo.

[668] Cf. **Tratado** (tomo 3 A – **Direito internacional no tempo antigo** e tomo 3 B – **Gregos, romanos, chineses, indianos**), tb. P. B. CASELLA, Negociação e conflito no direito internacional: cinco mil anos de registro da história (São Paulo: Revista Fdusp, 2019, vol. 114, p. 185-230).

[669] Francis CONTE, **Les Slaves**: aux origines des civilisations d'Europe centrale et orientale – VIe – XIIIe siècles (publ. origi. 1986, Paris: Albin Michel, 1996); Henry BOGDAN, **Histoire des pays de l'Est** – des origines à nos jours (publicado originalmente 1991, Paris: Perrin – tempus 236, ed. atualizada, 2008, esp. primeira parte, chap. IV – L'Europe de l'Est entre les Habsbourg, les Turcs et la Russie, p. 99-119).

também da Índia, da China[671] e da África, por meio do comércio de longa distância.[672]

A alternância entre coesão e multipolarização na Europa se faz ao longo dos séculos. No plano das relações internacionais esta se exprime nas transformações, ocorridas na Europa, entre a segunda metade do século XV e a primeira metade do século XVII, com a constituição e a consolidação de série de monarquias nacionais, na Espanha, na França, na Inglaterra, em Portugal, na Dinamarca e Noruega, na Suécia, na Polônia, e outros, bem como em principados, tais como a República de Veneza,[673] os Estados pontifícios, os Estados gerais das províncias unidas – em torno da Holanda, a Confederação dos cantões suíços, o Reino de Nápoles, a República de Florença, depois Grão-ducado da Toscana, e outros, enquanto se estabelece intrincada, intensa e regular rede de relações internacionais entre estes vários poderes, com o estabelecimento de missões diplomáticas permanentes entre os soberanos.[674]

A tônica marcante da alternância entre coesão e multipolarização na Europa se exprime no binômio, de um lado, a constituição ou consolidação de pluralidade de centros soberanos e independentes de poder político, e, de outro, a instauração de relações internacionais entre estes distintos

[670] O mundo bizantino teve a sua identidade construida em torno da confissão cristã ortodoxa, mas linguisticamente sempre prevaleceu o grego, como língua franca de comunicação e de cultura em toda aquela parte da Europa e do Oriente médio. Estes descreviam a si mesmos como 'romanos', mas o Ocidente os apoda 'bizantinos' e faz deles símbolo de alienação sofisticada. Nesse sentido vulgar e deturpado, o termo se mantém como uso corrente, ao lado da denominação geográfica e cultural específica, de proveniente de Bizâncio ou ligado a esta.

[671] Cfr. **Tratado** (tomo 3 B – **Gregos, romanos, chineses, indianos**), e P. B. CASELLA, Negociação e conflito no direito internacional: cinco mil anos de registro da história (São Paulo: Revista Fdusp, 2019, vol. 114, p. 185-230).

[672] François BELLEC, **Marchands au long cours** (Paris: Ed. du Chêne / Hachette, 2003).

[673] Élisabeth CROUZET-PAVAN, **Les villes vivantes** – Italie XIIIe-XVe siècle (Paris: Fayard, 2009). Ver tb. Jean-Claude BARREAU, **Un capitalisme à visage humain** – le modele vénitien (Paris: Fayard, 2011); Christian BEC, **Histoire de Venise** (orig. publ. 1983, Paris: PUF, 3e éd., reimpr., 2005); Alvise ZORZI, **Histoire de Venise** – La République du Lion (orig. publ. **La Repubblica del Leone – Storia di Venezia**, 1979, trad. Jacques ROQUE, Paris: Perrin – tempus vol. 95, nova ed., 2005, impr. 2010).

[674] A respeito, G. E. do NASCIMENTO E SILVA – P. B. CASELLA – Olavo BITTENCOURT Neto, **Direito internacional diplomático** (São Paulo: Saraiva, 4ª ed., 2012), especificamente os itens sobre: "surgimento e desenvolvimento da diplomacia tradicional"; "embaixadores residentes a partir do século XV na Itália" e "institucionalização da diplomacia no período do direito internacional clássico".

centros de poder. Estas são bases para o modelo 'moderno' do direito internacional.[675]

Esta alternância entre coesão e multipolarização na Europa se põe claramente à medida que simultaneamente se amplia geograficamente e se aprofunda operacionalmente a percepção da diversidade, no Renascimento, e ao longo da Idade moderna, e depois de atingir o seu paroxismo, entre o final do século XIX e a primeira metade do século XX, tem desde então sido revertido pelo processo de integração regional – naquele que se poderia denominar o 'plano interno' europeu –[676] que não por acaso suscita tantas resistências, por parte daqueles todavia apegados a concepções tradicionais da soberania do estado e funcionamento de sistema internacional preponderantemente interestatal.

Do funcionamento de sistema com ênfase no bloco regional, e neutralizando a carga das identidades e heranças nacionais, pode se consolidar Europa mais ampla e mais vasta, com a possibilidade concreta de ser suficientemente aberta para conviver internamente com as diversidades, ao mesmo tempo em que se ponha, externamente, de modo suficientemente coeso internamente, para também poder ser eixo de equilíbrio do sistema internacional presente. A mutação institucional em curso traz a implantação de novo modelo de Europa, depois de cerca de seiscentos anos de tendência à diversificação.[677] Mas fazem falta visões de conjunto a respeito

[675] Como se examina no **Tratado** (tomo 6 – **Direito internacional no tempo de Suárez, Gentili e Zouch**, tomo 7 – **Direito internacional no tempo de Hugo Grócio**, tomo 8 – **Direito internacional além do paradigma vestfaliano** e tomo 9 – **Direito internacional no tempo de Samuel Pufendorf**).

[676] No **Tratado** (tomo 10 – **Direito internacional no tempo de C. van Bynkershoek e Christian Wolff**, tomo 11 – **Direito internacional no tempo do Iluminismo**, tomo 12 – **Direito internacional no tempo de Vattel e von Martens** e tomo 13 – **Direito internacional no tempo do concerto europeu**).

[677] Na União Europeia, doravante sem o Reino Unido, depois do fenomenal erro cometido com o *Brexit*, a saída do Reino Unido da EU, continuam a ocorrer disfuncionalidades, como ilustram as malfadadas e perniciosas manobras da Hungria e da Polônia, recebedoras de vultosos fundos da União Europeia, mas relutando em cumprir as normas para pertencer ao clube. A respeito, P. B. CASELLA, *Imperativo categórico da cooperação e as lições do BREXIT* (in **A evolução do direito no século XXI** – homenagem ao prof. A. WALD, coord. F. U. COELHO, G. TEPEDINO, S. F. LEMES, São Paulo: Ed. IASP, 2022, vol. 3, p. 963-1001); Yanis VAROUFAKIS, **Conversations entre adultes** – Dans les coulisses secrètes de l'Europe (orig. publ. **Adults in the room** – My battle with Europe's deep establishment, 2017, trad. Cécile DUTHEIL DE LA ROCHÈRE avec Abel GERSCHENFELD, Arles: Actes Sud – Babel,

das grandes transformações em curso.[678] E dos grandes modelos civilizacionais a serem aplicados.

Depois de séculos de unidade – se não efetiva, ao menos conceitual – primeiro, romana, depois medieval, a Europa se percebe pautada por diversidades, religiosas, políticas, econômicas e culturais. A grande ruptura seguinte será a afirmação da pretensão de soberania e de supremacia dos príncipes europeus, somada à combinação dos grandes descobrimentos e a reforma protestante, todos esses elementos combinados mudam subs-

2019); Emmanuelle LOYER, **Une brève histoire culturelle de l'Europe** (Paris: Flammarion – champs – histoire, 2017); Patrick BOUCHERON, Antonio NEGRI, Thomas PIKETTY, Myriam REVAULT D'ALLONNES, Élisabeth ROUDINESCO, **Une certaine idée de l'Europe** (Paris: Flammarion – champs -actuel – inédit, 2019, L'échelle continentale, p. 7-8): "L'Europe, pendant la plus grande partie de son histoire, a été une idée. / Elle signifiait un profond désir de circulation et de liberté autant qu'un souci de rigueur et de polémique. La République des lettres se moquait des régimes plus ou moins despotiques qui l'entouraient et la divisaient. [...] / Aujourd'hui, alors même que l'Europe est devenue une institution, elle n'est pas, ou de moins en moins, une idée"; Pedro Manuel RODRÍGUEZ Suárez, **Hacia una nueva Europa**: la integración de los países de Europa central y oriental en la Unión Europea (México: Fondo de cultura econômica, 2006) mostra um pouco das grandes mudanças culturais e econômicas que deve acarretar a inserção desses novos membros na Europa integrada. O conjunto dos estudos contidos no volume **Chemins de l'Europe: mélanges en l'honneur de Jean-Paul JACQUÉ** (org. Gerard COHEN-JONATHAN, Vlad CONSTANTINESCO, Valérie MICHEL, Jean-Claude PIRIS e Patrick WACHSMANN, Paris: Dalloz, 2010) são voltados para detalhes, notadamente procedimentais e operacionais, muito mais do que para questões de fundo. O texto de Jean CHARPENTIER, *La reconnaissance du Kosovo* (vol. cit., 2010, p. 183-193) que poderia ensejar discussão sobre modelos de relacionamento entre culturas e povos, apesar da precisão e da riqueza de detalhes, mantém enfoque jornalístico. Não menos decepcionante, Florence CHALTIEL, em seu livro **Naissance du peuple européen** (pref. Pierre MOSCOVICI, Paris: Odile Jacob, 2006) começa sua análise em 1950! No volume **Investir dans l'avenir de l'Europe** (edité par M. Arnold HERTJE, préf. Yves LE PORTZ, Oxford : Basil Blackwell, publié pour la Banque Européenne d'Investissement, 1983) cuida somente de aspectos operacionais de diferentes modalidades de investimentos!

678 Jeremy RIFKIN, **The European dream** tem o sintomático subtítulo "*How Europe's vision of the future is quietly eclipsing the American dream*" (© 2004, Cambridge, U.K.: Polity Press, reprinted 2005, 'introduction', p. 1-8, cit. p. 3) observa: "The American dream is far too centered on personal material advancement and too little concerned with the broader human welfare to be relevant in a world of increasing risk, diversity and interdependence. It is an old dream, immersed in a frontier mentality, that has long since become *passé*. [...] The European dream emphasizes community relationships over individual autonomy, cultural diversity over assimilation, quality of life over the accumulation of wealth, sustainable development over unlimited material growth, deep play over unrelenting toil, universal human rights and the rights of nature over property rights, and global cooperation over the unilateral exercise of power."

tancialmente as condições de criação e circulação da riqueza, os modelos de ordenação política e as regras de convivência entre as diferentes unidades soberanas, com o surgimento dos estados modernos e dos conceitos a estes relacionados, na Europa.

Não por acaso se menciona o quadro de lenta e progressiva fragmentação do modelo medieval anterior e a substituição deste pelo quadro 'moderno'. Esses marcos podem ser úteis – com magistrais descrições, mais ou menos sombrias, em historiadores[679] e sociólogos,[680] ou mesmo na

[679] Johan HUIZINGA, **El concepto de la historia y otros ensayos** (trad. Wenceslao ROCES, México : FCE, 1946, 5ª reimpr., 2005); J. HUIZINGA, **Herbst des Mittelalters** – Studien über Lebens- und Geistesformen des 14. und 15. Jahrhunderts in Frankreich und in den Niederländen (do original **Herfstij der middeleeuwen**, 1919, hrsg. Kurt KÖSTER, Stuttgart: A. Kröner, 11a. ed., 1975); ed. bras., **O outono da Idade média** – estudo sobre as formas de vida e de pensamento dos séculos XIV e XV na França e nos Países Baixos (ensaios de Peter BURKE e Anton van der LEM, entrevista Jacques LE GOFF, trad. Francis Petra JANSEN, São Paulo: Cosac Naify, 2010); Fernand BRAUDEL, **Civilisation matérielle, économie et capitalisme XVe-XVIIIe siècle** vol. I – **Les structures du quotidien: le possible et l'impossible** (Paris: Armand Colin, 1979) vol. II – **Les jeux de l'échange** (Paris: Armand Colin, 1979) vol. III – **Le temps du monde** (Paris: Armand Colin, 1979); F. BRAUDEL, **O modelo italiano** (do original **Le modèle italien**, publicado em 1989, trad. Franklin de MATTOS, São Paulo: Companhia das Letras, 2007); F. BRAUDEL, **Les ambitions de l'Histoire** (préf. de Maurice AYMARD, éd. établie et présentée par Roselyne de AYALA et Paule BRAUDEL, Paris: Éd. de Fallois, 1997); F. BRAUDEL, **La Méditerranée et le monde méditerranéen à l'époque de Philippe II** (Paris: Armand Colin, © 1966, impr. 1987, 2 vols.); Arnold TOYNBEE, **Um estudo da História** (do original **A Study of History** © 1972, edição revisada e condensada por A. TOYNBEE e Jane CAPLAN, trad. Isa Silveira LEAL e Miroel SILVEIRA, Brasília: Ed. UnB / São Paulo : Martins Fontes, 1987).

[680] Oswald SPENGLER, **Der Untergang des Abendlandes**: Umrisse eine Morphologie der Weltgeschichte (edição original definitiva 1923, nova impressão Düsseldorf: Albatroz, 2007, I.VI.6, p. 502): "Es handelt sich um die mechanische Notwendigkeit in dem, was wir als Natur geistig besitzen, und man hat nicht zu vergessen, dass diese Notwendigkeit eine andre, organische, schicksalhafte im Leben selbst zugrunde lieg"; Norbert ELIAS, **La civilisation des moeurs** (do original **Über den Prozess der Zivilisation**, 1939, © 1969, traduit de l'allemand par Pierrre KAMNITZER, © 1975, Paris: Agora, impr. 1999); Norbert ELIAS, **La dynamique de l'Occident** (do original alemão **Über den Prozess der Zivilisation II** © 1939, 1969, trad. Pierre KAMNITZER, Paris: Calmann-Lévy, © 1975, impr. 2007); Norbert ELIAS, **La société des individus** (do original alemão **Die Gesellschaft der Individuen** © 1987, trad. Jeanne ÉTORÉ, avant-propos de Roger CHARTIER, Paris: Fayard, © 1991, impr. 2009). Ver tb. Norbert ELIAS, **Norbert Elias par lui même** (ed. alemã, 1990; Paris: Fayard, 1991) no qual enfatiza como a tônica de sua obra e de sua contribuição: "ter desejado verdadeiramente levantar o véu dos mitos, que ocultam a nossa visão da sociedade, a fim de que as pessoas possam agir melhor, e de modo mais razoável."

perspectiva da moda como fenômeno civilizacional,[681] por exemplo – ao se dar a aqui chamada 'multipolarização' da Europa, ao fim da era medieval e início da era moderna – tempo de percepção de crise de um modelo e tentativa de instauração de outro, que suceda ao anterior. A semelhança não é inocente, porquanto o quadro de crise, no sentido de incerteza quanto aos rumos a serem adotados, a partir do presente, se fez presente no passado e se apresenta novamente, em nossos tempos pós-modernos.

Passados alguns séculos, vemo-nos em contingência equivalente de crise de um modelo e de expectativa em relação ao que poderá vir ocupar o lugar, a seguir, na Europa e nas relações desta com outros continentes. Existem questões internas relevantes, mas o mundo é mais vasto do que somente a visão interna da Europa pode comportar. Boa parte do debate sobre 'integração' desta parece estar voltado somente para questões operacionais e funcionais e deixa de situar a amplitude maior e a crucial relevância do processo para o conjunto da civilização humana. Pelas repercussões internas e externas que poderia ter.

O modelo institucional da Idade média reflete a pretensão de eixo central de poder – daí as longas e acirradas disputas em torno da instauração e da operação desse eixo central, cabendo a primazia, ou a pretensão a esta,

[681] Gilles LIPOVETSKY, em seu ensaio, **L'empire de l'éphémère** : la mode et son destin dans les sociétés modernes (Paris: Gallimard, 1987) mostra mutação entre a relativa 'estabilidade' da Antiguidade e da maior parte da Idade média: até o final desta dificilmente se pode falar em fenômeno de moda – há pouca modificação vestimentar e a temporalidade dominante é a da tradição sempre reconduzida – até que os burgueses, na falta de exercício de poder político efetivo, compensam sua inferioridade real por jogo de signos, e se vestem imitando as cortes. Embora o tempo de moda vestimentar continue a ser longo, face aos nossos hábitos: mais de um quarto de século para o *rhingrave*, e cerca de dois séculos para o *vertugadin*. A moda antecipa, assim, o fenômeno de obsolescência da forma que a precede: a moda se antecipa por meio de efeito negativo, o de tornar fora de moda o que se opõe a ela. A análise histórica de LIPOVETSKY revela o vetor histórico que a conduz: a filosofia liberal da história assimila o ritmo do desenvolvimento da moda ao dos avanços democráticos, como mostra na primeira parte. Esta parte fornece análise sólida e bem informada para o edifício da história cultural. Na segunda parte, propõe tese política e mais sujeita a controvérsia, no sentido de que a moda, não obstante os seus efeitos 'alienantes', enquanto expressão do 'paroxismo do capitalismo', poderia, pela diversidade das escolhas propostas, permitir uma nova oportunidade para o exercício do julgamento, e para a constituição de personalidade autônoma: não está ausente desta a imitação, mas a imitação, enquanto é livre, pode ser multiplicada. Na segunda parte, LIPOVETSKY se confronta com autores que cita, tais como H. ARENDT, a Escola de Frankfurt, G. DEBORDE, C. CASTORIADIS, BAUDRILLARD.

ao longo dos séculos, a Roma ou a Bizâncio, no fim da era antiga: ao Imperador bizantino ou ao Imperador CARLOS MAGNO, a partir do século IX; ao papado ou ao Sacro império romano germânico, ao longo de séculos de confrontos na era medieval – por exemplo sob a querela das investiduras.

Este anseio por eixo central perdura até que este modelo se mostre cada vez mais flagrantemente incapaz de gerenciar o conjunto da Europa, quando começa a se instaurar o fracionamento político desta. Paradoxalmente, quando se afirma a impossibilidade do centralismo político, será o momento, no início da era moderna, de instauração do capitalismo, de afirmação de mercado de dimensão europeia. São, assim, movimentos opostos, embora conexos.[682]

A constituição ou a consolidação desses centros de poder político representou o ponto de encerramento do processo de desagregação das ordens feudais, as quais tinham tido como causa e também como efeito aquele fracionamento, aquela extrema divisão do poder político, que caracterizara a idade feudal – e, na Itália, como em várias partes da Europa – foi a idade das cidades (*Comuni*).[683]

> As autoridades políticas que se constituíram ou se consolidaram na Europa, no período histórico considerado, afirmaram-se enquanto autoridades supremas (soberanas) dentro dos limites do território, no qual o seu poder se fazia valer. A sua *summa potestas*, a sua soberania, enquanto, por um lado não mais

682 V. tb. **Tratado** (tomo 4 – **Direito internacional no tempo medieval**), bem como, neste tomo, item 13.3 – estado soberano e direito internacional. Nesse sentido, Emmanuel TODD, em seu ensaio **L'invention de l'Europe** (Paris: Seuil – Coll. Histoire immédiate, 1990) mostra a civilização europeia atual como o resultado de longa e vasta síntese de culturas diversas. A análise das estruturas familiares e a repartição destas no espaço – ou seja, o velho fundo antropológico do continente – permitiria explicar na fonte essa diversidade europeia. Pode ser criticada a vertente escolhida, mas E. TODD aponta a confluência entre os movimentos religiosos que a marcam a partir do século XVI, assim como a emergência das grandes ideologias, que, em parte, substituem os anteriores, a partir do século XIX, para dar lugar ao esvaziamento de ambos, em nossos tempos pós-modernos. Ver tb. Marc FUMAROLI, **L'âge de l'éloquence**: rhétorique et *res litteraria* de la Renaissance au seuil de l'époque classique (Genebra, 1980).

683 Indro MONTANELLI e Roberto GERVASO, **L'Italia dei Comuni** – Il Medioevo dal 1000 al 1250 (Milão: Biblioteca Univ. Rizzoli, ed. aggiornata, 2010); Mario GIULIANO, *La 'Respublica Christiana' medioevale e le pretese origini della società e del diritto internazionale* (in **Multitudo legum, ius unum**: Mélanges en l'honneur de / Essays in honour of / Festschrift für Wilhelm Wengler zu seinem 65. Geburtstag, herausgegeben von Josef TITEL et al., Berlin: Interrecht, 1973, Band I – Allgemeine Rechtslehre und Völkerrecht, p. 155-163).

era entendida como derivação, mais ou menos direta, da propriedade e dos direitos senhoriais sobre a terra (*signoria sulle terre*) – como se verificara no sistema feudal –, e por outro lado, pretendeu afirmar-se e se afirmou como autoridade exclusiva no território, subordinando a si ou excluindo a coexistência, dentro do território, de qualquer outro poder, laico ou eclesiástico, de tipo feudal ou de tipo comunal.[684]

Foi todo um conjunto de transformações. Em vários campos, simultaneamente. Dentre os quais se pode considerar terem ou não ocorrido, na Europa medieval, os elementos constitutivos do capitalismo.[685] Contesta-se a relação direta entre capitalismo e reforma protestante – na célebre tese de Max WEBER –[686] comparando-se o exame feito por João BERNARDO: [687]

> O prevalecimento do dinheiro-moeda e a supremacia que passou a exercer mesmo sobre as modalidades de pagamento em gêneros consumaram-se na forma do dinheiro contabilístico. É nesta perspectiva que se devem analisar as repetidíssimas depreciações monetárias e as consequentes variações de preços.[688]

[684] M. GIULIANO (texto cit., 1973, p. 155-156): "La costituzione o il consolidamento di questi centri di potere politico rappresentò il punto di approdo del processo di disgregazione degli ordinamenti feudali, i quali avevano avuto per causa e insieme per effetto quella frantumazione, quell'estremo spezzettamento del potere politico che caratterizzò l'età feodale e (in Italia e in varie parti dell'Europa) l'età dei Comuni. / Le autorità politiche che vennero costituendosi o consolidandosi in Europa nel periodo storico di cui si è parlato, si affermarono quali autorità supreme (sovrane) entro i confini del territorio in cui il loro potere si faceva valere. La loro *summa potestas*, la loro sovranità, mentre da una parte non venne più intesa quale una derivazione più o meno diretta della proprietà e delle signoria sulle terre (come si verificava nel sistema feudale), dall'altra parte intese affermarsi e si affermò quale un'autorità esclusiva nel territorio, subordinando a sé o escludendo la coesistenza entro il territorio di ogni altra potestà, laica o ecclesiastica, di tipo feudale o di tipo comunale."

[685] J. LE GOFF, **Le Moyen Age et l'argent** (Paris: Perrin, 2010, chap. 15 – Capitalisme ou *caritas*?, p. 221-229, cit. p. 222-223).

[686] Max WEBER, **Die protestantische Ethik und der Geist des Kapitalismus** (orig. publ. 1904-1905, Erftstadt: Area Verlag – Wort-Schätze, 2005).

[687] João BERNARDO, **Poder e dinheiro** – do poder pessoal ao estado impessoal no regime senhorial, séculos V-XV (Porto: Afrontamento / Biblioteca das Ciências do Homem: t. I: Sincronia. Estrutura econômica e social do século VI ao século IX, 1995; t. II: Diacronia. Conflitos sociais do século V ao século XIV, 1997; t. III: Sincronia. Família, dinheiro e estado do século XI ao século XIV, 2002).

[688] João BERNARDO (op. cit., t. III, 2002, p. 109-111): "A quebra da moeda, ou seja, a redução do valor da cunhagem, mediante qualquer das formas técnicas possíveis, foi uma

A transformação estrutural seria antes de ordem material que cultural. O tema já suscitou considerável controvérsia,[689] a favor ou contra a existência de relação direta entre o *protestantismo* – sobretudo calvinista – e o *capitalismo*.[690] Mais e mais se reconhece que Veneza e as cidades do norte da Alemanha – tais como Lübeck, Hamburgo e Bremen – praticavam o capitalismo, muito antes das sucessivas ondas da reforma protestante.

Os elementos que justificariam a inocorrência, no contexto medieval, das 'condições materiais' necessárias para o capitalismo, seriam três, dos quais:

- o primeiro é a falta de suprimento suficiente e regular, quer de metais preciosos, para a fabricação de moeda, quer de produção de papel moeda, como já tinham feito os Chineses – enquanto, contrariamente, a Idade média esteve, em várias ocasiões, a beira de falta de suprimento de moeda – *la famine monétaire* – e ainda o está no fim do século XV;
- o segundo, como condição para a instalação do capitalismo foi a formação, no lugar da multiplicidade de mercados, que tinha fragmentado o uso das moedas, imperfeitamente regulado pelas feiras e os Lombardos, e não de único mercado, que só se constitui a partir do século XVI – este, aliás, ainda não se fez totalmente, por meio de uma sucessão de globalizações; e
- o terceiro motivo, é a inexistência de instituição decisiva, a Bolsa de valores, cuja aparição não chega a ocorrer em Antuérpia, no século XV, mas acontecerá, finalmente, em 1609, em Amsterdam.[691]

prática observável em todas as áreas de soberania." [...] Pelo menos até a metade do século XIV, admitia-se "como doutrina corrente que a moeda pertencia ao soberano, o qual podia legitimamente fazer com ela o que quisesse, inclusivamente modificar-lhe o peso, o teor metálico e o valor nominal a seu bel-prazer."

[689] Ernst TROELTSCH, **Die Soziallehren der christlichen Kirchen und Gruppen** (Tübingen: Mohr, 1919); Richard Henry TAWNEY, **Religion and the rise of capitalism**: a historical study (Londres: J. Murray, 1926).

[690] André BIELER, **La pensée économique et sociale de Calvin** (Genève: Georg, 1959); além de J. LE GOFF (op. cit., 2010), ver tb. Kurt SAMUELSSON, **Religion and economic action** (trad. do sueco por E. Geoffrey FRENCH, Estocolmo e Londres: Svenska Bokförlaget, 1961).

[691] J. LE GOFF, **Le Moyen Age et l'argent** (Paris: Perrin, 2010, chap. 15 – Capitalisme ou *caritas*?, p. 221-229, cit. p. 222-223).

Muito mais do que somente dado incidental, a 'descoberta' do 'Novo mundo' traz mutação estrutural essencial para o contexto medieval. Abalam-se e transformam-se categorias mentais, culturais, econômicas da era anterior e são substituídas por novas estruturas.[692]

Economicamente, o fluxo regular – e maciço – de metais preciosos, provenientes das Américas permite a instauração capitalista, que ainda não tivera lugar, ao tempo da Idade média. O estabelecimento da conexão entre a Europa e as Américas instaura nova fase da história humana. E terá enormes desdobramentos também para o direito internacional da era moderna.

Além e ao lado da fragmentação interna, aqui considerada sob o ângulo precípuo da 'multipolarização' – dado esse instrumentalmente necessário para a construção de sistema institucional e normativo como viria, justamente, a ser o direito internacional moderno – existe outro fenômeno contemporâneo e não menos relevante para essa 'diversificação' que pauta a Europa no início da era moderna –[693] a partir da queda de Constantinopla, em 1453, para tomar referência de repercussão mundial e se estende com as grandes navegações –[694] os 'descobrimentos' da América,[695] por

[692] Ver tb., adiante, cap. 14 – Francisco de VITÓRIA (1480-1546).

[693] Jay A. LEVENSON (ed. by), **Circa 1492** (Washington / New Haven: National Gallery of Art / Yale Univ. Press, 1992).

[694] Cf. Introdução do presente tomo. CABEZA DE VACA [pseud. Álvar NUÑEZ] (1490-?), **Naufrágios e comentários** (trad. Jurandir S. dos SANTOS, Porto Alegre: L&PM, 1999); **Le Voyage de Magellan (1519-1522)** – La relation d'Antonio PIGAFETTA & autres témoignages (éd. de Xavier de CASTRO avec Jocelyne HAMON et Luís Felipe THOMAZ, Paris: Chandeigne / Lisboa: Fund. C. Gulbenkian, 2007, 2 vols.); VASCO DE GAMA, **Le premier voyage aux Indes** (1497-1499) ("La relation attribuée à ÁLVARO VELHO & les lettres de marchands florentins", traduites et présentées par Paul TEYSSIER, Paris: Chandeigne / Libr. portugaise et brésilienne, orig. publ. 1998, 3e éd., 2016); Patrick GIRARD, **Fernando de Magallanes** – el mundo sin límites (orig. publ. **Fernand de Magellan** – l'inventeur du monde, 2012, trad. Silvia KOT, Buenos Aires: El Ateneo, 2014); **Les Conquistadors Mexique – Pérou** – Bernal DIAZ DEL CASTILLO, **La conquête du Mexique** – Hernán CORTÉS, **La conquête du Mexique** – Pedro PIZARRO, **La conquête du Pérou** (éd. présentée par Gérard CHALIAND, Paris: Omnibus, 2003); Bartolomé de LAS CASAS, **Historia de las Índias** (ed. de Agustín MILLARES CARLO y estudio preliminar de Lewis HANKE, México: Fondo de cultura económica, 1ª ed. 1951, 2ª 1965, 4ª reimpr., 1995, 3 vols.); François BELLEC, **Marchands au long cours** (Paris: Ed. du Chêne / Hachette, 2003); Daniel BOORSTIN, **The Discoverers** (orig. publ. 1983, New York: Random House – Vintage Books, 1985); P. B. CASELLA, **Livro dos ancestrais imaginados e outros ensaios pós modernos** (Madri: Amaral Gurgel Edtrl.,

Cristóvão COLOMBO, em 1492,[696] e do Brasil, por Pedro Álvares CABRAL, em 1500.[697] Logo seguidos por interferências de franceses e holandeses, e com pesada e duradoura influência dos ingleses.

De alguns dentre os viajantes permaneceram registros, tais como os de Anthony KNIVET (1591, publicado em 1625).[698] Outro foi Andrew BATTELL, também inglês, capturado no Brasil e deportado para Angola, cujo relato, conhecido desde 1613, foi também publicado por Samuel PURCHAS, em 1625.

2007, cap. XXII – o olhar do viajante, ou *le regard du voyageur*, p. 217-231); Jean BABELON, **O conquistador** – a vida de Fernando CORTEZ (orig. publ. **La vie de Fernand Cortès**, s/d, trad. Brito BROCA, Rio de Janeiro: José Olympio, 2ª ed., 1958); Toríbio ESQUIVEL Obregón, **Hernán Cortés y el derecho internacional en el siglo XVI** (orig. publ. 1939) – seguido de – Silvio ZAVALA, **Hernán Cortès ante la justificación de su conquista** (orig. publ. 1981, México: Edtrl. Porrúa, 2ª ed., 1985); Salvador de MADARIAGA, **Hernan Cortês** (orig. publ. **Hernán Cortez**, s/d, trad. Jerônimo MONTEIRO, São Paulo: Ibrasa, 1961); Guillermo GIUCCI, **Viajantes do maravilhoso** – o novo mundo (orig. publ. **La conquista de lo maravilloso**, 1992, trad. Josely V. BAPTISTA, São Paulo: Companhia das letras, 1992); Paulo MARKUN, **Cabeza de Vaca** (São Paulo: Companhia das letras, 2009); Abel POSSE, **Os cães do paraíso** (orig. publ. **Los perros del paraíso**, 1983, trad. Vera MOURÃO e Regina BRANDÃO, Rio de Janeiro: Casa – Maria Edtrl. / LTC – Livros técnicos e científicos, 1989).

695 A. PAGDEN, *Dispossessing the barbarian: the language of Spanish Thomism and the debate over the property rights of the American Indians* (in **The languages of political theory in early modern Europe** (Cambridge: Univ. Press, © 1987, edição de 1990, p. 78-98); Patricia SEED, **Ceremonies of possession in Europe's conquest of the new world 1492-1640** (New York / Cambridge: Cambridge Univ. Press, 1995).

696 Cristovão COLOMBO, **Diários da descoberta da América**: as quatro viagens e o testamento (trad. Milton PERSSON, intr. Marcos FAERMAN, notas de Eduardo BUENO, Porto Alegre: L&PM, 2001); Jay A. LEVENSON, (edited by), **Circa 1492** (Washington / New Haven: National Gallery of Art / Yale University Press, 1992).

697 Pero Vaz de CAMINHA (1450?-1500), **Carta de achamento do Brasil** (ed. comentada por Sheila HUE, Campinas: Ed. da Unicamp, 2021); Sérgio Buarque de HOLANDA, **Visão do paraíso**: os motivos edênicos no descobrimento e colonização do Brasil (São Paulo: Nacional / Secretaria da cultura, ciência e tecnologia, 3ª ed., 1977); Eduardo BUENO, **Brasil: terra à vista!** (ilustrações de Edgar VASQUES, Porto Aelgre: L&PM, 2003).

698 **Admirables aventures & singuliers infortunes d'Anthony KNIVET** – qui accompagna Master Thomas CAVENDISH, dans son second voyage aux Mers du Sud, 1591 –, no volume **Un aventurier anglais au Brésil**: les tribulations d'Anthony KNIVET (1591) (introduction, traduction et notes d'Ilda MENDES DOS SANTOS, Paris: Chandeigne-Librairie Portugaise, 2003). O relato, originalmente publicado, em 1625, na coleção inglesa de viagens **Hakluytus Posthumus or Purchas his Pilgrims**, editado por Samuel PURCHAS (1577-1626), dá prosseguimento à obra de compilação de relatos de viagens, encetada por Richard HAKLUYT (1552-1616).

São também lembrados os assim chamados "clássicos protestantes das viagens à América do Sul", como a **Viagem ao Brasil** de Hans STADEN,[699] as memórias do mercenário Ulrich SCHMIDEL (1567), ou ainda a "suma etnográfica" de Jean de LÉRY (1534-1613).[700] Este último, militante calvinista por vocação e etnógrafo por acidente, tem somente vinte e três anos, quando desembarca no Brasil, com outros calvinistas, que atenderam ao chamado, para fortalecer – *prêter main forte* – à colônia protestante, instalada na até hoje chamada ilha de VILLEGAGNON, diante da atual cidade do Rio de Janeiro.[701] O relato da estadia deste é publicado em 1578.[702]

[699] Hans STADEN, **Viagem ao Brasil** (versão do texto de Marpurgo, de 1557, por Alberto LÖFGREN, revista e anotada por Theodoro SAMPAIO, Rio de Janeiro: Publicações da Academia Brasileira / Officina Industrial Graphica, 1930) – tb. disponível on line: hans-staden-viagem-ao-brasil.pdf – em várias edições; v. tb. Luiz Antonio AGUIAR, **Hans STADEN – viagens e aventuras no Brasil** (São Paulo: Melhoramentos, 2005).

[700] Jean De LÉRY, **Histoire d'un voyage faict en la terre du Brésil** (orig. publ. 1578, 2e ed., à Génève: par Antoine Chuppin, 1580; précédé d'un entretien avec Claude LEVI-STRAUSS, texte établi, annoté et présenté par Frank LESTRINGANT, © pour l'entretien, la préface et les notes, Paris: Le livre de poche, 1994). V. tb. a respeito de Jean de LÉRY, O olhar do viajante, ou *le regard du voyageur* (in P. B. CASELLA, **Livro dos ancestrais imaginados e outros ensaios pós modernos**, Madri: Amaral Gurgel Edtrl., 2007 cap. XXII, p. 217-231).

[701] Jean De LÉRY, **Histoire** (1578 ; ed. 1994, ch. I, p. 111): "Or restoit-il encore à trouver d'autres personnages instruits ès principaux poincts de la foy: mesmes, comme Villegagnon mandoit, des artisans experts en leur art: mais parce que pour ne tromper personne, outre que du Pont declairoit que le long et fascheux chemin qu'il convenoit faire: assavoir environ cent cinquante lieuës par terre, et plus de deux mille lieuës par mer, il adjoustoit, qu'estant parvenu en cette terre d'Amérique, il se faudroit contenter de manger au lieu de pain, d'une certaine farine faite de racine*, et quant au vin, nulles nouvelles, car il n'y en croist point: bref, qu'ainsi qu'en un nouveau monde (comme la lettre de Villegagnon chantoit) il faudroit là user de façons de vivre, et de viandes du tout différentes de celle de nostre Europe. Tous ceux, di-je, qui aymans mieux la théorique que la pratique de ces choses, n'ayans pas volonté de changer d'air, d'endurer les flots de la mer, la chaleur de Zone Torride, ny de veoir le Pole Antarctique, ne voulurent point entrer en lice, ni s'enroller et s'embarquer en tel voyage."

[702] Jean De LÉRY, **Histoire** (1578; ed. 1994, ch. VI, p. 163-164): "Toutesfois, nous autres nouveaux venus demeurasmes et dinasmes ce jour-là en la mesme salle, où pour toutes viandes, nous eusmes de la farine faite de racines*: du poisson boucané c'est-à-dire rosti, à la mode des sauvages, d'autres racines cuictes aux cendres (desquels choses et des leurs proprietez, à fin de n'interrompre ici mon propos, je reserve à parler ailleurs) et pour bruvage, parce qu'il n'y en a en ceste isle, fontaine, puits ni riviere d'eau douce, de l'eau d'une cysterne, ou plustost d'u esgout de toute la pluye qui tomboit en l'isle, laquelle estoit aussi verte, orde et sale qu'est un vieil fossé couvert de grenouilles. Vray est qu'en comparaison de cette eau si puante et corrompue que j'ay dit ci devant que nous avions beuë au navire, encore la trouvions nous bonne. Finalement nostre dernier mets fut, que pour nous rafraischir du travail de la mer,

Projetam-se os navegadores europeus pelo mundo afora,[703] com a progressiva exploração da África, a descoberta da rota das Índias, passando pelo sul do continente africano – pelo Cabo das Tormentas, depois denominado Cabo da Boa Esperança, a circum-navegação do mundo[704] por Fernão de MAGALAHÃES.[705]

Iniciada por Portugal no século XV, depois acelerada pela conquista do Novo mundo e o papel desempenhado pela Espanha,[706] esse destravamento do mundo marca o início da modernidade e da influência ociden-

au partir de là, on nous mena tous porter des pierres et de la terre en ce fort de Coligni qu'on continuoit de bastir. C'est le bon traitement que Villegagnon nous fit dès le beau premier jour, à nostre arrivée." Trata-se da mandioca – *le manioc* –, cuja confecção é descrita no chapitre IX, p. 238, ed. cit.).

[703] Alvar NUÑEZ [CABEZA DE VACA], **Naufrágios e comentários** (ed. cit., 1999); Daniel J. BOORSTIN, **The discoverers** (ed. cit., 1985); Guillermo GIUCCI, **Viajantes do maravilhoso: o Novo mundo** (ed. cit., 1992); François BELLEC, **Marchands au long cours** (ed. cit., 2003).

[704] V. **Tratado** (tomo 1 – **Direito internacional dos espaços**, especificamente item 15.1.3 – estreito de Magalhães). O estreito de Magalhães foi uma das rotas marítimas resultantes dos grandes descobrimentos. Presta-se homenagem ao grande navegador, Fernão de MAGALHÃES (+1521) o mais célebre dos navegadores, responsável pela "primeira viagem de volta ao mundo", completada pelo remanescente de sua tripulação, depois da morte do navegador.

[705] Xavier de CASTRO, **Le Voyage de Magellan (1519-1522)** (la relation d'Antonio Pigafetta & autres témoignages, édition établie par X. de CASTRO, en collab. avec Jocelyn HAMON et Luís Felipe THOMAZ, Paris: Chandeigne, 2007, 2 vols.), primorosa edição contendo, no primeiro volume nova transcrição da relação deixada por Antonio PIGAFETTA, um dos sobreviventes da expedição, acrescida de rico aparato crítico, à luz dos testemunhos do século XVI, sem negligenciar estudos recentes, para permitir síntese dos conhecimentos sobre a matéria, reconsiderar algumas verdades, tidas como certas, e abrir novas perspectivas, para a interpretação histórica de alguns enigmas; no segundo volume, reúnem-se outras fontes, tais como relatos, cartas e depoimentos dos companheiros de MAGALHÃES, que embarcaram, faz mais de quinhentos anos, na mais espetacular das aventuras marítimas. V. tb. Patrick GIRARD, **Fernando de Magallanes** – el mundo sin límites (orig. publ. **Fernand de Magellan** – l'inventeur du monde, 2012, trad. Silvia KOT, Buenos Aires: El Ateneo, 2014).

[706] Ernest BELENGUER, **História de la España moderna** – desde los Reyes católicos hasta Felipe II (Madri: Gredos, 2011, esp. caps. IX – El gobierno del Imperio, p. 454-526, X – Imperio, reinos y señores: los territorios de Carlos V, p. 527-608 e XI – Las luchas por la hegemonía imperial, p. 609-681); Fernando GARCIA de Cortázar y José Manuel GONZALEZ Vesga, **Breve história de España** (orig. publ. 1994, Madri: Alianza edtrl., 4a. ed. 2009, reimpr. 2010, esp. caps. 1 a 9, p. 7-190); Julio VALDEÓN, Joseph PÉREZ, Santos JULIÁ, **História de Espanha** (orig. publ. **Historia de España**, 2009, trad. Luís Felipe SARMENTO, Lisboa: Ed. 70, 2014, Idade moderna, Joseph PÉREZ, caps. 1 – os reis católicos (1471-1516) e 2 – o império espanhol (1516-1598), p. 153-220).

tal, em escala planetária.[707] Aos descobrimentos se seguem a conquista e a colonização – fenômeno que, em regiões como o Caribe, se estende por quase quinhentos anos.[708]

O movimento de expansão conhece seu apogeu, no fim de 1520, com a descoberta do estreito sudoeste, por MAGALHÃES e o retorno do navio, comandado por ELCANO a Sevilha em 6 de setembro de 1522, um ano depois da tomada de Mexico-Tenochtitlán por Hernán CORTÉS. Será completado o movimento, em 1543, com a chegada dos portugueses ao Japão.

Não menos relevantes foram à época e para os tempos futuros as incursões no Extremo Oriente, na China,[709] com a implantação dos portugueses

[707] Dentre os fatores apontados na Introdução deste tomo. Cf. Carmen BERNAND et Xavier de CASTRO, Préface (op. cit., 2007, vol I, p. 7-75, cit. p. 12 e 15): "Initié par le Portugal au XVe siècle, puis accéléré par la conquête du Nouveau monde et le rôle joué par l'Espagne, ce désenclavement du monde marque le début de la modernité et de l'influence occidentale à l'échelle planétaire. Le mouvement d'expansion connaît son apogée fin 1520 avec la découverte du détroit sud-ouest par Magellan et le retour du navire commandé par Elcano à Séville le 6 septembre 1522, un an après la prise de Mexico-Tenochtitlán par Hernan Cortés. Il sera parachevé en 1543 par l'arrivée des Portugais au Japon."

[708] Cf. **Tratado** (tomo 20 – **Direito internacional, história e cultura**, cap. 3 – Impacto do colonialismo sobre o direito internacional, a descolonização e o desenvolvimento do direito de autodeterminação dos povos, b/c tomos 14 a 17 – **Direito internacional no tempo do colonialismo**, a colonização das *Índias ocidentais* abrange britânicos (item 1.9), franceses (2.8), holandeses (3.2) e os Estados Unidos (9.5 – sobre as Ilhas Virgens e outras possessões territoriais no Caribe); ainda sobre o Caribe, v. Jean CRUSOL, **Les îles à sucre** – de la colonisation à la mondialisation (Bécherel: Les Perséides, 2008); B. W. HIGMAN, **A concise History of the Caribbean** (Cambridge: Univ. Press, 2011, I – A History of Islands, p. 1-8, cit. p. 7): "Both the priority and the longevity of the colonial experience in the islands of the Caribbean gave them a central role in the making of what has come to be known as Atlantic History and the Atlantic World and, more broadly, in the making of modern world history."

[709] Veja-se **Tratado** (tomo 3 A – **Gregos, romanos, chineses, indianos**, item 7.2 – China e tb. tomo 1 – **Direito internacional dos espaços**, item 7.1 – questões recentes de sucessão de estado, especificamente o subitem 7.1.1.2 – Macau, b/c tomo 2 – **Direito internacional dos espaços**, cap. 26 – geografia e extraterritorialidade: projeção do poder do estado além de seus limites territoriais). Veja-se a insubstituível 'cor local' de documentos de época, tais como Raffaella D'INTINO, **Enformação das cousas da China: textos do século XVI** (introdução e leitura de R. D'INTINO, Lisboa: Imprensa Nacional / Casa da Moeda, 1989), Fernão Mendes PINTO, **Peregrinação** (1614, transcrição de Adolfo Casais MONTEIRO, Lisboa: Imprensa Nacional / Casa da Moeda, 1984). Existiu longo e por vezes penoso processo de extinguir o passado de constrangimentos institucionais, como expunham, ainda: J. ESCARRA, **Le régime des concessions étrangères en Chine** (RCADI, 1929, t. 27, p. 1-140); A. HEYKING,

em Macau,[710] os contatos regulares e o estabelecimento do comércio internacional com o Japão, intermediado pelos portugueses,[711] que de lá levavam

L'exterritorialité et ses applications en Extreme-Orient (RCADI. 1925, t. 7, p. 237-340); L. STRISOWER, **L'exterritorialité et ses principales applications** (RCADI, 1923, t. 1, p. 229-288). A estes contraponham-se Wang TIEYA, **International law in China: historical and contemporary perspectives** (RCADI, 1990, t. 221, p. 195-370); Horácio Peixoto de ARAÚJO, **Os Jesuítas no império da China: o primeiro século (1582-1680)** (Macau: Instituto português do Oriente, 2000). Em certo sentido, veja-se tb. Eric WYLER et Alain PAPAUX (eds.), **L'extranéité ou le dépassement de l'ordre juridique étatique** (Actes du colloque des 27 et novembre 1997, org. par l'Institut d'études de droit international de la Faculté de droit de l'Université de Lausanne, Paris: Pedone, 1999).

710 Ver **Tratado** (tomo 1 – **Direito internacional dos espaços**, item 7.1.1.2 – Macau); Luís Filipe BARRETO, **Macau**: poder e saber – séculos XVI e XVII (Lisboa: Presença, 2006); Agustina BESSA-LUÍS, **A quinta essência** (Lisboa: Guimarães Eds., © 1999, 5ª ed., 2004); Maria Helena S. R. do CARMO, **Uma aristocrata portuguesa no Macau do século XVII** (Lisboa: Fund. Jorge Álvares / Edtrl. Inquérito, 2006); Christina Miu Bing CHENG, **Macau: a cultural Janus** (Hong Kong: Univ. Press, 1999); Alfredo Gomes DIAS, **Sob o signo da transição: Macau no século XIX** (Macau: Instituto português do Oriente, 1998); Moisés da Silva FERNANDES, **Macau na política externa chinesa 1949-1979** (Lisboa: Imprensa de Ciências Sociais, 2006); FOK Kai Cheong, **Estudos sobre a instalação dos portugueses em Macau** (apresentação Jorge Manuel FLORES, rev. da trad. Isabel FLORES, Lisboa: Gradiva, s/d); Ângela GUIMARÃES, **Uma relação especial: Macau e as relações luso-chinesas (1780-1844)** (Lisboa: CIES – Centro de Investigação e Estudos de Sociologia, 2000); Geoffrey C. GUNN, **Encountering Macau: a Portuguese City-state on the periphery of China, 1557-1999** (Macau: Tipografia Macau – Hong Kong / Geoffrey C. Gunn, 1st. publ. in English 1966, new edition 2005); Antonio KATCHI, **As fontes do direito em Macau** (Macau: Faculdade de Direito da Univ. de Macau – teses e estudos, 2006); Fernando LIMA e Eduardo Cintra TORRES, **Macau entre dois mundos** (Lisboa: Fund. Jorge Álvares / Edtrl. Inquérito, 2004); Antonio Vasconcelos de SALDANHA, **A 'memória' sobre o estabelecimento dos portugueses em Macau do Visconde de Santarém (1845): os primórdios da discussão da legitimidade da presença dos portugueses em Macau** (Macau: Instituto português do Oriente, 1995); Boaventura de SOUSA SANTOS e Conceição GOMES, **Macau: o pequeníssimo dragão** (Porto: Afrontamento / Macau: Instituto Português do Oriente, 1ª ed., 1998); A. M. MARTINS DO VALE, **Os portugueses em Macau (1750-1800)**: degredados, ignorantes e ambiciosos ou fiéis vassalos d'El-Rei? (pref. Artur Teodoro de MATOS, Macau: Instituto português do Oriente, 1997).

711 No final do século XVI, o missionário português Luis FROIS, que então trabalhava nas missões que a Companhia de Jesus mantinha no arquipélago nipônico deixou-nos registro de suas impressões no **Tratado das contradições e diferenças de costumes entre a Europa e o Japão** (edição de Rui Manuel LOUREIRO, Macau: Instituto português do Oriente, 2001); veja-se tb. Ana Fernandes PINTO, **Uma imagem do Japão: a aristocracia guerreira nipônica nas cartas jesuítas de Évora (1598)** (Macau: Fundação Oriente / Instituto português do Oriente, 2004).

prata e para lá levavam sedas e outros produtos chineses, a partir de 1543,[712] como ainda em terras do Daí-Viet,[713] nas Ilhas Molucas e em Malaca,[714] os espanhóis nas Filipinas e outras praças extremo-orientais, bem como ainda os portugueses no Ceilão (atual Sri Lanka) e na Índia do Sul,[715] em Sião (atual Tailândia),[716] dentre outros, logo seguidos pelos holandeses,[717] ingleses[718]

[712] Quarenta anos depois do primeiro contato dos portugueses com o Japão, em 20 de fevereiro de 1582, uma missão japonesa parte de Nagasaki com destino à Cúria romana. O Pe. Duarte de SANDE, S.J. deixou registro desta, no Diálogo da missão dos embaixadores japoneses e das coisas por eles vistas no caminho – originalmente publicado *De missione legatorum japonensium ad romanam curiam ... dialogus* (Macau, 1590). Veja-se a edição dos 'colóquios' de Duarte de SANDE, **Diálogo sobre a missão dos embaixadores japoneses à Cúria romana** (prefácio, tradução e comentário Américo da Costa RAMALHO, estabelecimento do texto latino Sebastião Taves de PINHO, coord. científica APENEL – Associação portuguesa de estudos neolatinos, Portugaliae Monumenta Neolatina, vol. I, Coimbra: Imprensa da Universidade, 2009, tomo I: colóquios I a XVIII e tomo II: colóquios XIX a XXXIV).

[713] Isabel Augusta Tavares MOURÃO, **Portugueses em terras do Daí-Viêt (Cochinchina e Tun Kim) 1615-1660** (Macau: Fundação Oriente / Instituto português do Oriente, 2005).

[714] Manuel LOBATO, **Política e comércio dos portugueses na Insulíndia: Málaca e as Molucas de 1575 a 1605** (Macau: Instituto português do Oriente, 1999).

[715] Ver **Tratado** (tomo 3 B – **Gregos, romanos, chineses, indianos**, item 7.1 – Índia); Francisco Rodrigues SILVEIRA, **Memórias de um soldado da Índia** (1598, "compiladas de um manuscrito português do Museu Britânico, por A. de S. S. COSTA LOBO, Lisboa: Imprensa Nacional, 1877", Lisboa: Imprensa Nacional / Casa da Moeda, edição facsimilar, 1987); Luís de ALBUQUERQUE (ed.), **Crônica do descobrimento e primeiras conquistas da Índia pelos portugueses** (introdução, leitura, atualização, notas e glossário de L. de ALBUQUERQUE, Lisboa: Imprensa Nacional / Casa da Moeda – Col. Descoberta do mundo, 1986); Manuel Pinto PEREIRA, **História da Índia no tempo em que a governou o Visorei Dom Luís de Ataíde** ("reprodução em facsimile do exemplar com data de 1617 da Biblioteca da INCM", intr. Manuel Marques DUARTE, Lisboa: Imprensa Nacional / Casa da Moeda, 1987); Garcia DA ORTA, **Colóquios dos simples e drogas da Índia** ("reprodução em facsimile da edição de 1891, dirigida e anotada pelo Conde de FICALHO", Lisboa: Imprensa Nacional / Casa da Moeda, 1987, 2 vols.); Jorge FLORES, **A Taprobana e a ponte de Rama: estudos sobre os portugueses em Ceilão e na Índia do Sul** (Macau: Instituto português do Oriente, 2004).

[716] Leonor de SEABRA, **A embaixada ao Sião de Pero Vaz de Siqueira (1684-1686)** (Macau: Fundação Oriente / Instituto português do Oriente / Univ. de Macau, 2004), tb. publ. em inglês, **The embassy of Pero Vaz de Siqueira to Siam (1684-1686)** (translated by Custódio C. MARTINS, Mário P. NUNES and Alan N. BAXTER, Macau: Univ. of Macau Publications Centre, 2005).

[717] A respeito v. **Tratado** (tomo 3 A – **Direito internacional no tempo antigo**, item 2.1 – a controvérsia entre Hugo GRÓCIO e Serafim de FREITAS).

[718] Dentre tantos outros pontos de contato e não poucas vezes também de atrito entre portugueses e ingleses, também em Macau. Veja-se, por exemplo, Rogério Miguel PUGA,

e franceses, com o progressivo estabelecimento de rede de entrepostos europeus, comerciais, militares e também de cunho religioso, visando expandir o cristianismo na Ásia, o que não se tentou sem consideráveis desencontros entre culturas e diferentes tradições e visões de mundo.[719]

Toda essa diversificação se faz acompanhar de fragmentações.[720] Por vezes pautadas por certas ambiguidades.[721] Com figuras emblemáticas do seu tempo e do seu meio.[722]

Pode ser útil o paralelo com o exame de outra área de atuação humana:

A presença inglesa e as relações anglo-portuguesas em Macau (1635-1793) (Lisboa: CHAM – Centro de história de além-mar / Faculdade de Ciências Sociais e de História da Universidade Nova de Lisboa / Centro Científico e Cultural de Macau, 2009).

719 Sobre a controvérsia em torno dos 'ritos chineses', v. **Tratado** (tomo 3 B – **Gregos, romanos, chineses, indianos**, item 7.2 – China – a controvérsia sobre os ritos chineses); b/c Antonio Vasconcelos de SALDANHA, **De Kangxi para o papa, pela via de Portugal** : memória e documentos relativos à intervenção de Portugal e da Companhia de Jesus na questão dos Ritos Chineses e nas relações entre o imperador Kangxi e a santa Sé (traduções chinesas por JIN Guo Ping, Macau: Instituto Português do Oriente, 2002, 3 vols.).

720 Rui Manuel LOUREIRO, **O manuscrito de Lisboa da 'Suma oriental' de Tomé PIRES**: contribuição para uma edição crítica (palavras introdutórias pelo prof. Juan GIL, Macau: Instituto português do Oriente, 1996). A **Suma oriental** foi redigida por Tomé PIRES, entre 1512 e 1515, "com uma constante reelaboração de dados neste curto lapso de tempo", "viu a luz do dia, por um estranho capricho da fortuna, em italiano, na magnífica coleção de viagens, publicada pelo veneziano G. B. RAMUSIO, na segunda metade de Quinhentos."

721 Venceslau de MORAES, **Os serões no Japão** (Obras completas de Venceslau de MORAES, vol. IX, editor Carlos Morais JOSÉ, Macau: COD – "em parceria com a Comissão das comemorações dos 150 anos de Venceslau de MORAES, 2007); Venceslau de MORAES, **Paisagens da China e do Japão** (Obras completas de Venceslau de MORAES, vol. VIII, editor Carlos Morais JOSÉ, Macau: COD – "em parceria com a Comissão das comemorações dos 150 anos de Venceslau de MORAES, 2007); Jorge DIAS (ed.), **Mensagens de Honshu e de Shikoshu: a correspondência de Venceslau de MORAES para Vicente Almeida D'EÇA** (introdução, transcrição, notas e comentários de J. DIAS, Macau: Instituto português do Oriente, 1998). Na biblioteca da Sociedade de Geografia de Lisboa encontra-se a correspondência endereçada por Venceslau de MORAES ao seu colega da Marinha de guerra Vicente Almeida D'EÇA. Esta correspondência inicia-se em Kobe, em novembro de 1901 e termina em Tokushima, em fevereiro de 1920.

722 Para ilustrar, na perspectiva da Inglaterra, desde Francis DRAKE, a James COOK e Richard BURTON. Francis DRAKE (1540-1596), capitão e vice-almirante inglês, navegador, corsário e político, condecorado como cavaleiro pela rainha ELISABETH I, em 1581. James Huge COOK (1728-1779) explorador, navegador e cartógrafo inglês, depois capitão na Marinha real britânica. O mais controvertido, certamente, Richard Francis BURTON (1821-1890), como apresenta Edward RICE, **Captain Sir Richard Francis BURTON** (orig. publ. 1990, New York: Harpers' Perennial, 1991).

> as origens do declínio do domínio europeu não se colocam tão longe no tempo, e se tornam progressivamente presentes na história deste último século, em momento crítico para a sua pretensão de colonização cultural do mundo, mesmo se certamente a identidade da cultura europeia não é só domínio, mas também reflexão sobre as razões e os fundamentos desta sua própria capacidade e em torno às dúvidas sobre a sua possibilidade de agir, hoje, de modo eficaz.[723]

O presente título se enceta com a caracterização do estado como sujeito de direito internacional – onde são examinadas as contribuições de MAQUIAVEL e BODIN (cap. 13). Não como direito internacional, propriamente dito, mas como pressuposto – a ocorrência do estado como sujeito de direito –, para que se possa, a seguir falar em sistema internacional.

Este sistema institucional e normativo internacional, tal como hoje conhecido e praticado, parte do trabalho precursor de teólogos e canonistas, que tiveram de se ocupar de questões do que viria, depois a ser caracterizado como direito internacional moderno, dentre os quais se salientou o dominicano espanhol: Francisco de VITÓRIA. Com ele se põem já algumas das grandes questões, que marcarão a evolução subsequente do que viria a ser o direito internacional (no cap. 14).

De Salamanca, VITÓRIA influenciará o seu conterrâneo e também sacerdote Francisco SUAREZ, também teólogo e canonista, que trará, em seu magistério em Coimbra, a questão da fundamentação do direito internacional e da distinção entre direito natural e direito positivo. SUAREZ por sua vez, via o direito internacional a meio caminho, entre o direito natural e o direito civil. A contribuição de SUAREZ para o direito internacional diz respeito à noção de comunidade internacional.[724]

[723] Vittorio GREGOTTI, **Identità e crisi dell'architetura europea** (Turim: Einaudi, 1999, cit. p. 15): "Le origini del declino del dominio europeo si collocano non lontano nel tempo e sono progressivamente presenti nella storia di questo ultimo secolo in un momento critico per la sua pretesa di colonizzazione culturale del mondo, anche se certamente l'identità della cultura europea non è solo dominio, ma anche riflessione sulle ragioni e sui fondamenti di questa sua stessa capacità ed intorno ai dubbi sulla sua possibilità di agire oggi efficacemente."

[724] Ver **Tratado** (tomo 6 – **Direito internacional no tempo de Suárez, Gentili e Zouch**, esp. cap. 15 – Francisco SUÁREZ (1548-1617)); P. B. CASELLA, 400 anos do De Legibus de Francisco Suárez (1548-1617) (Revista Fdusp, 2011-12, v. 106-107, p. 25-33, https://www.revistas.usp.br/rfdusp/article/view/67935).

Francisco SUAREZ será influência marcante sobre aquele que, apesar das controvérsias, é quase unanimemente apontado como o 'pai' do direito internacional moderno, Hugo GRÓCIO. Este leva adiante a questão da busca da fundamentação do direito internacional, a partir dos ditames da reta razão – *recta ratio* –, alegadamente desvencilhando-o de fundamentação teológica. O alegado por razões ideológicas e rivalidades confessionais, como se verá, não corresponde ao conteúdo. E de GRÓCIO passa a questão aos autores seguintes, dentre os quais Samuel PUFENDORF, este, como tantos outros, desde então, direta e profundamente influenciados por GRÓCIO.[725]

Pode parecer contraditório que esses fundadores do direito internacional moderno, como VITÓRIA e, depois Francisco SUAREZ, não somente se filiavam à corrente tomista de pensamento, e, ainda mais, ambos sacerdotes católicos, pois a relação da 'Santa madre igreja' com o direito internacional, nos dois séculos seguintes, foi menos pacífica. Vários dos principais autores do direito internacional tiveram suas obras inscritas no ***Index*** eclesiástico de livros proibidos.

Nessa mesma época, o imperador CARLOS V fez estabelecer, pela Universidade de Louvain, em 1546, o primeiro **Catálogo dos livros perigosos**. Ambos abririam caminho para incontáveis gerações de censores.[726]

Pode parecer curioso, hoje, que boa parte dos autores clássicos do direito internacional tenha sido colocada e mantida, durante tempo considerável,[727] no **Index librorum prohibitorum**[728] pela Igreja católica – esse *Índice de livros proibidos*, teve sua primeira versão promulgada ao

[725] Cfr. **Tratado** (tomo 7 – **Direito internacional no tempo de Hugo Grócio**, cap. 18 e tomo 9 – **Direito internacional no tempo de Samuel Pufendorf**, cap. 20 – Samuel PUFENDORF (1632-1694)).

[726] V. a respeito, Gil DELANNOI et Pierre-André TAGUIEFF (direction de), **Nationalismes en perspective** (Paris: Berg International Eds., 2001) e Mireille DELMAS-MARTY, **Libertés et sûreté dans un monde dangereux** (Paris: Seuil, 2010).

[727] Dominique GAURIER, **Histoire du droit international** (Rennes: Presses Univ. de Rennes, 2014; ed. anterior, 2005, esp. chap. IV – Les grandes figures fondatrices du droit international: les hommes et leurs oeuvres, p. 143-208) enumera todos os que se encontraram em tal situação. A questão se coloca em relação a determinar até quando a permanência nessa lista de proscrição de leituras terá sido vinculante, para os fiéis católicos?

[728] **Index librorum prohibitorum** cum regulis confectis per Patres a Tridentina Synodo delectos, auctoritate Sanctiss. D. N. PII IIII, Pont. Max. Comprobatus (Venetiis, MDLXIIII) – https://upload.wikimedia.org/v....

tempo do papa PAULO IV (1555-1559), logo continuada por PIO IV (1559-1565). Versão revista foi aprovada pelo Concílio de Trento, e republicada por vários sucessores, com novas condenações a autores e obras.[729]

Desse modo, sem a licença específica de autoridade eclesiástica, para situações especiais, a serem previamente justificadas, deveria o fiel católico abster-se de todo contato com tais autores e doutrinas. Em que ponto estaríamos se tivesse prevalecido tal política?

A maior liberdade relativa nos países protestantes foi necessária para que se tenha desenvolvido o direito internacional, nos séculos XVII e XVIII. Nessa mesma época, muito embora sérios problemas de violação de direitos ditos fundamentais igualmente ocorressem nos países protestantes, a diferença entre a liberdade e a repressão fez pender para o norte o eixo do desenvolvimento na Europa: o direito à diferença, cujo aparecimento é o sinal de transformação radical da vida da humanidade, e da percepção que esta faz de si mesma[730] como aponta a evolução subsequente das sociedades democráticas. O estado de direito, laico, plural e inclusivo é modelo precioso e essa conquista recente tem de ser preservada diante das ameaças dos intolerantes e dos fanatismos, que se travestem da invocação de deus, da família, dos valores e da moral, para tentar, novamente impor modelos conformistas e absolutistas! Como vigeram durante séculos.[731]

No campo das ideias, alegadamente, a filosofia moderna não mais se serve, para exprimir seu pensamento, das fórmulas rígidas, em uso na Idade média, observava Ernst BLOCH: "o que nos apresentam, no mesmo espírito, as universidades católicas – embora sejam estas infinitamente mais válidas e interessantes que as universidades protestantes – não passam de velharias adaptadas, à maneira jesuítica, à nova situação".[732]

[729] **Index librorum prohibitorum** on line Index_librorum_prohibitorum_... A última edição foi publicada em 1948, e somente foi abolido em 1966, pelo papa PAULO VI.

[730] René-Jean DUPUY, **La clôture du système international**: la cité terrestre (Paris, 1989, p. 115) : "le droit à la différence. Son apparition est le signe d'une transformation radicale dans la perception de l'humanité".

[731] Em nossos tempos pós-modernos, os intolerantes nem sempre utilizam fogueiras em sentido literal. Também podem ser acionadas fogueiras em sentido figurado, como propõe alguns exemplos, no seu instigante ensaio sobre o "terrorismo intelectual", Jean SÉVILLIA, **Le terrorisme intellectuel**: de 1945 à nos jours (Paris: Perrin, 2000).

[732] Ernst BLOCH (1885-1977), **La philosophie de la Renaissance** (orig. publ. **Vorlesungen zur Philosophie der Renaissance**, 1972, trad. Pierre KAMNITZER, Paris: Payot, 1994, cap.

Muita sagacidade foi demonstrada, muitos problemas não resolvidos foram tratados por pensadores importantes, como SUAREZ, no século XVII, na cidade portuguesa de Coimbra, nas suas **Disputationes metaphysicae**; mas, no conjunto, não se encontra mais do que uma acumulação de teses com cheiro de mofado, de mediocridades, de sumários apressados, à maneira de catecismo, que não faz mais do que repetir, sem parar, as mesmas coisas. Essa 'nova escolástica',[733] se se quiser chamar assim, tinha preparado o caminho para as mentes mais capazes, dispensando-os dos sofrimentos, dos esforços e das ousadias admiráveis dos antigos escolásticos. Ora, o novo pensamento se apresentava sob a forma da livre criação literária, do diálogo e do ensaio.[734]

Na altura do Renascimento mais desenvolvido era o sul, na idade moderna passa ao norte[735] o centro de inovação intelectual na Europa. E a distância se acentua, nos séculos XVII e XVIII, de modo incomensurável.[736] Assim se fazem, na história, deslocamentos culturais, independentemente da geografia.

3 – Giordano BRUNO, p. 24-46).

733 Em linha diversa, vejam-se, de Alfred VANDERPOL, **La doctrine scolastique du droit de guerre** (Paris: Pedone, 1919) e **Le droit de guerre d'après les théologiens et les canonistes du Moyen Âge** (Paris/Bruxelles: Tralin, 1911).

734 E. BLOCH (op. cit., 1972, ed. cit., 1994, p. 26).

735 Sem chegar ao ponto em que foram colocados Galileu GALILEI, ou ainda mais Giordano BRUNO, havia visão eclesiástica pré-determinada do mundo, era posta em xeque pelas novas doutrinas e autores do dreito internacional. Em outros campos do conhecimento, o papel de sábios como Johannes KEPLER, Nicolau COPÉRNICO e outros, na consolidação do novo enfoque, levou às ciências modernas. Como brevemente se examina no **Tratado** (tomo 20 – **Direito internacional, história e cultura**, cap.1 – direito internacional no tempo e seu papel na história, esp. itens 1.2 – pensamento científico moderno e a caça às bruxas e 1.3 – do mundo fechado ao universo infinito).

736 As questões políticas, no seu tempo, colocaram em campos opostos os defensores da visão internacionalista do mundo, em relação à opinião oficial da Igreja católica. Os argumentos de autoridade sufocariam a busca da verdade : a dúvida racional contribuiu mais para o progresso da humanidade do que as categóricas afirmações da fé e das realizações. Se tivesse prevalecido tal visão, não obstante os primeiros 'internacionalistas', como VITÓRIA e SUAREZ, de que modo e segundo qual modelo se poderia ter construído a disciplina de regulação da convivência entre unidades políticas do tempo? O modelo que vige durante a idade média, embora nominalmente orientado entre a primazia do papado e a interferência do sacro império romano germânico, que poderia nunca ter mantido total efetividade, rompe-se com as sucessivas levas da reforma, a partir de 1517, e nunca mais se recompõe. Cfr., neste tomo, cap. 14 – Francisco de VITTÓRIA (1480-1546), b/c **Tratado** (tomo 6 – **Direito internacional**

Importa referir esse dado não somente como referência ao passado, mas como advertência em relação ao tempo presente, e aos desdobramentos a partir do presente, para o futuro: a coerção da liberdade mata a inovação no espírito humano. Se isso permite o exercício do poder absolutista, e controle da sociedade pela máquina estatal, acarretará o esvaziamento das forças inovadoras da sociedade – e tais exemplos se multiplicam, em nossos dias.

Após a configuração antiga se transmutar no contexto medieval, a era moderna aponta a Europa não mais como um continente, mas antes uma "entidade cultural"; o que estaria em processo de reversão, no presente contexto.[737] Em relação a tal dado, ocorrem duas teses:

- a primeira tese, de historiadores que acreditam se ter formado a Europa quando da dissolução do mundo romanizado, consequência das invasões dos povos confinantes, e divisão do Mediterrâneo, a partir do século VII, em razão da expansão do mundo muçulmano – assim se exprimiria a constituição de centro de atração no arco mais setentrional, as migrações entre os séculos IV até IX, e a diferenciação regional, como consequência de tal dissolução e origem dos agrupamentos nacionais e étnicos da Europa moderna;[738] enquanto
- a segunda tese imagina a Europa como continuidade cultural ininterrupta, a partir do mundo greco-micênico, em modo relativamente independente do espaço geográfico, como continuidade cultural, da qual se movem as diferenciações.[739]

no tempo de Suárez, Gentili e Zouch, cap. 15 – Francisco SUÁREZ (1548-1617) e tomo 20 – **Direito internacional, história e cultura**, cap.1 – direito internacional no tempo e seu papel na história, esp. item 1.1 – o Leviatã e suas transformações).

[737] Cf. os já citados Emmanuelle LOYER, **Une brève histoire culturelle de l'Europe** (Paris: Flammarion – champs – histoire, 2017); Patrick BOUCHERON, Antonio NEGRI, Thomas PIKETTY, Myriam REVAULT D'ALLONNES, Élisabeth ROUDINESCO, **Une certaine idée de l'Europe** (Paris: Flammarion – champs -actuel – inédit, 2019, L'échelle continentale, p. 7-8): "L'Europe, pendant la plus grande partie de son histoire, a été une idée. / Elle signifiait un profond désir de circulation et de liberté autant qu'un souci de rigueur et de polémique. La République des lettres se moquait des régimes plus ou moins despotiques qui l'entouraient et la divisaient. [...] / Aujourd'hui, alors même que l'Europe est devenue une institution, elle n'est pas, ou de moins en moins, une idée".

[738] Cfr. **Tratado** (tomo 4 – **Direito internacional no tempo medieval**, cap. 8 – a longa transição do mundo antigo ao medieval).

[739] Cfr. **Tratado** (tomos 3 A – **Direito internacional no mundo antigo** e 3 B – **Gregos, romanos, chineses, indianos**); Vittorio GREGOTTI, **Identità e crisi dell'architetura**

Tais 'diferenciações' não se fizeram, contudo, sem tensões, até que emergisse novo modelo político-institucional, tanto para o plano interno dos entes soberanos – os futuros 'estados' –[740] como na multipolarização das relações internacionais: o que será dado característico da ordenação do sistema institucional e normativo internacional,[741] desde então.

De modo semelhante, se pode considerar a evolução do direito internacional como continuidade ou como ruptura. Mas existem dados passíveis de ser invocados, seja para reforçar uma linha de argumentação, como em favor da outra.

Ainda "no conjunto da cultura europeia, o apelo da razão crítica é um dos motores da transformação, mesmo na consciência de seus limites instrumentais, nos confrontos entre o saber e o conhecer – *nei confronti del sapere e del conoscere*".[742] De tal modo, se constrói

> o instrumento principal da razão crítica e do conhecimento racional é o discurso, o *logos* grego e a *ratio* latina, que os filósofos cristãos reconhecem como

europea (Turim: Einaudi, 1999, cit.p. 34-35) considera ser assim possível explicar porque ainda no século II d.C. se considerava como Europa coincidir com os países que se põem frente ao Mediterrâneo, e 700 anos depois se tivesse o centro deslocado para a área da França setentrional, com o Sacro Império Romano de CARLOS MAGNO, ou o fato de que, em 1220, FREDERICO II fosse coroado imperador de um império 'europeu', embora ainda Sacro Romano Império (que ainda assim se chama quando CARLOS IV é eleito imperador em Praga, em 1355), império esse que vai de Lyon a Breslau (atualmente Wroclav, na Polônia), da Sicília ao Mar do Norte, e, ainda, que CARLOS V desse lugar, na primeira metade do século XVI, a uma espécie de Europa virtual, que compreende a Espanha, Países Baixos, Itália meridional, Áustria, Boêmia e Hungria, com o vazio central da França. Por sua vez, RODOLFO II, no fim do século XVI, escolhe Praga, e não Viena, como capital do Império, consagrando o caráter europeu desta. Polônia e Lituânia unidas, eram consideradas, no final do século XVI, a nação mais estensa da Europa. A Rússia, depois de ter alimentado o mito de Moscou como a 'terceira Roma', se torna plenamente europeia com PEDRO, o Grande, somente no início do século XVIII.

740 Ver o anterior cap. 12 – *jus gentium, jus commune, jus europaeum* — entre teoria e prática, bem como o já ref. Ernst KANTOROWICZ, **L'empereur Frédéric II** (orig. publ. **Kaiser Friedrich der Zweite**, 1927, trad. Albert KOHN, Paris: Gallimard – Quarto, 2000, **Kantorowicz oeuvres**, p. 9-641).

741 Cf. se passa a considerar no cap. 13 – estado como sujeito de direito internacional.

742 V. GREGOTTI (op. cit., 1999, p. 38-39): "La capacità organizzativa e l'interesse per la spiegazione del mondo naturale sono nel pensiero europeo strettamente connessi alla capacità critica ed alla volontà di dedurre da questo connubio leggi universali. O almeno ipotesi di leggi universali disponibili alla loro stessa contestazione."

qualidade essencialmente humana, e a partir do século XVIII são invocados pela cultura laica europeia, como capacidade de articular, distinguir e conectar sensações e intuições.[743]

Será assim, nesta vertente considerada a contribuição de Francisco de VITÓRIA (1480-1546) (cap. 14). Pelo encadeamento da obra deste, em relação ao contexto medieval, no qual ainda se inscreve, e do contexto moderno, para o qual aponta.

Por sua vez, nos tomos seguintes, são considerados: Francisco SUAREZ (1548-1617), Alberico GENTILI (1552-1608), Richard ZOUCH (1590-1660),[744] e Hugo GRÓCIO (1583-1646).[745] A seguir, a construção de sistemas coesos, de Vestfália (1648) até Viena (1815).[746]

A seguir, são referidos Samuel RACHEL (1628-1691),[747] Samuel PUFENDORF (1632-1694) – continuador de GRÓCIO, que não somente explicita a obra deste, como desenvolve pesquisa histórica e de 'relações internacionais', com suas obras sobre a história da Suécia e do Sacro império romano germânico – *semelhante a um monstro* – segundo a formulação de PUFENDORF.[748]

A seguir a contribuição de Cornelius van BYNKERSHOEK (1673-1743). Neste autor se alcança visão pragmática e concreta do direito entre estados e das formas de exercício e regulação das relações entre estados, reguladas

[743] V. GREGOTTI (op. cit., 1999, loc. cit.): "Sappiamo bene che sempre più consistente si è fatto da più di un secolo nella cultura moderna europea il discorso sulla 'crisi della ragione', sui limiti dei linguaggi della teoria e, di fronte alla complessità e contraddizione dei suoi livelli diversi, su una possibile geografia differenziata della ragione communicativa, ma è la stessa ampiezza e difficoltà di tale dibattito a sottolineare il carattere strutturale della nozione di ragione per la cultura europea."

[744] No **Tratado** (tomo 6 – **Direito internacional no tempo de Suárez, Gentili e Zouch**); P. B. CASELLA, 400 anos do De Legibus de Francisco Suárez (1548-1617) (Revista Fdusp, 2011-2012, vol. 106-107, p. 25-33, https://www.revistas.usp.br/rfdusp/article/view/67935).

[745] No **Tratado** (tomo 7 – **Direito internacional no tempo de Hugo Grócio**).

[746] No **Tratado** (tomo 8 – **Direito internacional além do paradigma vestfaliano**, título II – da construção de sistemas coesos: de Vestfália (1648) até a guerra dos sete anos (1756-1763) e itens seguintes).

[747] No **Tratado** (tomo 9 – **Direito internacional no tempo de Samuel Pufendorf**, cap. 19 – Samuel RACHEL (1628-1691)).

[748] No **Tratado** (tomo 9 – **Direito internacional no tempo de Samuel Pufendorf**, cap. 20 – Samuel PUFENDORF (1632-1694)).

pelo direito internacional. O pragmatismo, construído a partir da prática,[749] do internacionalista e também magistrado da mais alta corte holandesa.

O capítulo seguinte é dedicado à contribuição de Christian WOLFF (1679-1754) para o desenvolvimento do direito internacional.[750] Este se põe como discípulo de LEIBNIZ, avança como precursor da ideia de ordem institucional – com sua concepção da *civitas maxima* – e será, por sua vez, o mestre de VATTEL.

Breve exame da contribuição de J. J. BURLAMAQUI (1694-1748) é dedicado[751] a este conterrâneo e contemporâneo de VATTEL. O pensamento de Jean-Jacques ROUSSEAU marca a filosofia do direito de BURLAMAQUI, no contexto do Iluminismo.[752]

BURLAMAQUI entende como natural a lei que Deus impõe aos homens e que estes podem conhecer mediante o exercício de sua razão, considerando com atenção sua natureza e seu estado. O "direito natural é o sistema, a reunião, ou o corpo dessas mesmas leis" e fala, ainda, em "jurisprudência natural, que seria a arte de chegar ao conhecimento das leis da natureza, de desenvolvê-las e aplicá-las às ações humanas".[753]

Por sua vez, Emer de VATTEL (1714-1767) difere dos antecessores, à medida que introduz separação mais nítida entre direito natural e direito positivo, entre moral e direito. De um lado, contribui para a fixação do campo específico de atuação do direito internacional. Mas, de certo modo, embora alguns o filiem a corrente naturalista do direito internacional, teria VATTEL dado base para o fortalecimento do voluntarismo jurídico, que até hoje tem infelizmente persistido, sob a roupagem do assim chamado 'voluntarismo positivista' – do qual, todavia, não se desvencilhou o direito internacional atual.[754]

749 No **Tratado** (tomo 10 – **Direito internacional no tempo de C. van Bynkershoek e Christian Wolff**, cap. 21 – Cornelius van BYNKERSHOEK (1673-1743)); v. tb. P. B. CASELLA, Desenvolvimento do direito internacional na concepção de Cornelius van Bynkershoek (Revista FDUSP, 2008, vol. 103, p. 563-592).

750 No **Tratado** (tomo 10 – **Direito internacional no tempo de C. van Bynkershoek e Christian Wolff**, cap. 22 – Christian WOLFF (1679-1754)).

751 No **Tratado** (tomo 10 – **Direito internacional no tempo de C. van Bynkershoek e Christian Wolff**, cap. 23 – Jean-Jacques BURLAMAQUI (1694-1748)).

752 No **Tratado** (tomo 11 – **Direito internacional no tempo do Iluminismo**).

753 No **Tratado** (tomo 10 – **Direito internacional no tempo de C. van Bynkershoek e Christian Wolff**, cap. 23 – Jean-Jacques BURLAMAQUI (1694-1748)).

754 No **Tratado** (tomo 12 – **Direito internacional no tempo de Vattel e von Martens**, cap. 24 – Emer de VATTEL (1714-1767)); v. tb. P. B. CASELLA, Emer de Vattel (1714-1767) e

A seguir, com a contribuição de G. F. von MARTENS (1756-1821), o estudo do direito internacional se põe em perspectiva histórica.[755] Von MARTENS teve o mérito de colocar o elemento histórico no direito internacional, e o estudar através de sua evolução, ao longo dos tempos, além de sua importância como autor, também pelo trabalho considerável de sistematizador de tratados e de casos de direito internacional, que desenvolveu e publicou. Com Von MARTENS pode-se dar por encerrado o conjunto das contribuições individuais mais relevantes para a formação e a consolidação do direito internacional.[756]

Das contribuições destes autores, normalmente apontados como os fundadores – os *founding fathers* do direito internacional, moderno e clássico – se passa, no título II da parte II, ao exame dos sistemas coesos no tempo que transcorre desde o Congresso de Vestfália (1648) até o Congresso de Viena (1815).[757] Duas mudanças devem ser assinaladas neste em relação ao período anterior:

- a primeira é a institucionalização, que faz passar o foco principal do direito internacional dos autores, como ocorreu ainda nos séculos XVII e XVIII, para a prática dos estados, como indício de funcionamento do sistema institucional, enquanto conjunto;
- a segunda mudança se põe em relação à perda da universalidade e ao modo de se estruturar o conjunto, porquanto, nos séculos XIX e XX, apesar do desenvolvimento e da institucionalização do direito internacional, este se torna menos 'internacional', mais filiado a supostas

o direito internacional clássico (Revista FDUSP, 2020, vol. 115, p. 209-245) – https://doi.org/10.11606/issn.2318-8235.v115p209-245.

[755] No **Tratado** (tomo 12 – **Direito internacional no tempo de Vattel e von Martens**, cap. 25 – G. F. von MARTENS (1756-1821)). V. tb. P. B. CASELLA, Georg-Friedrich von Martens (1756-1821) e a consolidação histórica do direito internacional clássico (Revista FDUSP, 2021, vol. 116, p. 137-171) – https://doi.org/10.11606/issn.2318-8235.v116p137-171.

[756] No **Tratado** segue-se o exame (tomo 13 – **Direito internacional no tempo do concerto europeu**).

[757] No **Tratado** (tomo 8 – **Direito internacional além do paradigma vestfaliano**, título II – da construção de sistemas coesos: de Vestfália (1648) até a guerra dos sete anos (1756-1763), tomo 9 – **Direito internacional no tempo de Samuel Pufendorf**, tomo 10 – **Direito internacional no tempo de C. van Bynkershoek e Christian Wolff**, tomo 11 – **Direito internacional no tempo do Iluminismo**, tomo 12 – **Direito internacional no tempo de Vattel e von Martens**, tomo 13 – **Direito internacional no tempo do concerto europeu**).

'escolas nacionais', que sintomática e paradoxalmente, dão respaldo ao colonialismo, usando o direito internacional.[758]

Desde o final da Segunda guerra mundial, ou depois do apogeu e decadência do direito internacional clássico até o contexto pós-moderno se marca o advento de novo período para a reformulação das bases e premissas do direito internacional. Quando se plantam os elementos caracterizadores do sistema atual, rumo a um sistema de vocação e alcance mundial.[759] Apesar das recorrências nacionalistas contrárias, travestidas de anti-globalismo.

Destas considerações introdutórias ao presente título se pode passar à caracterização do estado como sujeito de direito internacional à luz das contribuições de MAQUIAVEL e de BODIN (cap. 13).

[758] No **Tratado** (tomos 14 a 17 – **Direito internacional no tempo do colonialismo** e tomo 20 – **Direito internacional, história e cultura**, cap. 3 – impacto do colonialismo sobre o direito internacional, a descolonização e o desenvolvimento do direito de autodeterminação dos povos).

[759] Nos **Fundamentos** (2008) bem como no **Tratado** (tomo 20 – **Direito internacional, história e cultura**).

CAPÍTULO 13
ESTADO COMO SUJEITO DE DIREITO INTERNACIONAL – A CONTRIBUIÇÃO DE MAQUIAVEL E BODIN

Em se tratando de estudar o estado, devemos nos precaver, mais do que nunca, em relação às noções preconcebidas, no sentido de DURKHEIM, contra as ideias recebidas, contra a sociologia espontânea. Para resumir as minhas análises no curso dos anos precedentes, particularmente a análise histórica das relações entre a sociologia e o estado, indicava que corremos o risco de aplicar ao estado um pensamento de estado, e insistia quanto ao fato de nosso pensamento, e as próprias estruturas da consciência, por meio da qual construímos o mundo social, e esse objeto particular que é o estado, tem grandes chances de ser o produto do estado. Por reflexo de método e por formação profissional, a cada vez que enfrentei um novo objeto, e o que eu fazia me parecia particularmente justificado, eu diria que, quanto mais avanço em meu trabalho sobre o estado, mais me convenço que, se temos especial dificuldade em pensar esse objeto é porque e – peso minhas palavras – este é quase impensável.

P. BOURDIEU (1990, ed. 2012)[760]

[760] Pierre BOURDIEU, **Sur l'état** (Cours au Collège de France 1989-1992, éd. publ. par Patrick CHAMPAGNE, Remi LENOIR, Franck POUPEAU et Marie-Christine RIVIÈRE, Paris: Seuil – raisons d'agir, 2012, 'Cours du 18 janvier 1990', p. 13-44, item – un objet impensable, cit. p. 13-15).

Dentre as diversas funções que exerce o direito internacional vamos examinar uma função nova: a da criação de modelo do sistema internacional, geralmente reconhecido pelos estados.

G. I. TUNKIN (1984)[761]

A ordem internacional dos tempos modernos, baseada em estados-nação, independentes e de igual condição, já tinha sido desenvolvida em todos os seus aspectos essenciais no final do século XIII.

W. PREISER (1984)[762]

A construção do direito internacional moderno, lastreado na premissa da interestatalidade, pressupõe a caracterização do estado, enquanto tal, como operador do sistema internacional. É o estado, que se consolida enquanto ordem interna. E este, a seguir, projeta a sua configuração centralizada, como sujeito de direito internacional. E interage com os seus pares – muitas vezes mediante uso da força, ou graus variáveis desta conjugada com negociações e tratativas pacíficas.

Nessa operação de 'construção intelectual' do estado, dentre outros, teóricos e práticos, dois nomes se impõem como referências a serem analisadas: Nicolau MAQUIAVEL e Jean BODIN. Ambos não são propriamente internacionalistas, nem tiveram o direito internacional, enquanto tal, como foco de suas respectivas atuações, práticas e intelectuais, mas tiveram e têm, ambos, papel seminal na construção do estado como entidade política soberana, dado basilar para a ordenação de sistema institucional e normativo internacional, sobretudo na configuração moderna e clássica deste, lastreado na estatalidade.

761 Grigory I. TUNKIN, *Droit international et modèle généralement reconnu du système international* (in **Droit des peuples à disposer d'eux-mêmes: méthodes d'analyse du droit international** – mélanges offerts à Charles CHAUMONT (Paris: Pedone, 1984, p. 542-554, cit. p. 542): "Dans les sciences des relations internationales et de droit international le terme 'système international' est généralement employé pour désigner le système des relations internationales."

762 W. PREISER, *History of the law of nations. Ancient times to 1648* (Encyclopaedia of Public International Law, North Holland, 1984, vol. VII, p. 149): "The international order of modern times, based on independent nation-states of equal rank had been developed in all essential aspects by the end of the 13th century".

A figura de MAQUIAVEL se destaca na história das ideias e especificamente das ideias políticas, sem necessidade de justificar a escolha de menção ao seu nome e sua obra. Que se mostram praticamente incontornáveis.[763]

Em relação a BODIN, contudo, cabe ressaltar porque o trazer à consideração, ao lado de MAQUIAVEL e o estado, em razão da formulação do conceito de soberania e da interdependência entre ambos – estado e soberania – como elementos caracterizadores da ordenação do sistema internacional, desde o início da era moderna, até os nossos tempos pós-modernos. E se mostra, assim, igualmente necessário apontar, ainda que brevemente.

A reflexão sobre o direito da guerra, na obra dos capitães franceses do século XVI, permite enfatizar o papel de BODIN, como ponte entre as teorias e a prática do direito internacional, em faceta 'realista' de sua contribuição. Ao mesmo BODIN, que se empenhou ferozmente na caça às bruxas, se busca assegurar "lugar dentre os fundadores do direito internacional".[764]

A compreensão do direito internacional, enquanto sistema institucional e normativo, não se pode alcançar sem a concomitante conceituação dos planos mais amplos do tempo histórico e da construção cultural, norteadora deste conjunto.[765] Este fascinante universo humano se constrói como meio de regulação das relações entre estados e demais sujeitos de direito internacional. Por isso, aqui serão estes focados como elementos ancilares para a compreensão do fenômeno jurídico internacional, temporalmente condicionado.

Justamente aqui se inscreve essa reflexão, ao ser considerado, no título presente, a multipolarização da Europa na era moderna e o advento do direito internacional como sistema. A construção de sistema institucional e normativo internacional pressupõe a definição de quais sejam os seus

[763] Cf. se considera no item 13.1 – Nicolau MAQUIAVEL (1469-1527).

[764] Cf. item 13.2 – Jean BODIN (1530-1596); ver **Tratado** (tomo 20 – **Direito internacional, história e cultura**, item 1.2 – pensamento científico moderno e a caça às bruxas); André GARDOT, **Jean Bodin – sa place parmi les fondateurs du droit international** (RCADI, 1932, t. 50, p. 545-748); André GARDOT, **Le droit de la guerre dans l'oeuvre des capitaines français du XVIe siècle** (RCADI, 1948, t. 72, p. 393-540, chap. I – *Les hommes et les oeuvres*, p. 400) a respeito dos elementos de direito internacional, na obra de BODIN: "C'était reconnaître que les élements dispersés dans une oeuvre, au départ étrangère au droit international, peuvent et doivent, analysés, rassemblés et ordonnés, fournir toutes les composantes d'un véritable corpus, – à la mise en forme près, bien sûr."

[765] Cf. **Tratado** (tomo 20 – **Direito internacional, história e cultura**, introdução e cap. 1 – o direito internacional no tempo e seu papel na história).

'sujeitos',[766] os seus elementos componentes, para que se dê a construção e a subsequente operação do sistema.

Hoje se vê, o direito internacional não precisa ser, necessária e exclusivamente, direito 'interestatal' – o que já se sabia e se praticava na Antiguidade, como na Idade média – onde ocorriam sistemas 'internacionais' sem serem estes compostos por 'estados' e sem ter como pressuposto de ordenação a 'soberania' estatal.[767] Mas é preciso chegar ao presente contexto pós-moderno, para resgatar tal percepção, e se considerar a relevância e a extensão da ação dos atores não-estatais no direito internacional atual.

É possível afirmar que a construção de sistema de estados-nação, de igual categoria, já estaria basicamente estruturada ao final do século XIII, como mostram Portugal, Aragão, Castela, França, Inglaterra. Mas, a pretensão de soberania ainda não tinha esse nome.[768]

A formulação dos termos 'estado' e 'soberania' tem origens precisas. A utilização de ambos os termos, antes do século XVI, tem de ser feita com reparos, para situar a diversidade do contexto e do objeto.[769]

Será preciso esperar por Nicolau MAQUIAVEL (1469-1527), sobretudo nos **Comentários sobre a primeira década de Tito Lívio** e, em certa medida, n'**o Príncipe**, para que seja cunhado o termo 'estado'.[770] Assim como por Jean BODIN (1529 ou 1530-1596), com os **Seis livros da República** (1576, ed. 1986)[771] para que ao fenômeno da 'soberania' se lhe dê esse nome.[772]

766 Dentre outros, sobre este vasto tema, ver: Pierre BOURDIEU, **Sur l'état** (Cours au Collège de France 1989-1992, éd. publ. par Patrick CHAMPAGNE, Remi LENOIR, Franck POUPEAU et Marie-Christine RIVIÈRE, Paris: Seuil – raisons d'agir, 2012), já ref.; Ernst CASSIRER (1874-1945), **Der Mythus des Staates** – Philosophische Grundlagen politischen Verhaltens (orig. publ. 1949, Zürich e München: Artemis, 2. Auflage, 1978); Jean PICQ, **Une Histoire de l'état en Europe** – Pouvoir, justice et droit du Moyen Âge à nos jours (Paris: Presses de Sciences Po, 2009).

767 Cfr. **Tratado** (tomo 3 A – **Direito internacional no mundo antigo**, tomo 3 B – **Gregos, romanos, chineses, indianos** e tomo 4 – **Direito internacional no tempo medieval**).

768 Como se examina no **Tratado** (tomo 4 – **Direito internacional no tempo medieval**); v. tb. Jens BARTELSON, **A genealogy of sovereignty** (New York / Cambridge: Cambridge Univ. Press, 1995).

769 Como apontado no **Tratado** (tomos 3 A – **Direito internacional no tempo antigo** e 3 B – **Gregos, romanos, chineses, indianos**).

770 N. MACHIAVELLI, **Tutte le opere** (a cura di Mario MARTELLI, Firenze: Sansoni, 1971).

771 Jean BODIN, **Les six livres de la République** (ed. orig. Paris: Jacques Du Puys, 1576, esta edição segue a 10ª ed., publicada em Lyon: Gabriel Cartier, em 1593, reimpr. 1594, Corpus des oeuvres de philosophie en langue française, Paris: Fayard, 1986, 6 vols.).

772 Ver, a seguir, os itens específicos a respeito de MAQUIAVEL (13.1) e BODIN (13.2).

O conteúdo da 'soberania' se realizará progressivamente, até atingir seu apogeu, entre os séculos XIX e XX, antes de encetar sua curva decrescente, nos tempos que correm, para desespero dos tradicionalistas da soberania – que parecem resistir em ver e admitir que esta seja 'a' barreira essencial para a evolução institucional e o aperfeiçoamento operacional de verdadeiro sistema institucional e normativo internacional.[773] A limitação da soberania estatal é parte intrínseca da construção de sistema institucional e normativo internacional. Com relação direta e necessária, entre os dois fenômenos.

A necessidade de aplicação da lei, em sentido estrito, não é dado incidental, mas antes, fundamental, para a construção de uma cidade – hoje diríamos, do estado – e de seu equilíbrio, já advertia o historiador romano TÁCITO: "talvez a maior parte dos fatos que relatei e dos que ainda relatarei parecerão pequenos e indignos da história, não o ignoro; mas não se devem comparar estes **Anais** às obras compostas pelos historiadores da antiga república".[774]

> Grandes guerras, tomada de cidades, reis vencidos e cativos, e quando voltavam seus olhos para os assuntos internos, as querelas dos cônsules e dos tribunos, as leis agrárias e frumentárias, as rivalidades da plebe e do partido conservador, ofereciam aos seus relatos vasto e livre curso. O meu é trabalho inglório, em campo estreito – *nobis in arto et inglorius labor* –, pois esta é era de paz profunda ou raramente perturbada, da majestade da cidade – *maestae Urbs res* –, e de um príncipe pouco preocupado em fazer avançar as fronteiras do império.[775]

Logo a seguir, na mesma passagem, aduzia TÁCITO, talvez não ser destituído de utilidade olhar abaixo da superfície dos incidentes, à primeira vista, aparentemente triviais, que tão frequentemente põem em movimento os grandes eventos da história – *Nec tamen sine usu fuerit introspicere illa primo aspecta levia, ex quis magnarum saepe rerum motus oriuntur.*[776]

[773] Sobre a relação entre soberania e território, no direito internacional, ver **Tratado** (tomo 1 – **Direito internacional dos espaços**, esp. cap. 2 – soberania e território do estado).

[774] CORNELIUS TACITUS (ca. 56-120 AD), **Annals IV-VI, XI-XII** (with an English translation by John JACKSON, Cambridge, Ma: Harvard UP – Loeb Classical Libray, 1st. publ., 1937, reprinted 2006).

[775] C. TACITUS, **Annals** (ed. cit., 2006, livro IV.XXXII, p. 54-57).

[776] C. TACITUS, **Annals** (ed. cit., 2006, livro IV.XXXII, p. 54-57).

Esta é lição válida para todos os tempos, para todos os campos do conhecimento: é útil olhar abaixo da superfície dos incidentes. Estes, mesmo quando possam parecer, aparentemente, triviais, tão frequentemente põem em movimento grandes eventos da história.

A construção institucional, contudo, não se pode realizar sem que primeiro seja determinado o conceito geral de ordem de vida politicamente organizada, em uma comunidade – aspecto esse que nos remete à formulação do homem como o ser, cuja natureza se perfaz na vida em sociedade – *zoon politikon* – de ARISTÓTELES.[777]

A existência do homem, em sociedade, não se pode realizar plenamente, quando destacada da ideia de vida, organizada em sociedade. Antes de se tornar de uso comum, a definição, segundo a qual a natureza do ser humano se completa em existência organizada em sistema político – daí a *polis* grega antiga,[778] ou hoje diríamos, 'estado' – é preciso ter presente o possível paralelismo com a necessidade de construir nível suplementar de regulamentação de cada cidade ou estado, por meio da ordenação da convivência entre estes. A concepção aristotélica não diz, assim, respeito somente a cada cidade-estado, separadamente considerada,[779] mas deve ser compreendida como indicação concreta de ordem política duradoura.[780] A essa interação entre sociedades politicamente organizadas se dará o nome de direito internacional.

---

777 A **Política** contém as especificações dessa matéria, embora esta obra, tal como correntemente se apresente e se estude talvez não corresponda ao originalmente concebido, porquanto é provável tenha sido a obra costurada por editor, depois da morte de ARISTÓTELES, embora isso em nada comprometa o valor do material nela contido, genuinamente aristotélico e claramente refletindo os julgamentos deste sobre as espécies de arranjos sócio-políticos que melhor possam servir ao aperfeiçoamento e ao pleno desenvolvimento humano. ARISTOTLE, **Politics** (original grego, with an English translation by R. RACKHAM, Cambridge, Ma. / London: Harvard UP, LCL vol. 264, ARISTOTLE vol. XXI, © 1932, reprinted 2005). Ver tb. ARISTÓTELES, **Política** (trad. Nestor Silveira CHAVES, Bauru: Edipro, 1995).

778 Cfr. **Tratado** (tomo 3 B – **Gregos, romanos, chineses, indianos**, esp. cap. 5 – as cidades-estado gregas e mundo helenístico).

779 Como mostra ARISTÓTELES em seu estudo da constituição ateniense em relação a outras constituições (ARISTOTLE, **Athenian Constitution – Eudemian Ethics – Virtues and vices**, with an English transl. by H. RACKHAM, Cambridge, Ma.: Harvard Univ. Press – LCL vol. 285, 1936, p. 8-182).

780 Christopher SHIELDS, **Aristotle** (London: Routledge, 2007, esp. Nine – Political Association, p. 350-374, cit. p. 350): "As a practical science, political science takes as its end the realization of the human good. Thus, ARISTOTLE's fundamental outlook in the

Frente ao incremento da interdependência entre as cidades e consequente necessidade de regular-lhes a convivência, em tempos mais recentes, surge a necessidade de buscar a construção de vida organizada, a nível internacional, segundo sistema de cooperação. Este passo foi dado, primeiro com a criação da Sociedade das Nações, e depois com a Organização das Nações Unidas, expressões concretas desse anseio, e símbolos de busca de sociedade organizada a nível internacional.[781]

É sempre necessário ter presente, a este propósito, a advertência de PLATÃO, que, no **Menexenus**,[782] afirmava que a vida em sociedade, politicamente organizada, nutre os homens – *homens valorosos se for boa, maus se não o for.* A maior parte do tempo, a política não se mostra de boa qualidade.[783]

Na natureza humana estão, assim, presentes, contemporaneamente, tanto a tensão, rumo a uma vida em sociedade, quanto a mera agressividade. E será exatamente aí que se insere o direito. Quer interno, como também o direito internacional, na relação entre as unidades políticas independentes.

Politics does not seek to legitimate the state or justify its authority as an abridgement of antecedently or independently existing rights"; Jean BRUN, **Sócrates, Platão, Aristóteles** (orig. publ. **Socrate**, 1960, **Platon**, 1961 e **Aristote**, 1961, trad. Carlos PITTA, Filipe JARRO e Liz da SILVA, Lisboa: Dom Quixote, 1994, III.II, cap. IX, item 7 – ética e política, p. 287-288, cit.): "É célebre a definição de ARISTÓTELES que faz do homem um 'animal político'. ARISTÓTELES, na **Ética a Nicômaco**, aborda o problema de ver porque a justiça era, ela também, um justo equilíbrio; mas é sobretudo na **Política** que encontramos estudados os diferentes problemas levantados pela organização da cidade. ARISTÓTELES, **Política** (eds. cits., 2005 e 1995).

781 Caberá ver aperfeiçoada no direito internacional pós-moderno, no correr deste século, se até o seu termo a humanidade não tiver causado a sua própria destruição, seja por armas quer atômicas, quer convencionais, seja pela poluição que torne inviável a vida no planeta, ou ainda mais prosaica e tragicamente, quem sabe se não morrermos todos de sede, ante os perversos efeitos combinados, decorrentes do aquecimento global, aumentando o nível dos oceanos, com redução da água potável e das florestas no planeta. Quem sabe, não precise sequer de armas atômicas a humanidade, para dar cabo de si, nesta terra! Nesse sentido, v. **Fundamentos** (2008) e **Tratado** (tomo 20 – **Direito internacional, história e cultura**, cap. 5 – desafios e desenvolvimentos do direito internacional no contexto pós-moderno).

782 PLATÃO, **Menexenus** ("with an English translation" by R. G. BURY, **PLATO**, vol. IX, 1st. publ., 1929, reprinted 1989, p. 329-381, cit. par. 238-C) : "politeia gar throfi anthropon estí; kali men agathon, i dé enantía kakôn".

783 Sabiamente advertia Dom PEDRO II, a respeito da política: "nenhuma lei fez vestal da Messalina". Os tempos que correm mostram quanto estava certo.

Como o traçado das vias e dos edifícios públicos configura o espaço politicamente organizado, no qual se desenvolve plenamente a natureza do homem, assim, a construção de uma cidade é constituida pela combinação de tais elementos, materiais e imateriais,[784] quer se trate de ordenar uma cidade, ou de ordenar o sistema institucional e normativo internacional.

Desse modo se pode caracterizar o paralelismo entre a situação que se criou na antiga República romana e a situação do direito internacional, no contexto pós-moderno? Na construção progressiva de um sistema político e jurídico, que se adeque às necessidades da sociedade e do tempo, que se tem de regular.[785]

A construção de sistema institucional e normativo internacional não nasce *ex nihilo*, mas como efeito e resultado de intensificação da convivência entre as unidades, componentes do sistema, com o aumento dos atores tradicionais, os estados, e a simultânea multiplicação dos demais agentes não-estatais, também atuantes no plano 'internacional'.[786]

No direito internacional contemporâneo se poderia, desse modo, colocar a atenção nas mudanças e na passagem do estado anterior, de ordem estritamente interestatal, amplamente superado pela evolução posterior, que levou o elemento humano para o centro do sistema. Isso se exprimiu por meio da internacionalização da proteção dos direitos fundamentais e na emergência de ramos inteiros do direito internacional, no contexto pós moderno, estruturados a partir da concepção de normas cogentes de direito internacional geral – *jus cogens* –, do patrimônio comum da humanidade – como na Convenção das Nações Unidas sobre o direito do mar, de 1982 – e no interesse comum da humanidade – e de acordo com o direito internacional do meio ambiente, a partir das Conferências de Estocolmo, 1972, Rio de Janeiro, 1992, Joanesburgo, 2002, sucessivas tentativas, por ocasião da conferência "Rio + 20", em 2012, bem como reiteradas tenta-

[784] Ver **Tratado** (tomos 1 e 2 – **Direito internacional dos espaços,** *passim*); Lewis MUMFORD, **The city in history** (first published, 1961, New York: Penguin–Peregrine Books, 1987); Pierre MANENT, **Les métamorphoses de la cité** – Essai sur la dynamique de l'Occident (Paris: Flammarion, 2010). Que aquilo que se deseja não necessariamente corresponda à realidade bem o demnostra Italo CALVINO, **Le città invisibili** (Torino: Einaudi (c) 1972, impr. 1984, p. 16): "I desideri sono già ricordi."

[785] Cfr. **Tratado** (tomo 3 B – **Gregos, romanos, chineses, indianos**, cap. 6 – na formação e no desenvolvimento de Roma).

[786] V. **Fundamentos** (2008, cap. XI – *creatio ex nihilo*: justiça e força, p. 831-876).

tivas de regulação eficaz dos danos antropogênicos ao meio ambiente, ao clima, às espécies animais, às florestas, etc.[787]

Se o novo sistema ainda não existe, evidentemente o antigo não mais responde às necessidades de nosso tempo.[788] No sistema institucional e normativo internacional, os estados, ocupando-se de seus próprios interesses, e com base no modo como eram percebidos tais interesses, com o passar do tempo criaram conjunto de normas e de princípios, e estes contribuíram, segundo as suas necessidades, para encontrar modo ordenado para regular a convivência entre estes.

Dada a própria natureza, e as origens do sistema institucional e normativo internacional, ao menos na formulação inicial do sistema clássico, estritamente interestatal, se fez necessário proteger os interesses daqueles que tinham concebido e estruturado o sistema. Enquanto, por sua vez, a partir da mutação do paradigma central do direito internacional, no contexto pós-moderno, se começa a conferir ao homem, e aos seus valores, a sua dignidade, e assegurar a respectiva proteção, seja individualmente, como também enquanto coletividades, além do direito humano de viver em ambiente sadio.[789]

Desse modo, se pode chegar a formular as bases de sistema mais coerente com a dimensão humana, e focalizado no homem como valor central, e como elemento ordenador do sistema institucional e normativo internacional. Os efeitos serão transformadores do sistema clássico, e o tornarão mais humano.[790]

[787] Cfr. **Tratado** (tomo 2 – **Direito internacional dos espaços**, cap. 20 – espaços internacionais: de *res nullius* a patrimônio comum da humanidade).

[788] Nesse sentido, José MENDES, **Direito internacional público** – preleções (São Paulo: Duprat & Cia., 1913, cit. p. 10): "Para nós, as verdades já estão investigadas e sistematizadas, é só tratarmos de sua exposição."

[789] Cfr. **Tratado** (tomo 20 – **Direito internacional, história e cultura**, cap. 4 – papel da proteção internacional dos direitos fundamentais como fator de renovação e de transformação do direito internacional).

[790] Adherbal MEIRA MATTOS, *A proteção da pessoa humana e a recentralização humanista do direito internacional* (Belém do Pará: A Leitura/ Caderno da Escola Superior da Magistratura do Estado do Pará, vol. 4, n. 6, maio de 2011, p. 75-82); P. B. CASELLA, *Direito internacional e dignidade humana* (in **Direito internacional**: homenagem a A. MEIRA MATTOS, org. P. B. CASELLA e A. de CARVALHO RAMOS, São Paulo: Quartier Latin, 2009, p. 223-343); v. tb. **Fundamentos** (2008), b/c **Tratado** (tomo 20 – **Direito internacional, história e cultura**, cap. 4 – papel da proteção internacional dos direitos fundamentais como fator de renovação e de transformação do direito internacional).

A passagem do sistema estritamente interestatal do passado, rumo à instauração daquele institucional e normativo mais amplo, baseado em premissas orientadas para o papel do ser humano, como sujeito de direito internacional – que se delineia no curso da segunda metade do século XX, ainda encontra objeções conceituais como obstáculo para sua execução – onde se trata de perceber a dimensão na qual a emergência do fator humano no seio do sistema vigente internacional, tem o papel de transformador das bases e das ramificações do sistema. Depois de terem sido identificadas as novas necessidades,[791] será preciso assegurar que o direito internacional possa desempenhar as novas funções atribuídas, dentro de limites operacionalmente factíveis e concretizáveis.[792]

É possível compreender quanto disto já possa ter ocorrido, quando se trata da emergência do princípio da autodeterminação dos povos, no direito internacional pós-moderno. Este vem modificar o paradigma precedente, baseado na mútua abstenção e na não ingerência nos assuntos internos,[793]

[791] Nesse sentido, Benedetto CONFORTI, **International law and the role of domestic legal systems** ("updated version of author's general course on public international law given at the Hague Academy of International Law in 1988, and published in the Recueil des Cours, volume 212 (1988-V)", translated by René PROVOST in collaboration with Shauna Van PRAAGH, The Hague: Kluwer Law International, 1993) discorria sobre o desenvolvimento do direito internacional, no curso do século vinte, quando ocorre ampliação das 'competências' e das matérias que intregram o assim chamado 'ambito internacional', enquanto caberia ao século presente a missão de implementar, e assegurar sejam postas em condições de operar adequadamente as normas e os procedimentos, relacionados com tais novas necessidades.

[792] Por sua vez, Emmanuelle TOURME-JOUANNET, *À quoi sert le droit international? Le droit international providence du XIXe siècle* (Revue belge de droit international, 2007/1, Bruxelles: Bruylant, p. 5-51): "Une logique juridique et politique à l'oeuvre depuis 1945 dans le droit international contemporain qui fait de lui un droit international providence. C'est un droit qui intervient partout, et qui cherche à combler les deséquilibres économiques, sociaux, écologiques et sanitaires de la planète. Mais ce faisant, il suscite des attentes et contient des promesses, qu'il ne pourra peut-être pas tenir." Assim, convém manter o direito internacional dentro de limites exequíveis, para conservar a sua verdadeira força – "limites que l'on devrait fixer au droit international pour lui rendre sa véritable force"; ___, **Le droit international** (Paris: PUF, 2013); ___, **What is a fair international society** – International law between development and recognition (Oxford and Portland, Oregon: Hart Publ. – French Studies in International Law, 2013); ___, **Le droit international libéral-providence** – une histoire du droit international (Bruxelles: Bruylant / éds. de l'Université de Bruxelles, 2011).

[793] Cf. se examina no Tratado (tomo 17, cap. 14 e tomo 20, cap. 3); G. ARANGIO-RUIZ, apresenta o desenvolvimento do conceito e do conteúdo do sistema internacional, no seu **Le domaine réservé: l'organisation internationale et les rapports entre droit international et droit interne** (RCADI, 1990, t. 225, p. 9-484).

para dar lugar à compreensão do papel dos povos, como colegiados humanos, no novo direito internacional, que começa a se configurar a partir da primeira guerra mundial, com os tratados de Versalhes e demais instrumentos da época.[794] Pouco ainda existia de autodeterminação dos povos, na **Carta** da ONU, em 1945. Será somente nos anos sucessivos que surgirá o novo paradigma, a partir do processo de descolonização em massa, que se consolida por volta de 1960.[795]

A aceitação do conceito de autodeterminação dos povos, como princípio do sistema não garantirá, por si só, necessariamente, a coerência e a lógica na sua aplicação. Até hoje, alguns casos parecem merecer mais autodeterminação do que outros.

Quando se trata de acolher conceitos inovadores e transformadores em determinada disciplina jurídica, surge inevitável associação entre a representação e a representatividade. Desse modo[796] se pode indicar a dimensão, na qual a passagem a um direito internacional mais democrático ainda se põe sob a forma de estágio inicial de projeto a ser realizado.[797]

Inscrevem-se, os dois autores neste capítulo considerados, em contexto de mudanças profundas no mundo, um na Itália, do fim do século XV ao

[794] P. B. CASELLA, **Tratado de Versalhes na história do direito internacional** (São Paulo: Quartier Latin, 2007).

[795] O tema pode ser considerado à luz do parecer consultivo da Corte Internacional de Justiça, de 22 de julho de 2010, sobre **a legalidade perante o direito internacional da adoção de declaração unilateral da independência do Kosovo – Accordance with International Law of the unilateral declaration of Independence in respect of Kosovo** – Advisory Opinion (ICJ Reports, 2010, p. 403). Várias questões relevantes são tratadas pela Corte nesse parecer – e este deve se tornar referência frequente em futuras decisões e comentários doutrinários – e, dentre estas, a Corte Internacional de Justiça afirma ser o direito à auto-determinação dos povos uma das mais relevantes inovações do direito internacional nos últimos sessenta anos. Embora sem deixar de mencionar também a questão da integridade territorial dos estados. Ver **Manual** (26ª ed., 2023, item 3.5.2 – o Parecer da CIJ, de 22 de julho de 2010, sobre o caso do Kosovo).

[796] Denis AKÇAY, *Représentation et représentativité: l'inévitable association* (in **Le droit des peuples à disposer d'eux-mêmes: méthodes d'analyse du droit international – Mélanges offerts à Charles CHAUMONT**, Paris: Pedone, 1984, p. 1-9).

[797] D. AKÇAY (cap. cit., 1984, p. 1): "Si les discours de certains milieux multiplient les références à ces principes [comme celui du droit des peuples à disposer d'eux-mêmes ou de la non-intervention], il est à remarquer que mises à part les violations graves perpétrées par certains États, la pratique soit des États, soit des organisations internationales n'a pas contribué à une évolution ultérieure de ces principes."

início do XVI, e o outro, na França, com sua ação na segunda metade do século XVI. Grandes mudanças se viam também, em outros cantos do mundo, simultaneamente, tal como na Alemanha, depois das guerras civis, decorrentes da Reforma, na Inglaterra de HENRIQUE VIII e da era elizabetana. Como no novo mundo, abalado pela conquista colonial, do México ao Peru, do Caribe ao Brasil.

Estes autores refletem várias facetas das mudanças então em curso no mundo. Embora a formulação seja simplista, na Itália tem início o mundo moderno, com o Renascimento – já plenamente instalado no *trecento*, o século XIV, e levado ainda mais adiante, nos dois séculos seguintes, o *quattrocento*, e o *cinquecento*, nas artes, na arquitetura, nas letras, nos negócios – não mais são medievais, mas são 'modernos', no sentido de que se parecem conosco, nos são mais próximos que os seus contemporâneos de outras praças. Logo passariam a ser barrocos...

Permanecem referências intelectuais relevantes para o Ocidente pensadores, cruciais para se compreender a transição da era medieval para a moderna, como Francisco PETRARCA (falecido em 1374),[798] MARSÍLIO FICINO (1433-1499)[799] e PICO DE LA MIRANDOLA (1463-1494).

[798] Em várias passagens referidos, de Francisco PETRARCA, **Liber sine nomine** (1342-1361, **Sans titre**, édition bilingue latin-français, texte traduit, présenté et annoté par Rebecca LENOIR, Grenoble: Jerôme Millon, 2003); PETRARCA, **De otio religioso** (1346-1357, **Le repos religieux**, édition bilingue latin-français, préface de Jean-Luc MARION, intr., traduction et notes de Christophe CARRAUD, Grenoble: Jerôme Millon, 2000); PETRARCA, **De sui ipsius et multorum ignorantia** (1367-1368, **Mon ignorance et celle de tant d'autres**, édition bilingue latin-français, préface d'Olivier BOULNOIS, traduction de Juliette BERTAND (1929), révue par Christophe CARRAUD (1999), notes de Christophe CARRAUD, Grenoble: Jerôme Millon, 2000); PETRARCA, **Invectives** (1352-1373, **Invective contra medicum**, 1352-53; **Contra eum qui maledixit Italie**, 1373; **Invectiva contra quendam magni status hominem sed nullius scientie aut virtutis**, 1355; édition bilingue latin-français, texte traduit, présenté et annoté par Rebecca LENOIR, Grenoble: Jerôme Millon, 2003).

[799] Sobretudo por seus tratados sobre a filosofia platônica, pois afirmava ser máxima a autoridade de PLATÃO – *Platonis auctoritate que quidem maxima est omnium.* MARSÍLIO FICINO, **Traktate zur Platonischen Philosophie** ("Übersetzt und mit Erläuterungen versehen von Elisabeth BLUM, Paul Richard BLUM und Thomas LEINKAUF", Berlim: Akademie, 1993); ver tb. Raymond MARCEL, **Marsile Ficin (1433-1499)** (Paris: Les Belles Lettres, 1958, cit. p. 178 e a seguir, p. 290-291) adverte: "La pensée d'un homme n'est le fruit d'un jour"; e a respeito da necessidade de certo distanciamento para a compreensão das coisas: "les hommes passent, les problèmes demeurent." Lições, que permanecem válidas, em nossos tempos apressados.

Este movimento de renovação e de mudança, o Renascimento, depois terá suas repercussões e dará os seus frutos também na França. E em outras partes da Europa, com múltiplas e recorrentes influências, que se cruzam, no tempo e no espaço.

Percebe-se novo alento e novo foco em autores como Bernardino TELESIO (1508-1588), que dialoga com a Antiguidade ao chamar sua principal obra "da natureza", **De rerum natura.**[800] Tratar das coisas da natureza, ou sobre a natureza – *peri physis* ou *de rerum natura* – se inscreve na linha de tantos, dentre os antigos gregos e romanos, e revive como espírito de indagação, no contexto da Renascença europeia.

Observe-se o entusiasmo de PATRIZZI (1529-1597), cuja obra **Nova de universis philosophiae,**[801] a nova filosofia do universo, contém já no título e pelo título, todo um programa. De retratar a nova filosofia do universo – de inocência saborosamente arrogante.

Em reducionismo bastante simplista, Renascimento quer dizer ressurreição da Antiguidade. Assim, "o Renascimento nos deu uma filosofia que se aplicou em renovar o pensamento aristotélico, no sentido da interpretação que deste dera ALEXANDRE DE AFRODÍSIA:[802] falou-se de um verdadeiro *renascimento do original*".[803]

[800] Bernardino TELESIO, **De natura iuxta propria principia** (orig. publ. Roma, 1565, B. Telesii Opera omnia. Liber primus et secundus, a cura di Alessandro OTTAVIANI, Torino: Nino Aragno, 2006).

[801] Francesco PATRIZZI, **Nova de universis philosophia** (materiali per un'edizione emendata, ed. Anna Laura Puliafito BLEUEL, Firenze: Leo S. Olschki – Istituto Nazionale di Studi sul Rinascimento – Quaderni vol. 16, 1993); v. t b. Roland H. BAINTON, An Introduction to Francesco Patrizzi's Nova de Universis Philosophia by Benjamin BRICKMAN, New York, 1941 (publ. on line by Cambridge Univ. Press, 28 July 2009 – Book review – Information: Church History, vol. 12, issue 3, Sep. 1943, p.223-224, https://doi.org/10.2307/3160099 (c) American Society of Church History, 1943).

[802] Pouco se sabe sobre a vida de TITUS AURELIUS ALEXANDRE, habitualmente referido como ALEXANDRE DE AFRODÍSIA, que parece ter sido titular de cátedra de filosofia em Atenas, entre 198 e 211 d.C., ao tempo de SEPTÍMIO SEVERO, por muito tempo foi considerado o maior comentador de ARISTÓTELES. A respeito, observava Giovanni REALE, **História da filosofia antiga** vol. IV – **As escolas da era imperial** (orig. publ. **Storia dela filosofia antica**, in cinque volumi, 1975-1980, 9ª ed., 1992, trad. Marcelo PERINE e H. C. de LIMA VAZ, São Paulo: Loyola, vol. IV, 1994, Primeira parte, cap. IV – o neo-aristotelismo de Alexandre de Afrodísia, p. 34-44, cit. p. 34): "ALEXANDRE não se limitou ao trabalho de comentar e escreveu também obras de caráter teorético, muitas das quais chegaram até nós, que têm um certo significado e uma indubitável, embora circunscrita, originalidade. É verdade que ele não teve a ambição de apresentar-se como filósofo em primeira pessoa e que quis ser

coloca-se a descoberta de pensadores antigos, além de ARISTÓTELES. Assim se dá prosseguimento, em extensão desconhecida na Idade média, ao aporte de erudição dos Antigos. No século XV, redescobre-se em Florença, graças aos sábios bizantinos, refugiados na cidade, PLATÃO e também PLOTINO; retoma-se EPICURO [...]. Reanima-se o Pórtico [=*Stoa*, daí os estóicos], do qual se faz ideia grandiosa. [...] SPINOZA é impensável sem o Pórtico. Exumou-se LUCRÉCIO; além do antigo idealismo e espiritualismo, debruçam-se, também, sobre o empirismo e o materialismo dos Antigos. Redescobre-se PITÁGORAS.[804]

Como etapas marcantes do pensamento filosófico da Renascença,[805] virão, ainda da Itália, as vozes tardias de Giordano BRUNO (1548-1600)[806] e de Tommaso CAMPANELLA (1568-1639).[807]

simplesmente intérprete fiel do pensamento do Estagirita, mas também é verdade que, na realidade, ele foi além do Estagirita e que as suas inovações tiveram notável eco também no pensamento medieval e, por fim, no Renascimento."

803 E. BLOCH (op. cit., 1972, ed. 1994, p. 19); de ALEXANDRE DE AFRODÍSIA, veja-se o seu livro dedicado aos imperadores ANTONINO e SEVERO, na tradução latina medieval de GUILLAUME de MOERBEEK, **Alexandre Affrodisiei ad Imperatores Antoninum et Severum Liber de fato** (édition critique avec introduction et index par Pierre THILLET, Paris: Vrin, 1963).

804 E. BLOCH (op. cit., 1972, chap. 8 – Remarques sur la naissance de la science naturelle mathématique, p. 128-142, cit. p. 128); EPICURO DE SAMOS (341-270 a.C.), **Cartas de Epicuro** – sobre a felicidade, sobre os fenômenos celestes, sobre a filosofia da natureza (ed. bilingue, trad., introdução e notas Edson BINI, São Paulo: Edipro, 2021).

805 Da imensa literature a respeito, cf. mencionado na Introdução, lembraria: Margaret ASTON (ed. by), **The Panorama of the Renaissance** (London: Thames & Hudson, 1996); C. F. BLACK et al., **Cultural Atlas of the Renaissance** (New York: Prentice Hall / Oxford: Andromeda Books, 1993); Jakob BURCKHARDT (1818-1897), **The civilization of the Renaissance in Italy** – An Essay (orig. publ. **Die Kultur der Renaissance in Italien**, 1860, translated by S. G. C. MIDDLEMORE, 1878, introduction by Hajo HOLBORN, New York: Modern Library, 1954); ___, **Kulturgeschichtliche Vorträge** (Stuttgart: Alfred Kröner, 1959); ___, **O retrato na pintura italiana do Renascimento** (orig. publ. **Das Porträt in der italienischen Malerei**, s/d, org., trad. e apresentação Cássio FERNANDES, pref. e notas Maurizio GHELARDI, Campinas: Ed. Unicamp / São Paulo: Fap – Unifesp, 2012); André CHASTEL, **Arte e humanismo em Florença** na época de Lourenço, o magnífico – Estudos sobre o renascimento e o humanismo platônico (orig. publ. 1959, trad. Dorothée de BRUCHARD, intr. e notas Luiz MARQUES, São Paulo: Cosac Naify, 2012); E. CROUZET-PAVAN, **Renaissances italiennes 1380-1500** (Paris: Albin Michel – Histoire, 2007); ___, **Les villes vivantes** – Italie XIIIe – XVe siècle (Paris: Fayard, 2009); Wallace K. FERGUSON, **La Renaissance dans la pensée historique** (orig. publ. **The Renaissance in historical thought,**

1948, trad. Jacques MARTY, préf. Élisabeth CROUZET-PAVAN, Paris: Payot – rivages, 2009); Eugenio GARIN (dir. de), **O homem renascentista** (orig. publ. **L'uomo del Rinascimento**, 1988, trad. Maria J. V. de FIGUEIREDO, Lisboa: Presença, 1991); E. GARIN, **L'humanisme italien** (orig. publ. **Der italienische Humanismus**, 1947, trad. de l'allemand et de l'italien par Sabina CRIPPA e Mario Andrea LIMONI, Paris: Albin Michel, 2005); Joscelyn GODWIN, **The pagan dream of the Renaissance** (Londres: Thames & Hudson, 2002); John HALE, **The civilization of Europe in the Renaissance** (New York: Atheneum, 1994); Geraldine A. JOHNSON, **Renaissance Art** (Oxford: Univ. Press, 2005) ; Paul JOHNSON (1928-2023), **The Renaissance** – A short History (New York: The Modern Library, 2000); Rodolfo MONDOLFO (1877-1976), **Figuras e ideias da filosofia da Renascença** (orig. publ. **Figuras y ideas de la filosofia del Renacimiento**, 1954, trad. Lycurgo Gomes da MOTA, São Paulo: Mestre Jou, 1967); Erwin PANOFSKY, **La Renaissance et ses avant-courriers dans l'art d'Occident** (orig. publ. **Renaissance and Renascences in Western Art**, 1960, trad. Laure MEYER, Paris: Flammarion – champs – arts, ed. 1973, impr. 2012); Walter PATER, **The Renaissance** – Studies in Art and Poetry (the 1893 Text, ed. with textual and explanatory notes by Donald L. HILL, Berkeley: Univ. of California Press, 1980); o volume **France 1500 – entre Moyen âge et Renaissance** (Paris: Réunion des musées nationaux / Galeries nationales, Grand Palais, 6 octobre 2010-10 janvier 2011); Pierre TOUBERT et Michel ZINK (dir. de, collab. Odile BOMBARDE), **Moyen âge et Renaissance au Collège de France** – leçons inaugurales (Paris: Fayard, 2009), esp. Georges DUBY (1919-1996), *Des sociétés médiévales* (op. cit., 2009, p. 469-489) e André CHASTEL (1912-1990), *Art et civilisation de la Renaissance en Italie* (op. cit., p. 491-508); Federico ZERI, **Renaissance et pseudo-Renaissance** (orig. publ. **Rinascimento e pseudo-Rinascimento**, 1983, trad. Christian PAOLONI, Paris: Payot-Rivages, ed. 2001).

[806] Giordano BRUNO, **Le Procès** – Documents (introduction et texte L. FIRPO, trad. et notes de A.-Ph. SEGONDS, **Oeuvres complètes de Giordano Bruno**, "publiés sous le patronage de l'Istituto Italiano per gli Studi Filosofici – Centro Internazionale di Studi Bruniani", ed. bilingue, vol. I, Paris: Les Belles Lettres, 2000); Giordano BRUNO, **Le Souper des Cendres** (texte établi et notes par Giovanni AQUILECCHIA, préface Adi OPHIR, trad. de Yves HERSANT, **Oeuvres complètes**, ed. cit., vol. II, Paris: Les Belles Lettres, 1994); Giordano BRUNO Nolano, **De la causa, principio et uno** (texte établi par Giovanni AQUILECCHIA, notes Giovanni AQUILECCHIA, intr. Michele CILIBERTO, trad. fr. de Luc HERSANT, **Oeuvres complètes**, ed. cit., vol. III Paris: Les Belles Lettres, 1996); Giordano BRUNO, **De l'infini, de l'univers et des mondes** (texte établi par Giovanni AQUILECCHIA, notes Jean SEIDENGART, intr. Miguel Angel GRANADA, trad. de Jean-Pierre CAVAILLÉ, **Oeuvres complètes**, ed. cit., vol. IV, Paris: Les Belles Lettres, 1995); Giordano BRUNO, **Expulsion de la bête triomphante** – Dialogue 1 (texte établi par Giovanni AQUILECCHIA, notes Maria Pia ELLERO, intr. Nuccio ORDINE, trad. de Jean BALSAMO, **Oeuvres complètes**, ed. cit., vol. V-tome I, Paris: Les Belles Lettres, 1999); Giordano BRUNO, **Expulsion de la bête triomphante** – Dialogues 2 et 3 (texte établi par Giovanni AQUILECCHIA, notes Maria Pia ELLERO, intr. Nuccio ORDINE, trad. de Jean BALSAMO, **Oeuvres complètes**, ed. cit., vol. V-tome II, Paris: Les Belles Lettres, 1999); Giordano BRUNO, **Cabale du cheval pégaséen** (texte établi par Giovanni AQUILECCHIA, préface et notes Nicola BADALONI, trad. de Tristan DRAGON, **Oeuvres complètes**, ed. cit., vol. VI, Paris: Les Belles Lettres, 1994);

Giordano BRUNO (1584)[808] enfatizava que "a primeira e principal forma natural, princípio formal e natureza eficiente, é a alma do universo: a qual é princípio de vida, vegetativo e sensível, em todas as coisas, que vivem, vegetam e sentem".[809]

Sem esquecer o papel de sábios como Johannes KEPLER, Nicolau COPÉRNICO, GALILEU Galilei, G. VICO e outros, na consolidação do novo enfoque, que levou às ciências modernas.[810]

Da Alemanha, nessa época, destacam-se Teofrasto PARACELSO (1493-1541) e Jacob BOEHME (1575-1624).[811]

Giordano BRUNO, **Des fureurs héroïques** (texte établi par Giovanni AQUILECCHIA, intr. et notes Miguel Angel GRANADA, trad. de Paul-Henri MICHEL, revue par Yves HERSANT, **Oeuvres complètes**, ed. cit., vol. VII, Paris: Les Belles Lettres, 1999).

807 Tommaso CAMPANELLA, **A cidade do sol** (orig. publ. **Civitas solis**, trad. e notas de Aristides LOBO, São Paulo: Abril – Os Pensadores, 1973, vol. XII, p. 239-291); Rodolfo MONDOLFO, **Figuras e ideias da filosofia da Renascença** (orig. publ. **Figuras e ideas de la filosofia del Renacimiento**, 1954, trad. Lycurgo Gomes da MOTTA, São Paulo: Mestre Jou, 1967, parte I, cap. 4 – *Tomás CAMPANELLA e seu pensamento*, p. 139-180).

808 Giordano BRUNO Nolano, **De la causa, principio et uno** (orig. publ. em Veneza, 1584, ed. cit., 1996).

809 Giordano BRUNO, enuncia o pincípio oitavo (op. cit., Proemiale epistola, p. 13): "la prima e principal forma naturale, principio formale e natura efficiente, è l'anima de l'universo: la quale è principio di vita, vegetazione e senso in tutte le cose, che vivono, vegetano e senteno". E prossegue: "E si ha per modo di conclusione, che è cosa indegna di razional suggetto posser credere che l'universo et altri suoi corpi principali sieno inanimati: essendo che da le parti et escrementi di quelli derivano gli animali che noi chiamiamo perfettissimi."

810 Cfr. **Tratado** (tomo 20 – **Direito internacional, história e cultura**, item 1.3 – do mundo fechado ao universo infinito).

811 E. BLOCH (op. cit., 1972, ed., 1994, cap. 6 – Jakob BOEHME, p. 77-96, cit. p. 78-79): "encontramos, nos escritos de BOEHME, traços de maniqueísmo. É no século III da nossa era que MANÉS retomara a doutrina de ZOROASTRO (ou ZARATUSTRA), da luta entre Ahriman et Ormuzd, entre a noite e a luz – doutrina que pode ser qualificada de gnose dualista. As comunidades maniqueístas não tinham sido totalmente exterminadas, depois da vitória da Igreja católica; elas tinham sobrevivido na Bulgária, entre os Bogomils, e no sul da França, entre os cátaros; a ideologia dos albigenses, no século XII, dela derivava. Todas essas doutrinas se mantiveram no seio do povo, mas a *intelligentsia* e os filósofos do tempo não tinham conservado traços disso. É o vencedor quem escreve a história e o povo não foi o vencedor. Mas nós temos aqui uma rara ocasião de descobrir e de estudar o que preocupava o povo. Jakob BOEHME se fez o eco da ciência popular; em plena Renascença, ele parece um corpo estranho, pois sua filosofia se apropria muitas vezes de ideias, que remontam à época da gnose. Essas ideias foram conservadas no conhecimento anacrônico e heterogêneo das camadas populares alemãs. Jakob BOEHME dá, por vezes, a impressão de ser um homem do

Em BOEHME,[812] se dá mergulho de confluência entre o mundo medieval e o moderno, entre o homem e a divindade, entre o conhecimento racional e a mística, em sínteses penetrantes e absolutamente inexplicáveis, exceto pela genialidade do autor, que não teve formação intelectual acadêmica, mas foi uma das inteligências mais profundas da história da humanidade.[813]

Quem encontra BOEHME se surpreende com esse sapateiro da Silésia, da virada do século XVI para o XVII, no qual

> tal plenitude de compreensão e de experiência, se vê diante de si, de impressões sobre a essência da divindade, dos abismos do universo, e dos caminhos do homem, que, por trágica queda, perdeu sua imagem original (*seine ursprüngliche Urbildlichkeit*), mas para o qual existe o renascimento e uma nova vida. Em seus numerosos escritos e cartas surge para nós um homem, que primeiro para os seus contemporâneos, e depois também para as gerações seguintes, se tornou mestre espiritual e um diretor espiritual.[814]

Afloram em BOEHME recorrências do pensamento popular alemão, vindas do fundo de outras eras, de matiz maniqueísta e albigense:[815]

século IV ou V, embora por outros aspectos se inscreva na linha faustiana da Renascença. [...] As reflexões de BOEHME não foram fruto do acaso, elas se fundavam sobre experiências vividas".

[812] Jakob BOEHME, **Schriften** (ausgewählt und herausgegeben von Hans KAYSER, mit der Biographie Böhmes von Abraham von FRANCKENBERG, und den kurzen Auszug Friedrich Christoph DETINGERS, Leipzig: Insel Verlag, 1920).

[813] Jakob BOEHME, **A revelação do grande mistério divino** – em cinco tratados (trad. e notas, Américo SOMMERMAN, São Paulo: Polar Editorial, 2ª ed., 1998) reúne três textos de BOEHME e dois de seu discípulo Dionysius Andreas FREHER, "foram escolhidos porque juntos são uma amostra do imenso tesouro que foi oferecido aos homens através desse simples e iluminado sapateiro". Ver tb. J. BOEHME, **A sabedoria divina** (São Paulo: Attar, 1994) e **A aurora nascente** (São Paulo: Paulus, 1998), e a respeito deste, Basarab NICOLESCU, **Ciência, sentido e evolução** – a cosmologia de Jakob BOEHME (São Paulo: Attar, 1995).

[814] Jakob BÖHME, **Die Morgenröte bricht an** (hrsg. und eingeleitet von Gerhard WEHR, Colonia: Anaconda, 2006, cit. p. 7-8): "Wer J.B. [...] begegnet, der mag überrascht sein, auf welche eine Fulle an Einsicht und Erfahrung er hier stösst, auf Einblicke in die tiefe der Gottheit, in den Abgrund des Universums und in den Weg des Menschen, der durch einen tragischen Fall seine ursprüngliche Urbildlichkeit verloren hat, für den er aber die Wiedergeburt, das neuen Leben gibt. In seiner zahlreichen Schriften und Briefen steht vor uns ein Mensch, der seinen Zeitgenossen, aber auch den Nachgeborenen ein spiritueller Meister und ein Seelenführer geworden ist."

[815] Michel ROQUEBERT, **Histoire des cathares**: Hérésie, Croisade, Inquisition du XIe au XIVe siècle (Paris: Perrin, originalmente publicado 1999, impr. 2010, cit. p. 496 e 497) aponta

fizemos constatação análoga a propósito de PARACELSO, mas, em BOEHME, a dialética assume proporções gigantescas e mesmo monstruosas. A imagem da natureza inteiramente qualitativa de BOEHME constitui de certa forma, pólo diametralmente oposto às ciências naturais matemáticas, tal como as concebiam GALILEU e NEWTON; esta se opunha menos a KEPLER, no qual a permanência do elemento qualitativo ainda é claramente perceptível. Nem é preciso dizer que BOEHME não conheceu as ciências naturais matemáticas, e que delas ignorava até mesmo o nome. Sua imagem do mundo decorre de uma sociedade anterior à sociedade burguesa do seu tempo, de sociedade cuja ideologia aceitava ainda a natureza qualitativa das coisas que ignora a ideologia do cálculo. Na sociedade capitalista, a vitória pertence ao cálculo, à quantificação, à formação dos preços, quando se trata de venda de mercadorias, a um universo quantitativamente nivelado. BOEHME, por sua vez, remonta – embora muitas vezes sob forma estranhamente anacrônica e antropomórfica – ao aspecto pré-burguês da natureza, onde tudo é eclosão e qualidade; ela é concebida, especulativamente, como um devir dialético, feito de sombra e de luz.[816]

Assim se encontram, ao tempo do 'Renascimento', correntes de pensamento diametralmente opostas: de um lado, com PARACELSO e Jakob BOEHME parecem voltar à tona camadas profundas, oriundas de longínquo passado.[817] Como também aflora o pensamento filosófico, matemático

que estes continuam até os nossos dias, na Bósnia: "Quand brûlaient les derniers cathares occitans, ceux d'Italie avaient disparu depuis une génération à peu près, à la fois sous les coups de l'Inquisition et sous l'effet de la prédication des mendiants." Mas, a assim chamada 'heresia dualista' conservou-se na Bósnia: primeiro por terem fracassado as incursões contra estes, lançadas pelo muito católico rei da Hungria. Os "cristãos da Bósnia" como eram simplesmente chamados, se mantiveram até a chegada dos turcos, no século XV. Mas, minoria religiosa, no seio do vasto império otomano, eles não foram reconhecidos e continuaram entre as pressões da Igreja latina e da Igreja grega. Heréticos aos olhos de todos, recusaram-se a vincular-se quer a Roma, quer a Constantinopla, e mais ou menos forçados, esses eslavos passaram ao Islão. E conclui: "Leurs lointains descendants sont toujours musulmans et toujours en butte à la vindicte de leurs voisins catholiques romains, les Croates, ou orthodoxes, les Serbes. Mais leur pays demeure parsemé des seules tombes de dignataires cathares qu'on puisse voir encore." Sobre a luta contra os cátaros e outras dissidências cristãs, ver **Tratado** (tomo 4 – **Direito internacional no tempo medieval**).

816 E. BLOCH (op. cit., 1972, ed. 1994, p. 81-82); tb. **Tratado** (tomo 20 – **Direito internacional, história e cultura**, item 1.3 – do mundo fechado ao universo infinito).

817 A respeito de BOEHME se manifesta HEGEL, nas **Lições sobre a história da filosofia** (**Vorlesungen über die Geschichte der Philosophie**, em três volumes, G. W. F. HEGEL

e científico, mais que moderno, quase contemporâneo, que prepara o caminho para os desenvolvimentos advindos nos séculos futuros.[818]

Merece menção a parte a contribuição de Francis BACON para a evolução do conhecimento humano. Que também alcança, e da qual se pode beneficiar o direito internacional.

Com Francis BACON de Verulam (1561-1626) passamos para clima espiritual que já nos parece muito mais familiar: a construção do conhecimento se inscreve como perfazimento da dimensão intrinsecamente humana: "as obras do saber ultrapassam em dignidade e vigor as obras da força".[819] Ele enfatiza a necessidade de se manter o curso mediano: "em toda forma de conhecimento e ciência, bem como em toda regra ou axioma a eles pertinente, cumpre manter o meio-termo entre o excesso de especificidades e o excesso de generalidades – entre os rochedos e o torvelinho, famosos pelo naufrágio de engenhos e artes".[820]

Os signos – *sigma* – tomados por BACON como auspícios para um empreendimento – "que se podem retirar das características do tempo e da idade não são muito melhores que os das características do lugar e da nação".[821]

Werke, vols. 18, 19 e 20, "auf Grundlage der Werke von 1832-1845 neu editierte Ausgabe, Redaktion Eva Moldenhauer und Karl Markus MICHEL"): "Sua maneira bárbara de exprimir as coisas se impõe como uma evidência [...] Mas, igualmente evidente é o esforço, em profundidade, pelo qual se empenha em reunir os extremos mais absolutos [...] Não se poderia ignorar a necessidade profunda de investigação que impulsionou este homem."

818 Cfr. **Tratado** (tomo 20 – **Direito internacional, história e cultura**, item 1.3 – do mundo fechado ao universo infinito); observava E. BLOCH (op. cit., 1972, chap. 8 – Remarques sur la naissance de la science naturelle mathématique, p. 128-142, cit. p. 131): "entre os homens de ciência, empiristas ou materialistas, que acabamos de examinar, não existem sensualistas limitados. Todos os homens que estudamos praticam, além da observação e da percepção, a arte de pensar: não se pode dispensar a função importante do pensamento. Todos os sábios sabem, perfeitamente, que só o olhar não esclarece, que, se assim fosse, poderíamos nos dispensar de pensar." A experiência não é outra coisa se não a questão que se coloca para a natureza, questão essa formulada de maneira refletida e bem calculada.

819 Francis BACON, **A sabedoria dos antigos** (orig. publ. **Wisdom of the Ancients**, trad. Gilson César Cardoso de SOUZA, São Paulo: Ed. UNESP, 2002, XI – Orfeu ou filosofia, p. 46-49, cit. p. 47).

820 F. BACON, **A sabedoria dos antigos** (ed. cit., 2002, XXVII – Ícaro alado, também Cila e Caribdes, ou caminho do meio, p. 86-87, cit. p. 87).

821 Francis BACON, **Novum organum** ou verdadeiras indicações acerca da interpretação da natureza (orig. publ. 1620, trad. e notas José Aluysio Reis de ANDRADE, São Paulo: Abril cultural – Os Pensadores, vol. XIII, 1973, p. 1-237, Aforismo LXXII, p. 47-48).

Sem deixar de respeitar e conservar o legado da Antiguidade –[822] sobretudo greco-romana, segundo BACON – "naquela época era limitado e superficial o conhecimento histórico e geográfico, o que é muito grave sobretudo para aqueles que tudo depositam na experiência", e assim: "não possuíam, digna desse nome, uma história que remontasse aos mil anos, e que não se reduzisse a fábulas e rumores da Antiguidade".[823] E,

> Na verdade, conheciam apenas uma exígua parte dos países e das regiões do mundo. Chamavam indistintamente de citas a todos os povos setentrionais e de celtas a todos os ocidentais. Nada conheciam das regiões africanas, situadas além da Etiópia setentrional, nem da Ásia de além Ganges, e muito menos ainda das províncias do Novo Mundo, de que nada sabiam, nem de ouvido, nem de qualquer tradição certa e constante. [...] As viagens de DEMÓCRITO, PLATÃO, PITÁGORAS, que não eram mais que excursões suburbanas, eram celebradas como grandiosas. Em nossos tempos, ao contrário, tornaram-se conhecidas não somente muitas partes do Novo Mundo, como também os extremos limites do Mundo Antigo, e assim é que o número de possibilidades de experimentos foi incrementado ao infinito.[824]

Com BACON, ainda sem deixar o ambiente intelectual do Renascimento, rumamos já para o mundo moderno.[825] Pode ser padrão de conduta intelectual a recomendação de BACON, quando este propõe cuidado e estrita separação entre o conhecimento e a fé, para não cometer erros grosseiros:

> Alguns modernos incorreram em tal inanidade que, com grande leviandade, tentaram construir uma filosofia natural sobre o primeiro capítulo do Gênesis, sobre o Livro de Jó e sobre outros livros das Sagradas escrituras, buscando

[822] F. BACON, **Novum organum** (1620, ed. 1973, Aforismo LXXXV, p. 58-60): "não foi somente a admiração pela Antiguidade, pela autoridade e o respeito pelo consenso que compeliram a indústria humana a contentar-se com o já descoberto, mas também a admiração pelas aparentemente copiosas obras já conseguidas pelo gênero humano."

[823] F. BACON, **Novum organum** (1620, ed. 1973, Aforismo LXXII, p. 47-48).

[824] F. BACON, **Novum organum** (1620, ed. 1973, Aforismo LXXII, p. 47-48).

[825] Cf. se considera no **Tratado** (tomo 6 – **Direito internacional no tempo de Suárez, Gentili e Zouch** e tb. tomo 20 – **Direito internacional, história e cultura**, item 1.3 – do mundo fechado ao universo infinito).

> assim os mortos entre os vivos. É da maior importância coibir e frear esta inanidade, tanto mais que dessa mescla danosa de coisas divinas e humanas não só surge uma filosofia absurda, como também uma religião herética. Em vista do que é sobremodo salutar outorgar-se, com sóbrio espírito, à fé o que à fé pertence.[826]

Especialmente válida e oportuna a advertência de BACON, contra o abuso da religião, e o mau uso desta fora do contexto de fé, em nossos tempos de recorrências fundamentalistas, que levantam a religião como anteparo, para esconder a visão e impedir a descoberta da riqueza e da diversidade do mundo. Com resultados sempre desastrosos, como mostra a história – e lucidamente já apontava BACON – "à fé, o que à fé pertence".

Com ele, nos encontramos em país capitalista relativamente avançado, tanto mais que este, em sua versão inglesa, "é mais evoluído que o capitalismo italiano, cujas formas são exclusivamente comerciais e bancárias", de modo que "na Inglaterra, já sentimos a aproximação do capitalismo moderno – como pano de fundo – a grande revolução industrial do século XVIII, já se prepara naquele país, desde o século XVI":[827]

> a fórmula *plus ultra* explica, com efeito, a estampa que orna a primeira edição da obra principal de BACON, **Novum organum**, e que serve de frontispício, em relação ao título. A estampa nos mostra um esplêndido navio inglês de três mastros, que, passadas as colunas de Hércules [ou seja, o estreito de Gibraltar], navega, com velas desfraldadas, pelo oceano. [...] O filósofo inglês

[826] F. BACON, **Novum organum** (1620, ed. 1973, Aforismo LXV, p. 39-40).

[827] Michel MALHERBE, **La philosophie de Francis Bacon**: repères (Paris: Vrin, 2011, La vie de Francis Bacon, p. 9-27, cit. p. 9): "La biographie de BACON est un sujet classique des études historiques et littéraires. Abondamment documentée, elle renvoie une excellente image de la société anglaise sous les règnes d'ELISABETH Iere et de JACQUES Ier, ainsi que des transformations politiques de l'Angleterre entrant dans l'âge moderne. Elle offre assez de singularité pour avoir piqué la curiosité de beaucoup, et elle présente assez de péripéties pour avoir été parfois tournée en roman"; E. BLOCH (op. cit., 1972, ed., 1994, chap. 7 – Francis BACON, p. 97-127, cit. p. 97). Conjunto de mudanças que apresenta Fernand BRAUDEL, **Civilisation matérielle, économie et capitalisme XVe-XVIIIe siècle** vol. I – **Les structures du quotidien: le possible et l'impossible** (Paris: Armand Colin 1979) vol. II – **Les jeux de l'échange**, Paris: Armand Colin, 1979) vol. III – **Le temps du monde**, (Paris: Armand Colin, 1979); em contraposição à anterior configuração do mundo mediterrâneo, cf. tb. F. BRAUDEL, **La Méditerranée et le monde méditerranéen à l'époque de Philippe II** (Paris: Armand Colin, © 1966, impr. 1987, 2 vols.).

é rico de pensamentos modernos e perfeitamente acessíveis. Ele se assinala pela extensão de seus horizontes, pela sua contemporaneidade, que o coloca no nível do capitalismo vitorioso.[828]

A filosofia, desenvolvida por BACON, se situa longe do mundo universitário, longe do pensamento escolástico e medieval. Seu estilo é cheio de verve; suas metáforas fazem pensar tanto em LICHTENBERG como em SCHOPENHAUER, o mais espiritual dos filósofos.[829]

Trata-se de época de transição, de grandes transformações no conhecimento e no modo de ver e se inserir no mundo. BACON pretende fazer um projeto de grande instauração das ciências – *Instauratio magna scientiarum* –, do qual as suas duas principais obras seriam somente breves facetas. Estas, como nos chegaram, são: uma, da dignidade e da expansão das ciências, ou **De dignitate et augmentis scientiarum**, de 1623, e a outra, a nova sistematização das ciências, ou **Novum organum scientiarum**, de 1620.[830] O conjunto foi concebido como novo globo intelectual – *globus intellectualis*,[831] repertório no qual seriam levados as conquistas de cada ciência – e o mais importante – todas as conquistas que a ciência ainda estava por fazer:

> Os ídolos e noções falsas que ora ocupam o intelecto humano e nele se acham implantados não somente o obstruem a ponto de ser difícil o acesso da verdade, como, mesmo depois de seu pórtico logrado e descerrado, poderão ressurgir como obstáculo à própria instauração das ciências, a não ser que os homens, já precavidos contra eles, se cuidem o mais que possam.[832]

Paralelamente às grandes viagens e 'descobrimentos' de seus antecessores e ainda de seus contemporâneos, BACON se propõe lançar à descoberta de novo campo conceitual, apoiando-se sobre nova técnica de exploração:

[828] E. BLOCH (op. cit., 1972, ed. 1994, p. 98).

[829] E. BLOCH (op. cit., ed., cit., p. 101).

[830] Francis BACON, **Novum organum** ou verdadeiras indicações acerca da interpretação da natureza (orig. publ. 1620, trad. e notas José Aluysio Reis de ANDRADE, São Paulo: Abril cultural – Os Pensadores, vol. XIII, 1973, p. 1-237).

[831] Obra inacabada de BACON, com ref. no **Novum organum** (1620, ed. 1973, Aforismo LXXXIV, p. 57-58).

[832] Francis BACON, **Novum organum** (1620, ed. 1973, Aforismo XXXVIII, p. 26-27).

o método empírico dedutivo. Pode lhe faltar precisão, mas nunca criatividade.

> Os homens se apegam às ciências e a determinados assuntos, ou por se acreditarem seus autores ou descobridores, ou por neles muito se terem empenhado e com eles se terem familiarizado.[833] [...]
> A maior e talvez a mais radical diferença que distingue os engenhos, em relação à filosofia e às ciências, está em que alguns são mais capazes e aptos para notar as diferenças das coisas, outros para as suas semelhanças.[834] [...]
> É desse modo que se estabelecem as preferências pela Antiguidade ou pelas coisas novas. Poucos são os temperamentos que conseguem a justa medida, ou seja, não desprezar o que é correto nos antigos, sem deixar de lado as contribuições acertadas dos modernos. E é o que tem causado grandes danos tanto às ciências quanto à filosofia, pois faz-se o elogio da Antiguidade ou das coisas novas e não o seu julgamento.[835]

BACON também nos legou a sua **Nova Atlantis**, a sua concepção da nova Atlântida.[836] Esta é a primeira utopia técnica.

BACON revoluciona a concepção tradicional, que remontava a Raimundo LULIO,[837] de análise combinatória: ele chama seu projeto de *ars inveniendi*, ou seja, 'a arte da invenção'. Como modo de construção do conhecimento. E de integração deste conhecimento, não somente com a mente humana, mas, sobretudo com a vida: "não é pequena a diferença

[833] F. BACON, **Novum organum** (1620, ed. 1973, Aforismo LIV, p. 33).

[834] F. BACON, **Novum organum** (1620, ed. 1973, Aforismo LV, p. 33) completa: "Mas tanto uns como outros podem facilmente incorrer no exagero, captando em um caso a gradação das coisas, em outro as aparências."

[835] F. BACON, **Novum organum** (1620, ed. 1973, Aforismo LVI, p. 33-34) aduz: "A verdade não deve, porém, ser buscada na boa fortuna de uma época, que é inconstante, mas à luz da natureza e da experiência, que é eterna. Em vista disso, todo entusiasmo deve ser afastado e deve-se cuidar para que o intelecto não se desvie e seja por ele arrebatado em seus juízos."

[836] Francis BACON, **La nouvelle Atlantide** (trad. Margaret LLASERA et Michèle LE DOEUFF, Paris: Payot, 1983, suivie de **Voyage dans la pensée baroque**); tb. em português, ___ , **Nova Atlântida** (orig. publ. 1627, trad. e notas José Aluysio Reis de ANDRADE, São Paulo: Abril cultural – Os Pensadores, vol. XIII, 1973, p. 239-278).

[837] Ramon LLULL, **Obres essencials** (Barcelona: Ed. Selecta – Biblioteca Perenne, 1957-1960, 2 vols., 1364 + 1425 p.); a respeito, comentava Armand LLINARÈS (em resenha, publicada no Bulletin Hispanique, année 1961, 63-3-4, p. 290-291) a importância da obra "do patriarca da literatura catalã."

existente entre os ídolos da mente humana e as ideias da mente divina, ou seja, entre opiniões inúteis e as verdadeiras marcas e impressões gravadas por Deus nas criaturas, tais como de fato se encontram".[838]

Mas, enquanto LULIO deduzia o particular do geral, e o singular do particular, BACON toma, como ponto de partida, o fato isolado e específico, para alcançar o universal, graças à abstração. Ele se esforça em descobrir a lei, por meio da indução. Assim, ele instaura o método científico dedutivo, que em BACON tem o valor de um programa, pois lhe faziam falta os conhecimentos reais, dos fatos observados e das conquistas matemáticas, feitas desde GALILEU.[839]

Segundo BACON, quatro tipos de barreiras nos afastam do conhecimento.[840] São estas:[841]

– ídolos da tribo – *idola tribus*, ou *idola generis humani* – que decorrem do pertencimento do homem a sua espécie: estão fundados na própria natureza humana; contudo "é falsa a asserção de que os sentidos do homem são a medida das coisas", de modo que é preciso aperfeiçoar os sentidos para alcançar a analogia com a natureza, *analogia naturae* – as nossas impressões sensoriais 'humanizam' o objeto: com base em nossas percepções, atribuímos aos objetos qualidades e intenções humanas, que lhes são estranhos: "o intelecto humano é semelhante a um espelho, que reflete desigualmente os raios das

[838] F. BACON, **Novum organum** (1620, ed. 1973, Aforismo XXIII, p. 23 e complementa, no Aforismo XXIV, p. 23): [...] "Mas os axiomas reta e ordenadamente abstraídos dos fatos particulares, estes sim, facilmente indicam e designam novos fatos particulares e, por essa via, tornam ativas as ciências."

[839] Cfr. **Tratado** (tomo 20 – **Direito internacional, história e cultura**, item 1.3 – do mundo fechado ao universo infinito); E. BLOCH (op. cit., 1972, ed. 1994, p. 104-105): "O projeto de base da doutrina de BACON é novo: não existe verdade; nem conhecimento em si. Todo conhecimento deve servir ao homem, ou seja, deve servir para instaurar na terra o reino do homem, o *regnum humanum*, a felicidade ao alcance de todos. Este é o fim último do que foi chamado de 'utilitarismo' de BACON: para ele, colocar, graças à ciência, uma vida mais fácil e mais feliz, livre de corvéias, trabalho, sofrimento, de pressões, de incidentes, de doenças, equivale a uma transformação, ao aperfeiçoamento do mundo."

[840] F. BACON, **Novum organum** (1620, ed. 1973, Aforismo XLVII, p. 30): "O intelecto humano se deixa abalar no mais alto grau pelas coisas que súbita e simultaneamente se apresentam e ferem a mente e ao mesmo tempo costumam tomar e inflar a imaginação."

[841] Francis BACON, **Novum organum** (1620, ed. 1973, Aforismo XXXIX, p. 27): "Para melhor apresentá-los, lhes assinalamos nomes."

coisas e, dessa forma, as distorce e corrompe" –[842] e, de tal modo, "tais são os ídolos a que chamamos ídolos da tribo, que têm origem na uniformidade da substância espiritual do homem, ou nos seus preconceitos, ou bem nas suas limitações, ou na sua contínua instabilidade; ou ainda na interferência dos sentimentos ou na incompetência dos sentidos ou no modo de receber impressões";[843]

- ídolos da caverna – *idola specus* – consistente no isolamento do indivíduo na gruta de sua pessoa: "são os dos homens, enquanto indivíduos. Pois cada um – além das aberrações próprias da natureza humana em geral – tem uma caverna ou uma cova que intercepta e corrompe a luz da natureza: seja devido à natureza própria e singular de cada um; seja devido à educação ou conversação com os outros; seja pela leitura dos livros ou pela autoridade daqueles que se respeitam e admiram" – são as idiosincrasias, as preferências pessoais imotivadas, que nos afastam do distanciamento e da objetividade necessárias, para a captação da realidade – "o espírito humano, tal como se acha disposto em cada um, é coisa vária, sujeita a múltiplas perturbações, e até certo ponto, sujeita ao acaso";[844]
- ídolos do foro – *idola fori* – "provenientes, de certa forma, do intercurso e da associação recíproca dos indivíduos do gênero humano entre si", "devido ao comércio e consórcio entre os homens", são as ilusões do foro ou 'do mercado', são os preconceitos 'adquiridos', nascidos da evolução histórica da opinião pública, dos *slogans* – *sermones* é o termo usado por BACON – repetidos sem reflexão: "os homens se associam graças ao discurso, e as palavras são cunhadas pelo vulgo. E as palavras, impostas de maneira imprópria e inepta, bloqueiam espantosamente o intelecto";[845] e assim "os ídolos do foro são de todos os mais perturbadores: insinuam-se no intelecto graças

[842] Francis BACON, **Novum organum** (1620, ed. 1973, Aforismo XLI, p. 27): "Todas as percepções, tanto dos sentidos como da mente, guardam analogia com a natureza humana e não com o universo."

[843] F. BACON, **Novum organum** (1620, ed. 1973, Aforismo LII, p. 32).

[844] Francis BACON, **Novum organum** (1620, ed. 1973, Aforismo XLII, p. 27-28).

[845] Francis BACON, **Novum organum** (1620, ed. 1973, Aforismo XLIII, p. 28) adverte: "Nem as definições, nem as explicações com que os homens doutos se munem e se defendem, em certos domínios, restituem as coisas ao seu lugar. Ao contrário, as palavras forçam o intelecto e o perturbam por completo. E os homens são, assim, arrastados a inúmeras e inúteis controvérsias e fantasias."

ao pacto de palavras e de nomes. Os homens, com efeito, creem que a sua razão governa as palavras. Mas sucede também que as palavras volvem e refletem suas forças sobre o intelecto, o que torna a filosofia e as ciências sofísticas e inativas";[846]

- ídolos do teatro – *idola theatri* – que "imigraram para o espírito dos homens por meio das diversas doutrinas filosóficas e também pelas regras viciosas da demonstração", "por parecer que as filosofias adotadas ou inventadas são outras tantas fábulas, produzidas e representadas, que figuram mundos fictícios ou teatrais",[847] ou seja, as ilusões da cena literária, da autoridade instalada, da tradição autoritária –[848] constitui crítica de todo o dogmatismo autoritário, ao qual BACON opõe a primazia da razão, dissipadora de obscuridades: "em geral supõe-se para matéria da filosofia ou muito a partir de pouco ou pouco a partir de muito. Assim, a filosofia se acha fundada, em ambos os casos, numa base de experiência e história natural excessivamente estreita e se decide a partir de um número de dados muito menor que o desejável".[849]

[846] F. BACON, **Novum organum** (1620, ed. 1973, Aforismo LIX, p. 34-35): "E mesmo as definições não podem remediar totalmente esse mal, tratando-se de coisas naturais e materiais, posto que as próprias definições constam de palavras e as palavras engendram palavras. Donde ser necessário o recurso aos fatos particulares e às suas próprias ordens e séries, como depois vamos enunciar, quando se expuser o método e o modo de constituição das noções e dos axiomas."

[847] Francis BACON, **Novum organum** (1620, ed. 1973, Aforismo XLIV, p. 28-29): "Não nos referimos apenas às que ora existem ou às filosofias e seitas dos antigos. Inúmeras fábulas do mesmo teor se podem reunir e compor, porque as causas dos erros mais diversos são quase sempre as mesmas."

[848] F. BACON, **Novum organum** (1620, ed. 1973, Aforismo LXI, p. 36-37): "os ídolos do teatro não são inatos, nem se insinuaram às ocultas no intelecto, mas foram abertamente incutidos e recebidos, por meio das fábulas do sistema e das pervertidas leis de demonstração."

[849] F. BACON, **Novum organum** (1620, ed. 1973, Aforismo LXII, p. 37-38): "Os ídolos do teatro, ou das teorias, são numerosos, e podem ser, e certamente o serão, ainda em muito maior número." [...] "Pois do mesmo modo que se podem formular muitas teorias do céu a partir dos fenômenos celestes; igualmente, com mais razão, sobre os fenômenos de que se ocupa a filosofia se podem fundar e constituir muitos dogmas. E acontece com as fábulas deste teatro o mesmo que no teatro dos poetas. As narrações feitas para a cena são mais ordenadas e elegantes e aprazem mais que as verdadeiras narrações tomadas da história."

Nesse sentido, poder-se-ia considerar BACON, quando este pondera – "o homem se inclina a ter por verdade o que prefere" –[850] como precursor da concepção de 'ideologia'. Os *idola* de BACON mesmo literalmente podem ser aproximados do conceito de ideologia:

> O intelecto humano, quando assente em uma convicção – ou por já bem aceita e acreditada ou porque o agrada – tudo arrasta para seu apoio e acordo. E ainda que em maior número, não observa a força das instâncias contrárias, despreza-as, ou recorrendo a distinções, põe-nas de parte e rejeita, não sem grande e pernicioso prejuízo. Graças a isso, a autoridade daquelas primeiras afirmações permanece inviolada.[851]

Logicamente, ele não poderia usar termo que ainda não existia, em sua época. Este só aparece no início do século XIX, com DESTUTT DE TRACY.[852] Embora intelectualmente possam ser aproximados os conceitos.

Mesmo se o uso do termo "ideologia" em relação ao século XVII é transposição de outra época, e esta é prática que deve ser considerada com cautela, o termo caracteriza algo que o filósofo inglês antecipa com a sua reflexão: sua doutrina sobre os 'ídolos', como barreiras ao conhecimento, nos limites do seu horizonte social, e graças à abrangência de sua

[850] Francis BACON, **Novum organum** (1620, ed. 1973, Aforismo XLIX, p. 31): "O intelecto humano não é luz pura, pois recebe influência da vontade e dos afetos, donde se pode gerar a ciência que se quer." [...] "Enfim, inúmeras são as fórmulas pelas quais o sentimento, quase sempre imperceptivelmente, se insinua e afeta o intelecto."

[851] Francis BACON, **Novum organum** (1620, ed. 1973, Aforismo XLVI, p. 29-30).

[852] O termo 'ideologia' se encontra pela primeira vez nos escritos do filósofo francês DESTUTT DE TRACY, *Dissertation sur quelques questions d'idéologie* (1801, 1815 e 1826, no volume **Mémoire sur la faculté de penser / De la métaphysique de Kant / et autres textes** (1798-1802), textes réunis et revus par Anne et Henry DENEYS, Paris: Fayard / Corpus des oeuvres de philosophie en langue française, 1992, p. 181-201). O termo 'ideologia' pode se ter derivado, em francês, de termo alemão, forjado por Joh. Gottl. FICHTE "Wissenschaftslehre". Como mencionado em relação a MARSÍLIO DE PÁDUA, no século XIV, 'ideologia' é mais um vocábulo, em nossos tempos, de uso corrente, que necessita ser situado em contexto histórico e cultural, para ser usado de maneira adequada. Sobretudo quando lançado em relação a século anterior ao seu surgimento. Ver **Tratado** (tomo 4 – **Direito internacional no tempo medieval** item 9.1 – MARSÍLIO DE PÁDUA (1275-1342) e tomo 13 – **Direito internacional no tempo do concerto europeu**, cap. 26 – direito internacional entre o culto à razão e o concerto europeu, item – J. G. FICHTE (1762-1814) – racionalismo, direito natural e nacionalismo?).

visão. Em suma, o conteúdo, pensado por BACON, remete ao que, hoje, entendemos por 'ideologia'.

BACON, assim, limpa o espelho do conhecimento, e bane os efeitos negativos dos *idola*, para nos permitir enxergar a verdade e descobrir o conhecimento. Por razões pedagógicas propõe, como ponto de partida, considerado na perspectiva da teoria do conhecimento, os dois ramos principais da filosofia moderna, que se destacam com clareza: o 'empirismo' e o 'racionalismo'. As duas doutrinas revelam viril independência de espírito.

Alguns espíritos avançados e ousados do seu tempo lançaram a palavra de ordem: ousar saber – *sapere audere!* Ousa servir-te da tua inteligência. KANT formulará mais tarde esse pensamento, da maneira seguinte: "O racionalismo (*Aufklärung*) é a liberação do homem da tutela daquilo pelo qual ele mesmo tem a responsabilidade".[853]

Mas como fazer para se liberar dessa tutela? É preciso descobrir o meio de colocar em uso a sua inteligência. Foram propostas duas vias. A primeira é a de BACON: consiste em obter imagem purificada, *livre de adições* – daí a condenação dos *idola* – do que se passa no mundo exterior, independentemente do sujeito. Como modo de fazer avançar o conhecimento.

Já o racionalismo procede de modo diverso:[854] DESCARTES coloca no começo a dúvida;[855] enquanto ESPINOZA escreveu, no tratado sobre a correção do intelecto – *de intellecto emendatione* – que

[853] E. BLOCH (op. cit., 1972, ed. 1994, p. 116): "A razão rejeita as ideias confusas e descobre, pelo método matemático, as ideias adequadas, que ela produz por si mesma, a razão pura. Ora, as ideias adequadas não são, como se poderia acreditar, as ideias conformes à realidade, mas as ideias que livres de enganos, auto-purificadas, concordam, por assim dizer, com uma ideia. Existem [ideias] matemáticas, morais e metafísicas, e todas representam verdades eternas."

[854] Ver **Tratado** (tomo 8 – **Direito internacional além do paradigma vestfaliano**).

[855] René DESCARTES, **Règles pour la direction de l'esprit / Regulae ad directionem ingenii** (orig. publ. 1701, in **Opuscula postuma physica et mathematica**, no vol. **Oeuvres et lettres**, textes présentés par André BRIDOUX, Paris: Gallimard – Pleiade, 1952, p. 33-119, cit. règle I, p. 37-39): "Le but des études doit être de diriger l'esprit pour qu'il porte des jugements solides et vrais sur tout ce qui se présente à lui"; ___, **Discours de la méthode** (orig. publ. 1637, Leyde: Jean Maire, sans nom d'auteur, in **Oeuvres et lettres**, textes présentés par A. BRIDOUX, Paris: Gallimard – Pleiade, 1952, p. 121-179, cit. Première partie – Considérations touchant les sciences, p. 126-132): "Le bon sens est la chose du monde la mieux partagée: car chacun pense en être si bien pourvu, que ceux mêmes qui sont les plus difficiles à contenter en toute autre chose n'ont point coutume d'en désirer plus qu'ils en ont"; ___, **Discurso do método** (intr. Gilles-Gaston GRANGER, pref. e notas Gérard LEBRUN, trad. J. GUINSBURG e B. PRADO Jr., São Paulo: Abril cultural – Os Pensadores, vol. XV, 1973, p. 33-79).

> Para a certeza da verdade não precisamos de nenhum outro sinal senão ter uma ideia verdadeira. [...] Ninguém pode ter a suma certeza, a não ser aquele que possui uma ideia adequada ou essência objetiva de alguma coisa, porque, de fato, o mesmo é a certeza e a essência objetiva. A verdade não precisa de qualquer sinal.[856]

Ambos exigem que a razão mergulhe, em si mesma, com vistas a elaborar representações claras e precisas, que recebam a sua própria luz. Ambos exigem que a razão se renda no próprio local em que tais representações nascem, que ela contemple a partir daí o mundo exterior, depois de se ter liberado de toda ilusão e de todo preconceito, que, um e outro, penetram como elementos estranhos ao conhecimento.

O empirismo de BACON apresenta face bem diferente. Este é o movimento, que retomarão LOCKE e os materialistas franceses, sem, contudo aderirem ao sensualismo, que é forma inferior de empirismo, que não se vale da razão.

Graças ao empirismo baconiano, o espelho do conhecimento é limpo pela experiência da natureza: o que esclarece a inteligência não é a ruminação axiomática, é a experiência. Por isso é preciso conhecer os quatro *idola*, pois estas são as deformações que podem ser corrigidas pela experiência.[857]

O racionalismo comporta elemento positivo, que se manifesta, sobretudo, no direito natural: mil anos de injustiça não poderiam estabelecer um direito. Se os fatos enunciam injustiças sociais, o despotismo, as pequenas cortes principescas, a tirania e a repressão, será preciso revoltar-se con-

[856] Baruch de ESPINOZA, **Traité de la reforme de l'entendement** - ou de la meilleure voie à suivre pour atteindre à la vraie connaissance des choses (notice par R. CAILLOIS, in **Oeuvres complètes**, texte traduit, présenté et annoté par Roland CAILLOIS, Madeleine FRANCÈS et Robert MISRAHI, Paris: Gallimard - Pleiade, ed. 1954, impr. 1992, p. 97-141); ___, ___ (trad. du latin et posface de Séverine AUFFERT, Paris: Éd. Mille et une nuits, 1996, cit. pars. 35-36); ___, **Tratado da correção do intelecto** - e do caminho pelo qual melhor se dirige ao verdadeiro conhecimento das coisas (orig. publ. **De intellectus emendatione**, trad. e notas de Carlos Lopes de MATTOS, São Paulo: Abril cultural - Os Pensadores, vol. XVII, p. 47-76, cit. pars. 35-36).

[857] E. BLOCH (op. cit., 1972, ed. 1994, p. 118): "O empirismo de BACON não se resigna com a manutenção do que existe, ele tem como objetivo levar o mundo ao conhecimento e à utilidade, e essa utilidade se põe a serviço da classe burguesa, de estabelecer o poder sobre o conhecimento, visando agir e transformar o mundo. Por isso, BACON é o primeiro, ou quase, a festejar e a colocar, a serviço de uma utopia, a técnica humana."

tra todos esses 'fatos', que se vinculam ao absolutismo dos séculos XVII e XVIII.[858]

Totalmente diversa a situação relativa aos fatos da natureza: quando se trata de fatos naturais, a razão deve ater-se aos próprios fatos. Mas, quer se trate de explorar a natureza ou de conhecer as modalidades da evolução histórica, o 'racional' é categoria inaplicável, ela sequer é racional, pois a experiência nos ensina que esta impregna tanto os nossos corpos, quanto os nossos hábitos, e a nossa razão.[859]

Esta é também a era de revolução dos conhecimentos matemáticos e astronômicos,[860] cujos desenvolvimentos alcançarão e repercutirão sobre outras áreas do conhecimento. São marcos dessa trajetória o astrônomo e matemático polonês Nicolau COPÉRNICCO (1473-1543), o astrônomo dinamarquês Tycho BRAHE (1546-1601), o sábio italiano GALILEU Galilei (1564-1642), o pesquisador e filósofo naturalista alemão Johannes KEPLER (1571-1630)[861] e o inglês Isaac NEWTON (1643-1724), cujas descobertas se

858 Ver **Tratado** (tomo 11 – **Direito internacional no tempo do Iluminismo**).

859 E. BLOCH (op. cit., 1972, ed. 1994, p. 122-123): "A principal preocupação de BACON é, definitivamente, a descoberta, e, mais especialmente, a descoberta da verdade. A descoberta da verdade se apresenta sob dois aspectos distintos: primeiro, é o mundo exterior, que constitui a medida de todas as coisas; a imagem deve ser corrigida em função do mundo exterior; ela só pode ser corrigida no espelho, mas o espelho se corrige comparando o que se passa nele, com o que se passa no mundo. Em segundo lugar, é preciso ter conhecimento preciso das leis da causalidade, para agir sobre o mundo; este é o fim último do utilitarismo baconiano. Tocamos, assim, com o dedo, o que aproxima BACON dos utopistas de seu tempo, a Tomás MORUS e – tecnicamente falando – também a CAMPANELLA. É por meio da técnica que o homem pode, segundo BACON, aliviar o seu fardo; é mediante a técnica que se funda a felicidade de todos sobre a terra."

860 Ver **Tratado** (tomo 20 – **Direito internacional, história e cultura**, item 1.3 – do mundo fechado ao universo infinito); Alexandré KOYRÉ, **Do mundo fechado ao universo infinito** (orig. publ. **From the closed world to the infinite universe**, 1957, trad. Donaldson M. GARSCHAGEN, São Paulo: Edusp / Rio de Janeiro: Forense Univ., 1979).

861 E. BLOCH (op. cit., 1972, chap. 8 – Remarques sur la naissance de la science naturelle mathématique, p. 128-142, cit. p. 135-136): "o pensamento de KEPLER, como o de GALILEU, apesar do recurso às matemáticas, é de bela clareza. O mundo – objeto de suas pesquisas – não se dissolve em equações matemáticas, mas aparece ordenado segundo certas proporções matemáticas. Não se reduz à sua armadura matemática, mas se esclarece à luz das matemáticas. O objeto de KEPLER é o sistema planetário, a mecânica celeste. KEPLER explica de maneira grandiosa e convincente que o 'livro da natureza' é composto de números. É voltando o olhar para a figura desse pensador profundo, meditativo, autenticamente faustiano, que nos damos conta de que toda a ciência natural matemática deriva de um pitagorismo empírico."

sucedem e se encadeiam em tempo histórico relativamente curto. E mudam irreversivelmente o conhecimento humano, a visão do mundo e o lugar do ser humano na passagem do mundo fechado para o universo infinito.

NEWTON explicará as leis de KEPLER, com a sua descoberta da lei da gravidade, expostas em suas obras **Optica** (1704) e nos princípios matemáticos da filosofia natural, **Naturalis philosophiae principia mathematica** (1687).[862]

> Influência dos efeitos duráveis da Renascença, preocuparam a burguesia em ascensão, preocupada, em meio à efervescência e às lutas, em compreender não somente o mundo físico, mas também o mundo sócio-jurídico. Fato característico: tudo, nesse domínio, deve ser submetido à razão, a fé na razão, que ignora a dúvida, é quase ilimitada. [863]

Esse mundo que se quer racionalista também se pauta pela construção de utopias: Thomas MORUS, ERASMO de Roterdã, Tomás CAMPANELLA e Francis BACON.[864]

Ainda BACON consagra estudo específico ao tema: o seu pequeno tratado sobre a nova Atlântida, **Nova Atlantis**,[865] foi, durante muito tempo

[862] E. BLOCH (op. cit., 1972, ed. 1994, p. 140): "NEWTON lançou as bases do materialismo mecanicista francês, que não somente aboliu o trono e o altar terrestres, mas abriu o caminho à **História universal da natureza e da teoria do céu** de KANT (1755); foi o golpe de misericórdia na cosmogonia creacional."

[863] E. BLOCH (op. cit., 1972, ed. 1994, chap. 9 – Remarques sur la philosophie du droit et de l'état dans la bourgeoisie montante, p. 143-163). Ver também Bruno HUISMAN e François RIBES, **Les philosophes et le droit** (Paris: Bordas, 1988).

[864] Ver **Tratado** (tomo 20 – **Direito internacional, história e cultura**, item 1.3 – do mundo fechado ao universo infinito); Émile DERMENGHEM, **Thomas Morus et les utopistes de la Renaissance** (Paris: Plon, 8ª ed., 1927, 2e. partie, chap. III – MORUS, BACON, CAMPANELLA et la Science, p. 167-178, cit. p. 169-170): "La **Nouvelle Atlantide** n'occupe qu'une toute petite place dans son oeuvre immense. Incomplet d'ailleurs, ce livre est moins la description détaillée et justifiée d'une société parfaite que le *plan d'une académie scientifique idéale*. À vrai dire, et bien que l'exemple même de sa vie semble plutôt montrer que la raison pure ne suffit pas à tout, et que 'science sans conscience' comme disait RABELAIS, ne vaut rien pour l'âme, BACON ne doit pas être loin de penser que du progrès des lumières dépend surtout l'harmonie de la société. 'Savoir, c'est pouvoir' disait-il. Précurseur du scientisme, il souhaitait, comme RENAN, le despotisme éclairé, la domination des savants, le règne des intellectuels, le triomphe des membres de l'Institut. Et sa cité modèle est un Institut minutieusement organisé."

[865] Francis BACON, **La nouvelle Atlantide** (trad. Margaret LLASERA et Michèle LE DOEUFF, Paris: Payot, 1983, suivie de **Voyage dans la pensée baroque**); em português,

a única obra de ficção científica, a primeira utopia técnica, durante muito tempo ignorada. A Atlântida seria a ilha imaginária, ou o continente desaparecido, engolido pelas águas do que lhe deu o nome, o oceano Atlântico. Esta teria atingido alto nível cultural, e teria desaparecido, segundo o **Crítias** de PLATÃO, há nove mil anos.[866]

BACON traça os planos dessa nova Atlântida, para que não mais tenhamos de recorrer a esse país lendário, onde tudo era melhor, sobretudo no plano técnico. A nova Atlântida é uma ilha feliz: é dotada de organização da pesquisa, da descoberta, da invenção – *ars inveniendi*. Grande número de invenções são apresentadas com surpreendente capacidade de antecipação.

O enciclopedista e matemático francês DIDEROT chama a Nova Atlântida de BACON de "imenso catálogo do que está por descobrir".[867] Na sua

___, **Nova Atlântida** (orig. publ. 1627, trad. e notas José Aluysio Reis de ANDRADE, São Paulo: Abril cultural – Os Pensadores, vol. XIII, 1973, p. 239-278).

866 PLATÃO, **Critias** (original grego, with an English translation by R. G. BURY, Cambridge, Ma. / London: Harvard UP, LCL vol. 234, PLATO vol. IX – **Timaeus – Critias – Cleitophon – Menexenus – Epistles,** © 1929, reprinted 1989, p. 255-307, Introduction, p. 256-257) – foi pensado como continuação da **República** e do **Timeu**. Segundo o programa apresentado nos capítulos introdutórios do **Timeu** (esp. 27 A ss.), o discurso sobre a criação do mundo, no **Timeu**, e seus habitantes deveria ser seguido por relato a respeito dos cidadãos ideais da primitiva cidade ateniense, e como estes tinham demonstrado a sua excelência na guerra e na paz. Da mesma forma, no **Critias**, depois do prefácio, que faz a ligação deste com o **Timeu**, começa detalhada descrição daquela antiga Atenas, seguido de relato paralelo, a respeito de sua grande rival, Atlantis. Mas, antes de abordar o seu tema principal – a própria guerra, e como Atenas serviu o mundo civilizado com suas virtudes cívicas – o diálogo, de repente, se interrompe. Fica o mistério a respeito deste fragmento. Mas, vale lembrar que, no terceiro livro das **Leis**, PLATÃO faz o relato da Atenas real e histórica, em seu conflito com a Pérsia, o que se pode supor, teria colocado no lugar de sua história imaginária, no projeto original.E a lição daquele livro (**Leis**, livro III) é a que PLATÃO poderia ter deduzido do **Crítias** completado – quanto a ser "a justiça que exalta a nação" e que "o orgulho precede a destruição como o espírito arrogante antes da queda". Os príncipes de Atlantis, com seu grandioso império, foram os protótipos do grande rei persa, com seu orgulho desmedido e sua presunção tóxica; e sua derrocada, pelas mãos dos homens, treinados na moderação, autocontrole e respeito das leis, foi profecia para a futura vitória dos "homens de Maratona", sobre as hostes invasoras de Mardônio. Assim, apesar da perda da maior parte do texto do **Critias**, pode-se deduzir que a reflexão sobre seu principal tema – a derrota dos bárbaros – foi exposta por PLATÃO com conveniente eloquência, em outra obra, que chegou até nós.

867 Ver **Encyclopédie** ou Dictionnaire raisonné des sciences, des arts et des métiers (textes choisis et présentés par Alain PONS, Paris: Garnier – Flammarion, 1986, reimpr. 2010, 2 vols.); DIDEROT et D'ALEMBERT, **Verbetes políticos da Enciclopédia**, trad. Maria das Graças de SOUZA, São Paulo: Discurso edtrl. / Ed. Unesp, 2006).

ilha, BACON reserva lugar para o templo de Salomão, o *templum Salomonis* – hoje diríamos uma universidade técnica de alto gabarito, ou 'instituto de estudos avançados'– e nesse estabelecimento, mítico e sobretudo utópico, fabricar-se-iam objetos surpreendentes. Conteria, ainda, instituto fitogenético e centro de criação científica de animais – hoje se diria, "engenharia de alimentos" e uma escola de agronomia – com seção de bioquímica que examinaria a qualidade dos alimentos.

A longevidade seria objeto de pesquisa científica. Poderosos explosivos seriam utilizados para fazer perfurações e, segundo BACON, teriam a capacidade de "mover montanhas". Encontram-se descrições detalhadas do motor de combustão e da máquina a vapor; imensas turbinas substituem a tração animal e a força humana se tornou supérflua. Instrumentos musicais produziriam sons de quarto de tom – o que somente a música experimental mais recente traz, com quartos e oitavas de tom, em lugar de nossa escala cromática.

Encontram-se, na utopia de BACON, o microscópio, o telescópio e o microfone. Ele explica que os cidadãos da Atlântida dispõem de curiosos aparelhos que permitem transportar a voz a distância – concebe espécie de rede telefônica, com tubos subterrâneos, movidos pela pressão do ar, que favorece a propagação dos sons. Não fala em eletricidade, mas fala em aviões, embalados por 'movimento perpétuo' – o que configura flagrante contradição.[868]

BACON também inovou ao propor vários novos ramos do conhecimento, desconhecidos em seu tempo: esse grande planejador não se limita à técnica. Esse futurólogo científico, esse prospectador, constata, primeiro, a ausência de uma ciência dos negócios – o que, hoje, se inscreveria entre a formação em administração, seja esta 'pública' ou 'privada', de empresas, e a economia política – essa ciência, segundo ele, deveria ser inventada, aplicando a sua técnica.

[868] E. BLOCH (op. cit., 1972, ed. 1994, p. 126): "Prometeu durante séculos não foi o mais nobre de todos os santos do calendário filosófico – título que Karl MARX lhe confere na sua tese de doutorado. [...] BACON é o primeiro a falar em Prometeu como um rebelde técnico, suficientemente audacioso para se imiscuir nos negócios do chefe; mais ainda, para refazer e aperfeiçoar a obra do chefe, com mais competência e gênio, atividade que nutre o seu orgulho. Os homens formados por Prometeu são superiores às criaturas de Zeus. BACON utiliza, assim, para situar a técnica, a figura ou o arquétipo de Prometeu: 'Prometeu, diz ele, é o espírito inventor dos homens, que funda o reino humano, que multiplica infinitamente a potência humana e a põe contra os deuses."

O filósofo inglês também reclama a existência de ciência da arte e da percepção, uma teoria das emoções, o estudo das fisionomias e dos gestos – ambas, hoje, seriam a teoria da arte, e a psicologia. Alguns ramos do conhecimento que, em sua época, estavam fora da visão, foram concebidos e apresentados por ele como desejáveis e necessários.

Em sua cultura universal e inteligência inovadora, BACON, muitas vezes considerado dentre os maiores filósofos modernos – se não o maior –[869] também se debruçou sobre o direito, no seu conciso e relevante ensaio sobre a justiça universal, **Exemplum tractatus de justitia universali sive de fontibus juris** (1622).[870] Este texto, muitas vezes traduzido e comentado, foi republicado em várias línguas,[871] e se mostra recorrente influência sobre a reflexão jurídica:

> Aqueles que escreveram sobre as leis, todos trataram o assunto quer como filósofos, quer como jurisconsultos. Ora, os filósofos trazem muitas belas proposições em seu discurso, mas de pouco uso, na prática. Os jurisconsultos, por sua vez, ligados [afetivamente] ou em vista do interesse das leis de sua pátria, ou mesmo da lei romana, ou da lei canônica, não fazem uso independente [da razão], em seu julgamento, mas parecem discorrer, presos por correntes.[872]

[869] Jean-Baptiste de VAUZELLES, em sua edição de 1824 (republicada em 2006, p. 21, referida na nota seguinte) exprimia a sua opinião, sobre a obra de BACON: "Ce n'est pas ici le lieu de nous étendre sur le mérite supérieur des oeuvres philosophiques de BACON: on juge aisément quel rang doit tenir parmi les philosophes un homme qui compte entre ses disciples GASSENDI, NEWTON, LOCKE, CONDILLAC, etc.; dont l'**Encyclopédie** a seule égalé l'universalité, et peut-être encore parce qu'il a fourni le plan de cet immense ouvrage. Il n'a de rival chez les anciens qu'ARISTOTE."

[870] Francis BACON, **Exemplum tractatus de justitia universali sive de fontibus juris / Essai d'un traité sur la justice universelle ou les sources du droit** suivi de quelques écrits juridiques (1622, biographie, traduction et notes par Jean-Baptiste de VAUZELLES, 1824, intr. par Angèle KREMER-MARIETTI, (c) 1985, Paris: L'Harmattan, reimpr. 2006).

[871] Face ao estado da jurisprudência da época, VINCENT faz, em 1752, edição do ensaio sobre a justiça universal de BACON, precedido de prefácio em latim, no qual comenta: "muitos louvam o gênio de BACON, e talvez muito poucos o conheçam." (reportado na edição de J.-B. VAUZELLES, de 1824, republicado em 2006, p. 13).

[872] F. BACON (1622, ed. 2006): "Qui de legibus scripserunt, omnes vel tanquam philosophi, vel tanquam jurisconsulti, argumentum illud tractaverunt. / Atqui philosophi proponunt multa, dictu pulchra, sed ab usu remota. / Jurisconsulti autem, suae quisque patriae legum, vel etiam romanarum, aut pontificiarum, placitis obnoxii et addicti, judicio sincero non utuntur, sed tanquam è vinculis sermocinantur."

BACON considera o nascimento do direito, a partir da formação do grupo humano: a ideia de pacto ou contrato social está presente, sem que sejam utilizados os termos. Esta ideia de contrato, de acordo de vontade dos associados, que passa por HOBBES e GRÓCIO, antecipa a ideia de vontade geral de ROUSSEAU, e a ideia de contrato voluntário, tal como aparece em KANT.

O contrato se põe não como origem da sociedade, mas como norma desta. O meio para explicar o vínculo de coesão social. A possibilidade de sucessivas relações de força é vigorosamente assinalada por BACON, suscetíveis de derrubar um primeiro direito, considerado injusto, em favor de novo direito, inspirado por grupo 'sedicioso', em relação ao anterior grupo dominante.[873]

Segundo BACON, cria-se a lei, como reação à ameaça de regência, da vida social, pela violência e pelo uso da força – *in societate civili aut lex aut vis valet* – e, mesmo assim, por vezes, a força pode imitar a lei, como a lei pode derivar, mais da força, que de sentimento de equidade e de justiça – *est autem et vis quaedam legem simulans; et lex non nulla magis vim sapiens, quam aequitatem juris*. Podem ser contrapostas as concepções de HOBBES e de PUFENDORF em relação ao tema.[874]

Daí, segundo BACON, resulta existirem três fontes de injustiça: a força bruta, a perfídia travestida da aparência de lei e a rigidez da própria lei – *triplex est igitur injustitiae fons: vis mera; illaqueatio malitiosa pretextu legis; et acerbitas ipsius legis*.[875]

BACON considera o direito no plano de seu vasto projeto de reorganização do conhecimento e de ordenação do saber. Este vasto projeto de

[873] Observa A. KREMER-MARIETTI (ed. 2006, introdução, p. 13): "Il y a chez BACON une science possible du droit, comme chez HOBBES qui implique aussi une science de la politique, idée qui sera le *Leitmotiv* de la pensée d'Auguste COMTE. La dédicade du **Novum organum** était prometteuse: *'J'ai allumé un flambeau destiné à éclairer la posterité d'une lumière nouvelle!'* Elle se vérifie." Com relação a A. COMTE, remete-se ao seu **Discours sur l'ensemble du positivisme** (1848, présentation par Jean-François MATTÉI, édition, notes et bibliographie par Annie PETIT, Paris: Flammarion, 2008). Veja-se também Alain MORVAN (études réunies par), **Savoir et violence en Angleterre du XVIe au XIXe siècle** (Lille: Université de Lille III – travaux et recherches – diffusion P.U.L., 1987, 'préface', p. 9-12, cit. p. 9): "Le pouvoir sait donc user du savoir; il sait se faire savoir; le savoir peut donc être violence."

[874] Ver **Tratado** (tomo 20 – **Direito internacional, história e cultura**, item 1.1 – o Leviatã e suas transformações e tomo 9 – **Direito internacional no tempo de Samuel Pufendorf**, cap. 20 – Samuel PUFENDORF (1632-1694)).

[875] F. BACON (1622, ed. 2006, *Proemium, Aphorismus I*, p. 26-27).

restauração das ciências, como todo orgânico, é dado característico, que distingue BACON, e sobre o qual os filósofos não cessaram de meditar.[876] Sobre o direito, afirma:

> Este ramo do conhecimento é o campo de ação dos homens de estado. Estes sabem perfeitamente quais coisas comporta a grande sociedade humana – *societas humana* –, quais interessam ao bem de um povo – *salus Populi* –, quais se reportam à equidade natural – *aequitas naturalis* –, quais os costumes das nações – *gentium mores* –, quais as formas diversas dos governos – *rerumpublicarum formae diversae* –, e desse modo podem apreciar as leis, segundo os princípios do direito natural e os preceitos da politica.
> Temos, assim, a intenção aqui, de remontar às fontes da justiça e da utilidade pública, e fazer mostrar-se, de cada parte do direito, uma ideia do justo – *idea justi* –, e como possa esta servir para a revisão das leis particulares de cada reino, de cada república, e a seguir, para a reforma destas, quando se encontrar alma forte, desejosa de empreender tal tarefa. Este é o propósito do presente ensaio, em único livro, sob a forma de aforismos.[877]

Samuel PUFENDORF (1632-1694), em sua obra **Direito natural e das gentes,**[878] admite o princípio de sociabilidade, que encontrara em BACON. E comenta:

876 O pensamento de Francis BACON, e sua contribuição para a ciência e método modernos foram, por exemplo, o conteúdo de inteiro colóquio, sob a coordenação de M. MALHERBE et J.-M. POUSSEUR, **Francis Bacon, science et méthode** ("colloque de Nantes", Paris: Vrin, 1985); ver tb. D. DELEULE, **Francis Bacon et la reforme du savoir** (Paris: Herman, 2010) e M. PELTONEN, **The Cambridge companion to Bacon** (Cambridge: Univ. Press, 1996) contém extensa bibliografia a respeito de BACON, até a data da publicação; já ref. M. MALHERBE, **La philosophie de Francis Bacon**: repères (Paris: Vrin, 2011).

877 F. BACON (1622, ed. 2006, p. 24-25): "Certe cognitio ista ad viros civiles proprie spectat, qui optime norunt quid ferat societas humana, quid salus populi, quid aequitas naturalis, quid gentium mores, quid rerumpublicarum formae diversae, ideoque possunt de legibus, ex principiis et praeceptis tam aequitatis naturalis quam politices, decernere. / Quamobrem id nunc agatur, ut fontes justitiae et utilitatis publicae petantur, et in singulis juris partibus character quidam et idea justi exhibeatur, ad quam particularium regnorum et rerumpublicarum leges probare, atque inde emendationem moliri quisque, cui hoc cordi erit et curae, possit; hujus igitur rei, more nostro, exemplum in uno titulo, per aphorismos proponemus."

878 Sobre Samuel PUFENDORF e sua contribuição para o direito internacional ver **Tratado** (tomo 9 – **Direito internacional no tempo de Samuel Pufendorf,** cap. 20).

> Desse princípio de sociabilidade, ou do fato que cada um não nasceu somente para si, mas para o gênero humano, um ilustre chanceler da Inglaterra tira algumas consequências muito importantes: por exemplo, que a vida ativa é preferível à vida contemplativa; que é preciso buscar sua felicidade na virtude, e não no prazer, que a visão dos casos imprevistos, que podem fazer fracassar uma nobre empreitada, não deve nos fazer renunciar ao cuidado do interesse público, nem nos afastar do trato com o mundo; enfim, que não devemos nunca, em decorrência de não sei qual condescendência, nos subtrair às questões da vida civil. O mesmo autor observa, ainda, que jamais outra filosofia, seita ou religião, nem lei nem ciência, de igual modo rebaixou o interesse particular, e elevou o interesse público, como a doutrina de Jesus Cristo.[879]

São também dessa época os desenvolvimentos da filosofia do direito e do estado, no impulso da burguesia[880] em ascensão. Assim marcarão as suas respectivas presenças nomes tais como ALTHUSIUS, e assim também MAQUIAVEL, ou BODIN e, ainda, GRÓCIO.[881]

Um dos fundadores da doutrina do direito natural, ALTHUSIUS vai muito mais longe na interpretação racional do estado e da sociedade em geral. Ideia importante se impõe: é o próprio povo, e não somente os repre-

[879] Samuel PUFENDORF, **Droit de la nature et des gens** (trad. BARBEYRAC, Londres, 1740, livro II, chap. III, p. 242): "De ce principe de sociabilité, ou de ce que chacun n'est pas né pour lui seul, mais pour le genre humain, un illustre chancelier d'Angleterre tire quelques conséquences très importantes: par exemple que la vie active est préférable à la vie contemplative; qu'il faut chercher son bonheur dans la vertu, et non dans le plaisir; que la vue des cas imprévus qui peuvent faire échouer une noble entreprise, ne doit pas nous faire rénoncer au soin du bien public, ni nous éloigner du commerce du monde; enfin, qu'il ne nous faut point, par je ne sais quelle condescendance, se soustraire aux affaires de la vie civile. Le même auteur remarque encore qu'il n'y a jamais eu de philosophie, de secte, de religion, de loi ni de science, qui ait si fort rabaissé l'intérêt particulier et relevé l'intérêt public, que la doctrine de Jésus-Christ."

[880] O termo 'burguesia' aqui é empregado não no sentido marxista e pejorativo do burguês-empregador, que explora o trabalhador, mas no de "cidadão urbano de classe média, que então significava alguém dotado de um mínimo de responsabilidade e dignidade, ponderado, sóbrio, laborioso, sem ser reacionário ou autoritário" – cf. Daniel PIZA, *Estética e ética segundo Thomas MANN* (OESP, 3 de dezembro de 2011, p. S-5) – nesse sentido MANN utiliza o termo, em relação a J. W. GOETHE, no ensaio central do volume Thomas MANN, **O escritor e sua missão** (trad. Kristina MICHAHELES, Rio de Janeiro: Zahar, 2011).

[881] A respeito da contribuição de GRÓCIO, ver **Tratado** (tomo 7 – **Direito internacional no tempo de Hugo Grócio**, cap. 18).

sentantes deste, que tem o direito de destituir a autoridade, se esta não mais age no interesse do povo. O estado é o mandatário do povo.

Logo foram esquecidos ALTHUSIUS e sua doutrina,[882] expostos em sua obra principal, **Politica** (1603).[883] Em tempos de absolutismo nascente, a ideia da soberania do povo não tinha muitos adeptos, entre os poderosos do tempo.[884]

> Quando se anunciou a revolução burguesa na Holanda, país do continente onde a burguesia se tinha mais solidamente implantado, país capitalista de marinheiros, de negociantes, de manufatureiros, que tinha permanecido ao abrigo das tendências neo-feudais, ALTHUSIUS foi redescoberto e GRÓCIO apareceu, o fundador do direito internacional, o primeiro grande teórico do direito natural.
> O início do direito natural se coloca felizmente na Alemanha; seu inventor é Johannes ALTHUSIUS, que viveu de 1557 a 1638. Antes da guerra dos trinta anos, uma vaga de vida capitalista varre a Alemanha ocidental. ALTHUSIUS se coloca, depois de longo eclipse, como o primeiro defensor do direito dos povos, face à coroa. [885]

882 ALTHUSIUS e sua doutrina foram esquecidos, em favor da tese de MAQUIAVEL, ponderava E. BLOCH (op. cit., 1972, chap. 9 – Remarques sur la philosophie du droit et de l'état dans la bourgeoisie montante, p. 143-163, cit. p. 146 e a seguir, p. 149): "O que importava era a soberania do príncipe, destinada a facilitar o desenvolvimento do capitalismo. A burguesia concluiu uma aliança com a monarquia, ou a monarquia concluiu aliança com a burguesia, contra a feudalidade, que deu origem à neo-feudalidade, onde o rei permanecia o primeiro dentre os nobres, enquanto os grupos da corte geriam os negócios." [...] "Mas o racionalismo burguês se imiscui também no absolutismo e assistimos ao nascimento do conceito vitorioso de 'razão de estado': está na ordem do dia, antes mesmo que a noção de soberania do povo volte à superfície."

883 Johannes ALTHUSIUS (1557 ou 1563-1638), **Política** (orig. publ. **Politica methodice digesta et exemplis sacris et profanis illustrata**, 1610 e 1614, ed., trad. para o inglês e introdução Frederick S. CARNEY, pref. Daniel J. ELAZAR, trad. Joubert de O. BRÍZIDA, Rio de Janeiro: Topbooks / Liberty Fund, 2003).

884 E. BLOCH (op. cit., 1972, ed. 1994, loc. cit.): "O conceito de soberania designava, primeiro, a soberania do príncipe, a *majestas*, a 'majestade': a importância desse conceito reside no fato de que ele se manteve, que ele foi transferido ao povo, que se tornou o povo 'soberano'. Não se trata de simples fraseologia: o termo tem conteúdo jurídico e filosófico preciso, definido por BODIN, pensador empírico que foi o primeiro a postular uma história do direito como base da filosofia do direito."

885 E. BLOCH (op. cit., 1972, ed. 1994, p. 146). Ver **Tratado** (tomo 7 – **Direito internacional no tempo de Hugo Grócio**, cap. 18).

Foi ALTHUSIUS considerado o primeiro federalista e defensor da soberania popular. Ao postular a soberania do povo, ALTHUSIUS retoma tradição datada do final da Idade média. Foi o grande jurisconsulto e historiador do direito, GIERKE, que descobriu essa filiação; descobriu, também que essa tese tinha sido defendida pelos nominalistas do direito, no final da Idade média, especialmente pelo grande nominalista Guilherme de OCKHAM.[886]

Para ALTHUSIUS, a importância de MARSÍLIO DE PÁDUA consistira em defender os príncipes contra o papa: a autoridade do papa não era considerada divina, e era preciso combatê-la, não por meio de um concílio, mas pela reunião dos fieis católicos. Essa tese foi codificada pelo protestantismo e equivalia a uma espécie de grande revolta religiosa; durante as guerras dos camponeses, foi igualmente utilizada contra os príncipes.[887]

Aponta-se, assim, uma linha de encadeamento e de continuidade conceitual entre o século XIV, com Guilherme de OCKHAM e MARSÍLIO DE PÁDUA, e o século XVII, com ALTHUSIUS e GRÓCIO.[888]

Também se inscrevem elos entre as contribuições de MAQUIAVEL, de BODIN e de GRÓCIO, onde duas vias se mostraram: ou se lança, "como MAQUIAVEL, um olhar cínico ou antes objetivo sobre a vida pública. Cínico porque a realidade também é cínica, e a realidade das cidades-estado italianas do século XVI era cínica",[889] ou

> A outra via é a de GRÓCIO e de HOBBES, dois doutrinadores de pretenso 'contrato social', tão utópico quanto pré-histórico. Esses teóricos do direito público partem da ideia que os indivíduos teriam acordado, em razão de suas tendências, necessidades, impulsos e interesses fundamentais, não mais viverem sós, como lobos, a fim de não mais se devorarem reciprocamente ou serem

[886] Cfr. **Tratado** (tomo 4 – **Direito internacional no tempo medieval**, item 9.2 – GUILHERME DE OCKHAM); E. BLOCH (op. cit., 1972, ed. 1994, p. 148-149).

[887] Cfr. **Tratado** (tomo 4 – **Direito internacional no tempo medieval**, item 9.1 – MARSÍLIO DE PÁDUA); E. BLOCH (op. cit., 1972, ed. 1994, p. 148-149).

[888] Ver **Tratado** (tomo 4 – **Direito internacional no tempo medieval**, cap. 9 – MARSÍLIO DE PÁDUA e GUILHERME DE OCKHAM e tomo 7 – **Direito internacional no tempo de Hugo Grócio**, cap. 18).

[889] E. BLOCH (op. cit., 1972, ed. 1994, p. 145-146); ver tb. **Tratado** (tomo 7 – **Direito internacional no tempo de Hugo Grócio**, cap. 18, tomo 9 – **Direito internacional no tempo de Samuel Pufendorf**, cap. 20 e tomo 10 – **Direito internacional no tempo de C. van Bynkershoek e Christian Wolff**, cap. 22).

devorados. São esses elementos e o pretenso contrato social primitivo, destinado a moderar e a equilibrar os egoísmos, que servem como critério, para julgar o estado existente, em função do direito natural. Constata-se, então que o estado é mais ou menos falseado, por não se ter observado o contrato social. O direito natural clássico deu lugar à teoria da revolução social. Assim surge uma crítica dos fenômenos sociais, fundada sobre o conceito de um ser social, conforme à natureza humana. Admite-se, assim, uma disparidade entre os fenômenos sociais e o ser social equilibrado; o direito natural não deixa de assinalar a recusa do empirismo existente. É nisso que o pensamento estatal e social se distingue da ciência física burguesa, no seu início. [...]
Diversamente, a teoria do direito natural não se contenta com a observação empírica, mas visa a transformação normativa: ela pode afirmar, em caso de disparidade entre a teoria e os dados reais: 'danem-se os fatos sociais constatados!' Concluindo o contrato social, os contratantes entenderam, em primeiro lugar, assegurar a sua felicidade e a sua segurança. Se o estado no qual vivemos não satisfaz essa exigência, não por isso será esta menos injustificada. Ao contrário. Se nos acomodamos com o estado degenerado, damos prova de oportunismo, defendemos uma ideologia liquidada, talvez mesmo corrompida, como se viu igualmente, no direito natural, sobretudo no século XVIII, na Alemanha. Basta, para tanto, citar WOLFF e PUFENDORF, que se arranjaram com situação feita de um oitavo de ideologia burguesa e de sete oitavos de feudalismo, e não exigiram mais que algumas melhorias e acertos mínimos. Abstração feita desses exemplos de baixeza, o direito natural proclama, unanimemente, que se a situação política não é conforme ao direito natural – esta é a opinião dos especialistas do direito público – a culpa é do estado. A doutrina do direito natural sempre procurou colocar-se de acordo consigo mesma, mas nunca se contentou com vagas exigências normativas. Ao contrário, sempre agiu de acordo com a tendência objetiva, a saber, a libertação e a tomada do poder programada pela burguesia ascendente, em luta contra o feudalismo.[890]

São, assim, neste capítulo, respectivamente consideradas as contribuições de Nicolau MAQUIAVEL (1469-1527) (13.1) e de Jean BODIN (1530-1596) (13.2). Antes de ensaiar algumas considerações conclusivas sobre a relação entre 'estado soberano' e direito internacional (13.3).[891]

890 E. BLOCH (op. cit., 1972, ed. 1994, p. 145-146).

891 A contribuição de Hugo GRÓCIO (1583-1646) é objeto de exame no **Tratado** (tomo 3 A – **Direito internacional no tempo antigo**, item 2.1 – a controvérsia entre Hugo GRÓCIO

Não são estes, como mencionado, autores propriamente voltados para o direito internacional, enquanto tal, mas tiveram – e em certa medida, mantém – papel na configuração do estado, como modelo de organização política da sociedade, e, portanto, deste também como sujeito de direito internacional. O estado foi a base estruturante de todo o direito internacional 'moderno' e também no direito internacional 'clássico, e ainda conserva papel central na ordenação do sistema institucional e normativo internacional pós-moderno. Mas não mais é o único fator de geração e de operação do direito internacional, no contexto pós-moderno.

Cabe, agora, passar ao exame da contribuição de MAQUIAVEL (13.1).

13.1. Nicolau MAQUIAVEL (1469-1527)

> os erros que se fazem em outras coisas, podem, algumas vezes, ser corrigidos; mas aqueles que se fazem na guerra, sobrevindo logo o castigo, não mais se podem emendar.
>
> N. MAQUIAVEL, **Da arte da guerra** [892]

> Foi MAQUIAVEL o primeiro a reconhecer que, na sua época, os grandes estados somente poderiam nascer da unidade do poder monárquico. [...] As lições que MAQUIAVEL, esse político sem rival do século XVI e XVII, dá aos príncipes e aos homens de estado, não é outra se não um oportunismo, despojado de qualquer ideal dogmático, pontifical ou imperial, um oportunismo independente das fórmulas religiosas ou jurídicas, e puramente realista, do qual o autor eliminou a aplicação dos deveres religiosos ou dos preceitos da moral privada.
>
> HOLTZENDORFF e RIVIER, **Princípios do direito das gentes** (1889)[893]

e Serafim de FREITAS, bem como tomo 7 – **Direito internacional no tempo de Hugo Grócio**, cap. 18).

[892] N. MACHIAVELLI, **Dell'arte della guerra** (in **Tutte le opere**, a cura di Mario MARTELLI, Firenze: Sansoni, 1971, p. 299-398, cit. livro II, p. 323): "gli errori che si fanno nell'altre cose, si possono qualche volta correggere; ma quegli che si fanno nella guerra, sopravvenendo subito la pena, non si possono emendare."

[893] Franz de HOLTZENDORFF e Alphonse RIVIER, **Principes du droit des gens** (Paris: Fischbacher, 1889, p. 342-343): "C'est MACHIAVEL qui a reconnu le premier qu'à son époque les grands états ne pouvaient naître que de l'unité du pouvoir monarchique. [...] Les leçons

É significativo que o primeiro sentimento nacional seja despertado, em um italiano, por um país dividido, cujo centro é ocupado pelos Estados pontifícios. MAQUIAVEL se sentia obcecado pela ideia de que a unificação se pudesse fazer a partir de Florença, por usurpadores, conquistadores e *condottieri*. O objetivo – do qual ele mesmo não tinha consciência – da unificação era a criação de conjunto econômico unificado, do qual o capitalismo italiano tinha necessidade: era, assim, um mandato social.

E. BLOCH (1972, ed., 1994)[894]

MAQUIAVEL é a nossa mais importante testemunha da verdade de que o humanismo não é suficiente. Considerando que o homem deve entender a si mesmo à luz do todo ou da origem do todo, que não é humana, ou tendo em vista que o homem é o ser que deve tentar transcender a humanidade, ele forçosamente transcenderá a humanidade na direção do sub-humano se não transcendê-la na direção do sobre-humano. *Tertium*, isto é, o humanismo, *non datur*.

Leo STRAUSS (1954, ed. 2015)[895]

"Personagem brilhante, inquietante, contraditório, e, contudo, consistente", era MAQUIAVEL, "homem da Renascença com jeito de *condottiere*",[896] segundo o descreve Ernst BLOCH – e o primeiro mandato de MAQUIAVEL consistiu em preparar o caminho para a burguesia – talvez ele nem tivesse consciência disso; o seu segundo mandato, consciente, foi a unificação da Itália.

que MACHIAVEL, ce politique sans rival au XVIe et XVIIe siècles, donne aux princes et aux hommes d'état, ne sont autre chose qu'un opportunisme dépouillé de tout idéal dogmatique, pontifical ou impérial, un opportunisme indépendant des formules religieuses ou juridiques, et purement réaliste, dont [d'où] l'auteur a éliminé l'application des devoirs religieux ou des preceptes de la morale privée."

894 E. BLOCH (op. cit., 1972, ed. 1994, chap. 9 – Remarques sur la philosophie du droit et de l'état dans la bourgeoisie montante, p. 143-163, cit. p. 150).

895 Leo STRAUSS (1899-1973), **Reflexões sobre Maquiavel** (orig. publ. **Thoughts on Machiavelli**, 1954, trad. e apresentação à ed. bras. Élcio VERÇOSA, São Paulo: É realizações, 2015, 3 – a intenção de Maquiavel: *O príncipe*, p. 71-108, cit. p. 100).

896 E. BLOCH (op. cit., 1972, loc. cit.).

examinemos de perto a sua estranha doutrina sobre a técnica de governo. Já dissemos que ela é cínica, mas a realidade estatal, para a qual não fornecia somente as receitas, mas também a ideologia, era cínica: todo mundo conhece os monstros da Renascença. Se ENGELS afirma que a Renascença foi a época dos gigantes, ele tem toda a razão, mas ela não foi somente a época dos gigantes do espírito e da ciência, da filosofia e da arte, mas também aquela dos gigantes do crime, a de César BÓRGIA, no qual MAQUIAVEL se inspira sem criticar, pois o objetivo, que este persegue, não é cínico: é a unificação da Itália e a instauração de governo unitário, concebido como obra de arte, *raisonnée*, maduramente refletida e nada bestial. Tocar no teclado da força bruta e produzir, apesar disso, uma bela peça, eis como MAQUIAVEL concebe a política! Existe doutrina extremamente prática: as emoções somente podem ser vencidas com outras emoções, nunca por teorias; é preciso se servir das paixões, contra outras paixões. É preciso excitar a cupidez, o amor, o medo, quando se necessita; para vencer a cupidez, é preciso suscitar o medo; para vencer o medo, é preciso suscitar o amor.
Essa teoria traduz desprezo total pelo homem: sua última aplicação prática – até aqui foi o estado hitlerista, que manipulava também as emoções, embora por razões que nada tinham a ver com as de MAQUIAVEL. Existe em MAQUIAVEL uma 'razão de estado': esta não é, na intenção de MAQUIAVEL, irracional, mas é ela que sugere, muitas vezes, como solução prática e realizável, o recurso às emoções, como aos elementos mais simples da coabitação social.[897]

Outra precisão nos é dada pelo conselho de MAQUIAVEL de lastrear nossa atitude sobre a dos Antigos. Isto é típico do Renascimento: a Antiguidade é proposta não somente como parâmetro para a renovação da arquitetura e da pintura, mas também como fonte de inspiração para a política.

[897] E. BLOCH (op. cit., 1972, ed. 1994, p. 152): "MAQUIAVEL aconselha, a título de *arcanum dominationis*, jamais tornar de conhecimento público os objetivos do governo, pois se correria o risco de assim perder sua atração universal, que deve tocar tanto aqueles cujos objetivos não concordem com os da camada superior, ou mesmo que os contrariem. Por isso, é necessária a aparência da virtude, hoje diríamos, a *ideologia*, a dissimulação, a intriga – com a condição que esta não seja mesquinha – a coragem do crime, mas sempre sob disfarce virtuoso – pois, afirma MAQUIAVEL, o mundo (o que nele geralmente designa a 'massa') julga tudo, segundo as aparências. Mais uma vez, descobrimos tendência que leva, diretamente, ao fascismo; não no espírito de MAQUIAVEL, pois este se sabia investido de outro mandato social, mas é o nazismo, o fascismo que nos revela a sua verdadeira natureza."

Tratar-se-ia de reviver a antiga *virtú* romana. E como nos diz MAQUIAVEL, em célebre passagem do **Príncipe**: "onde os homens tenham pouca 'virtude', será a 'fortuna' a fazer demonstração de força".[898]

A 'fortuna' há de ser regida pela 'necessidade' – *necessità*. MAQUIAVEL entende por necessidade aquilo que pode ser consentido e ser feito para dar à política curso vantajoso, ou pelo menos útil, para a levar a bom termo. A entrada em cena da lógica relativa da necessidade traz a 'prudência' e esta é regida pelas e assimilada às necessidades do estado.

> Em muitos casos é impossível dizer a que tipo de virtude MAQUIAVEL está se referindo. Essa obscuridade é essencial para a apresentação que ele faz da sua doutrina. Ela é requerida pelo fato de que o leitor deve ascender do entendimento comum da virtude para um entendimento dela que é diametralmente oposto ao entendimento comum.[899]

Como esta 'virtude' muda, assim os estados republicanos tendem a mudar, com frequência. Para pôr termo a tais flutuações, e manter a 'fortuna' sob controle de 'virtude' dominadora e reguladora é preciso ter homem forte no estado. A 'razão de estado' é suficientemente desenvolvida para que se contemple – a título experimental – casos em que a dominação do *imperator* pode recorrer aos artifícios e ao engano.

[898] N. MAQUIAVEL, **O Príncipe**, caps. VIII (28), XI *in fine*, XVI início, XVII (54).

[899] Sobre a 'virtude' em MAQUIAVEL observava Leo STRAUSS, **Reflexões sobre Maquiavel** (1954, ed. bras. 2015, 2 – o duplo caráter do ensinamento de Maquiavel, p. 27-69, cit. p. 62): "Há certos termos que requerem particular atenção, em outras palavras, termos ambíguos. A ambiguidade de 'virtude' é o caso mais bem conhecido. Do criminoso AGÁTOCLES, MAQUIAVEL diz, em duas sentenças consecutivas, primeiro que lhe faltava virtude e depois que tinha virtude; no primeiro caso, 'virtude' significa virtude moral no sentido mais amplo que inclui a religião, e no segundo caso significa astúcia e coragem combinadas. Segundo ele, o papa LEÃO X tem 'bondade e infinitas outras virtudes' e ANÍBAL teve 'crueldade inumana juntamente com (infinitas) outras virtudes'. Usar a liberalidade 'virtuosamente e como se deve usá-la' é diferenciado por MAQUIAVEL de usá-la de forma prudente, isto é, virtuosamente, um sentido diverso do termo. Há um sentido intermediário segundo o qual virtude designa virtude política ou a soma das qualidades requeridas para prestar serviço à sociedade política ou para um exercício efetivo do patriotismo. Mesmo de acordo com esse sentido intermediário, a crueldade inumana poderia ser uma virtude e a ambição, um vício."

A respeito da necessidade de moderação e prudência do príncipe, séculos antes, ponderava JOHN OF SALISBURY no **Policraticus** (1159).[900] A linha de conduta é comparável,[901] embora não se saiba se MAQUIAVEL pode ter conhecido a obra do seu predecessor.[902]

O sentido histórico e a contraposição de forças claramente se colocam em historiador como MAQUIAVEL:[903]

> Os nossos antigos historiadores, como Nicolau MAQUIAVEL, sabiam e diziam que as coisas humanas dependem de duas potências, a sorte – *Fortuna* – e a virtude – *Virtù*: este era modo simples de dizer, todavia correspondente à realidade, como se tem aprofundado, e, enfim se determina em outra dualidade, do ímpeto vital e da criatividade moral, da dupla ordem de forças, as vitais e orgânicas e as morais, cada uma das quais obedece à sua lei, que não é a da outra ordem, mas nenhuma das duas pode dispensar a outra, nem é heterogênea, em relação à outra, e embora uma, metaforicamente, se diga material ou natural, e a outra espiritual, em verdade, são uma e outra espirituais, compondo juntas a unidade espiritual, que é unidade dinâmica ou dialética, a qual tem em si mesma ou não fora de si mesma, as duas distinções, e em si mesma, e não fora de si mesma, as oposições, com as quais se desenvolve a sua vida.[904]

[900] JOHN OF SALISBURY, **Policraticus**: Of the frivolities of Courtiers and the footprints of Philosophers (edited and translated by Cary J. NEDERMAN, Cambridge: Univ. Press / Cambridge Texts in the History of Political Thought, first publ. 1990, seventh printing, 2007, livro IV, cap. 8, 'Of the moderation of the prince's justice and mercy, which should be temperately mixed for the utility of the republic', p. 49-53, cit. p. 51): "But this is certain: that it is safer to relax strings than to stretch them to tensely. For of course the tension of relaxed strings may be regained by the skill of the craftsman, and they should regain their pleasing sounds; but those which are once broken no craftsman may repair. Indeed, if a sound is required which they do not have, then they are stretched in vain and frequently soon come to nothing rather than to that excess which was required."

[901] Sobre JOHN OF SALISBURY e o **Policraticus**, ver adiante o item 13.3, "estado soberano e direito internacional".

[902] Pode também ser colocado paralelo entre MAQUIAVEL e seu notável predecessor indiano, KAUTILYA, no **Arthashastra**, como se examina no **Tratado** (tomo 3 B – **Gregos, romanos, chineses, indianos**, item 7.1 – a Índia).

[903] B. CROCE *La fine della civiltà* (1946, in **Filosofia e Storiografia**, 1948, a cura di Stefano MASCHIETTI, Napoli: Bibliopolis / Edizione Nazionale delle Opere di Benedetto CROCE / Saggi filosofici XII, 2005, p. 283-291).

[904] B. CROCE *La fine della civiltà* (ensaio cit., 1946; ed. cit., 2005, p. 286): "I nostri vecchi storici come Niccolò MACHIAVELLI, sapevano e dicevano che le cose umane dipendono da due potenze, la Fortuna e la Virtù: che era un dire un pò semplice e tuttavia rispondente a realtà, se

Todo o conjunto, assim, é regido pela medida ao lado da falta de escrúpulos: "a sorte intervém quando quer e rasga as telas, tecidas pela virtude; por isso, os destinos da vida moral estão sempre em perigo".[905]

O príncipe deve refletir, para avaliar as suas alternativas, e se contentar com o que é possível; deve, por exemplo, buscar acordo, quando se encontrar diante de oponente demasiadamente poderoso, para ser confrontado abertamente. MAQUIAVEL recomenda ao príncipe comportamento equilibrado e racional, ditado pela estrita necessidade:[906] "MAQUIAVEL deu a seus contemporâneos – e não somente a eles – a receita da interpretação realista do fato político; nesse sentido é preciso se servir de sua doutrina, e não para colocá-la em aplicação".[907]

Ao chamar de gato um gato, MAQUIAVEL age de modo muito pouco maquiavélico, porquanto o maquiavelismo exige precisamente que se dissimulem os verdadeiros motivos da ação política. É a razão pela qual um político, verdadeiramente maquiavélico, como FREDERICO II da Prússia acreditou necessário escrever um **Anti-maquiavel**.[908]

lo si viene approfondendo e in fine lo si determina nell'altra dualità, dell'impeto vitale e della creatività morale, del duplice ordine delle forze, le vitale od organiche e le morali, ciascuno dei quali ubidisce alla sua legge che non è quella dell'altro ordine, ma nessuno dei due può fare di meno dell'altro, ne è eterogeneo rispetto all'altro, e sebbene l'uno metaforicamente si dica materiale o naturale e l'altro spirituale, in verità sono l'uno e l'altro spirituale, componendo insieme l'unità spirituale, che è unità dinamica o dialettica, la quale a in se stessa o non fuori di se stessa le sue distinzioni, e in stessa e non fuori di se stessa le opposizioni con le quale si svolge la sua vita."

905 B. CROCE (ensaio cit., 1946, ed. cit., 2005, p. 288).

906 Observa E. BLOCH (op. cit., 1972, ed. 1994, p. 155-156) a respeito do 'concerto europeu': é difícil conseguir a cooperação entre Estados, o que se chamou, no século XIX – confundindo e depreciando os termos – de 'concerto europeu', e, no campo econômico, 'práticas concertadas'. O que abre caminho para as práticas da diplomacia secreta e da 'grande' política, arte aberta para o mundo que culmina na máxima: 'a honestidade é a forma mais refinada do engano'. Tudo isso se encontra no discurso de MARCO ANTONIO, na peça de SHAKESPEARE. "O maquiavelismo é tido como pernicioso e o é; mas ele leva em consideração também as perfídias que se escondem. Ele não professa confiança beata no progresso, que não merece que a ele se recorra para explicar os caminhos difíceis e por vezes sórdidos do mundo."

907 E. BLOCH (op. cit., 1972, ed. 1994, p. 156).

908 FREDERICO II da Prússia (1712-1786), **L'antimachiavel** – ou examen du Prince de Machiavel (1740, orig. publ. na Haia: Van Duren, 1741, ed. crítica de Ch. FLEISCHAUER, Genebra, 1958; seguido de **Réfutation du prince de Machiavel**, 1848; edição revista por Jean-Robert ARMOGATHE e Dominique BOUREL, in FRÉDÉRIC II, **Oeuvres philosophiques**, 1740-1780, Paris: Fayard – Corpus des oeuvres de philosophie en langue française, 1985).

O problema da correlação entre meios e fins se encontra em MAQUIAVEL; este pode ser discutido, em outros céus, em contextos que nada tenham a ver com MAQUIAVEL, como herança da Renascença. O estudo de MAQUIAVEL, combinado com sincero desprezo pelo maquiavelismo, chega não à imitação das receitas maquiavélicas, mas à atitude contrária.[909]

Ao descrever as distintas formas possíveis de república, depois de se ter descartado aquelas que nascem submetidas a uma ordem externa – *un ordine esterno e come tali subordinate al potere esterno* –, MAQUIAVEL observa nos **Comentários sobre a primeira década de Tito Lívio**, os **Discorsi**,[910] que existem aquelas que recebem uma ordem institucional, como a que foi dada por LICURGO aos espartanos – *come quelle che furono date da LICURGO agli Spartani* – que dura praticamente oitocentos anos,[911] enquanto as demais em diferentes estágios, e segundo os incidentes – *ed in più volte, e secondo gli accidenti* –, como se deu em Roma.[912]

[909] E. BLOCH (op. cit., 1972, ed. 1994, p. 157): "E essa reviravolta, esse raciocínio *a contrario*, que teria sido impensável sem MAQUIAVEL, foi explicado pelo grande jurista liberal Anselm FEUERBACH no espírito da Revolução francesa. Ele define em seu **Anti-Hobbes** (1798), que melhor se chamaria 'Anti-Maquiavel', em tom pouco corrente na Alemanha, os limites do poder do estado e o direito à resistência. Nessa obra, ele declara ainda mais suportável a anarquia, resultante dessa resistência – que, para ele é uma resistência passiva – do que o despotismo. Na sua **Crítica do direito natural** (1796), ele define – com ousadia nunca antes experimentada, e jamais aplicada – o direito como soma de direitos e não de proibições. A soberania do príncipe forneceu, assim, o melhor quadro para o seu contrário, a *soberania do povo*."

[910] N. MACHIAVELLI, **Discorsi** (in **Tutte le opere**, a cura di Mario MARTELLI, Firenze : Sansoni, 1971, p. 73-254); ver tb. ed. bras. MAQUIAVEL, **Comentários sobre a primeira década de Tito-Lívio** (trad. Sérgio BATH, Brasília: Ed. UnB, 1979); C. LAFER, **Ensaios sobre a liberdade** (São Paulo: Perspectiva, 1980, cap. 1 – O moderno e o antigo conceito de liberdade', p. 11-48, cit. p. 26): "São poucos os que, como o MAQUIAVEL dos **Comentários sobre a primeira década de Tito Lívio** – um texto de inspiração polibiana – que vêem as dissensões, inclusive entre as classes, a desarmonia e não a harmonia, como a causa das boas leis que ensejam a liberdade".

[911] MACHIAVELLI, **Discorsi** (ed. cit., 1971, l. I. cap. 2 – Di quante spezie sono le republiche e di quale fu la republica romana, p. 78-81, cit. p. 79): "Talché, felice si può chiamare quella republica, la quale sortisce un uomo sì prudente, che gli dia leggi ordinate in modo che, sanza avere bisogno di ricorreggerle, possa vivere sicuramente sotto quelle. E si vede che Sparta le osservò più che ottocento anni sanza corromperle, o sanza alcuno tumulto pericoloso."

[912] MACHIAVELLI, **Discorsi** (ed. cit., 1971, loc. cit.); v. tb. **Tratado** (tomo 3 B – **Gregos, romanos, chineses, indianos**, cap. 6 – na formação e no desenvolvimento de Roma).

Nesse sentido se inscreve, segundo MAQUIAVEL, o bom princípio, apto a se tornar melhor, e segundo a ocorrência dos incidentes, podem se tornar perfeitos – *il principio buono e atto a diventare migliore, possono per la occorrenzia degli accidenti diventare perfette.* O problema será, assim, o de se determinar quais sejam ou possam ser esses 'bons princípios', que esteja em condições de aperfeiçoar-se, por meio da concatenação de várias circunstâncias, de modo a poder alcançar o seu possível aperfeiçoamento.[913]

Aqui se inscreve a relação entre a ação humana e o tempo, na construção de sistema institucional e normativo internacional. Em paralelo se pode descrever o que sucedeu em Roma. Na sua análise MAQUIAVEL comenta, a proposito di TITO LÍVIO: assim nascem as variações dos governos entre os homens – *nacquono queste variazioni de' governi a caso intra gli uomini.* E, de igual modo, pode nascer o conhecimento das coisas honestas e boas – *nacque la cognizione delle cose oneste e buone.*[914]

MAQUIAVEL passa a considerar o caso de Roma, no qual, não tendo havido LICURGO que lhe desse, desde o início, leis quase perfeitas – *che la ordinasse in modo, nel principio, che la potesse vivere lungo tempo libera* –, forma-se sistema a partir das circunstâncias vividas, e construídas segundo os incidentes ocorridos, ao longo da história romana, onde foram tantas as ocorrências, resultantes da desunião que havia entre a plebe e o senado – *nondimeno furono tanti gli accidenti che in quella nacquero, per la disunione che era intra la Plebe ed il Senato* – deu-se a construção progressiva desse sistema institucional e normativo, no seio de Roma, a partir das necessidades concretas do caso – *che quello che non aveva fatto un ordinatore, lo fece il caso.*[915]

No caso de Roma, as suas primeiras ordenações se foram defeituosas, ao menos permitiram fosse encetada a via correta, que permitiu fossem levadas à perfeição – *i primi ordini suoi, se furono difettivi, nondimeno non deviarono della diritta via che li potesse condurre alla perfezione.* Assim como todas as relações humanas devem ser observadas e compreendidas à luz do tempo e contexto, no período no qual foram instauradas, do mesmo modo Rômulo e os outros reis fizeram muitas e boas leis, conformes com o viver em liberdade – *Romolo e tutti gli altri re fecero molte e buone leggi, conformi ancora al vivere libero* –, mas porque o fim inicial destes era o de fundar um reino e

913 MACHIAVELLI, **Discorsi** (ed. cit., 1971, loc. cit.).

914 MACHIAVELLI, **Discorsi** (ed. cit., 1971, loc. cit.).

915 MACHIAVELLI, **Discorsi** (ed. cit., 1971, loc. cit.).

não uma república – *ma perché il fine loro fu fondare un regno e non una repu-blica* – conquanto a cidade permanecesse livre faltavam-lhe muitas coisas, que teria sido necessário ordenar, em defesa da liberdade – *quando quella città rimase libera, vi mancavano molte cose che era necessario ordinare in favore della libertà, le quali non erano state da quelli re ordinate.*

Na consideração da evolução institucional do sistema romano, prosse-gue MAQUIAVEL: e ocorrendo que aqueles reis perdessem o império, por razões e por modos diversos – *e avvengaché quelli suoi re perdessono l'imperio* –, aqueles que os baniram, ao ordenarem dois Cônsules, que estivessem no lugar do rei, afastaram de Roma o nome, mas não a potência real – *nondi-meno quelli che li cacciarono, ordinandovi subito due Consoli che stessono nel luogo de' Re, vennero a cacciare di Roma il nome, e non la potestà regia.*[916]

Na construção do ordenamento do poder em Roma, cabia dar lugar ao governo popular – *restavale solo a dare luogo al governo Popolare* –, no qual, tornando-se insolente a nobreza romana – *diventata la Nobilita romana inso-lente* – se levantou o povo contra aquela – *si levo il popolo contro di quella* – e para não perderem todo o poder, a nobreza concedeu deste somente uma parte – *per non perdere il tutto, fu costretta concedere al Popolo la sua parte, e, dall'altra parte, il Senato e i Consoli restassono con tanta autorità, che potessono tenere in quella republica il grado loro.* Justamente dessa necessidade surge a instituição do tribunato da plebe – *cosi nacque la creazione de' Tribuni della plebe.*[917] Como assinalado, se pode ensaiar paralelo com a autodetermina-ção dos povos, no vigente direito internacional.[918]

O paralelismo com a mutação, ocorrida no sistema institucional e nor-mativo internacional é seguramente apropriado e segue a mesma via.[919]

[916] MACHIAVELLI, **Discorsi** (ed. cit., 1971, loc. cit.): "talché, essendo in quella republica i Consoli e il Senato, veniva solo a essere mista di due qualità delle tre soprascritte; cioè di Principato e di Ottimati."

[917] MACHIAVELLI, **Discorsi** (ed. cit., 1971, loc. cit.): "dopo la quale creazione venne a essere più stabilito lo stato di quella republica, avendovi tutte le tre qualità di governo la parte sua."

[918] P. B. CASELLA, Il *foedus* tra Plebe e Senato ed il problema del diritto internazionale. Dalla secessione della Plebe all'autodeterminazione dei popoli (conferência de abertura do III Seminário sulla tradizione repubblicana romana, realizado pela Universidade de Roma I – La Sapienza, em Roma, de 15 a 17 de dezembro de 2009, publ. in **Diritto@Storia** – Rivista internazionale di scienze giuridiche e tradizione romana, N. 9 – 2011, p. 1-18, ISSN 1825-0300).

[919] Segundo Vincenzo ARANGIO-RUIZ, na sua **Storia del diritto romano** (Napoli: Eugenio Jovene, settima edizione riveduta con note aggiunte, ristampa anastatica, 1977, cap. III – *L'organizzazione della plebe e le sue conquiste politiche*, p. 43-54): "L'ipotesi da noi preferita circa

Os desenvolvimentos neste podem ainda não ser igualmente claros, no sentido de que as mudanças todavia se encontram em curso.[920]

Partindo-se das necessidades impostas pelo tempo e decorrente das pressões dos diversos grupos, criou-se, na defesa dos próprios interesses, essa nova entidade, e nesta foi possível construir o equilíbrio entre todas as forças constituintes. Desse modo, pode prosseguir a formulação do paralelo, entre a República romana e a instauração gradativa do sistema institucional e normativo internacional, onde, da combinação do jogo de forças, e resultado da desunião entre plebe e senado, foi possível construir um sistema perfeito.[921]

O equilíbrio não se construiu de modo definito, partindo de conceito teórico perfeito – tanto mais que este não se teria podido nunca conceber antecipadamente, sem ter sido antes ao menos ensaiado: o estado romano em forma experimental. De todo o sistema se mantiveram os elementos mais aptos a facilitar o seu aperfeçoamento, de modo a conduzi-lo, pro-

il fondamento della distinzione fra i due ordini" [patriziato e plebe] sarebbero latini i plebei, oltre gl'immigrati che per varie ragioni si stabilirono nel territorio romano dopo la fondazione della Città, gli abitanti dei prischi villagi del Palatino e dell'Esquilino; sono invece patrizi gli etruschi che conquistaronno il Settimonzio e fondarono la *civitas* propriamente detta. Nello sviluppo dei rapporti tra queste due ordini, "Di fronte alla tenace resistenza patrizia, la lotta dei plebei per l'eliminazione dei privilegi economici e politici assume una forma tipicamente rivoluzionaria: mezzo di coazione preferito è la secessione, abbandono della città da parte di tutti i plebei validi, con conseguente rifiuto di prestare il servizio militare; organi rivoluzionari permanenti le magistrature plebee" [...] "La più tipica fra queste magistrature è il tribunato. La tradizione più difusa l'afferma istituito nel 494, dopo la prima e celeberrima secessione sul monte Sacro."

920 V. ARANGIO-RUIZ, **Storia del diritto romano** (ed. cit., 1977, cap. III, p. 48-49): "tutto il popolo volle assicurato alla plebe il rispetto dei suoi magistrati. Come infatti quella si era costituita in stato entro lo stato, le relazioni fra i suoi organi e quelli del popolo romano nel suo complesso avevano caratteri che le avvicinavano ai rapporti internazionali: posto ciò, se pure i termini dell'accordo hanno trovato espressione in una legge del comizio centuriato, questa ebbe un valore non dissimile da quello che hanno oggi le ratifiche dei trattati internazionali da parte degli organi legislativi dei singoli stati contraenti."

921 MACHIAVELLI, **Discorsi** (ed. cit., 1971, l. I, c. 2, p. 81): "E tanto le fu favorevole la fortuna, che, benché si passasse dal Governo de' Re e degli Ottimati al Popolo, per quelli medesimi gradi e per quelle medesime cagioni [...] nondimeno non si tolse mai, per dare autorità agli Ottimati, tutta l'autorità alle qualità regie; né si diminuì l'autorità in tutto agli Ottimati, tutta l'autorità alle qualità regie; né si diminuì l'autorità in tutto agli Ottimati, per darla al Popolo; ma rimanendo mista, fece una republica perfetta: alla quale perfezione venne per la disunione della Plebe e del Senato."

gressivamente, a englobar os interesses não somente do *rei e nobreza*, mas também os da plebe, ou seja, o que seria, justamente, em nossa linguagem atual, a inserção da dimensão humana no sistema institucional e normativo do direito internacional pós-moderno.

Para se evitarem os efeitos destrutivos, que tal mutação conceitual e estrutural poderia causar, foi – e continua – necessário dar ordem a um sistema, no qual cada uma de tais classes conserve uma parte do poder e, por meio da divisão ordenada do poder entre estas, foi construído o sistema político da República romana – assim como está em curso a construção de novo modelo institucional e normativo no direito internacional. Na construção dessa nova fase, e desse novo modo de operar o sistema institucional e normativo internacional, à ordem interestatal clássica se soma o conjunto da atuação dos agentes não estatais.

Depois de se ter considerado quanto se faz menção à República romana como uma república inquieta – *una republica tumultuaria e piena di tanta confusione* –[922] sobretudo no período entre a morte de TARQUINIO e a instauração dos tribunos da plebe, depois do juramento no Monte Sacro, MAQUIAVEL enfatiza não se poder separar aquilo que ocorreu, dos resultados, aos quais os eventos conduziram –[923] *digo que aqueles que condenam os tumultos entre nobres e a plebe me parece condenem aquelas coisas que foram a primeira causa de Roma se manter livre.*[924]

De tal modo, será antes efeito de tais desencontros e divisões, entre povo e Senado, tal como ocorreram em Roma, e a daí decorrente necessidade de recompor o equilibrio entre os interesses contrastantes, que se chegou à instauração do tribunato da plebe, passo fundamental para se preservar a liberdade:

[922] MACHIAVELLI, **Discorsi** (ed. cit., 1971, l. I, c. 4 – Che la disunione della Plebe e del Senato romano fece libera e potente quella republica, p. 82-83, cit. p. 82).

[923] MACHIAVELLI (op. cit., loc. cit.) : "Io dico che coloro che dannono i tumulti intra i Nobili e la Plebe mi pare che biasimino quelle cose che furono prima causa del tenere libera Roma".

[924] MACHIAVELLI, **Discorsi** (ed. cit., 1971, l. I, c. 4, p. 82) nei quali "che considerino più ai romori e alle grida, che di tali tumulti nascevano, che a' buoni effetti che quelli partorivano, e che e' non considerino come e' sono in ogni republica due umori diversi, quello del popolo e quello de' grandi, e come tutte le leggi, che si fanno in favore della libertà, nascono della disunione loro, come facilmente si può vedere essere eseguito in Roma; perchè dai TARQUINI ai GRACCHI, che furanno più di trecento anni, i tumulti di Roma rade volte partorivano esilio e radissime sangue."

Não se pode chamar, de modo algum, com razão, de república desordenada, onde existam tantos exemplos de virtude, porque os bons exemplos nascem da boa educação; a boa educação das boas leis; e as boas leis daqueles tumultos, que muitos condenam de modo apressado.[925]

Justamente, de tais tumultos nasceram leis e ordens em benefício das liberdades públicas – *leggi e ordini in beneficio della publica libertà* – e deixando de lado a superficial condenação dos confrontos causados pela plebe, em contestação da antiga ordem, estabelecida pelo Senado, foi construido o modo romano de conciliar as facções em contraste: pois cada cidade deve ter os seus meios, pelos quais o povo possa desafogar as suas ambições – *ogni città deve avere i suoi modi con i quali il popolo possa sfogare l'ambizione sua* – de tal modo que os desejos dos povos livres raras vezes são perniciosos para a liberdade, porque estes nascem ou do fato de serem oprimidos, ou da suspeita de serem oprimidos.[926]

Colhem-se, assim, as razões e as circunstâncias do contexto local, no qual, por meio das contestações e dos desencontros, nasceram as instituições, que levaram ao aperfeçoamento institucional da República romana. E estes tiveram papel central para a definição de futuros modelos institucionais no Ocidente, nos séculos vindouros.[927] E de certo modo, enseja o paralelo com a atual mutação em curso no sistema institucional e normativo internacional.

Segundo MAQUIAVEL se deve mais moderadamente criticar o governo romano, e considerar que, se tantos bons efeitos surgiram daquela república, não poderiam ter sido causados, se não por ótimas razões.[928] Se se

[925] MACHIAVELLI, **Discorsi** (ed. cit., 1971, loc. cit.): "Né si può chiamare in alcun modo, con ragione, una republica inordinata, dove siano tanti esempli di virtù, perché li buoni esempli nascono della buona educazione; la buona educazione dalle buone leggi; e le buone leggi da quelli tumulti, che molti inconsideratamente dannano".

[926] MACHIAVELLI, **Discorsi** (ed. cit., 1971, loc. cit.): "i desideri dei popoli liberi rare volte sono perniziosi alla liberta, perché e' nascono, o da essere oppressi, o da suspizione di avere ad essere oppressi".

[927] Como se examina no **Tratado** (tomo 3 A – **Direito internacional no tempo antigo**, item 3.2 – conceito jurídico de império: I – da Antiguidade rumo à Idade média e neste tomo, item 12.2 – conceito jurídico de império: II – da Idade média à era moderna).

[928] MACHIAVELLI (op. cit., ed. cit., loc. cit.): "più parcamente biasimare il governo romano; e considerare che tanti buoni effetti, quanti uscivano di quella republica, non erano causati se non da ottime cagioni".

devessem julgar os eventos passados à luz dos resultados alcançados, a conclusão seria extremamente positiva: e se os tumultos foram a razão da criação dos tribunos, merecem o máximo louvor – *se i tumulti furono cagione della creazione de' Tribuni, meritano somma laude* –[929] visto que por meio de tais desenvolvimentos institucionais na República romana, além de atribuir a sua parte à administração popular, foram os tribunos constituídos como defensores da liberdade romana.[930]

A consciência da necessidade de separar os poderes e o espírito de ajustamento da convivência entre as classes e os segmentos sociais nem sempre prevaleceram no Ocidente, e não necessariamente orienta o ordenamento de outras partes do mundo, até os nossos dias. Em análise sobre a legitimidade entre as nações,[931] se pode considerar:

> MAQUIAVEL escreve a respeito de NUMA POMPILIO que, succedendo ROMULO come chefe de estado em Roma, retornou à religião como instrumento, o primeiro dentre todos, necessário para manter o estado civilizado [...] Foi a religião que facilitou todo tipo de iniciativa que o Senado e os grandes homens de Roma tivessem a disposição de tomar [...] Desde os tempos de NUMA, não faltarem líderes que tenham apagado a distinção entre ordem moral e secular, de modo a permitir que ambos lhes confiram validação. Ainda hoje é uma batalha continua, também entre democracias liberais e consolidadas, ao buscar apresentar as duas ordens como se fossem uma única coisa.[932]

929 MACHIAVELLI, **Discorsi** (ed. cit., 1971, loc. cit.).

930 MACHIAVELLI, **Discorsi** (ed. cit., 1971, loc. cit.): "oltre al dare la parte sua all'amministrazione popolare, furano constituiti per guardia della libertà romana ".

931 Na busca da fundamentação da legitimidade entre as nações, v. Thomas M. FRANCK, **The power of legitimacy among Nations** (New York / Oxford: Oxford Univ. Press, 1990).

932 FRANCK (op. cit., 1990, 13 – Postlude: why not Justice?, p. 240): "awareness of separation and spirit of accommodation was not always prevalent in the West and is not evident in parts of the world even today. MACHIAVELLI has written of NUMA POMPILIUS, who, succeeding ROMULUS as the head of the Roman state, that he returned to religion as the instrument necessary above all others for the maintenance of a civilized state [...] It was religion which facilitated whatever enterprise the Senate and the great men of Rome designed to undertake [...] Since NUMA's day, there has been no shortage of rulers who have erased the distinction between moral and secular orders so as to be perceived to be validated by both. Even today, it is an increasing battle, even in established liberal democracies, to keep the two orders to be perceived as one."

Na sua investigação MAQUIAVEL considera onde de modo mais seguro se possa colocar a defesa da liberdade – *dove più sicuramente si possa collocare la difesa della libertà* –[933] e nesta se põe o exemplo dos tribunos da plebe em Roma, e a progressiva ocupação, por parte dos membros dessa classe, dos principais postos de poder, na cidade de Roma:

> E verdadeiramente quem discorresse bem sobre uma coisa e outra, poderia ficar em dúvida, qual fosse eleito como guardião de tais liberdades, não sabendo qual humor dos homens seja mais nocivo em uma república, se aquele que deseja manter as honras já adquiridas, ou se aquele que deseja adquirir aquilo que não tem.[934]

Os tribunos da plebe, ao menos em TITO LIVIO, na sua **História de Roma**,[935] desempenham o papel de 'estraga prazeres' em meio à normalidade institucional, pelo menos como poderia ser esta vista e aplicada na perspectiva da oligarquia reunida no Senado romano. São os demagogos, no sentido estrito de manipuladores das multidões, aqueles que, por meio destas, tentam fazer avançar as próprias pretensões de poder e de conquista de espaços de influência.[936]

933 MACHIAVELLI, **Discorsi** (ed., cit., l. I, cap. 5, 'dove più sicuramente si ponga la guardia della libertà, o nel Popolo o ne' Grandi; e qualli hanno maggiore cagione di tumultuare, o chi vuole acquistare o chi vuole mantenere', p. 83-84) : "E ne danno per esemplo la medesima Roma, che, per avere i Tribuni della plebe questa autorità nelle mani, non bastò loro avere un Consolo plebeio, ché gli vollono avere ambedue. Da questo ei vollono la Censura, il Pretore, e tutti gli altri gradi dell'imperio della città: né bastò loro questo che, menati dal medesimo furore, cominciorono poi, col tempo, a adorare quelli uomini che vedevano atti a battere la Nobilità; donde nacque la potenza di MARIO e la rovina di Roma."

934 MACHIAVELLI (op. cit., loc. cit.): "E veramente chi discorressi bene l'una cosa e l'altra, potrebbe stare dubbio, quale da lui fusse eletto per guardia di tale libertà, non sappiendo quale umore di uomini sia più nocivo in una republica, o quello che desidera mantenere l'onore già acquistato, o quello che desidera acquistare quello che non ha".

935 TITO LIVIO, **História de Roma** – ab urbe condita libri (introdução, tradução e notas de Paulo Matos PEIXOTO, São Paulo: Paumape, 1989, 6 vols.).

936 Como exposto na conferência de abertura do III Seminário sulla tradizione repubblicana romana, realizado pela Universidade de Roma I – La Sapienza, em Roma, de 15 a 17 de dezembro de 2009, P. B. CASELLA, Il *foedus* tra Plebe e Senato ed il problema del diritto internazionale. Dalla secessione della Plebe all'autodeterminazione dei popoli (publ. in **Diritto@Storia** – Rivista internazionale di scienze giuridiche e tradizione romana, N. 9 – 2011, p. 1-18, ISSN 1825-0300).

Serão, contudo, exatamente as iniciativas dos tribunos da plebe que levarão à construção de novo equilíbrio, fundado na inovação institucional. Deixados os nobres senadores de Roma – e não somente lá – nas suas respectivas esferas de ação, quiçá não se tivessem produzido as inovações institucionais e aperfeiçoamentos instrumentais, que tiveram lugar na evolução da história romana antiga. Será graças à ação conjunta destes distintos planos de busca de poder e de influência, e dos constantes atritos e conflitos entre plebe e Senado, que se formarão as instituições e se forjará a continuidade institucional, que assinala a evolução da tradição republicana romana. Que se prolonga durante séculos, até o fim do Império – no Ocidente, no final do século V, e um milênio mais tarde, em Constantinopla, em meados do século XV.

Não é necessário insistir sobre a visão de conjunto da história política e da evolução institucional na Roma antiga. Isso é sobejamente conhecido.

O dado importante a ser apontado é o possível confronto entre a história romana, na fase anterior ao Império – precisamente a tradição republicana – em relação ao estado da evolução institucional no direito internacional, especialmente no contexto pós-moderno. Como enfatiza TITO LIVIO: *Todos os tratados tem as suas próprias cláusulas particulares, mas todos se realizam do mesmo modo.*[937]

MAQUIAVEL, assim, indica quais acidentes fizeram criar em Roma os tribunos da plebe, cuja ação contribuiu para tornar a república mais perfeita,[938] e será justamente a consideração de somente operarem bem os homens, quando se veem sob a pressão da necessidade – *gli uomini non operano mai nulla bene se non per necessità.*[939] Quando exista necessidade premente, pode se manisfestar o elemento criador de normas e instituições.

Seria, assim, o caso de indicar o paralelo entre a situação que em Roma leva à instauração dos tribunos da plebe – o que segundo MAQUIAVEL teria contribuído a tornar mais perfeita a República – com a formação e a ação do direito internacional, enquanto sistema institucional e normativo, visto que, como o mesmo considera: "onde uma coisa por si mesma, sem a

[937] TITO LIVIO (ed., cit., I.24, p. 52).

[938] MACHIAVELLI, **Discorsi** (ed. cit., 1971, l. I, cap. 3, p. 81-82).

[939] MACHIAVELLI, **Discorsi** (ed. cit., 1971, l. I, c. 3, p. 82), prossegue: "dove la elezione abonda, e che vi si può usare licenza, si riempie subito ogni cosa di confusione e di disordine."

lei opera bem, não será necessária a lei; mas quando falta o bom costume, torna-se logo a lei necessária".[940]

Se, em tal contexto, "convenha pensar em nova ordem – *nuovo ordine* – que fizesse aquele mesmo efeito", [941] deu-se a evolução de tal modo que

> só depois dos distúrbios, das contínuas reclamações e dos perigos, provocados pelos longos debates, entre a Plebe e a Nobreza, se chega, para a segurança do povo, à criação dos Tribunos. A autoridade destes novos magistrados foi cercada da tantas prerrogativas e prestígio – *riputazione* –, que puderam manter o equilíbrio entre a Plebe e o Senado, oferecendo obstáculo às pretensões insolentes da Nobreza.[942]

MAQUIAVEL observa, sempre nos **Discorsi**,[943]dada a natureza dos homens sempre ter sido arriscado buscar modos e ordens novas, mas será exatamente nessa busca de tais novos modos e ordens – *nuovi modi e ordini* – que se pode realizar a natureza humana, no sentido de aperfeiçoamento da política, seja esta interna ou internacional. Como modo de ordenação da vida em sociedade, como da vida entre as sociedades, no plano internacional.

Terá este capítulo cumprido a sua função se tiver servido para deixar claro que Roma conheceu e aplicou direito internacional e exercitou ampla rede de relações internacionais, como parte de concepção ordenadora do espaço humano, ao longo dos séculos de sua história.[944] Ao mesmo tempo em que se fez a apresentação de alguns elementos do pensamento

940 MACHIAVELLI, **Discorsi** (ed. cit., 1971, loc. cit.): "dove una cosa per se medesima sanza la legge opera bene, non è necessaria la legge; ma quando quella buona consuetudine manca, è subito la legge necessaria".

941 MACHIAVELLI, **Discorsi** (ed. cit., 1971, l. I, c. 3, p. 82).

942 MACHIAVELLI, **Discorsi** (ed. cit., 1971, loc. cit.): "E però dopo molte confusioni, romori e pericoli di scandoli, che nacquero intra la Plebe e la Nobilità, si venne per sicurtà della Plebe, alla creazione dei Tribuni; e quelli ordinarono con tante preminenzie e tanta riputazione, che poterono essere sempre di poi mezzi intra la Plebe e il Senato, e ovviare alla insolenzia de' Nobili".

943 MACHIAVELLI, **Discorsi** (ed. cit., 1971, libro primo, *incipit*): "per la invida natura degli uomini sia sempre suto non altrimenti pericoloso trovare modi e ordini nuovi".

944 Cfr. **Tratado** (tomo 3 B – **Gregos, romanos, chineses, indianos**, cap. 6 – na formação e no desenvolvimento de Roma, com destaque para o item 6.3 – duradoura contribuição do *jus gentim* para o direito internacional).

de MAQUIAVEL, e de sua análise da evolução das instituições romanas, como dados relevantes para o sistema institucional e normativo internacional, do passado como do presente.

Como indica MAQUIAVEL, nos comentários a TITO LÍVIO, operam os homens seja por necessidade ou por escolha:[945] de tal modo, caberá considerar que as mudanças terão lugar seja por efeito de escolhas, seja em decorrência de necessidades imperativas, quando se dá o esaurimento do modelo precedente e a consequente necessidade de fazer frente a novos tempos, com novas soluções. Mas, como ainda assinala MAQUIAVEL, na mesma passagem, daquela antiga virtude não teria ficado traço algum – *di quella antica virtù non ci è rimasto alcun segno.*[946]

O nexo entre a secessão da plebe na tradição republicana romana e a autodeterminação dos povos no direito internacional, no mundo contemporâneo, não se fez de modo arbitrário, mas retoma o verdadeiro sentido do direito internacional,[947] no sentido de direito natural internacional,[948] ao encontrar a sua verdadeira razão de ser em necessária e imutável lei da natureza.

Como declarava Christian WOLFF, na sua apresentação do direito internacional segundo método científico – **Jus gentium methodo scientifico pertractatum** –[949] direito das gentes necessário chamamos aquele que

945 MACHIAVELLI, **Discorsi** (libro primo, cap. 1): gli uomini operano o per necessità o per elezione.

946 MACHIAVELLI, **Discorsi** (ed. cit., 1971, loc. cit.).

947 Cfr. **Tratado** (tomo 3 B – **Gregos, romanos, chineses, indianos**, cap. 6 – na formação e no desenvolvimento de Roma, com destaque para o item 6.3 – duradoura contribuição do *jus gentim* para o direito internacional); P. B. CASELLA, Il *foedus* tra Plebe e Senato ed il problema del diritto internazionale. Dalla secessione della Plebe all'autodeterminazione dei popoli (publ. in **Diritto@Storia** – Rivista internazionale di scienze giuridiche e tradizione romana, N. 9 – 2011, p. 1-18, ISSN 1825-0300); v. tb. Antonio CASSESE, **Il diritto internazionale nel mondo contemporaneo** (orig. publ. **International law in a divided world**, trad. Rosario SAPIENZA, Bologna: Il Mulino, 1984), depois simplesmente publicado como **International law** (Oxford: UP, 2nd. ed., 2005).

948 Giuseppe BARILE, **Lezioni di diritto internazionale** (Padova: Cedam, 1977, esp. cap. I – La comunità cristiana medievale precedente diretto della comunità internazionale moderna, p. 15-23, cit. p. 16): "Tuttavia, nonostante questa teorica affermazione, anch'esso rientrava nella storia, perché i c. d. fondatori del diritto internazionale tendevano, essi pure, in ultima analisi, a dimostrare il diritto internazionale come del resto lo *jus voluntarium gentium* (rilevabile da una volontà presunta), attraverso fatti, sia pure remoti e lontanissimi, desunti per l'appunto dalla storia."

949 Christian WOLFF, **Jus Gentium methodo scientifico pertractatum** (ed. 1764, reprodução fotográfica na coleção *The Classics of International Law*, ed. by James B. SCOTT,

consiste no direito natural aplicado às gentes – hoje diríamos, aos povos. Assim chamado por GRÓCIO e outros, que o seguiram, o direito das gentes interno se mostra como aquele que obriga a consciência dos povos. Por esse motivo, falamos em direito natural das gentes.[950]

E acrescentava WOLFF: porquanto o direito das gentes necessário consiste no direito natural aplicado aos povos. Esse direito natural que é imutável.[951]

O fato que tal direito obrigava pela consciência dos povos – *in conscientia gentes* – leva a interessante consideração.[952] Existe seguramente mais do que simples analogia deste com o método de determinação atual da consciência jurídica coletiva internacional, em relação ao método adotado pelos autores jusnaturalistas: "esse ambiente é aquele constituido pela comunidade cristã medieval, ligado, segundo nossa opinião, por linha lógico-histórica direta, com aquele no qual vive o direito internacional atual".[953]

Cabe, ainda, ressaltar que justamente nessa ótica se encontra convincente solução para o problema da personalidade internacional dos estados, como entidades-base da comunidade internacional, que são destinatárias do seu direito.[954] O direito internacional geral se limita a tutelar, com normas que atuam no campo do lícito, os 'entes reais' estatais: protege, assim,

Oxford e Londres, 1934). V. tb. **Tratado** (tomo 10 – **Direito internacional no tempo de C. van Bynkershoek e Christian Wolff**, cap. 22 – Christian WOLFF (1679-1754)).

950 WOLFF (op. cit., 1764, ed. cit., 1934, *Juris Gentium Prolegomena*, p. 2, §§ 4 – 5): "Jus Gentium necessarium appellamus quod consistit in Jure naturae ad Gentes applicato. Vocatur etim a GROTIO et aliis, qui eum sequuntur, Jus Gentium internum, quatenus scilicet in conscientia gentes obligat. Dicimur etiam a nonnullis Jus Gentium naturale."

951 WOLFF (op. cit., 1764, ed. cit., 1934, *Juris Gentium Prolegomena*, p. 2, §§ 4-5): "Quonian Jus Gentium necessarium consistit in Jure Naturae ad Gentes applicato, Jus autem naturae immutabile est".

952 BARILE (op. cit., 1977, loc. cit.): "esiste sicuramente più che una analogia fra il metodo di rilevazione attuale della coscienza giuridica collettiva internazionale" .

953 BARILE (op. cit., 1977, p. 16): "Ciò premesso con riguardo alle connessioni fra la rilevazione dell'attuale diritto internazionale non scritto (che viene ancora spesso attuata dall'interprete con riferimento a fatti storici antichissimi, quali quelli desunti dal diritto romano) e rilevazioni dell'antico diritto naturale internazionale, è opportuno ora illuminare [...] i legami obiettivi che esistono fra un dato ambiente di un passato meno remoto e l'ordinamento internazionale moderno." [...] "Tale ambiente è quello costituito dalla comunità cristiana medievale, legato, a nostro avviso, da un filo logico-storico diretto a quello in cui vive il diritto internazionale attuale."

954 BARILE (op. cit., 1977, cap. II – La struttura del diritto internazionale moderno, p. 25-42).

com obrigações recíprocas as suas soberanias e independência, mas não se propõe a tarefa de atribuir a qualidade jurídica de sujeito a entidades ainda inexistentes, ou que não tenham concretamente a capacidade de agir. Para funcionar, nesse segundo sentido, deveria haver a possibilidade de garantir normalmente que uma realidade ainda em formação – *in fieri* – possa, efetivamente, realizar-se no futuro. Deveria garantir, assim, a normal transformação do 'dever ser' em 'ser'. Deveria, em suma, ter aquelas características de ordenamento organizado que, na verdade, como se viu, não tem.[955]

Em síntese, a grande transformação, em curso no direito internacional, no contexto pós-moderno, se apresenta no sentido de inserir o ser humano como fim último de qualquer sistema legal. Esta mutação implica a transformação dos parâmetros e dos modelos de interação entre os estados, em relação ao que vigia no direito internacional dito clássico, pautado pelo estrito caráter interestatal do mecanismo.[956]

Equivalente foi a transformação, que se viu na República romana, quando se tratou de inserir nesta o sistema de proteção dos interesses da plebe, ou seja do povo, junto àqueles constituídos e expressos pelos patrícios, que compunham o Senado. O abalo da antiga ordem foi necessário para que se construísse a nova ordem, que permitiu o aperfeiçoamento do sistema institucional romano, e levou ao seu extraordinário desenvolvimento e projeção mundial. As qualidades do sistema institucional romano já eram, no século II a.C., entusiasticamente assinaladas por POLÍBIO.[957]

[955] BARILE (op. cit., 1977, cit. p. 37-38): "proprio in questa ottica che trova convincente soluzione il problema della personalità internazionale degli Stati, cioè di quelle entità-base della comunità internazionale che sono destinatarie del suo diritto. Il diritto internazionale generale si limita a tutelare con norme che agiscono nel campo del lecito gli 'enti reali' stati: protegge così con obblighi reciproci la loro sovranità ed indipendenza, ma non si propone il compito di attribuire la qualità giuridica di soggetto ad entità ancora inesistenti e che non abbiano in concreto la capacità di agire. Per funzionare in questo secondo senso dovrebbe avere la possibilità di garantire normalmente che una realtà ancora *in fieri* possa effetivamente realizzarsi in futuro. Dovrebbe garantire, cioè, la normale trasformazione del 'dover essere' in 'essere'. Dovrebbe, in conclusione, avere quei caratteri di ordinamento organizato che invece, si è visto, non ha."

[956] Ver a respeito **Tratado** (tomo 20 – **Direito internacional, história e cultura**, cap. 4 – papel da proteção internacional dos direitos fundamentais como fator de renovação e de transformação do direito internacional).

[957] POLYBE, **Histoire** (texte traduit, présenté et annoté par Denis ROUSSEL, Paris: Gallimard – Pléiade, 1970).

Esses aperfeiçoamentos institucionais foram componentes necessárias no processo mais que milenar, pelo qual a cidade de Roma, da República romana, se alça a capital do grande império. Roma, seja na tradição republicana, seja no império, estende os seus efeitos até nós, neste contexto pós-moderno, como mundo e realidade, cujo poder direito se estende por séculos, e cujo impacto transformador se fez paradigma conceitual do Ocidente.[958]

Antonio VIEIRA, na sua instigante **História do futuro** (1718, ed. 2005)[959] sugere que isso se faz ainda sentir, nas mutações institucionais e conceituais, em curso na ordem internacional, quando se começam a nesta acolher valores e princípios, como os da proteção internacional dos direitos fundamentais ou dos direitos dos povos, tutelados no plano internacional.[960]

958 Cf. **Tratado** (tomo 3 B – **Gregos, romanos, chineses, indianos**, item 6.3 – duradoura contribuição do *jus gentim* para o direito internacional); P. B. CASELLA, Il *foedus* tra Plebe e Senato ed il problema del diritto internazionale. Dalla secessione della Plebe all'autodeterminazione dei popoli (publ. in **Diritto@Storia** – Rivista internazionale di scienze giuridiche e tradizione romana, N. 9 – 2011, p. 1-18, ISSN 1825-0300); v. tb. Pierangelo CATALANO, **Linee del sistema sovrannazionale romano** (Torino: G. Giappichelli, 1965); ___, *Império, povo, costumes, lugar, cidadania, nascituros. Alguns elementos da tradição jurídica romano-brasileira* (no volume **Estudos em homenagem a José Afonso da SILVA**, 2003); Pierangelo CATALANO, *Spes contra spem*: sobre imigração, defesa da vida, cidadanias continentais, nascituro, Roma americana, dívida externa e autoridade pública universal (intervento introduttivo, XVIII Seminario Roma-Brasília, **Identidade jurídica da América Latina: integrações continentais e globalização**, Brasília, 23-25 de agosto de 2001); Ronaldo POLETTI, *A ideia brasileira de Império* (in **Direito, política, filosofia, poesia** – estudos em homenagem ao prof. Miguel REALE, no seu octogésimo aniversário, org. C. LAFER e T. Sampaio FERRAZ Jr., São Paulo: Saraiva, 1992, p. 549-563); R. POLETTI, **O conceito jurídico de império** (Brasília: Consulex, 2009).

959 Antonio VIEIRA, S.J., **História do futuro – livro anteprimeiro. Prolegômeno a toda a história do futuro, em que se declara o fim e se provam os fundamentos dela. Matéria, verdade e utilidade da história do futuro** (ed. original, Lisboa: Oficina de Antonio Pedroso Galram, 1718, org. José Carlos Brandi ALEIXO, Brasília: Ed. UnB, 2005, p. 385-386): "havia de se acabar seu mando, seu poder, seu império, sua soberania, como verdadeiramente se acabou a dos Assírios pela sucessão dos Persas, dos Persas pela sucessão dos Gregos, e a dos Gregos pela sucessão dos Romanos, e se acabará também a dos Romanos pela sucessão do Quinto Império."

960 Cfr. **Tratado** (tomo 20 – **Direito internacional, história e cultura**, cap. 4 – papel da proteção internacional dos direitos fundamentais como fator de renovação e de transformação do direito internacional).

A influência das ideias de MAQUIAVEL se faz presente, mesmo quando este é renegado:

> É bastante pitoresco constatar que essas mesmas pessoas de bem, que rejeitam e condenam 'os preceitos, máximas e instituições malditas de MAQUIAVEL', viriam a colocá-los em prática e uso, se fossem, como se diz aqui, que estes se propõem, ao ponto de exterminar aqueles que fazem profissão de sua doutrina.[961]

Como se observa – na história e na política, como na vida diária – o maquiavelismo é fenômeno universal, "tão antigo quanto a humanidade, tão universal quanto o ser humano";[962] ocorre entre povos que nunca conheceram MAQUIAVEL e junto aos quais este sequer teria cogitado ir buscar exemplos:[963] porque "na história das ideias, ainda mais que na história dos fatos, o bom método exige um texto".[964]

As 'liberdades' tomadas em relação ao pensamento de MAQUIAVEL, imputando a este coisas que não escreveu são não somente injustas, como desonestas, mas refletem a profunda sabedoria do pensamento deste, quando despojado do 'maquiavelismo' que outros se lhe agregam. E a sabedoria profunda de MAQUIAVEL consistiu, exatamente, em agregar a leitura dos antigos e a experiência, para descrever os homens e as suas ações, tais como são, e não como deveriam ser ou se gostaria que fossem.

Em suma, MAQUIAVEL não criou o 'maquiavelismo', ele simplesmente exprimiu, com discernimento e com cristalina clareza, fenômeno que exis-

[961] C. BENOIST, **L'influence des idées de Machiavel** (RCADI, 1925, t. 9, p. 127-306, cit. p. 171): "Il est assez piquant de constater que ces gens de bien, eux mêmes, qui rejettent et condamnent 'les préceptes, maximes et institutions maudites de Machiavel', en viendraient à les mettre en pratique et usage, s'ils allaient comme on dit ici qu'ils se le proposent, jusqu'à exterminer ceux qui font profession de sa doctrine."

[962] C. BENOIST (op. cit., 1925, Troisième leçon – Le machiavélisme et la philosophie ou la science politique, cit. p. 183): "Le machiavélisme est aussi ancien que l'humanité, universel comme l'homme, partout le même. On le trouve chez des peuples que Machiavel n'a pas connu, et dans des pays où il n'aurait jamais pensé à l'aller chercher."

[963] Nesse sentido, o paralelo que se costuma fazer entre MAQUIAVEL e KAUTILYA, como se examina no **Tratado** (tomo 3 B – **Gregos, romanos, chineses, indianos**, item 7.1 – a Índia).

[964] C. BENOIST **L'influence des idées de Machiavel** (RCADI, 1925, t. 9, p. 127-306 (op. cit., 1925, p. 178): "Dans l'histoire des idées, autant et plus encore que dans celle des faits, la bonne méthode exige un texte."

tiu no seu tempo, como antes e assim também – e quanto – desde então, até nossos tempos pós-modernos. Para encerrar este tópico com uma *boutade*, MAQUIAVEL não foi, assim, 'maquiavélico'; mas são as leituras, que dele se fizeram, que cometem tal enquadramento. Simples reflexo da natureza e da condição humana, na vida em sociedades politicamente organizadas.

A seguir se pode passar à análise da contribuição de Jean BODIN (13.2).

13.2. Jean BODIN (1530-1596)

> Por que é preciso distinguir uma vez que todos os príncipes estão sujeitos a guardar o direito das gentes?
>
> Jean BODIN (1576)[965]

> o teórico do direito, o filósofo francês Jean BODIN, o ideólogo da soberania.
>
> Ernst BLOCH (1972)[966]

> estados não-cristãos gozaram de plena soberania e exerceram o direito de enviar e receber embaixadores. Essas opiniões, antes expressas por Jean BODIN, depois foram endossadas por Hugo GRÓCIO em seu famoso **Mare liberum**, publicado em 1609.
>
> R. P. ANAND (2005)[967]

Jean BODIN prepara o absolutismo, desenvolvendo uma teoria do estado soberano, que é uma das principais fontes da tradição constitucional francesa. [...] A **República** é um dos primeiros livros de filosofia política (no sentido laico

[965] Jean BODIN, **Les six livres de la République** (ed. original 1576, texte revu par Christiane FRÉMONT, Marie-Dominique COUZINET et Henri ROCHAIS, Paris: Fayard, 1986, 6 vols., cit. livre premier, chap. 8 – de la souveraineté, p. 179-228): "Pourquoi faut-il distinguer puisque tous les Princes sont sujects à garder le droit des gens?"

[966] Ernst BLOCH, **La philosophie de la Renaissance** (op. cit., 1972, ed. 1994, p. 146).

[967] R. P. ANAND, **Development of modern international law and India** (Baden-Baden: Nomos, 2005, p. 54-55): "non-Christian state enjoyed full sovereignty and exercised the right of sending and receiving ambassadors. Such views had earlier been expressed by Jean BODIN and were later endorsed by Hugo GROTIUS in his famous **Mare liberum**, published in 1609."

do termo) nos tempos modernos, apresentando uma teoria constitucional completa, comparável aos tratados um pouco posteriores de MARIANA e de SUÁREZ. O método de BODIN é essencialmente jurídico e histórico. Quanto ao conteúdo, a **República** expõe os princípios sobre os quais fundar um estado monárquico, forte e unificado, tendo direito e administração homogêneos.

Ph. NEMO (2002, ed. 2009)[968]

O modelo teórico original da soberania do estado é frequentemente atribuído a Jean BODIN, em seu **Seis livros da República**, publicado em 1576. Esse livro apresenta a primeira teoria coerente da soberania do estado, embora somente ao final do século XVII tenha sido assim reconhecido na prática. Em período de intensos conflitos religiosos, BODIN descreve uma autoridade capaz de por fim à guerra: a república.

S. BESSON (2012)[969]

A noção de governo foi explicitada por Jean BODIN tendo como fonte a razão. A jurisprudência deve se fundar na história e na etnografia. Nisso BODIN parece um precursor de MONTESQUIEU, ao anunciar a teoria da influência do meio, e acentuando o papel das circunstâncias.[970] Diversamente de MAQUIAVEL, para quem a lógica da política independe do contexto social, moral, cultural, jurídico e econômico, e se rege por suas próprias 'leis' e interesses, BODIN tem o cuidado de contextualizar a política em âmbito mais abrangente, social e mesmo cósmico – a natureza dos povos está ligada ao lugar que cada um ocupa no mundo. A política como parte de estrutura harmônica do mundo, que repousa sobre a unidade indivisível da soberania, que se projeta seja no cosmos, onde Deus é o soberano indivisível, no estado, onde o rei é o soberano indivisível, na alma, onde

[968] Philippe NEMO, **Histoire des idées politiques** – vol II: **aux temps modernes et contemporains** (Paris: PUF – Quadrige, orig. publ., 2002, ed. 2009, chap. 4 – Bodin: un théoricien de l'état souverain, p. 79-107, cit. p. 79-81).

[969] Samantha BESSON, Sovereignty (in **Encyclopedia of International Law**, ed. by R. WOLFRUM, Oxford: Univ. Press, 2012, vol. IX, p. 366-391, cit. par. 15).

[970] Jean BODIN, **Les six livres de la République** (ed. original 1576, texte revu par Christiane FRÉMONT, Marie-Dominique COUZINET et Henri ROCHAIS, Paris: Fayard, 1986, 6 vols.) nos livros IV e V – teoria das raças e climas, estudo dos equilíbrios sociais, das evoluções e revoluções.

o intelecto é o soberano indivisível, e nas dimensões do espaço, onde o ponto indivisível comanda e torna possíveis a linha, a superfície e o volume.

A soberania é o conceito central da teoria de BODIN sobre o estado – que ele, na França monárquica, designa como a 'república'. O conceito permite determinar tanto o estado, em si, como também em relação às potências estrangeiras. A denominação da obra de BODIN pode ser possível eco da **República** de PLATÃO, com quem BODIN compartilha a visão absolutista, na ordenação da coisa pública.[971] No mais puro estilo platônico, BODIN faz paralelo entre a forma da alma e a forma da cidade.[972]

Convém assinalar que BODIN, antes de 1576 – quando publica os **Seis livros da República** – era, como a maioria de seus contemporâneos juristas franceses, partidário de uma monarquia 'moderada'. Dez anos antes, no **Método** – o **Methodus ad facilem historiarum cognitionem** –[973] apontava BODIN estarem os reis sujeitos à observância das normas consolidadas por costume, que a tanto se comprometeriam quando de sua sagração: os reis, quando são consagrados, se engajam por juramento solene, cujos termos foram fixados pelos pontífices e pelos grandes do reino, a gerir o estado para o bem de todos, em conformidade com as leis fundamentais e a equidade. O rei se põe, então, sob a lei, como o particular e está obrigado pelas mesmas normas. Ele não pode abalar as leis constitucionais de

[971] PLATÃO, **República** (intr. e notas de Robert BACCOU, trad. J. GUINZBURG, São Paulo: Difel, 1973, 2 vols.), ou, **The Republic** (original grego, com intr. e trad. Paul SHOREY, I. Books I-V, LCL 237, Plato V, 1st publ. 1930, reprinted 1978; II. Books VI-X, LCL 276, Plato VI, 1st. publ., 1935, reprinted, 1987); o alinhamento absolutista de PLATÃO é examinado em Karl POPPER (1902-1994), **A sociedade aberta e seus inimigos** (orig. publ. **The open Society and its ennemies**, ed. 1957, trad. Milton AMADO, São Paulo: Edusp / Belo Horizonte: Itatiaia, 1974, vol. I – o fascínio de Platão).

[972] Jean BODIN, **Les six livres de la République** (orig. publ. 1576, ed. 1986) no livro VI – questões relativas à censura, finanças, moeda, regimes políticos, justiça harmônica. Sobre a relação entre a cidade e o ser humano, ver tb. Pierre MANENT, **Les metamorphoses de la cité** – Essai sur la dynamique de l'Occident (Paris: Flammarion, 2010); Ève MENK-BERTRAND, **L'image de Vienne et de Prague à l'époque baroque** (1650-1740) **Essai d'histoire des représentations** (Strasbourg: Presses univ. de Strasbourg, 2008); Lewis MUMFORD, **The city in history** – its origins, its transformations and its prospects (orig. publ. 1961, London: Peregrine Books, 1987); K. RAHNER, J. MOLTMANN, J. B. METZ, A. ALVAREZ-BOLADO, **Dios y la ciudad** – Nuevos planteamientos en teología política (Madri: Ed. Cristiandad, 1975).

[973] Jean BODIN, **Methodus ad facilem historiarum cognitionem** (orig. publ. 1566, Parisiis: apud Matinum Iuuenem, MDLXVI, réimpression à l'identique, Paris, BnF – Gallica bibliothèque numérique/Hachette Livre, http ://gallica.bnf..fr/ark :/12148/bpt6k111605f).

seu império, nem nada mudar dos usos das cidades e dos antigos costumes, sem o consentimento dos três estados. Além disso, os particulares não têm de obedecer às instruções dos príncipes – *rescrits des princes* – que sejam injustos, não conformes às leis consuetudinárias. O parlamento pode se opor ao poder legislativo do príncipe.

Os riscos de ruptura do tecido social, em meio às guerras de religião, na Europa e na França, e consequência direta do massacre da noite de são Bartolomeu, em 23-24 de agosto de 1572, com a daí resultante mudança da situação política do reino, afetam radicalmente o pensamento de BODIN, que passa por uma 'guinada absolutista': doravante, a monarquia, atacada por extremistas em duas frentes, se vê ameaçada em sua existência – é vital fortalecer a instituição monárquica e formular claramente as prerrogativas do soberano, diante das novas posições 'democráticas' assumidas por protestantes e católicos da Liga.[974]

Além disso, também se tratava de dar embasamento teórico e argumentos políticos, para fortalecer a posição internacional da monarquia francesa, em relação às duas potências dominantes da época, na Europa ocidental: o Sacro império romano germânico e o papado.[975] Para tanto, era preciso afirmar a soberania do reino francês e sua 'igualdade', que não reconheceria primazia em relação a outros iguais – *superiorem non recognoscens.*

A parte mais eficaz da doutrina de BODIN, foi a sua teoria da soberania, que retoma a ideia do direito natural, mas privando-a de sua faceta revolucionária. O povo, originalmente livre e selvagem, se teria submetido, ou melhor dizendo, o estado se apresenta de tal maneira, como se o povo o considerasse livremente o seu mestre.

Autores como BODIN e HOBBES temem a divisibilidade da soberania, tanto quanto a limitação desta. A questão de poder ser dividida a soberania é tão controvertida quanto a de poder esta ser limitada. Ambas as questões se interconectam: literatura mais antiga como mais recente, a respeito, mencionam a soberania absoluta, como soberania ilimitada. No

[974] Ph. NEMO, **Histoire des idées politiques** (op. cit., 2009, cit. p. 80) se atém à dimensão 'interna' da situação da França nessa época, e não menciona os aspectos 'internacionais' relevantes para a formulação da soberania em BODIN.

[975] Considerados na perspectiva do direito e das relações internacionais, cf. **Tratado** (tomo 3 A – **Direito internacional no tempo antigo**, item 3.2 – conceito jurídico de império: I – da Antiguidade rumo à Idade média, a sequência da matéria, neste tomo, item 12.2. conceito jurídico de império: II – da Idade média à era moderna).

contexto vigente, onde competências não somente são transferidas, como também são concorrentes ou compartilhadas, tais receios se tornaram obsoletos.[976]

Para BODIN e HOBBES, o princípio da soberania interna tinha essencialmente a função de manter sob controle as guerras civis que tinham eclodido na França e na Inglaterra, em razão de divisões religiosas, tornadas cismáticas e beligerantes, mediante a concentração do poder nas mãos do monarca. Em sua dupla faceta: a soberania interna, como monopólio estatal do uso da força e a abrangente responsabilidade do estado pela paz e segurança dos cidadãos, dentro de suas fronteiras. E a soberania externa, como corolário da interna, porquanto sem soberania os estados não podem assumir plena responsabilidade, no plano internacional.[977] Tendo a igualdade soberana dos estados como premissa ordenadora do sistema institucional e normativo internacional.

É a ideologia da legitimação do absolutismo, sob duas formas que já existiam ao tempo da Roma antiga, com o cesarismo, e que sobreviveu com o bonapartismo, embora em contexto social totalmente diverso. *Primo*: o axioma *princeps*

[976] Ver tb. **Tratado** (tomo 20 – **Direito internacional, história e cultura**, item 1.1 – o Leviatã e suas transformações); S. BESSON, Sovereignty (in **Encyclopedia of International Law**, ed. 2012, vol. IX, p. 366-391, cit. par. 82): "In a post-westphalian world [...] the division of competences has indeed become the rule in the European Union and beyond. This applies in almost all domains and at all degrees of authority. The division of sovereignty can be vertical or horizontal, depending on whether it takes place among distinct political entities such as two states or between a state and the EU, or whether it takes place within a single political entity according to territorial or other federal divisions or according to distinct political functions. In the EU, the division of sovereignty goes along both vertical and horizontal lines."

[977] Juliane KOKOTT, States, sovereign equality (in **Encyclopedia of International Law**, ed. by R. WOLFRUM, Oxford: Univ. Press, 2012, vol. IX, p. 571-585, esp. pars. 24-25); v. tb. Christopher HILL, **O século das revoluções** (1603-1714) (orig. publ. **The century of revolution**, 1961, trad. Alzira Vieira ALLEGRO, São Paulo: Ed. Unesp, 2012); ___, **O mundo de ponta-cabeça** – Ideias radicais durante a revolução inglesa de 1640 (orig. publ. **The world turned upside down**, 1972, trad. e apresemtação Renato Janine RIBEIRO, São Paulo: Companhia das letras, 1987); Alain MORVAN (études réunies par), **Savoir et violence en Angleterre du XVIe au XXe siècle** (Lille: Univ. de Lille III – Travaux et recherches – Diffusion Presses univ. de Lille, 1987, Préface, p. 9-12): "Aux termes d'un discours non dépourvu de manichéisme, les deux concepts de savoir et de violence constitueraient un couple antithétique. Qui fortifie le premier chasserait du même coup la nécessité de la seconde. Cette idéologie optimiste est souvent démentie par les pesanteurs de la pensée de l'histoire. [...] Le pouvoir sait donc user du savoir; il sait se faire savoir; le savoir peut donc être violence."

legibus solutus est, o príncipe não está submetido às leis; *secundo*: o axioma *auctoritas facit legem*, a autoridade faz a lei.

Estas teses retomam o nominalismo político do final da Idade média, defendido por Guilherme de OCKHAM, na corte do Imperador LUIS V da Baviera, contra a Igreja. É preciso se lembrar, nesse contexto, também de DUNS SCOT, o predecessor de OCKHAM, com a sua doutrina sobre a primazia da vontade sobre a inteligência em Deus, nos homens e sua psicologia.[978]

O direito não deve ser deduzido do raciocínio; deve ser aceito como fato: *regis voluntas suprema lex* – a vontade do rei é a lei suprema; daí decorre que a autoridade e não a razão faz a lei – *auctoritas non ratio facit legem.*

Em BODIN, o nominalismo assume uma função nova: ele é aplicado ao absolutismo nascente, sobretudo na França.[979] Ora, o teórico da soberania absoluta, que pode ser considerado como o ideólogo do absolutismo, em seu interessante **Colloquium Heptaplomeres**, ou diálogo entre sete convivas sobre os mistérios ocultos – título irônico – exige a indiferença em relação aos particularismos culturais das religiões; porque, segundo BODIN, o absolutismo 'não deveria ter outros deuses'. E assim transparece o seu mandato social.

A religião deve deixar de ser questão de estado; ela deve ser privatizada; assim, curiosa tolerância religiosa se põe a serviço do poder de estado ilimitado. BODIN ultrapassa em seu diálogo entre representantes de diferentes religiões a parábola dos três anéis de LESSING, pois o sábio Nathan pensa que um dos três anéis é autêntico, enquanto BODIN parece não dar qualquer importância à busca do original; para ele tudo se resume a estéreis conversas de monges, de rabinos e de muftis. A razão de estado exige que o estado não se vincule a qualquer confissão.[980]

978 E. BLOCH (op. cit., 1972, ed. 1994, p. 159): "DUNS SCOT não admite, como TOMÁS DE AQUINO, o bem em si, mas professa a instituição do bem, ele opõe à *perseitas boni* o *bonum ex institutione.*" V. tb. **Tratado** (tomo 4 – **Direito internacional no tempo medieval**, item 10.1 – TOMÁS DE AQUINO (ca. 1225-1277)).

979 E. BLOCH (op. cit., 1972, ed. 1994, p. 160): "Algumas aplicações que nos parecem insensatas eram, na época, a expressão de uma necessidade social, a necessidade de afastar o feudalismo e de fundar a burguesia."

980 E. BLOCH (op. cit., 1972, ed. 1994, p. 160): "Resumamo-nos: para BODIN, o direito se funda – diversamente do direito natural e a despeito de todas as referências ao contrato social e à razão – essencialmente sobre a soberania. O direito, para ele é – como antes, em sentido muito diverso, para CAMPANELLA – exclusivamente *norma agendi*, e não *facultas agendi.* Enquanto *facultas agendi*, é o direito de greve, de organização, de co-gestão, etc.; enquanto *norma agendi* é o direito que proíbe, que estipula limites à ação. O soberano somente conhece a *norma agendi.*"

A concepção da soberania em BODIN difere do conceito medieval,[981] primeiro porque ele separa a soberania da pessoa do soberano – em BODIN, a soberania se põe como função efetiva, que pode ser atribuída a qualquer pessoa ou instituição. Em segundo lugar, porque a autoridade soberana, segundo BODIN, por definição, não pode ficar sujeita a qualquer norma ou restrição – a soberania configura o poder, absoluto e perpétuo, da república. Finalmente, por ser a soberania a fonte da lei, não fica esta sujeita às suas próprias leis – daí, *legibus solutus* – embora obviamente limitada pelo direito natural e normas de origem divina.[982]

Em lugar do direito natural, BODIN coloca a soberania. "para BODIN, o direito se funda – diversamente do direito natural e a despeito de todas as referências ao contrato social e à razão – essencialmente sobre a soberania".[983]

A norma que dita a ação do governante – *norma agendi* – e isso em em função dos interesses do governo – e do governante: "o direito, para ele é – como antes, em sentido muito diverso, para CAMPANELLA – exclusivamente *norma agendi*, e não *facultas agendi*." A distinção não é meramente semântica: enquanto *facultas agendi*, é o direito de greve, de organização, de

[981] Nesse sentido, ver supra, cap. 12 – *jus gentium, jus commune, jus europaeum*: entre a teoria e a prática, b/c **Tratado** (tomo 4 – **Direito internacional no tempo medieval**); Ernst H. KANTOROWICZ, *La royauté médiévale sous l'impact d'une conception scientifique du droit* (Paris: Philosophie – revue trimestrielle, n. 20, automne 1988, p. 48-72); ver ainda, do mesmo Ernst KANTOROWICZ, **Les deux corps du roi** (orig. publ. **The Kings two bodies: a study in medieval political theology**, 1957, trad. Jean-Philippe GENET e Nicole GENET, Paris: Gallimard – Quarto, 2000, **Kantorowicz oeuvres**, p. 643-1222), para situar a concepção medieval da 'soberania': entre o corpo físico e o corpo 'místico' do monarca.

[982] S. BESSON, Sovereignty (in **Encyclopedia of International Law**, 2012, vol. IX, p. 366-391, cit. par. 16); v. tb., em contraposição, Alexander ORAKHELASHVILI, Natural law and justice (in **Encyclopedia of International Law**, 2012, vol. VII, p. 523-535, cit. par. 1): "Natural law – *ius naturale* – has during the entire history of legal science occupied a central place in terms of understanding the nature of law in general and international law in particular. The issues of its essence, origin, scope, and interaction with positive law are essential in considering whether it has its place in the international legal system and can be the legitimate object of the study of international law" – como questiona o positivismo jurídico. O conceito de direito natural se refere a normas e princípios dedutíveis da natureza, da razão, ou da ideia de justiça. Neste sentido, o direito natural incorpora considerações de justiça, que podem explicitar, reforçar ou contradizer as exigências do direito positivo. Além disso, o conceito de direito natural também se relaciona com fenômenos que não podem ser explicados pelos critérios positivistas de análise.

[983] E. BLOCH (op. cit., 1972, ed. 1994, p. 160).

cogestão, etc.; enquanto *norma agendi* é o direito que proíbe, que estipula limites à ação. O soberano somente conhece a *norma agendi*".[984]

BODIN, na sua obra principal, **Os seis livros da República** –[985] no capítulo 8, do livro primeiro – define a soberania, na versão latina da obra, de 1586, como: *maiestas est summa in cives ac subditos legibusque soluta potestas* – o soberano tem o poder supremo sobre os cidadãos ou súditos, e não se obriga por qualquer lei. Mesmo se essa fórmula se tornou depois a definição geralmente aceita, dá visão imperfeita das opiniões de BODIN:

- no tocante às relações internas, há obrigação geral do estado em cumprir os seus compromissos, seguindo a doutrina do 'contrato social', à qual também se filiava BODIN;
- a força vinculante das obrigações internacionais, contudo, deriva do princípio da boa-fé em relação aos compromissos assumidos, o que BODIN defendia com argumentos detalhados: dado que todas as obrigações são assumidas por necessidade, os acordos devem ser cumpridos, mesmo sob pressão das circunstâncias.[986]

[984] E. BLOCH (op. cit., 1972, ed. 1994, loc. cit.); v. tb. Tommaso CAMPANELLA, **A cidade do sol** (orig. publ. **Civitas solis**, trad. e notas Aristides LOBO, São Paulo: Abril cultural – os Pensadores, vol. XII, 1973, p. 239-291).

[985] Jean BODIN, **Les six livres de la République** (ed. original 1576, texte revu par Christiane FRÉMONT, Marie-Dominique COUZINET et Henri ROCHAIS, Paris: Fayard, 1986, 6 vols.): "Nous avons retenu la 10e édition, parue à Lyon en 1593 chez Gabriel Cartier (réimprimée en 1594). Celle-ci offre le texte le plus complet joignant aux *Six Livres* l'*Apologie pour la République* de René HERPIN (pseudonyme de BODIN) et le *Discours de Jean Bodin sur le rehaussement et diminution tant d'or que d'argent...*, d'abord publiés à part (*Discours*, 1568 et 1578 ; *Apologie*, 1581)"; esclarecem ainda os organizadores da edição ter sido mantida a grafia do francês antigo, com a qual são feitas as citações aqui reproduzidas na língua original, nestas notas. Os 'seis livros' tratam, respectivamente: livro I – definição da república e teoria da soberania; livro II – os regimes políticos; livro III – estruturas administrativas do estado, colegiados e instituições; livros IV e V – teoria das raças e climas, estudo dos equilíbrios sociais, das evoluções e revoluções; livro VI – questões relativas à censura, finanças, moeda, regimes políticos, justiça harmônica.

[986] W. PREISER, History of International Law, Ancient times to 1648 (in **Encyclopedia of International Law**, ed. by R. WOLFRUM, Oxford: Univ. Press, 2012, vol. IV, p. 869-896, cit. par. 64): "He did indeed claim both external and internal independence for the State, but, as the context of the relevant passages show beyond any doubt, he did not hold that the state could therefore unilaterally renounce obligations undertaken – *pacta sunt servanda*."

Esta assertiva de BODIN – dado que todas as obrigações são assumidas por necessidade, os acordos devem ser cumpridos, mesmo sob pressão – o aproxima de MAQUIAVEL – com sua frase: "os homens operam ou por necessidade ou por eleição".[987]

Coube a MAQUIAVEL levar a má fama, mas BODIN afirma textualmente: "nenhuma lei é sagrada a ponto de não poder ser mudada, sob o império da necessidade". Esta é a fórmula do despotismo; quer venha a necessidade do alto, ou de baixo.[988]

De resto, não poderia ser maior o contraste com MAQUIAVEL, e é compreensível que o advogado BODIN tivesse profunda aversão ao florentino, para quem a lei somente contava, na medida em que pudesse ser usada, no jogo da política. Contudo, o moderno conceito de soberania tem origem na conveniente formulação de BODIN, e este foi considerado, durante grande parte da era moderna, como o fundador da doutrina do poder ilimitado e ilimitável do estado.

Em autores como BODIN e, particularmente, em HOBBES, a soberania somente pode ser absoluta – segundo a concepção clássica desta. Enquanto concepções mais recentes reconhecem que a soberania nunca foi absoluta e o é cada vez menos. Isso porque, em âmbito interno, são inerentes as limitações, em decorrência de direitos e garantias fundamentais, o que se reforça com as limitações, em âmbito externo – nas relações interestatais – conjugadas com as limitações à soberania dos estados, decorrentes do direito internacional, mesmo sem o consentimento do estado soberano, e independentemente de teorias como a da autolimitação do poder do estado. Enquanto o direito internacional clássico via a soberania como basicamente auto-limitada, na melhor das hipóteses, o direito internacional vigente vincula os estados soberanos, em suas dimensões interna e externa, mesmo sem o consentimento destes.

987 N. MAQUIAVEL, **Discorsi** (op. cit., ed. 1971, livro I, cap. 1 – quali siano stati universalmente i principi di qualunque città, e quale fusse quello di Roma, cit. p. 77-78): [...] "gli uomini operano o per necessità o per elezione."

988 E. BLOCH (op. cit., 1972, ed. 1994, p. 161): "Esta fórmula tem ar burguês, e poderia ser burguesa, se a fonte do direito não fosse o despotismo, se a necessidade, em nome da qual a lei possa ser mudada, viesse de baixo e não dependesse de uma decisão de cima. Contudo, a inversão dos termos dessa tese foi facilitada pelo conceito de soberania, elaborado por BODIN, e a esse título, BODIN tem direito ao nosso reconhecimento, pois permitiu, depois, substituir à soberania absoluta da vontade do Príncipe, a soberania bem mais absoluta do povo."

Com relação ao conceito de soberania, tampouco SUÁREZ escapa da influência de BODIN, quando escreveu que o estado somente era supremo em sua (própria) ordem – *supremum in sio ordine* – tinham sido conferidos ao estado, pela superior ordem do direito internacional. Contudo, SUÁREZ suscita objeção à própria origem da teoria do consentimento, independentemente da forma que pudesse assumir, objeção essa que se mostrou irrefutável, em princípio, e cuja noção básica persiste na atual convicção da força vinculante das normas de direito internacional.[989]

BODIN encerra o seu capítulo mais frequentemente citado – ainda o mesmo capítulo 8, do livro primeiro, sobre a 'soberania' – com considerações sobre a necessidade (ou não) do príncipe, ao assumir o poder, na sucessão, observar os compromissos internacionais, assumidos por seu predecessor.

Sua obra compreende, como já mencionado, o método para facilitar o conhecimento da história, **Methodus ad facilem historiarum cognitionem** (1566)[990] menos frequentemente citado, pode igualmente se mostrar útil, para avaliar a importância da história na construção do conhecimento: "o estudo da história é o começo da sabedoria política". E também o **Colloquium heptaplomeres** (1588).[991] Somente redescoberto no século XIX, esse texto de Jean BODIN é um apelo em favor da tolerância religiosa, em forma de 'diálogo entre sete convivas sobre os mistérios ocultos' – um título irônico.[992]

Em suma, o conceito de soberania designava, primeiro, a soberania do príncipe – a *maiestas* – a 'majestade': a importância desse conceito reside no fato de que este se manteve, e o conceito foi transferido ao povo, que

[989] Ver **Tratado** (tomo 6 – **Direito internacional no tempo de Suárez, Gentili e Zouch**, cap. 15); W. PREISER, History of International Law, Ancient times to 1648 (in **Encyclopedia of International Law**, 2012, vol. IV, p. 869-896, cit. par. 70).

[990] Jean BODIN, **Methodus ad facilem historiarum cognitionem** (orig. publ. 1566, Parisiis: apud Matinum Iuuenem, MDLXVI, réimpression à l'identique, Paris, BnF – Gallica bibliothèque numérique/Hachette Livre, http ://gallica.bnf..fr/ark :/12148/bpt6k111605f).

[991] Jean BODIN, **Colloquium heptaplomeres – de rerum sublimium arcanis abditis** (disponível on line, Projeto Gutenberg – gutenberg.org http://www.gutenberg.org>ebooks).

[992] Segundo BODIN, o absolutismo 'não deveria ter outros deuses'. É aí que transparece o seu mandato social – exige a indiferença em relação aos particularismos culturais das religiões – como ponderava E. BLOCH (op. cit., 1972, ed. 1994, p. 160) e aduzia as razões absolutistas, para a tolerância religiosa: "A religião deve deixar de ser questão de estado; ela deve ser privatizada; assim, curiosa tolerância religiosa se põe a serviço do poder de estado ilimitado. A razão de estado exige que o estado não se vincule a qualquer confissão."

se tornou o povo 'soberano'. Não se trata de simples fraseologia: o termo tem conteúdo jurídico e filosófico preciso, definido por BODIN, pensador empírico que foi o primeiro a postular uma história do direito como base da filosofia do direito.[993]

Na busca de direito comum para a humanidade,[994] estaria BODIN, ainda no século XVI,[995] contemplando o ideal do *jus commune*.[996] Entendia BODIN não estar o príncipe "mais sujeito ao direito das gentes que aos seus próprios éditos: se o direito das gentes for iníquo, o príncipe pode deste derrogar, por meio de seus editos, em seu reino, et proibir – *défendre* – seus súditos de se servir deste".[997]

Mesmo tal concepção absolutista reconhece a necessidade de limites, que seriam os do 'direito natural', com menção da formulação de BODIN, que encerra a mesma passagem: "desde que este nada faça contra a lei de Deus. Pois se a justiça é o fim da lei, a lei obra do Príncipe, o Príncipe é a imagem de Deus, é preciso pela mesma ordem de razão, que a lei do Príncipe seja feita pelo modelo da lei de Deus".[998]

Aí estaria limite objetivo, a ser observado mesmo pelo príncipe soberano. BODIN ensina, em capítulo anterior: "não se devem medir as leis da natureza pelas ações dos homens".[999]

BODIN propugna o assim chamado direito divino dos reis. Segundo tal concepção de política pública, não se pode admitir a aceitação do res-

[993] E. BLOCH (op. cit., 1972, ed. 1994, p. 146).

[994] Mireille DELMAS-MARTY, **Vers un droit commun de l'humanité** (entretien mené par Philippe PETIT, Paris: textuel, orig. publ. 1995, 2e éd., 2005).

[995] M. DELMAS-MARTY (op. cit., 2005, p. 64-65): "Au XVIe siècle encore, BODIN publie un **Exposé du droit universel**. Il fait référence au droit romain, mais pour le placer sur le même plan que les autres sources du droit. [...] Désormais, pour construire un droit universel, il faudra partir du droit comparé."

[996] V. a respeito, o cap. 12 – *jus gentium, jus commune, jus europaeum*: entre a teoria e a prática.

[997] J. BODIN (op. cit., 1576, ed. cit., 1986, livro primeiro, cap. 8, p. 228): "Le Prince n'est pas plus obligé au droit des gens qu'à ses propres edicts: si le droit des gens est inique, le Prince y peut deroger par ses edicts, en son royaume et défendre à ses sujets d'en user."

[998] J. BODIN (op. cit., 1576, ed. cit., 1986, loc. cit., p. 228): "pourvu qu'il ne face rien contre la loy de Dieu. Car si la justice est la fin de la loy, la loy oeuvre du Prince, le Prince est image de Dieu, il faut par mesme suite de raison que la loy du Prince soit faicte au modelle de la loy de Dieu."

[999] J. BODIN (op. cit., livro I, cap. 5, p. 91): "Il ne faut mesurer la loy de nature aux actions des hommes."

peito do direito natural das minorias, nem serem estas toleradas, em contraposição ao soberano.[1000]

Outros teóricos do Renascimento, até a Revolução francesa, prepararão o caminho do direito internacional moderno. Dentre os quais se pode tentar reservar um lugar para BODIN, como um dos fundadores.[1001] Dada a maneira como expõe o caráter pouco vinculante da norma internacional, tentar caracterizar o papel de BODIN dentre os fundadores do direito internacional parece-me, no mínimo, problemático.

A soberania moderna emerge durante a fase de ruptura da organização política da Europa, no final do século XVI, e é então conceitualmente organizada por Jean BODIN:

> Na altura em que BODIN define seu modelo de soberania, a noção de soberania enquanto função impessoal, a noção de soberania limitada, e a noção de soberania legal, que se tornariam pilares da moderna concepção de soberania, já emergiam. Essas três noções cruciais foram gradualmente desenvolvidas pelas gerações seguintes de pensadores políticos, e particularmente pelos teóricos do contrato social. A partir do final do século XVIII e no curso do século XIX, a noção moderna de soberania começou a se difundir na prática doméstica em todo o mundo.[1002]

Outra faceta, que hoje nos parece inaceitável e mesmo inverossímil, é o engajamento de BODIN na caça às bruxas.[1003] Este não foi fenômeno 'popular' ou de 'massas': a perseguição, injusta e cruel, infringida com obstinação

[1000] Q. SKINNER, **The foundations of modern political thought** (Cambridge: Univ. Press, 1978, vol. 2 – **The age of reformation**, p. 239-254).

[1001] A favor, argumentava A. GARDOT, **Jean Bodin: sa place parmi les fondateurs du droit international** (RCADI, 1934, t. 50, p. 545-748).

[1002] Samantha BESSON, Sovereignty (in **Encyclopedia of International Law**, ed. by R. WOLFRUM, Oxford: Univ. Press, 2012, vol. IX, p. 366-391, cit. par. 10 e 17).

[1003] Cfr. **Tratado** (tomo 20 – **Direito internacional, história e cultura**, cap. 1 – direito internacional no tempo e seu lugar na história, item 1.2 – pensamento científico moderno e a caça às bruxas); Geoffrey SCARRE, **Witchcraft and magic in 16th and 17th century Europe** (Atlantic Highlands, NJ: Humanities Press International Inc., 1987, chap. 1 – Witchcraft and magic, p. 1-12, cit. p. 3 e 6): "In 1580, J. Bodin, one of the most formidable intellects of his day, had declared that sorcerers are driven by a veritable "demon-mania" to run after devils and do their bidding, and that such crimes, which are both atrocious and widespread, need to be energetically met with the most grievous punishments" [...] "A *sorcier*, wrote Bodin, "is one who by diabolical means knowingly attempts to accomplish some end". This overlay of

contra as vítimas, é obra de clérigos, de soberanos e de juristas, dentre os quais Jean BODIN,[1004] que organizam o quadro 'legal' e 'operacional' desse macabro exercício, no qual no qual teriam perecido ao menos cem mil vítimas, segundo estimativas bastante imprecisas, em razão da grande distância temporal e da inexistência ou desaparecimento dos registros, em diversas regiões nas quais esse fenômeno se produziu, na era moderna.[1005]

Além das contribuições de autores antes referidos, como DANTE,[1006] outros nomes e contribuições poderiam ser lembrados, ao lado de MAQUIAVEL e BODIN, no processo de construção do conceito de estado, do conteúdo e dos desdobramentos deste. Estas considerações poderiam estender-se sobre extensa e variada gama de filósofos e pensadores políticos, nos séculos transcorridos entre a fase da tarda Antiguidade e início da era medieval, com os antes referidos BOÉCIO e ISIDORO DE SEVILHA, até se chegar ao final da Idade média e início do Renascimento com DANTE.[1007] Ainda poderiam ter sido lembrados GUILHERME DE OCKHAM,[1008] ANSELMO DE CANTUÁRIA e outros filósofos e pensadores políticos medievais, com suas relevantes reflexões sobre o poder, e sobre critérios de ordenação e de separação entre os poderes civil e religioso; bem como, posteriormente, nas interações entre as contribuições destes vários autores, especialmente a partir do final do século XVI.

a demonological content on the idea of primary witchcraft is distinctively European, and is possible only within a Christian culture."

1004 G. SCARRE, **Witchcraft and magic in 16th and 17th century Europe** (Atlantic Highlands, NJ: Humanities Press International Inc., 1987, chap. 2 – Witchcraft, magic and the law, p. 13-33, cit. p. 29 e 31): "Jean Bodin recommended that witches, for the gravity of their offences should be slowly roasted alive over a fire of green wood, but in practice such extreme rigor was uncommon, and many of the condemned were granted the mercy of strangulation before the fire was well alight. [...] Some hard-line opponents of magic, such as Bodin or King James, thought that the more knowledgeable magicians were, the more they deserved punishment, for the more fully aware they should be of the iniquity of their activities."

1005 Cfr. **Tratado** (tomo 20 – **Direito internacional, história e cultura**, cap. 1 – direito internacional no tempo e seu lugar na história, item 1.2 – pensamento científico moderno e a caça às bruxas).

1006 A respeito de DANTE ALIGHIERI ver **Tratado** (tomo 4 – **Direito internacional no tempo medieval**, item 10.2).

1007 Cf. **Tratado** (tomo 4 – **Direito internacional no tempo medieval**, cap. 8 – a longa transição do mundo antigo ao medieval).

1008 A respeito de GUILHERME DE OCKHAM ver **Tratado** (tomo 4 – **Direito internacional no tempo medieval**, item 9.2).

Desde então, muitos outros se debruçaram sobre o tema do estado e da configuração dos meios e modos de ordenação legal do poder,[1009] tais como Thomas HOBBES, John LOCKE, Baruch SPINOZA, Johann Gottlieb FICHTE, Georg Wilhelm Friedrich HEGEL, MONTESQUIEU, Jean-Jacques ROUSSEAU, Immanuel KANT, Alexis de TOCQUEVILLE, bem como Karl MARX, Carl SCHMITT e Hans KELSEN,[1010] para mencionar somente alguns, vê-se a extensão que tomaria tal incursão, como fim em si mesmo, a ser assim, aqui evitada, porquanto se tratou, tão somente, de situar o conceito de estado, tal como o lança MAQUIAVEL, e o conteúdo da soberania, tal como a fixa BODIN, para, em seguida, aplicar esses dois conceitos ao contexto internacional 'moderno'.

BODIN, desde o 'prefácio' de seus **Seis livros da República**, não esconde a sua antipatia por MAQUIAVEL: mas não deixa de se reportar a ele e mostra quão extensa e frequentemente o tem presente, ao se manifestar a respeito de suas concepções do poder e da organização do estado.

Da mesma forma, pensadores de outros séculos e de outras formatações, não deixam de se reportar e de dialogar com MAQUIAVEL, como o fazem, Francis BACON, Étienne de LA BOÉTIE, MONTAIGNE, DESCARTES, PASCAL, BOSSUET, MONTESQUIEU, dentre tantos outros.

De MONTESQUIEU clara nota 'maquiavélica' transparece na sua caracterização do que seja e para que sirva o direito internacional: "o direito das gentes está naturalmente baseado no princípio de que as diversas nações devem se fazer na paz o máximo de bem, e na guerra o mínimo de mal

[1009] Henri BAUDRILLART, **Jean Bodin et son temps**: tableau des théories politiques et des idées économiques au XVIe siècle (Paris: Guillaumin, 1853) menciona de Giovanni BOTERO, **De la ragione di Stato. Libri X** (Veneza, 1589), supostamente um comentário de MAQUIAVEL, e exemplo de uma dentre as pequenas estrelas que se localizam no firmamento italiano do Renascimento, em torno dele.

[1010] G. W. F. HEGEL, **La philosophie de l'Histoire** (édition réalisé sous la direction de Myriam BIENENSTOCK, trad. française par M. BIENENSTOCK et al., appareil critique de Norbert WASZEK, Paris: Librairie générale française, 2009); Hans KELSEN, **Théorie générale du droit et de l'état** (1945, trad. française de B. LAROCHE e V. FAURE, Paris: L.G.D.J., 1997); Stanley L. PAULSON, *Ce que la* Stufenbaulehre *de MERKL nous apprend sur le concept de droit de KELSEN* (in **L'architecture du droit – Mélanges en l'honneur de Michel Troper** études coordonnés par D. de BÉCHILLON, P. BRUNET, V. CHAMPEIL-DESPLATS e E. MILLARD, Paris: Economica, 2006, p. 789-805).

possível, sem prejudicar seus verdadeiros interesses".[1011] Sobretudo por enfatizar os 'interesses', acima de outras considerações.

A seguir se pode passar a algumas considerações sobre a relação entre estado soberano e direito internacional (13.3), na esteira das contribuições de MAQUIAVEL e BODIN, à guisa de conclusão deste capítulo. Na complexa e multifacetada relação entre estado e direito internacional dificilmente se pode esperar dizer a última palavra.

13.3. Estado soberano e direito internacional

O estado é o mais frio de todos os monstros frios.

F. NIETZSCHE (1883-1885, ed. 1964)[1012]

Convém buscar definição cognitiva do estado que permita considerá-lo como sujeito de direito.

M. KAMTO (2004)[1013]

Se é tão difícil fazer desaparecer o recurso à força das relações entre estados, é porque o direito internacional foi, durante muito tempo, impregnado por teoria detestável, aquela da soberania absoluta do estado; esta é, na realidade, a sua negação, e, contudo, se tem muita dificuldade em fazê-la desa-

[1011] Dominique de VILLEPIN, *Présentation* (ao volume de F. AUTRAND, L. BÉLY, Ph. CONTAMINE, T. LENTZ, **Histoire de la diplomatie française** I. Du Moyen Âge à l'Empire (Paris: Perrin – tempus, ed. orig. 2005, reimpr. 2007, p. 7-38, cit. p. 14): "Marqués par les conflits du 'siècle de fer', les tenants de l'équilibre sont nombreux dans la France de l'Ancien Régime. Les juristes, PUFENDORF, VATTEL, voisinent avec les gens d'Église, BOSSUET, FÉNELON; les hommes d'État, RICHELIEU, SULLY, côtoient les écrivains, VOLTAIRE, MABLY et les Encyclopédistes. Ils souscriraient sans réserve au jugement définitif d'un MONTESQUIEU: '*Le droit des gens est naturellement fondé sur ce principe, que les diverses nations doivent se faire dans la paix le plus de bien, et dans la guerre le moins de mal qu'il est possible, sans nuire à leurs véritables intérêts*'."

[1012] Friedrich NIETZSCHE, **Also sprach Zarathustra** (in **Sämtliche werke**, Stuttgart: Kröner, 1964, vol. 6, p. 51): "das kälteste aller kalten Ungeheuer".

[1013] Maurice KAMTO, **La volonté de l'état en droit international** (RCADI, 2004, t. 310, p. 9-428, p. 25): "Il convient de rechercher une définition cognitive de l'état qui permette de l'envisager comme sujet de droit."

parecer completamente. Ainda em nossos tempos, os esforços daqueles que querem chegar a criar um direito internacional efetivo, ou seja, para se afirmar a supremacia do direito sobre a força, se resumem a uma luta contra a ideia de soberania absoluta.

L.-É. LE FUR (1932)[1014]

É preciso reconhecer que um tratado somente faz nascerem direitos por meio do acordo de vontades.

A. HEFFTER (1866)[1015]

A relação entre estado soberano e direito internacional é ponto central para a compreensão da disciplina. Ao menos no modelo moderno e clássico do direito, um não existe sem o outro, mas a relação entre 'estado soberano' e 'direito internacional' nem sempre é unívoca, nem sempre é pacífica.

Existiu direito internacional antes de existirem estados soberanos – sob formas diversas –[1016] e pode continuar e é indispensável que exista e opere direito internacional, em contexto no qual possam se ver superados os

[1014] Louis-Érasme Le FUR, **Le développement historique du droit international**: de l'anarchie internationale à une communauté internationale organisée (RCADI, 1932, t. 41, p. 501-602, ch. II – Le nouveau droit international de la paix, cit. p. 548): "Si l'on a tant de peine à faire disparaître le recours à la force dans les relations entre états, c'est que le droit international a été longtemps impregnée d'une théorie détestable, celle de la souveraineté absolue de l'état; elle en est en réalité la négation et, cependant, il a beaucoup de peine à s'en débarraser complètement. À l'heure actuelle encore, les efforts de ceux qui veulent arriver à créer un droit international effectif, c'est-à-dire à affirmer la suprématie du droit sur la force, se résument à une lutte contre l'idée de souveraineté absolue."

[1015] August HEFFTER, **Le droit international public de l'Europe** (orig. publ. **Das europäische Völkerrecht der Gegenwart auf den bisherigen Grundlagen**, Berlim, 1844, trad. Jules BERGSON, Berlin: Schroeder / Paris: Cotillon, nouvelle édition revue et augmentée, après le décès du traducteur, par l'auteur, 1866, p. 171): "Il faut convenir qu'un traité ne fait naître des droits que par l'accord des volontés."

[1016] Nesse sentido, **Tratado** (tomos 3 A – **Direito internacional no tempo antigo**, 3 B – **Gregos, romanos, chineses, indianos** e 4 – **Direito internacional no tempo medieval**); em sentido contrário, i.a., A. CASSESE, States: rise and declime of the primary subjects of international law (in **The history of international law**, ed. by B. FASSBENDER and A. PETERS, Oxford: Univ. Press – The Oxford Handbook of, chap. 2, p. 49-70, esp. item 2 – Sovereign states are coeval with the birth of the international society, p. 50-52).

estados, ou agregados a estes, em cada vez maior extensão, outros sujeitos de direitos e obrigações internacionais – como o ser humano – bem como agentes não-estatais – tais como beligerantes, minorias e outros grupos humanos – no plano internacional.[1017]

Em seus limites conceituais, bem como em seus desdobramentos,[1018] como aqui se considera em relação à dimensão temporal da construção do direito internacional, enquanto sistema, a relação entre estado soberano e direito internacional coloca duas premissas que até certo ponto, mutuamente se completam e se excluem. O que faz um dos tópicos mais cruciais e mais difíceis do direito internacional, desde os primórdios da era moderna, quando se instaura o 'estado', até os presentes tempos pós-modernos.[1019]

Na altura do século XII, profunda mutação ocorreu na sociedade europeia, caracterizada pela formação de classes, transformações econômicas e o desenvolvimento do que viria a ser, na era moderna, o estado.[1020] No curso do século XIII, as mudanças econômicas se tornam ainda mais ativas: as cidades se desenvolvem e relações totalmente estranhas ao mundo feudal passam a ocupar espaço crescente na ordenação do conjunto da

[1017] Esta é a tônica do conjunto da presente obra: a estatalidade não é a única forma de construir e de operar um sistema institucional e normativo internacional; os estados tem antes caráter operacional, do que conceitual: são os operadores do sistema ainda vigente, mas não são os únicos possíveis meios de fundamentar e de coordenar a internacionalidade, no mundo pós-moderno, cada vez mais pautado pela interdependência. Cfr. **Fundamentos** (2008) e **Tratado** (tomo 20 – **Direito internacional, história e cultura**).

[1018] Muita tinta foi derramada para escrever a respeito da relação entre estado soberano e direito internacional, desde os antigos até os últimos anos. V, por exemplo, a análise desenvolvida a respeito da dimensão territorial da soberania, no **Tratado** (tomo 1 – **Direito internacional dos espaços**, cap. 2 – soberania e território do estado); v. tb. R. P. ANAND, **Sovereign equality of states in international law** (RCADI, 1986, t. 197, p. 9-228).

[1019] Nos **Fundamentos** (2008) e no **Tratado** (tomo 8 – **Direito internacional além do paradigma vestfaliano**, e tomo 20 – **Direito internacional, história e cultura**).

[1020] M. BLOCH, *European feudalism* (orig. publ. 1931, in M. BLOCH, **Mélanges historiques**, Paris: Ed. CNRS, 2011, p. 177-188, cit. p. 186): "In the tenth or eleventh century society consisted primarily of groups of dependents. As the sense of personal ties wore away, the human mass tended to organize itself in large classes arranged in a hierarchy. Knighthood became hereditary and changed into nobility. In England indeed the noble never had precise lawful privileges clearly separating him from the freeman. In Italy, habituated to a kind of life increasingly urban, he was hardly to be distinguished from the rich burgher. In France, on the contrary, the nobility made of itself a single closed class to which only the king could introduce new members. In Germany a whole hierarchy established itself within the nobility".

sociedade. Primeiro na Itália,[1021] e depois em outras partes da Europa ocidental e central.

As transformações econômicas levam à mutação das estruturas sociais. Nos últimos séculos da Idade média, os estados buscam tornar as antigas estruturas feudais em novas formas de ordenação da vida em sociedade: "em toda parte, o estado, seja qual for a sua natureza, era doravante o mestre e protetor".[1022]

Antes mesmo do surgimento do termo 'estado', sob a pena de MAQUIAVEL, o fenômeno já se fazia presente na história. Assim, na Idade média, se dá a construção do que a historiografia denomina o estado. Esta se faz a partir da concepção tomista de indivíduo, revestido de direitos inalienáveis.

Direitos inalienáveis exigem limitação jurídica da soberania. Esta limitação jurídica da soberania política se exprime em dois planos. No plano interno, como barreira ao absolutismo, na medida em que se institucionalizem os assim chamados direitos fundamentais; no plano externo, como reconhecimento de sistema institucional e normativo que transcenda a vontade e independa do mero consentimento dos estados, para existir e poder operar.

Observe-se, a respeito da "soberania pós-nacional" –[1023] o que HEGEL temia –[1024] "que o princípio da sociedade civil ultrapassasse os quadros

[1021] Ver Introdução com refs. bibliográficas; a respeito das condições italianas, dentre tantos estudos, na linha de É. CROUZET-PAVAN, **Renaissances italiennes 1380-1500** (Paris: Albin Michel, 2007).

[1022] Cf. **Tratado** (tomo 4 – **Direito internacional no tempo medieval**); observava M. BLOCH (art. cit., 1931, ed. 2011, p. 187): "economic transformation in turn contributed to the rebirth of the state. Hired troops took the place of the vassals, who nearly everywhere had greatly succeeded in limiting their obligations. Corps of salaried officials subject to dismissal were formed. Such concentration of power did not redound solely to the advantage of the kings. In France and Germany certain royal vassals had brought under their control a great number of earldoms and multiform seigniorial rights and exalted their power above the crowd of lesser seigniories. While in France the great principalities thus formed were at last absorbed by the royal power, in Germany they well nigh annihilated it. In Italy the states formed around and by leading cities chiefly benefited from this movement. Everywhere the state, whatever its nature, was henceforth a master and protector."

[1023] Jean-Marc FERRY, *La souveraineté postnationale* (in **Horizons de la souveraineté**, direction de Marc-Olivier PADIS, Paris: Esprit – Revue internationale, n. 281, jan. 2002, p. 82-185, cit. p. 137-149).

[1024] No **Tratado** (tomo 13 – **Direito internacional no tempo do concerto europeu**, item – HEGEL e o direito internacional).

nacionais, foi exatamente o que ocorreu".[1025] Isso se manifesta nos planos econômico, como monetário, e também em boa medida político. E essas dimensões são consideradas de tal modo frequentes, em suas aparições, a ponto de não mais causarem surpresas.

Mas ainda encontra resistências no plano jurídico.[1026] E aí se inscreve a institucionalização do direito internacional pós-moderno.

O estado se põe diante da sociedade e na relação entre os príncipes como expressão do direito soberano de exercício da imposição fiscal – trazendo para a equação política moderna outro termo, este que somente aparece muito mais tarde, com Jean BODIN, na segunda metade do século XVI. Esta matéria – a soberania –[1027] será regulada primeiro internamente, e depois se manifestará por meio de acordos entre estados, mais isso somente muitos séculos mais tarde.

Pode ser apontado[1028] outro paradoxo:

> A depreciação repetida da cunhagem, provocando a alta dos preços agrícolas, levava à redução do valor real dos tributos pagos em quantias fixas de numerário. Assim, a mesma medida que permitia aos senhores ampliar os circuitos monetários e estreitar a sujeição da classe servil parecia impedi-los de beneficiar desse agravamento da dependência e ocasionaria, afinal, a diminuição da taxa de exploração.[1029]

[1025] J.-M. FERRY (art. cit., 2002, Les restrictions de la souveraineté, p. 141-145).

[1026] Nesse sentido, Michaël FOESSEL fala a respeito de *La souveraineté ou la part de l'irréductible* (in **Horizons de la souveraineté**, direction de Marc-Olivier PADIS, Paris: Esprit – Revue internationale, n. 281, jan. 2002, p. 82-185, esp. p. 150-164).

[1027] Como se examina no precedente item 13.2 – Jean BODIN (1530-1596).

[1028] João BERNARDO, **Poder e dinheiro** – do poder pessoal ao estado impessoal no regime senhorial, séculos V-XV (Porto: Afrontamento/Biblioteca das Ciências do Homem: t. I: Sincronia. Estrutura econômica e social do século VI ao século IX, 1995; t. II: Diacronia. Conflitos sociais do século V ao século XIV, 1997; t. III: Sincronia. Família, dinheiro e estado do século XI ao século XIV, 2002).

[1029] João BERNARDO (op. cit., t. III, 2002, p. 125-126): "Pode-se admitir, preliminarmente, que sendo os maiores detentores do poder impessoal quem cunhava a moeda, ou quem influía diretamente na política monetária, e sendo eles também quem dispunha da possibilidade de lançar toda a nova gama de exacções, muitíssimo mais rentáveis que as prestações cobradas no quadro das senhorias tradicionais, as quebras de moeda tivessem sido usadas pela alta aristocracia para deteriorar a situação das camadas sociais inferiores, que se limitavam à forma pessoal do *bannum*. Os rendimentos da senhoria impessoal permitiram aos magnates compensar o declínio dos tributos de caráter pessoal."

Na passagem do feudalismo para o estado da era moderna – que suscita tantos debates e acirradas controvérsias – a relação entre o dinheiro e os estados nascentes,[1030] este vínculo se constrói por meio da fiscalidade,

> O estado, nos séculos XIII e XIV, ainda não se desvinculou totalmente da feudalidade e isso somente ocorrerá, definitivamente, com a Revolução francesa. Contudo, o poder da monarquia, a aparição de instituições representativas, o desenvolvimento do direito e da administração, marcam etapa decisiva em sua formação. O estado se manifesta especialmente em domínio no qual o dinheiro assume, no século XIII, importância especial: a fiscalidade. Ao lado dos encargos senhoriais – *redevances seigneuriales* –, os príncipes e os reis se beneficiam, em geral, dos rendimentos provenientes de campo próprio, os benefícios do direito superior de cunhar moeda – *monnayage* – que lhes é reconhecido, e da cobrança de impostos específicos.[1031]

Esse processo não se fez de modo fácil, nem isento de controvérsias. Muitas tentativas de instauração fiscal foram mal recebidas e, em certos casos, encontram tal ordem de resistência, por parte da sociedade, que acabam por ser afastadas.

O dinheiro foi, assim, o calcanhar de Aquiles da construção monárquica, na França, e no conjunto da cristandade em geral.[1032] Apesar do fracasso relativo, as rendas faziam da monarquia a instituição mais rica da França, depois da Igreja, no início do século XIII.

Durante o século XIII, o rei da França recebe montante sobre as mercadorias vendidas nos mercados e nas feiras, denominado *tonlieu*. O rei recolhe, igualmente, inúmeros pedágios sobre os viajantes, suas mercadorias, seus veículos e os animais de transporte. Esses direitos são exigidos

[1030] Jacques LE GOFF, **Le Moyen Age et l'argent**: essai d'anthropologie historique (Paris: Perrin, 2010, chap. 6 – L'argent et les états naissants, p. 83-97).

[1031] J. LE GOFF (op. cit., 2010, cap. 6, p. 83): "L'état, au XIIIe et au XIVe siècle, n'est pas complètement dégagé de la féodalité, et on sait qu'il ne le sera en définitive qu'avec la Révolution française. Cependant, le pouvoir de la monarchie, l'apparition d'institutions représentatives, le développement du droit et de l'administration marquent une étape décisive dans sa formation. L'état se manifeste spécialement dans un domaine où l'argent prend au XIIIe siècle une importante spéciale: la fiscalité. A coté des redevances seigneuriales, les princes et les rois bénéficient en général des revenus d'un domaine propre, des bénéfices du droit supérieur de monnayage qui leur est reconnu, et de la levée d'impôts particuliers."

[1032] J. LE GOFF (op. cit., 2010, p. 88).

à entrada das estradas e dos portos, sobre as pontes e a passagem dos cursos de água.

O direito de exercer uma profissão se paga ao rei, *in natura* e em dinheiro, é o *hauban*. Sobre a cunhagem de moedas, que se obtém fundindo lingotes ou refundindo peças usadas, o rei recolhe um direito senhorial – *droit de seigneuriage*. Ele recolhe igualmente uma taxa sobre a utilização das medidas e dos pesos, que servem de padrão.

O rei é o herdeiro dos bens deixados por estrangeiros e pelos bastardos. Ele também cobra taxas sobre os ganhos auferidos pelos usurários judeus.

Sob o nome de *forêt*, parte essencial do domínio real, o rei obtém importantes rendimentos com o corte de madeira, com a pesca e o estabelecimento de barragens e de moinhos. Quando precisa de dinheiro, ele pode impor, sobretudo às cidades, obrigações de fazerem empréstimos à casa real.

As despesas da casa real – *l'hôtel royal* – eram asseguradas em grande parte pelas receitas do selo. Vê-se, assim, que o rei recebe rendimentos, em parte como proprietário, em parte como soberano.[1033]

O reino de São LUÍS seria, assim, a expressão de que "a moeda participa da gênese do estado moderno, como privilegiado instrumento de prestígio, como fator de unificação e igualmente como fonte de rendimentos". Ao lado do aspecto político, a monetarização da economia favoreceu também a difusão e a importância da moeda, não somente como meio circulante, mas também como expressão do poder.[1034] Essa dimensão de 'interesse público' da moeda e da sua estabilidade pode ser considerada elemento relevante dessa mutação em curso na época – do mundo medieval, para o moderno.

> Dentre os grandes papeis, desempenhados pelo dinheiro na Idade média, além de seu uso no desenvolvimento do comércio e das operações quotidianas, foi o de favorecer o aparecimento ou o crescimento das necessidades de

[1033] J. LE GOFF (op. cit., 2010, p. 92).

[1034] J. LE GOFF (op. cit., 2010, p. 94); tb. Marc BOMPAIRE e Françoise DUMAS, **Numismatique médiévale** – monnaies et documents d'origine française (Turnhout: Brepols, 2000); Étienne FOURNIAL, **Histoire monétaire de l'Occident médiéval** (Paris: Fernand Nathan, 1970); Peter L. BERNSTEIN, **O poder do ouro** – história de uma obsessão (orig. publ. **The power of gold** – the history of an obsession, 2000, trad. Alexandre F. ROSAS, Rio de Janeiro: Campus, 2001).

recursos dos estados nascentes. Viu-se que esse fenômeno essencial da Idade média, o avanço dos estados centralizados – ou de estados em gestação – sobre a autoridade pública, buscou e, em parte, encontrou no dinheiro os meios, que se tornaram necessários à sua realização. [...] Esse processo teve impulsos decisivos sob os reinos de HENRIQUE II (1154-1189) na Inglaterra, de FILIPE AUGUSTO (1180-1223) na França, nos estados pontifícios, com INOCENCIO III (1198-1216), e depois, com os papas de Avinhão (1309-1378).[1035]

A difusão do dinheiro, no assim chamado "longo século XIII europeu" – se estenderia do final do século XII, até quase a metade do século XIV – sobretudo ligada à passagem das senhorias familiares pessoais a uma família estatal, artificial e impessoal, onde o dinheiro seria, assim, agente determinante das transformações sociais.[1036] A racionalização e a despersonalização do poder, como dados marcantes da passagem do contexto 'medieval' para o 'moderno',[1037] tem destaque nessa análise[1038] o papel do dinheiro: se a moeda permite o exercício impessoal do poder, a partir daí

[1035] Jacques LE GOFF, **Le Moyen Age et l'argent**: essai d'anthropologie historique (Paris: Perrin, 2010, chap. 9 – du XIIIe au XIVe siècle, l'argent en crise, p. 133-149, cit. p. 146): "Un des grands rôles de l'argent au Moyen Age, à coté de son emploi dans le développement du commerce et des échanges quotidiens, a été de favoriser l'apparition ou l'accroissement des besoins en ressources des états naissants. On a vu que ce phénomène essentiel du Moyen Age, la mainmise d'états centralisés – ou d'états en gestation – sur l'autorité publique, a cherché et en partie trouvé dans l'argent les moyens devenus nécessaires à sa réalisation. Nous avons vu la naissance de ce processus. Il a pris une impulsion décisive sous les règnes d'HENRI II (1154-1189) en Angleterre, de PHILIPPE AUGUSTE (1180-1223) en France, dans l'état pontifical sous INNOCENT III (1198-1216), puis sous les papes d'Avignon (1309-1378)"; ver tb. Norman CANTOR, **The civilization of the Middle Ages** (New York: Harper Collins, 1994, esp. chap. 18 – The peace of Innocent III, p. 417-433); Dominique PALADILHE, **Les papes en Avignon** (orig. publ. 1974, Paris: Perrin, 2008).

[1036] J. LE GOFF (op. cit., 2010, loc. cit.) reporta a contribuição de "*l'historien brésilien* (sic) *João BERNARDO, dans son étude monumentale*". João BERNARDO, **Poder e dinheiro**: do poder pessoal ao estado impessoal no regime senhorial. Séculos V-XV (Porto, Portugal: Afrontamento, 3 volumes, 1995-2002).

[1037] Ver tb. o já ref. Peter L. BERNSTEIN, **O poder do ouro** (ed. bras., Rio de Janeiro: Campus, 2001).

[1038] João BERNARDO, **Poder e dinheiro** – do poder pessoal ao estado impessoal no regime senhorial, séculos V-XV (Porto: Afrontamento/Biblioteca das Ciências do Homem: t. I: Sincronia. Estrutura econômica e social do século VI ao século IX, 1995; t. II: Diacronia. Conflitos sociais do século V ao século XIV, 1997; t. III: Sincronia. Família, dinheiro e estado do século XI ao século XIV, 2002).

possibilitou a reorganização da totalidade dos sistemas de dependência, e isso passou a ser veiculado monetariamente.[1039]

A matéria fiscal e sua importância para o bom governo é tratada na primeira grande obra política da Idade média ocidental, por JOHN OF SALISBURY, no seu célebre tratado sobre o governo, o **Policraticus** (1159).[1040] Este aponta a necessidade e a frequência das relações de comércio: "o governante não deve ter receio, exceto se o meio circulante se extinguir, porque as relações de mercado são frequentes, mesmo entre aqueles que ignoram o dinheiro".[1041]

Destas relações de comércio decorrerão o que os tributaristas denominam 'fato gerador': do comércio se gera renda, e da renda se gera a tributação. Com a tributação se gera receita para o caixa público.

SALIBSURY descreve a necessidade da boa ordenação dos negócios públicos, onde a autoridade, a sabedoria e a justiça do príncipe, se exercem tanto por meio do braço armado –[1042] do qual se espera e ao qual se ordena "que se abstenha de requisições e de rapina" – como do braço desarmado – "ao qual se proíbem presentes" – tema que continua muito atual:

[1039] João BERNARDO (op. cit., t. III, 2002, cap. 5 – *veiculação monetária do* mundium, p. 141-155 e a seguir, p. 159): "A difusão da senhoria impessoal, remodelando os mecanismos da exploração, foi possível através das transformações sofridas pelos sistemas familiares e parafamiliares do campesinato, e graças ao emprego do dinheiro enquanto veículo do novo tipo de relacionamento. Do mesmo modo, tornou-se necessária a reorganização do quadro familiar da aristocracia, assim como o desenvolvimento de outra forma de dinheiro, adequada a veicular as relações intra-senhoriais. Não se trata de apresentar a evolução de uma classe como espelho da evolução da outra, mas de concebê-las a ambas como expressões diferentes das transformações determinadas num processo único de relações."

[1040] JOHN OF SALISBURY (nascido entre 1115 e 1120 e falecido em 1180), **Policraticus**: Of the frivolities of Courtiers and the footprints of Philosophers (edited and translated by Cary J. NEDERMAN, Cambridge: Univ. Press / Cambridge Texts in the History of Political Thought, first publ. 1990, seventh printing, 2007).

[1041] JOHN OF SALISBURY, **Policraticus** (1159, ed. 2007, livro IV, cap. 5, 'That the prince must be chaste and shun avarice', p. 38-40, cit. p. 40): "The ruler should therefore have no fear lest the medium for commercial exchange become extinct, because market relations are frequent even among those who are ignorant of money."

[1042] JOHN OF SALISBURY (op. cit., 1159, ed. 2007, livro VI, chap. 2 – That military service requires selection, knowledge and practice, p. 109-112, cit. p. 109): "The wisdom and justice of the prince appears mainly in his moderate use of this hand." [...] "For since the works of peace and likewise of war should be moderated, he ought to have proficiency in law and in matters of war."

> A arbitrariedade de funcionários públicos é maior, na medida em que estes possam pilhar e molestar cidadãos sob o pretexto de negócios oficiais, e qualquer ação contrária ao dever deve ser punida com maior severidade. [...]
> O ladrão teme a força da lei; o coletor de impostos pensa que tudo o que ele faz é lei. A lei faz que os ladrões deixem de cometer atos ilícitos; o coletor de impostos deriva a lei da iniquidade, para sua própria vantagem desonesta.[1043]

prossegue dando como parâmetro de ação do coletor de impostos o preceito evangélico:

> 'Não cobrem nada além do que lhes foi prescrito'. Dê-se atenção aos deveres do coletor de impostos: de cobrar e de receber aquilo que foi determinado. O que for além disso, contudo, resulta do mal do cobrador e de quem o aceita, não de quem pagou. Além disso, estenda-se a todas as funções públicas que nada mais lhes deve ser exigido.[1044]

Para JOHN OF SALISBURY a questão do exercício da fiscalidade não é vista como questão econômica, o que ainda não fazia parte da mentalidade da época, mas como questão de ética política:[1045] o rei deve assegurar e controlar a circulação do dinheiro, não somente no seu interesse, mas no de todos os súditos do reino. O interesse maior não é, somente, a riqueza, mas o bom governo; o importante é que este se faça no interesse de todos: "e assim servidores públicos cobram o que lhes é devido segundo a lei, e todas as ordens de oficiais militares aceitam justamente os salários que

1043 JOHN OF SALISBURY (op. cit., 1159, ed. 2007, livro VI, chap. 1 - That the hand of the republic is either armed or unarmed; and which one is unarmed, and regarding its duties, p. 104-109, cit. p. 105-106): "the licence of officials is greater, inasmuch as they can plunder and molest private persons under the pretext of official business, any encroachment contrary to duty is to be punished with a heavier penalty. [...] The thief fears the snare of the law; the tax collector thinks that law is whatever he does. Law deters thieves from illicit acts; the tax collector derives the law from iniquity for his own malicious advantage."

1044 JOHN OF SALISBURY (op. cit., 1159, ed. 2007, livro VI, chap. 1 - That the hand of the republic is either armed or unarmed; and which one is unarmed, and regarding its duties, p. 104-109, cit. p. 106): "'*You must exact nothing more than that which is assigned to you*'. Behold the duties of the tax collector: to exact and receive that which is appointed. Whatever is more, however, results from the evil of the exactor and the accepter, not the giver. In addition, it is extended to the officials of all magistracies that nothing more is to be exacted by them."

1045 A respeito, v. Cary J. NEDERMAN, *The virtues of necessity: labor, money and corruption in John of Salisbury's thought* (Berkeley: University Press of California, **Viator**, n. 33, 2002, p. 54-68).

foram contratados. Não é permitido intimidar e molestar, para que sejam concedidos presentes".[1046]

Duzentos anos mais tarde, mas na mesma linha, Nicolau ORESME (ca. 1320-1382), em seu tratado **De moneta**, considera a dimensão de interesse público da estabilidade da moeda, vista esta – de maneira muito avançada, sobretudo para sua época – não como bem do príncipe, mas um patrimônio do povo.[1047] Mostra os danos causados pela oscilação da moeda, o dever dos reis de assegurar que a moeda permaneça estável, ORESME insiste no fato de que a moeda, embora faça parte das prerrogativas reais, não é bem pessoal do rei, mas bem comum do povo que a utiliza,[1048] sendo dever do governante zelar pela manutenção da estabilidade monetária.

A preocupação com a estabilidade e com, hoje se diria, a 'liquidez' das moedas não foi somente preocupação no plano interno dos estados medievais. Há fascinante precedente de coordenação de ação 'internacional' em defesa da estabilidade e da 'convertibilidade' das moedas – muito antes dos tempos ditos globalizados, a partir da segunda metade do século XX.

Em 1469 se realiza em Bruges uma conferência entre LUÍS XI da França, EDUARDO IV da Inglaterra, o imperador FREDERICO III, o duque CARLOS DA BORGONHA e enviados da República de Veneza, para se esforçarem em definir claramente as relações entre as moedas.[1049] Essa 'conferência internacional' – precursora de sistema monetário inter-

1046 JOHN OF SALISBURY (op. cit., 1159, ed. 2007, livro VI, chap. 1 – That the hand of the republic is either armed or unarmed; and which one is unarmed, and regarding its duties, p. 104-109, cit. p. 106): "And so public servants lawfully exact what is owed to them, and all orders of military officers justly accept their arranged salaries. Yet it is not permitted to intimidate and molest in order that presents be extorted."

1047 Nicolau ORESME (ca. 1320-1382), **De moneta** (1355), tratado sobre a origem, a natureza, a lei e a alteração das moedas – que poderia ser chamado de tratado sobre a inflação – disponível em diversas edições: **The 'de moneta' of Nicolas Oresme** and English mint documents (translated by Charles JOHNSON, Londres: Thomas Nelson, 1956).

1048 Jacques LE GOFF, **Le Moyen Age et l'argent**: essai d'anthropologie historique (Paris: Perrin, 2010, chap. 9 – du XIIIe au XIVe siècle, l'argent en crise, p. 133-149, cit. p. 142-143): "Le traité de Nicole ORESME eut probablement une influence sur le roi de France JEAN II, le Bon, qui rétablit la 'bonne monnaie', c'est-à-dire une monnaie stable, sous la forme d'une monnaie d'or, le franc, qui, après le bref essai mal réussi de Saint LOUIS, naquit pour des longs siècles."

1049 Jean-Claude BARREAU, **Un capitalisme à visage humain** – le modele vénitien (Paris: Fayard, 2011); ver tb. Élisabeth CROUZET-PAVAN, **Les villes vivantes** – Italie XIIIe-XVe siècle (Paris: Fayard, 2009); Christian BEC, **Histoire de Venise** (originalmente publicado em 1983, Paris: PUF, 3e éd., reimpr., 2005); Alvise ZORZI, **Histoire de Venise** – La République

nacional – foi o resultado da constatação, por parte dos mais poderosos chefes políticos da época, da desordem monetária e talvez da ameaça de escassez de moeda, sobretudo das pequenas denominações, e do equilíbrio entre o uso da prata e do ouro, como moeda,[1050] que os historiadores hoje veem como uma das principais barreiras para a decolagem econômica da Europa pré-capitalista da Idade média.[1051]

A gênese do estado, enquanto construção política, social e cultural, no contexto da era moderna se põe como mutação em relação aos modelos anteriormente conhecidos e praticados, da senhoria feudal ao reino, como forma de estado. Este, ordenado segundo modelo monárquico, caminha no sentido de abstração e institucionalização. Mas a esta abstração se conferem insistentemente 'vontade', 'interesses' e até mesmo 'valores', como a honra, ou 'sentimentos'.

A passagem do 'pessoal' para o 'impessoal' é dado relevante da evolução da sociedade medieval rumo à moderna: "os vínculos da vassalidade, que na aparência vigoravam apenas no exterior das unidades familiares, ligando-as umas às outras, não deixaram também de influir na própria estruturação interna da família senhorial".[1052]

Nesse sentido, a "sociogênese do estado" é parte da "dinâmica do Ocidente", pela qual se pode considerar a evolução das cortes europeias, na idade moderna.[1053] Esta "dinâmica" levou à construção progressiva de pre-

du Lion (do original **La Repubblica del Leone – Storia di Venezia**, © 1979, trad. Jacques ROQUE, Paris: Perrin – tempus vol. 95, nova ed., 2005, impr. 2010).

1050 Peter L. BERNSTEIN, **O poder do ouro** (ed. bras., 2001, p. 106-107) aponta a grande transformação do sistema monetário internacional da época, a partir de meados do século XIII, com o início da cunhagem de moedas de ouro pelas cidades-estado italianas: "A conveniência da prata para transações de menor escala e os suprimentos relativamente abundantes preservaram seu papel como o principal metal monetário por mais quinhentos anos, mas a prata jamais voltaria a ser a única forma de moeda de metal precioso na Europa. Contudo, a complicada interação entre os dois metais agravou-se com a passagem do tempo e tornou-se uma fonte de infindáveis disputas e complicações. Complicações que não se limitariam a esses dois metais."

1051 J. LE GOFF (op. cit., 2010, chap. 12 – prix, salaires et monnaie aux XIVe et XVe siècles, p. 179-193, cit. p. 192-193).

1052 João BERNARDO (op. cit., t. III., 2002, cap. 7, '*Da vassalidade pessoal à domesticidade impessoal*', p. 223-293, cit. p.223): "Poderemos a partir daí, no quadro paradoxal que assim se desenvolveu, compreender melhor a difusão do dinheiro nas relações de subordinação."

1053 Norbert ELIAS (1897-1990), **La dynamique de l'Occident** (orig. publ. **Über den Prozess der Zivilisation II**, 1939, 1969, trad. Pierre KAMNITZER, Paris: Calmann-Lévy, © 1975, impr. 2007).

missas básicas de ordenação das sociedades ditas 'ocidentais', tais como a separação entre igreja e estado, o primado da lei – *rule of law* –, a noção de toda autoridade derivar de 'contrato', ainda que tácito o consenso entre governantes e governados, dentre os parâmetros de ordenação da vida em sociedade.

Aí se inscreve o fenômeno de racionalização, que pode ser chamado de mudança estrutural da esfera pública.[1054] Até que ponto a 'racionalidade' é atributo do estado é ponto sobre o qual tenho e me vejo obrigado a manter as minhas dúvidas: tanto no plano interno da ação dos governos, como na interação entre estes, no plano internacional. Mas, ao menos, essa racionalidade deve ser buscada. A racionalidade, a impessoalidade e a busca do interesse público devem nortear a conduta dos governantes – ao menos, em teoria.

Nesse processo de consolidação de estrutura institucional e de caracterização de competências e atribuições do estado, ao lado do plano interno, logo se inscrevem as necessidades operacionais do plano internacional. Ou seja, o estado existe, antes e sobretudo, como fenômeno político interno, mas este logo se projeta sobre o plano internacional. Por meio do direito e das relações internacionais se faz a regulação da convivência entre tais unidades.

Ocorre fenômeno progressivo e curioso, na passagem do contexto 'medieval' para o 'moderno': primeiro tem lugar a racionalização e a despersonalização do poder pessoal do príncipe, em favor da 'identidade' e dos 'interesses' do conjunto abstrato estatal. Assim, progressivamente, o estado se impõe como o conceito central do poder e ordenador das relações sociais, no plano interno, e agente das relações internacionais, com seus iguais.

A afirmação da identidade dos estados e dos poderes destes levou, contudo, progressivamente, ao fenômeno inverso, em excessos e paroxismos de personalização dessa entidade abstrata, mas esta se viu aos poucos revestida de sentimentos, de ideais, de honra e de interesses. Agregando-se-lhes a ideia não menos abstrata de 'nação'. E quanto sangue se derramou estupidamente em nome de tais honras e interesses, estatais ou nacionais. E tudo isso, em nome do estado – o mais frio de todos os monstros frios.[1055]

[1054] Jürgen HABERMAS, **Mudança estrutural da esfera pública**: investigações quanto a uma categoria da sociedade burguesa (orig. publ. **Strukturwandel der Öffentlichkeit**, 1961, trad. Flávio R. KOTHE, Rio de Janeiro: Tempo brasileiro, 2003).

[1055] Como avaliava Friedrich NIETZSCHE, **Also sprach Zarathustra** (in **Sämtliche werke**, Stuttgart: Kröner, 1964, vol. 6, p. 51), na passagem já referida: "das kälteste aller kalten Ungeheuer".

O estado absolutista do século XVII é expressão desse processo. Supostamente, à racionalização adotada na organização do estado, e com os progressos do conhecimento, deveria se reduzir o uso da violência: "nos termos de um discurso não destituído de maniqueísmo, os dois conceitos, de saber e de violência, constituiriam proposições em antítese" – ao fortalecer o primeiro, se reduziria a necessidade da segunda. Contudo, "esta ideologia otimista muitas vezes é desmentida pelo peso do pensamento e da história".[1056]

O formato estatal se torna ainda mais exacerbado[1057] com os ideais de soberania, alegadamente indivisível e imprescritível, emanados da Revolução francesa, no século XVIII, e desenvolvimentos ulteriores,[1058] acrescentados pela doutrina de língua alemã, do século XIX.

A ideia de soberania necessariamente absoluta não é tão antiga nem tão generalizada. Mesmo um paradigma do absolutismo real, como LUIS XIV, que teria afirmado a identidade entre a sua vontade e a do estado – *l'état c'est moi* – mesmo se não admitia a contraposição de vontade humana contrária à sua vontade real, nem por isso negava a existência de ordem jurídica superior, transcendente e intocável, uma "lei não escrita", como já diziam os antigos gregos e romanos.[1059]

[1056] Como se considera no **Tratado** (tomo 6 – **Direito internacional no tempo de Suárez, Gentili e Zouch**); ver tb. Lucien BÉLY, **La France au XVIIe siècle** – puissance de l'État, contrôle de la société (Paris: PUF, 2009); Guy SAUPIN, **La France à l'époque moderne** (Paris: Armand Colin, © 2000, impr. 2004); b/c os já referidos ensaios reunidos por Alain MORVAN (études réunies par), **Savoir et violence en Angleterre du XVIe au XIXe siècle** (Lille: Univ. de Lille III – Travaux et recherches – Diffusion P.U.L., 1987).

[1057] Nesse sentido os já referidos estudos de Harold J. BERMAN, **La formación de la tradición jurídica de Occidente** (orig. publ. **Law and Revolution** – the Formation of the Western Legal Tradition, 1983, trad. by Monica UTRILLA DE NEIRA, Mexico: Fondo de cultura económica, 1996); Mario BRETONE, **Derecho y tiempo en la tradición europea** (orig. publ. **Diritto e tempo nella tradizione europea**, 1994, trad. Isidro ROSAS Alvarado, México: Fondo de cultura economica, 1ª ed., 1999, reimpr., 2000); Jean PICQ, **Une histoire de l'état en Europe** – pouvoir, justice et droit du Moyen âge à nos jours (Paris: Presses de Sciences Po., 2009); o tantas vezes lembrado Michel VILLEY (1914-1988), esp. **A formação do pensamento jurídico moderno** (orig. publ. **La formation de la pensée juridique moderne**, trad. by Claudia BERLINER, São Paulo: Martins Fontes, 2005, 2a. ed., 2009); Franz WIEACKER, **História do direito privado moderno** (orig. publ. **Privatrechtsgeschichte der Neuzeit** – unter besonderer Berücksichtigung der deutschen Entwicklung, 1967 – 2a. ed., trad. A. M. Botelho HESPANHA, Lisboa: Fund. C. Gulbenkian, 4a. ed., 2010).

[1058] Cf. **Tratado** (tomo 11 – **Direito internacional no tempo do Iluminismo** e tomo 13 – **Direito internacional no tempo do concerto europeu**).

[1059] Cf. **Tratado** (tomo 3 A – **Direito internacional no tempo antigo** e tomo 3 B – **Gregos, romanos, chineses, indianos**).

Isso se coloca de modo semelhante, por parte dos juristas que precisam o conceito de soberania e suas repercussões nos planos interno e internacional, tais como BODIN, GRÓCIO e PUFENDORF.[1060] Há limites para as pretensões do estado soberano, ditados pela ordem internacional e pela ordem superior do direito natural, quer em relação aos homens, individualmente considerados, como em relação aos estados.

> Foi somente com a Revolução francesa, e sua teoria da soberania nacional indivisível, imprescritível e ilimitada, e depois com os filósofos e juristas alemães do século XIX, que vemos aparecer a ideia da soberania, concebida como o poder do estado de se obrigar ou de se determinar exclusivamente segundo a sua própria vontade.[1061]

Em razão de todo o mal causado à humanidade por tal concepção absolutista da vontade do estado, pode-se dizer que, felizmente

> Esta teoria não terá tido longa duração; já se a pode considerar como algo de interesse no domínio da história. Enquanto visa a soberania jurídica, a famosa 'competência da competência' dos alemães está em aberta contradição com a realidade; também os fatos foram mais fortes que a vontade dos juristas e dos governantes. A teoria absolutista do estado vinculado unicamente quanto este consentiu e somente quando este assim o tiver desejado, correspondia ao invidualismo anárquico dos séculos XVIII e XIX; hoje, os próprios estados reconhecem a primazia do direito internacional sobre seu direito particular, o que é a negação direta da soberania absoluta.[1062]

1060 Cf. **Tratado** (tomo 7 – **Direito internacional no tempo de Hugo Grócio** e tomo 9 – **Direito internacional no tempo de Samuel Pufendorf**).

1061 L. E. LE FUR, **Le développement historique du droit international**: de l'anarchie internationale à une communauté internationale organisée (RCADI, 1932, t. 41, p. 501-602, p. 539-540): "Il ne faudrait pas croire que cette notion d'une souveraineté nécessairement absolue soit très ancienne"; do mesmo L. LE FUR, **État féderal et conféderation d'états** (Paris: Marchal, 1896) a respeito do qual precisava "ouvrage traduit en allemand par Paul POSENER, sous le titre **Bundesstaat und Staatenbund** (Breslau, 1902)".

1062 L. LE FUR (op. cit., 1932, chap. II – Le nouveau droit international de la paix, cit. p. 539-540): "Ce n'est qu'avec la Révolution française et sa théorie de la souveraineté nationale indivisible, imprescriptible et illimitée, puis avec les philosophes et juristes allemands du XIXe siècle, que nous voyons apparaître l'idée de la souveraineté conçue comme le pouvoir de l'état de s'obliger ou de se déterminer exclusivement par sa propre volonté. / Cette théorie n'aura

"A soberania, como o direito natural, carregam o peso dos erros e dos excessos do século XVIII".[1063] No que diz respeito à origem, à natureza e ao alcance da soberania,[1064] observe-se:

> Assim como no estado, o interesse geral prevalece sobre o dos indivíduos, no direito das gentes, o interesse da comunidade internacional prevalece sobre o de um estado particular; existe, hoje, um direito comum internacional, que o estado não pode renegar e que é reconhecido e aplicado pela mais alta autoridade jurídica internacional, a Corte permanente de justiça internacional.[1065]

Essa grande transformação decorreria da "chegada do indivíduo ao direito internacional" – já se aponta de longa data.[1066]

pas eu une longue durée; on peut déjà la considérer comme relevant du domaine de l'histoire. En tant qu'elle vise la souveraineté juridique, la fameuse 'compétence de la compétence' des allemands, elle est en contradiction ouverte avec la réalité; aussi les faits ont-ils été plus forts que la volonté des juristes et des gouvernants. La théorie absolutiste de l'état lié uniquement quand il y a consenti et autant qu'il l'aura bien voulu correspondait à l'invidualisme anarchique des XVIIIe et XIXe siècles; aujourd'hui les états eux-mêmes reconnaissent la primauté du droit international sur leur droit particulier, ce qui est la négation directe de la souveraineté absolue."

1063 L. LE FUR (op. cit., 1932, p. 554): "Il est indispensable, d'ailleurs que cette souveraineté de l'état n'apparaîsse pas seulement comme un pouvoir de fait, mais aussi comme un pouvoir de droit; sinon ceux qui y sont soumis n'auraient pas l'obligation morale de la respecter; ils ne seraient tenus que par la contrainte matérielle, c'est-à-dire autant seulement que les gouvernants seraient les plus forts."

1064 Louis-Erasme LE FUR, **La théorie du droit naturel depuis le XVIIe siècle et la doctrine moderne** (RCADI, 1927, t. 18, p. 259-442); L. LE FUR, **Précis de droit international public** (Paris: Dalloz, 2e éd., 1933, pars. 133, 144, 334-387).

1065 LE FUR (op. cit., 1932, p. 558): "Comme dans l'état, l'intérêt général l'emporte sur celui des individus, en droit des gens le droit de la communauté internationale l'emporte sur celui d'un état particulier; il existe aujourd'hui un droit commun international que l'état ne peut renier et qui est reconnu et appliqué par la plus haute autorité juridique internationale, la Cour permanente de justice internationale."

1066 LE FUR (op. cit., 1932, L'individu et le nouveau droit international, p. 593-594): "l'avènement des individus à la vie internationale. [...] Et quand je parle de l'avènement des individus à la vie internationale, je ne fais pas seulement allusion aux quelques cas exceptionnels, dèjà admis avant la grande guerre, cas du pirate et de l'esclave, l'un mis hors la loi internationale, l'autre protégé par elle, et encore le cas de l'extradé ou de l'apatride. Je fais allusion à un mouvement autrement général et profond. C'est lui qui inspire tous les travaux individuels ou collectifs en vue de faire proclamer une déclaration des droits internationaux de l'homme, désormais internationalement reconnus et garantis; c'est lui aussi qui inspire

A partir do final do século XIX, se começa a por termo às concepções absolutistas da soberania –[1067] embora atribuindo origem mais antiga à ideia da soberania absoluta – quando, na verdade esta concepção somente teria surgido no final do século XVIII, com a 'nacionalização' do ideal do estado soberano pelos enciclopedistas franceses. Isso foi ainda agravado e expandido, no século XIX, com a divinização do estado pela doutrina jurídica e filosófica alemã.[1068]

Aos poucos começa o direito internacional a se desvencilhar desse peso excessivo do estado, em nosso contexto pós-moderno.[1069] Mas as recorrências estatizantes ainda parecem ter livre curso e serem consideradas aceitáveis, junto a amplo espectro de gente, das mais variadas profissões, mesmo entre os internacionalistas – justamente aqueles para quem os limites ao estado devem ser vistos como estruturalmente necessários, para que exista e opere o direito internacional.

O exagero da figura do estado, dos interesses e da 'glória' nacionais não se exprimiu somente no campo interno, como 'mitificação' de figuras e de efemérides nacionais, mas também se propagou externamente, como guerras

plusieurs des institutions déjà existantes du droit international d'après-guerre: la protection des minorités par exemple tout au moins lorsqu'ils s'agit non pas d'une minorité nationale très dense en une région déterminée et qui constitue déjà une nationalité, mais de ces minorités de langue ou de religion éparses, où c'est bien l'individu comme tel qui est protégé et non pas une collectivité déjà importante."

1067 Leon DUGUIT, **Souveraineté et liberté** ("leçons faites à l'Université Columbia (New York) 1920-1921", Paris: La Mémoire du droit, 2002).

1068 Como examina István MÉSZÁROS, **Para além do Leviatã: crítica do estado** (orig. publ. **Beyond Leviathan: Critique of the state**, 2021, org. prefácio e notas John Bellamy FOSTER, trad. Nélio SCHNEIDER, São Paulo: Boitempo, 2021, parte I – dos limites relativos aos limites absolutos: o anacronismo histórico do estado, cap. 1 – o anacronismo histórico e a necessária superação do estado, p. 63-88, cit. p. 66): "o estado, tal como foi constituído na história, torna-se em nosso tempo um anacronismo histórico opressivo, sob as circunstâncias de sua fase descendente de desenvolvimento em dada época. Essa mudança elementar não representa uma mudança passageira, mas uma fase irreversivelmente descendente do desenvolvimento, que ocorre quando o *modus operandi* do estado, normalmente posto em vigor como algo natural, não só perde sua legitimação histórica, mas também se torna contra-histórico no interesse do estado como tal – e não simplesmente desta ou daquela formação particular do estado –, necessariamente ao falhar no cumprimento de suas funções costumeiras de tomada de posição global e de coerção de forma historicamente viável."

1069 Cfr. **Fundamentos** bem como **Tratado** (tomo 20 – **Direito internacional, história e cultura**).

entre rivais ou como expansões de cunho colonialista. Como se deu a partir do mundo 'ocidental' em relação a outros continentes.[1070]

A configuração da relação entre Ocidente e o resto do mundo muitas vezes se põe de maneira desfocada. Isso não vem de nossos dias.

Podem ser referidas análises,[1071] onde o quadro de confrontação entre estes dois 'mundos',[1072] permaneceria em nosso contexto pós-moderno, sem perspectiva de solução:

> Esta divisão, frequentemente ilusória, sempre metafórica, mas ainda imensamente poderosa, é antiga. Os termos 'Oriente' e 'Ocidente' são obviamente ocidentais, mas foi provavelmente um povo oriental, os antigos assírios, durante o segundo milênio a. C., quem primeiro distinguiu entre o Ocidente, que designavam por *Ereb* ou *irib*, 'terras do sol poente', e o Oriente ou Ásia – *Asu* – 'terras do sol nascente'. Contudo, eles não concebiam a existência de uma fronteira natural entre ambos, nem atribuíam nenhum significado especial à distinção.[1073]

Esta 'guerra dos mundos' ou 'mundos em guerra', dataria de cerca de 2500 anos, se contados desde a confrontação dos antigos gregos com o império persa.[1074] E esse quadro se acirra quando a tais distinções de ordem

[1070] Cf. **Tratado** (tomos 14 a 17 – **Direito internacional no tempo do colonialismo**).

[1071] Adauto NOVAES (org.), **A outra margem do ocidente** (São Paulo: Companhia das Letras, 1999); Peter PADFIELD, **Maritime supremacy and the opening of the Western mind:** naval campaigns that shaped the modern world 1588-1782 (orig. publ. 1999, Londres: Random House, 2000); Frederick TURNER, **O espírito ocidental contra a natureza** (orig. publ. **Beyond geography**, 1980, trad. José Augusto DRUMMOND, Rio de Janeiro: Campus, 1990).

[1072] Anthony PAGDEN, **Mundos em guerra** – 2500 anos de conflito entre o Ocidente e o Oriente (orig. publ. **Worlds at war** – The Long Struggle between East and West, 2008, trad. Miguel MATA, Lisboa: Ed. 70, 2009); tb., A. PAGDEN (ed. by), **The languages of political theory in early modern Europe** (orig. publ. 1987, Cambridge: Univ. Press, 1990), onde convém também revisitar o ensaio do mesmo A. PAGDEN, *Dispossessing the barbarian: the language of Spanish Thomism and the debate over the property rights of the American Indians* (in **The languages of political theory in early modern Europe** (op. cit., 1990, p. 78-98).

[1073] A. PAGDEN (op. cit., 2008, ed. port. 2009, p. 12): "algumas das linhas de fratura que dividiam os povos ao longo dos séculos continuam muito presentes. Uma delas é a divisão e o antagonismo entre aquilo que era considerado a Europa e a Ásia, e, depois, quando estas palavras começaram a perder o seu significado geográfico, o 'Oriente' e o 'Ocidente'."

[1074] Cf. se examina no **Tratado** (tomo 3 A – **Direito internacional no tempo antigo**, cap. 4 – o império persa e tomo 3 B – **Gregos, romanos, chineses indianos**, cap. 5 – as cidades-estado gregas e mundo helenístico).

geográfica se acrescem dados abstratos, de consequências imponderáveis, tais como 'valores', 'identidade', ou 'civilização', combinando elementos tanto mais potencialmente explosivos, quanto mais vagamente manejados:

> A consciência de que Ocidente e Oriente eram não só regiões diferentes do mundo, mas também regiões repletas de povos diferentes, com culturas diferentes, adotando deuses diferentes e, muito crucialmente, com perspectivas diferentes face ao modo de viverem as suas vidas, devemo-la não a um povo asiático, mas a um povo ocidental – os gregos. Foi um historiador grego do século V a. C., HERÓDOTO, quem primeiro parou para se perguntar o que é que dividia Ocidente e Oriente, e porque é que dois povos, que eram muito parecidos em muitos aspectos nutriam um ódio recíproco tão duradouro.[1075]

O quadro se estende geográfica e temporalmente até os nossos tempos. E as divisões não se atenuam, apesar das dispersões espacial-temporal desde então ocorridas:

> Com o tempo, os povos da Europa, e as suas populações de colonos ultramarinos – isto é, aqueles que vivem naquilo que é comumente considerado o 'Ocidente' – acabaram por se considerarem detentores de uma identidade comum. Esta identidade e a forma como é compreendida alteraram-se radicalmente desde a Antiguidade até ao presente. E também é óbvio que, por muito forte que sejam esta herança comum e esta história partilhada, não impediram os sangrentos e calamitosos conflitos entre os povos que delas beneficiavam.[1076]

[1075] A. PAGDEN (op. cit., 2008, ed. port., 2009, loc. cit.) onde basicamente 'Oriente' designaria a subordinação, onde apesar da diversidade e da riqueza: "eram abjetos e servis. Viviam reverenciando atemorizadamente os seus soberanos, que consideravam não homens como eles, mas sim deuses", enquanto no 'Ocidente': "os povos que habitavam essa região também eram diversos e estavam frequentemente divididos, mas além disso partilhavam algo: amavam a liberdade mais do que a vida, e viviam governados por leis e não por homens, muito menos por deuses."

[1076] A. PAGDEN (op. cit., 2008, ed. port. 2009, p. 13): "Estes conflitos terão diminuído desde 1945 e tal como demonstra a recente disputa quanto à justiça da invasão do Iraque, liderada pelos EUA, são mais frequentemente travados sem recurso à violência, mas não desapareceram por completo."

Se o Ocidente precisou de estados soberanos para a construção do que viria a ser o 'sistema' de direito internacional e, por esse motivo, muitos entendem que somente de modo aproximativo ou imperfeito se pode falar em direito internacional, enquanto não existiram 'estados' – o que somente se dá a partir do início da era moderna – por outro lado, foi, também, preciso por limites à ação e à discricionaridade dos estados, para consolidar sistema institucional e normativo internacional, digno do nome. Assim, simultaneamente, o estado é dado para a existência do direito internacional, e ambos estão correlacionados historicamente, mas a evolução e o aperfeiçoamento desse mesmo sistema institucional e normativo mostrou a necessidade de limites à ação do estado, tanto na ordem interna – direitos e garantias individuais, direitos 'sociais e econômicos' – quanto na ordem internacional, por meio de limites à ação discricionária do estado.

Ao examinar a Europa de 1648 a 1815,[1077] de um lado, se põe o "estado" como conceito central para a compreensão da Europa no século XVIII, mas, por outro lado, cabe apontar não ser cabível falar em "nacionalismo" como fenômeno marcante somente do século XIX, porquanto este mesmo fenômeno já podia ser claramente assinalado em várias manifestações – que em suma significariam dizer que todas as virtudes são nossas e apanágio dos nossos conacionais, enquanto todos os defeitos e os vícios são sempre imputáveis aos estrangeiros, alvos determinados de campanhas – em várias facetas, no curso dos séculos XVII, XVIII e também XIX e, mais ainda, nos séculos XX e XXI. Assim, não teria sido preciso esperar tanto, para ver o nacionalismo como força política, explorada e manejada em todas os países, em várias épocas, quando isso se apresentasse como possível.

Na questão das relações entre Igreja e estado, no curso do século XVIII, se observa terem ocorrido boas e más notícias na configuração de longo prazo dessas relações – "em toda a Europa, 'o estado' foi o conceito chave da argumentação política – *the master noun of the political argument*, aponta Quentin SKINNER – e, no cerne do estado, estava o conceito de soberania":[1078]

[1077] Tim BLANNING, **The Pursuit of Glory: Europe 1648-1815** (© 2007, London: Penguin, 2008).

[1078] T. BLANNING (op. cit., 2007, ed. 2008, part three – religion and culture, chap. 7 – religion and the churches, p. 355-392, cit. p. 362-363): "With the advantage of hindsight, we can see that there was both good and bad news for the popes in the long term development of the Church-State relations.

Como é da essência da soberania a sua autossuficiência, por força de sua definição como 'autoridade definitiva da qual não existe apelação', nenhum estado pode tolerar a interferência de uma autoridade internacional, como o papado. É claro que a tensão sempre existiu. Foi, contudo, no curso do século XVIII, que o poder e prestígio declinantes do papado permitiram ao poder e ambições crescentes dos estados seculares fazer pender de modo decisivo o equilíbrio em favor destes.[1079]

Por outro lado, mesmo crítico acerbo dos desmandos políticos da Igreja, no período analisado, observa quanto esta continua presente no mundo, e tem demonstrado a sua resistência institucional. A resposta à provocadora indagação de STALIN – *quantas divisões tem o papa?* – foi dada de maneira clara, pelas mutações ocorridas nas últimas décadas.[1080]

No direito internacional, uma das questões centrais a ser considerada consiste nos limites conceituais e operacionais a serem colocados à expressão do que se pode denominar de 'vontade soberana' do estado, no plano internacional. Nesse sentido, é preciso compreender as especificidades da soberania, à luz do direito internacional.[1081]

Essa operação de 'personalização', por meio da qual se atribui a uma entidade abstrata, o estado, a condição de estar dotado de 'vontade', bem como da capacidade de a exprimir se põe, em considerável medida, como dado de ficção, de uso corrente no direito internacional. Nesse sentido, as manifestações seriam antes projeções humanas, do que atributos do

[1079] T. BLANNING (op. cit., 2008, loc. cit.): "right across Europe, 'the state' was 'the master noun of the political argument' (Quentin SKINNER) and at the heart of the state was the concept of sovereignty. As the essence of sovereignty is its self-sufficiency, by virtue of its definition as 'ultimate authority from which there is no appeal', no state can tolerate the interference of an international authority such as the papacy. The tension had always been there, of course. However, it was in the eighteenth century that the declining power and prestige of the papacy allowed the growing power and ambitions of secular states to shift the balance decisively in their favour."

[1080] T. BLANNING (op. cit., 2008, loc. cit.): "*How many divisions has he got*? sneered Joseph STALIN, when dismissing a protest from PIUS XII (1939-1958). Although he could not have died soon enough, in a way it is sad that STALIN did not survive to witness papal authority in Eastern Europe eclipsing that of the General Secretary of the Communist Party of the USSR (deceased)."

[1081] Jens BARTELSON, **A genealogy of sovereignty** (New York / Cambridge: Cambridge Univ. Press, 1995); E. N. van KLEFFENS, **Sovereignty in international law** (RCADI, 1953, t. 82, p. 1-132).

estado.[1082] E convém justamente buscar definição cognitiva do estado que permita concebê-lo como sujeito de direito.[1083] Trata-se, por assim dizer, de 'enquadrar' o estado como sujeito de direito, para tornar possível a existência e a operação de sistema internacional.

O direito internacional, enquanto ordenamento de comunidade juridicamente 'desorganizada', não conta com os mecanismos institucionais normalmente existentes nos ordenamentos nacionais, por meio dos quais se possam impor aos estados, enquanto entes 'soberanos', normas eficazes, hierarquicamente superiores aos acordos, pactuados entre os sujeitos de direito internacional. Tratados, envolvendo dois ou mais estados, podem ser a expressão de acordo de vontades,[1084] mas poucas vezes terão dimensão que transcenda aquele acordo específico em relação ao objeto do tratado – e configurar 'normas gerais de aplicação necessária', ou seja 'normas cogentes' de direito internacional geral.

Entende-se ser necessário o princípio *pacta sunt servanda*, mas não ser viável a pretensão de atribuir a este princípio a condição de valor fundante do sistema institucional e normativo internacional:[1085]

> o princípio fundamental *pacta sunt servanda* não pode constituir o valor jurídico que determina a idoneidade do acordo para ser fonte de normas. As normas pactuadas – como, em outro sentido, as normas internacionais da consciência – encontram a sua colocação e explicação exclusivamente no campo pré-jurídico, consistindo no único dado sociológico do ser e do permanecer da vontade comum das partes.[1086]

[1082] Jean SALMON, **Le fait dans l'application du droit international** (RCADI, 1982, t. 175, p. 257-414).

[1083] Maurice KAMTO, **La volonté de l'état en droit international** (RCADI, 2004, t. 310, p. 9-428); tb. Monique CHEMILLIER-GENDREAU, *Le rôle de la fiction en droit international* (APD, 1987, p. 153-162).

[1084] A respeito, ver ACCIOLY – NASCIMENTO E SILVA – CASELLA, **Manual** (26ª ed., 2023, item 2.2.2 – tratado), e **Tratado** (tomo – **Direito internacional, história e cultura**, esp. cap. 5 – desafios e desenvolvimento do direito internacional no contexto pós-moderno).

[1085] Giuseppe BARILE, **Lezioni di diritto internazionale** (Padova: CEDAM, 1977, cap. IV – i trattati, p. 69-129).

[1086] G. BARILE (op. cit., 1977, cit. p. 69-70): "il principio fondamentale *pacta sunt servanda* non può costituire il valore giuridico che determina l'idoneità dell'accordo ad essere fonte di norme. Le regole pattizie – come il altro senso le norme internazionali della coscienza – trovano la loro collocazione e spiegazione esclusivamente nel campo del pregiuridico, consistendo nel solo dato sociologico dell'essere e del permanere della volontà comune delle parti".

A vontade do estado, seja esta unilateralmente expressa,[1087] ou mediante acordo de vontades, bilateral ou multilateral, é dado estruturante do sistema institucional e normativo internacional, mas não pode constituir o único critério de determinação da validade normativa deste campo do direito, sob pena de incorrer em reducionismo, que o prive de todo alcance e de sustentação conceitual possível. Não há modo de fazer viver de modo 'forçado' as normas derivadas de acordo entre os sujeitos de direito, mesmo na hipótese em que estas não mais reflitam nem encontrem sustentação na 'vontade comum' dos sujeitos aos quais se reporta.

No direito internacional, as regras, resultantes de acordo, não são sustentadas pela 'lei', como se dá com os contratos, no plano dos direitos internos, de modo tal a poder manter a eficácia 'real' destes, mesmo em caso de mudança do conteúdo ou de substancial modificação das condições fáticas das partes contratantes, e que estas não mais colaborem para a sua específica atuação. As normas internacionais pactuadas valem enquanto acordo, entre os mesmos sujeitos que as pactuaram. Permanecem eficazes somente se e até o ponto em que persista a 'vontade comum' das partes, dirigida à manutenção da existência e do conteúdo do acordo pactuado entre estas. No âmbito do sistema institucional e normativo internacional se põe a grande questão: onde encontrar o valor fundante do sistema? Sobre qual premissa podem ser lastreadas a sua validade e a sua eficácia enquanto sistema?

Por isso, a idoneidade do tratado, como fonte de normas jurídicas, não pode depender de norma superior geral, que não se pode, ademais conceber, mas se vincula ao fato sociológico do ser e do permanecer da vontade comum das partes.[1088]

Tudo isso não exclui a concepção possível de 'vontade geral', por meio da qual possam esses mesmos estados, enquanto sujeitos de direito internacional, exprimir a intenção de estabelecer pactos ou conteúdos principiológicos, aos quais atribuam a dimensão de valores fundantes do sistema institucional e normativo internacional, como de resto, a própria noção desse sistema internacional. Mas o ponto de partida – que também é o limite da eficácia – continua o mesmo: a expressão do acordo de vontades entre os mesmos sujeitos que estabelecem a norma e em relação aos quais essa mesma norma deverá a seguir ser aplicada.

[1087] A respeito, v. **Tratado** (tomo 20 – **Direito internacional, história e cultura**, cap. 5; e tb. tomo 2 – **Direito internacional dos espaços**, cap. 30 – território e ato unilateral).

[1088] G. BARILE (op. cit., 1977, loc, cit.).

Quando a 'vontade geral' se vê rompida – e corrompida – por comportamento ilícito, pode surgir, no direito internacional geral, a obrigação de responsabilidade, mas a esta se põem limites quanto à possibilidade e à extensão na qual se possa assegurar o efetivo reconhecimento e as consequências de tal responsabilidade. Alguns estados, logo se constata, são mais passíveis de responsabilização do que outros.

A atuação forçada da responsabilidade pode parecer dar-se de modo 'incerto' e 'casual', somente por meio de ação dos próprios sujeitos interessados, nunca por meio de instituição *super partes*, que simplesmente não existe no direito internacional geral.

Nesse sentido, a necessidade de reconhecer que "um tratado somente faz nascerem direitos por meio de acordo de vontades",[1089] e este não subsiste senão por meio da manutenção deste mesmo acordo de vontade,

> enquanto dure esse mesmo acordo, e a partir do momento em que ocorra mudança de vontade, no campo de uma das partes contratantes, a outra somente pode exigir somente o restabelecimento do antigo estado de coisas e o ressarcimento de danos, em razão do prejuízo, por esta experimentado. É a vontade coletiva, fundada sobre a comunidade de interesses e de sentimentos morais – *sentiments moraux* –, que torna o vínculo individual mais sólido, exigindo a execução direta e contínua daquilo que foi prometido. O estado possui para tal fim os meios de coerção suficientes, em relação aos indivíduos; o direito internacional está privado de tais meios, e assim, os tratados públicos somente podem receber a autoridade e a significação naturais.[1090]

[1089] August HEFFTER, **Le droit international public de l'Europe** (orig. publ. **Das europäische Völkerrecht der Gegenwart auf den bisherigen Grundlagen**, Berlim, 1844, trad. Jules BERGSON, Berlim: Schroeder / Paris: Cotillon, nouvelle édition revue et augmentée, après le décès du traducteur, par l'auteur, 1866).

[1090] August HEFFTER, **Le droit international public de l'Europe** (ed. francesa, 1866, p. 171): "que par suite il ne subsiste qu'avec celui-ci, et dès qu'un changement de volonté survient du côté de l'une des parties contractantes, l'autre peut exiger seulement le rétablissement de l'ancien état de choses et des dommages-intérêts à raison du préjudice par elle éprouvé. C'est la volonté collective fondée sur la communauté d'intérêts et des sentiments moraux qui rend l'engagement individuel plus solide, en exigeant l'exécution directe et continue de ce qu'on a promis. L'état possède à cet effet des moyens de contrainte suffisants à l'égard des individus; le droit international en est privé, et par suite les traités publics peuvent recevoir seulement l'autorité et la signification naturelles."

As disposições contidas nos tratados existem na medida e até quando persista o acordo de vontades entre os estados participantes. A circunstância que normas gerais de direito internacional não regulem a vigência das normas de acordo não exclui que as mesmas normas gerais disciplinem os tratados, com relação a múltiplos aspectos da existência, da validade e da eficácia destes.

A construção do sistema institucional e normativo internacional, ao menos tal como até aqui conhecido e praticado, se deu por meio da expressão do que se poderia denominar 'vontade coletiva' dos estados. Como expressão de grande mutação conceitual, no início da era moderna, depois de longa e complexa crise na qual viu-se ter ficado superado o modelo centralizador medieval.

As rupturas marcadas pelas guerras religiosas, como a ruptura da visão de mundo, concomitantes aos 'grandes descobrimentos' tornam patente a obsolescência do velho modelo e a necessidade de criação de novo parâmetro de regulação internacional. Esta se constrói ao longo do tempo. Teve este, no curso do século passado, consideráveis avanços e choques, reiterados, à viabilidade do sistema. E estes permanecem no século em curso.[1091]

Com a decadência do regime feudal no Ocidente, a noção de estado se torna mais precisa. Os povos tomam consciência da unidade nacional e esta permite o estabelecimento de relações continuadas entre estados.[1092]

Em contraposição a esse 'longo e triste outono' medieval,[1093] se trata de dinâmica continuada – *dynamique continuée* –,[1094] como tendência pre-

[1091] Cfr. **Fundamentos** bem como **Tratado** (tomo 20 – **Direito internacional, história e cultura**).

[1092] Como se examina neste tomo, título I – multipolarização da Europa na era moderna e advento do direito internacional como sistema.

[1093] Clássica porém não incontroversa a tese do historiador holandês J. HUIZINGA (1872-1945), sobre o que este chamou **O outono da idade média** (1919; 5ª. ed. holandesa, 1941), traduzido para o alemão (1923), inglês (1924), sueco (1927), espanhol (1930), francês (1932), húngaro (1937), italiano (1940), finlandês (1951), japonês (1958), polonês (1961) e português (1962), faz magistral "estudo das formas de vida e do espírito nos séculos XIV e XV na França e nos Países Baixos", mostra o fim de uma era o início de outra, a partir das mudanças ocorridas nas artes plásticas e na literatura, como reflexos das mudanças em curso na sociedade. Ed. bras., **O outono da Idade média** – estudo sobre as formas de vida e de pensamento dos séculos XIV e XV na França e nos Países Baixos (ensaios de Peter BURKE e Anton van der LEM, entrevista Jacques LE GOFF, trad. Francis Petra JANSEN, São Paulo: Cosac Naify, 2010).

[1094] Jérôme BASCHET, **La civilisation féodale**: de l'an mil à la colonisation de l'Amérique (Paris: Aubier, 2004); em relação ao período anterior, cf. Michel ROUCHE, **Les racines de l'Europe: les sociétés du haut moyen âge 568-888** (Paris: Fayard, 2003).

dominante para a caracterização do quadro de contrastes que oferecem os últimos dois séculos da Idade média.[1095]

Se, em termos de registro cronológico, todas as principais teorias do estado foram produzidas em períodos históricos de grande turbulência,[1096] por que essas interpretações contrastantes em relação ao fim da Idade média? Sem dúvida, não faltaram catástrofes: depois da fome geral de 1315-1317, surge em 1348 a peste negra – peste bubônica – que não somente mata cerca de um terço da população da Europa cristã como reaparece periodicamente em anos posteriores. A guerra, tanto sob a forma de batalhas violentas, como de incidentes e rapinas está presente em todo o Ocidente, pelo menos até a metade do século XV, da qual a "guerra dos cem anos" entre a França e a Inglaterra seria a ilustração mais forte[1097] ou 'modelo', para as grandes guerras futuras. A igreja se divide a partir do seu comando, com o "grande cisma do Ocidente", transporta o papado para Avignon, capital artificial do cristianismo, depois opõe um papa a outro, em alguns momentos três papas, guerreando-se e excomungando-se entre si. O imposto necessário para o funcionamento de um sistema real ou comunal tem dificuldades em se impor e os príncipes devem constantemente recorrer a empréstimos, que condena a cristandade a uma crise quase permanente de liquidez e de solvabilidade.

Essas calamidades não somente tiveram consequências nefastas para a economia, e com a instauração da paz, na metade do século XV, no seu conjunto, a Europa retoma o seu ritmo, muito embora sem voltar aos mesmos patamares de prosperidade, que tinham caracterizado o assim chamado longo século XIII.[1098]

Nesse sentido, dada a relação medieval com o dinheiro – *le Moyen Age n'aima pas l'argent* –[1099] não se poderia ainda falar em capitalismo, nem sequer

[1095] J. BASCHET (op. cit., 2004, p. 228-278).

[1096] I. MÉSZÁROS, **Para além do Leviatã: crítica do estado** (ed. bras., 2021, Introdução, p. 49-60, cit. p. 52) "desde PLATÃO, ARISTÓTELES e AGOSTINHO, passando por MAQUIAVEL e HOBBES, até J.-J. ROUSSEAU e G. W. F. HEGEL, bem como, é claro, até MARX, V. I. LÊNIN e seus camaradas, como Rosa LUXEMBURGO e Antonio GRAMSCI."

[1097] J. LE GOFF, **Le Moyen Age et l'argent** (Paris: Perrin, 2010, chap. 12 – Prix, salaires et monnaie aux XIVe et XVe siècles, p. 179-193).

[1098] J. BASCHET (op. cit., 2004, p. 228-278). O 'longo século XIII' estender-se-ia do final do século XII às primeiras décadas do século XIV, como continuidade de processo de expansão econômica e de renovação de várias áreas do conhecimento.

[1099] A relação da Idade média com o dinheiro seria diversa da que ocorreu na Roma antiga, como da que ocorre entre nós. São lógicas sociais diferentes que tem, cada uma, a sua

em pré-capitalismo, na Europa medieval, em razão da inocorrência de elementos estruturais e funcionais básicos deste: um mercado unificado, a mentalidade econômica, e a liquidez de moeda. Mesmo o fato de que o dinheiro não é, na Idade média ocidental, uma entidade econômica, porquanto sua natureza e seu uso decorrem de outras concepções, entrava a concepção de 'capitalismo medieval', ainda que incipiente.

Para que se faça a "distinção entre esferas do dinheiro consoante os níveis sociais em que ele circulava, ou de acordo com o grau de prestígio atribuído aos âmbitos em que era aplicado, não representa qualquer originalidade do regime senhorial".[1100]

Somente no final da Idade média e, sobretudo, em Florença, se esboça em alguns dos primeiros humanistas, concepção favorável ao dinheiro. O filósofo e homem público, Leonardo BRUNI, faz o elogio da riqueza no prefácio da tradução latina das **Econômicas**,[1101] antes atribuídas a ARISTÓTELES.[1102]

coerência. Observa: "J'y insiste: l'erreur des historiens modernes, concernant 'l'argent' au Moyen Age vient de leur manque d'attention à l'anachronisme" - comentava J. LE GOFF (op. cit., 2010, cit. p. 225).

1100 João BERNARDO, **Poder e dinheiro** – do poder pessoal ao estado impessoal no regime senhorial, séculos V-XV (Porto: Afrontamento/Biblioteca das Ciências do Homem: tomo III: Sincronia. Família, dinheiro e estado do século XI ao século XIV, 2002, cap. 8 – conteúdo da forma II do dinheiro, p. 295-310, cit. p. 295 e p. 310): "as moedas mais prestigiadas, nomeadamente as peças de ouro de Florença, para evitarem as perdas de metal precioso devidas a cortes fraudulentos ou ao mero atrito, eram encerradas em sacos de couro, selados com a estampilha de um departamento oficial. E outras cidades toscanas reproduziram esta prática. Neste caso, as moedas circulavam de tal maneira que se aproximavam economicamente de lingotes, já que a sua alma monetária ficava oculta por um corpo que se limitava a garantir-lhes o peso e o conteúdo metálico. Mas que fazer quando começaram a difundir-se bolsas com selos falsificados?"

1101 Leonardo BRUNI (1369-1444), fez tradução (1420-1421) do pseudo ARISTÓTELES, **Economica**, por ele dedicada a CÓSIMO DEI MEDICI. Dentre outras bibliotecas, as Bodleian Libraries da Universidade de Oxford – The Tolkien Trust, mencionam on line diversos manuscritos, com a advertência de não serem menções exaustivas: MS.Add.C.264 – 1425-26 [in part: fols. 1-60]; Italian, Florence; dentre outros. V. tb. Josef SOUDEK, The genesis and tradition of Leonardo Bruni's annotated Latin version of the (Pseudo-) Aristotelian Economics (Scriptorium – Revue internationale des études relatives aux manuscrits / International review of manuscript studies, publiée avec le concours de la Fondation universitaire de Belgique, année 1958, vol. 12-2, p. 260-268 – on line no site persee.fr).

1102 A autoria é contestada: O livro I das **Econômicas**, derivaria das **Econômicas** de XENOFONTE e da **Política** de ARISTÓTELES; o livro II – "certainly unworthy of the great moralist" – pouco tem a ver com o conteúdo do livro anterior; o assim chamado livro

Pontos altos dessa nova mentalidade se encontram no tratado de Poggio BRACCIOLINI contra a avareza, **De avaritia**,[1103] e sobretudo no **De iciarchia**, os **Livros sobre a família**, do grande arquiteto e teórico humanista, Leon Baptista ALBERTI.[1104]

No conjunto, a atitude medieval frente ao dinheiro e à usura foram, predominantemente, negativas. Por isso,[1105] não caberia falar em capitalismo na Idade média,[1106] apesar de três pensadores 'de primeira linha' terem

III – "a graceful homily on married life, worthy of ARISTOTLE himself" – mas do qual sequer se conhece o texto grego original, aparece, em 1295, em tradução latina de autoria de Guillaume DURAND, bispo de Mende, da região do Languedoc, jurista e homem de estado, falecido em Roma, em 1296. ARISTOTLE, **Oeconomica / Metaphysics**: Books X-XIV / **Magna Moralia** (original grego, with an English translation by H. TREDENNICK e C. Cyril ARMSTRONG, Cambridge, Ma. / London: Harvard UP, LCL vol. 287, ARISTOTLE vol. XVIII, © 1935, reprinted 2006, p. 321-424); v. tb. ARISTÓTELES, **Économique** (edição bilíngüe, "texte établi et traduit par" B. A. van GRONINGEN e A. WARTELLE, introduction et notes par Pierre-Emmanuel DAUZAT, Paris : Les Belles Lettres – Classiques en poche, vol. 64, 2003). P.-E. DAUZAT (ed. cit., 2003, introduction, p. V-XXIV, cit. p. VI) comenta na sua introdução quanto oscilou entre o reconhecimento e a recusa, a aceitação da **Econômica**, dentre as obras de ARISTÓTELES: "Alors ARISTOTE inutile et incertain comme disait PASCAL de DESCARTES? À en juger d'après la rareté des éditions de l'**Économique**, son rejet presque systématique du corpus aristotélicien (en un demi-siècle la situation a changé du tout au tout) et son imputation à un Pseudo-Aristote qui aurait des leçons à apprendre du brave XÉNOPHON, il semble qu'il faille répondre par l'affirmative. Mais il n'en a pas toujours été ainsi, et gageons que la mode qui prétend aujourd'hui exclure cet ARISTOTE lá, 'pseudo' ou non, du corpus aristotélicien mais aussi du corpus de la science économique n'est pas si innocente qu'il y paraît."

1103 Poggio BRACCIOLINI, **De avaritia (Dialogus contra avaritiam)** (escrito por volta de 1429, Belforte: Giuseppe Germano, 1994) digitalizado e disponível em books.google.com.br.

1104 Leon Baptista ALBERTI (1404 – falecido após 1471), *De iciarchia* ou do governo do pai de família (datados de 1437-1441, in **Opere volgari**, edição C. GRAYSON, Bari: Laterza, 1966, vol. II, p. 204). Em seu tratado, ALBERTI chega a afirmar: "vê-se que, de todas as coisas, o dinheiro é a raiz, o atrativo, o alimento. O dinheiro, ninguém duvida quanto ele é o nervo de todas as profissões, de modo que quem o possui em quantidade pode escapar de todas as necessidades."

1105 Philippe NOREL, **L'histoire économique globale** (Paris: Seuil, 2009).

1106 J. LE GOFF (op. cit., 2010, chap. 15 – capitalisme ou *caritas*?, p. 221-229, cit. p. 222-223): "Quels sont à mes yeux les éléments constitutifs du capitalisme qui n'existent pas dans l'Europe médiévale? Le premier est une alimentation suffisante et régulière soit en métaux précieux permettant la fabrication de monnaie, soit en monnaie papier comme l'avaient déjà réalisé les Chinois. Or, nous l'avons vu, le Moyen Age a été a plusieurs reprises au bord de la famine monétaire et il l'est encore à la fin du XVe siècle." [...] "Une deuxième condition à l'installation du capitalisme fut la formation, à la place de la multiplicité de marchés qui avait

afirmado isso, como se reporta das lições de Fernand BRAUDEL,[1107] Karl MARX[1108] e Max WEBER.[1109]

Em relação a este último,[1110] pode ser contestada a tese de ligação direta entre capitalismo e reforma protestante,[1111] muitas vezes repetida. Mas existiria, assim, "definitivamente, alguma verdade na ideia, apesar de tudo contestável de Max WEBER sobre as relações entre o protestantismo e o

fragmenté l'usage des monnaies imparfaitement réglé par les foires et les Lombards, d'un unique marché qui ne se constitua qu'à partir du XVIe siècle, et qui n'est d'ailleurs pas encore entièrement achevé, à travers une succession de mondialisations. La troisième institution, décisive selon moi, fut l'apparition d'un organisme qui n'avait pas réussi à s'implanter à Anvers au XVe siècle et qui s'établit en fin en 1609 à Amsterdam, la Bourse."

1107 Fernand BRAUDEL, em seu já citado, **Civilisation matérielle, économie et capitalisme XVe-XVIIIe siècle** vol. I – **Les structures du quotidien: le possible et l'impossible** (Paris: Armand Colin 1979), vol. II – **Les jeux de l'échange** (Paris: Armand Colin, 1979), vol. III – **Le temps du monde** (Paris: Armand Colin, 1979); tb. disponível em inglês, **Civilization and capitalism (15th.-18th. century) I: The structures of everyday life**: the limits of the possible (translation from the French, revised by Sián REYNOLDS, New York: Harper & Row, 1981); **II: The wheels of commerce** (New York: Harper & Row, 1982); **III: The perspective of the world** (transl. from the French by Sián REYNOLDS, New York: Harper & Row, 1984). Para BRAUDEL, o fenômeno 'capitalismo' remontaria ao século XII nas cidades da Itália e ao século XIII, em Paris. Isso é negado por J. LE GOFF (op. cit., 2010, chap. 15 – capitalisme ou *caritas*?, p. 221-229), com ref. a Ph. NOREL (op. cit., 2009) "selon qui BRAUDEL voit dans le capitalisme quelque chose de différent de l'économie de marché" e conclui (p. 221): "Tout ce que j'ai exposé dans cet essai montre que je ne crois pas à la réalité de capitalisme médiéval."

1108 J. LE GOFF (op. cit., 2010, chap. 15 – capitalisme ou *caritas*?, p. 221-229, cit. p. 221-222): "Pour MARX, toujours selon NOREL, le capitalisme est un véritable mode de production. Il s'impose historiquement lorsque s'installe l'appropriation privée par la bourgeoisie et la noblesse des modes de production. Pour MARX, si le rapport de production capitaliste voit le jour très progressivement entre le XIIe et le XVe siècle, il ne s'impose vraiment qu'aux XVIe et XVIIe siècles. Cette conception a pour moi au moins l'avantage de laisser le Moyen Age en dehors du capitalisme."

1109 J. LE GOFF (op. cit., 2010, chap. 15 – capitalisme ou *caritas*?, p. 221-229, p. 222): "Max WEBER au début du XXe siècle, qui le définit [le capitalisme] comme une organisation de l'économie en vue du profit réalisable par la constitution préalable d'une masse suffisante de capital. Max WEBER voit ce système apparaître au XVIe siècle et se forger entre le XVIe et le XIXe siècle. On sait que Max WEBER y ajoute un point de vue qui a été très discuté, l'influence qu'aurait eue la Réforme protestante sur, sinon la naissance, du moins le développement de ce capitalisme. Ici encore, l'essentiel pour moi est qu'on ne peut pas parler de capitalisme avant le XVIe siècle."

1110 J. LE GOFF, **Le Moyen Age et l'argent** (op. cit., 2010, chap. 15 – capitalisme ou *caritas*?, p. 221-229).

1111 Max WEBER, **Die protestantische Ethik und der Geist des Kapitalismus** (orig. publ. 1904-1905, Erftstadt: Area Verlag – Wort-Schätze, 2005).

dinheiro, mas é mais, eu creio, uma questão de data do que de relações internas". O século XVI conheceu a Reforma e, somente a partir de então, um esboço de capitalismo.[1112]

Outros pensadores – além do próprio Max WEBER, como Ernst TROELTSCH (1919) e Richard TAWNEY (1926) –[1113] manifestar-se-ão a favor ou contra a tese de existência de relação direta entre o protestantismo – sobretudo calvinista – e o capitalismo.[1114] O que é, por sua vez, por outros criticado, como refutado por A. BIELER (1959) e K. SAMUELSSON (1961).[1115]

Aqui importa sobretudo considerar as mutações, ocorridas entre o final da era medieval e início da era moderna, como dados estruturais para a compreensão do sistema institucional e normativo internacional. Não somente se consolida o estado monárquico, como também o 'capitalismo'.[1116]

Enfatizem-se as mutações ocorridas no estado monárquico, entre 1460-1610, de grande importância para a compreensão do período moderno – inserto entre o tempo pós-medieval e o pré-contemporâneo. Tempo de cristalização do modelo do estado-nação.[1117]

A partir da instauração do modelo de estados-nação, de igual categoria jurídica, e imbuídos da percepção de suas respectivas soberanias nacionais, pode-se, então, começar a ver progressivamente configurado

[1112] J. LE GOFF (op. cit., 2010, p. 213-214): "Il y a peut être en définitive une part de vérité dans l'idée pourtant contestable de Max WEBER sur les rappports entre le protestantisme et l'argent mais c'est plus, je crois, une question de date que de rapports internes. Le XVIe siècle a connu la Réforme et, comme on le verra encore dans cet essai, une ébauche de capitalisme."

[1113] Ernst TROELTSCH, **Die Soziallehren der christlichen Kirchen und Gruppen** (Tübingen: Mohr, 1919); Richard Henry TAWNEY, **Religion and the rise of capitalism**: a historical study (Londres: J. Murray, 1926).

[1114] Veja-se também João BERNARDO, **Poder e dinheiro** – do poder pessoal ao estado impessoal no regime senhorial, séculos V-XV (Porto: Afrontamento/Biblioteca das Ciências do Homem: t. I: Sincronia. Estrutura econômica e social do século VI ao século IX, 1995; t. II: Diacronia. Conflitos sociais do século V ao século XIV, 1997; t. III: Sincronia. Família, dinheiro e estado do século XI ao século XIV, 2002).

[1115] André BIELER, **La pensée économique et sociale de Calvin** (Genève: Georg, 1959); além de J. LE GOFF (op. cit., 2010), ver tb. Kurt SAMUELSSON, **Religion and economic action** (trad. do sueco por E. Geoffrey FRENCH, Estocolmo e Londres: Svenska Bokförlaget, 1961).

[1116] Cfr. István MÉSZÁROS, **Para além do Leviatã: crítica do estado** (orig. publ. **Beyond Leviathan: Critique of the state**, 2021, org. prefácio e notas John Bellamy FOSTER, trad. Nélio SCHNEIDER, São Paulo: Boitempo, 2021).

[1117] Emmanuel Le Roy LADURIE, **O estado monárquico 1460-1610** (do original **L'état royal de Louis XI à Henri IV**, © 1987, trad. Lúcia Maria MACHADO, São Paulo: Companhia das Letras, 1994).

o dado de base para o direito internacional clássico.[1118] A partir da emergência e da consolidação deste, ainda serão necessários mais alguns séculos, até que se instaurem os mecanismos técnicos de regulação pacífica da convivência entre estados, em seus respectivos interesses e áreas de atuação.

A multipolarização das soberanias estatais na Europa foi dado essencial para o advento de sistema de direito internacional, tal como se denomina o direito internacional clássico. Nesse meio tempo se dará a passagem da atuação dos precursores até que se possa falar em ocorrência de sistema coeso de direito internacional.

Os 'descobrimentos' da América – tais como 1492 e 1500 – tiveram inegável importância no funcionamento e alteram de modo irreversível a dinâmica do mundo ocidental.[1119] Consequentemente também para a evolução do direito internacional, a partir do final do século XV.

Como ilustra a obra de Francisco de VITÓRIA, na primeira metade do século XVI.[1120]

Além de trazer grandes mutações para todo o quadro do mundo, entre os homens daquele tempo e das gerações seguintes, suscitam os descobrimentos questões morais, em relação à 'colonização' da América e já à época, dúvidas quanto à legitimidade dos métodos truculentos adotados.[1121]

O contexto da combinação entre os grandes descobrimentos e a reforma leva à criação do direito internacional moderno, como modelo interestatal, e

[1118] Cf. **Tratado** (tomo 8 – **Direito internacional além do paradigma vestfaliano**).

[1119] Cfr. **Tratado** (tomos 14 a 17 – **Direito internacional no tempo do colonialismo**); v. o conjunto de ensaios reunidos no volume Jay A. LEVENSON (edited by), **Circa 1492** (Washington / New Haven: National Gallery of Art / Yale University Press, 1992).

[1120] Ver cap. 14 – Francisco de VITÓRIA, a seguir; A. PAGDEN, *Dispossessing the barbarian: the language of Spanish Thomism and the debate over the property rights of the American Indians* (in **The languages of political theory in early modern Europe** (Cambridge: Univ. Press, 1990, p. 78-98); Patricia SEED, **Ceremonies of possession in Europe's conquest of the new world 1492-1640** (New York / Cambridge: Cambridge Univ. Press, 1995).

[1121] A respeito, v. **Tratado** (tomo 3 A – **Direito internacional no tempo antigo**, cap. 2 – tempo e discurso no direito internacional), bem como a seguir, cap. 14 – Francisco de VITÓRIA. Em sentido crítico dos mecanismos de conquista colonial coloca-se o contemporâneo Frei Bartolomeu de LAS CASAS, **Historia de las indias** (edición de Agustín MILLARES Carlo y estudio preliminar de Lewis HANKE, Mexico: FCE, 1ª ed., 1951, 2ª ed., 1965, 4ª reimpr. 1995, 3 vols.). Ver também o discurso dos próprios: Bernal DIAZ DEL CASTILLO, **La conquête du Mexique**; Hernán CORTÉS, **La conquête du Mexique**; Pedro PIZARRO, **La conquête du Pérou** (édition présentée par Bernard CHALIAND, Paris: Omnibus, 2003).

forma de reger a convivência entre as unidades políticas.[1122] Não mais havia sequer a aspiração de parâmetro comum em matéria de religião, ou o reconhecimento da primazia de figura papal, que pudesse atuar como 'árbitro' supremo nas controvérsias entre os soberanos, ao menos na Europa ocidental.

Rompera-se a unidade do mundo dito cristão com o cisma de Miguel CERULÁRIO em 1054, separando as igrejas ortodoxas e a igreja católica. Mas essa cisão poderia parecer distante da realidade da Europa ocidental. Diversamente do que ocorre com as sucessivas levas da reforma protestante, fracionando e deflagrando conflitos sangrentos no seio da falida *respublica christiana* medieval. Países e cidades próximas se cindem entre os lados da contenda.

Na sequência e consequência da Reforma protestante rui modelo e surge novo contexto internacional multipolarizado. Primeira etapa: reduzem-se a termo os resultados da violência e da força. Durante mais de cem anos, os homens se matam, em nome das guerras de religião, levando a violência política, em nome de Deus, ao paroxismo, durante uma geração, na guerra dita dos 'trinta anos', quando se desenvolve e se consolida, com objeto e método próprios, o direito internacional moderno, independentemente de fundamentação transcendental. Começam a ser concebidas formulações de princípios, normas e instituições. Seria indício da segunda etapa: a subsequente implementação do direito internacional clássico.

Entre a era moderna e o tempo do Iluminismo se vai criar a história do direito internacional como novo campo de estudo,[1123] relutando em chamar

[1122] Nesse sentido os já antes referidos estudos de Harold J. BERMAN, **La formación de la tradición jurídica de Occidente** (orig. publ. **Law and Revolution** – the Formation of the Western Legal Tradition, 1983, trad. Monica UTRILLA DE NEIRA, Mexico: Fondo de cultura económica, 1996); Mario BRETONE, **Derecho y tiempo en la tradición europea** (orig. publ. **Diritto e tempo nella tradizione europea**, 1994, trad. Isidro ROSAS Alvarado, México: Fondo de cultura economica, 1ª ed., 1999, reimpr., 2000); Jean PICQ, **Une histoire de l'état en Europe** – pouvoir, justice et droit du Moyen âge à nos jours (Paris: Presses de Sciences Po., 2009); Michel VILLEY, **A formação do pensamento jurídico moderno** (orig. publ. **La formation de la pensée juridique moderne**, trad. by Claudia BERLINER, São Paulo: Martins Fontes, 2005, 2a. ed., 2009); Franz WIEACKER, **História do direito privado moderno** (orig. publ. **Privatrechtsgeschichte der Neuzeit** – unter besonderer Berücksichtigung der deutschen Entwicklung, © 1967 – 2a. ed., trad. A. M. Botelho HESPANHA, Lisboa: Fund. C. Gulbenkian, 4a. ed., 2010).

[1123] Ver **Tratado** (tomo 11 – **Direito internacional no tempo do Iluminismo**); comentava Stephan VEROSTA, **International Law in Europe and Western Asia between 100 and 650 A.D.** (RCADI, 1952, t. 80, p.485-620, cit. p. 492): "While the age of Reformation gave

o direito de ciência.[1124] A conscientização do trajeto já percorrido, prepara o caminho para o futuro.

A construção da terceira etapa, a 'ideia de organização internacional',[1125] se conjuga com a utopia. Vê-se a multiplicação das formulações de projetos para tornar perpétua a paz na Europa – do Abbé de SAINT-PIERRE (1713) a Immanuel KANT, no **Ensaio sobre a paz perpétua** (1795), passando por vários autores, entre estes dois marcos, ao longo do século XVIII.

O conceito de I. KANT, no ensaio a respeito da **ideia de história universal de ponto de vista cosmopolita** (1784)[1126] corresponde ao ideal de *racionalização* da ordenação internacional: tem consciência de que o mundo não é estado de direito, mas tem de estar dotado de princípios e normas, e o conjunto de instituições internacionais pode ser aperfeiçoado. Basicamente se trata de admitir que a *implementação* pode ser desenvolvida, buscando a construção de patamares de juridicidade internacional. Dentre os

birth to the science of the law of nations, the age of Enlightenment introduced the history of the law of nations as a new science."

1124 Tobias BARRETO, na conferência "ideia do direito" (no volume **Estudos de direito**, Campinas: Bookseller, 2000, p. 151-159, cit. p. 153-154): "Nos dias que atravessamos, a esta hora do nosso desenvolvimento, quem como vós, senhores doutores, mesmo à custa de trabalho e sacrifício, é graduado em ciências jurídicas e sociais, vê-assaltado, como Dante diante da loba, por uma questão sombria e importuna. / "É a seguinte: existe realmente, temos nós realmente um grupo de ciências de tal natureza? Em face do avanço imenso que levam todos os outros ramos de conhecimentos humanos, não soa como uma ironia falar de uma ciência jurídica, falar de uma ciência social, quando nem uma nem outra estão no caso de satisfazer as exigências de um verdadeiro sistema científico? A questão é séria, senhores doutores, e tão séria, que a mesma consciência, a mais lúcida consciência do próprio merecimento, deixa-se absorver e apagar pelo sentimento da dubiedade do título que se recebe."

1125 Cf. se examinou no precedente cap. 12; v. tb. P. B. CASELLA, **União europeia**: instituições e ordenamento jurídico (São Paulo: LTr, 2002, esp. 1.2 – projetos e experiências de União europeia: antecedentes históricos, p. 54-71); J. van KAN, **Règles générales du droit de la paix** – l'idée de l'organisation internationale dans ses grandes phases (RCADI, 1938, t. 66, p. 295-602) aponta sucessivas 'ideias de organização internacional' (caps. I, II e III) até chegar à época moderna (cap. IV) com conjugação entre remanescentes medievais e aspirações nacionalistas – entre Pierre DUBOIS, passando por DUPLESSIS, MORNAY e CAMPANELLA, bem como a falsificação perpetrada sob o nome do Duque de SULLY, com o grande plano **Le grand dessein**. Alternam-se tendências morais e soluções utilitárias; a trajetória se encerrava com o que, segundo ele, constituíam às vésperas da segunda guerra mundial as 'hesitações atuais'. Viu-se no que estas resultariam...

1126 Immanuel KANT, **Ideia de história universal de ponto de vista cosmopolita** (orig. publ. **Idee zu einer allgemeinen Geschichte in weltbürgerlicher Absicht**, 1784, org. Ricardo R. TERRA, trad. Rodrigo NAVES e Ricardo R. TERRA, São Paulo: Martins Fontes, 2ª ed., 2004).

ideais cosmopolitas, a busca da paz como base da ordenação da convivência, entre unidades do sistema internacional faz sentido e deve ser buscada.

O cosmopolitismo corrige a estreiteza do sentimento nacional, agrega a este dimensão de reconhecimento da universalidade do humano. Mas sem esquecer as diferenças.

Não se nasce cosmopolita. Este é aprendizado longo e difícil, a ser construído.[1127]

A crítica kantiana aos predecessores teóricos na busca da paz perpétua não se dá quanto ao objeto, nem tampouco quanto a ser este necessário e desejável, como dado básico, para a construção de sistema internacional equilibrado e duradouro. A percepção crítica se faz quanto a crer que esse ideal não poderia nem brevemente, nem facilmente ser implementado.[1128]

Repensado o ensaio kantiano,[1129] chegamos aos dias atuais: o anseio permanece válido; os mecanismos de implementação, todavia, tem alcance limitado. A mesma necessidade de aperfeiçoamento dos mecanismos de

[1127] Pascal BRUCKNER, **Le vertige de Babel**: cosmopolitisme ou mondialisme (orig. publ. 1994, Paris: Arléa, 2000, p. 30-31): "Bref on ne naît pas cosmopolite, on le devient par un acte d'amour et de respect illimité, en acquittant une dette sans fin envers une réalité étrangère. Avant d'éprouver l'ivresse de jouer sur plusieurs registres, plusieurs claviers, il faut d'abord s'incorporer des pans entiers d'un autre monde, faire l'apprentissage modeste, ingrat, d'une culture étrangère dont on reconnaît le caractère formidablement opaque. La connaissance n'ennoblit qu'au prix d'efforts démesurés: si toute éducation normale est violence infligée à un enfant qu'on arrache à son innocence, à son confort douillet pour l'incarner dans la dimension de la parole, l'éducation cosmopolite est déchirement à la puissance x, accès très chèrement payé à une liberté supérieure."

[1128] "Ridículos podem soar, não pelo que dizem, intrinsecamente bom e desejável, mas por parecerem pretender que isto se alcançaria brevemente" Isso deveria ser lembrado com mais ênfase, em nossos dias! Como já advertia KANT, no Ensaio sobre a história, já referido.

[1129] Sérgio VIEIRA DE MELLO, *História filosófica e história real: atualidade do pensamento político de KANT* ("aula inaugural no Geneve International Peace Research Institute, em 1999", in **Pensamento e memória: textos escolhidos**, org. Jacques MARCOVITCH, São Paulo: EDUSP / Saraiva / Fundação BUNGE, 2004, p. 35-60, cit. p. 38-39): "Vamos analisar em primeiro lugar **Ideia de uma história universal de um ponto de vista cosmopolita**, obra na qual já se cristaliza o essencial do pensamento que KANT sistematizaria mais adiante. / Convém lembrar o que é *ideia* para KANT, o sentido que ele próprio dá a esse termo. Ideia não é somente aquilo que não deriva dos sentidos, mas algo que supera até os conceitos do entendimento, uma vez que nada se pode achar na experiência que seja uma ilustração dessa Ideia. É, portanto, nesse sentido, a um só tempo irreal e necessário, que é preciso entender a universalidade da História prisma cosmopolítico. Essa ideia surgiu cinco antes da Revolução francesa. Ao falar da 'simpatia de aspiração' que, em vários lugares, havia acompanhado o desenvolvimento dessa revolução, KANT disse que ela testemunhava a existência de uma

implementação continua a ser ponto crucial, para assegurar a efetividade do funcionamento de sistema institucional e normativo internacionalmente organizado.

Nessa época, já havia na Europa diversos estados independentes e como que se impunha a necessidade de regulamentar as suas mútuas relações e conciliar os seus interesses divergentes. O quadro se amplia e se torna mais complexo, a partir do momento das grandes navegações e 'descobrimentos', quando, além da Europa, passa o direito internacional a ter repercussão também nas suas projeções ultramarinas.

Tratar-se-á de determinar o título segundo o qual poderá ser exercitado o poder 'colonial' sobre os novos domínios. E as concepções que poderão nortear tais iniciativas.[1130]

Ilustre-se o contexto com esta passagem da primeira carta-relatório de Cristóvão COLOMBO aos reis da Espanha:

> *Sire.* Como sei que V.M. se alegrará com a grande vitória com a qual Deus Nosso Senhor coroou a minha viagem, escrevo esta para vós, por meio da qual sabereis como, em trinta e três dias, passei das Ilhas Canárias para as Índias, com a frota com a qual os mais ilustres rei e rainha, nossos soberanos, me concederam. E lá encontrei muitas ilhas, povoadas por gente inumerável, e de todas elas tomei posse, em nome de VV.MM., por meio de proclamação feita e mediante desfraldamento do pavilhão real, e nenhuma oposição me foi feita.[1131]

A 'ocupação colonial' se põe, logicamente na perspectiva dos europeus,[1132] e na perspectiva do tempo em que foi encetada. Há de se evitar a transposição anacrônica de conceitos.[1133]

Mas, cabe indagar, a ritualização da conquista poderia criar título jurídico para a 'ocupação' colonial?[1134] E se tivesse havido 'oposição', teria esta

sensibilidade moral universal, ativada pelo catalisador em que se constitui o acontecimento político no sentido pleno e intenso do termo."

1130 Cfr. **Tratado** (tomos 14 a 17 – **Direito internacional no tempo do colonialismo**).

1131 Cristóvão COLOMBO, carta sobre a primeira viagem, reproduzida no volume **The four voyages of Columbus** (ed. and translated by Cecil JANE, New York: Dover, 1988, I, p. 1).

1132 Anthony PAGDEN, **Lords of all the world: ideologies of empire in Spain, Britain and France, c. 1500- c. 1800** (New Haven: Yale Univ. Press, 1995).

1133 Cf. **Tratado** (tomo 20 – **Direito internacional, cultura e história**, cap. 1 – direito internacional no tempo e seu papel na história).

1134 Veja-se **Tratado** (tomo 1 – **Direito internacional dos espaços**, item 6.1 – ocupação); Vaios KOUTROULIS, **Le début et la fin de l'application du droit de l'occupation** (Paris:

sido levada em conta?[1135] Aí se inscreve a questão da evolução da matéria da ocupação como título jurídico apto a criar domínio sobre território.[1136]

Para ilustrar a diversidade de conceitos e de interpretações, pode ser útil fazer paralelo com o quadro aplicável na Ásia, especificamente em relação ao título de ocupação de Macau pelos portugueses,[1137]

> De 1631, governando ainda a dinastia MING, data o mais antigo documento oficial chinês contendo uma definição oficial dos termos em que se processou originalmente o estabelecimento dos portugueses em Macau, a *zhanxuqixi*, literalmente uma 'autorização temporária de poisar', *i.e.*, uma 'autorização temporária de residência'. Exprimindo essa ideia base – e em frontal oposição a teses frequentemente alegadas pelo lado português.[1138]

Onde se trata do sentido e do justo alcance de conceitos – *ocupação, ocupar* – que a historiografia e a política chinesa tem demonstrado alguma dificuldade em compreender nos textos portugueses, visto não dissociar o sentido meramente dinâmico ou logístico do termo ocidental – *ocupação, occupatio* –[1139] do também possível (mas não inevitável) alcance do termo como indicativo de título de aquisição territorial:

Pédone, 2010); Alfred P. RUBIN, *International Law in the age of Columbus* (Netherlands Int'l. Law Review, vol. XXIX, 1992, p. 5-35).

1135 Comparem-se Stephen GREENBLATT, **Marvellous possession: the wonder of the new world** (Chicago: Univ. of Chicago Press, 1991) e Patricia SEED, **Ceremonies of possession in Europe's conquest of the new world 1492-1640** (New York / Cambridge: Cambridge Univ. Press, 1995).

1136 A respeito, v. **Tratado** (tomos 1 e 2 – **Direito internacional dos espaços**).

1137 Antonio Vasconcelos de SALDANHA e JIN Guo Ping analisam a situação legal e a evolução histórica da 'ocupação colonial' de Macau, a partir de documentos oficiais chineses, reunidos no já referido volume **Para a vista do imperador – memoriais da dinastia Qing sobre o estabelecimento dos portugueses em Macau (1808-1887)** (Macau: Instituto português do Oriente, 2000) com a reprodução dos memoriais oficiais chineses, preparados por altos funcionários da administração, funcionários estes que tinham a prerrogativa de se dirigirem diretamente à apreciação imperial, preparados entre 1808 até 1887, em relação aos assuntos de Macau.

1138 A. V. de SALDANHA e JIN Guo Ping (op. cit., 2000, Introdução, p. 9-26, cit. p. 10-11).

1139 A respeito do uso do termo e da evolução do conceito de 'ocupação', no **Tratado** (tomo 1 – **Direito internacional dos espaços**, item 6.1 – ocupação) b/c o já mencionado estudo de Vaios KOUTROULIS, **Le début et la fin de l'application du droit de l'occupation** (Paris: Pédone, 2010).

A tão discutida e polêmica ocupação de Macau encontra assim nos próprios documentos chineses a chave da compreensão de uma progressiva dinâmica de 'assentamento temporário consentido', para 'estabelecimento sedimentado por pagamento de foro', complementado perifericamente com veras, mas já tardias 'aquisições territoriais por título de ocupação'.[1140]

Desse modo, memoriais abrangendo o conjunto do século XIX – mais precisamente de 1808 até 1887 – especificam o sentido do termo *ocupação*, e

desenvolvem-na, na medida em que, por um lado, ao menos os documentos chineses são categóricos na continuada recusa de qualquer ideia de *transferência territorial* por parte das autoridades imperiais, até porque contraditada pelo apelo constante ao fato do pagamento de foro anual, dito 'do chão', pelos portugueses – enquanto no expressivo polimorfismo de designações utilizadas pelos governantes imperiais [...] a figura em causa é sempre aquela que nos habituamos a definir com alguma simplicidade jurídica, mas também bastante rigor por aproximação às categorias chinesas) como *aforamento* ou *terra arrendada*.[1141]

Desse modo, igualmente, se punha a necessidade e a conveniência de se determinar o 'título jurídico': "a necessidade de definir e de afirmar *soberania* – ou melhor, o âmbito da jurisdição imperial, e a consequente necessidade de apelar para realidades dela indissociáveis, mensuráveis e quantificáveis, como são o *território* e a *população*".[1142]

Neste exemplo, extraído de contexto extra-europeu, mas relacionado com as projeções, por assim dizer extraterritoriais, de implantação europeia, especificamente portuguesa, em território asiático, especificamente no império chinês, se podem apontar as semelhanças em relação aos temas clássicos do estado e dos elementos deste, tanto para fins internos, como

1140 Antonio Vasconcelos de SALDANHA e JIN Guo Ping (op. cit., 2000, Introdução, p. 9-26, cit. p. 11).

1141 SALDANHA e JIN (op. cit., 2000, loc. cit.).

1142 SALDANHA e JIN (op. cit. 2000, Introdução, p. 21) ressaltam, ainda, "a preocupação de um *aggiornamento* dos dados relativos ao exterior do mundo chinês, sensível neste caso, pelo posicionamento de Macau como dependência de um país determinado, Portugal, que, caracterizado e subvalorizado em relação à China, permite a minimização de riscos teoricamente contabilizados no raciocínio especulativo dos autores dos memoriais."

internacionais. A semelhança não deixa de ser instrutiva,[1143] e justamente por esse motivo foi, aqui, lembrada, ao termo deste item sobre os elementos constitutivos do estado, como sujeito de direito internacional, na perspectiva do direito internacional no tempo.

Após estas reflexões sobre a caracterização do estado como sujeito de direito internacional – com referências às contribuições de Nicolau MAQUIAVEL e de Jean BODIN –, se pode passar à reflexão sobre a atuação dos assim chamados fundadores do direito internacional moderno, Francisco de VITÓRIA, Francisco SUAREZ, Alberico GENTILI, Richard ZOUCH e Hugo GRÓCIO,[1144] como os nomes e as obras principais, a apontar, ao menos até o surgimento de sistema coeso de direito internacional clássico, a partir da segunda metade do século XVII em diante.[1145]

Não por acaso, tantas vezes se menciona a "dívida de GRÓCIO para com VITÓRIA".[1146] Embora GRÓCIO seja frequentemente considerado o principal autor do direito internacional, ao menos até a Paz de Vestfália (1648), a perspectiva histórica da disciplina não pode deixar de referir a

[1143] Como apontam SALDANHA e JIN (op. cit., 2000, p. 19), além do "aspecto, explicativo do significado institucional dos memoriais em causa, há um aspecto individual igualmente influente na produção desses textos, que é, naturalmente, o da personalidade e o dos intuitos dos seus autores. Originários, frequentemente, do influente círculo dos *literati* (e, recorde-se, vários foram acadêmicos de Hanlin), alguns dos subscritores destes memoriais destacaram-se como homens de extrema erudição, de acentuado pendor estético e grande sensibilidade histórica" [...] "dentre estes há que destacar aqueles que abertamente pregaram as utilidades da 'geografia política', cultivando-a em obras de considerável abertura ao conhecimento da história e da geografia ocidental". Dentre os autores, lembram, por exemplo, GUO Songtao, "alto funcionário, que foi governador de Cantão (1863-1866) e que também ficou célebre por ter sido o primeiro embaixador residente da China na Inglaterra, um liberal e aberto defensor do conhecimento do Ocidente como condição realista do progresso da China."

[1144] Ver a seguir cap. 14, bem como **Tratado** (tomo 6 – **Direito internacional no tempo de Suárez, Gentili e Zouch** e tomo 7 – **Direito internacional no tempo de Hugo Grócio**).

[1145] Cf. **Tratado** (tomo 8 – **Direito internacional além do paradigma vestfaliano** ao tomo 11 – **Direito internacional no tempo do Iluminismo**).

[1146] Ver **Tratado** (tomo 7 – **Direito internacional no tempo de Hugo Grócio**); AGO, SCHIEDERMAIR, RIPHAGEN, TRUYOL Y SERRA, FEENSTRA, **Commémoration du quatrième centenaire de la naissance de Hugo Grotius / Commemoration of the fourth centenary of the birth of Grotius** (RCADI, 1983, t. 182, p. 371-469); W. van der VLUGT, **L'oeuvre de Grotius et son influence sur le développement du droit international** (RCADI, 1925, t. 7, p. 395-510); J. BASDEVANT, *Hugo Grotius* (in **Les fondateurs du droit international public: leurs oeuvres, leurs doctrines**, avec une introduction de A. PILLET, Paris: V. Giard & E. Brière, 1904, p. 125-267).

contribuição de Francisco de VITÓRIA e de Franciso SUAREZ.[1147] Foi a partir destes que GRÓCIO construiu a sua formulação:

> Temos um triplo relacionamento. Primeiro, o expositor; segundo o filósofo; terceiro o compilador, ou como foi considerado adequado descrever, o popularizador, no melhor sentido do termo. E como popularizador, os serviços prestados por GRÓCIO nunca devem ser menosprezados.[1148]

A interação com as contribuições de outros autores contemporâneos e das gerações seguintes são, assim, mencionadas sem esquecer o papel preponderante para as primeiras formulações do direito internacional moderno, contidas em VITÓRIA[1149] e SUAREZ. E estas se desdobram, posteriormente, na obra de GRÓCIO. Como se passa a considerar.[1150]

[1147] Cfr. **Tratado** (tomo 6 – **Direito internacional no tempo de Suárez, Gentili e Zouch**) e, como antes referido, no **Tratado** (tomo 3 A – **Direito internacional no tempo antigo**, cap. 2 – tempo e discurso no direito internacional), ao responderem às questões de seu tempo, Francisco de VITÓRIA e Francisco SUAREZ preparam o caminho para o surgimento de quadro conceitual, que terá consideráveis passos adicionais, dados por Hugo GRÓCIO. Deste e seus contemporâneos, no século XVII, o direito internacional passará à etapa ulterior de seu desenvolvimento. No século XVIII, será este formulado como sistema institucional clássico, em conjunto de normas, que forma todo completo, coerente e autônomo, ao menos idealmente destinado e apto a reger a sociedade internacional, cujo fundamento é a noção de soberania estatal, na formulação legada por VATTEL, essencialmente fragmentada e não-hieraquizada.

[1148] James Brown SCOTT, **The Spanish conception of international law and of sanctions** (Washington: Carnegie Endowment for international peace, 1934, p. 51): "after the labours of SUAREZ the fruit of the international tree was ripe for plucking". Deste ver também, **Suarez and the international community** – addresses in commemoration of his contribution to international law and politics (Washington: Catholic University of America, 1933, p. 45-46).

[1149] John W O'MALLEY, **Os primeiros jesuítas** (orig. publ. **The first jesuits**, 1993, trad. Domingos Armando DONIDA, São Leopoldo, RS: Ed. Unisinos / Bauru, SP: Edusc, 2004, p. 388) comenta: "Quando Francisco de TOLEDO começou a ensinar no *Colégio Romano* em 1559, trouxe consigo da Universidade de Salamanca a tradição da renovação brilhante de AQUINO, iniciada lá no começo do século XVI por Francisco de VITÓRIA, Domingo de SOTO e outros."

[1150] Cf. capítulo 14, seguinte, bem como no **Tratado** (tomo 6 – **Direito internacional no tempo de Suárez, Gentili e Zouch**, cap. 15 e tomo 7 – **Direito internacional no tempo de Hugo Grócio**).

CAPÍTULO 14
FRANCISCO DE VITÓRIA (1480-1546)

O direito das gentes não tem somente força de pacto ou de convenção entre os homens, mas possui, igualmente, força de lei. O mundo inteiro, na verdade, que, de certo modo, constitui uma república, tem o poder de levar leis justas e ordenadas para o bem de todos, tais como são as do direito das gentes. Consequentemente, quando se trata de questões graves, nenhum estado pode se considerar desvinculado do direito das gentes, pois este é colocado pela autoridade do mundo inteiro.

VITORIA, **Lição sobre o poder civil** (1528)[1151]

Em direito das gentes, a Espanha do século XVI distanciou-se à frente de todos os outros paises da Europa ocidental. O caráter de precocidade, que aparece nas leis espanholas da Idade média, se mostra, igualmente, entre os jurisconsultos, e é assim que as teorias de Francisco de VITÓRIA, por exemplo, são muito superiores às de seus contemporâneos.

Ernest NYS (1917)[1152]

[1151] Francisco de VITORIA, **De potestate civili** (1528, no volume **Political writings**, ed. by A. PAGDEN e J. LAWRANCE, Cambridge: UP – Cambridge texts in the history of political thought, 1991, "On civil power" – **De potestate ciuili**, p. 1-44). Esta seria, justamente, a mais antiga das *Relectiones* de VITORIA a ser conservada, e provavelmente a segunda mais antiga, depois deste ter assumido a cátedra de teologia em Salamanca em 7 de setembro de 1526.
[1152] Ernest NYS, Prefácio (às obras de Fr. de VITÓRIA, in *Classics of International Law*, ed. by J. B. SCOTT, Washington: Carnegie Endowment for International Peace, 1917): "En droit des gens, l'Espagne du XVIe siècle a distancé tous les autres pays de l'Europe occidentale.

[VITÓRIA] não situa o soberano entre distintas ordens jurídicas interna e internacional, nem tampouco distingue identidades interna e externa, pública e privada.

D. KENNEDY (1986)[1153]

Francisco de VITÓRIA[1154] ensinou teologia na Universidade de Salamanca, durante duas décadas – desde cerca de 1526, até sua morte, em 1546. Suas lições, sobre questões atuais de seu tempo, foram publicadas, após sua morte, a partir de anotações, feitas em aula.[1155] Dentre os cursos de VITÓRIA se contam as lições sobre: o poder da igreja, *Relectiones de potestate ecclesiae, de potestate civili* – sobre questões derivadas da controvérsia com o luteranismo; sobre o direito da guerra, *de jure belli*; sobre os ameríndios "recentemente descobertos", *De Indis*, sobre questões decorrentes da repentina ampliação dos impérios coloniais, e questões decorrentes das divisões da Europa; como também sobre o divórcio do rei HENRIQUE VIII da Inglaterra, como examina em seu *De matrimonio*. O interesse de VITÓRIA pela atualidade se mostra, também, em várias passagens de seu **De justitia**.

Dentre estes temas, ocupam-se diretamente de matéria, relacionada com o que viria a constituir o moderno direito das gentes, dos quais a primeira

Le caractère de précocité qui apparaît dans les lois espagnoles du Moyen âge, se montre également chez les jurisconsultes, et c'est ainsi que les théories de François de VITORIA, par exemple, sont de beaucoup supérieures à celles de leurs contemporains." Veja-se tb. E. NYS, **Études de droit international** (I, p. 223). O mesmo Ernest NYS, em seu **Les origines du droit international** (Paris: Thorin, 1894, p. 11) observava: "VICTORIA a la vision claire et nette de l'interdépendance des états, de leurs droits et de leurs devoirs réciproques. Le point est important. Il se ramène en effet, à savoir si, en droit des gens, on se trouve devant une obligation juridique ou devant un simple détail d'étiquette et de courtoisie internationale. Y répondre comme le faisait le professeur de Salamanque, c'était trancher d'avance une discussion qui devait, des siècles durant, continuer à préoccuper les publicistes."

1153 David KENNEDY, *Primitive legal scholarship* (Harvard Int'l. Law Journal, vol. 27, no. 1, 1986, p. 1-98, cit. p. 35): [VITORIA] "does not locate the sovereign between a distinct municipal and international legal order, nor does he distinguish internal and external or private and public sovereign identities.

1154 Em espanhol e em português, Francisco de VITÓRIA, ou, também, na forma latina, VICTORIA.

1155 G. GOYAU, **L'église catholique et le droit des gens** (RCADI, 1925, t. 6, p. 123-240) observa que a importância da obra de VITÓRIA se mediria pela publicação de obras a ele atribuídas, após a sua morte.

lição – *De Indis noviter inventis* – sobre os índios recentemente encontrados, ou descobertos, e a outra sobre o direito de guerra dos espanhóis junto aos bárbaros – *De jure bellis hispanorum in barbaros*.[1156] Ambas, como se vê, se referem à situação resultante, para a Espanha, do descobrimento da América e dos rumos que viria a tomar a operação de 'colonização',[1157] e o espaço para a colocação dos ameríndios no pensamento jurídico ocidental.[1158]

A controvérsia se põe, afirma VITÓRIA, na lição *De Indis noviter inventis*, a partir do momento, cerca de quarenta anos antes, em que os aborígenes do Novo mundo, ou ameríndios, passaram a estar sob o controle dos espanhóis. Não se trata simplesmente do 'descobrimento' do Novo mundo, mas da sujeição dos índios ao poder dos espanhóis.

A questão central para VITÓRIA, que insistia quanto a ser conforme ao direito a conduta de seu governo, era determinar se tinham os espanhóis direito de reclamar tal submissão dos índios: tinham os espanhóis o direito de tomar posse dos territórios dos aborígenes, e se o tinham a que título?

Considera VITÓRIA não havia sujeição dos ameríndios com base na lei humana, e, portanto, a questão deveria ser solucionada segundo a lei divina. Para VITÓRIA, "a questão concerne o foro da consciência".[1159]

Tinha ele consciência de que a descoberta do Novo mundo, em seus vários aspectos, constituía o evento internacional mais importante da história moderna. Este materialmente separava a história medieval e a moderna. Essa materialidade do evento não determinaria somente o direito das gentes, mas igualmente o direito das gentes futuro.

1156 Francisco de VITÓRIA, **De Indis noviter inventis** & **De jure bellis hispanorum in barbaros** (edited by Ernest NYS, translated by John Pawley BATE, Washington: Carnegie Institution of Washington, 1917 – Classics of International Law, vol. I).

1157 Cfr. **Tratado** (tomos 14 a 17 – **Direito internacional no tempo do colonialismo**); Antony ANGHIE considera, *Francisco de Vitoria and the colonial origins of international law* (em seu livro **Imperialism, sovereignty and the making of international law**, foreword by James CRAWFORD, Cambridge: Univ. Press, 1st. publ., 2005, 1st. pb. edition, 2007, p. 13-31, cit. p. 14): "VITORIA's two lecures, as their titles suggest, are essentially concerned with relations between the Spanish and the Indians. Colonialism is the central theme of these two works designated as the founding texts of international law. It is hardly possible to ignore the fact that VITORIA is preoccupied with a colonial relationship". Mas não se deve nem se pode esquecer que VITÓRIA procura justamente instilar princípios e critérios a essa configuração.

1158 Robert A. WILLIAMS Jr., **The American Indian in Western legal thought: the discourse of conquest** (New York / Oxford: Oxford Univ. Press, 1990).

1159 F. VITÓRIA, **De Indis noviter inventis** (ed. cit.,1917, I).

A época de VITÓRIA foi período de enormes transformações, no mundo ocidental. Na passagem do contexto 'medieval' para o 'moderno'.[1160] Na política internacional do seu tempo, destacam-se, dentre sucessivos papas, sobretudo CLEMENTE VII e PAULO III, que interagem, de maneira nem sempre pacífica com três monarcas, que pautam o jogo do tempo: o imperador CARLOS V, na França FRANCISCO I, na Inglaterra HENRIQUE VIII – e fora da Europa, a concorrência pela expansão do outro lado do Atlântico, terá enormes consequências religiosas, morais, sociais e econômicas. Estas se refletem na obra vitorina.

No convento de Saint-Jacques, em Paris, VITÓRIA foi aluno de PEDRO DE BRUXELAS, também chamado PIERRE CROCKAERT, que fazia comentários à **Suma teológica** de Santo TOMÁS. Desta fase, registre-se, VITÓRIA colabora, em 1512, em Paris, com a publicação da **Secunda secundae**, comentários impressos.

É sobremodo significativo que logo a seguir VITÓRIA leva esses métodos para Salamanca: a **Suma** de Santo TOMÁS se torna a base do ensino e dos estudos,[1161] nesse importante centro de ensino do mundo católico.[1162]

A escola de Salamanca retoma, da **Suma**, a concepção do direito natural. Para VITÓRIA, "o que a razão natural estipulou entre todas as nações é chamado o direito das gentes".[1163] Na terceira seção da lição sobre os *Índios*

[1160] Cfr. **Tratado** (tomo 4 – **Direito internacional no tempo medieval**, cap. 8 – a longa transição do mundo antigo ao medieval); Marian ROTHSTEIN (ed.), **Charting change in France around 1540** (Selingsgrove: Susquehanna University Press, 2006).

[1161] Sobre TOMÁS DE AQUINO, ver **Tratado** (tomo 4 – **Direito internacional no tempo medieval**, item 10.1).

[1162] Michel VILLEY (1914-1988), **La formation de la pensée juridique moderne** (Paris: PUF-Leviathan, 2003, cit. p. 330, e a seguir, p. 340): entre os dominicanos isso significa reviver antiga prática da sua ordem; mas representa inovação, por parte dos jesuítas, cuja ordem surge em 1537, e adotam a mesma atitude. "VITORIA n'est pas refractaire aux nouveautés des humanistes; il en parle la langue élégante, celle des bons écrivains latins, non pas la langue ésotérique de la scolastique antérieure; il est plein de citations de SÉNÈQUE et de CICÉRON, et même des poètes latins". Por sua vez, comenta J. B. SCOTT, **The Spanish conception of international law and of sanctions** (Washington: Carnegie Endowment for International Peace, 1934, p. 3): "When VICTORIA became *prima* professor of theology in Salamanca in 1526, the conceptions of Saint THOMAS also made their appearance, and when VICTORIA died twenty years later, the doctrine, spiritual and temporal, of St. THOMAS remained as a monument of VICTORIA's foresight and influence."

[1163] J. B. SCOTT, **The Spanish conception of international law and of sanctions** (Washington: Carnegie Endowment for International Peace, 1934, p. 12): "he remarks, in what

recentemente descobertos, VITÓRIA dá a sua definição de direito internacional: "em verdade, existem muitas coisas a este respeito que resultam do direito das gentes, e dado ter este suficiente derivação do direito natural, é claramente capaz de conferir direitos e criar obrigações".[1164]

A fundamentação do direito das gentes decorreria, mesmo ante a inocorrência de direito natural, segundo VITÓRIA:

> mesmo que admitamos que este nem sempre deriva do direito natural, mesmo assim ele claramente existe – e a seguir explica como isso se faz, nada menos que por meio do – consenso da maior parte do mundo, especialmente em vista do bem comum [o bem de todos].[1165]

Diversamente de LUTERO e mesmo de CALVINO, que tendem a negar à razão humana o poder de encontrar por si mesma, as razões justas, a escola de Salamanca restaura as fontes naturais do direito: é à inteligência dos homens, mesmo entre os infiéis, a ARISTÓTELES, a CÍCERO, aos juristas romanos, que é preciso perguntar quais sejam as normas justas.[1166]

É relevante, justamente, considerar o papel inovador de VITÓRIA, ao pensar grandes questões, do seu tempo. Ele desenvolve o seu ensino com

we could call a sort of offhand way, that a large part at least of this *jus gentium* is synonymous in content with natural law, and that natural is the source from which it flows."

1164 F. VITÓRIA, **De Indis noviter inventis** (ed. cit.,1917, III).

1165 F. VITÓRIA, **De Indis noviter inventis** (ed. cit.,1917).

1166 M. VILLEY (op. cit., 2003, cit. p. 331): isso já o dissera Santo TOMÁS, mas os mestres de Salamanca, na firme reação contra as correntes protestantes, vão exagerar essas concepções doutrinárias, no que VILLEY denomina "*Infidélités à saint Thomas*" (op. cit., 2003, p. 336-338, e a seguir, cit. p. 332-333): [...] "À Salamanque le renouveau du thomisme s'est accompagné d'une magnifique floraison de la doctrine juridique, dont le bénéfice est allé à l'Europe entière. / Je n'ai même pas à rappeler que le droit international, qui est l'une des grandes créations de l'Europe moderne, a pris sa naissance en Espagne; que là sont ses vrais 'fondateurs', avec VITORIA, SOTO ou SUAREZ. Et ce droit international s'est édifié, on le sait bien, sur la base du droit naturel ou du 'droit des gens'. / Personne n'ignore que les Espagnols ont cultivé le *droit colonial*. Leur droit colonial est d'ailleurs revenu à l'ordre du jour, récemment encore, avec le succès du livre de L. HANKE [**Colonisation et conscience chrétienne au XVIIe siècle**, trad. F. DURIF, Paris: Plon, 1957]: parce qu'ils s'inspirent de saint THOMAS, et mettent en oeuvre sa doctrine, que l'origine des souverainetés et propriétés est *naturelle*, c'est-à-dire indépendante de l'adhésion à la foi chrétienne, les Espagnols VITORIA, SOTO, LAS CASAS, affirment les *droits des Indiens* et construisent un droit colonial dont il est malheureux que l'Europe se soit écartée."

base na **Suma** de Santo TOMÁS, como autoridade principal em teologia. E a base tomista será igualmente importante para SUAREZ,[1167] quando este formula concepção geral do direito internacional, a partir da contribuição anterior de VITÓRIA.

São de matriz tomista algumas das concepções que desenvolve VITÓRIA: o sentido da laicitude das fontes, do conhecimento do direito, a aptidão dos infiéis, e particularmente dos Índios, a gozar da soberania e do *dominium*, o pluralismo dos estados, etc. Em seu comentário à **Suma**,[1168] polemiza contra os juristas que compreendem mal a aptidão da lei positiva para criar o justo – no direito, ou seja, o justo positivo – e também no conjunto de seus comentários. VITÓRIA teve o mérito de restabelecer a doutrina de Santo TOMÁS, resgatando-a de alguns excessos cometidos a seu tempo.

Teve VITÓRIA, também, de defrontar-se com temas recorrentes, em todos os tempos. Temas estes, ademais, todavia presentes no direito internacional pós-moderno, tal como na passagem, referida em epígrafe, da lição de VITÓRIA sobre o poder civil, na qual enfatiza não ter o direito internacional somente "força de pacto ou de convenção entre os homens" – ou seja, rejeita o que viria a ser o 'positivismo' –[1169] porquanto tem este, igualmente "força de lei".

Os dois setores, nos quais se destaca o pensamento de VITÓRIA são, assim: papel relevante na fundação do direito internacional moderno – do direito das gentes – *jus gentium* – ele inova, ao fazer a transposição para o contexto de seu tempo, com sua formulação de um direito entre os povos – *jus inter gentes* – e o segundo grande passo, por ele dado, a sua teoria do *dominium* e dos direitos individuais.[1170] A noção de direito subjetivo foi

[1167] Ver **Tratado** (tomo 6 – **Direito internacional no tempo de Suárez, Gentili e Zouch**, cap. 15).

[1168] Santo TOMÁS DE AQUINO, **Suma teológica** – contido no **De jure et justitia**, q. 62, art. I, § 38 ss.; a respeito de TOMÁS DE AQUINO ver **Tratado** (tomo 4 – **Direito internacional no tempo medieval**, item 10.1).

[1169] M. VILLEY (op. cit., 2003, p. 268): "De même que le droit naturel est, selon moi, le maître mot de la science juridique romaine, de même le droit subjectif est le maître mot du droit moderne."

[1170] M. VILLEY (op. cit., 2003, p. 344-345): "a exposição sobre a origem das propriedades implica concepção de conjunto do direito do indivíduo, e esta é a definição que nos é dada por VITÓRIA: o direito não mais consiste na *parte* do direito que te é atribuído, mas no *poder* conferido, com relação a esses objetos (assim Deus nos dá poder sobre nosso corpo, nossos

produto da escolástica franciscana, sobretudo do nominalismo, pois este pensa a partir do indivíduo.[1171]

A abrangência do direito internacional, enquanto sistema, estender-se-ia ao mundo inteiro. Assim, em lugar da independência, enfatiza VITÓRIA a interdependência entre os homens, e a necessidade de sistema que abranja o conjunto da humanidade.

VITÓRIA tornou-se, sobretudo, conhecido por ter sido inovador, ou ao menos, o formulador de novas soluções, a partir da base tomista, tornando-se um dos fundadores do direito internacional moderno. Este campo se mostra terreno fértil para a construção de concepções a partir do direito natural, porquanto os estados, em suas relações internacionais, muitas vezes, visto não disporem de normas de direito positivo, pautam as suas condutas por princípios gerais.

Ainda no século XV, o direito canônico fornecia algumas premissas. Como o exemplo das bulas e da arbitragem pontifícia, na controvérsia entre a Espanha e Portugal, sobre as colônias ultramarinas. Mas, a seguir, as partes celebram o seu próprio instrumento bilateral positivo, o tratado de Tordesilhas, em sentido diverso, e com delimitação distinta do estipulado nas bulas papais.[1172]

Após a ruptura da unidade religiosa na parte ocidental da Europa, essa mediação pontifícia não mais seria possível. Entre as potências católicas e as protestantes, a divisão das novas terras suscita novos conflitos, que os interesses comuns levam a ser solucionados juridicamente.

atos e sobre as coisas), ou ainda, na liberdade que nos é conferida por uma lei, não 'atributiva', diz VITÓRIA, mas 'permissiva'."

[1171] O tema das leis permissivas divinas foi especialmente desenvolvido por DUNS SCOT: este trata das questões sociais a partir de textos bíblicos, e segue o plano de PEDRO LOMBARDO, precisamente no tocante ao dever moral de restituição. Este foi, depois, retomado pela escola nominalista e completado, a partir de GUILHERME DE OCKHAM, com definições relativas ao direito subjetivo, a seguir desenvolvido pelos escolásticos da época do concílio de Trento, GERSON – que cita VITÓRIA – e PIERRE D'AILLY, que cultivam a noção de direito subjetivo. Este vai se tornar lugar comum da escolástica espanhola. Ver, a respeito, **Tratado** (tomo 4 – **Direito internacional no tempo medieval**, item 9.2 – GUILHERME DE OCKHAM); observava M. VILLEY (op. cit., 2003, p. 346): "Foi, assim, da lição de DUNS SCOT e de GUILHERME DE OCKHAM que VITÓRIA tira toda a sua teoria; este a teria, ademais, enriquecido com algumas adições substanciais (no que diz respeito à ocupação e ao papel do *jus gentium*)."

[1172] A respeito, ver **Tratado** (tomo 2 – **Direito internacional dos espaços**, cap. 28 – fases da formação do território brasileiro: algumas lições de direito internacional).

Outra grande inovação de VITÓRIA consistiu em 'laicizar' o direito das gentes: em lugar da submissão direta à primazia do papa, antes vigente para o conjunto da cristandade ocidental, depois da ruptura causada pela reforma este propõe instaurar 'comunidade internacional'. Este direito viria a ser universal, e abrangeria todos os povos, de todos os continentes.

O direito, aplicável aos membros da comunidade cristã, seria igualmente aplicável aos não-cristãos. E o direito das gentes, mesmo confinado aos limites das relações entre povos cristãos, tornar-se-ia internacional. Sem deixar de ser cristão, no fundo, o direito das gentes torna-se laico, na forma. E pode abranger outros povos, independentemente de confissão religiosa.

Nem o direito canônico positivo, nem o direito imperial poderão solucionar tais controvérsias. Somente subsiste o direito natural. Por isso a Europa moderna precisou de sistema de direito internacional. Que se consolidaria como o direito internacional moderno.

Devemos a VITÓRIA as premissas fundamentais desse novo ramo jurídico,[1173] no contexto da era moderna. Muito embora, sob a égide do direito natural, se tenha vindo a fundamentar o direito internacional sobre a vontade comum, e o pretenso acordo dos indivíduos.[1174] Este jurista, ativamente engajado na vida de seu tempo, não pôde ficar surdo às correntes intelectuais que a dominavam; ele adapta o direito natural e o tomismo aos reclamos às ideias novas.[1175]

Exatamente por esses motivos se considera crucial a figura de VITÓRIA – enquanto etapa marcante da testemunha da "ruptura do antigo sistema de direito natural e da ascensão irresistível das ideias modernas". VITÓRIA representa, justamente, ponto de inflexão no desenvolvimento

1173 M. VILLEY (op. cit., 2003, p. 346): "sobre a questão primordial de qualquer filosofia do direito, que é a definição do direito, surpreendemos VITÓRIA em flagrante delito de trair a **Suma teológica** em favor de seus adversários." [...] "Eu me pergunto se, no fundo de seu pensamento, VITÓRIA já não teria sido conquistado pelo individualismo moderno?"

1174 M. VILLEY (op. cit., 2003, p. 346): "Não sou especialista em VITÓRIA, mas as páginas que consultei de seu comentário sobre a justiça bastam para me deixar cético, quanto à sua ortodoxia tomista."

1175 M. VILLEY (op. cit., 2003, p. 347): "Da mesma forma que LUTERO e CALVINO, VITÓRIA me parece testemunha da ruptura do antigo sistema de direito natural e da ascensão irresistível das ideias modernas. Talvez isso se descubra dificilmente na sua obra; menos nas suas exposições de princípio, do que nas suas conclusões."

do direito internacional: "com Francisco de VITÓRIA ele [o direito das gentes] se torna uma ciência – a ciência das normas de conduta social".[1176]

Por isso, tantos autores propõem ver em VITÓRIA o 'fundador' do direito internacional moderno. Além desse mérito, pode-se nele verificar a expressão das mais modernas concepções da disciplina, como se põe no reconhecimento da dignidade humana dos povos indígenas, dotados de razão e capazes de se autogovernarem, bem como o desenvolvimento progressivo das normas cogentes de direito internacional geral: como se dá quando já nos falava, na primeira metade do século XVI, em normas que vinculariam entre si todos os homens.

A formulação da interdependência e da solidariedade entre os homens constitui dado basilar e inovador, na obra de VITÓRIA. Com isso enfrentou problemas do seu tempo, e propôs reformular as teorias da guerra, introduzindo na regulação desta a ideia de solidariedade, o que constituía notável inovação.[1177]

O que acarreta revisar o conceito de guerra justa. E os pressupostos, a partir dos quais pode esta ser exercitada.[1178]

VITÓRIA explica a sua concepção nos Comentários à questão 40, sobre a guerra, das *Secunda secundae* de santo TOMÁS DE AQUINO: "o poder do príncipe deriva do estado. Assim, nos casos nos quais é permissível ao estado fazer guerra, pode, da mesma forma, ser permissível ao príncipe guerrear".[1179]

[1176] James Brown SCOTT, **The Spanish conception of international law and of sanctions** (Washington: Carnegie Endowment for international peace, 1934, cit. p. 2): "the discovery of America gave birth to a modern law of nations, Spanish in origin, lay in form, but Catholic in fact and capable of continual development under the control of that Christian morality of which all peoples, and therefore all nations, are the beneficiaries."

[1177] Cfr. **Tratado** (tomo 4 – **Direito internacional no tempo medieval**, cap. 11 – tratadistas da guerra: Balthazar AYALA e Pierino BELLI); G. GOYAU (op. cit., 1925, chap. IV – La doctrine de la guerre et la doctrine de la solidariété internationale chez les théologiens du XVIe siècle, cit. p. 187): "Il y a là un accent très nouveau: VICTORIA tout en conservant, dans son ensemble, la doctrine scolastique sur la juste guerre, en atténue les angles."

[1178] Dentre outros tantos títulos, lá referidos, ver **Tratado** (tomo 4 – **Direito internacional no tempo medieval**, cap. 11, sobre os tratadistas da guerra), v. tb. Christian NADEAU e Julie SADA, **Guerre juste, guerre injuste**: histoire, théories et critiques (Paris: PUF, 2009).

[1179] Francisco de VITÓRIA, **Comentários às Secunda Secundae de Santo Tomás** (ed. Vicente BELTRÁN DE HEREDIA, Salamanca: Biblioteca de Teólogos Españoles, vols. I-IV, 1932-1934).

> Sustento haver distinção entre particulares e estados; pois, mesmo que se reconheça a um particular o poder de se defender e aos seus bens, não se permite a este, contudo, vingar-se por si mesmo, ou exigir de volta a sua propriedade, exceto por meio do juiz.[1180]

Justamente aí estaria o cerne do sistema de VITÓRIA: "temos aqui a alma e o coração do sistema de VITÓRIA" – onde, "em uma palavra, o sistema de VITÓRIA é direito, com tribunal para interpretar a lei e para declarar a sanção a ser aplicada".[1181]

Obviamente, não se deve nele buscar a formulação precisa do que viria a ser chamado *jus cogens*, mas, claramente, se pode perceber, o conteúdo deste é apontado por VITÓRIA, enquanto "poder de levar leis justas e ordenadas para o bem de todos, tais como são as do direito das gentes". Ele especifica, a seguir, precisamente, o alcance deste, pois segundo afirma VITÓRIA "quando se trata de questões graves, nenhum estado pode se considerar desvinculado do direito das gentes, pois este é colocado pela autoridade do mundo inteiro".[1182]

A busca da universalidade, como o cerne do direito internacional pós-moderno estaria, assim, presente desde a formulação da disciplina já enunciada por VITÓRIA, na primeira metade do século XVI. E se, de um lado, isso se vê considerado em relação aos fundamentos do direito internacional,[1183] também se reporta às bases vitorinas, como sustenta o

[1180] F. VITÓRIA (op. cit., ed. 1932-34, coment. quaestio 40). Ver tb. F. de VITÓRIA, na sua lição sobre o direito da guerra, *de jure belli*.

[1181] James Brown SCOTT, **The Spanish conception of international law and of sanctions** (Washington: Carnegie Endowment for international peace, 1934, p. 15) observa: "Here we have the very heart and soul of VICTORIA's system. [...] In a word, VICTORIA's system is law with a court to interpret the law and to declare the sanction to be applied." / "In the association of the artificial persons which we call states of the international community, the international court, in VICTORIA's day, was lacking, although the process of remedying right and wrong was in its nature and essence judicial."

[1182] F. VITORIA, **De potestate civili** (1528, ed. cit., 1991, "On civil power" – **De potestate ciuili**, p. 1-44).

[1183] Cfr. **Fundamentos** (2008). Observa J. B. SCOTT, **The Spanish conception of international law and of sanctions** (Washington: Carnegie Endowment for International Peace, 1934, p. 11): "The assimilation of a pact to a law, binding those who have entered into it voluntarily, cannot be passed over, for although VICTORIA is dealing with the state – that is men, women and children in association, and therefore forming a society – he had also in mind the association of the states and their peoples in a larger community extending beyond

próprio GRÓCIO, no **De jure praedae**,[1184] e comentam[1185] autores mais recentes.[1186]

O fato é que devemos a VITÓRIA as bases desse novo direito: foi ele quem colocou os princípios de que os estados devem reciprocamente respeitar as suas soberanias, não se imiscuírem nos assuntos internos uns dos outros, admitir, de um território a outro, a liberdade de circulação dos homens e das mercadorias, a liberdade de pregação; foi, ainda, ele quem estabelece a liberdade dos mares e dos rios internacionais, os direitos dos embaixadores, a proteção dos direitos civis, em tempos de guerra, sem falar dos direitos dos índios, que ele defende vigorosamente contra os colonizadores – em suma, tudo o que ainda se vê alegado perante a ONU. *Last but not least*, VITÓRIA faz aplicação a esse novo ramo do direito da norma *pacta sunt servanda*, o que tem por efeito o enriquecer, com essa nova fonte, tão fecunda, que são os tratados.[1187]

Cabe, contudo, questionar se a construção de um direito internacional, sobre a base do direito natural, se coaduna com a doutrina aristotélico-

the narrow confines of Europe and embracing in our day the entire world, which society, being composed of natural persons, would disintegrate and the association dissolve, if, although equal, its members did not vest their governments with authority to make laws, to compel their execution and to punish their violation. So also the larger community composed of these states would fall asunder, if there were not laws, and pacts having the force of laws, whereby the states forming the international community should conform their actions to the laws and pacts of their making."

1184 H. GROTIUS, **De iure praedae** (escrito em 1604-5, somente publicado em 1868, edited, with an introduction by H. G. HAMAKER, The Hague: M. Nijhoff, 1868, cap. VIII, ms. p. 51): "Qua in parte theologorum, magis sententiae, quam iurisperitorum standum est. Illi enim rationem sequuntur naturalem, hi vero instituta civilia, quae utilitatis alicuius causa permittunt fieri saepe, quod alioqui facere non licet." Ver **Tratado** (tomo 7 – **Direito internacional no tempo de Hugo Grócio**, cap. 18).

1185 J. B. SCOTT (op. cit., 1934, p. 2): "The Spanish school came into being and passed out within the course of a century, but it has to its credit the modern law of nations – not merely as law but as a philosophy – GROTIUS himself saying that 'the theologians', and not the professional 'jurists', are the ones who 'follow natural reason'."

1186 Quincy WRIGHT, **Mandates under the League of Nations** (Chicago: Univ. of Chicago Press, 1930) e Christopher C. WEERAMANTRY, **Nauru: environmental damage under international trusteeship** (New York / Oxford: Oxford Univ. Press, 1992).

1187 M. VILLEY (op. cit., 2003, p. 340-341) observava: "VITÓRIA buscou a sua inspiração nos autores literários romanos, reencontrados pelo humanismo, sobretudo CÍCERO e SÊNECA, como em algumas instituições do mundo romano, influenciadas pelo estoicismo."

-tomista: "a construção de um 'direito' internacional é sinal da corrupção da teoria autêntica do direito natural: esta supõe diferenças amplas entre o pensamento de VITÓRIA e o pensamento autêntico de Santo TOMÁS".[1188]

> VITÓRIA, mais que invocar diretamente o direito natural, se reporta ao direito das gentes, ou *jus gentium*, que seria somente espécie particular ou de certo modo aberrante do direito natural.[1189]
> A noção de *jus gentium* parece ter ocupado lugar notável em época muito brilhante da história romana, quando o império ainda não passava de agregado de cidades diversas, e que, em razão do comércio, florescente de um ponto ao outro desse império, se fazia sentir a necessidade de direito comum aos habitantes dessas diversas cidades: assim os autores literários o mencionam – sobretudo TITO LÍVIO. Era, então, constituído pelo conjunto de instituições comuns a todo o império, herança, em certa medida, do direito comum helenístico: eis-nos, de novo, trazidos para diante da noção estóica de *cosmópolis* – uma cidade mundial.[1190]

[1188] M. VILLEY (2003, p. 341): "Observarei, inicialmente, que VITÓRIA, parecendo trabalhar sobre a base do direito natural, chega a normas fixas do direito internacional: como a regra de que os estados devam respeitar reciprocamente as suas soberanias internas, ou que os direitos dos embaixadores devam ser resguardados. Assim se põe o pragmatismo do mestre espanhol; este não é um teórico; quer chegar a normas jurídicas expressas; nesse campo internacional, onde faz falta o complemento de legislação positiva, eis o que se quer fazer com o direito natural." Pondera que a doutrina clássica do direito natural tinha bem consciência dos limites da razão humana, bem como das variações das situações históricas.

[1189] M. VILLEY (op. cit., 2003, p. 342-343): "O que é o *jus gentium*? É um produto de origem romana. ULPIANO, entre as definições colocadas no início do **Digesto** [I,1.1], o insinua entre o direito natural e o direito civil. Não que essa noção desempenhe grande papel no **Corpus juris civilis**: o direito dos juristas romanos se apresenta, sobretudo, como direito civil, próprio da urbe romana (e tanto mais exclusivamente, em seu estado definitivo, que todos os habitantes do império se tornam cidadãos romanos pelo Édito de CARACALA)."

[1190] M. VILLEY (op. cit., 2003, p. 343): "Decididamente, o direito das gentes não é noção derivada de ARISTÓTELES – pois ARISTÓTELES não concebia o direito além dos quadros da cidade. Notemos, contudo, que Santo TOMÁS lhe reserva lugar em sua **Suma** [IIª, IIª, q. 57, art. 3], e faz dele análise, que é original: o direito das gentes, distinto do direito natural, seria formado por soluções que a razão humana infere do direito natural, a título de conclusões próximas, com uma quase-evidência. Seria, este, assim, produto derivado do direito natural. Mas, Santo TOMÁS praticamente só fala no direito das gentes por cuidado de assegurar a sistematização – *par souci de concordisme* – e para dar conta dos textos de GAIO e de ULPIANO; embora muitas vezes se ensine o contrário, não vejo que essa noção seja essencial a seu sistema das fontes do direito."

A questão se põe de modo diverso em VITÓRIA, que lhe confere – já em seus comentários tomistas – considerável extensão.[1191]

Para VITÓRIA, o direito das gentes se torna uma noção primordial. E bem compreendemos porque: VITÓRIA quer alcançar arsenal de normas expressas para o direito internacional. Estas não podem ser buscadas diretamente na natureza, pois esta não contém regras escritas, que possamos ler diretamente, e isso é o que fazemos ao *jus gentium*.[1192]

VITÓRIA operaria a passagem de direito natural para direito racional. E aí se inscreve a questão da fundamentação desse ramo jurídico.

Não mais será da natureza como da vontade dos homens, que se deduz esse direito. O foco vai da observação objetiva do cosmos, como fonte do direito, para a soberania dos princípios subjetivos da nossa razão.[1193]

Ao se deslocar rumo à vontade positiva da generalidade dos homens, onde todos teriam, tacitamente, concordado com as grandes normas do direito das gentes, existe, assim, segundo VITÓRIA, desde o início da história dos homens, uma espécie de pacto, sobre o qual se fundaria a autoridade deste – *commune condictum*.[1194] Mas, aí este direito deixa de ser 'natural' e se torna direito 'positivo'.[1195]

O fato de VITÓRIA ter lecionado teologia, no lugar e no tempo em que isso se deu,[1196] diz muito, na medida em que o estudo das questões inter-

[1191] F. de VITÓRIA, **De jure et justitia** (comentário à questão 57, art. 3, § 1).
[1192] M. VILLEY (op. cit., 2003, p. 343): "Desenvolvendo a análise tomista, VITÓRIA supõe que os homens se entendam universalmente sobre determinados preceitos de direito, que lhes são ditados pela razão comum, refletindo sobre a natureza. Desse trabalho da inteligência humana, podem sair as regras formuladas (como a liberdade dos mares, ou dos direitos dos embaixadores), e essas regras são universais, insuscetíveis de abrogação, pois são impostas pela razão. O direito das gentes é mais fecundo para a prática jurídica do que o próprio direito natural."
[1193] F. de VITÓRIA, **De jure et justitia** (comentário à questão 57, art. 3, § 5).
[1194] F. de VITÓRIA, **De jure et justitia** (comentário à questão 57, art. 3, § 12).
[1195] M. VILLEY (op. cit., 2003, p. 343-344): "Na medida em que repouse sobre esse consentimento presumido, o direito das gentes não se torna espécie de direito *positivo*? Talvez a ligação aparente de VITÓRIA com o direito natural não faça mais que disfarçar, já, no fundo de seu pensamento, o inelutável avanço do positivismo. A verdadeira fonte do direito não mais é a ordem da natureza cósmica, e sim a vontade dos indivíduos. E aí está a raiz das divergências."
[1196] Ramon HERNANDEZ, **Un español en la ONU: Francisco de Vitoria** (Madri: Biblioteca de autores cristianos, 1977, parte primera – biografia de VITORIA, cap. IV – Salamanca: cátedra

nacionais assumia os contornos de casos de consciência, de interesse de indivíduos, como dos príncipes encarregados de conduzir tais questões. Nesse sentido, Francisco de VITÓRIA – e depois dele, também teólogo e professor de teologia, em Coimbra, foi Francisco SUAREZ. Ambos precursores desse novo ramo do direito moderno. Ambos foram responsáveis pelo surgimento de nova orientação, ao apontarem o caminho, no que se viria a consolidar como direito internacional moderno.

VITÓRIA e SUAREZ fazem frente aos desafios do seu tempo, enfrentam os problemas decorrentes da expansão espanhola no 'Novo mundo' e dos mecanismos de conquista colonial, que se instauravam na época. Da tradição escolástica e do novo contexto que se lhes apresentava, souberam deduzir ensinamentos, para orientar a atuação dos 'conquistadores' espanhóis no continente americano: ensinamentos esses não menos válidos por não terem sido seguidos – como, ademais, tanto acontece no direito internacional. GRÓCIO aplicará e sistematizará as premissas de seus predecessores.[1197]

Por esses motivos, se fala a respeito do "século espanhol no direito internacional",[1198] muito embora este, àquele tempo, ainda não via como tal:[1199] todavia não se tinha destacado da moral; a especialização das ciências era, todavia, rudimentar.[1200] Mas surge e se desenvolve como sistema, a partir desse marco histórico. Dessa "concepção espanhola do direito

de la inmortalidad, p. 50-63, cit. p. 60): "Francisco de VITORIA comenzó su enseñanza en Salamanca el dia de San Lucas, 18 de octubre de 1526." V. tb. P. B. CASELLA, Presença de Francisco de Vitória (Revista da Faculdade de Direito da Universidade de São Paulo, vol. LXXX, 1985, p. 355-369); P. B. CASELLA e Guilherme F. NASCIMENTO, Direitos dos povos indígenas: releitura de Francisco de Vitória enfatizando os quinhentos anos do descobrimento (Revista da Faculdade de Direito da Universidade de São Paulo, vol. 95, 2000, p. 121-128).

1197 Cf. **Tratado** (tomo 6 – **Direito internacional no tempo de Suárez, Gentili e Zouch**, cap. 15 – Francisco SUÁREZ, tomo 7 – **Direito internacional no tempo de Hugo Grócio**, cap. 18 – Hugo GRÓCIO, tomo 3 A – **Direito internacional no tempo antigo**, cap. 2 – tempo e discurso no direito internacional e tb. tomos 14 a 17 – **Direito internacional no tempo do colonialismo**).

1198 Wilhelm G. GREWE, **Epochen der Völkerrechtsgeschichte** (Baden-Baden: Nomos, 1984).

1199 V. **Fundamentos** (2008, cap. I – questão e discurso do fundamento do direito internacional).

1200 J. BARTHÉLEMY, *François de Vitoria* (in **Les fondateurs du droit international:** leurs oeuvres, leurs doctrines, avec une introduction de A. PILLET, Paris: V. Giard & E. Brière, 1904, p. 1-36, cit. p. 4).

internacional".[1201] Também se considera relevante esse legado para o futuro da disciplina.[1202]

O moderno direito internacional foi exposto por VITÓRIA, teorizado por SUAREZ e sistematizado por GRÓCIO. Intelectualmente este se filia à "escola espanhola de direito internacional". [1203]

Os dois cursos de VITÓRIA, dedicados ao exame da relação entre os espanhóis e os ameríndios trariam, assim, a questão do colonialismo para o cerne do direito internacional, desde os primeiros textos da disciplina. Parece difícil ignorar o fato de estar VITÓRIA preocupado com uma relação 'colonial'.[1204] Ora, se diria, isso não é difícil; é impossível: esse dado é central na construção do pensamento de VITÓRIA, que se volta para o tema, para responder a questões do seu tempo.

Parece ser passo relevante dado, na geração seguinte, por SUAREZ, a transposição de conceitos de seu tempo para outro, e para todos os tempos. Como internacionalista do calibre e da respeitabilidade de SUAREZ, consegue: não cuida de determinado problema concreto de seu tempo, mas, a partir de VITÓRIA e de santo TOMÁS, a formulação do direito e da filosofia jurídica foi feita por SUAREZ em termos igualmente aplicáveis ao seu tempo e a qualquer outro tempo.[1205]

Enfoques tradicionais, por sua vez, caracterizam essencialmente VITÓRIA, estendendo as doutrinas jurídicas desenvolvidas na Europa, para a determinação da condição jurídica dos ameríndios. Assim, desenvolve esse enfoque tradicional, mas aponta o paradoxo de que os ameríndios 'alcançariam' o direito de serem reconhecidos e tratados como 'estado',[1206]

1201 James Brown SCOTT, **The Spanish conception of international law and of sanctions** (Washington: Carnegie Endowment for international peace, 1934).

1202 David KENNEDY, *Primitive legal scholarship* (Harvard Int'l. Law Journal, vol. 27, no. 1, 1986, p. 1-98).

1203 Cf. **Tratado** (tomo 7 – **Direito internacional no tempo de Hugo Grócio**, cap. 18); J. B. SCOTT (op. cit., 1934, p. 51): "For if GROTIUS was not a Spaniard by blood, he was a Spaniard in his conception of international law, and so far as the basic principles of his system are concerned, he was indubitably a member of the Spanish school."

1204 J. B. SCOTT (op. cit., 1934, p. 3-4 e a seguir p. 53): "VICTORIA's reputation as an international lawyer depends upon his application of the general principles of justice in relation to the great concrete fact of his day and generation – the discovery of the Americas."

1205 Cf. **Tratado** (tomo 6 – **Direito internacional no tempo de Suárez, Gentili e Zouch**, cap. 15 – Francisco SUÁREZ); J. B. SCOTT (op. cit., 1934, p. 53).

1206 Pieter Hendrik KOOIJMANS, **The doctrine of the legal equality of states: an inquiry into the foundations of international law** (Leiden: A. W. Sijthoff, 1964) Compare a este

a partir do momento em que adquirissem características comparáveis às dos europeus, e correspondessem às exigências estipuladas para a configuração de tal modelo.[1207] O que se me afigura bastante discutível, como parte do processo de dominação e de colonização.[1208]

Dado o caráter disperso, fragmentário, linear, mais de feitorização que de colonização, assumido, quando e enquanto possível, pelas atividades ultramarinas dos portugueses, pode ser questionada a configuração supostamente 'imperialista' de tal ocupação, mas seria antes 'mercantilista',[1209] na linha de análise do clássico historiador Leopold Von RANKE.[1210] A matéria evolui, desde então.[1211]

CARLOS V, em 1548 – em extenso documento, no qual informava ao seu filho FELIPE a respeito das questões básicas dos seus reinos – mostra-se

os exames da matéria feitos por: J. B. SCOTT, **Le príncipe de l'égalité juridique dans les rapports internationaux** (RCADI, 1932, t. 42, p. 467-630) e R. P. ANAND, **Sovereign equality of states in international law** (RCADI, 1986, t. 197, p. 9-228).

[1207] P. H. KOOIJMANS (op. cit., 1964, p. 57): "The dealings of the Spaniards with the Indians were subject to the rules that apply to the intercourse between states. VITORIA introduced an essentially new element in relentlessly drawing the consequences from the theories which until then had remained outside the European horizon [...] The rules that apply to European inter-state intercourse also apply to the intercourse with the American-Indian political communities, because there is no intrinsic difference. The small Indian states are legal persons, they enjoy the same rights as European states."

[1208] Cf. **Tratado** (tomos 14 a 17 – **Direito internacional no tempo do colonialismo**); comparem-se Stephen GREENBLATT, **Marvellous possession**: the wonder of the new world (Chicago: Univ. of Chicago Press, 1991) e Patricia SEED, **Ceremonies of possession in Europe's conquest of the new world 1492-1640** (New York / Cambridge: Cambridge Univ. Press, 1995).

[1209] Sérgio Buarque de HOLANDA, **Visão do paraíso**: os motivos edênicos no descobrimento e colonização do Brasil (originalmente tese de titularidade em história na USP, 1958, São Paulo: Nacional / Secretaria da cultura, ciência e tecnologia, 3ª ed., 1977).

[1210] Mostrou RANKE o engano dos que pensavam num império português quinhentista, considerando a extensão ocupada pelos seus estabelecimentos de além-mar; é mister ter-se em vista, porém, que desse engano estavam longe de participar os que, durante o século XVI, puderam informar-se com segurança sobre o que representavam aqueles estabelecimentos. Ver Leopold Von RANKE, **Die Osmanen und die Spanische Monarchie im 16. und 17. Jahrhunderten** (p. 329, "a primeira edição dessa obra, com outro título, traz a data de 1827") comenta S. Buarque de HOLANDA (op. cit., 1958, ed. 1977, cap. XII – América portuguesa e Índias de Castela, p. 304-323, cit. p. 309-310).

[1211] Cf. **Tratado** (tomo 1 – **Direito internacional dos espaços**, item 6.1 – ocupação); e analisa Vaios KOUTROULIS, **Le début et la fin de l'application du droit de l'occupation** (Paris: Pédone, 2010).

intimamente posicionado sobre as Índias, sem necessidade de ajuda de terceiros como intermediários:[1212]

> E nesta aproximação de seu informe, por vezes conhecido como seu testamento político, mesmo se pouco falou das Índias, o fez com espantosa clareza. O rei queria governo político seguro, que os índios fossem protegidos e que aqueles, a quem coubesse administrar as Índias, conhecessem bem o que lhes competia. [...]
> E seu filho, ao menos nos primeiros anos, levou em conta – *le hizo caso*. A força da palavra *conquista* foi substituída pela mais moderada *conversão*. Foi a *Orden que se ha de tener en los nuevos descubrimientos y poblaciones por tierra*, que FELIPE, em 1556, deu ao marquês de CAÑETE, novo vice-rei do Peru. E mais tarde, todavia, já em 1573, se dizia abertamente que todas as entradas, feitas em territórios indígenas, deveriam ser pacíficas – seguindo, no fundo, antes as teses de LAS CASAS. As Índias de FELIPE II não seriam as de CARLOS V. Mas este tinha aportado a maior parte – muito mais do que sempre se acreditou – das ideias chave da dominação daquelas terras e povos. Umas e outros veriam, não obstante, novidades com seu filho e sucessor, FELIPE II.[1213]

Nem sempre se deu a verificação de tais condições, mais acordes com tradição, que acabara de ser quebrada, pelos conquistadores castelhanos, na 'conquista' ou na 'conversão' das Américas. Foi tida por desabonadora da atividade lusitana.

Justamente VITÓRIA comenta o que denomina 'habilidade lusitana' em maximizar o comércio com muitas nações, às quais não impunham jugo de dominação colonial, mas, contudo, obtinham a correspondente maximização das vantagens: grande comércio mantém os Lusitanos com diversos povos, os quais não submetem, e o fazem com grande vantagem – *Lusitani magnum commercium habent cum similibus gentibus, quas non subjacerunt et cum magno commodo.*[1214]

[1212] Ernest BELENGUER, **História de la España moderna** – desde los Reyes católicos hasta Felipe II (Madri: Gredos, 2011, esp. caps. IX – El gobierno del Imperio, p. 454-526, X – Imperio, reinos y señores: los territorios de Carlos V, p. 527-608 e XI – Las luchas por la hegemonía imperial, p. 609-681, cit. p. 680).

[1213] CARLOS V, **Corpus documental** (prólogo M. FERNANDEZ ÁLVAREZ, Salamanca, 1973-1981, vol. II, 1975, p. 589); E. BELENGUER, **História de la España moderna** (op. cit., 2011, cit. p. 680-681).

[1214] Fray Francisco de VITÓRIA, **De indis et de iure belli relectiones** (Washington: Classics of international law, 1st. printed, 1917, reprinted, 1963, p. 108); comentava S. Buarque de

O simples estabelecimento comercial, nos moldes em que o faziam os antigos lusitanos, por meio de entrepostos costeiros, destinados à permuta com tribos e reinos indígenas, sem a obsessiva preocupação de submeter amplos territórios,[1215] parecia conveniente a VITÓRIA, ao permitir conciliar o preceito celeste de difusão da fé – *de propaganda fide* – com a maximização dos proveitos terrestres.[1216]

Em sua fundamentação do título para a ocupação espanhola da América, VITÓRIA afastaria os tradicionais títulos de natureza por assim dizer transcendental, bem como a primazia papal, em favor do que viria a ser chamado direito natural secular. Em sua lição *De Indis noviter inventis*, aponta VITÓRIA três facetas a considerar,[1217] no tratamento do tema:

- primeiro, por qual direito os ameríndios foram colocados sob o domínio dos espanhóis?
  Esta questão exigia consideração não somente do ponto de vista do direito interno, como do ponto de vista internacional, levando-o a afirmar os princípios do certo e do errado, nas relações internacionais;

HOLANDA (op. cit., 1958, ed. 1977, p. 310): "O próprio Frei Francisco de VITÓRIA, a cujos princípios teológicos e jurídicos, impregnados do pensamento escolástico da Idade média, deveria repugnar a guerra dirigida pelos seus compatriotas aos naturais das Índias, não têm dúvidas em exaltar as vantagens que tiravam os portugueses de uma política situada nos antípodas da que inaugurara CORTEZ, seguido de perto pelos outros aventureiros espanhóis na conquista da Nova Espanha."

1215 Para exame de modelos nacionais de ideologia imperial na era moderna, veja-se o já mencionado estudo de Anthony PAGDEN, **Lords of all the world: ideologies of empire in Spain, Britain and France, c. 1500- c. 1800** (New Haven: Yale Univ. Press, 1995). Analisa, de modo bastante crítico, a utilização de bulas papais, das quais a mais conhecida em 1493, para a atribuição de zonas de influência entre Espanha e Portugal. Esta modalidade de atribuição de domínio foi, contudo, logo a seguir suplantada pela negociação do Tratado de Tordesilhas, em 1494. Segundo entende Pedro DALLARI, em curso de pós-graduação sobre a *Teoria geral do direito internacional*, conjuntamente ministrado em 2009, na Faculdade de Direito da USP, no Largo de São Francisco, seria justamente este instrumento internacional a ilustração da mudança de paradigma ocorrida àquele tempo, com a substituição da bula papal, um ano depois de outorgada, por instrumento de direito internacional, propriamente dito, o tratado de Tordesilhas, negociado e celebrado entre as partes interessadas, aliás com mudança relevante na delimitação das respectivas zonas de influência, onde se registra significativo avanço da extensão da zona portuguesa de influência no Atlântico.

1216 Assim opinava S. Buarque de HOLANDA (op. cit., ed. 1977, loc. cit.).

1217 J. B. SCOTT (op. cit., 1934, p. 5): "Under three headings we have the program of modern international law".

- segundo, quais direitos tinham os soberanos espanhóis adquirido sobre os mesmos, em questões temporais e civis?
- terceiro, quais os direitos da igreja, sobre estes, em questões espirituais e atinentes à religião?

Estas questões exigiam respostas amplas. Envolvendo o direito e as relações internacionais: qual o direito de potência estrangeira se impor em relação aos seus iguais, ou reclamar primazia, e também as relações espirituais das nações e dos povos, entre si.[1218]

O direito natural, proclamado por VITÓRIA, seria, assim coetâneo com a solução do problema do título jurídico atribuível ao ameríndio: "a falta de fé não destrói nem o direito natural nem o direito humano; mas a titularidade e o exercício do domínio são baseados tanto no direito natural, como no direito humano. Assim estes não são atingidos – nem destruídos – pelo argumento da falta de fé".[1219]

É crucial o fato de VITÓRIA colocar a titularidade e a propriedade lastreadas no âmbito do direito natural e do direito humano, e não no plano do direito divino. A consequência da inaplicabilidade da lei divina para a determinação de título sobre o território é não se poder fundamentar a espoliação dos ameríndios com base na diferença de fé, ou em decorrência do fato de serem estes pagãos.[1220]

O argumento crucial de VITÓRIA se põe no sentido de que questões vitais para a ordenação de qualquer sociedade, como as da determinação do título jurídico e dos meios para o exercício do direito de propriedade tem de ser regidos por sistemas jurídicos seculares – quer 'naturais', quer 'humanamente pactuados' – e tais sistemas se estipulam pelos soberanos seculares. Escrevendo ao tempo de seu contemporâneo, o imperador CARLOS V, o titular do império sobre o qual o sol nunca se punha, conforme os *slogans* da época, VITÓRIA igualmente derruba[1221] o argumento do título universal:

[1218] Francisco de VITÓRIA, **De indis et de iure belli relectiones** (Washington: Classics of international law, 1st. printed, 1917, reprinted, 1963, p. 123-125).

[1219] Francisco de VITÓRIA, **De indis et de iure belli relectiones** (Washington: Classics of international law, 1st. printed, 1917, reprinted, 1963, p. 123).

[1220] Francisco de VITÓRIA, **De indis et de iure belli relectiones** (Washington: Classics of international law, 1st. printed, 1917, reprinted, 1963, p. 125).

[1221] Francisco de VITÓRIA, **De indis et de iure belli relectiones** (Washington: Classics of international law, 1st. printed, 1917, reprinted, 1963, p. 130) não aceita a premissa de que 'o imperador seja o senhor do mundo inteiro e por conseguinte, também desses bárbaros'.

Assim, com relação ao direito humano, é manifesto que o Imperador não é senhor do mundo, porquanto esta seria a única autoridade de alguma lei, e não existe tal; ou, mesmo se houvesse, esta seria nula e sem efeito, na medida em que o direito pressupõe jurisdição. Se, assim, o Imperador não tem jurisdição sobre o mundo, perante a lei, esta não poderia vincular alguém, que previamente não lhe estivesse sujeito.[1222]

Os espanhóis e os ameríndios estariam sujeitos a sistemas legais distintos. VITÓRIA interpreta o vazio entre ambos por meio da determinação da jurisdição:

o verdadeiro estado da questão é o fato de não terem eles (os ameríndios) mente menos ordenada, mas terem, segundo os seus modos e meios, o uso da razão. Isso é claro, por terem eles certo método em suas questões, por terem políticas que são ordenadas, e terem definidas a ordenação pessoal (em institutos) como no casamento, (ou social) por meio de magistraturas, senhores, leis e modos de divisão do trabalho, e um sistema de trocas, todos os quais exigem uso da razão. Eles têm igualmente certa espécie de religião. Além disso, eles não cometem erros em questões evidentes, o que, adicionalmente, demonstra o uso da razão.[1223]

VITÓRIA insiste em reconhecer a humanidade dos ameríndios. Hoje diríamos a dignidade humana e a identidade cultural dos povos autóctones. Por esse dado ser-lhe-á reconhecido o título de protetor dos povos nativos contra a exploração colonial.[1224]

[1222] Francisco de VITÓRIA, **De indis et de iure belli relectiones** (Washington: Classics of international law, 1st. printed, 1917, reprinted, 1963, p. 134): "Now, in point of human law, it is manifest that the Emperor is not lord of the world, because this would be the sole authority of some law, and there is none such; or if there were, it would be void of effect, inasmuch as law presupposes jurisdiction. If, then, the Emperor had no jurisdiction over the world before the law, the law could not bind someone who was not previously subject to it."

[1223] F. de VITÓRIA, **De indis** (ed. cit., p. 127).

[1224] Assim, A. PAGDEN, **Lords of all the world: ideologies of empire in Spain, Britain and France, c. 1500-c. 1800** (New Haven: Yale Univ. Press, 1995); v. tb. P. B. CASELLA e Guilherme F. NASCIMENTO, *Direitos dos povos indígenas: releitura de Francisco de Vitória enfatizando os quinhentos anos do descobrimento* (Revista da Faculdade de Direito da USP, vol. 95, 2000, p. 121-128). Em sentido contrário, entende ter sido VITÓRIA o autor da concepção legitimadora do colonialismo, Antony ANGHIE, **Imperialism, sovereignty and the making**

Sustenta serem eles governados por sistema político, dotado de sua própria coerência. Sustenta, ainda, possuírem o uso da razão necessário, não somente para a criação de instituições, muitas das quais equivalentes às encontráveis no mundo de VITÓRIA, na própria Europa do seu tempo, como também para exercitarem o discernimento em questões morais, que podem parecer evidentes a outros.[1225]

O fato de VITÓRIA reconhecer aos ameríndios o uso da razão é crucial para a determinação de seu entendimento final do problema da condição legal destes.[1226] Justamente pelo fato de serem dotados do uso da razão estão os ameríndios vinculados pelo direito das gentes.

A questão da jurisdição é assim solucionada pelo simples enunciado desse conceito. Este é elaborado principalmente por meio da demonstração de como se criam doutrinas, que governem as relações entre os espanhóis e os ameríndios. O direito natural, administrado pelos soberanos, será assim a fonte do direito internacional, que deverá reger as relações entre os espanhóis e os habitantes do Novo mundo.

O caráter desse direito natural é posto em evidência como a prerrogativa da livre circulação – *jus communicationis* – e desde que os espanhóis não lhes causem danos, não teriam os ameríndios o direito de os impedir de circular. VITÓRIA argumenta:

> é permitido, desde o início do mundo (quando a propriedade das coisas era comum), para qualquer um de se deslocar pelo mundo, para onde quisesse.

of international law (foreword by James CRAWFORD, Cambridge: Univ. Press, 1st. publ., 2005, 1st. pb. edition, 2007, esp. chap. 1 – Francisco de Vitoria and the colonial origins of international law, p. 13-31, cit. p. 21): "*jus gentium* naturalizes and legitimates a system of commerce and Spanish penetration. Spanish forms of economic and political life are all-encompassing, because ostensibly supported by doctrines prescribed by VITORIA's system of universal law. The gap between the two cultures now ceases to exist in that a common framework by which both Spanish and Indian behaviour may be assessed is established. Equally importantly, an idealized version of the particular cultural practices of the Spanish assume the guise of universality as a result of appearing to derive from the sphere of natural law."

1225 Cfr. P. B. CASELLA e G. F. NASCIMENTO, *Direitos dos povos indígenas: releitura de Francisco de VITORIA enfatizando os 500 anos do descobrimento* (Revista da Faculdade de Direito da USP, 2000, vol. 95, p. 121-128); Rafael RUIZ, **Francisco de Vitória e os direitos dos índios americanos** – a evolução da legislação indígena castelhana no século XVI (Porto Alegre: EDIPUCRS / Instituto brasileiro de filosofia e ciência Raimundo Lúlio, 2002); e **Tratado** (tomos 14 a 17 – **Direito internacional no tempo do colonialismo**).

1226 F. de VITÓRIA, **De indis** (ed. cit., p. 151).

Isso não deveria ser atingido pela atribuição (e divisão) da propriedade, pois nunca foi a intenção dos povos destruir tal direito, por meio de tal divisão, onde a reciprocidade e o uso comum, que prevalecera entre os homens, e, em verdade, desde os dias de Noé, e seria inumano que fosse de outro modo.[1227]

A solução dessa questão é fundamental para a construção de sistema legal comum, por parte de VITÓRIA, porquanto será este o modo para que se solucione a questão da condição dos ameríndios. As duas técnicas, por meio da qual VITÓRIA aborda a questão da jurisdição se exprimem em dois dados correlacionados: de um lado, a complexa caracterização da personalidade dos ameríndios e, por outro, a elaboração de novo sistema universal de direito natural.

Reconhecida aos ameríndios a condição de humanos, e reconhecido, igualmente, serem estes dotados do uso da razão, estão, assim, igualmente subsumidos ao sistema geral de normas reguladoras da convivência entre povos, o direito das gentes. O direito natural, que permite solucionar a questão da jurisdição, está baseado em algo semelhante ao estado secular de natureza, existente no início do mundo.

O *jus gentium*, segundo a concepção vitorina, racionalizaria e legitimaria um sistema de comunicação e de comércio, entre os povos. E, por conseguinte, em conformidade com tal sistema de comunicação e de comércio, a penetração espanhola nas Américas, bem como as modalidades espanholas de vida econômica e política.

Os ameríndios parecem participar de tal sistema como iguais. O comércio espanhol com os índios, leva para estes bens dos quais não dispõem, em contrapartida pela exportação de ouro e de prata, de que estes parecem dispor em abundância. As trocas parecem, assim, ocorrer entre iguais, que se inserem conscientemente em tais transações, cada um satisfazendo as necessidades materiais do outro, e, ao menos implicitamente, possuindo a autonomia para decidir o que é valioso para cada lado.

Os ameríndios que se inserem no contexto universal do comércio – ou, hoje diríamos, no comércio internacional – tem todo o discernimento, percepção e independência, que caracterizam o homem que exerce a profissão do comércio. A justiça do sistema e a igual condição dos ameríndios são reforçados pelo argumento de VITÓRIA no sentido de terem os ame-

1227 F. de VITÓRIA, **De indis** (ed. cit., p. 151).

ríndios as mesmas limitações que os cristãos, ao comerciarem entre si: "é certo que os aborígenes não mais podem manter longe os espanhóis, como tampouco cristãos podem manter longe outros cristãos".[1228]

A reciprocidade – que se mantém até hoje princípio basilar do direito internacional – seria assim o fundamento para o direito dos ameríndios comerciarem com os espanhóis, desde a formulação inicial de VITÓRIA. A distorção decorreria das diferenças essenciais entre os dois povos.[1229]

VITÓRIA igualmente fundamenta o direito dos espanhóis em relação aos ameríndios de imporem a estes a sua administração, com base nas diferenças culturais entre ambos os povos. Ao estabelecer o seu sistema de *jus gentium*, VITÓRIA assevera serem todos seres humanos, terem os ameríndios a mesma natureza ontológica dos espanhóis.

Com base no requisito crucial da identidade ontológica e do comum uso da razão – apresentados como neutros e baseados nas qualidades possuídas por todos os povos – segundo a análise de VITÓRIA,[1230] os ameríndios, visto possuírem o dom da razão, teriam, assim, a capacidade potencial de atingirem a perfeição. Esta somente pode ser alcançada mediante a adoção de medidas que levem às necessárias transformações.[1231]

[1228] F. de VITÓRIA, **De indis** (ed. cit., p. 153).

[1229] A. ANGHIE (op. cit., 2005, ed. cit., 2007, p. 21-22): "While appearing to promote notions of equality and reciprocity, between the Indians and the Spanish, VITORIA's scheme must be understood in the context of the realities of the Spanish presence in the Indies. Seem in this way, VITORIA's scheme finally endorses and legitimizes endless Spanish incursions into Indian society. VITORIA's apparently innocous enunciation of a right to 'travel' and 'sojourn' extends finally to the creation of a comprehensive, indeed inescapable system of norms which are inevitably violated by the Indians. For example, VITORIA asserts that to keep certain people out of the city or province as being enemies, or to expel them when already there, are acts of war. Thus any Indian attempt to resist Spanish penetration would amount to an act of war, which would justify Spanish retaliation. Each encounter between the Spanish and the Indians therefore entitles the Spanish to 'defend' themselves against Indian aggression and, in so doing, continously expand Spanish territory."

[1230] F. de VITÓRIA, **De indis** (ed. cit., p. 159).

[1231] A. ANGHIE (op. cit., 2005, ed. cit., 2007, p. 22-23): "The discrepancy between the ontologically 'universal' Indian and the socially, historically 'particular' Indian must be remedied by the imposition of sanctions which effect the necessary transformation. Indian will regarding the desirability of such a transformation is irrelevant: the universal norms VITORIA enunciates regulate behaviour not merely between the Spanish and the Indians, but among the Indians themselves; thus the Spanish acquire an extraordinary powerful right of intervention and may act on behalf of the people seen as victims of Indian rituals: it is immaterial that all the Indians assent to rules and sacrifices of this kind and do not wish the

O conceito de *jus cogens*, esboçado no direito romano, foi posto no direito internacional, por Francisco de VITÓRIA, na citada *relectio* sobre o poder civil (1528).[1232] A questão do "conflito entre princípios abstratos e estipulações convencionais".[1233]

O mesmo ocorre quando se pressupõe o *jus cogens* – como o burguês fidalgo de MOLIÈRE, falando em prosa, mesmo sem ter consciência disso. Não foi somente após a entrada em vigor, em 1980, da Convenção de Viena sobre direito dos tratados, celebrada em 1969, que tem início as normas cogentes de direito internacional.[1234]

O direito internacional, para VITÓRIA compreende as normas que a razão natural estabeleceu entre as nações – *quod naturalis ratio inter omnes gentes constituit vocatur jus gentium*. Ressalta-se[1235] quanto foi inovador o

Spaniards to champion them. Thus Spanish identity or, more broadly, an idealised Western identity is projected as universal in two different but connected dimensions of VITORIA's system: Spanish identity is both externalized, in that it acts as the basis for the norms of *jus gentium*, and internalized in that it represents the authentic identity of the Indians."

1232 Francisco de VITÓRIA, *relectio* sobre o poder civil (in **Political writings**, ed. by A. PAGDEN e J. LAWRANCE, Cambridge texts in the history of political thought, Cambridge: UP, 1991, p. 1-44); ou nas edições: **Leçons sur le pouvoir politique** (intr., trad. et notes par M. BARBIER, Paris: Vrin, 1980); **Obras: relectiones teológicas** (ed. crítica, versão espanhola, intr. geral Pe. Teófilo URDANOZ (OP.), Madri: BAC, 1960); comentários e análises em A. TRUYOL Y SERRA, **La conception de la paix chez VITORIA** / la présente édition est la reprise de deux articles parus dans les 'Recueils de la société Jean BODIN pour l'histoire comparative des institutions', tome XV – La paix, deuxième partie, Bruxelles: Éd. de la Librairie Encyclopédique, 1961, avec Paul FORIERS, **L'organisation de la paix chez GROTIUS et l'école de droit naturel** (Paris: Vrin, 1987); C. BARCIA-TRELLES, **Francisco de Vitoria et l'école moderne du droit international** (RCADI, 1927, t. 17, p. 109-342); Jean MOREAU-REIBEL, **Le droit de société interhumaine et le *jus gentium*: essai sur les origines et le développement des notions jusqu'à Grotius** (RCADI, 1950, t. 77, p. 481-598); A. HERRERO-RUBIO, **Le droit des gens dans l'Espagne du XVIIe siècle** (RCADI, 1952, t. 81, p. 309-450).

1233 J. RAY, **Des conflits entre principes abstraits et stipulations conventionnelles** (RCADI, 1934, t. 48, p. 631-708).

1234 L. A. ALEXIDZE, **Legal nature of jus cogens in contemporary international law** (RCADI, 1981, t. 172, p. 219-270); Giorgio GAJA, **Jus cogens beyond the Vienna Convention** (RCADI 1981, t. 172, p. 271-316); A. GOMEZ ROBLEDO, **Le *jus cogens* international: sa génèse, sa nature, ses fonctions** (RCADI, 1981, t. 172, p. 9-217).

1235 J. BARTHÉLEMY, *François de Vitoria* (in **Les fondateurs du droit international: leurs oeuvres, leurs doctrines**, avec une introduction de A. PILLET, Paris: V. Giard & E. Brière, 1904, p. 1-36).

fato de VITÓRIA ter substituído da definição de *jus gentium*, contida nas **Institutas**,[1236] o termo *gentes* em lugar de *homines*.[1237]

VITÓRIA se recusa a considerar o mundo habitado como amontoado inorgânico de nações isoladas, sem vínculo entre estas, não tendo, umas em relação às outras, nem direitos nem deveres, se não o direito absoluto para cada uma de se fechar em si mesma, e o dever para todas as demais de respeitar essa vontade.

VITÓRIA rejeita a teoria que teve curso antes, como ainda teve depois deste, segundo a qual o direito de cada estado sobre o seu território seria da mesma natureza que o do proprietário sobre os seus campos, mas, na verdade, mais absoluto, porquanto nenhuma autoridade superior pode limitá-lo. Enquanto a maioria dos autores, do passado, como ainda em séculos futuros, insistirá sobre a *independência* das nações, VITÓRIA insiste na *interdependência*. Existe *societas naturalis* das nações: nas bases dessa sociedade, encontram-se, em estado latente, os elementos que serão os fundamentos das teorias das escolas de direito natural e das gentes: o estado de natureza, e o contrato social.

VITORIA, na já referida lição sobre o poder civil, **De potestate civili**, asseverava não ter o direito das gentes somente força de pacto ou de convenção entre os homens, mas possuir, igualmente, força de lei: "O mundo inteiro, na verdade, que, de certo modo, constitui uma república, tem o poder de levar leis justas e ordenadas para o bem de todos, tais como são as do direito das gentes". De modo que, "quando se trata de questões

[1236] **Institutionum sive elementorum** (recognovit Paulus KRUEGER, in **Corpus iuris civilis**, volumem primum, Dublin / Zürich: Weidmann, impr. 1973, liber primum, II – de iure naturali et gentium et civili: *Ius naturale est quod natura omnia animalia docuit, nam ius istud non humani generis proprium est, sed omnium animalium, quae in caelo, quae in terra, quae in mari nascuntur (...) Ius autem civile vel gentium ita dividitur: omnes populi, qui legibus et moribus reguntur, partin suo proprio, partin communi omnium hominum iure utuntur; nam quod quisque populus ipse sibi ius constituit, id ipsius proprium civitatis est vocaturque ius civile, quasi ius proprium ipsius civitatis; quod vero naturalis ratio inter omnes hominis constituit, id apud omnes populos peraeque custoditur vocaturque ius gentium, quasi quo iure omnes gentes utuntur, et populos itaque Romanus partin suo proprio, partin communi omnium hominem iure utitur, quae singula qualia sunt, suis locis proponemus.*

[1237] J. BARTHÉLEMY (op. cit., 1904, p. 7): "On peut dire, par conséquent que c'est chez VITORIA que l'on trouve pour la première fois le terme de *jus inter gentes*. Le terme est remarquable: ce qui l'est encore plus, c'est l'idée à laquelle il correspond, c'est la notion que présente VITORIA de ce *jus inter gentes*, du lien juridique qu'il établit entre nations, ou plutôt de la société juridique internationale dont il est l'expression."

graves, nenhum estado pode se considerar desvinculado do direito das gentes, pois este é colocado pela autoridade do mundo inteiro".[1238]

O fato de ser a Espanha a potência dominante da época, bem como a preeminência intelectual de Francisco de VITÓRIA, como espécie de conselheiro do império espanhol,[1239] não são estranhos ao fato deste ter necessitado refletir e manifestar-se sobre a relação com os ameríndios, dentre outras questões candentes da época.[1240]

"Sem dúvida um dos textos mais admiráveis, nascidos do gênio do dominicano espanhol, em razão de sua clarividência e de seu caráter profético":[1241] foi objeto de mil e um comentários, sobretudo no que concerne à organização ou às organizações mundiais da atualidade; não se pode passar sem se deter, diante da ênfase que o mestre aponta para o caráter de lei – *vis legis* – que podem adquirir determinados acordos inter-

1238 Francisco de VITORIA, **Political writings** (ed. by A. PAGDEN e J. LAWRANCE, Cambridge: UP, 1991, "On civil power" **De potestate ciuili** (1528), p. 1-44), a mais antiga das *Relectiones* de VITORIA a ser conservada, e provavelmente a segunda mais antiga, depois deste ter assumido a cátedra de teologia em Salamanca em 7 de setembro de 1526.

1239 J. BARTHÉLEMY, *François de Vitoria* (in **Les fondateurs du droit international: leurs oeuvres, leurs doctrines**, avec une introduction de A. PILLET, Paris: V. Giard & E. Brière, 1904, p. 1-36, cit. p. 1): " Il était espagnol, contemporain de CHARLES-QUINT; il appartenait à l'ordre de Saint DOMINIQUE. Cette nationalité, cette époque, cette condition ne sont pas indifférentes; elles aideront à comprendre pourquoi certaines questions internationales sont traitées dans l'oeuvre de VITORIA, à quel point de vue, un peu particulier, elles sont examinées, dans quel esprit et suivant quelle méthode elles sont résolues."

1240 J. BARTHÉLEMY (op. cit., 1904, p. 3): "La constitution de cet empire soulevait le problème de la légitimité des acquisitions territoriales; la découverte, encore récente, de l'Amérique, provoquait une théorie de l'occupation internationale. / D'autre part, cette situation exceptionnelle dans le monde ne pouvait être conservée que par les armes. La première puissance politique de l'Europe devait en être aussi la première puissance militaire. C'était donc en Espagne que devait se faire sentir avec le plus d'intensité le besoin de fixer, dans la mesure du possible, les règles de morale et de justice sur le droit de la guerre et la conduite des hostilités."

1241 A. GOMEZ ROBLEDO, **Le *jus cogens* international: sa génèse, sa nature, ses fonctions** (RCADI, 1981, t. 172, p. 9-217; cit. p. 24-25): "Pour commencer avec Francisco de VITORIA, père et fondateur du droit international moderne, à qui personne aujourd'hui ne nie ce titre là, nous avons en premier lieu son affirmation catégorique, selon laquelle le droit des gens est du droit naturel ou bien dérive du droit naturel: *ex iure gentium, quod vel est ius naturale, vel derivatur ex iure naturali.* [...] Mais à côté de ce *ius cogens* naturel ou nécessaire, il existe chez VITORIA un *ius cogens* positif ou volontaire, et dont la violation n'est pas plus licite, car il a été promulgué, comme nous le dirions aujourd'hui, par la communauté internationale dans son ensemble."

nacionais, quando a matéria destes se reveste de grande importância – *in gravioribus* – e foram adotadas pelo conjunto da comunidade internacional, no seu todo – *totus orbis* – na expressão de VITÓRIA: nenhum estado, quer tenha participado ou não de sua formação, pode subtrair-se, e tudo isso dá a configuração dos traços que definem o que hoje entendemos por *jus cogens*.

Diferença essencial entre o direito e as relações internacionais, não está nos meios, mas nos fins. Enquanto o direito internacional têm de preservar determinados fins e determinados princípios, mesmo quando falhe em lhes assegurar a efetividade e a aplicação corrente, as relações internacionais, tautologicamente, são essencialmente relacionais: se fundam e se desenvolvem mediante consenso, mediante composição de interesses, guiadas pela prudência, enquanto ensinamento prático, decorrente do senso comum, da experiência e das lições da história: não contém nem trazem valores intrínsecos, ou conteúdos precisos – funcionam na medida em que sejam aceitas e se alinhem os participantes do sistema, segundo as regras do jogo – se perfazem na medida em que se observe o *play by the rules*, jogar conforme as regras – e nisso se esgotam: não são ciência, nem tampouco filosofia – são construção da prática, e se alinham pela experiência. Não trabalham as relações internacionais com noções de *certo* e de *errado*, de *justo* e de *injusto*, trabalham com o que funcione, o que possa assegurar resultados – não são idealistas, são pragmáticas.

Ao direito internacional e às relações internacionais, cumpre ressaltar, tenham e mantenham, cada um, as suas respectivas esferas de atuação, mas não se pode aceitar nem conceber que o direito internacional seja reduzido à mera dimensão relacional. O direito internacional, construído segundo os ditames e as necessidades das relações internacionais, se esvaziaria do que tem de mais precioso, embora nem sempre positivamente aplicado – o conjunto de princípios, de parâmetros, de paradigmas, que norteiem a ordenação teleologicamente humana do mundo – para que possa este mundo ser preservado, para que possa sobreviver a humanidade, e para que possam ser passados às gerações vindouras o legado da civilização humana, com os pontos altos por esta alcançados.

A guerra, tema central da lição sobre o direito de guerra dos espanhóis junto aos bárbaros – *De jure bellis hispanorum in barbaros* –[1242] se apresenta em

[1242] Francisco de VITÓRIA, na edição antes referida **De Indis noviter inventis** & **De jure bellis hispanorum in barbaros** (edited by Ernest NYS, translated by John Pawley

duas dimensões: primeiro como a transformação dos ameríndios poderá ser conseguida por meio da guerra, e a segunda, na medida em que o conceito de soberania, em VITÓRIA, é afirmado primacialmente como o direito soberano de fazer guerra.[1243]

VITÓRIA elabora as hipóteses nas quais a guerra pode ser justificada: "embaixadores, segundo o direito das gentes, são invioláveis e os espanhóis são os embaixadores dos povos cristãos. Assim, os nativos índios tem ao menos o dever de os escutar amigavelmente e de não os repelir".[1244]

> Se, mesmo depois de terem os espanhóis usado toda a sua diligência, tanto em ações, como em palavras, para mostrar que nada virá, por parte destes, para interferir com a paz e o bem estar dos aborígenes, estes, contudo, persistirem em sua hostlidade, e continuarem empenhados em destruir os espanhóis, estes podem fazer guerra aos índios, não mais como um povo inocente, mas contra inimigos declarados, e podem assim praticar contra estes todos os direitos da guerra, despojando-os de seus bens, reduzindo-os ao cativeiro, depondo os seus antigos líderes e estabelecendo novos, mas em tudo com observância das proporções, como concerne à natureza das circunstâncias e dos danos a este causados.[1245]

Partindo da premissa de qualquer resistência, por parte dos ameríndios, à presença e à ação dos espanhóis constituir, assim, violação do que

BATE, Washington: Carnegie Institution of Washington, 1917, reprinted 1963 – Classics of International Law, vol. I).

1243 Cfr. **Tratado** (tomo 4 – **Direito internacional no tempo medieval**, cap. 11); A. ANGHIE (op. cit., 2005, ed. cit., 2007, War, sovereignty and the transformation of the Indian, p. 23-28, cit. p. 23): "War is the means by which Indians and their territory are converted into Spaniards and Spanish territory the agency by which the Indians thus achieve their full human potential."

1244 F. de VITÓRIA, **De Indis** (ed. cit., p. 156). Em conformidade com sua tese da fundamentação colonialista em VITÓRIA, comenta A. ANGHIE (op. & ed. cit. 2007, p. 23): "Thus all the Christian practices which VITORIA dismissed earlier as being religiously based, as limited in their scope to the Christian world, and therefore inapplicable to the Indians, are now reintroduced into his system as universal rules. This astonishing metamorphosis of rules, condemned by VITORIA himself as particular and relevant only to Christian peoples, into universal rules endorsed by *jus gentium* is achieved simply by recharacterizing these rules as originating in the realm of the universal *jus gentium*. Now, Indian resistance to conversion is a cause for war, not because it violates divine law, but the *jus gentium* administered by the sovereign."

1245 F. de VITÓRIA, **De Indis** (ed. cit., p. 155).

seria o direito das gentes, justificar-se-iam, por conseguinte, contra estes ameríndios, a adoção de sanções, por parte dos espanhóis. A guerra dos espanhóis contra os ameríndios torna-se-ia, assim, justificada, inevitável, e sem trégua.[1246]

A incursão de VITÓRIA no direito da guerra suscita muitas das indagações todavia presentes no direito internacional pós-moderno, em relação a esta matéria: Quem pode fazer a guerra? Quando pode esta ser feita? Quais limites devem ser observados ao se conduzir a guerra? O que constitui guerra justa? e assim por diante.[1247]

A guerra era vista como fenômeno político, e como a última instância do exercício do poder pelo soberano. O exame mais cuidadoso e a exploração mais explícita da doutrina da soberania,[1248] em VITÓRIA tem lugar em relação à guerra.

A soberania, segundo VITÓRIA, se apresenta parte como *relação*, segundo a qual o soberano tem deveres em relação ao seu povo, como em relação ao estado, e tem também certas prerrogativas, dentre as quais o direito de declarar e conduzir a guerra, com preeminência para o daí decorrente de aquisição de título sobre território conquistado, por meio de ocupação bélica.[1249] O soberano se põe, assim, como instrumento do estado, e como corporificação metafísica do povo:

> O príncipe é a entidade, na qual todo poder está investido, pois somente o príncipe tem sua posição, por eleição do estado. Assim, ele é o seu representante e o detentor de sua autoridade, e onde já existam príncipes de pleno direito, em um estado, toda autoridade está nas mãos deles, e sem eles nada do interesse público pode ser feito, seja na guerra como na paz.[1250]

1246 A. ANGHIE (op. & ed. cit. 2007, p. 24): "The Indian is ascribed with membership within an overarching system of *jus gentium*, with intention and volition; as a consequence of this violence originates within VITORIA's system through the Indians' deviance."

1247 Ver **Tratado** (tomo 4 – **Direito internacional no tempo medieval**, cap. 11 – tratadistas da guerra).

1248 Ver, supra, cap. 13 – estado como sujeito de direito internacional, especialmente item 13.3.

1249 'Ocupação', cfr. analisa Vaios KOUTROULIS, em seu **Le début et la fin de l'application du droit de l'occupation** (Paris: Pédone, 2010), é termo cuja aplicação tem de ser circunscrita no tempo e no espaço. Como se examina tb. no **Tratado** (tomo 1 – **Direito internacional dos espaços**, item 6.1 – ocupação).

1250 F. de VITÓRIA, **De Indis** (ed. cit., p. 169): "The prince is the entity in whom all power is vested: for the prince only holds his position by the election of the State. Therefore he is

O príncipe expande o estado, quando a condução exitosa da guerra traz para dentro do estado povos e territórios que antes estavam fora deste.[1251] O estado é "corretamente chamado comunidade perfeita".[1252] Mas a essência da dificuldade consistirá em saber o que é a comunidade perfeita. Uma comunidade será perfeita quando esta contenha os elementos necessários para o seu funcionamento adequado: "na busca de solução pode ser notado que uma coisa se considera perfeita quando esta constitui todo harmônico; por ser imperfeita, quando lhe falte algo, e, por outro lado, ser perfeita, quando nada falte".[1253]

VITÓRIA considera as dificuldades de caracterização de tal condição. Parte, em seguida, para amostragem empírica, e cita como exemplos de soberania os reinos de Castilha e Aragão, como exemplos de comunidades, dotadas de suas próprias leis e conselhos.

O poder do estado pode estar ou não consolidado de modo significativo. A autoridade pode estar dispersa em diversas hierarquias, que, embora teoricamente estabelecidas, podem se apresentar de modo confuso e incerto, para servirem de fundamento para a teoria da soberania.

A discussão da soberania, em VITÓRIA, se apresenta, em seu maior detalhamento, justamente em relação ao direito da guerra. Põe-se como consequência do fato de que compete ao soberano a declaração e a condução do conflito.

A doutrina da *guerra justa* é aspecto crucial de todo o complexo conjunto de questões, relacionadas com o direito da guerra. Mesmo quando a autoridade soberana pode ser claramente identificada, pode a convicção subjetiva do soberano ser identificada como causa suficiente para determinar a justiça da guerra? De que maneira assegurar que esta seja verdadeiramente justa?[1254]

VITÓRIA rejeita o argumento de que a convicção subjetiva da 'justiça' da causa seja suficiente para tornar justa a guerra. Se assim fosse, "mesmo

its representative and wields its authority; aye, and where there are already lawful princes in a state, all authority is in their hands and without them nothing of a public nature can be done, either in war or in peace."

1251 F. de VITÓRIA, **De Indis** (ed. cit., p. 172). A mesma lógica de expansão territorial como política de bom governo aparece na Índia antiga, como apontava KAUTILYA, cfr. **Tratado** (tomo 3 B – **Gregos, romanos, chineses, indianos**, item 7.1).

1252 F. de VITÓRIA, **De Indis** (ed. cit., p. 169).

1253 F. de VITÓRIA, **De Indis** (ed. cit., p. 169).

1254 F. de VITÓRIA, **De Indis** (ed. cit., p. 173).

turcos e sarracenos poderiam fazer guerras justas contra os cristãos, porquanto acreditam prestar serviço à causa de Deus, quando o fazem".[1255]

Em lugar de examinar as questões relativas à convicção subjetiva e da doutrina da guerra justa, e decidir se seriam estas ou não aplicáveis aos muçulmanos, em relação aos cristãos, VITÓRIA chega à sua conclusão. Estabelecida a proposição, segundo a premissa fundamental da impossibilidade de guerra justa por parte dos sarracenos, e, por extensão, também dos índios,[1256] porquanto, assim, somente os cristãos poderiam engajar-se em guerras justas:

> quando a guerra está no ponto em que a espoliação indiscriminada de todos os inimigos e a apropriação de todos os bens destes é justificável, assim também é justificável reduzir ao cativeiro os inimigos, quer tenham estes culpa ou não. E da mesma forma, como a guerra com os pagãos se faz desta forma, no sentido de ser perpétua, e nunca poder ser redimida por meio de renúncia aos danos e aos males, é sem dúvida legítimo levar tanto as crianças como as mulheres dos sarracenos em cativeiro.[1257]

Determinada a 'culpa' – e a impossibilidade de expiação desta – a guerra contra os ameríndios também passaria a ser perpétua e sem trégua. Da mesma forma, ao examinar VITÓRIA se seria conforme à lei e eficiente matar todos os inimigos, sugere pode isso ser necessário: "especialmente no caso contra os não-crentes, dos quais é inútil esperar por justa paz, em quaisquer termos, e como o único remédio é destruir todos os que possam portar armas, contra nós, desde que já tenham cometido alguma falta".[1258]

Enquanto alguma consideração deve ser mostrada na condução de conflitos entre príncipes europeus, na medida em que "derrubar a soberania do inimigo e depor os seus príncipes naturais e legítimos" são "medidas francamente selvagens e inumanas",[1259] a deposição dos líderes indígenas

[1255] F. de VITÓRIA, **De Indis** (ed. cit., p. 173).

[1256] A. ANGHIE (op. & ed. cit. 2007, p. 26): "Since the Indians are by definition incapable of waging a just war, they exist within the Vitorian framework only as violators of the law. The normal principles of just war, which would prohibit the enslaving of women and children, do not apply in the case of the pagan Indians."

[1257] F. de VITÓRIA, **De Indis** (ed. cit., p. 181).

[1258] F. de VITÓRIA, **De Indis** (ed. cit., p. 183).

[1259] F. de VITÓRIA, **De Indis** (ed. cit., p. 186). Ver tb. RODRIGO OCTÁVIO [LANGGAARD MENEZES], **Les sauvages américains devant le droit** (RCADI, 1930, t. 31, p. 177-292).

se põe como não somente permitida, mas necessária para os salvar deles mesmos.[1260]

Existem, em suma, dois caminhos essenciais, segundo os quais a soberania pode ser relacionada com os ameríndios, segundo VITÓRIA: primeiro como exclusão do ameríndio da esfera de incidência da soberania; em segundo lugar, é o ameríndio que age como o objeto contra o qual os poderes da soberania podem ser exercidos, pelos meios mais extremos.

VITÓRIA foi figura complexa, pois ao mesmo tempo pode ser apontado como defensor dos direitos dos povos indígenas, mas também pode ser lido como o 'justificador da colonização', com base em "justificação particularmente insidiosa".[1261] VITÓRIA continuamente alude à novidade intrínseca da situação da descoberta e da colonização da América.[1262] Parece-me discutível e anacrônico apresentar a concepção de VITÓRIA como intrinsecamente colonialista:

> este se ocupa não tanto da ordem entre estados soberanos – *order among sovereign states* –, mas do problema da ordem entre sociedades pertencentes a dois sistemas culturais diferentes – *order among societies belonging to two different cultural systems*. VITORIA soluciona esse problema focando as práticas culturais de cada sociedade, e avaliando-as à luz da norma universal do direito das gentes – *jus gentium*. Uma vez determinado esse quadro, demonstra estarem os índios em violação do direito natural universal.[1263]

1260 A. ANGHIE (op. & ed. cit. 2007, p. 27): "These conclusions stand in curious juxtaposition to other parts of VITORIA's work, where he emphasizes the humanity of the Indians. Simply, war waged agains the Indians acquires a meta-legal status. Many of the legal doctrines of consent, limits and proportion, that VITORIA outlines earlier, cease to apply to the Indian once the all-encompassing and inescapable obligations of *jus gentium* are breached". V. tb. Onuma YASUAKI, **A normative approach to war: peace, war and justice in Hugo Grotius** (Oxford: Clarendon Press, 1993, esp. p. 383-384) para a caracterização do status meta-jurídico da guerra em casos extremos.

1261 A. ANGHIE (op. & ed. cit. 2007, p. 28): "his work could be read as a particularly insidious justification of their conquest [of the Indians in his time] precisely because it is presented in the language of liberality and even equality".

1262 Georg CAVALLAR, **The rights of strangers – theories of international hospitality, the global community and political justice since Vitoria** (Aldershot: Ashgate, 2002).

1263 A. ANGHIE (ed. cit. 2007, p. 28 e 30): "My argument, then, is that VITORIA is concerned not so much with the problem of order among sovereign states, but the problem of order among societies belonging to two different cultural systems. VITORIA resolves this problem by focusing on the cultural practices of each society and assessing them in terms of the

Isso faz pouco sentido, na medida em que a questão da diversidade cultural se põe, justamente, como dado central na obra de VITÓRIA. Mesmo as suas noções de personalidade, do *jus gentium* e da própria soberania decorrem de tais distinções – que poderíamos denominar multi- ou interculturais. A teoria jurídica de VITÓRIA pode ser vista como consistente em três elementos primários, relacionados com este problema:

- primeiro, a diferença postulada entre os ameríndios e os espanhóis, diferença lastreada primariamente em diversidade cultural, bem como distintas práticas sociais e costumes de cada sociedade;
- segundo, formula VITÓRIA como modo de suplantar tal diferença, o seu sistema de direito das gentes, e a caracterização dos ameríndios como detentores de razão universal e assim capazes de compreenderem e estarem vinculados pelas normas universais do *jus gentium*;
- terceiro, os ameríndios, visto possuírem uso da razão universal, mas se aferrarem a usos não-civilizados e costumes bárbaros, sujeitam-se a sanções, por causa da falha em se alinharem pelos padrões universais.[1264]

A concepção ocidental da soberania teria, assim, fundamentação falaciosa e teria sido concebida como mecanismo para a conquista e o exercício da dominação colonial. Como também intrinsecamente estaria viciada a origem do direito internacional, a partir da concepção vitorina, segundo a qual a ordenação da convivência entre sociedades se haveria de nortear pelos padrões sociais, culturais, políticos e – sobretudo – religiosos, da sociedade dominante. De tal argumentação decorrem os vícios conhecidos do direito internacional clássico, de matiz colonialista, apresentado como 'natural' e como 'inevitável': o grande projeto de redenção, de acolhimento dos marginalizados no seio da soberania, civilizar os não-civilizados

universal law of *jus gentium*. Once this framework is established, he demonstrates that the Indians are in violation of universal natural law". Prossegue: "the colonial encounter is central do the formulation of VITORIA's jurisprudence whose significance extends to our own times."

1264 A. ANGHIE (op. & ed. cit. 2007, p. 29): "It is precisely whatever denotes the Indian to be different – his customs, practices, rituals – which justify the disciplinary measure of war, which is directed towards effacing Indian identity and replacing it with the universal identity of the Spanish. These sanctions are administered by the sovereign Spanish to the non-sovereign Indians".

e desenvolver as técnicas jurídicas e as instituições necessárias para tão grande missão. Nesse contexto, e nesse formato, a história do mundo colonial e a história da missão civilizadora seriam idênticos.

Ao lado ou depois de VITÓRIA, a Espanha ainda forneceu outros escritores católicos, que, por suas contribuições, merecem figurar como vozes do direito internacional moderno.[1265] Dentre os seus discípulos contam-se DOMINGO DE SOTO,[1266] MELCHIOR CANO e BARTOLOMEU DE MEDINA. Estes expoentes se conjugam com a contribuição de seus contemporâneos.

A contribuição espanhola se destacou, na época, e foi crucial para o desenvolvimento ulterior do direito internacional. São contados, dentre estes autores: Fernando VÁZQUEZ DE MENCHACA (1512-1569),[1267] Baltazar AYALA (1548-1584)[1268] e, principalmente, Francisco SUAREZ (1548-1617).[1269]

Muitos reconhecem quanto foram relevantes estes autores.[1270] Com seus legados para o futuro, preparam o ulterior advento do direito internacional

[1265] Ver **Tratado** (tomo 6 – **Direito internacional no tempo de Suárez, Gentili e Zouch**, item – outras vozes no direito internacional: Domingo de SOTO e VAZQUEZ DE MENCHACA); C. BARCIA-TRELLES, **Francisco de Vitoria et l'école moderne du droit international** (RCADI, 1927, t. 17, p. 109-342); C. BARCIA-TRELLES, **Francisco Suarez** (1548-1617): les théologiens espagnols du XVIe siècle et l'école moderne du droit international (RCADI, 1933, t. 43, p. 385-554).

[1266] V. John W. O'MALLEY, **Os primeiros jesuítas** (do original **The first Jesuits**, © 1993, trad. Domingos Armando DONIDA, São Leopoldo / Bauru: Ed. Unisinos / EDUSC, 2004, cit. p. 388) considera a influência de FRANCISCO DE TOLEDO, quando este começa a ensinar no Colégio Romano, em 1559, traz consigo, "da Universidade de Salamanca a tradição da renovação brilhante de TOMÁS DE AQUINO, iniciada lá no começo do século XVI, por FRANCISCO DE VITÓRIA, DOMINGOS DE SOTO e outros".

[1267] C. BARCIA-TRELLES, **Fernando Vazquez de Menchaca (1512-1569)**: l'école espagnole du droit international du XVIe siècle (RCADI, 1939, t. 67, p. 429-534).

[1268] Ver **Tratado** (tomo 4 – **Direito internacional no tempo medieval**, cap. 11 – tratadistas da guerra), bem como o tratado de Balthazar AYALA, **De jure et officiis bellicis et disciplina militari Libri III** (1581, ed. 1912, reproduction of the first edition, with introduction by John WESTLAKE, vol. I, p. I-XXVI), merece atenção a introdução de John WESTLAKE.

[1269] A contribuição de SUAREZ é analisada no **Tratado** (tomo 6 – **Direito internacional no tempo de Suárez, Gentili e Zouch**, cap. 15).

[1270] James Brown SCOTT, **The Spanish conception of international law and of sanctions** (Washington: Carnegie Endowment for international peace, 1934); Wilhelm GREWE, **Epochen der Völkerrechtsgeschichte** (Baden-Baden: Nomos, 1984, Zweiter Teil – *Jus inter*

clássico, enquanto sistema, tal como se estrutura, nos séculos seguintes, e prepara o caminho para o direito internacional pós-moderno. Neste, em lugar da busca da superação das contribuições de séculos anteriores se vai buscar o diálogo com as fontes e a interconexão entre diferentes épocas.[1271]

Ao tempo de VITÓRIA o cenário do mundo se tinha ampliado. Pouco tempo depois deste, as transformações terão sido ainda mais marcantes.

Algumas décadas mais tarde, caberá a SUAREZ trabalhar com as questões 'internacionais' pertinentes para a "monarquia católica", em contexto mundial,[1272] substancialmente distinto, muito mais amplo e mais complexo do que aquele no qual operara e sobre o qual refletira VITÓRIA.

De 1580 até 1640, ao tempo da união das Coroas espanhola e portuguesa, agregam-se ao império herdado de CARLOS V, também Portugal e as suas possessões ultramarinas, com o Brasil, as colônias de África e de Ásia, sob o cetro de FILIPE II, e seus sucessores, FILIPE III e FILIPE IV. Esse conjunto se estendia, além do império, para incluir toda a península ibérica, boa parte da Itália, como o reino de Nápoles, os Países Baixos meridionais (a atual Bélgica), toda a América espanhola e portuguesa, da Califórnia, até os limites da progressiva ocupação no sul do continente (ainda não vencida a resistência na Terra do Fogo), em reinos tão distantes, da Nova Espanha (México) ao Peru, e também cidades disseminadas por todo o orbe, costas da África ocidental, regiões da Índia e do Japão, oceanos e mares distantes, incluindo as Filipinas.

gentes: die Völkerrechtsordnung des spanischen Zeitalters 1491-1648, p. 163-322); David KENNEDY, no que este denomina *Primitive legal scholarship* (Harvard Int'l. Law Journal, vol. 27, no. 1, 1986, p. 1-98); J. MOREAU-REIBEL, **Le droit de société interhumaine et le *jus gentium*** – essai sur les origines et le développement des notions jusqu'à GROTIUS (RCADI, 1950, t. 77, p. 481-598); Adda BOZEMAN, **Politics & Culture in International History** – from the Ancient East to the opening of the Modern Age (© 1960, New Brunswick, N.J.: Transaction Publishers, 2nd ed., 4th printing, 2010, chap. 8 – *The Medieval Western European Realm*, p. 238-297, esp. item E – *New Departures in Intercultural Relations*, p. 289-297).

1271 E como centralmente se formula no conjunto do presente estudo sobre o **Direito internacional no tempo**. Trata-se, aqui, justamente, de enfatizar a dinâmica temporal sobre a formação e a evolução do direito internacional, enquanto sistema institucional e normativo.

1272 Cfr. **Tratado** (tomo 6 – **Direito internacional no tempo de Suárez, Gentili e Zouch**); Ernest BELENGUER, **Historia de la España moderna** – Desde los Reyes católicos hasta FELIPE II (Madri: Gredos, 2011); Fernando GARCÍA DE CORTÁZAR y José Manuel GONZÁLEZ VESGA, **Breve historia de España** (Madri: Alianza, © 1994, nueva ed., 2010; cap. XI – La monarquía universal, p. 228-322).

Esse "novo" hemisfério marcaria os europeus, como mostram, por exemplo, no início do século XVII, Tommaso CAMPANELLA e Heinrich MARTIN.

Tommaso CAMPANELLA, na **Cidade do Sol**,[1273] fala a respeito *da descoberta do outro hemisfério, ou seja do Novo Mundo, com que COLOMBO e CORTEZ abriram nova área à propagação da religião cristã*.[1274] E aduzia: "Agora estão iminentes no mundo grandes acontecimentos, cuja exposição reservo, porém, para melhor oportunidade".[1275] Evocava a fabulosa extensão desse 'império', sob o comando do rei da Espanha, como potência hegemônica da época: "a monarquia espanhola, que todos admiram por sua audácia e poder, porque submeteu tantos mares e percorreu todo o globo terrestre, o que nem Cartago,[1276] nem Tiro puderam realizar, nem tampouco o muito sábio Salomão".[1277]

Cosmógrafo alemão, radicado no México, Heinrich MARTIN, cujo nome foi traduzido para Henrico MARTINEZ, publicava o seu **Repertório dos tempos e história natural da Nova Espanha** (1606).[1278] Nesta obra dividia o mundo: "todas as terras do mundo que se descobriram até agora se dividem em quatro partes. Que o saibam aqueles que verão este papel: a primeira parte é Europa; a segunda, Ásia, a terceira, África; e a quarta, o Novo Mundo".[1279]

1273 Tommaso CAMPANELLA (1568-1639), **Cidade do Sol** (1602, trad. e notas de Aristides LOBO, São Paulo: Abril cult. – Os Pensadores, vol. XII, 1973, p. 239-291).

1274 T. CAMPANELLA (op. cit., 1602, ed. cit., 1973, p. 272).

1275 T. CAMPANELLA (op. cit., 1602, ed. cit., 1973, loc. cir.).

1276 Cartago, ou *Qart hadasht*, "a cidade nova", fundada em 814 a.C., contava com porto de guerra circular, com um quilometro de circunferência, no qual poderiam simultaneamente atracar duzentas e vinte galeras, contava ainda com extensos armazéns cobertos.

1277 Tommaso CAMPANELLA, *Dell'altro emisfero, cioè del Mondo Novo* (tb. reproduzido no volume org. por Germana ERNST, **Monarchie d'Espagne et monarchie de France**, Paris: PUF, 1997, cap. XXXI); ver tb. T CAMPANELLA, **Aphorismes politiques** (trad. Pierre CAYE et Claude MONET, Caen: Centre de philosophie politique et juridique – Univ. de Caen, 1993).

1278 Heinrich MARTIN, **Repertorio de los tiempos e história natural de esta Nueva España** (escrita e impresa por Henrico MARTINEZ, originalmente publicado em 1606, estudo introdutório de Francisco de LA MAZA, apêndice bibliográfico de Francisco GONZALEZ de COSSIO, México: Conaculta, 1991).

1279 H. MARTIN (op. cit., 1606, ed. 1991): "Todas las tierras del mundo que se han descubierto hasta ahora se dividen en cuatro partes. Que lo sepan quienes verán este papel: la primera parte es Europa; la segunda, Ásia, la tercera África; y la cuarta el Nuevo Mundo."

Assim se representou o mundo, após os descobrimentos da América. O quadro se ampliara para abranger outro continente e todas as civilizações que neste já se encontraram, bem como as mesclas que resultaram dos aportes europeus e extra-europeus às Américas.[1280] E que sobre estas se refletiram.[1281]

À expansão física do mundo, terá de corresponder o alargamento dos horizontes intelectuais, o que se afigura muito mais difícil. [1282] Essa ampliação [1283] de horizontes se acentuará nas gerações seguintes.[1284]

Esse conglomerado planetário se apresenta primeiro como construção dinástica, política e ideológica, cujos pormenores com frequência foram disseca-

[1280] Alvar Nuñez CABEZA DE VACA, **Naufrágios e comentários** (trad. de Jurandir Soares dos SANTOS, pref. Henry MILLER, intr. Eduardo BUENO, Porto Alegre: L&PM, 1999); v. tb. Daniel Joseph BOORSTIN, **The discoverers**: a History of man's search to know his world and himself (orig. publ. 1983, New York: Vintage Books / Random House, 1985); Guillermo GIUCCI, **Viajantes do maravilhoso: o Novo mundo** (© 1992, trad. Josely Vianna BAPTISTA, São Paulo: Companhia das Letras, 1992); ver tb. o já mencionado estudo de François BELLEC, **Marchands au long cours** (Paris: Ed. du Chêne / Hachette, 2003).

[1281] Serge GRUZINSKI, **Las cuatro partes del mundo** – Historia de una mundialización (México: FCE, 2010, p. 38, e a seguir, p. 39) considera a perspectiva mexicana do mundo, nessa mesma época: "Los mestizajes son indisociables de los contextos donde se desarrollan, y son multiples y cambiantes." Deste lado do Atlântico, "se amolda a los esquemas europeos de 'las cuatro partes del mundo', los otros continentes son para él mucho más que un cuadro imaginário".

[1282] S. GRUZINSKI (op. cit., 2010, p. 40-41): "Como concebir la circulación y las relaciones entre mundos e historias múltiples cuando el eurocentrismo, si no es que provincialismo, se las disputa con el gusto por el exotismo y lo primitivo, obstaculizando y viviendo de manera parásita la lectura de los pasados no europeos? Los trabajos de los historiadores europeos occidentales apenas si nos ayudan a mirar más allá de los limites, y sus colegas latinoamericanos, que con frecuencia permanecen atados a las fronteras que el siglo XIX heredó, no nos aportan más aire fresco." Na nota 63, dessa mesma passagem, GRUZINSKI formula o reparo: "Sílvio ZAVALLA en México y Sérgio BUARQUE DE HOLANDA en Brasil son excepciones de estatura internacional."

[1283] Ernest BELENGUER, **Historia de la España moderna** - Desde los Reyes católicos hasta FELIPE II (Madri: Gredos, 2011); Fernando GARCÍA DE CORTÁZAR y José Manuel GONZÁLEZ VESGA, **Breve historia de España** (Madri: Alianza, © 1994, nueva ed., 2010; cap. XI – La monarquía universal, p. 228-322, cit.p. 228): "En 1469, el matrimonio de ISBEL y FERNANDO pone la primera piedra de la convergencia de los reinos hispánicos peninsulares, después de varios siglos de roces y rupturas. El camino estará repleto de obstáculos; su superación, no obstante, marca el tránsito a la Edad moderna."

[1284] Cf. **Tratado** (tomo 6 – **Direito internacional no tempo de Suárez, Gentili e Zouch** e seguintes).

> dos: a herança do Império romano e das experiências medievais, os impulsos da 'conquista espiritual', a turbulenta sombra dos messianismos que ocupam nesta tanto espaço quanto as alianças matrimoniais, que giram em torno dos reis católicos antes de ir em proveito dos HABSBURGOS. [...] Por não poder inscrever-se na tradição imperial da Europa medieval, FELIPE II não é imperador – o domínio filipino tentou fundar as suas pretensões universais sobre a extensão geográfica: 'os reinos mais extensos'.[1285]
> Sem passado e sem precedente [...] apresenta ainda a singularidade de multiplicar o enfrentamento com outras grandes civilizações do mundo, na América com os antigos Impérios do México e dos Andes; na Ásia, com a Turquia dos otomanos; a Índia dos grandes imperadores MOGULS, a China dos MING, o Japão da era dos MONOYAMA e dos TOKUGAWA; na África, com os reinos da Guiné, o Império de Mandimansa, o Império do Mali e o Império da Etiópia. Em todas as partes – exceto na América – enfrenta, das Filipinas às costas da África, um de seus inimigos mais irredutíveis, o Islão.[1286]

O espírito do tempo era ilustrado por homens de vocação universal. Que transitavam por diferentes áreas do conhecimento.[1287]

Com múltiplos reflexos e interações, desde o momento em que, iniciada por Portugal no século XV, depois acelerada pela conquista do Novo mundo[1288] e o papel desempenhado pela Espanha – ao tempo de CARLOS V, e seus sucessores FELIPE II, FELIPE III e FELIPE IV –[1289] esse destrava-

1285 S. GRUZINSKI (op. cit., 2010, p. 45-46): "La monarquia católica se singulariza también por el espacio planetário que la constituye."

1286 S. GRUZINSKI (op. cit., 2010, p. 47): "El espacio de la monarquia se distingue ante todo por la circulación planetaria que se despliega en él y que, por la mezcla de los hombres, de las sociedades y de las civilizaciones, lo irriga. En cualquier parte del mundo, el domínio ibérico aproxima, pone en relación o choca de frente con formas de gobierno, de explotación económica y de organización social." [...] "El cristianismo romano se opone en él no solo al Islam, sino también a lo que los ibéricos llamaban 'las idolatrías', designando con este vocablo tanto a las culturas de América y de África como a las grandes religiones asiáticas. Agreguemos a ello la lucha contra los judaizantes y protestantes que por todas partes acompañan a la monarquia en su movilización planetaria."

1287 S. GRUZINSKI (op. cit., 2010, p. 218): "esos hombres del Renacimiento tenían muchas cuerdas en su arco, fueron eficaces intermediarios entre los mundos."

1288 Jay A. LEVENSON (edited by), **Circa 1492** (Washington / New Haven: National Gallery of Art / Yale University Press, 1992).

1289 Francis RAPP, **Le Saint Empire romain germanique**: d'Otton le grand à Charles Quint (Paris: Tallandier, 2000, impr. 2003); Jean-Michel SALLMANN, **Charles Quint** – L'empire

mento do mundo marca o início da modernidade e da influência ocidental, em escala planetária. O movimento de expansão conhece seu apogeu, no fim de 1520, com a descoberta do estreito sudoeste, por MAGALHÃES e o retorno do navio, comandado por ELCANO a Sevilha em 6 de setembro de 1522, um ano depois da tomada de Mexico-Tenochtitlán por Hernán CORTÉS. Será completado em 1543, pela chegada dos portugueses ao Japão.[1290]

A grande transformação do mundo, ocorrida entre o final do século XV e a primeira metade do século XVI, como outras antes e depois, teve dimensão que vai além dos motores especificamente comerciais-econômicos, militares-estratégicos, para alcançar dimensão planetária, pelo conjunto dos desdobramentos e das transformações que acarreta, não somente na Europa, nas Américas, na Ásia e na África, mas também pelas interações que enseja, entre as várias regiões do mundo. Esse conjunto de mudanças se reflete também no conhecimento, em geral, e especialmente no direito internacional, como modo de tentar regular as relações organizadas entre diferentes sociedades.

Importa considerar a aplicação precisa que VITÓRIA confere à noção de *jus gentium* para o caso concreto: somente esta confere o seu verdadeiro sentido ao *jus gentium*. A intenção de VITÓRIA tinha sido a de significar o reconhecimento universal de ser inumano receber mal os estrangeiros. O espírito do costume ancestral de hospitalidade se apóia sobre o consentimento.

A combinação do *jus communicationis* e do *jus gentium* se põe, assim, como o reconhecimento dos valores humanos e dos meios técnicos de os colocar em operação. Em conclusão, para situar VITÓRIA no desenvolvimento

éphémère (Paris: Payot, © 2000, nova ed., 2004); Fernand BRAUDEL, **La Méditerranée et le monde méditerranéen à l'époque de Philippe II** (Paris: Armand Colin, © 1966, impr. 1987, 2 vols.) faz grande panorama do mundo mediterrâneo ao tempo da extensão maior da monarquia católica.

1290 Carmen BERNAND et Xavier de CASTRO, Préface (ed. referida na nota seguinte, 2007, vol I, p. 7-75, cit. p. 12 e 15): "Initié par le Portugal au XVe siècle, puis accéléré par la conquête du Nouveau monde et le rôle joué par l'Espagne, ce désenclavement du monde marque le début de la modernité et de l'influence occidentale à l'échelle planétaire. Le mouvement d'expansion connaît son apogée fin 1520 avec la découverte du détroit sud-ouest par Magellan et le retour du navire commandé par Elcano à Séville le 6 septembre 1522, un an après la prise de Mexico-Tenochtitlán par Hernan Cortés. Il sera parachevé en 1543 par l'arrivée des Portugais au Japon."

das doutrinas sobre a sociedade internacional, pode-se falar em desenvolvimento concorrente e interferência entre as duas complexas noções, representadas pelo direito internacional – *jus gentium* – e pelo direito da sociedade humana – *jus humanae societatis* –, tenha encontrado no modo de argumentação do polonês Paulus VLADIMIRI, desenvolvido mais de um século antes, no Concílio de Constança, em 1415 e 1418, e dos canonistas, dos quais este se inspirou, precedente relevante, antes de ser direcionado para enfrentar problema novo, quando as máximas de equidade para ordenação das fontes do direito foram utilizadas para solucionar um problema de direito internacional.[1291] VLADIMIRI pode ser considerado um dos precursores na doutrina progressista sobre a questão jurídica fundamental da coexistência do mundo cristão com países não-cristãos.[1292] O debate, ocorrido no Concílio de Constança, antecipa em um século o que surgiria em relação à penetração europeia, tanto nas Índias ocidentais quanto nas Índias orientais.

Com uma hierarquia de normas, apresentada segundo o método construtivo do direito canônico, a mais poderosa dentre as novidades medievais, em matéria de direito,[1293]

> Com o grande doutrinador que é VITÓRIA, fortemente amparado por meditação pessoal – e nada servil – do pensamento tomista, do qual é, como se sabe, um dos renovadores, temos a possibilidade de encontrar construção mais sábia, mas que correria o risco de ser demasiadamente doutrinal. Mas não se trata disso: seu tomismo não somente se acomoda como se beneficia do cuidado em determinar o que é juridicamente obrigatório.[1294]

1291 Como se considerou no item – relação entre comunidades cristãs e não-cristãs no contexto medieval.

1292 C. H. ALEXANDROWICZ, Paulus Vladimiri and the development of the doctrine of coexistence of Christian and non-christian countries (orig. publ. British Yearbook of International Law, 1963, vol. 39, p. 441-448, no volume C. H. A., **The law of nations in global history**, ed. by David ARMITAGE and Jennifer PITTS, Oxford: Univ. Press, 2017, p. 53-61).

1293 J. MOREAU-REIBEL, **Le droit de société interhumaine et le *jus gentium***: essai sur les origines et le développement des notions jusqu'à Grotius (RCADI, 1950, t. 77, p. 481-598, cit. p. 534): "Nous avons affaire à une hiérarchie de normes, présentée selon la méthode constructrice du droit canon, la plus puissante des nouveautés médiévales en matière de droit."

1294 J. MOREAU-REIBEL (op. cit., 1950, p. 534-535): "Il imprime sa marque dans la frappe des formules: goût d'humaniste, autant que de scolastique."

A reflexão de VITÓRIA se inscreve em contexto mundial que mudara de maneira substancial em poucas décadas. O mundo medieval ainda estava presente em muitas facetas, mas o mundo moderno batia à sua porta, e trazia novos desafios a serem enfrentados e novas formulações de ordenação institucional e normativa.

O desenvolvimento dos intercâmbios internacionais, a abertura de novas rotas, internas e internacionais, a invenção de imprensa de tipos móveis, o advento da reforma protestante, a criação do correio público, a intensificação da frequência das relações humanas, todos esses fatores reunidos, conferiram à civilização uma sensibilidade tal que a vida política, econômica, intelectual, religiosa e social adquire caráter mundial que não tinha até então. O que se refletiu nos modos de ver e de operar no mundo.

> As forças puramente econômicas representaram apenas um impulso secundário sobre a paixão que levou os exploradores a cruzarem os mares no século XV. Talvez essas jornadas de aventura até os confins da terra fossem apenas mais uma manifestação do espírito da Renascença, uma nova era que rompeu com a mentalidade mais rígida que a religião havia imposto na Idade Média, estimulando ousadas experimentações nas artes, na cultura e na ciência. O progresso nas navegações e a expansão do conhecimento geográfico eram naturalmente produto das importantes inovações do Renascimento na matemática, nas técnicas de mensuração e na perspectiva. O verdadeiro espírito do Renascimento era a descoberta do mundo. Entre 1492 e 1500, o tamanho do mundo conhecido pelos europeus mais que dobrou; 25 anos mais tarde, ele tinha mais que triplicado. [1295]

Às grandes navegações[1296] se somam várias outras dimensões. No curso do século XV, acontecimentos revolucionários ocorrem em região da Europa que tinha ficado relativamente à margem dos mais relevantes desenvolvimentos dos últimos tempos: a península ibérica.

Em 1469, o casamento de FERNANDO de Aragão e de ISABEL de Castilha uniu a Espanha. Sob a liderança destes, os espanhóis completa-

1295 Peter L. BERNSTEIN, **O poder do ouro**: história de uma obsessão (orig. publ. **The power of gold**: the History of an obsession, 2000, trad. Alexandre F. ROSAS, Rio de Janeiro: Campus, 2001, cit. p. 124).

1296 François BELLEC, **Marchands au long cours** (Paris: Ed. du Chêne/Hachette livre, 2003).

ram a 'reconquista' e expulsaram os mouros e os judeus.[1297] Ambos criaram dinastia poderosa, que levaria as forças espanholas a avançarem sobre grande parte da Europa, e fora dela, na América.

Por sua vez, mudanças também ocorrem no vizinho Portugal. A partir de 1300, os portugueses passam a ter marinha treinada por navegadores genoveses e venezianos. O rei JOÃO I, coroado em 1385, governante esclarecido conseguiu transformar seu pequeno país de cerca de um milhão de habitantes – um sexto da população do Marrocos – em uma potência mundial. Selou aliança com a Inglaterra, por meio de tratados, que tiveram longa duração e enorme impacto sobre a vida do país e as relações anglo-lusitanas,[1298] e se casou com a neta de EDUARDO III, cujo irmão, Henry BOLINGBROKE, em breve usurparia o trono inglês de RICARDO II.

O terceiro filho de JOÃO, HENRIQUE o navegador, foi incentivado por seu pai a promover as grandes explorações de seu século. Estas levariam à descoberta da via marítima para o comércio com o Oriente, contornando o cabo da Boa Esperança, à descoberta da América, e à magnífica descoberta, por Fernão de MAGALHÃES, do estreito marítimo, do Atlântico ao Pacífico, durante a circunavegação do globo.[1299]

[1297] Como examinado no **Tratado** (tomo 4 – **Direito internacional no tempo medieval**, cap. 11).

[1298] Charles KINDLEBERGER, **World economic primacy, 1500-1990** (Nova York : Oxford Univ. Press, 1996, p. 71) considera que o tratado de Methuen, assinado em 1703, convertia Portugal numa colônia inglesa, ao permitir a entrada dos vinhos portugueses na Grã-Bretanha a tarifas um terço abaixo daquelas cobradas pelos vinhos franceses, enquanto Portugal admitia a entrada de grande variedade de produtos, que os portugueses não conseguiam fornecer para o Brasil. O ouro brasileiro ia para a Grã-Bretanha de navio, para pagar por aquilo que a venda dos vinhos portugueses não cobria: as moedas de ouro brasileiras eram comuns na Inglaterra nessa época. Ver tb. Peter L. BERNSTEIN, **O poder do ouro**: história de uma obsessão (do original **The power of gold**: the History of an obsession, © 2000, trad. Alexandre F. ROSAS, Rio de Janeiro: Campus, 2001, p. 120-121, e a seguir, p. 126-127): "Portugal era um dos países mais pobres da Europa no final da Idade Média, o que significava que, mesmo modesta, qualquer descoberta lucrativa faria uma grande diferença."

[1299] Ver **Tratado** (tomo 1 – **Direito internacional dos espaços**, esp. 15.1.3 – sobre o estreito de Magalhães). P. BERNSTEIN (op. cit., 2000, ed. bras., 2001, p. 121) com certo exagero comenta: "Os portugueses ficaram tão entusiasmados com os êxitos nestas explorações que o país ficou significativamente despovoado de homens em idade de casar, incapazes que foram de resistir à tentação de tomar parte nas aventuras. Muitos desses homens se fixaram em terras distantes ou pereceram nos naufrágios."

Simples enumeração de alguns dados e datas sobre as grandes navegações e 'colonização'[1300] permitem situar a amplitude das transformações vividas, em escala mundial, no espaço de algumas décadas: no século XV, os navios incorporam o uso da vela latina –[1301] extraordinária inovação técnica, desenvolvida no leste do Mediterrâneo no século II d.C., mas cujo uso somente se ampliou na Idade Média – sem a qual as grandes navegações não poderiam ter sido realizadas.

Em 1415, HENRIQUE captura a cidade moura de Ceuta, a leste do estreito de Gibraltar, na costa africana;[1302] a esta se segue política sistemática de ataque contra as cidades marroquinas, primeiro na costa do Mediterrâneo, e em seguida, na costa do Atlântico, o que significou aumento relevante do tráfico de escravos, índigo e açúcar, bem como de ouro, entre a África e Portugal. Por volta de meados do século XV, as caravelas portuguesas conseguiam percorrer toda a costa ocidental da África, avançando cada vez mais longe, rumo ao sul.[1303] Na década de 1470, os portugueses

[1300] Cfr. **Tratado** (tomos 14 a 17 – **Direito internacional no tempo do colonialismo**); Marc FERRO, **História das colonizações** : das conquistas às independências – séculos XIII a XX (do original **Histoire des colonisations**: des conquêtes aux indépendances XIIIe. au XXe. siècles, © 1994, trad. Rosa Freire D'AGUIAR, São Paulo: Companhia das Letras, 1996); Ruggiero ROMANO, **Mecanismos da conquista colonial** (do original **Mécanismes de la conquête coloniale**: les Conquistadores, © 1972, trad. Marilda PEDREIRA, rev. Vera de Campos TOLEDO, São Paulo: Perspectiva, 1973); Edward W. SAID, **Cultura e imperialismo** (orig. publ. **Culture and Imperialism**, 1993, trad. Denise BOTTMANN, São Paulo: Companhia das Letras, 2011).

[1301] As velas convencionais, quadradas, eram posicionadas no sentido do navio e limitavam seu movimento, obrigando-o quase que inteiramente só velejar no sentido do vento; por sua vez, a vela latina é triangular, e posiciona-se atravessando o sentido do navio, o que permite que a embarcação saia de um ponto, mude de direção a estibordo e volte, o que possibilitou aos grandes navios mudar o sentido de seu deslocamento, de modo a poder pegar o vento de ambos os lados.

[1302] P. BERNSTEIN (op. cit., 2000, ed. bras., 2001, p. 127): "Ceuta era uma cidade imensamente rica, que servia como o principal porto mediterrâneo para os produtos que os comerciantes árabes traziam da África e da Ásia. Ceuta era sobretudo o principal porto para as caravanas que traziam ouro africano pelo deserto para embarcar para a Europa." [...] "A tomada de Ceuta suscitou uma estratégia irresistível para HENRIQUE e seus homens: se conseguissem transportar a produção das minas africanas por mar até os seus próprios portos, seria possível obter uma vantagem sobre todo o resto da Europa, contornando de navio a exaustiva e dispendiosa viagem de camelo através do deserto do Saara, até os pontos de comércio do norte do Mediterrâneo."

[1303] O mercador veneziano ALVISE DA CADAMOSTO em 1454 pede e obtém do rei D. HENRIQUE, a autorização para integrar as caravanas do comércio com a África.

tinham estabelecido importante posto de comércio na costa sul do oeste africano, São Jorge da Mina.[1304]

Em 1482 os portugueses estão na foz do rio Congo. Dez anos depois, em 1492,[1305] o genovês Cristóvão COLOMBO –[1306] a serviço de ISABEL de Castilha[1307] (+ 1504) e FERNANDO de Aragão (+ 1516), ditos os "reis católicos" – 'descobre' a América, ao aportar nas Bahamas.[1308] Os espanhóis a seguir se instalam no Haiti, na Jamaica e em Cuba, a partir de 1511.

Estes seriam marcos do início do imenso império ultramarino espanhol e também lusitano, na América e na Ásia. E, naquela altura, não se poderia avaliar que as descobertas, na linha de COLOMBO e de VASCO DA

CADAMOSTO deixou diário da sua viagem.

1304 P. BERNSTEIN (op. cit., 2000, ed. bras., 2001, p. 130-131): "O ouro que chegava a Portugal, passando por São Jorge da Mina era adquirido mediante uma série de transações de escambo, em que os portugueses entravam com sal, capas e túnicas, tecidos vermelhos e azuis, lona, cobre, potes e panelas de latão, corais, conchas vermelhas e vinho branco. Os negócios eram bons. No início do século XVI, aproximadamente setecentos quilos de ouro por ano saíam da África para Portugal, uma quantidade considerável quando toda a produção anual da Europa não passava de quatro toneladas e Portugal não produzia um único grama."

1305 Jay A. LEVENSON, (edited by), **Circa 1492** (Washington / New Haven: National Gallery of Art / Yale University Press, 1992).

1306 Cristóvão COLOMBO (1450-1506), **Diários da descoberta da América** – as quatro viagens e o testamento (trad. Milton PERSSON, intr. Marcos FAERMAN, Porto Alegre: L&PM, 2001).

1307 As propostas de Cristóvão COLOMBO tinham sido sucessivamente rejeitadas por quatro soberanos europeus: primeiro, em 1484, pelo rei JOÃO II de Portugal, sobrinho de HENRIQUE e neto de D. JOÃO I; em seguida, em 1486, COLOMBO se dirige aos soberanos espanhóis, e a comissão nomeada para estudar o assunto levou até 1489 para decidir que a sua proposta era destituída de mérito, que a viagem seria demorada demais e se duvidava da existência de terras a serem descobertas; em terceiro lugar, o rei HENRIQUE VII da Inglaterra rechaça o projeto e os conselheiros do rei o consideram fantasioso; e finalmente, o rei CARLOS VIII da França também responde com a negativa. A rainha ISABEL, contudo, volta ao engenhoso plano, e depois de tergiversar a respeito da aceitação das condições consideradas exorbitantes, impostas por COLOMBO – a insistência em ser nomeado cavaleiro, almirante dos mares, vice-rei e governador de todas as terras descobertas, além de participação de 10% em todos os lucros advindos dessas terras, com o ouro especificamente incluído – finalmente aceitas, em abril de 1492, permite que a expedição de COLOMBO parta em 3 de agosto do mesmo ano.

1308 COLOMBO escreve a FERNANDO e ISABEL a respeito dos primeiros encontros com os nativos das terras que descobrira: "sua alteza deveria resolver-se a convertê-los em cristãos, pois eu creio que [...] obteria a conversão à nossa santa fé de um grande número de povos, com a aquisição de grandes senhorias e riquezas e todos os seus habitantes para a Espanha. Pois sem dúvida há nessas terras uma quantidade muito grande de ouro." Ver tb. Pierre VILAR, **A History of Gold and Money, 1450-1920** (Londres: New Left Books, 1976, p. 64).

GAMA, teriam inaugurado "a existência da primeira ordem mundial de alcance planetário" e, portanto, de processo de globalização.[1309]

Em 1494, o tratado de Tordesilhas divide as 'zonas de influência' portuguesa e espanhola, na América [1310] e terá o seu prolongamento na Ásia, após as bulas papais sobre o tema; em 1497, VASCO DA GAMA está na Índia;[1311] em 1500, a esquadra portuguesa, comandada por Pedro Álvares CABRAL, aporta no Brasil [1312]

Em 1501, começa o tráfico negreiro rumo à América; em 1503, os portugueses estão instalados em Cochim; em 1507, os portugueses tomam Ormuz; em 1510, os portugueses tomam Goa; em 1517, os portugueses estão em Cantão.

A partir de 1519, com Hernan CORTEZ,[1313] os espanhóis conquistam e aniquilam o grande império *Anahuac* – "entre os mares", no idioma nahuatl –, herdeiros da civilização tolteca, baseado em relações tributárias de vários povos, submetidos aos astecas, estendendo-se na Mesoamérica, da atual Nicarágua, a leste, até Michoacán, a oeste, no México. Os espanhóis espalham matança e destruição em toda a região.[1314] O enorme império rui num

1309 Faz amplo panorama do fenômeno o economista argentino Aldo FERRER, com seus volumes sobre a **História de la globalización** – Orígenes del orden económico mundial (Buenos Aires: FCE de Argentina, 1996) e **História de la globalización II** – La Revolución industrial y el segundo orden mundual (Buenos Aires: FCE de Argentina, 1999).

1310 Abel POSSE, **Os cães do Paraíso** (do original **Los perros del paraíso,** © 1983, trad. Vera MOURÃO e Regina BRANDÃO, Rio de Janeiro: Casa Maria Edtrl.-LTC Livros técnicos e científicos, 1989).

1311 Maria Ema Tarracha FERREIRA (org., intr. e notas), **Vasco da Gama na literatura dos Descobrimentos** (Lisboa: Ulisseia, 1998).

1312 Sérgio Buarque de HOLANDA, **Visão do paraíso**: os motivos edênicos no descobrimento e colonização do Brasil (São Paulo: Nacional / Secretaria da cultura, ciência e tecnologia, 3ª ed., 1977); Eduardo BUENO, **Brasil: terra à vista!** (ilustrações de Edgar VASQUES, Porto Aelgre: L&PM, 2003).

1313 Hernán CORTEZ apresentou as suas **Cartas de relación** (trad. Désiré CHARNAY, sob o título **La conquête du Mexique** no volume **Les Conquistadors**, édition présentée par Gérard CHALLIAND, © 1996, 1982, 1983, 1992, 1995, Paris: Omnibus, 2003, p. 529-710). Ver tb. o relato de Bernal DIAZ DEL CASTILLO, **Historia verdadera de la conquista de la Nueva España** (trad. D. JOURDANET, sob o título **La conquête du Mexique**, no volume **Les Conquistadors**, édition présentée par Gérard CHALLIAND, Paris: Omnibus, 2003, p. 7-528).

1314 Márcia ARCURI (curadoria), **Por ti América** – arte pré-colombiana ("exposição realizada no Centro Cultural Banco do Brasil, Rio de Janeiro: 10 de out. de 2005 a 29 de jan. de 2006; Brasília: 20 de fev. a 23 de abril de 2006; São Paulo: 13 de maio a 16 de julho de 2006", Rio de Janeiro: Pancrom, 2005; texto de Gordon BROTHERSTON, 'Por ti América', p. 9-19, cit. p.

"cataclismo histórico perto do qual a queda de Constantinopla parece um desastre relativamente suave",[1315] em expressiva caracterização – "esses homens do México antigo foram homens civilizados":[1316]

> Sua cultura, tão subitamente aniquilada, é uma das que a humanidade pode se orgulhar de ter criado. Ele deve assumir um lugar no espírito e no coração daqueles para quem nosso patrimônio comum se compõe de todos os valores concebidos por nossa espécie em todos os tempos e lugares, entre nossos tesouros, tão preciosos porque tão raros. De tempos em tempos, no infinito do tempo e em meio à enorme indiferença do mundo, homens reunidos em sociedade dão nascimento a algo que lhe supera, a uma civilização. São os criadores de culturas. E os índios de Anahuac, ao pé dos vulcões, à beira das lagunas, podem ser contados entre tais homens.[1317]

Nesse mesmo ano em que a civilização asteca é aniquilada no México, o grande navegador, Fernão de MAGALHÃES (+1521) morre no curso da missão, responsável pela "primeira viagem de volta ao mundo".[1318]

10): "Na América, por todo o trauma que provocou, e ainda provoca, a invasão foi percebida como mais um acontecimento no curso de uma longa história local, cujo início remonta à própria criação do mundo. Pois os sistemas inca e asteca, respectivamente nos Andes e na Mesoamérica, derivaram de tradições intelectuais e políticas que recuavam séculos e milênios no passado."

[1315] Jacques SOUSTELLE, **Os astecas na véspera da conquista espanhola** (do original **Les aztèques à la veille de la conquête espagnole** © 1955, trad. Eduardo BRANDÃO, São Paulo: Companhia das Letras, 1990, p. 11-12): "Ninguém sabia, no México, que uma raça de pele branca, vinda de outro mundo, já estava instalada desde 1492 nas ilhas do mar oriental. Entre a primeira viagem de Cristovão COLOMBO e o desembarque de Hernan CORTÉS no continente, haviam transcorrido vinte e sete anos. Um lapso de um quarto de século, durante o qual dois universos que se ignoram vivem lado a lado, separados por um braço de mar."

[1316] J. SOUSTELLE (op. cit., 1955, ed. bras., 1990, p. 17): "A primeira 'vaga' de invasão, composta de soldados tão incultos quanto valorosos, tinha, porém, à sua frente um estadista, Hernán CORTEZ, e em suas fileiras um escritor nato, que sabia observar e descrever, Bernal DIAZ DEL CASTILLO. As cartas de CORTEZ a CARLOS V e as recordações que Bernal DIAZ, já velho, ditou antes de sua morte nos proporcionam o primeiro depoimento europeu sobre um mundo totalmente ignorado até então – depoimento mais elaborado por parte de CORTEZ e espontâneo, engraçado e trágico, por parte de DIAZ."

[1317] J. SOUSTELLE (op. cit., 1955, ed. bras., 1990, p. 271).

[1318] Xavier de CASTRO, **Le Voyage de Magellan (1519-1522)**: la relation d'Antonio Pigafetta & autres témoignages (édition établie par X. de CASTRO, en collab. avec Jocelyn HAMON et Luís Felipe THOMAZ), (Paris: Chandeigne, 2007, 2 vols.), no primeiro volume, nova

Em 1532, os espanhóis estendem as suas conquistas para o sul, com Francisco PIZARRO e seu irmão Pedro PIZARRO,[1319] sobre extensões consideráveis do *Tahuantinsuyu* dos incas – "quatro distritos", no idioma quéchua –, que hoje são os territórios do Equador, Peru, Bolívia, Chile e Argentina, destruindo o Império inca[1320] e submetendo o soberano ATAHUALPA à prisão, e apesar deste ter concordado em pagar resgate, e esse pagamento ter sido honrado, foi o Inca levado ao simulacro de um "julgamento", que (previsivelmente) culminou na condenação e execução deste em 29 de agosto de 1533.[1321] As práticas de violência e de expropria-

transcrição da relação deixada por Antonio PIGAFETTA, sobrevivente da expedição, acrescida de rico aparato crítico, à luz dos testemunhos do século XVI, e estudos recentes; no segundo volume, reúnem-se outras fontes, tais como relatos, cartas e depoimentos dos companheiros de MAGALHÃES, embarcardos na mais espetacular das aventuras marítimas. Ver **Direito internacional dos espaços** (tomo 1, esp. 15.1.3, sobre o estreito de Magalhães).

1319 Pedro PIZARRO deixou relato da 'conquista', na forma da **Relación del descubrimiento y conquista de los reinos del Peru** (trad. Yvette ROMUS, sob o título **La conquête du Pérou**, no volume **Les Conquistadors**, édition présentée par Gérard CHALLIAND, © 1996, 1982, 1983, 1992, 1995, Paris: Omnibus, 2003, p. 711-825).

1320 Dentre as grandes quantidades de ouro, provenientes dos incas, cuja manufatura já era conhecida e operada por volta de 500 a.C., há objetos de épocas anteriores que mostram inequívocas influências chinesa e vietnamita, o que sugere que navegantes asiáticos teriam atravessado o Pacífico em tempos nos quais os europeus mal conseguiam navegar pelo Mediterrâneo. Somente pequeno mostruário foi conservado para ser enviado ao imperador CARLOS V, enquanto todo o resto foi fundido e transformado em barras de ouro, e posteriormente, em moeda. Dentre outras fontes, veja-se: **Ouros de Eldorado** – Arte pré-hispânica da Colômbia ("exposição realizada na Pinacoteca do Estado de São Paulo, de 29 de maio a 22 de agosto de 2010", organizada pelo Museo del Oro del Banco de la República, Bogotá, Colômbia, coord. e texto Márcia ARCURI; curadoria e texto Efraín SÁNCHEZ; texto Clara Isabel BOTERO, São Paulo: Pinacoteca do Estado, 2010, "apresentação", p. 13): "O território que hoje constitui a Colômbia foi cenário, entre 500 a.C. e 1500 d.C., do surgimento e desenvolvimento de sociedades que alcançaram formas complexas de organização política, social e religiosa, sustentadas em uma prosperidade econômica. Essa complexidade plasmou-se de maneira extraordinária no trabalho de ourivesaria."

1321 P. BERNSTEIN (op. cit., 2000, ed. bras., 2001, p. 143-144) assinala: "O fim da história dos conquistadores soa como a moral de uma fábula. Adam SMITH estava certo ao condenar a 'santa sede pelo ouro' que levou exploradores e conquistadores ao Novo Mundo. Saciar essa sede levou a maioria dos homens a um fim trágico, a começar pelo próprio BALBOA." / "A companhia original de PIZARRO se dividiu em vários grupos que afogaram o grandioso espírito de sua aventura no sangue das disputas internas por liderança e pela posse dos espólios. Depois dos enormes esforços que haviam envidado na conquista do Peru e dos terríveis riscos enfrentados muitos desses homens jamais realizaram o sonho de voltar à Espanha com fortuna em ouro para viver uma vida tranquila."

ção se fizeram acompanhar dos discursos de apologia e de tentativas de justificação dos atos praticados:[1322] como a 'propagação da fé' e o suposto caráter defensivo das medidas tomadas contra os autóctones.

Em 1542, os portugueses estão no Japão.[1323] Em 1557, os portugueses instalam-se em Macau.[1324]

Em 1545, o concílio de Trento é marco da Contrarreforma católica. Em 1546, os jesuítas estão no Brasil: a fundação de São Paulo de Piratininga, em 25 de janeiro de 1554, é uma das marcas da passagem destes pelas terras da coroa portuguesa.

1322 Como analisa Anthony PAGDEN, *Dispossessing the barbarian: the language of Spanish Thomism and the debate over the property rights of the American Indians* (in **The languages of political theory in early modern Europe** (orig. publ. 1987, Cambridge: Univ. Press, 1990, p. 78-98).

1323 Chegado ao Japão em 1563, a serviço da Companhia de Jesus, com exceção de breve estada em Macau, lá viveria até a sua morte em Nagasaki, em 1597, Luís FRÓIS, além de numerosos trabalhos de natureza religiosa, deixou registro dos mais variados aspectos da civilização japonesa, em numerosas cartas, bem como na sua extensa e bem documentada **História do Japão**, escrita entre 1585 e 1594, além do **Tratado das contradições e diferenças de costumes entre a Europa e o Japão**, escrito em 1585 (ed. de Rui Manuel LOUREIRO, Macau: Instituto Português do Oriente, 2001) no qual faz comparações entre hábitos e costumes japoneses e europeus, confrontados com base em apurados conhecimentos da sociedade nipônica e da vida quotidiana do povo japonês.

1324 A presença portuguesa em Macau estende-se de 1557 até 1999. Seu estatuto legal, de "Província ultramarina de governo simples", na designação constitucional portuguesa, nunca teve a configuração de 'arrendamento de território' como no caso britânico, em relação aos "novos territórios", e de certo modo, mesmo em relação a Hong Kong. Por meio de declaração conjunta, assinada em Pequim em 1987, os dois países acertaram os termos da transferência de Macau, bem como a autonomia da região, na mesma linha do que se acordara em 1997, "um país, dois sistemas", em relação ao sistema econômico e político do conjunto da China. A respeito, ver **Tratado** (tomo 1 – **Direito internacional dos espaços**, item 7.1.1.2); Luís Filipe BARRETO, **Macau**: poder e saber – séculos XVI e XVII (Lisboa: Presença, 2006); Agustina BESSA-LUÍS, **A quinta essência** (Lisboa: Guimarães Eds., © 1999, 5ª ed., 2004); Maria Helena S. R. do CARMO, **Uma aristocrata portuguesa no Macau do século XVII** (Lisboa: Fund. Jorge Álvares/Edtrl. Inquérito, 2006); Christina Miu Bing CHENG, **Macau**: a cultural Janus (Hong Kong: University Press, 1999); Moisés da Silva FERNANDES, **Macau na política externa chinesa 1949-1979** (Lisboa: Imprensa de Ciências Sociais, 2006); Geoffrey C. GUNN, **Encountering Macau**: a Portuguese City-state on the periphery of China, 1557-1999 (Macau: Tipografia Macau – Hong Kong/Geoffrey C. Gunn, 1st. publ. in English 1966, new edition 2005); Antonio KATCHI, **As fontes do direito em Macau** (Macau: Faculdade de Direito da Univ. de Macau – teses e estudos, 2006); Fernando LIMA e Eduardo Cintra TORRES, **Macau entre dois mundos** (Lisboa: Fund. Jorge Álvares / Edtrl. Inquérito, 2004); Boaventura de SOUSA SANTOS e Conceição GOMES, **Macau**: o pequeníssimo dragão (Porto: Afrontamento / Macau: Instituto Português do Oriente, 1ª ed., 1998).

Em 1551, é fundada a Universidade de Lima. Alguns anos mais tarde, é fundada a Universidade do México. Ambas tentam espelhar e tem como paradigma a Universidade de Salamanca.

Esse mosaico planetário constituído pela "monarquia católica" teve caráter efêmero: o conglomerado não sobrevive à restauração portuguesa de 1640. Da mesma forma, surgem e se acentuam, nas possessões americanas da Espanha, fortes identidades regionais, que abrem caminho a outras organizações políticas, centradas no estado-nação, e levarão aos processos de 'independência', no início do século XIX.

O dado mais marcante foi desencadear processo de 'globalização' em escala planetária. Este terá efeitos prolongados e múltiplos desdobramentos sobre os séculos seguintes.

Nesse sentido, a extensão da contribuição de Francisco de VITÓRIA:[1325]

> Ele percebeu as grandes linhas de uma sociedade muito mais ampla, composta de todos dos estados, sem referência a geografia, raça ou religião, e estava seguro de que tinha chegado o tempo, no qual o mundo cristão europeu teria de reconhecer o fato de que a sua comunidade já tinha sido substituída, ou ficado abrangida por uma comunidade mundial.
> Essa união mais ampla, VITORIA explicou, não era um super estado, imposto acima dos existentes estados e alianças. Este não repousava em qualquer pacto ou constituição especial, e não era mantido unido por qualquer crença, em torno da qual as suas várias partes pudessem unir-se. Este representava, antes de tudo, a humanidade comum, por trás dos estados, e era governado pela vontade coletiva da soma total de todos os estados. Essa vontade, ou direito das gentes, sustentou VITÓRIA, era naturalmente superior à lei de qualquer estado membro, dado que o todo é sempre mais importante que qualquer das partes.[1326]

VITORIA identificou essa vontade coletiva da humanidade em três fontes: o direito natural, o costume e o consentimento da maioria da humanidade – *o consenso da maior parte de todo o mundo, em vista do bem comum de*

[1325] Adda BOZEMAN, **Politics & Culture in International History** – from the Ancient East to the opening of the Modern Age (© 1960, New Brunswick, N.J.: Transaction Publishers, 2nd ed., 4th printing, 2010, esp. chap. 8, '*The Medieval Western European Realm*', p. 238-297, esp. item E. '*New Departures in Intercultural Relations*', p. 289-297).

[1326] A. BOZEMAN (op. cit., 1960, ed. 2010, cap. e item citados, p. 295).

todos – e na sua **Lição sobre o poder civil** (1528) descreveu o direito das gentes, como citado na epígrafe deste capítulo:

> o direito das gentes não tem somente força de pacto ou de convenção entre os homens, mas possui, igualmente, força de lei. O mundo inteiro, na verdade, que, de certo modo, constitui uma república, tem o poder de levar leis justas e ordenadas para o bem de todos, tais como são as do direito das gentes. Consequentemente, quando se trata de questões graves, nenhum estado pode se considerar desvinculado do direito das gentes, pois este é colocado pela autoridade do mundo inteiro.[1327]

Acompanhando ainda a trajetória de VITÓRIA, a moderna sociedade das nações e o moderno direito internacional continuam a repousar sobre essas fundações conceituais, que colocou VITORIA, há quinhentos anos:

> Na verdade, a inteligência visionária deste teólogo cristão, que alcançou continentes que ele não tinha visto, religiões que ele não tinha conhecido, e tempos que não eram os seus, permanece a fonte para novos direcionamentos – *new directions* – para a ulterior evolução do presente sistema internacional.
> Nessa conexão, é talvez apropriado lembrar, que o zelo de VITORIA e a sua lógica, na elaboração de normas internacionais, moralmente justas e legalmente coerentes, foi sempre equiparada por seu aguçado sentido do que era prático e do que era possível.
> Como realista, ele estava perfeitamente consciente das limitações, dentro das quais a ordem política do século XVI tinha de trabalhar, e VITÓRIA foi sábio demais para pensar em termos de uma autoridade internacional superior, que supervisionaria a devida formulação e observância do direito das gentes.[1328]
> E, dado que a distinção entre guerras justas e injustas permanecia dado crucial de seu inteiro sistema internacional, VITÓRIA considerou necessário,

1327 Francisco de VITORIA, **De potestate civili** (1528) (ed. cit., in VITORIA, **Political writings**, ed. by A. PAGDEN e J. LAWRANCE, ed. cit., 1991, "On civil power" ou **De potestate ciuili**, p. 1-44).

1328 A. BOZEMAN (op. cit., 1960, ed. 2010, p. 296): "He realized also that it was the national sovereignty in each state who was most widely trusted as the chief support of peace and order. It is this view of the world situation that explains VITORIA's suggestion that all law – whether divine or human, international or national – should be ascertained, in advance, by learned counsels, in order then to be applied to disputes between individuals by a technically qualified judge in national courts, and to disputes between nations by the sovereign prince."

contudo, reexaminar e reapresentar os elementos de justiça e de injustiça, como afetaram as causas e os objetivos da guerra 'moderna', sugerindo entre outras coisas, que poderiam surgir situações nas quais ambos os estados combatentes tivessem a justiça do seu lado.[1329]

A contribuição de SUAREZ será considerada no tomo seguinte.[1330] Mas, antes, podem ser ensaiadas algumas conclusões, relativas ao longo e complexo período considerado neste volume.

1329 A. BOZEMAN (op. cit., 1960, ed. 2010, cap. e item citados, p. 297).

1330 Como mencionado, a contribuição de SUAREZ será tratada no **Tratado** (tomo 6 – **Direito internacional no tempo de Suárez, Gentili e Zouch**, cap. 15).

CONCLUSÕES

O tempo é este do qual fruímos aqui, pois é difícil o definir em si mesmo, de modo geral; é uma parte da eternidade, comportando indicação precisa de duração.

CÍCERO, **De Inventione** (I.39)[1331]

O fio condutor, que se apresenta, por assim dizer por si mesmo é o da problemática que HEIDEGGER não cessou de considerar como sua questão fundamental: a da relação entre o ser e o tempo. Toda a originalidade da filosofia de HEIDEGGER está com efeito na elucidação do sentido *temporal* do que a tradição ocidental, desde seu início – com PARMÊNIDES, PLATÃO e ARISTÓTELES – denominou 'ser'. HEIDEGGER parte dessa simples constatação: a *ousia* (o ser ou melhor a manifestação deste, a condição do ser no tempo) é compreendida pelos gregos como presença constante. Longe de ser característica do que é, ou critério a partir do qual se diferenciam as regiões do ser – o temporal oposto ao intemporal ou ao eterno – é, ao contrário, a própria ideia do ser, que é pensada sob o horizonte do tempo e colocada em relação com modo determinado deste, o *presente*. Já em 1927, no **Ser e o tempo**, sua

[1331] CÍCERO, **De Inventione** (I.39): "Tempus autem est – id quo nunc utimur ; nam ipsum quod generalitater definire difficile est – pars quaedam aeternitatis cum alicuius annui, menstrui, diurni nocturniue spatii certa significatione" CÍCERO, **De Inventione** (with an English translation by H. M. HUBBELL, Cambridge, Ma. / London: Harvard Univ. Press – LCL 386 CICERO II, © 1949, reprinted 2006).

obra principal, HEIDEGGER formula a tese da *temporalidade do ser*, que desacredita radicalmente a equivalência metafísica entre o ser e a eternidade.

F. DASTUR (1990)[1332]

Vistas na escala dos milênios, as paixões humanas se confundem. O tempo não acresce nem retira nada aos amores e aos ódios experimentados pelos homens, seus compromissos, suas lutas e suas esperanças: então como agora, são estes sempre os mesmos. Suprimir, ao acaso dez ou vinte séculos de história não afetaria, de modo sensível, nosso conhecimento da natureza humana. A única perda insubstituível seria a das obras de arte que esses séculos teriam visto nascer. Pois os homens não diferem, e mesmo não existem, se não por suas obras.

C. LÉVI-STRAUSS (1993)[1333]

Em toda obra humana, inexoravelmente se trata de circunscrever o espaço de tempo sobre o qual podemos projetar nossa ação. Já advertia CÍCERO, no **De Inventione** (I.39). Estamos inexoravelmente insertos

[1332] Françoise DASTUR, **HEIDEGGER et la question du temps** (Paris: PUF, 1990; Présentation, p. 5-14, cit. p. 5): "Le fil conducteur qui se présente pour ainsi dire de lui même est celui de la problématique que HEIDEGGER n'a cessé de considérer comme sa question fondamentale: celle du rapport de l'être et du temps. / Toute l'originalité de la pensée de HEIDEGGER tient en effet à l'élucidation du sens *temporal* de ce que la tradition occidentale dès son début (avec PARMÉNIDE, PLATON et ARISTOTE) a nommé 'être'. HEIDEGGER part de ce simple constat : l'*ousia* (l'être ou plutôt 'l'étantité') est comprise par les Grecs comme présence constante. Loin donc que le temps soit un caractère de ce qui est, un critère à partir du quel on différencie les régions de l'être – le temporel opposé à l'intemporel ou à l'éternel –, c'est au contraire l'idée même d'être qui est pensée sous l'horizon du temps et mise en rapport avec un mode déterminé de celui-ci, le *présent*. Dès 1927, dans **Être et temps**, son oeuvre majeure, HEIDEGGER pose la thèse de la *Temporalité de l'être* qui discrédite radicalement l'équivalence métaphysique de l'être et de l'éternité."

[1333] Claude LÉVI-STRAUSS, **Regarder, écouter, lire** (Paris: Plon, 1993, *Regards sur les objets*, p. 149-176): "Vues à l'échelle des millénaires, les passions humaines se confondent. Le temps n'ajoute ni ne retire rien aux amours et aux haines éprouvés par les hommes, à leurs engagements, à leurs luttes et à leurs espoirs: jadis et aujourd'hui, ce sont toujours les mêmes. Supprimer au hasard dix ou vingt siècles d'histoire n'affecterait pas de façon sensible notre connaissance de la nature humaine. La seule perte irremplaçable serait celle des oeuvres d'art que ces siècles auraient vu naître. Car les hommes ne différent, et même n'existent que par leurs oeuvres."

no tempo e no contexto, em que nos coube viver. Esses são dados incontornáveis.

A conclusão do direito internacional no tempo de Francisco de VITÓRIA, como antes se fez em relação ao tempo medieval e ao direito internacional no tempo antigo, se inscreve no sentido da percepção da combinação de continuidade e mudanças. Continuidade da condição do homem, na transitoriedade inerente à este, continuidade e simultaneamente mutação dos conceitos e dos mecanismos humanamente construídos e aplicados, no tempo histórico e no meio cultural humano.

Como toda obra humana, tem de ser inscrita no tempo histórico e contexto cultural. Como paradigmaticamente ilustra a atuação de Francisco de VITÓRIA, na transição do mundo medieval, para o moderno, na construção do direito internacional moderno. Este está imerso no contexto medieval, por sua formação escolástica[1334] e pela fundamentação tomista que respalda os seus trabalhos, ao mesmo tempo em que confere sopro novo ao que escreve e dita em seus cursos, sob impulso dos desafios e das necessidades de seu tempo.

O interesse por VITÓRIA não é somente de sentido histórico, e de caráter por assim dizer "arqueológico" – de estudar o que é velho – mas se põe como referência que permanece presente e relevante no direito internacional pós-moderno, ao antecipar conceitos como o direito internacional de ir e vir – *jus communicationis* – e enfatizar a interdependência de todo o gênero humano sob a lei internacional, "não somente por força de pacto entre os homens", o que seria a premonição da afirmação futura das normas cogentes de direito internacional geral – *jus cogens*.

VITÓRIA está imerso no mundo medieval; mas ele é moderno, pelos problemas que enfrentou – decorrência da 'descoberta' das Américas e do impacto desta sobre o contexto europeu de seu tempo – com o alargamento de perspectivas mundiais que daí resultarão. Na Espanha do tempo de VITÓRIA se põe o mundo medieval em face do moderno: esse desafio é por ele enfrentado com despojada modéstia mas não por isso de modo menos marcante em suas inovações.

[1334] Como examinado no precedente cap. 12 – *jus gentium, jus commune, jus europaeum*: entre a teoria e a prática; Alfred VANDERPOL, **La doctrine scolastique du droit de guerre** (Paris: Pedone, 1919); A. VANDERPOL, **Le droit de guerre d'après les théologiens et les canonistes du Moyen Âge** (Paris/Bruxelles: Tralin, 1911).

A história nos traz a percepção, no curso dos séculos, de quanto existe de continuidade e de ruptura, ao se verificar a mutação de fases e de modelos institucionais de ordenação da vida. Especificamente da vida internacional: esta sempre existiu e buscou os mecanismos possíveis de regulação 'institucional' e 'operacional', dentro do quadro e do contexto do tempo histórico e do meio cultural, no qual foi criada e tinha de operar.

A internacionalidade é espaço privilegiado para o conhecimento da humanidade e dos mecanismos de que se vale esta ao longo do tempo, para 'institucionalizar' e 'operacionalizar' a convivência internacional. O principal é mostrar que a vida internacional, como parte da vida humana em sociedade, se põe como combinação de força e de direito, de teoria e de prática, de busca de modelos e de revisão constante destes.

O erro é pretender ver o passado com os olhos do presente – isso constitui anacronismo; no sentido estrito do termo: considerar as coisas fora do seu tempo histórico; e do meio cultural no qual estavam insertas. Por isso a contemplação do passado não se esgota no passado, enquanto tal, mas por tudo o que nos esclarece sobre o presente, e sobre o que se pode esperar no futuro próximo.

A combinação desses dados – continuidade e mudança – pode, por vezes, fazer pender a apreciação no sentido da 'novidade' ou no sentido da 'conservação'. Ambas podem ser fundadas. E muitas vezes se alternam, em relação a elementos que se sobrepõem, como se viu nos séculos considerados neste tomo, entre o final da Idade média e a eclosão da era moderna.

O fim da Antiguidade e o início da era medieval se estende durante séculos: a enormidade e a relevância do legado antigo não se projetam somente sobre os primeiros séculos posteriores à Antiguidade, todo o conjunto do milênio medieval, mas além deste, sobre a era moderna, e estes efeitos praticamente se refletem até os nossos dias. O legado greco-romano permanece central para o Ocidente, mesmo quando seu estudo e seu conhecimento são negligenciados, ou decaem – quer na alta Idade média, quer em nossos dias. Em prejuízo para o conhecimento da humanidade do homem e para o enfrentamento dos problemas de nosso como de todos os tempos.

Dada a importância do legado antigo, e não somente greco-romano, foram necessários séculos para a configuração de novos modelos. O que se fez na Europa ocidental dita 'feudal', ao mesmo tempo em que se construíram outros núcleos civilizacionais: o mundo muçulmano, o da Ásia central – como verdadeiro império multinacional, ou conglomerado de impérios, oriundos dos, na falta de expressão mais precisa, assim chamados povos das estepes, ou os mongóis, simultaneamente no mundo persa, indiano e chinês. E tantos outros núcleos históricos, que poderiam ser extensa e meritoriamente considerados.

Dado central em torno do qual se ordena em perspectiva o longo milênio – que se estende do final do século V até meados do século XVI – foi a tentativa de construção de centro que, ao menos no Ocidente, pudesse compensar o desaparecimento de Roma. Desde a queda de Roma, ninguém conseguiu desempenhar esse papel para o conjunto do Ocidente: o Império romano do Oriente não conseguiu desempenhar esse papel, o Império carolíngio tampouco. O Império otomano se fez contra o Ocidente e com contatos marginais – ora predominância de guerra, ora de comércio – com o Mediterrâneo ocidental, e com seus interlocutores venezianos.

O vazio deixado por Roma perdura durante séculos. Em certa medida será essa busca de centro de ordenação do poder que explica a multissecular luta entre o papado e o império no contexto do Ocidente.

Até que se reconheça a falência do modelo de eixo central de poder. Por isso pagaram caro, no plano pessoal, pensadores como DANTE ALIGHIERI, MARSÍLIO DE PÁDUA e GUILHERME DE OCKHAM – por ousarem contestar essa ordenação de inspiração dita divina do poder outorgado aos "sucessores de Pedro".[1335]

O dado central da instauração da modernidade, por sua vez, será a percepção da fragmentação. Com a aqui chamada multipolarização da Europa, marcada pela ruptura de anteriores veleidades de unidade política, ainda que de caráter nominal, com o advento e multiplicação dos estados-nação, marcada pela ruptura da unidade religiosa (católica) ocidental, depois da irrupção das várias levas de Reforma protestante, e da não menos violenta Contrarreforma, conjugada com a irreversível transformação do mundo desencadeada pelos descobrimentos da América – ao menos COLOMBO, 1492 e CABRAL, 1500, para não falarmos nos vikings em séculos anteriores, pois mesmo tendo chegado às costas da América, não tiveram impacto comparável – o mundo nunca mais poderia tentar ver a si mesmo como

[1335] Como se considerou no **Tratado** (tomo 4 – **Direito internacional no tempo medieval**).

algo tendente à unidade, ou mesmo como a diversidade, ordenada em torno de um centro.

A fragmentação e a multiplicação de centros, e a concomitante necessidade de regular modos de convivência organizada explicam porque tantos põem o início do direito internacional somente a partir do século XVI, ou mesmo do século XVII. Aqui vemos que as coisas começam bem antes.

Se, como considerava LÉVI-STRAUSS, na escala dos milênios, a supressão de dez ou vinte séculos de história não afetaria, de modo sensível, nosso conhecimento da natureza humana, pois, segundo ele, as paixões humanas se confundem, e o tempo não acrescentaria nem retiraria nada aos amores e aos ódios experimentados pelos homens, seus compromissos, suas lutas e suas esperanças, e estes, no passado, como agora, seriam sempre os mesmos, a temporalidade, contudo, se inscreve como expressão humana. O antropólogo considerava que seria "perda insubstituível a das obras de arte que esses séculos teriam visto nascer, pois os homens não diferem, e mesmo não existem, se não por suas obras".[1336]

Aqui se põe mais uma fase da consideração do direito internacional no tempo, como dado cultural, da construção de sistema institucional e normativo internacional. Este existiu e operou, antes de chegar ao formato do período clássico e de suas não menores transformações em nossos tempos pós-modernos.

O sistema internacional medieval lega ao moderno elementos herdados do tempo antigo, e estes serão transformados e combinados diversamente. Criam-se sistemas medievais e modernos, vários, concomitantemente, e estes interagem em alguma extensão entre si, sincrônica e diacronicamente: comunicam-se, no mesmo tempo, uns com os outros, bem como de um tempo a outro, com dados que mesmo transformados e transtornados, ressurgem, em períodos e contextos diversos, daqueles nos quais tinham sido originalmente contemplados.

A contribuição do conjunto do presente trabalho é o exame do direito internacional na perspectiva temporal: a compreensão deste, em sua formação, seus desenvolvimentos e seu estado atual não pode ser feita de modo adequado e proficiente, se for desligada do quadro civilizacional no qual se inscreve. O direito internacional, como qualquer outro produto humano, se manifesta no tempo histórico, como dado temporal, como dado geográfico

1336 C. LÉVI-STRAUSS, **Regarder, écouter, lire** (Paris: Plon, 1993, *Regards sur les objets*, p. 149-176).

e como elementos de conjunto civilizacional. Mas o direito internacional se caracteriza por dado específico: com a particularidade de que o direito internacional por definição se cria e opera na internacionalidade, se faz nas assim chamadas relações internacionais, ou seja na interação entre sistemas jurídico-políticos e culturas distintas.

O direito internacional é superestrutura no sentido de que se agrega ao quadro de cada sociedade e de cada civilização, que se soma aos conjuntos nacionais, para destes fazer um todo mais ou menos ordenado, com a pretensão de promover a paz e o entendimento pacífico entre os homens e os grupos sociais, mesmo quando se trate de solução de controvérsias. Se e quando não puder almejar a tanto – quadro institucional de manutenção da paz e de ordenação de sistema de convivência internacional – ao menos busca permitir o comércio e a comunicação minimamente civilizada e ordenada entre os povos. Por isso institutos relacionados ao comércio e à imunidade dos arautos, depois os representantes diplomáticos, se põem dentre os institutos internacionais mais antigos e mais recorrentes.

A temporalidade é o dado que se enfatiza neste conjunto. A percepção limitada e repetitiva do direito internacional como dado somente do presente e somente entre alguns poucos estados, em tempo e contexto limitado é redutor e empobrecedor de todo o conjunto.

Aqui se busca a elucidação do sentido temporal do que a tradição ocidental denomina direito internacional. Com comparações digamos de caráter incidental, com outras tradições.

Não mais se pode pensar nem operar o mundo somente a partir da visão etnocêntrica ocidental, como se fez em relação à paz de Vestfália, de 1648, e se acentuou no direito internacional do século XIX e da primeira metade do século XX. O que em nada facilita a tarefa de conhecer e manejar os institutos e as necessidades da disciplina, já extensa e complexa, mesmo quando limitada ao conjunto cristão, europeu e ocidental, que se desdobra para o continente americano, e posteriormente para a Ásia e a África.

A interação é necessária tanto sincrônica como diacronicamente. A especificidade do direito internacional em contexto pós-moderno será o fato de que a construção de patamar internacional de juridicidade do presente se há de fazer combinando certa curiosidade em relação ao passado, ao mesmo tempo, em que a reflexão se volte para ordenar o patamar de regulação a ser aplicado no futuro.

A ampliação da perspectiva se pôs aqui para mostrar que o mundo é mais amplo. O direito internacional, pelos fins a que se destina, tem missão a cumprir, no espaço e no tempo. Este, para ser compreendido, precisa ser contextualizado, como produto do tempo e do espaço no qual surge e se desenvolve. O que se deu em várias civilizações, em várias épocas.

Mas o direito internacional não se confunde com seu contexto histórico e cultural: parte deste, para se constituir como conjunto próprio. O fim, aqui, não é a história, enquanto história, mas o direito internacional enquanto fenômeno histórica e culturalmente condicionado. Não pode ser compreendido sem a perspectiva histórica, mas esta aqui se põe para o direito internacional como fim, e não o inverso.

Este foi o propósito da construção encetada na consideração do direito internacional no tempo: mostrar o caminho percorrido, desde o surgimento dos primeiros elementos do que se pode chamar de direito internacional (no exame do direito internacional no tempo antigo), os desenvolvimentos ocorridos no tempo medieval (no precedente tomo), até o estado de configuração e de operação do sistema moderno (neste tomo). Mas o dado, talvez mais interessante, são as mudanças vividas pelo próprio conceito de 'internacionalidade', que sempre existiu, de um modo ou de outro, enquanto se fez o caminho, das origens aos nossos dias.

Aquilo que se pode chamar de 'internacionalidade' antiga, medieval, moderna, clássica e a pós-moderna tem elementos comuns, mas tem, igualmente, cada uma, as suas especificidades. Aí se inscreve dado específico da disciplina: esta se constrói, ao mesmo tempo, em que evolui o seu objeto. Essas mutações, contudo, lhe alteram a natureza?

A percepção da mutabilidade do objeto traz a compreensão das mudanças ocorridas no sistema institucional e normativo dito internacional. Este se põe, ademais, de modo não linear: seria mais simples se a cada fase correspondessem elementos que depois se somassem aos aportados pelas fases seguintes, mas não ocorre exatamente assim.

Há mudanças de rumo, há mudanças de conteúdo, há mudanças de mecanismos operacionais. E, ao mesmo tempo, permanece a ideia central, e se percebe certo encadeamento entre os grandes elementos, até se chegar ao que se pode, hoje, considerar como direito internacional pós-moderno.

A pós-modernidade vem acrescentar a percepção da fragilidade e da transitoriedade de tais superestruturas. Já se fez a advertência:

aprendemos na dura escola da nossa moderna vida política é o fato de que a cultura humana não é absolutamente aquela coisa firmemente ancorada, tal como se considerava antes. Os grandes pensadores, os pesquisadores, os poetas e os artistas que colocaram as bases de nossa cultura ocidental, muitas vezes estavam convencidos de que tinham construído para a eternidade.[1337]

A construção de ordenamento jurídico, seja este interno ou internacional, se inscreve em tempo (história) e contexto (cultura) determinados, onde o fato de não se ter previamente consciência destes fatores, em nada lhes muda o alcance e importância fundamentais. Assim, o direito internacional pós-moderno, enquanto produto, estará necessariamente e contextualmente condicionado pelo tempo histórico e meio cultural, no qual se inscreve.[1338]

É preciso ter consciência dos motivos. É preciso, ao menos tentar, neutralizar as nossas escolhas e os nossos valores, para não comprometer a compreensão do mundo: este não se vai dobrar ao que entendamos deveria ser.

[1337] Ernst CASSIRER, **Der Mythus des Staates: philosophische Grundlagen politischen Verhaltens** (Zurique e Munique: Artemis, © 1949, 2ª ed., 1978, conclusão, p. 389/390): "Was wir in der harten Schule unseres modernen politischen Lebens gelernt haben, ist die Tatsache, dass die menschliche Kultur keineswegs das festverankerte Ding ist, für die wir sie einst hielten. Die grossen Denker, die Forscher, die Dichter und Künstler, die die Grundlagen für unsere westlich Kultur legten, waren oft überzeugt, dass sie für die Ewigkeit gebaut hatten."

[1338] Cfr. **Fundamentos** (2008) e **Tratado** (tomo 20 – **Direito internacional, história e cultura**); Ernst CASSIRER, **Der Mythus des Staates** (op. cit., ed. 1978), mostra quanto este legado pôde se ver ameaçado; Ely CHINOY, **Sociedade: uma introdução à sociologia** (orig. publ. **Society: an introduction to sociology**, 1961, introdução Charles PAGE, trad. Octávio M. CAJADO, consultor da ed. bras. Manoel T. BERLINCK, São Paulo: Cultrix, 5ª ed., 1976, esp. parte I, cap. 2 – sociedade e cultura, itens – Cultura, p. 56-58, Os componentes da cultura, p. 58-67, A organização da cultura, p. 67-68, cit. p. 58-59): "A cultura é, manifestamente, um conceito tão inclusivo que seus principais componentes devem ser identificados, rotulados, analisados e relacionados uns aos outros. Esses componentes podem ser agrupados, em linhas gerais, em três grandes categorias: as *instituições*, a saber as regras ou normas que governam o comportamento; *ideias*, isto é, toda a variedade de conhecimentos e crenças – morais, teológicos, filosóficos, científicos, tecnológicos, históricos, sociológicos e assim por diante; e os *produtos ou artefatos materiais* que os homens produzem e usam no curso de sua existência coletiva."

REFERÊNCIAS

ABELARD; HÉLOÏSE, **Correspondance** (Préface Étienne GILSON, 1938, trad. d'Octave GRÉARD, présentée, revue et annotée par Edouard BOUYÉ, Paris: Gallimard-Folio classique, © 2000, impression 2006)

ABELARDO, Pedro, **Historia calamitatum / Cartas** (pref., trad. e notas Abel N. PENA, estudo introdutório Abel SILVESTRE, Lisboa: Fund. Gulbenkian, 2008)

___, **Lógica para principiantes** (do original **Logica ingredientubus**, trad. Ruy Afonso da Costa NUNES, São Paulo: Abril – Pensadores, vol. VII, 1973, p. 205-245)

___, **Sic et non** (orig. de 1122, Critical edition by B. Boyer and R. McKeon, Chicago: the Univ. of Chicago Press, 1976)

ABRANCHES, Cassiano, **Pedro Hispano e as 'Summulae Logicales'** – no 675º aniversário da sua morte, 1277-1952 (Revista portuguesa de filosofia, t. 8, fasc. 3, jul.-set. 1952, p. 243-259)

ACCIOLY, Hildebrando; NASCIMENTO E SILVA, Geraldo Eulálio do; CASELLA, Paulo Borba, **Manual de direito internacional público** (São Paulo: Saraiva, 26ª ed., 2023)

ACCURSIUS, **Glossa ordinaria** (unfinished) in Latin (illuminated manuscript on parchment Southern France, perhaps Toulouse, c. 1290-1300, Les Enluminures www.lesenluminures.com tm0651-description...)

AGO, Roberto, **Science juridique et droit international** (RCADI, 1956, t. 90, pp. 851-958)

___, **Lezioni di diritto internazionale** (Milano: Giuffrè, 1943)

AGO; SCHIEDERMAIR; RIPHAGEN; TRUYOL Y SERRA; FEENSTRA, **Commémoration du quatrième centenaire de la naissance de Hugo Grotius / Commemoration of the fourth centenary of the birth of Grotius** (RCADI, 1983, t. 182, p. 371-469)

AGOSTINHO DE HIPONA, **Los Soliloquios** (edicion bilingue, prep. por Victorino CAPANAGA, in **Obras de San Augustín**, vol. I, 5ª ed., 1979, p. 427-533, Madri: Biblioteca de Autores Cristianos, vol. 10)

___, **Del orden** (edicion bilingue, prep. por Victorino CAPANAGA, in **Obras de San Augustín**, vol. I, 1979, Madri: Biblioteca de Autores Cristianos, vol. 10)

___, **De la vida feliz** (edicion bilingue, prep. por Victorino CAPANAGA, in **Obras de San Augustín**, vol. I, 1979, Madri: Biblioteca de Autores Cristianos, vol. 10)

___, **De la verdadera religión. De las costumbres de la Iglesia. Enquiridión. De la unidad de la Iglesia. De la fé en lo que no se ve. De la utilidad de creer** (edicion bilingue, versiones, intr. y notas de V. CAPANAGA, T. PRIETO, A. CENTENO, S. SANTAMARTA y H. RODRIGUEZ, in **Obras de San Agustín**, vol. IV, 'Obras apologéticas', 1975, Madri: Biblioteca de Autores Cristianos, vol. 30)

___, **Los dos libros sobre diversas cuestiones a Simpliciano. De los méritos y del perdón de los pecados. Contra las dos epístolas de los pelagianos. Actas del proceso contra Pelágio** (edicion bilingue, primera versión española, intr. y notas de V. CAPANAGA, G. ERCE, in **Obras de San Agustín**, vol. IX, 'Tratados sobre la gracia' (2º.), 1973, Madri: Biblioteca de Autores Cristianos, vol. 79)

___, **Del bien del matrimonio. Sobre la santa virginidad. Del bien de la viudez. De la continencia. Sobre la paciencia. El combate cristiano. Sobre la mentira. Contra la mentira. Del trabajo de los monjes. El sermón de la montaña** (edicion bilingue, versiones, intr. y notas de Felix GARCIA, Lope CILLERUELO y Ramiro FLOREZ, in **Obras de San Agustín**, vol. XII, 'Tratados morales', 1973, Madri: Biblioteca de Autores Cristianos, vol. 121)

___, **Confissões** (do original **Confessionum libri tredecim**, trad. J. Oliveira SANTOS e A. Ambrósio de PINA, São Paulo: Abril cult. / Pensadores, vol. VI, 1973, p. 9-316)

___, **Las Confesiones** (edicion bilingue, trad. Angel CUSTODIO Vega, in **Obras de San Agustín**, vol. II, 7ª ed. (8ª do autor), 1979, Madri: Biblioteca de Autores Cristianos, vol. 11)

___, **Cartas** (edición bilingue, por Lope CILLERUELO, in **Obras de San Agustín**, vol. VIII, 2ª ed., vol. XIa, 2ª ed., 1972, vol. XIb, 2ª ed., 1972, Madri: Biblioteca de Autores Cristianos, vols. 69, 99A e 99B)

___, **Del espíritu y de la letra. De la naturaleza de la gracia. De la gracia de Jesucristo y del pecado original. De la gracia y del libre albedrio. De la corrección y de la gracia. De la predestinación de los santos. Del don de perseverancia** (edicion bilingue, versiones, intr. y notas de V. CAPANAGA, E. LOPEZ, A. CENTENO, E. DE VEGA y T. DE CASTRO, in **Obras de San Agustín**, vol. VI, 'Tratados sobre la gracia', 1971, Madri: Biblioteca de Autores Cristianos, vol. 50)

___, **Homilias** (edición lilingue, por Amador del FUEYO, in **Obras de San Agustín**, vol. VII, 3ª ed., vol. X, 2ª ed., 1965, Madri: Biblioteca de Autores Cristianos, vols. 53, 95)

___, **Enarraciones sobre los Salmos** (edicion bilingue, en cuatro tomos, prep. por Balbino MARTIN Perez, in **Obras de San Augustín**, vols. XIX, 1964; vol. XX, 1965; XXI, 1966 e XXII, 1967; Madri: Biblioteca de Autores Cristianos, vols. 235, 246, 255 e 264)

___, **A Cidade de Deus** (do original **De civitate Dei**, trad. Oscar PAES LEME, intr. Pe. Riolando AZZI, São Paulo: Edameris – Editora das Américas, 1964, 3 vols.)

___, **De civitate Dei / La ciudad de Diós** (edicion bilingue, trad. Santos SANTAMARTA Del Rio y Miguel FUERTES Lanero, intr. y notas de Victorino CAPANAGA, in **Obras de San Agustín**, vols. XVI e XVII, 3ª ed., 1977, 2 vols., Madri: Biblioteca de Autores Cristianos, vols. 171 e 172)

___, **Exposición de algunos pasajes de la Epístola a los Romanos. Exposición incoada de la Epístola a los Romanos. Exposición de la Epístola a los Gálatas. Exposición de la Epístola de San Juan a los Partos** (edición bilingue, preparada por Balbino

MARTIN Perez, in **Obras de San Agustín**, vol. XVIII, 1959, Madri: Biblioteca de Autores Cristianos, vol. 187)

___, **De la doctrina cristiana. Del Gênesis contra lons maniqueos. Del Gênesis a la letra** (edicion bilingue, preparada por Balbino MARTIN Perez, in **Obras de San Agustín**, vol. XV, 'Tratados Escriturarios', 1957, Madri: Biblioteca de Autores Cristianos, vol. 168)

___, **Tratados sobre el Evangelio de San Juan** (edicion bilingue, versión, intr. y notas Teófilo PRIETO, in **Obras de San Agustín**, vol. XIII (1-35), 1955, vol. XIV (36-124), 2ª ed., 1956, Madri: Biblioteca de Autores Cristianos, vol. 139 e 165)

AGUIAR, Luiz Antonio, **Hans STADEN – viagens e aventuras no Brasil** (São Paulo: Melhoramentos, 2005)

AKÇAY, Denis, *Représentation et représentativité: l'inévitable association* (in **Le droit des peuples à disposer d'eux-mêmes: méthodes d'analyse du droit international – Mélanges offerts à Charles CHAUMONT**, Paris: Pedone, 1984, p. 1-9)

ALBANESE, Marilia, **Angkor – gloire et splendeur de l'empire Khmer** (Paris: White Star, 2010)

___, **Angkor – splendeurs de l'ar Khmer** (Paris: Art des grandes civilisations – Art de l'Asie du Sudest, s/d)

ALBERTI, Leon Batista, **De Pictura** (redazione volgare) (a cura di Lucia BERTOLINI, Firenze: Polistampa – Edizione nazionale delle opere di Leon Batista Alberti, Trattatisca d'arte 1.1, 2011)

___, *De iciarchia* ou do governo do pai de família (de 1437-1441, in **Opere volgari**, edição C. GRAYSON, Bari: Laterza, 1966, vol. II)

ALBRECHT, Michael von, **História de la literatura romana** – desde Andrónico hasta Boecio (orig. publ. **Geschichte der römischen Literatur**, 1994, ed. castellana por Dulce ESTEFANÍA e Andrés POCIÑA PÉREZ, Barcelona: Edtrl. Herder, vol. I, 1997 e vol. II, 1999)

ALBUQUERQUE, Luís de (ed.), **Crônica do descobrimento e primeiras conquistas da Índia pelos portugueses** (introdução, leitura, atualização, notas e glossário de L. de ALBUQUERQUE, Lisboa: Imprensa Nacional / Casa da Moeda – Col. Descoberta do mundo, 1986)

ALEXANDROWICZ, C. H., **The Law of Nations in global History** (ed. by David ARMITAGE and Jennifer PITTS, Oxford: Univ. Press, 2017)

___, **The Afro-Asian world and the law of nations**: historical aspects (RCADI, 1968, t. 123, p. 117-214)

ALEXIDZE, L. A., **Legal nature of jus cogens in contemporary international law** (RCADI, 1981, t. 172, p. 219-270)

ALLAND, Denis (coord.), **Droit international public** (Paris: PUF, 2000)

___, *Les représentations de l'espace en droit international public* (in **Le droit international**, Archives de philosophie du droit, vol. 32, Paris: Sirey, 1987, p. 163-178)

ALLOTT, Philip, **The Health of Nations** – Society and Law beyond the State (Cambridge: Univ. Press, 2002)

ALTHUSIUS, Johannes, **Política** (orig. publ. **Politica methodice digesta et exemplis sacris et profanis illustrata**, 1610 e 1614, trad. para o inglês e introdução Frederick S.

CARNEY, pref. Daniel J. ELAZAR, trad. bras. Joubert de O. BRÍZIDA, Rio de Janeiro: Topbooks / Liberty Fund, 2003)

AMMIANUS MARCELLINUS, **História** (original **Ammiani Marcellini Rerum Gestarum Libri qui supersunt**, with an English translation by John C. ROLFE, Cambridge, Ma. / London: Harvard UP, LCL 300, first publ. 1935, reprinted 2005)

ANAND, R. P., **Development of modern international law and India** (Baden-Baden: Nomos, 2005)

___, **Sovereign equality of states in international law** (RCADI, 1986, t. 197, p. 9-228)

ANGELL, Norman, **A grande ilusão** (orig. publ. **The great illusion**, 1910, ed. rev. 1933, trad. Sérgio BATH, Brasília: Ed. UnB / IPRI; São Paulo: IOE, 2002)

ANGHIE, Antony, **Imperialism, sovereignty and the making of international law** (orig. publ. 2005, foreword by James CRAWFORD, Cambridge: Univ. Press, 2007)

ANÔNIMO (ca. 1200), **Orkneyinga Saga** – The History of the Earls of Orkney (translated with an Introduction by Hermann PÁLSSON and Paul EDWARDS, Londres: Penguin, 1978)

APOLLINAIRE, Guillaume, **Calligrammes** in **Oeuvre poétique** (Paris: Gallimard-Pleiade, © 1965, impr. 1967)

ARANGIO-RUIZ, G., **Le domaine réservé: l'organisation internationale et le rappors entre droit international et droit interne** (RCADI, 1990, t. 225, p. 9-484)

ARANGIO-RUIZ, Vincenzo, **Storia del diritto romano** (Napoli: Eugenio Jovene, settima edizione riveduta con note aggiunte, 1977)

ARAÚJO, Horácio Peixoto de, **Os Jesuítas no império da China: o primeiro século (1582-1680)** (Macau: Instituto português do Oriente, 2000)

ARBLASTER, Paul, **A History of the Low Countries** (orig. publ. 2006, New York: Palgrave Macmillan, 2012)

ARCURI, Márcia (curadoria), **Por ti América** – arte pré-colombiana ("exposição realizada no Centro Cultural Banco do Brasil, Rio de Janeiro: 10 de out. de 2005 a 29 de jan. de 2006; Brasília: 20 de fev. a 23 de abril de 2006; São Paulo: 13 de maio a 16 de julho de 2006", Rio de Janeiro: Pancrom, 2005)

ARCURI, Márcia (coord. e texto), **Ouros de Eldorado** – Arte pré-hispânica da Colômbia ("exposição realizada na Pinacoteca do Estado de São Paulo, de 29 de maio a 22 de agosto de 2010", organizada pelo Museo del Oro del Banco de la República, Bogotá, Colômbia, coord. e texto Márcia ARCURI; curadoria e texto Efraín SÁNCHEZ; texto Clara Isabel BOTERO, São Paulo: Pinacoteca do Estado, 2010)

ARISTOTLE, **Poetics** (with an English translation by S. HALLIWELL, Cambridge, Ma. / London: Harvard Univ. Press – LCL 199 ARISTOTLE XXIII, reprinted 2005, p. 1-141)

___, **Physics**: Books I-IV (with an English translation by P. H. WICKSTEED e F. M. CORNFORD, Cambridge, Ma. / London: Harvard UP, LCL vol. 228, ARISTOTLE vol. IV, © 1929, reprinted 2005)

___, **Physics**: Books V-VIII (with an English translation by P. H. WICKSTEED e F. M. CORNFORD, Cambridge, Ma. / London: Harvard UP, LCL vol. 255, ARISTOTLE vol. V, © 1934, reprinted 2006)

___, **Metaphysics**: Books I-IX (with an English translation by Hugh TREDENNICK, Cambridge, Ma. / London: Harvard UP, LCL vol. 271, ARISTOTLE vol. XVII, © 1933, reprinted 2003)

___, **Metaphysics**: Books X-XIV / **Oeconomica / Magna Moralia** (with an English translation by H. TREDENNICK e C. Cyril ARMSTRONG, Cambridge, Ma. / London: Harvard UP, LCL vol. 287, ARISTOTLE vol. XVIII, © 1935, reprinted 2006)

___, **Nichomachean Ethics** (with an English translation by R. RACKHAM, Cambridge, Ma. / London: Harvard UP, LCL vol. 73, ARISTOTLE vol. XIX, © 1926, reprinted 2003)

___, **Categories, On interpretation, Prior analytics** (with an English translation by H. P. COOKE e Hugh TREDENNICK, Cambridge, Ma. / London: Harvard UP, LCL vol. 325, ARISTOTLE vol. I, © 1938, reprinted 2002)

___, **Politics** (with an English translation by R. RACKHAM, Cambridge, Ma. / London: Harvard UP, LCL vol. 264, ARISTOTLE vol. XXI, © 1932, reprinted 2005)

___, **Política** (trad. Nestor Silveira CHAVES, Bauru: Edipro, 1995)

___, **La Métaphysique** (intr., trad. et notes J. TRICOT, Paris: Vrin, 1986, 2 tomos)

___, **Posterior analytics, Topica** (with an English translation by H. TREDENNICK e E. S. FORSTER, Cambridge, Ma. / London: Harvard UP, LCL vol. 391, ARISTOTLE vol. II, © 1960)

___, **Organon**: I. Catégories / II. De l'interprétation (trad. nouvelle et notes par J. TRICOT, Paris: Vrin, 1984)

___, **Organon**: III. Les premières analytiques (trad. et notes J. TRICOT, Paris: Vrin, 1983)

___, **Organon**: IV. Les secondes analytiques (trad. et notes par J. TRICOT, Paris: Vrin, 1979)

___, **Organon**: V. Les Topiques (trad. et notes par J. TRICOT, Paris: Vrin, 1984)

___, **Organon**: VI. Les réfutations sophistiques (trad. et notes par J. TRICOT, Paris: Vrin, 1977)

___, **Oeconomica / Metaphysics**: Books X-XIV / **Magna Moralia** (original grego, with an English translation by H. TREDENNICK e C. Cyril ARMSTRONG, Cambridge, Ma. / London: Harvard UP, LCL vol. 287, ARISTOTLE vol. XVIII, © 1935, reprinted 2006, p. 321-424)

___, **Économique** (edição bilíngüe, "texte établi et traduit par" B. A. van GRONINGEN e A. WARTELLE, introduction et notes par Pierre-Emmanuel DAUZAT, Paris: Les Belles Lettres – Classiques, vol. 64, 2003)

___– pseudo, **Economica** (trad. para o latim por Leonardo BRUNI, em 1420-1421, dedicada a CÓSIMO DEI MEDICI; as Bodleian Libraries da Universidade de Oxford – The Tolkien Trust, mencionam online diversos manuscritos, com a advertência de não serem menções exaustivas: MS.Add.C.264 – 1425-26 [in part: fols. 1-60]; Italian, Florence; i.a.)

___, **Athenian Constitution – Eudemian Ethics – Virtues and vices**, with an English transl. by H. RACKHAM, Cambridge, Ma.: Harvard Univ. Press – LCL vol. 285, 1936, p. 8-182)

___, **De la richesse, De la prière, De la noblesse, Du plaisir, De l'éducation** – Cinq oeuvres perdues (fragments et témoignages, édités, traduits et commentés sous la direction et avec une préface de Pierre-Maxime SCHUHL, Paris: P.U.F., 1968)

ARNAUD, André-Jean, **Les origines doctrinales du code civil français** (Paris: LGDJ, 1969)

ARON, Raymond, **Introduction à la philosophie de l'histoire**: essai sur les limites de l'objectivité historique (orig. publ. 1938, nouvelle édition, revue et annotée par Sylvie MESURE, Paris: Gallimard – tel, 1996)

___, **Paz e guerra entre as nações** (orig. publ. **Paix et guerre entre les nations**, 1962, Ed. Calmann-Levy, trad. Sérgio BATH, Brasília: Ed. UnB, Col. Pensamento Político, 1979,

ARQUILLIÈRE, Henri-Xavier, **L'augustinisme politique** (orig. publ. 1933, Paris: Vrin, 2e ed., 1955)

ARRIANO, FLAVIUS ARRIANUS, **Indica** (with an English translation by P. A. BRUNT, Cambridge, Ma. / London: Harvard UP, LCL 269, © 1933, reprinted 2000)

ARRUDA, Braz de Sousa, **Curso de direito internacional – na era atômica** (Curitiba: Ed. Guaíra, s/d, prefácio datado de 1946)

ARTZROUNI, Ashot, **História do povo armênio** (apresentação Eurípides S. de PAULA, São Paulo: Comunidade da Igreja Católica Apostólica Armênia no Brasil, 1976)

ASTON, Margaret (ed. by), **The Panorama of the Renaissance** (London: Thames & Hudson, 1996)

ATTAR, Frank, **Droit international: entre ordre et chaos** (Paris: Hachette, 1994)

AUBÉ, Pierre, **Les empires normands d'Orient** (orig. publ. 1991, Paris: Perrin, 2006)

AUTRAND, F.; BÉLY, L.; CONTAMINE, P.; LENTZ, T. (direction de), **Histoire de la diplomatie française** I. Du Moyen Âge à l'Empire (présentation Dominique de VILLEPIN, Paris: Perrin – tempus, ed. orig. 2005, reimpr. 2007)

AYALA, Balthazar, **De Jure et Officiis Bellicis et Disciplina Militari Libri III** (originalmente publicado em Duaci [Douai], em 1582; seg. ed., Antuérpia, 1597; edited by and introduction John WESTLAKE, translated by John Pawley BATE, Washington: Carnegie Endowment for International Peace – The Classics of International Law, 1912, No. 2 of the series, 2 vols.)

AZONIS, Portius, **Summa IX librorum priorum Codicis et Institutionum et Summa extraordinaria (Summa digestorum quae fertur Johannes Bassiani, recte Hugolini)** (UER MS 374 – Azonis_Summae_IX_librorum_prior... 246 B – books google. com.br; tb. a ed. Papiae, 1506, reimpressão facsimilar, ex officina Erasmiana, Augustae Taurinorum, 1966)

BABELON, Jean, **O conquistador** – a vida de Fernando CORTEZ (orig. publ. **La vie de Fernand Cortès**, s/d, trad. Brito BROCA, Rio de Janeiro: José Olympio, 2ª ed., 1958)

BACON, Francis, **Exemplum tractatus de justitia universali sive de fontibus juris / Essai d'un traité sur la justice universelle ou les sources du droit** suivi de quelques écrits juridiques (1622, biographie, traduction et notes par Jean-Baptiste de VAUZELLES, 1824, intr. par Angèle KREMER-MARIETTI, (c) 1985, Paris: L'Harmattan, reimpr. 2006)

___, **A sabedoria dos antigos** (orig. publ. **Wisdom of the Ancients**, trad. Gilson César Cardoso de SOUZA, São Paulo: Ed. UNESP, 2002)

___, **Novum organum** ou verdadeiras indicações acerca da interpretação da natureza (orig. publ. 1620, trad. e notas José Aluysio Reis de ANDRADE, São Paulo: Abril cultural – Os Pensadores, vol. XIII, 1973)

___, **La nouvelle Atlantide** suivie de **Voyage dans la pensée baroque** (trad. Margaret LLASERA et Michèle LE DOEUFF, Paris: Payot, 1983)

___, **Nova Atlântida** (orig. publ. 1627, trad. e notas José Aluysio Reis de ANDRADE, São Paulo: Abril cultural – Os Pensadores, vol. XIII, 1973, p. 239-278)

BADR, Gamal M., *A Survey of Islamic International Law* (in **Religion and International Law**, edited by Mark W. JANIS & Carolyn EVANS, © 1999, Leiden/Boston: M. Nijhoff, 2004, p. 95-101)

BAILLY-MAÎTRE, Marie-Christine, **L'argent**: du minerai au pouvoir dans la France médiévale (Paris: Picard, 2002)

BAINTON, Roland H., An Introduction to Francesco Patrizzi's *Nova de Universis Philosophia* by Benjamin BRICKMAN, New York, 1941 (publ. on line by Cambridge Univ. Press, 28 July 2009 – Book review – Information: Church History, vol. 12, issue 3, Sep. 1943, p.223-224, https://doi.org/10.2307/3160099 (c) American Society of Church History, 1943)

BALARD, Michel; DUCELLIER, Alain, Bizâncio e o Ocidente (in Jacques Le GOFF e Jean-Claude SCHMITT, **Dicionário temático do Ocidente medieval**, orig. publ. **Dictionnaire raisonné de l'Occident médiéval**, 1999, coord. trad. H. FRANCO Jr., trad. Verbete José R. MACEDO, Bauru: Edusc, 2006)

BALDO DEGLI UBALDI [em latim, BALDUS DE UBALDIS], **Libri feudorum – In usus feudorum comentaria** (ed. 1580, disponível on line: Biblioteca europea di informazione e cultura – gutenberg.beic.it)

BALLADORE-PALLIERI, Giorgio, **Diritto internazionale pubblico** (Milano: Giuffrè, 8ª ed., 1962)

BALLADORE PALLIERI, Giorgio; VISMARA, Giulio, **Acta pontificia juris gentium** usque ad annum MCCCIV (Milano: Vita e Pensiero – Biblioteca dell'Unione Cattolica per le scienze sociali, vol. 12, 1946)

BARBERO, Alessandro, **Barbares – immigrés, réfugiés et déportés dans l'Empire romain** (orig. publ. **Barbari – Immigrati, profughi, deportati nell'Impero romano**, 2006, trad. Pérette-Cécile BUFFARIA, Paris: Tallandier, 2009)

BARBI, Michele, *Dante: vita, opere e fortuna* (in DANTE ALIGHIERI **Tutte le opere** a cura di Luigi BLASUCCI, Firenze: Sansoni, primeira edição, 1965, quarta edição, 1989)

BARBIER-MUELLER, Jean-Paul, **La parole et les armes**: Chronique des guerres de religion en France 1562-1598 (Genebra: Musée international de la Réforme / Hazan, 2006)

BARBOSA, Ruy, *La nouvelle Cour permanente d'arbitrage* (discurso proferido na segunda conferência de paz, na Haia, em 9 de outubro de 1907, orig. publ. in Mário de Lima BARBOSA, **Ruy Barbosa na política e na história**, Rio de Janeiro: Briguiet, 1916, tb. publ. Ruy BARBOSA, **Escritos e discursos seletos**, seleção, org. e notas de Virgínia C. de LACERDA, intr. geral Américo J. LACOMBE, João MANGABEIRA, Oswald de ANDRADE e Carlos CHIACCHIO, Rio de Janeiro: Aguilar, 1966, p. 71-81)

___, *Problemas de direito internacional* (conferência proferida na Faculdade de direito de Buenos Aires, em 14 de julho de 1916, orig. publ. Londres: Jas Truscott & Son. Ltda., 1916, reproduzido in Ruy BARBOSA, **A grande guerra**, Rio de Janeiro: Guanabara, 1932, tb. publ. Ruy BARBOSA, **Escritos e discursos seletos**, seleção, org. e notas de Virgínia C. de LACERDA, intr. geral Américo J. LACOMBE, João MANGABEIRA, Oswald de ANDRADE e Carlos CHIACCHIO, Rio: Aguilar, 1966, p. 81-123)

BARCIA-TRELLES, C., **Fernando Vazquez de Menchaca (1512-1569)**: l'école espagnole du droit international du XVIe. siècle (RCADI, 1939, t. 67, p. 429-534)

___, **Francisco Suarez** (1548-1617): les théologiens espagnols du XVIe siècle et l'école moderne du droit international (RCADI, 1933, t. 43, p. 385-554)

___, **Francisco de Vitoria et l'école moderne du droit international** (RCADI, 1927, t. 17, p. 109-342)

BARICCO, Alessandro, **I barbari**: saggio sulla mutazione (Milano: Feltrinelli, 2006, quarta ed., 2008)

BARILE, Giuseppe, **Lezioni di diritto internazionale** (Padova: CEDAM, 1977)

BARREAU, Jean-Claude, **Un capitalisme à visage humain** – le modele vénitien (Paris: Fayard, 2011)

BARRETO, Luís Filipe, **Macau**: poder e saber – séculos XVI e XVII (Lisboa: Presença, 2006)

BARRETO, Tobias, **Estudos de direito** (Campinas: Bookseller, 2000)

BARTELSON, Jens, **A genealogy of sovereignty** (New York / Cambridge: Cambridge Univ. Press, 1995)

BARTHÉLEMY, J., *François de Vitoria* (in **Les fondateurs du droit international:** leurs oeuvres, leurs doctrines, avec une introduction de A. PILLET, Paris: V. Giard & E. Brière, 1904, p. 1-36)

BASCHET, Jérôme, **La civilisation féodale**: de l'an mil à la colonisation de l'Amérique (Paris: Aubier, 2004)

BASDEVANT, Jules, **Règles générales du droit de la paix** (RCADI, 1936, t. 58, p. 471-692)

___, *Hugo Grotius* (in **Les fondateurs du droit international public: leurs oeuvres, leurs doctrines**, avec une introduction de A. PILLET, Paris: V. Giard & E. Brière, 1904, p. 125-267)

BATIFFOL, Henri, **Aspects philosophiques du droit international privé** (Paris: Dalloz, 1956)

BATISTELLA, D., **Retour de l'état de guerre** (Paris: Armand Colin, 2006)

BAUDRILLART, Henri, **Jean Bodin et son temps**: tableau des théories politiques et des idées économiques au XVIe siècle (Paris: Guillaumin, 1853)

BAUDRY, Léon, **Guillaume d'Occam** – sa vie, ses oeuvres, ses idées sociales et politiques – tome I – **L'homme et les oeuvres** (Paris: Vrin, 1950)

BAUDUIN, P., **Les Vikings** (Paris: PUF-Que sais-je?, 2004)

BEAUJOUAN, Guy, *Le temps historique* (in **L'Histoire et ses méthodes**, dir. de Charles SAMARAN, Paris: Gallimard-Pleiade, 1961, p. 52-67)

BEC, Christian, **Histoire de Venise** (orig. publ. 1983, Paris: PUF, 3e éd., reimpr., 2005)

BÉCHILLON, D. de; BRUNET, P.; CHAMPEIL-DESPLATS, V. e MILLARD, E. (études coordonnés par), **L'architecture du droit – Mélanges en l'honneur de Michel Troper**, Paris: Economica, 2006)

BEDA, **De venerabilis Baedae Historia Ecclesiastica Gentis Anglorum / Of the Venerable Bede's Ecclesiastical History of the English Nation** (ed. bilingue, with an English translation by J. E. KING, Cambridge, Ma. / London: Harvard Univ. Press – Loeb Classical Library, vol. 246 – BEDE vol. I – Ecclesiastical History of the English Nation, Books I-III, this ed. 1930, reprinted 2006)

___, ___(ed. bilingue ... LCL, vol. 248 – BEDE vol. II – Ecclesiastical History of the English Nation, Books IV-V, Lives of the Abbotts, Letter to Egbert, 1930)

BEDJAOUI, M., **Problèmes récents de succession d'états dans les états nouveaux** (RCADI, 1970, t. 130, p. 455-586)

BELENGUER, Ernest, **História de la España moderna** – desde los Reyes católicos hasta Felipe II (Madri: Gredos, 2011)

BELLEC, François, **Marchands au long cours** (Paris: Ed. du Chêne / Hachette, 2003)

BELLER, Steven, **Histoire de l'Autriche** (orig. publ. **A concise History of Austria**, 2006, trad. Sylvie KLEINMAN-LAFON, Paris: Perrin, 2011)

BELLI, Pierino, **De re militari et bello tractatus** (1563, 2 vols., Oxford: At the Clarendon Press/London: Humphrey Milford, 1936; No. 18 of the series 'Classics of International Law': vol. I – photographic reproduction of the edition of 1563, with introduction by Arrigo Cavaglieri, and a portrait of Belli; vol. II – translation of the text by Herbert C. NUTTING, with a translation of the introduction, and indexes)

BELLOMO, M., **L'Europa del diritto comune** (Roma: Il Cigno, 1993)

BELLON, Christophe, **Briand, l'européen** (Paris: La documentation française, 2009)

BÉLY, Lucien, **La France au XVIIe siècle** – puissance de l'État, contrôle de la société (Paris: PUF, 2009)

BÉLY, L., *Les temps modernes (1515-1789)* (no volume de F. AUTRAND, L. BÉLY, Ph. CONTAMINE, T. LENTZ, **Histoire de la diplomatie française** I. Du Moyen Âge à l'Empire (Paris: Perrin – tempus, ed. orig. 2005, reimpr. 2007, p. 179-470)

BENNOUNA, Mohammed, **Les sanctions économiques de l'ONU** (RCADI, 2002, t. 300, p. 9-78)

BENOIST, C., **L'influence des idées de Machiavel** (RCADI, 1925, t. 9, p. 127-306)

BENOIST-MÉCHIN, Jacques, **Frédéric de Hohenstaufen** – ou le rêve excommunié (1194-1250) (orig. publ. 1980, Paris: Perrin-tempus, 2008)

BERLIN, Isaiah, **The sense of reality**: Studies in ideas and their history (London: Chatto & Windus, 1st publ. 1996)

___, **Quatro ensaios sobre a liberdade** (orig. publ. **Four essays on liberty**, 1969, trad. Wamberto H. FERREIRA, Brasília: Ed. UnB – col. Pensamento político, vol. 39, 1981)

BERMAN, Harold J., **La formación de la tradición jurídica de Occidente** (orig. publ. **Law and Revolution** – the Formation of the Western Legal Tradition, 1983, trad. by Monica UTRILLA DE NEIRA, Mexico: Fondo de cultura económica, 1996)

BERMUDES, João, **Ma géniale imposture – patriarche du Prêtre Jean** (introduction de Hervé PENNEC, trad. du portugais par Sandra Rodrigues de OLIVEIRA, Toulouse: Anarchasis, 2010)

BERNARDO, João, **Poder e dinheiro** – do poder pessoal ao estado impessoal no regime senhorial, séculos V-XV (Porto: Afrontamento/Biblioteca das Ciências do Homem: t. I: Sincronia. Estrutura econômica e social do século VI ao século IX, 1995; t. II: Diacronia. Conflitos sociais do século V ao século XIV, 1997; t. III: Sincronia. Família, dinheiro e estado do século XI ao século XIV, 2002)

BERNSTEIN, Peter L., **O poder do ouro**: história de uma obsessão (orig. publ. **The power of gold**: the History of an obsession, 2000, trad. Alexandre F. ROSAS, Rio de Janeiro: Campus, 2001)

BESNIER, Jean-Michel, *Le droit international chez KANT et HEGEL* (In **Le droit international** Archives de philosophie du droit, vol 32, Paris: Sirey, 1987)

BESSA-LUÍS, Agustina, **A quinta essência** (orig. publ. 1999, Lisboa: Guimarães Eds., 5ª ed., 2004)

BESSIS, Sophie, **Histoire de la Tunisie** – de Carthage à nos jours (orig. publ. 2019, Paris: Tallandier-texto, éd. actualisée, 2022)

BESSON, Samantha, Sovereignty (in **Encyclopedia of International Law**, ed. by R. WOLFRUM, Oxford: Univ. Press, 2012, vol. IX, p. 366-391)

BETTENSON, Henry (edited and translated by), **The Early Christian Fathers** – a selection from the writings of the Fathers from St. CLEMENT of Rome to St. ATHANASIUS (London, Oxford: Oxford Univ. Press, 1969)

BIBLIA SACRA. **Vulgatam Clementinam** (nova editio, A. COLUNGA e L. TURRADO, Madri: BAC, quinta editio, 1977)

BIBILIOTHECA LEGUM – a Database on Carolingian Secular Law Texts – *Capitularia Project Website 'Edition of the Frankish Capitularies'* (University of Cologne, Lead Prof. Dr. Karl UBL, Universität zu Köln © 2023 Bibliotheca Legum / powered by Outstandingthemes)

BIELER, André, **La pensée économique et sociale de Calvin** (Genève: Georg, 1959)

BIRMINGHAM, David, **A concise history of Portugal** (orig. publ. 1993, Cambridge: Univ. Press, 8th printing, 2011)

BITTAR, Eduardo C. B., **Curso de filosofia política** (orig. publ. 2002, São Paulo: Atlas, 3ª ed., 2007)

BLACK, Antony, **Political Thought in Europe 1250-1450** (Cambridge: Univ. Press, 1992)

BLACK, C. F. et al., **Cultural Atlas of the Renaissance** (New York: Prentice Hall / Oxford: Andromeda Books, 1993)

BLAIR, John, **The Anglo-Saxon age** (orig. publ. 1984, Oxford: Univ. Press – A very short introduction, 2000)

BLANNING, Tim, **The Pursuit of Glory – Europe 1648-1815** (orig. publ. 2007, Londres: Penguin, 2008)

BLIX, H. M., **Contemporary aspects of recognition** (RCADI, 1970, t. 130, p. 587-704)

BLOCH, Ernst, **Avicenne et la gauche aristotélicienne** (orig. publ. **Avicenna un die aristotelische Linke,** 1952, trad. Claude MAILLARD, Saint Maurice, França: Premières pierres, 2008)

___, **La philosophie de la Renaissance** (orig. publ. **Vorlesungen zur Philosophie der Renaissance**, 1972, trad. Pierre KAMNITZER, Paris: Payot, 1994)

___, **Droit naturel et dignité humaine** (orig. publ. **Naturrecht und menschlische Würde**, 1961, trad. Denis AUTHIER et Jean LACOSTE, Paris: Payot, 2002; tb. trad. inglesa Dennis J. SCHMIDT, **Natural law and human dignity**, Cambridge, Ma. / London: MIT Press, © 1987, third printing, 1996)

BLOCH, Marc, **Mélanges historiques** (préface de Yann POTIN, Paris: Ed. CNRS, 2011)

___, *Que demander à l'histoire?* (orig. publ. 1937, no vol. **Mélanges historiques**, Paris: CNRS Éditions, 2011, p. 3-15)

___, *L'empire et l'idée d'empire sous les Hohenstaufen* (conferências em Estrasburgo, em 1927-1928, in **Mélanges historiques**, Paris: Ed. CNRS, 2011, p. 531-559)

___, *Liberté et servitude personnelles au Moyen Age, particulièrement en France* – contribution à une étude des classes (orig. publ. 1933, in **Mélanges historiques,** Paris: Ed. CNRS, 2011, p. 286-355)

___, European feudalism (orig. publ. 1931, in **Mélanges historiques**, Paris: Ed. CNRS, 2011, p. 177-188)
___, **La société féodale: la formation des liens de dépendance / les classes et le gouvernement des hommes** (orig. publ. 1939 e 1940, Paris: Albin Michel, 1973)
___, **Esquisse d'une histoire monétaire de l'Europe** (« Deux mots d'explication» par Lucien FEBVRE; postface de Fernand BRAUDEL, Paris: Colin, 1954)
BOBBIO, Norberto, **A era dos direitos** (orig. publ. **L'età dei diritti**, 1990, trad. Carlos Nelson COUTINHO, Rio de Janeiro: Campus, 1992)
___, **Direito e estado no pensamento de Emanuel Kant** (orig. publ. **Diritto e stato nel pensiero di Emanuel Kant**, 1969, trad. Alfredo FAIT, rev. Estevão Rezende MARTINS, Brasília: Ed. UnB, col. Pensamento político, vol. 63, 1984)
___, **Il problema della guerra e le vie della pace** (Bolonha: Il Mulino, 1979)
BOBBIO, Norberto; MATTEUCCI, Nicola; PASQUINO, Gianfranco (org.), **Dicionário de política**, orig. publ. **Dizionario di politica**, 1983, trad. J. FERREIRA e outros, Brasília: Ed. UnB, 1986)
BÖCKLI, Peter; HINDERLING, Hans; EICHENBERGER, Kurt; TSCHUDI, Hans-Peter (hrsg.), **Festchrift für Frank FISCHER zum 60. Geburtstag** (Zurique: Schulthess, 1983)
BODIN, Jean, **Les six livres de la République** (ed. original 1576, texte revu par Christiane FRÉMONT, Marie-Dominique COUZINET et Henri ROCHAIS, Paris : Fayard, 1986, 6 vols.)
___, **Methodus ad facilem historiarum cognitionem** (orig. publ. 1566, Parisiis: apud Matinum Iuuenem, MDLXVI, réimpression à l'identique, Paris, BnF – Gallica bibliothèque numérique/Hachette Livre, http ://gallica.bnf..fr/ark :/12148/bpt6k111605f)
___, **Colloquium heptaplomeres – de rerum sublimium arcanis abditis** (disponível on line, Projeto Gutenberg – gutenberg.org http://www.gutenberg.org>ebooks)
BOECIO, ANICII MANLII SEVERINI BOETHII, **Philosophiae Consolationis / Consolation de la philosophie** (edição bilingue, traduction nouvelle en prose et en vers avec le texte en regard par Louis Judicis de MIRANDOL, Paris: Guy Trédaniel / Ed. de la Maisnie, 1981)
___, **La consolation de la philosophie / Philosophiae consolationis** (traduction nouvelle avec une introduction et des notes par Aristide BOCOGNANO, Paris: Garnier, 1937)
BOEGNER, M., **L'influence de la Réforme sur le développement du droit international** (RCADI; 1925, t. 6, p. 241-324)
BOEHME, Jaokb, **Die Morgenröte bricht an** (hrsg. und eingeleitet von Gerhard WEHR, Colonia: Anaconda, 2006)
___, **Schriften** (ausgewählt und herausgegeben von Hans KAYSER, mit der Biographie Böhmes von Abraham von FRANCKENBERG, und den kurzen Auszug Friedrich Christoph DETINGERS, Leipzig: Insel Verlag, 1920)
___, **A revelação do grande mistério divino** – em cinco tratados (trad. e notas, Américo SOMMERMAN, São Paulo: Polar Editorial, 2ª ed., 1998)
___, **A sabedoria divina** (São Paulo: Attar, 1994)
___, **A aurora nascente** (São Paulo: Paulus, 1998)

BOEHNER, Philoteus, **Guglielmi Ockham questio prima principalis prologi in primum librum sententiarum** (Paderborn, 1939)

BOGDAN, Henry, **Les chevaliers teutoniques** (© 1995, Paris: Perrin – tempus, 2009)

___, **Histoire des pays de l'Est** – des origines à nos jours (orig. publ. 1991, Paris: Perrin – tempus, 2008)

___, **Histoire de l'Allemagne**: de la Germanie à nos jours (orig. publ. 1999, Paris: Perrin, 2003)

___, **Histoire des peoples de l'ex-URSS** – du IXe. siècle à nos jours (Paris: Hachette – pluriel, 1995)

BOGNETTI, Gianpiero, **Formazione storica dell'Europa e diritto internazionale nel medioevo** (orig. publ. in Comunicazioni e Studi dello Istituto di diritto internazionale e straniero dell'Università di Milano, vol. II, 1946; Milano, Giuffrè, 1946)

BOHMAN, James; LUTZ-BACHMANN, Matthias (eds.), **Perpetual peace**: essay on KANT's cosmopolitan ideal (Cambridge, Ma.: MIT Press, © 1997)

BOIVIN, Michel, **Histoire de l'Inde** (Paris: PUF, quarta ed., atualizada, 2011)

BOMPAIRE, Marc ; DUMAS, Françoise, **Numismatique médiévale** – monnaies et documents d'origine française (Turnhout: Brepols, 2000)

BONET, Honoré, **Arbre des batailles** (1389, ed. Ernest NYS, Paris: C. Muquardt, 1883)

BONGARD-LEVIN, G.; VIGASIN, A., **The image of India** – The study of Ancient Indian Civilisation in the USSR (Moscou: Progress Publ., 1984)

BOORSTIN, Daniel J., **The discoverers** (New York: Random House, © 1983, 1st. Vintage ed., 1985)

BÁRTOLO DE SASSOFERRATO, **In I. Partem Codicis BARTOLI A SAXOFERRATO Commentaria**, cum Adnotationibus ...(Basileae: ex officina Episcopiana, 1588, **Opera omnia quae extant – Tractatus de Insula – Comment. ad Digestum vetus** P. I, in **Opera omnia quae extant**, I – books.google.com.br)

BOS, Maarten, **A methodology of international law** (Amsterdam – New York – Oxford: North Holland, 1984)

___, *Old Germanic Law analogies in International Law, or: the state as* ***homo liber*** (Netherlands International Law Review, 1978)

BOSI, Alfredo, **Dialética da colonização** (São Paulo: Companhia das Letras, 1992)

BOSSUET, Jacques-Bénigne, **Discours sur l'histoire universelle** (orig. publ. 1681, textes établis et annotés par l'Abbé VELAT et Yvonne CHAMPAILLER, Paris: Gallimard–Pleiade, © 1961, impr. 2006, p. 657-1027, notas e variantes, p. 1471-1524)

___, **Histoire des variations des églises protestantes** (orig. publ. 1668, Paris: Guillaume Desprez et Jean Desessarts, 1752, 2 vols. – diversas edições disponíveis on line, 1740, 1770, 1844, 1845)

BOSWELL, James, **Boswell's Life of Johnson** (London, New York, Toronto, 1953)

BOSWELL, John, **Christianity, social tolerance and homosexuality** (Chicago: Chicago Univ. Press, © 1980, edition 1981)

BOTERO, Giovanni, **De la ragione di Stato. Libri X** (Veneza, 1589) / **The reason of state** (ed. and translated by Robert BIRELEY, Cambridge: Univ. Press – Cambridge texts in the history of political thought, 2017)

BOUCHARD, Carl, **1914-1919 – Le citoyen et l'ordre mondial** – Le rêve d'une paix durable au lendemain de la Grande guerre (Paris: Pedone, 2008)

BOUCHERON, Patrick (dir. de), **Histoire du monde au XVe siècle**: vol. 1 – **Territoires et écritures du monde** (Paris: Fayard – pluriel, 2009); vol. 2 – **Temps et devenirs du monde** (Paris: Fayard – pluriel, 2012)

BOUCHERON, Patrick; NEGRI, Antonio; PIKETTY, Thomas; REVAULT D'ALLONNES, Myriam; ROUDINESCO, Élisabeth, **Une certaine idée de l'Europe** (Paris: Flammarion – champs -actuel – inédit, 2019)

BOULNOIS, Olivier, *Scholastique et humanisme, Pétrarque et la croisée des ignorances* (in Francesco PETRARCA, **De sui ipsis et multorum ignorantia / Mon ignorance et celle de tant d'autres**, ed. cit., 2000)

BOURDIEU, Pierre, **Sur l'État** ('cours au Collège de France, 1989-1992', éd. établie par Patrick CHAMPAGNE, Remi LENOIR, Franck POUPEAU et Marie-Chistine RIVIÈRE, Paris: Seuil, 2012)

BOURQUIN, M., **La Sainte-Alliance: un essai d'organisation européenne** (RCADI, 1953, t. 83, p. 377-464)

___, *Grotius est-il le père du droit des gens?* (in **Grandes figures et grandes oeuvres juridiques**, Genebra: Mémoires de la Faculté de droit de Genève, 1947)

___, **Pouvoir scientifique et droit international** (RCADI, 1947, t. 70, p. 331-406)

___, **Stabilité et mouvement dans l'ordre juridique international** (RCADI, 1938, t. 64, p. 347-478)

___, **Le problème de la sécurité internationale** (RCADI, 1934, t. 49, p. 469-542)

___, **Règles générales du droit de la paix** (RCADI, 1931, t. 35, p. 1-232)

___, **Crimes et délits contre la sûreté des états étrangers** (RCADI, 1927, t. 16, p. 117-246)

___, **L'organisation internationale des voies de communication** (RCADI, 1924, t. 5, p. 159-210)

BOUTROS-GHALI, Boutros, **Le droit international à la recherche de ses valeurs**: paix, développement, démocratisation (RCADI, 2000, t. 286, p. 9-38)

BOYER, Régis, **Sagas islandaises** ("textes traduits, présentés et annotés", ed. de 1973, Paris: Gallimard – Pleiade, impr. 1987)

BOZEMAN, Adda B., **Politics & Culture in International History** – from the Ancient Near East to the opening of the Modern Age (orig. publ. 1960, New Brunswick, USA: Transaction Publishers, 2nd ed., 1994, 4th printing, 2010)

BRACCIOLINI, Poggio, **De avaritia (Dialogus contra avaritiam)** (escrito por volta de 1429, Belforte: Giuseppe Germano, 1994 – digitalizado e disponível em books.google.com.br)

BRAUDEL, Fernand, **La Méditerranée et le monde méditerranéen à l'époque de Philippe II** (orig. publ. 1949, Paris: Armand Colin, 1966, reimpr. 1987, 2 vols.)

___, **Civilisation matérielle, économie et capitalisme XVe-XVIIIe siècle** vol. I – **Les structures du quotidien – le possible et l'impossible** (Paris: A. Colin, 1979); vol II – **Les jeux de l'échange** (Paris: A. Colin, 1979); vol. III – **Le temps du monde**, (Paris: A. Colin, 1979)

___, *Histoire et sciences sociales. La longue durée* (orig. publ. em 1958, republicado in **Écrits sur l'histoire**, Paris: Flammarion/Champs, © 1969, impr. 1984, nova impr. 1989)

___, **La méditerranée: espace et histoire** (Paris: Flammarion / Champs, 1ª ed., 1977, impr. 1985)

___, **Écrits sur l'histoire** (Paris: Flammarion/Champs, © 1969, impr. 1984)

BRAUDEL, F.; DUBY, Georges (coord.), **La méditerranée: les hommes et l'héritage** (Paris: Flammarion – Champs, 1ª ed., 1977, impr. 1986)

BRETONE, Mario, **Derecho y tiempo en la tradición europea** (orig. publ. **Diritto e tempo nella tradizione europea**, 1994, trad. Isidro ROSAS Alvarado, México: Fondo de cultura economica, 1° ed., 1999, reimpr., 2000)

BREWER, Derek, *The social context of Medieval English Literature* (in **Medieval literature: Chaucer and the Alliterative Tradition**, edited by Boris FORD, London: Penguin, 1st. publ. 1954, revised edition, 1990, p. 15-40)

BRIERLY, James-Leslie, **Règles générales du droit de la paix** (RCADI, 1936, t. 58, p. 1-242)

BROCCHIERI, Mariateresa Fumagali Beonio, Estudo Introdutório (in Marsílio da PADOVA, **Il difensore della pace / Defensor pacis**, "testo latino a fronte", Milão: Rizzoli/BUR/ I classici, 1°. ed. 2001, 2°. ed., 2009, 2 vols., vol. I)

BROMS, Bengt, **The definition of aggression** (RCADI, 1977, t. 154, p. 299-399)

BROUCKÈRE, Louis de, **La prévention de la guerre** (RCADI, 1934, t. 50, p. 1-84)

___, **Les travaux de la Société des Nations en matière de désarmement** (RCADI, 1928, t. 25, p. 365-450)

BROWN, Peter, **Society and the Holy in Late Antiquity** (London: Faber and Faber, 1982)

BRUCKNER, Pascal, **Le vertige de Babel**: cosmopolitisme ou mondialisme (orig. publ. 1994, Paris: Arléa, 2000)

BRUN, Jean, **Sócrates, Platão, Aristóteles** (orig. publ. **Socrate**, 1960, **Platon**, 1961 e **Aristote**, 1961, trad. Carlos PITTA, Filipe JARRO e Liz da SILVA, Lisboa: Dom Quixote, 1994)

BRUNNER, O., *Il concetto moderno di costituzione e la storia costituzionale del medioevo* (in O. BRUNNER, **Per una nuova storia costituzionale e sociale**, Milão: Vita e pensiero, 1970)

BRUNO, Giordano, **Le Procès** – Documents (introduction et texte L. FIRPO, trad. et notes de A.-Ph. SEGONDS, **Oeuvres complètes de Giordano Bruno**, "publiés sous le patronage de l'Istituto Italiano per gli Studi Filosofici – Centro Internazionale di Studi Bruniani", ed. bilingue, vol. I, Paris: Les Belles Lettres, 2000)

___, **Le Souper des Cendres** (texte établi et notes par Giovanni AQUILECCHIA, préface Adi OPHIR, trad. de Yves HERSANT, **Oeuvres complètes**, ed. cit., vol. II, Paris: Les Belles Lettres, 1994)

___, **De la causa, principio et uno** (texte établi par Giovanni AQUILECCHIA, notes Giovanni AQUILECCHIA, intr. Michele CILIBERTO, trad. fr. de Luc HERSANT, **Oeuvres complètes**, ed. cit., vol. III Paris: Les Belles Lettres, 1996)

___, **De l'infini, de l'univers et des mondes** (texte établi par Giovanni AQUILECCHIA, notes Jean SEIDENGART, intr. Miguel Angel GRANADA, trad. de Jean-Pierre CAVAILLÉ, **Oeuvres complètes**, ed. cit., vol. IV, Paris: Les Belles Lettres, 1995)

___, **Expulsion de la bête triomphante** – Dialogue 1 (texte établi par Giovanni AQUILECCHIA, notes Maria Pia ELLERO, intr. Nuccio ORDINE, trad. de Jean BALSAMO, **Oeuvres complètes**, ed. cit., vol. V-tome I, Paris: Les Belles Lettres, 1999)

___, **Expulsion de la bête triomphante** – Dialogues 2 et 3 (texte établi par Giovanni AQUILECCHIA, notes Maria Pia ELLERO, intr. Nuccio ORDINE, trad. de Jean BALSAMO, **Oeuvres complètes**, ed. cit., vol. V-tome II, Paris: Les Belles Lettres, 1999)

___, **Cabale du cheval pégaséen** (texte établi par Giovanni AQUILECCHIA, préface et notes Nicola BADALONI, trad. de Tristan DRAGON, **Oeuvres complètes**, ed. cit., vol. VI, Paris: Les Belles Lettres, 1994)

___, **Des fureurs héroïques** (texte établi par Giovanni AQUILECCHIA, intr. et notes Miguel Angel GRANADA, trad. de Paul-Henri MICHEL, revue par Yves HERSANT, **Oeuvres complètes**, ed. cit., vol. VII, Paris: Les Belles Lettres, 1999)

BUARQUE de HOLANDA, Sérgio, **Visão do paraíso**: os motivos edênicos no descobrimento e colonização do Brasil (orig. tese de titularidade em história na USP, 1958, São Paulo: Nacional / Secretaria da cultura, ciência e tecnologia, 3ª ed., 1977)

BUENO, Eduardo, **Brasil: terra à vista!** (ilustrações de Edgar VASQUES, Porto Alegre: L&PM, 2003)

BURCKHARDT, Jakob, **Kulturgeschichtliche Vorträge** (Stuttgart: Alfred Kröner, 1959)

___, **O retrato na pintura italiana do Renascimento** (orig. publ. **Das Porträt in der italienischen Malerei**, s/d, org., trad. e apresentação Cássio FERNANDES, pref. e notas Maurizio GHELARDI, Campinas: Ed. Unicamp / São Paulo: Fap – Unifesp, 2012)

___, **The civilization of the Renaissance in Italy: an essay** (orig. publ. 1860, trad. C. S. G. MIDDLEMORE, de 1878, Introduction by Hajo HOLBORN, New York: The Modern Library, 1954)

BULYGIN, Eugenio, *Système juridique et ordre juridique* (in **L'architecture du droit – Mélanges en l'honneur de Michel Troper** études coordonnés par D. de BÉCHILLON, P. BRUNET, V. CHAMPEIL-DESPLATS e E. MILLARD, Paris: Economica, 2006, p. 223-229)

BURY, J. B., **A History of the later Roman Empire** (New York: Dover Books, 1958)

BÜTTGEN, Philippe; LIBERA, Alain de; RASHED, Marwan ; ROSIER-CATACH, Irène (dir. de), **Les Grecs, les arabes et nous – Enquête sur l'islamophobie savante**, Paris: Fayard, 2009)

CABEZA DE VACA, Alvar Nuñez, **Naufrágios e comentários** (trad. de Jurandir Soares dos SANTOS, pref. Henry MILLER, intr. Eduardo BUENO, Porto Alegre: L&PM, 1999)

CACHERANUS, Octavianus, **Disputatio an Principi Christiano fas sit pro sui suorumque bonorum tutela foedus inire, ac amicitia infidelibus iungi, ad eisque auxilium adversus alios Principes Christianos petere** (orig. publ. Taurini, 1566 – bibl_list / archiviodistatotorino.beniculturali.it – Biblioteca antica)

CAFLISCH, Lucius, **Cent ans de règlement pacifique des différends interétatiques** (RCADI, 2001, t. 288, p. 245-467)

CALASSO, F., **I glosatori e la teoria della sovranità** – Studio di diritto comune pubblico (Milano: Giuffrè, 1957)

CALVINO, Italo, **Le città invisibili** (orig. publ. 1972, Torino: Einaudi, 1984)

CALVIN, Jean, **Oeuvres** (éd. établie par Francis HIGMAN et Bernard ROUSSEL, Paris: Gallimard – Pleïade, 2009)

CAMERON, Averil, **Il tardo impero romano** (orig. publ. **The later Roman Empire**, Londres: Fontana Press, 1993, trad. italiana a cura di Elio LO CASCIO, Bolonha: Il Mulino, 1995)

CAMINHA, Pero Vaz de, **Carta de achamento do Brasil** (ed. comentada por Sheila HUE, Campinas: Ed. da Unicamp, 2021)

CAMPANELLA, Tommaso, **Aphorismes politiques** (trad. Pierre CAYE et Claude MONET, Caen: Centre de philosophie politique et juridique – Univ. de Caen, 1993)

___, **A cidade do sol** (orig. publ. **Civitas solis**, trad. e notas Aristides LOBO, São Paulo: Abril cultural – os Pensadores, vol. XII, 1973, p. 239-291)

CAMPENHAUSEN, Hans Freiherr von, **Lateinische Kirchenväter** (orig. publ. 1960, Stuttgart : Kohlhammer, 4a. ed., 1978)

___, **Griechische Kirchenväter** (orig. publ. 1955, Stuttgart: Kohlhammer, 5a. ed., 1977)

CANSACCHI, Giorgio, **Identité et continuité des sujets internationaux** (RCADI, 1970, t. 130, p. 1-94)

CANTOR, Norman F., **The civilization of the Middle Ages** (New York: Harper, 1993)

CAPÁNAGA, Victorino, **Agustín de Hipona**: maestro de la conversión cristiana (Madri: Biblioteca de Autores Cristianos – série maior, 1974)

CARBASSE, Jean-Marie, **Manuel d'introduction historique au droit** (Paris: PUF, 3e éd. refondue, 2002)

CARBONNIER, Jean, **Flexible droit** (Paris: LGDJ, 1983)

CARBONNIER, Jean; BOSC, J.; DOGNIN, P.; ELLUL, J. (collaborations de), **La révélation chrétienne et le droit** (Colloque de philosophie du droit, Strasbourg, 24-25 novembre 1959, Paris: Dalloz, 1961)

CARDOSO, Lúcio, **Poesia completa** (ed. crítica Ézio Macedo RIBEIRO, São Paulo: EDUSP, 2011)

CARILE, Antonio; SACHAROV, Andrej N. (a cura di), **I trattati dell'antica Russia con l'Impero Romano d'Oriente** (coll. "Da Roma alla Terza Roma", diretta da P. CATALANO e P. SINISCALCO, vol. II, Roma: L'Erma di Bretschneider, 2011)

CARLO, E. di, **La filosofia politica e giuridica di San Tommaso d'Aquino** (Palermo: Palumbo, 1945)

CARMO, Maria Helena S. R. do, **Uma aristocrata portuguesa no Macau do século XVII** (Lisboa: Fund. Jorge Álvares/Edtrl. Inquérito, 2006)

CARRÈRE D'ENCAUSSE, Hélène, **Russie, la transition manquée: Nicolas II, Lenine, Unité proletarienne et diversité nationale** (Paris: Fayard, 2005)

CARRIÈRE, Jos., **De contractibus** (Paris: Méquignon, "editio secunda, accurate emendata", 1852)

CASELLA, P. B., **Tratado de direito internacional** (tomo 1 – **Direito internacional dos espaços** – Conceitos basilares, domínio terrestre, fluvial e marítimo, São Paulo: Almedina, 2ª ed. revista e atualizada, 2022)

___, ___ (tomo 2 – **Direito internacional dos espaços** – Domínio aéreo, navios e aeronaves, espaços internacionais e recorrências da espacialidade, São Paulo: Almedina, 2ª ed. revista e atualizada, 2022)

___, ___ (tomo 3 A – **Direito internacional no tempo antigo**, São Paulo: Almedina, 2ª ed. revista e atualizada, 2022)

___, ___ (tomo 3 B – **Gregos, romanos, chineses, indianos**, São Paulo: Almedina, 2ª ed. revista e atualizada, 2023)

___, ___ (tomo 6 – **Direito internacional no tempo de Suarez, Gentili e Zouch**, São Paulo: Almedina, 2ª ed. revista e atualizada, 2023-)

___, ___ (tomo 7 – **Direito internacional no tempo de Hugo Grócio**, São Paulo: Almedina, 2ª ed. revista e atualizada, 2023-)

___, ___ (tomo 8 – **Direito internacional além do paradigma vestfaliano**, São Paulo: Almedina, 2ª ed. revista e atualizada, 2023-)
___, ___ (tomo 9 – **Direito internacional no tempo de Samuel Pufendorf**, São Paulo: Almedina, 2ª ed. revista e atualizada, 2023-)
___, ___ (tomo 10 – **Direito internacional no tempo de C. van Bynkershoek e Christian Wolff**, São Paulo: Almedina, 2ª ed. revista e atualizada, 2023-)
___, ___ (tomo 11 – **Direito internacional no tempo do Iluminismo**, São Paulo: Almedina, 2023-)
___, ___ (tomo 12 – **Direito internacional no tempo de Vattel e von Martens**, São Paulo: Almedina, 2023-)
___, ___ (tomo 13 – **Direito internacional no tempo do concerto europeu**, São Paulo: Almedina, 2023-)
___, ___ (tomos 14 a 17 – **Direito internacional no tempo do colonialismo**, São Paulo: Almedina, 2023-)
___, ___ (tomo 20 – **Direito internacional, história e cultura**, São Paulo: Almedina, 2023-)
___, Imperativo categórico da cooperação e as lições do BREXIT (in **A evolução do direito no século XXI** – homenagem ao prof. A. WALD, coord. F. U. COELHO, G. TEPEDINO, S. F. LEMES, São Paulo: Ed. IASP, 2022, vol. 3, p. 963-1001)
___, Georg-Friedrich von Martens (1756-1821) e a consolidação histórica do direito internacional clássico (Revista FDUSP, 2021, vol. 116, p. 137-171) – https://doi.org/10.11606/issn.2318-8235.v116p137-171
___, Emer de Vattel (1714-1767) e o direito internacional clássico (Revista FDUSP, 2020, vol. 115, p. 209-245) – https://doi.org/10.11606/issn.2318-8235.v115p209-245
___, Negociação e conflito no direito internacional: cinco mil anos de registro da história (São Paulo: Revista. Fdusp, 2019, vol. 114, p. 185-230)
___, **Introdução ao estudo do direito – Ensaios didáticos** (orig. publ. 2008, São Paulo: Ed. dos Editores, 3ª ed., 2019)
___, 400 anos do De Legibus de Francisco Suárez (1548-1617) (Revista Fdusp, 2011-2012, vol. 106-107, p. 25-33, https://www.revistas.usp.br/rfdusp/article/view/67935)
___, *Empires, hegemony and cooperation* (in **Pravovie aspekti BRICS – Aspetti giuridici del BRICS – Legal aspects of BRICS**, ed. By P. CATALANO and T. ALEXEEVA, Saint Petersburg: National Research Univ., 2011, p. 27-48)
___, **BRIC** – Brasil, Rússia, Índia, China e África do Sul – uma perspectiva de cooperação internacional (São Paulo: Atlas, 2011)
___ e A. de CARVALHO RAMOS, **Direito internacional**: homenagem a A. MEIRA MATTOS (São Paulo: Quartier Latin, 2009)
___, *Direito internacional e dignidade humana* (in **Direito internacional**: homenagem a Adherbal MEIRA MATTOS, org. P. B. CASELLA e A. de CARVALHO RAMOS, São Paulo: Quartier Latin, 2009, p. 223-343)
___, Il *foedus* tra Plebe e Senato ed il problema del diritto internazionale. Dalla secessione della Plebe all'autodeterminazione dei popoli (conferência de abertura do III Seminário sulla tradizione repubblicana romana, realizado pela Universidade de Roma I – La Sapienza, em Roma, de 15 a 17 de dezembro de 2009, publ. in **Diritto@Storia** –

Rivista internazionale di scienze giuridiche e tradizione romana, N. 9 – 2011, p. 1-18, ISSN 1825-0300)

___, **Fundamentos do direito internacional pós-moderno** (São Paulo: Quartier Latin, 2008)

___, Desenvolvimento do direito internacional na concepção de Cornelius van Bynkershoek (Revista FDUSP, 2008, vol. 103, p. 563-592)

___, **Tratado de Versalhes na história do direito internacional** (São Paulo: Quartier Latin, 2007)

___, **Livro dos ancestrais imaginados e outros ensaios pós-modernos** (Madri: Amaral Gurgel Edtrl., 2007 cap. XXII – O olhar do viajante, ou *le regard du voyageur*, p. 217-231)

___, Sucessão de estado no direito internacional pós-moderno (Revista da Faculdade de Direito da Universidade de São Paulo, vol. 102, 2007, p. 1155-1170)

___, **Direito internacional, terrorismo e aviação civil** (São Paulo: Quartier Latin, 2006)

___, **União europeia**: instituições e ordenamento jurídico (São Paulo: LTr, 2002)

___ (coord.), **Mercosul: integração regional e globalização** (Rio de Janeiro: Renovar, 2000)

___ (coord.), **Dimensão internacional do direito: estudos em homenagem a G.E. do NASCIMENTO E SILVA**, São Paulo: LTr, 2000)

___, *Pax perpetua – a review of the concept from the perspective of economic integration* (in **Dimensão internacional do direito**: estudos em homenagem a G.E. do NASCIMENTO E SILVA, São Paulo: LTr, 2000)

___ e Guilherme F. NASCIMENTO, *Direitos dos povos indígenas: releitura de Francisco de Vitória enfatizando os quinhentos anos do descobrimento* (Revista da Faculdade de Direito da USP, vol. 95, 2000, p. 121-128)

___, *Reconhecimento de estado e de governo no direito internacional contemporâneo* (in **Direito internacional no terceiro milênio** – estudos em homenagem ao prof. Vicente Marotta RANGEL, org. L. O. BAPTISTA e J. R. FRANCO DA FONSECA, São Paulo: LTr, 1998)

___, *Nicolau de Cusa* (Rio de Janeiro: Revista Liturgia e Vida, vol. XXXII, n. 191, nov.-dez. 1985)

CASSESE, Antonio, States: rise and decline of the primary subjects of international law (in **The history of international law**, ed. by B. FASSBENDER and A. PETERS, Oxford: Univ. Press – The Oxford Handbook of, chap. 2, p. 49-70)

___, **International law** (Oxford: UP, 2nd. ed., 2005)

___, **Il diritto internazionale nel mondo contemporaneo** (orig. publ. **International law in a divided world**, trad. Rosario SAPIENZA, Bologna: Il Mulino, 1984)

CASSIRER, Ernst, **Der Mythus des Staates: philosophische Grundlagen politischen Verhaltens** Zurique e Munique: Artemis, © 1949, 2ª ed., 1978)

CASTALDO, André, **Introduction historique au droit** (Paris: Dalloz, 3e éd., 2006)

CASTBERG, F., **International law in our time** (RCADI, 1973, t. 138, p. 1-26)

CASTEL, Charles-Irinée, Abbé de SAINT PIERRE, **Projeto para tornar perpétua a paz na Europa** (trad. Sérgio DUARTE, pref. Ricardo SEITENFUS, Brasília: Ed. UnB / IPRI, São Paulo: IOE, 1ª ed. bras., 2003)

___, **Discours sur la polysynodie, où l'on démontre que la polysynodie ou pluralité des conseils est la forme de ministère la plus avantageuse pour un Roi et pour son Royaume** (Amsterdam: chez Du Villard et Changuion, 1719)

CASTIGLIONE, Baldassar, **Il libro del Cortegiano** (intr. di Amedeo QUONDAM, note di Nicola LONGO, Florença: Garzanti, 1° ed., 1981, 5° ed., 1992)

___, **El Cortesano**, (trad. de Juan BOSCÁN, estudio preliminar Teresa SUERO ROCA, Barcelona: Bruguera, 1972)

CASTRÉN, E. S., **Aspects récents de la succession d'états** (RCADI, 1951, t. 78, p. 379-506)

CASTRO, Xavier de, **Le Voyage de Magellan (1519-1522)**: la relation d'Antonio Pigafetta & autres témoignages (édition établie par X. de CASTRO avec Jocelyn HAMON et Luís Felipe THOMAZ, Paris: Chandeigne, 2007, 2 vols.)

CATALANO, Pierangelo, **Linee del sistema sovrannazionale romano** (Torino: G. Giappichelli, 1965)

___, *Império, povo, costumes, lugar, cidadania, nascituros. Alguns elementos da tradição jurídica romano-brasileira* (in **Estudos em homenagem a José Afonso da SILVA**, 2003)

___, *Spes contra spem*: sobre imigração, defesa da vida, cidadanias continentais, nascituro, Roma americana, dívida externa e autoridade pública universal (intervento introduttivo, XVIII Seminario Roma-Brasília, **Identidade jurídica da América Latina: integrações continentais e globalização**, Brasília, 23-25 de agosto de 2001, Separata)

CATELLANI, Enrico, **La dottrina italiana del diritto internazionale nel secolo XIX** (Lezioni all'Accademia di Diritto Internazionale all'Aja nel 1933, Roma: Anonima Romana Editoriale – Pubblicazioni dell'Associazione Italiana per la Società delle Nazioni, vol. XXXVI, 1935)

___, **Les maîtres de l'école italienne du droit international au XIXe siècle** (RCADI, 1933, t. 46, p. 704-826)

CAVAGLIERI, A., **Règles générales du droit de la paix** (RCADI, 1929, t. 26, p. 311-585)

CAVALLAR, Georg, **The rights of strangers – theories of international hospitality, the global community and political justice since Vitoria** (Aldershot: Ashgate, 2002)

CAVALLI-SFORZA, Luigi Luca, **Genes, povos e línguas** (orig. publ. **Geni, popoli e lingue**, 2000 e da trad. inglesa de Mark SEIELSTAD, trad. Carlos A. MALFERRARI, São Paulo: Companhia das Letras, 2003)

CAVANNA, Adriano, **Storia del diritto moderno in Europa**: le fonti e il pensiero giuridico (Milão: Giuffrè, 1982)

CERQUIGLINI-TOULET, Jacqueline, **La couleur de la mélancolie** – La fréquentation des livres au XIVe siècle (Paris: Hatier, 1993)

CERVANTES SAAVEDRA, Miguel de, **El ingenioso hidalgo don Quijote de la Mancha** (1605, intr. y notas de Joaquin CASALDUERO, Madri: Alianza, 1ª ed., 1984, 3ª reimpr., 1992)

___, **El ingenioso caballero don Quijote de la Mancha** (1615, intr. y notas de Joaquin CASALDUERO, Madri: Alianza, 1ª ed., 1984, 3ª reimpr., 1992)

___, **Teatro completo** (edición prologada y anotada por Agustín BLANQUEZ, Barcelona: Edtrl. Iberia, 1966, 2 vols.)

CHACON, Vamireh, **A grande Ibéria** – convergências e divergências de uma tendência (São Paulo: Ed. Unesp / Brasília: Paralelo 15, 2005)

CHALIAND, Bernard (édition présentée par), **Les Conquistadors** (textos de Bernal DIAZ DEL CASTILLO, **La conquête du Mexique**; Hernán CORTÉS, **La conquête du Mexique**; Pedro PIZARRO, **La conquête du Pérou**, Paris: Omnibus, 2003)

CHALIAND, Gérard, **Le nouvel art de la guerre** (Paris: L'Archipel, 2008)

___, **Les guerres irregulières** XXe-XXIe siècle – guérillas et terrorismes (Paris: Gallimard-Folio actuel 135, 2008)

CHALIAND, René, **Les empires nomades** – de la Mongolie au Danube – Ve siècle av. J. C. – XVIe siècle (orig. publ. 1995, Paris: Perrin – tempus vol. 117, 2006)

CHALTIEL, Florence, **Naissance du peuple européen** (pref. Pierre MOSCOVICI, Paris: Odile Jacob, 2006)

CHARPENTIER, Jean, Autodétermination et décolonisation (in **Le droit des peuples à disposer d'eux-mêmes**: méthodes d'analyse du droit international – Mélanges offerts à Charles CHAUMONT, Paris: Pedone, 1984)

CHARVIN, Robert, Le droit international tel qu'il a été enseigné: notes critiques de lecture des traités et manuels (1850-1950) (in **Le droit des peuples à disposer d'eux-mêmes**: méthodes d'analyse du droit international – Mélanges offerts à Charles CHAUMONT (Paris: Pedone, 1984)

CHASTEL, André, **Arte e humanismo em Florença** na época de Lourenço, o magnífico – Estudos sobre o renascimento e o humanismo platônico (orig. publ. 1959, trad. Dorothée de BRUCHARD, intr. e notas Luiz MARQUES, São Paulo: Cosac Naify, 2012)

CHAUMONT, Charles, **Cours général de droit international public** (RCADI, 1970, t. 129, p. 333-528)

CHÉLINI, Jean, **Histoire religieuse de l'Occident médieval** (orig. publ. 1991, Paris: Hachette-Histoire, 2006)

CHEMILLIER-GENDREAU, Monique, Le rôle de la fiction en droit international (APD, 1987, p. 153-162)

CHENG, Anne, **Histoire de la pensée chinoise** (orig. publ. 1997, Paris: Seuil, 2002)

CHENG, Christina Miu Bing, **Macau**: a cultural Janus (Hong Kong: University Press, 1999)

CHENU, M. D., **Saint Thomas d'Aquin et la théologie** (Paris: Seuil, 1959)

___, **Introduction à l'étude de saint Thomas d'Aquin** (Paris: Vrin, 1950)

CHESTERTON, G. K., **Saint Thomas Aquinas** (Londres: Hodder & Stoughton, 1933)

CHIALVO, Guido, **Il precursore italiano del diritto internazionale, Pierino Belli** (Roma, 1919)

CHIFFOLEAU, Jacques, *Direito(s)* (in **Dicionário temático do Ocidente medieval**, coord. Jacques LE GOFF e Jean-Claude SCHMITT, orig. publ. **Dictionnaire raisonné de l'Occident médiéval**, 1999, coord. da trad. Hilário FRANCO Jr., Bauru: Edusc, 2006, vol. I, p. 333-351, trad. verbete Daniel Valle RIBEIRO)

CHINOY, Ely, **Sociedade: uma introdução à sociologia** (orig. publ. **Society: an introduction to sociology**, 1961, introdução Charles PAGE, trad. Octávio M. CAJADO, consultor da ed. bras. Manoel T. BERLINCK, São Paulo: Cultrix, 5ª ed., 1976)

CHRÉTIEN DE TROYES, **Les Romans de la Table ronde**: Érec et Énide – Cligès – Le Chevalier de la Charrette – Le Chevalier au Lion – Le Conte du Graal (introduction Michel ZINK, trad. et annotation de Jean-Marie FRITZ, Charles MÉLA, Olivier

COLLET, Catherine BLONS-PIERRE et David HULT, Paris: Libr. Générale française - classique, 2002)

___, **Perceval ou le conte du Graal** (escrito em 1182-1183, trad. inédite et introduction par Jean DUFOURNET, Paris: Garnier-Flammarion, 1997)

CÍCERO, M. T., **De legibus** (with an English translation by Clinton W. Keyes, Cambridge, Ma. / London: Harvard Univ. Press, LCL 213, CICERO vol. XVI, © 1926, reprinted 2006)

___, **De officiis** (with an English translation by Walter Miller, Cambridge, Ma. / London: Harvard UP, LCL 30, CICERO vol. XXI, © 1913, reprinted 2005)

___, **De Inventione** (with an English translation by H. M. HUBBELL, Cambridge, Ma. / London: Harvard Univ. Press - LCL 386 CICERO II, © 1949, reprinted 2006)

CIJ, **legalidade perante o direito internacional da declaração unilateral da independência do Kosovo - Accordance with International Law of the unilateral declaration of Independence in respect of Kosovo** - Advisory Opinion (ICJ Reports, 2010, p. 403 - parecer consultivo de 22 de julho de 2010)

___, **parecer sobre a interpretação dos tratados de paz celebrados com Bulgária, Hungria e Romênia**, Parecer consultivo de 30 de março de1950 (primeira fase) e parecer consultivo de 18 de julho de 1950 (segunda fase)

___, **Sudoeste africano / South West Africa cases** (Ethiopia v. South Africa; Liberia v. South Africa) Preliminary Objections (Judgment 21 December 1962); Second phase (Judgment 18 July 1966, I.C.J. Reports 1966, p. 6)

CINO de PISTÓIA [ou Guittoncino di ser Francesco dei SIGISBULDI], **Lectura codicis** (1314) edição CYNI PISTOIENSIS, **Super Codice & Digesto veteri lectura ...** (Lugduni, 1547 - disponível on line)

CLAUSEWITZ, Karl von, **Da guerra** (orig. publ. **Vom Kriege**, trad. integral de Teresa Barros Pinto BARROSO, prefácio de Anatole RAPOPORT, São Paulo: Martins, 1979)

CLEMENCEAU, Georges, **Correspondance (1858-1929)** (éd. établie et annotée par Sylvie BODZIAK et Jean-Noël JEANNENEY, Paris: Robert Laffont-Bouquins/Bibliothèque nationale de France, 2008)

COCHRANE, Charles Norris, **Christianity and classical culture** - a study of thought and action from Augustus to Augustine (orig. publ. 1940, Londres: Oxford Univ. Press, reprinted 1968)

COHEN-JONATHAN, Gerard; CONSTANTINESCO, Vlad; MICHEL, Valérie; PIRIS, Jean-Claude; WACHSMANN, Patrick (dir. de), **Chemins de l'Europe: mélanges en l'honneur de Jean-Paul JACQUÉ** (Paris: Dalloz, 2010)

COLLIARD, Claude-Albert, *Égalité ou spécificité des états dans le droit international public actuel* (in **Mélanges offerts à Mr. le Doyen Louis TROTABAS**, Paris: L.G.D.J., 1970)

COLLIVA, P., *Império* (in Norberto BOBBIO, Nicola MATTEUCCI e Gianfranco PASQUINO (org.), **Dicionário de política**, orig. publ. **Dizionario di politica**, 1983, trad. J. FERREIRA e outros, Brasília: Ed. UnB, 1986, Império, p. 621-626)

COLOMBO, Cristovão, **Diários da descoberta da América** - as quatro viagens e o testamento (trad. Milton PERSSON, intr. Marcos FAERMAN, Porto Alegre: L&PM, 2001)

___, **The four voyages of Columbus** (ed. and translated by Cecil JANE, New York: Dover, 1988)

COMBÈS, G., **La doctrine politique de Saint Augustin** (Paris, 1927)

COMMYNES, Philippe de, **Mémoires** (présentation, établissement du texte, traduction et notes par Jean DUFOURNET, Paris: GF Flammarion, © 2007, vol. I: Livres I-III, 2007; vol. II: Livres IV-VI, 2007; vol. III: **Mémoires sur CHARLES VIII et l'Italie**, 2002)

COMTE, Auguste, **Discours sur l'ensemble du positivisme** (1848, présentation par Jean-François MATTÉI, édition, notes et bibliographie par Annie PETIT, Paris: Flammarion, 2008)

CONFORTI, Benedetto, **International law and the role of domestic legal systems** ("updated version of author's general course on public international law given at the Hague Academy of International Law in 1988, and published in the Recueil des Cours, volume 212 (1988-V)", translated by René PROVOST with Shauna Van PRAAGH, The Hague: Kluwer Law International, 1993)

CONRAD, Joseph, **The Nigger of the 'Narcissus'** (1897, in CONRAD, **Selected Novels and Stories**, Twickenham, UK: Hamlyn, 1986)

CONTAMINE, Philippe, **La guerre au Moyen Age** (orig. publ. 1980, Paris: PUF – nouvelle Clio, 6e éd., 2003)

CONTE, Francis, **Les Slaves** – aux origines des civilisations d'Europe centrale et orientale (orig. publ. 1986, Paris: Albin Michel, nova ed., 1996)

COOPER, Anthony Ashley, **Characteristicks of men, manners, opinions, times** (1711, foreword by Douglas DEN UYL, Indianapolis: Liberty Fund, 2001, 3 vols.)

CORBETT, James A., **História de los papas** (orig. publ. **The papacy. A brief History**, trad. Enrique GAINZA, Buenos Aires: Paidos, 1967)

CORDOLIANI, Alfred, *Comput, chronologie, calendriers* (in **L'Histoire et ses méthodes**, direction de Charles SAMARAN, Paris: Gallimard – Pleiade, 1961, p. 37-51)

Corpus iuris civilis, vol. primum – **Institutiones** (recognovit P. KRUGER); **Digesta** (recognovit T. MOMSEN, retractavit P. KRUGER, Dublin /Zürich: Weidmann, 23a. ed., 1973)

CORTEN, Olivier, **Le droit contre la guerre**: L'interdiction du recours à la force en droit international contemporain (Paris: Pedone, 2008)

COTTA, S., **La città política di Sant'Agostino** (Milano: Communità, 1960)

C.P.J.I., **Certains intérêts allemands en Haute-Silésie polonaise**: A 07 (julgamento de mérito em 25 de agosto de 1926); A 06 (questão de jurisdição); A 15 e C 14/2 (direitos das minorias na Alta Silésia: escolas minoritárias); A/B 40 e C 52 (acesso às escolas minoritárias alemãs na Alta Silésia; C 09/1 (certos interesses alemães na Alta Silésia polonesa)

___, **Concessions MAVROMMATIS en Palestine** (Grécia c. Reino-Unido, decisão em matéria de competência de 30 de agosto de 1924)

___, **Affaire de Jaworzina (frontière Polono-Tchécoslovaque)** (Avis consultatif rendu le 6 décembre 1923, **CPJI Recueil**1923, série B, n. 8)

CRAEMER-RUEGENBERG, Ingrid, **Albertus Magnus** (Munique: Beck, 1980)

CRAMPTON, R. J., **A concise history of Bulgaria** (orig. publ. 1997, Cambridge: Univ. Press, 4th printing, 2010)

CRAWFORD, James, **The creation of states in international law** (orig. publ. 1979, Oxford: Clarendon Press, 2nd ed., 2006, reprinted 2011)

CREEL, H. G., **La pensée chinoise**: de CONFUCIUS à MAO Tseu-Tong (trad. Jean--François LECLERC, Paris: Payot, 1965)

CREMONA, Carlo, **Agostinho de Hipona**: a razão e a fé (orig. publ. **Agostino d'Ippona: la ragione e la fede**, 1966, apres. Cardeal Carlo Maria MARTINI, trad. Pergentino Stefano PIVATTO, Petrópolis: Vozes, 1990)

CROCE, B., **Teoria e storia della storiografia** (1912-1913, a cura di Edoardo MASSIMILLA e Teodoro TAGLIAFERRI, con una nota al testo di Fulvio TESSITORE, Napoli: Bibliopolis / Edizione Nazionale delle Opere di B.C. / Filosofia come scienza dello spirito IV, 2007, 2 tomos)

___, **Filosofia e Storiografia** (1948, a cura di Stefano MASCHIETTI, Napoli: Bibliopolis / Edizione Nazionale delle Opere di B.C. / Saggi filosofici XII, 2005)

___, *La fine della civiltà* (1946, in **Filosofia e Storiografia**, 1948, a cura di Stefano MASCHIETTI, Napoli: Bibliopolis / Edizione Nazionale delle Opere di Benedetto CROCE / Saggi filosofici XII, 2005)

___, **La storia come pensiero e come azione** (orig. publ. 1938, Napoli: Bibliopolis / Edizione Nazionale delle Opere di B.C. / Saggi filosofici IX, 2002)

___, *Recenti controversie intorno all'unità della Storia d'Italia* (orig. publ. **Proceedings of the British Academy**, London, vol. XXII, 1936, republicado in **La storia come pensiero e come azione**, 1938, Napoli: Bibliopolis / Edizione Nazionale delle Opere di B.C. / Saggi filosofici IX, 2002)

CROUZET-PAVAN, E., **Les villes vivantes** – Italie XIIIe – XVe siècle (Paris: Fayard, 2009)

___, **Renaissances italiennes 1380-1500** (Paris: Albin Michel – Histoire, 2007)

CROWLEY, Roger, **Conquerors** – how Portugal seized the Indian Ocean and forged the first global empire (London: Faber and Faber, 2015)

CRUSOL, Jean, **Les Îles à sucre** – de la colonisation à la mondialisation (Bécherel: Ed. Les Perséides, 2e ed., 2008)

CUSHMAN, Thomas (ed.), **A matter of principle** – Humanitarian Arguments for War in Iraq (Berkeley: Univ. of California Press, 2005)

D'ALEMBERT, **Éloge de l'abbé de SAINT-PIERRE** (1775, "lu à la reception de Mr. de MALESHERBES", Avant propos Simone GOYARD-FABRE, Caen: Univ. de Caen / Centre de Philosophie politique et juridique, 1993)

D'EPIRO, Peter; PINKOWISH, Mary Desmond, **Sprezzatura** – Fifty ways Italian Genius shaped the World (New York: Anchor Books, 2001)

DAI, Sijie, **Par une nuit où la lune ne s'est pas levée** (Paris: Gallimard – Folio, © 2007, impr. 2008)

DAILLIER, Patrick, **Les opérations multinationales consécutives à des conflits armés en vue du rétablissement de la paix** (RCADI, 2005, t. 314, p. 233-431)

DALLARI, Dalmo de Abreu, **A Constituição na vida dos povos**: da Idade média ao século XXI (São Paulo: Saraiva, 2010)

DAMROSCH, Lori F., **Enforcing international law through non-forcible measures** (RCADI, 1997, t. 269, p. 9-250)

DAMROSCH, Lori F.; SCHEFFER, David J. (ed. by), **Law and force in the new international order** (Boulder / Oxford: Westview Press, 1991)

DANTE ALIGHIERI, **Tutte le opere** (a cura di Luigi BLASUCCI, Firenze: Sansoni, 1989)

___, **De monarchia** (in **Tutte le opere** a cura di L. BLASUCCI, Firenze: Sansoni, 1989)

___, **La divina Commedia** (in **Tutte le opere**, a cura di L. BLASUCCI, Firenze: Sansoni, 1989, p. 387-733)

___, **La divina commedia** (testo critico della Società Dantesca Italiana, riveduto col Commento Scartazziniano, rifatto da Giuseppe VANDELLI, Milano: Ulrico Hoepli, 21° ed., 1983)

___, **A divina comédia** (traduzida, anotada e comentada por Cristiano MARTINS, São Paulo: EDUSP / Belo Horizonte: Itatiaia, 1976)

DARWIN, Charles, **A origem das espécies** (trad. Eduardo Nunes FONSECA, São Paulo: Folha de São Paulo, 2010)

DASTUR, Françoise, **HEIDEGGER et la question du temps** (Paris: PUF, 1990)

DAVIES, Norman, **Reinos desaparecidos** – História de uma Europa quase esquecida (orig. publ. **Vanished Kingdoms**, 2011, trad. Miguel MATA, Lisboa: Ed. 70, 2021)

DAWSON, J. P., **The Oracles of the Law** (Ann Arbor: Ann Arbor Univ. Press, 1968)

DECAUX, Emmanuel, **Les formes contemporaines de l'esclavage** (RCADI, 2008, t. 336, tb. publ. Leiden: M. Nijhoff – Adipoche, 2009)

DEGAN, Vladimir-Djuro, **Création et disparition de l'état (à la lumière du démembrement de trois fédérations multiethniques en Europe)** (RCADI, 1999, t. 279, p. 195-375)

___, *On state succession* (in **Dimensão internacional do direito: estudos em homenagem a G. E. do NASCIMENTO E SILVA**, org. P. B. CASELLA, São Paulo: LTr, 2000)

___,*La succession d'états en matière de traités et les états nouveaux* (AFDI, 1996, t. XLII, Paris: CNRS Ed.)

___, *Some objective features in international law* (in **Essays in honour of Krystof SKUBISZEWSKI**, ed. by Gerzy MAKARCZYK, Haia: Kluwer Law International, 1996)

___, *L'affirmation des principes du droit naturel par la Révolution française* (AFDI, 1989, vol. XXV)

DELANNOI, Gil; TAGUIEFF, Pierre-André (direction de), **Nationalismes en perspective** (Paris: Berg International Eds., 2001)

DELEULE, D., **Francis Bacon et la reforme du savoir** (Paris: Herman, 2010)

DELMAS-MARTY, Mireille, **Libertés et sûreté dans un monde dangereux** (Paris : Seuil, 2010)

___, **Vers un droit commun de l'humanité** (entretien mené par Philippe PETIT, Paris: textuel, orig. publ. 1995, 2e éd., 2005)

___, **Mireille DELMAS-MARTY et les années UMR** (Paris: Société de législation comparée, 2005, p. 331-415, esp. *La mondialisation du droit: chances et risques*, p. 331-349, *Droit et mondialisation*, p. 351-362, *Les processus de mondialisation du droit*, p. 379-393)

DELORENZO NETO, A., *Duas concepções do pacifismo: os projetos de KANT e Max SCHELER* (in **Estudos jurídicos em homenagem ao professor Haroldo VALLADÃO**: estudos, homenagens, manifestações de solidariedade, currículo, Rio de Janeiro: Freitas Bastos, 1983)

DELUMEAU, Jean, **La seconde gloire de Rome** XVe – XVIIe (Paris: Perrin, 2013)

DENOIX, Sylvie; RENEL, Hélène (dir. de), **Atlas des mondes musulmans médiévaux** (Paris: CNRS Éd., 2022)

DENYS, Catherine; PARESYS, Isabelle, **Les anciens Pays-Bas à l'époque moderne** (1404-1815) – Belgique, France du Nord, Pays-Bas (Paris: Ellipses, 2007)

DERMENGHEM, Émile, **Thomas Morus et les utopistes de la Renaissance** (Paris: Plon, 8ª ed., 1927)

DEPREZ, J., **Droit international privé et conflits de civilisations**: aspects méthodologiques (les relations entre systèmes d'Europe occidentale et systèmes islamiques en matière de statut personnel) (RCADI, t. 211, 1988, p. 9-372)

DESCAMPS, Edouard-Eugène-François, **Le droit international nouveau**: l'influence de la condamnation de la guerre sur l'évolution juridique internationale (RCADI, 1930, t. 31, p. 393-559)

DESCARTES, René, **Règles pour la direction de l'esprit / Regulae ad directionem ingenii** (orig. publ. 1701, in **Opuscula postuma physica et mathematica**, no vol. **Oeuvres et lettres**, textes présentés par André BRIDOUX, Paris: Gallimard – Pleiade, 1952, p. 33-119)

___, **Discours de la méthode** (orig. publ. 1637, Leyde: Jean Maire, sans nom d'auteur, in **Oeuvres et lettres**, textes présentés par A. BRIDOUX, Paris: Gallimard – Pleiade, 1952, p. 121-179)

___, **Discurso do método** (intr. Gilles-Gaston GRANGER, pref. e notas Gérard LEBRUN, trad. J. GUINSBURG e B. PRADO Jr., São Paulo: Abril cultural – Os Pensadores, vol. XV, 1973, p. 33-79).

DESHAYES, Laurent, **Histoire du Tibet** (Paris: Fayard, 1997)

DESTUTT DE TRACY, **Mémoire sur la faculté de penser / De la métaphysique de Kant / et autres textes** (1798-1802) (textes réunis et revus par Anne et Henry DENEYS, Paris: Fayard / Corpus des oeuvres de philosophie en langue française, 1992)

___, *Dissertation sur quelques questions d'idéologie* (1801, 1815 e 1826, no volume **Mémoire sur la faculté de penser / De la métaphysique de Kant / et autres textes**, réunis et revus par Anne et Henry DENEYS, Paris: Fayard / Corpus des oeuvres de philosophie en langue française, 1992)

DIAMOND, Jared, **Colapso**: como as sociedades escolhem o fracasso ou o sucesso (orig. publ. **Collapse**, 2005, trad. A. RAPOSO, rev. técnica W. D. MAIA, Rio de Janeiro: Record, 2ª ed., 2005)

___, **Guns, germs and steel**: the fates of Human societies ("with a new afterword about the modern world", orig. publ. 1997, New York: Norton, 1999)

DIAS, Alfredo Gomes, **Sob o signo da transição: Macau no século XIX** (Macau: Instituto português do Oriente, 1998)

DIAS, Jorge (ed.), **Mensagens de Honshu e de Shikoshu: a correspondência de Venceslau de MORAES para Vicente Almeida D'EÇA** (introdução, transcrição, notas e comentários de J. DIAS, Macau: Instituto português do Oriente, 1998)

DIDEROT e D'ALEMBERT, **Encyclopédie** ou Dictionnaire raisonné des sciences, des arts et des métiers (textes choisis et présentés par Alain PONS, Paris: Garnier – Flammarion, 1986, reimpr. 2010, 2 vols.)

___, **Verbetes políticos da Enciclopédia**, trad. Maria das Graças de SOUZA, São Paulo: Discurso Editorial / Ed. Unesp, 2006)

DI GIORGI, Alessandro, **Della vita e delle opere di Alberico Gentili** (Parma: Tipografia di Adorni Michele, 1876)

DIEZ DE VELASCO VALLEJO, Manuel, **Instituciones de derecho internacional público** (Madri: Tecnos, 10ª ed., 1994)

D'INTINO, Raffaella, **Enformação das cousas da China: textos do século XVI** (introdução e leitura de R. D'INTINO, Lisboa: Imprensa Nacional / Casa da Moeda, 1989)

DINSTEIN, Yoran, **Guerra, agressão e legítima defesa** (orig. publ. **War, aggression and self-defence**, 1988, 3ª ed. inglesa 2001, trad. Mauro Raposo de MELLO, rev. "científica" de Guilherme de Assis ALMEIDA, Barueri: Manole, 3ª ed., 2004)

DIRLMEIER, Ulf et al., **História alemã** – do século VI aos nossos dias (orig. publ. **Deutsche Geschichte**, 1995, 2013, trad. Marian TOLDY e Teresa TOLDY, Lisboa: ed. 70, 2014)

DONTENVILLE, Henri, **Mythologie française** (orig. publ. 1947, Paris: Payot, 2004)

DOUSSE, Michel, **Dieu en guerre**: la violence au coeur des trois monothéismes (Paris: Albin Michel, 2002)

DOYLE, John P., *Francisco Suarez on the Law of Nations* (in JANIS Mark W. & Carolyn EVANS (edited by), **Religion and International Law** © 1999, Leiden/Boston: M. Nijhoff, 2004, p. 103-120)

DROYSEN, Johann Gustav, **Histoire de l'Hellénisme** (trad. de l'allemand sous la direction d'Auguste BOUCHÉ-LECLERCQ, préface, note sur la traduction, bibliographie Pascal PAYEN, Grenoble: Éd. Jerôme Millon, 2005, 2 vols.)

DUBY, G. et al., **A Idade média** (in **História artística da Europa** sob a coord. de G. DUBY e Michel LACLOTTE, © 1995, trad. Mário Dias CORREA, adaptação e notas Rosa F. de AGUIAR, São Paulo: Paz e Terra, 2002, 2 vols.)

DUBY, G., **An 1000 – an 2000: sur les traces de nos peurs** (Paris: Textuel, 1995)

___, **L'histoire continue** (Paris: Odile Jacob, 1991)

___, **Qu'est-ce que la société féodale?** (Paris: Flammarion, 2002)

___, **L'Europe au moyen âge** (Paris: Flammarion / Champs, 1ª ed., 1981, impr. 1984)

DUCELLIER, Alain, **Les Byzantins**: histoire et culture (Paris: Seuil, © 1988, impr. 2002)

___, **Le drame de Byzance**: idéal et échec d'une société chrétienne (Paris: Hachette – littératures, 1997)

DUCELLIER, A.; BALARD, Michel (direction de), **Constantinople 1054-1261** (Paris: Autrement, 1996)

DUFOUR, Alain, *Le mythe de Genève au temps de Calvin* (in **Histoire politique et psychologie historique**, Genève: Droz, 1966)

DUFOURNET, Jean (texte présenté, trad. et commenté par), **Chanson de Roland** (orig. século XI, publ. par Francisque MICHEL, em 1837, ed. bilingue, Paris: Garnier-Flammarion, 1993, reimpr. 2004)

DUGUIT, Léon, **Souveraineté et liberté** ("leçons faites à l'Université Columbia (New York) 1920-1921", Paris: La Mémoire du droit, 2002)

DUMÉZIL, Georges. **Mythes et dieux des indo-européens** (textes réunis et présentés par Hervé COUTAU-BÉGARIE, Paris: Flammarion, 1992)

___, **Mythe et épopée I**: L'idéologie des trois fonctions dans les épopées des peuples indo-européens (1968, Paris: Gallimard/NRF, 1989)

___, **Mythe et épopée II**: Types épiques indo-européens: un héros, un sorcier, un roi (1971, 4ᵉ. éd., 1986, Paris: Gallimard/NRF, impressão 1988)

___, **Mythe et épopée III**: histoires romaines (1973, 3ᵉ éd., corrigée, Paris: Gallimard/NRF, impressão 1986)

___, **Les dieux souverains des indo-européens** (1977, 3ᵉ. éd. revue et corrigée, Paris: Gallimard, 1986)

___, **L'oubli de l'homme et l'honneur des dieux** et autres essais (« vingt-cinq esquisses de mythologie », Paris: Gallimard, 1985)

DUNS SCOTUS, **On the will & morality** (selected and translated with an Introduction by Allan B. WOLTER, O.F.M., translation ed. by William A. FRANK, Washington, EUA: The Catholic University of America Press, © 1986, impressão 1997)

___, **Commentary on Peter Lombard Sentences (Opus Oxoniense)** (Univ. de Oxford: MS. Bodl. 286 - 14th. Century, second Half; England / MS. Canon. Misc. 414 - 1469 / MS. Lat. Misc. a. 3 - Composite manuscript / MS. Rawl. C. 21 - 15th. Century / e do Merton College MS. 60 - 1451, MS. 61 - 1452, MS. 62 - 1453, MS. 64 - 1454 e MS. 666 - S. XIV in.)

DUPUIS, Charles, **Règles générales du droit de la paix** (RCADI, 1930, t. 32, p. 1-290)

DUPUY, René-Jean, **Communauté internationale et disparités de développment**: cours général de droit international public (RCADI, 1979, t. 165, p. 9-231)

___, **La clôture du système international**: la cité terrestre (Paris: PUF – coll. Perspectives internationales, 1989)

___ (coord.), **The future of international law in a multicultural world / L'avenir du droit international dans un monde multiculturel** (Haia: ADI, colloque 1983, publ. 1984)

___ (coord.), **The new international economic order: commercial, technological and cultural aspects / Le nouvel ordre économique international: aspects commerciaux, technologiques et culturels** (Haia: ADI, colloque 1980, publ. 1981)

DURIEU, Paul, *Le titre historique de roi de Jerusalém* (Revue d'histoire diplomatique, publiée par les soins de la Société d'histoire diplomatique, Paris: Plon [Librairie Plon-Nourrit et Cie., Imprimeurs Éditeurs], 36e année, 1922)

ECO, Umberto, **La recherche de la langue parfaite dans la culture européenne** (préf. de Jacques LE GOFF, trad. de l'italien par Jean-Paul MANGANARO, orig. publ. **La ricerca della lingua perfetta nella cultura europea**, publicado simultaneamente por: Paris: Seuil; München: Beck; Oxford: Blackwell; Barcelona: Critica; Roma-Bari: Laterza, © 1994, impr. 1997)

EGINHARD, **Vie de Charlemagne** (trad. Michel SOT e Christiane VEYRAD-COSME, Paris: Les belles lettres, 2014) tb. **Vita Caroli Magni**, (ed. e traduzida por L. HALPHEN, Paris, 1938)

EHRLICH, L., **The development of international law as a science** (RCADI, 1962, t. 105, p. 173-266)

ELIADE, Mircea, **The Romanians. A concise history** (translated by Rodica Mihaela SCAFES, Madri: Stylos, 1943)

ELIAS, Norbert, **La civilisation des moeurs** (do original **Über den Prozess der Zivilisation**, 1939, © 1969, traduit de l'allemand par Pierrre KAMNITZER, © 1975, Paris: Agora, impr. 1999)

___, **La dynamique de l'Occident** (do original alemão **Über den Prozess der Zivilisation II** © 1939, 1969, trad. Pierre KAMNITZER, Paris: Calmann-Lévy, © 1975, impr. 2007)

___, **La société des individus** (do original alemão **Die Gesellschaft der Individuen** © 1987, trad. Jeanne ÉTORÉ, avant-propos de Roger CHARTIER, Paris: Fayard, © 1991, impr. 2009)

___, **Norbert Elias par lui même** (ed. orig. alemã, 1990, Paris: Fayard, 1991)
EPICURO DE SAMOS, **Cartas de Epicuro** – sobre a felicidade, sobre os fenômenos celestes, sobre a filosofia da natureza (ed. bilingue, trad., introdução e notas Edson BINI, São Paulo: Edipro, 2021)
ERASMO DE ROTTERDAM, **Liberté et unité dans l'église** (*Sur l'interdiction de manger de la viande / / Contre de soi-disant évangéliques / Sur la concorde l'église*, intr., présentation et bibliographie par J. M. de BUJANDA, trad. et notes par Roland GALIBOIS avec Pierre COLLINGE, Québec, Canadá: Ed. Cosmos / Centre d'Études de la Renaissance de l'Université de Sherbrooke, 1971)
ERALY, Abraham, **The Mughal Throne** – the saga of India's Great Emperors (orig. publ. 1997, London: Phoenix, 2004)
ERICH, R., **La naissance et la reconnaissance des états** (RCADI, 1926, t. 13, p. 427-508)
ERMACORA, F., **Human rights and domestic jurisdiction**: article 2, par. 7 of the Charter (RCADI, 1968, t. 124, pp. 371-452)
ERNST, Germana, **Monarchie d'Espagne et monarchie de France** (Paris: PUF, 1997)
ERRERA, Églal (éd. de), **Les poètes de la Méditerrannée**: anthologie ("édition en français et dans toutes les langues originales", préface Yves BONNEFOY, Paris: Gallimard – Poésie / Culturesfrance, 2010)
ESCARRA, J., **Le régime des concessions étrangères en Chine** (RCADI, 1929, t. 27, p. 1-140)
ESPINOZA, Baruch de, **Traité de la reforme de l'entendement** – ou de la meilleure voie à suivre pour atteindre à la vraie connaissance des choses (notice par R. CAILLOIS, in **Oeuvres complètes**, texte traduit, présenté et annoté par Roland CAILLOIS, Madeleine FRANCÈS et Robert MISRAHI, Paris: Gallimard – Pleiade, ed. 1954, impr. 1992, p. 97-141)
___, ___ (trad. du latin et posface de Séverine AUFFERT, Paris: Éd. Mille et une nuits, 1996)
___, **Tratado da correção do intelecto** – e do caminho pelo qual melhor se dirige ao verdadeiro conhecimento das coisas (orig. publ. **De intellectus emendatione**, trad. e notas de Carlos Lopes de MATTOS, São Paulo: Abril cultural – Os Pensadores, vol. XVII, p. 47-76)
ESQUIVEL Obregón, Toribio, **Hernán Cortés y el derecho internacional en el siglo XVI** (orig. publ. 1939) – seguido de – Silvio ZAVALA, **Hernán Cortés ante la justificación de su conquista** (orig. publ. 1981, México: Edtrl. Porrúa, 2ª ed., 1985)
EUSÉBIO DE CESAREIA, **História eclesiástica** (trad. Monjas beneditinas do Mosteiro de Maria mãe de Cristo, São Paulo: Paulus, 2000, col. Patrística, vol. 15)
FARAL, Edmond, *Littérature latine du Moyen Âge* (1925) (in **Moyen Âge et Renaissance au Collège de France** – Leçons inaugurales, direction de Pierre TOUBERT et de Michel ZINK, avec la collab. d'Odile BOMBARDE, Paris: Fayard, 2009)
FAVIER, Jean, **Le temps des principautés – de l'an 1000 à 1515** (vol. II da **Histoire de France**, sous la dir. de J. FAVIER, Paris: Fayard (c) 1984, impr. 2002)
FEJTÖ, François, **Requiem pour un empire défunt** – Histoire de la destruction de l'Autriche-Hongrie (orig. publ. 1988, Paris: Perrin-tempus, 2014)
FELLMETH, Aaron X.; HORWITZ, Maurice, **Guide to Latin in International Law** (Oxford: Univ. Press, printed version 2009; on line version, 2011, elSBN: 9780199 891498)

FENG, Youlan, **Précis d'histoire de la philosophie chinoise** (Paris, 1985)

FENWICK, C. G., **International Law** (orig. publ., 1924, New York / London: D. Appleton-Century Co. Inc., 2nd ed. revised and enlarged, 1934)

FERGUSON, Niall, **Império**: como os britânicos fizeram o mundo moderno (orig. publ. **Empire** © 2003, trad. Marcelo Musa CAVALLARI, São Paulo: Planeta, 2010)

FERGUSON, Wallace K., **La Renaissance dans la pensée historique** (orig. publ. 1950, **The Renaissance in historical thought**, trad. Jacques MARTY, préf. Élisabeth CROUZET-PAVAN, Paris: Payot, 2009)

FERNANDES, Moisés da Silva, **Macau na política externa chinesa 1949-1979** (Lisboa: Imprensa de Ciências Sociais, 2006)

FERNÁNDEZ ÁLVAREZ, Manuel, **Corpus documental de Carlos V** (Salamanca: Ed.Univ. de Salamanca, vol. I – 1516-1539, vol. II – 1539-1548, vol. III – 1548-1554, vol. IV – 1554-1558, vol. V – Índices, 1973-1981, doi:https://doi.org/10.14201/OEH0018)

FERNÁNDEZ DE BUJÁN, Antonio, **Derecho público romano** (Cizur Menor, Navarra: Civitas – Edtrl. Aranzadi, 19ª ed., 2016)

FERREIRA, Maria Ema Tarracha (org., intr. e notas), **Vasco da Gama na literatura dos Descobrimentos** (Lisboa: Ulisseia, 1998)

FERRER, Aldo, **História de la globalización II** – La Revolución industrial y el segundo orden mundual (Buenos Aires: FCE de Argentina, 1999)

___, **História de la globalización I** – Orígenes del orden económico mundual (Buenos Aires: FCE de Argentina, 1996)

FERRERO, Guglielmo. **Grandeur et décadence de Rome** (trad. de l'italien par Urbain MENGIN) **I – La conquête** (Paris: Plon, 13ª ed., 1908)

___, ___, **II – Jules César** (Paris: Plon, 12e ed., 1907)

___, ___, **III – La fin d'une aristocratie** (Paris: Plon, 11ª ed., 1907)

___, ___, **IV – Antoine et Cléopatre** (Paris: Plon, 11ª ed., 1908)

___, ___, **V – La Republique d'Auguste** (Paris: Plon, 8ª ed., 1907)

___, ___, **VI – Auguste et le grand empire** (Paris: Plon, 4ª ed., 1908)

FERRO, Marc, **História das colonizações**: das conquistas às independências – séculos XIII a XX (orig. publ. **Histoire des colonisations**: des conquêtes aux indépendances XIIIe au XXe siècles, 1994, trad. Rosa Freire D'AGUIAR, São Paulo: Companhia das Letras, 1996)

FERRY, Jean-Marc, *La souveraineté postnationale* (in **Horizons de la souveraineté**, direction de Marc-Olivier PADIS, Paris: Esprit – Revue internationale, n. 281, jan. 2002, p. 82-185)

FESTUGIÈRE, A.-J., **Contemplation et vie contemplative d'après Platon** (Paris: Vrin, 2e éd., 1950)

FEUERBACH, Paul Johann Anselm, **Anti-Hobbes** (1798, reprint, White Fish, Mo.: Kessinger Publ., 2009)

___, **Critique of natural right offered in preparation of a science of natural rights** (orig. publ. **Kritik des Naturrechts**, 1796, translated by Lars VINX, 2006, download free PDF academia.edu)

FIJALEK, Jan Nepomucen, **Dominus Bartolus de Saxoferrato eiusque permagna in Polonos auctoritate** (Cracoviae: Sumptibus Academiae Litteratum Cracoviensis / Typ.

Univesitatis Jagellonicae, 1914 – fbc.pionier.net.pl http://polona.pl/item/89764645 Biblioteka Narodowa + 8 editions publ. in Latin and Polish and held in 11 WorldCat member libraries worldwide)

FIORI, Pasquale, **Trattato di diritto internazionale pubblico** (orig. publ. 1879, Torino: Utet, 4ª ed., 1904, 3 vols.)

FISCHER WILLIAMS, John, **La convention pour l'assistance financière aux états victimes d'agression** (RCADI, 1930, t. 34, p. 77-176)

FLASCH, Kurt, **Introduction à la philosophie médiévale** (trad. do alemão Janine de BOURGKNECHT, préf. de Ruedi IMBACH e François-Xavier PUTALLAZ, Fribourg, Suisse / Paris: Editions universitaires / Ed. du Cerf, 1922)

FLORENZANO, Modesto, **Lições de história moderna** (séculos XV a XX) (São Paulo: Intermeios, 2021)

___, Três viradas históricas revolucionárias: 1517, 1789, 1917 (in **Lições de história moderna**, São Paulo: Intermeios, 2021)

FLORES, Jorge, **A Taprobana e a ponte de Rama: estudos sobre os portugueses em Ceilão e na Índia do Sul** (Macau: Instituto português do Oriente, 2004)

FLORI, Jean, **Guerre sainte, *jihad*, croisade** – violence et religion dans le christianisme et l'islam (Paris: Seuil, 2002)

FLÜCKIGER, F., **Geschichte des Naturrechts** (Zurique: Evangelischer Verlag, 1954)

FOBLETS, M.-C.; YASSARI, N. (ed. by / dir. de), **Approches juridiques de la diversité culturelle / Legal approaches to cultural diversity** (Leiden: M. Nijhoff / Haia: Academia de direito internacional, 2013)

FOCILLON, Henri, **L'an mil** (Paris: Denoel, 1984)

FOESSEL, Michaël, *La souveraineté ou la part de l'irréductible* (in **Horizons de la souveraineté**, direction de Marc-Olivier PADIS, Paris: Esprit – Revue internationale, n. 281, jan. 2002, p. 82-185)

FOK Kai Cheong, **Estudos sobre a instalação dos portugueses em Macau** (apresentação Jorge Manuel FLORES, rev. da trad. Isabel FLORES, Lisboa: Gradiva, s/d)

Forus Antiquus Gothorum regum Hispaniae olim Liber Iudicum ... XII Libros continens (Madriti: Ex Officina Petri Madrigal, 1600) – **Código de Eurico**, 476 d.C. – **Breviarium Alaricianum**, 506 d.C. – **Lex Romana Visigothorum**, 654 d.C. – **Lex Wisigothorum** de RECESVINT (653-672) books.google.com.ec

FOULON, Brigitte; TIXIER DU MESNIL, Emmanuelle (trad. et présentation), **Al-Andalus**: anthologie (préface de Gabriel MARTINEZ-GROS, Paris: Flammarion, 2009)

FOURNIAL, Etienne, **Histoire monétaire de l'Occident médiéval** (Paris: Fernand Nathan, 1970)

FRANCK, T. M., **Fairness in the international legal and institutional system**: general course on public international law (RCADI, 1993, t. 240, p. 9-498)

___, **The Power of Legitimacy among Nations** (New York / Oxford: Oxford Univ. Press, 1990)

FRANÇOIS, J.-P.-A., **Règles générales du droit de la paix** (RCADI, 1938, t. 66, p. 1-294)

FREDERICO II, **Réfutation du prince de Machiavel** (1848, ed. rev. por Jean-Robert ARMOGATHE e Dominique BOUREL, in FRÉDÉRIC II, **Oeuvres philosophiques**, 1740-1780, Paris: Fayard – Corpus des oeuvres de philosophie en langue française, 1985)

___, **L'antimachiavel** – ou examen du Prince de Machiavel (1740, orig. publ. Haia: Van Duren, 1741, ed. crítica de Ch. FLEISCHAUER, Genebra, 1958)

___, **Oeuvres philosophiques** (1740-1780, Paris: Fayard – Corpus des oeuvres de philosophie en langue française, 1985)

FREITAS, Frei Serafim de, **Do justo império dos portugueses na Ásia / De justo imperio lusitanorum asiatico** (orig. publ. em Valladolid: Tipografia de Jerônimo Morillo, 1625, intr. de Marcelo CAETANO, trad. Miguel Pinto de MENESES, Lisboa: Instituto Nacional de Investigação Científica, 1983, reimpressão, 2 vols.)

FREUD, Sigmund, **Psicologia de grupo e análise do ego** (orig. publ. **Massenpsychologie und Ich-Analyse**, 1921, edição standard brasileira das obras psicológicas completas de S. FREUD, comentários e notas de James STRACHEY, com Anna FREUD et al., trad. do alemão e do inglês, direção geral e rev. técnica de Jayme SALOMÃO, trad. de Christiano Monteiro OITICICA, rev. Carlos Alberto PAVANELLI, Rio de Janeiro: Imago, © 1969, 1ª ed., 1976, vol. XVIII)

___, **Reflexões para os tempos de guerra e morte** (do original **Zeitgemässes über Krieg und Tod**, 1915, edição standard brasileira das obras psicológicas completas de S. FREUD, comentários e notas de James STRACHEY, com Anna FREUD et al., trad. do alemão e do inglês, direção geral de Jayme SALOMÃO, trad. de Themira de Oliveira BRITO, Paulo Henriques BRITO e Christiano Monteiro OITICICA, rev. técnica de Darcy Mendonça UCHOA, Rio de Janeiro: Imago, © 1969, 1ª ed., vol. XIV, 1974)

___, **O mal estar na civilização** (orig. publ. **Das Unbehagen in der Kultur**, 1930, trad. J. O. de AGUIAR ABREU, edição standard brasileira das obras psicológicas completas de S.F., Rio de Janeiro: Imago, 1974, vol. XXI, p. 73-171)

FRIEDMANN, W., **The changing structure of international law** (Londres: Stevens & Sons, 1964)

FRÓIS, Luís, **Tratado das contradições e diferenças de costumes entre a Europa e o Japão** (escrito em 1585, ed. Rui Manuel LOUREIRO, Macau: Instituto Português do Oriente, 2001)

FROMM, Erich, **Anatomia da destrutividade humana** (orig. publ. **The anatomy of human destructiveness**, 1973, tradução de Marco Aurélio de Moura MATOS, Rio de Janeiro: Ed. Guanabara, 2ª. ed., 1987)

FUMAROLI, Marc, **L'âge de l'éloquence**: rhétorique et *res litteraria* de la Renaissance au seuil de l'époque classique (Genebra: Droz, 1980)

GAGLIARDI, Antonio, **Cino da Pistoia – Le poetiche dell'anima** (Alessandria: ed. Dell'Orso, 2001)

GAJA, Giorgio, **Jus cogens beyond the Vienna Convention** (RCADI 1981, t. 172, p. 271-316)

GALAHAD, Sir, **Byzance** (trad. de Jacques CHIFELLE-ASTER, Paris: Payot, 1937)

GALASSO, Giuseppe, **Dalla 'libertà d'Italia' alle 'preponderanze straniere'** (Napoli: Ed. Scientifica – Pubbl. dell'Istituto Suor Orsola Benincasa, Historica, vol. 1, 1997)

GARCÍA DE CORTÁZAR, Fernando; GONZÁLEZ VESGA, José Manuel, **Breve historia de España** (orig. publ. 1994, Madri: Alianza, nueva ed., 2010)

GARCÍA FITZ, F., **La edad média** – guerra e ideología, justificaciones religiosas y jurídicas (Madri: Sílex, 2003)

GARDE, Paul, **Les Balkans** (Paris: Flammarion, 3e éd., 1999)
GARDENAL, Giovanna (a cura di), **Poesia latina medievale** (trad. Ferruccio FÖLKEL e G. GARDENAL, Milano: Arnoldo Mondadori, 1993)
GARDOT, A., **Le droit de la guerre dans l'oeuvre des capitaines français du XVIe siècle** (RCADI, 1948, t. 72, p. 393-540)
___, **Jean Bodin: sa place parmi les fondateurs du droit international** (RCADI, 1934, t. 50, p. 545-748)
GARILLI, G., **Aspetti della filosofia giuridica, politica e sociale di S. Agostino** (Milão: Giuffrè, 1957)
GARIN, Eugenio (dir. de), **O homem renascentista** (orig. publ. **L'uomo del Rinascimento**, 1988, trad. Maria J. V. de FIGUEIREDO, Lisboa: Presença, 1991)
___, **L'humanisme italien** (orig. publ. **Der italienische Humanismus**, 1947, trad. de l'allemand et de l'italien par Sabina CRIPPA e Mario Andrea LIMONI, Paris: Albin Michel, 2005)
GARLAN, Yvon, **La guerre dans l'Antiquité** (orig. publ. 1972, Paris: Nathan, 1990)
GAURIER, Dominique, **Histoire du droit international** (orig. publ. 2005, nova ed., Rennes: Presses Universitaires de Rennes, 2014)
GEBHART, Émile, **Conteurs florentins du Moyen Âge** (Paris: Hachette, 2° ed., 1901)
GENET, Jean-Philippe, *France, Angleterre, Pays-Bas: l'état moderne* (in **Histoire du monde au XVe siècle**, dir. de Patrick BOUCHERON, vol. 1 – Territoires et écritures du monde, Paris: Fayard, 2012, chap. VI, p. 230-265)
GENTILI, Alberico, **Direito de guerra** (do original **De jure belli libri tres**, 1598, trad. Ciro MIORANZA, intr. Diego PANIZZA, Ijuí: Ed. Unijuí, 2004)
___, **Laudes Academiae Perusinae et Oxoniensis** (Hanoviae, 1605 – ver Diomede Rivista di Cultura e Politica dell'Umbria, n. 10 – Perugia – anno III – sett.-dic. 2008 – https://www.academia.edu>diomede)
GENZMER, Erich, *Il diritto romano come fattore della civiltà europea* (in **Conferenze romanistiche**, Milão: Università degli Studi di Trieste, 1960)
___, *Zum Verhältnis von Rechtsgescchichte und Rechtsvergleichung: eine Vortragsskizze* (Archiv für Rechts- und Sozialphilosophie vol. 41, No. 3, 1955, p. 326-347, publ. Franz Steiner Verlag https://www.jstor.org/stable/23677332)
___, *Die Iustinianische Kodifikation und die Glossatoren* (Bologna I: **Atti del congresso internazionale di diritto romano**, Pavia, 1934, p. 380 ss. disponível online – Bibtex: Die Justinianische Kodification_un... 215 B – books.google.com.br)
GEOFFREY DE MONMOUTH, **Historia Regum Britanniae / The History of the Kings of Britain** (London: Penguin, 1977)
GEORGESCU, Vlad, **The Romanians: a history** (translated by Alexandra BLEY-VROMAN, Columbus: Ohio State Univ. Press, 1991)
GERALD OF WALES, **The History and Topography of Ireland** (translated with an Introduction by John J. O'MEARA, 1st. publ., 1951, Londres: Penguin, 1982)
GIANO, Jourdain de; D'ECCLESTON, Thomas; D'ADAM, Salimbene, **Sur les routes d'Europe au XIIIe siècle** (Chroniques traduites et commentées par Marie-Thérèse LAUREILHE, Paris: Éd. Franciscaines, 1959)

GIBBON, Edward, **Declínio e queda do império romano** (orig. publ. **Decline and fall of the Roman Empire**, org. e intr. D. A. SAUNDERS, pref. C. A. ROBINSON Jr., trad. e notas suplementares J. P. PAES, São Paulo: Companhia das Letras, 2005)

GILLES, Henri, La place de l'histoire du droit dans l'oeuvre des juristes toulousains du XIIIe au XVe siècle (in **L'histoire de l'histoire du droit**, textes réunis par Jacques POUMARÈDE, Toulouse: Centre toulousain d'histoire du droit et des idées politiques, Études d'histoire du droit et des idées politiques, n. 10, 2006, p. 23-31, Presses de l'Université de Toulouse 1 – Capitole, 2006 – Licence Open Edition Books)

GILLESPIE, Alexander, **A History of the Laws of War**, vol. I – **The Customs and Laws of War with regards to Combatants and Captives** (Oxford/Portland, Oregon: Hart Publ., 2011)

___, ___ II – **The Customs and Laws of War with regards to Civilians in Times of Conflict** (Oxford/Portland, Oregon: Hart Publ., 2011)

___, ___ III – **The Customs and Laws of War with regards to Arms Control** (Oxford/Portland, Oregon: Hart Publ., 2011)

GILLINGHAM, John; GRIFFITHS, Ralph A., **Medieval Britain** (Oxford: Univ. Press – a very short introduction, © 1984, new ed., 2000)

GILISSEN, John, **Introdução histórica ao direito** (orig. publ. **Introduction historique au droit**, 1979, trad. A. M. HESPANHA e L. M. Macaísta MALHEIROS, Lisboa: Fund. C. Gulbenkian, 1988)

GILSON, É., *Le Moyen Âge et le naturalisme antique* (1932) (in **Moyen Âge et Renaissance au Collège de France** – Leçons inaugurales, direction de Pierre TOUBERT et de Michel ZINK, avec la collab. d'Odile BOMBARDE, Paris: Fayard, 2009)

___, **Le thomisme** – introduction à la philosophie de saint Thomas (Paris: Vrin, 6e ed. révue, 3e tirage, 1979)

___, **La philosophie de saint Bonaventure** (orig. publ. 1923, Paris: Vrin, 2e éd. 1943, 3e tirage, 1978)

___, **L'esprit de la philosophie médievale** (Paris: Vrin, 2ª ed., 3a. tiragem, 1978)

___, **La philosophie au moyen âge** (Paris: Payot, 1976, 2 vols.)

___, **Introduction à l'étude de Saint Augustin** (Paris: Vrin, 4e éd., 1969)

___, **Héloïse et Abélard** (orig. publ. 1938, Paris: Vrin, 3e éd. rev., 2e tirage, 1978)

GILSON Etienne e Philoteus BOEHNER, **História da filosofia cristã**: desde as origens até Nicolau de Cusa (© 1952 e 1954, trad. Raimundo VIER, O.F.M., © 1970, Petrópolis: Vozes, 4ª ed., 1988)

GIORGIANNI, V., **Il concetto di diritto e dello stato di S. Agostino** (Padova: Cedam, 1951)

GIRARD, Patrick, **Fernando de Magallanes** – el mundo sin límites (orig. publ. **Fernand de Magellan** – l'inventeur du monde, 2012, trad. Silvia KOT, Buenos Aires: El Ateneo, 2014)

GIRAUD, E., **La théorie de la légitime défense** (RCADI, 1934, t. 49, p. 687-868)

GIUCCI, Guillermo, **Viajantes do maravilhoso: o Novo mundo** (edição original © 1992, trad. Josely Vianna BAPTISTA, São Paulo: Companhia das Letras, 1992)

GIULIANO, M., *La 'Respublica Christiana' medioevale e le pretese origini della società e del diritto internazionale* (in **Multitudo legum, ius unum**: Mélanges en l'honneur de / Essays in honour of / Festschrift für Wilhelm Wengler zu seinem 65. Geburtstag, herausgegeben von Josef TITEL et al., Berlin: Interrecht, 1973, Band I – Allgemeine Rechtslehre und Völkerrecht, p. 155-163)

___, **La comunità internazionale e il diritto** (Padova: Cedam, 1950)

___, *Rilievi sul problema storico del diritto internazionale* (in Comunicazioni e Studi dello Istituto di diritto internazionale e straniero dell'Università di Milano, vol. III, 1950)

GLUBB, John Bagot, **A short History of the Arab Peoples** (orig. publ. 1969, Londres: Quartet Books, 1980)

GNOLI, Gherardo; SFAMENI GASPARRO, Giulia (a cura di), **Potere e religione** nel mondo indo-mediterraneo tra ellenismo e tarda-antichità ("Atti dell'Incontro di studio della Società Italiana di Storia delle Religioni, Roma, 28-29 ottobre 2004", Roma: ISIAO – Istituto Italiano per l'Africa e l'Oriente, 2009)

GOBBITT, Thom, **Chapter Three LIUTPRAND's Prologues in the *Edictus Longobardorum*** (Leiden: Brill, disponível on line: brill.com – open access – https://doi.org/10.1163/9789004448650_005)

GODWIN, Joscelyn, **The Pagan Dream of the Renaissance** (Londres: Thames & Hudson, 2002)

GÖLE, Nilüfer, **Interpénétrations – L'Islam et l'Europe** (Paris: Galaade Ed., 2005)

GOMEZ ROBLEDO, A., **Le *jus cogens* international: sa génèse, sa nature, ses fonctions** (RCADI, 1981, t. 172, p. 9-217)

GONÇALVES, Marcos Augusto, **1922 – A semana que não terminou** (São Paulo: Companhia das Letras, 2012)

GOYARD-FABRE, Simone, *Les silences de HOBBES et de ROUSSEAU devant le droit international* (in **Le droit international** Archives de philosophie du droit, vol 32, Paris: Sirey, 1987)

GOYAU, G., **L'église catholique et le droit des gens** (RCADI, 1925, t. 6, p. 123-240)

GRANERIS, C., **Contributi tomistici alla filosofia del diritto** (Torino: Società editrice internazionale, 1949)

GRANET, Marcel, **La civilisation chinoise**: la vie publique et la vie privée (ed. orig. 1929, Paris: Albin Michel, 1968)

GRATALOUP, Christian, **Faut-il penser autrement l'histoire du monde?** (Paris: A. Colin, 2011)

GRAY, Christine, **International law and the use of force** (orig. publ. 2000, Oxford: Univ. Press, 3rd ed., 2008)

GRECO, Gaetano; ROSA, Mario (a cura di), **Storia degli antichi stati italiani** (Roma--Bari: Laterza, 1996)

GREEN, Leslie C., **The contemporary law of armed conflict** (orig. publ. 1993, Manchester: Univ. Press, 3rd ed. 2008)

___, **International law through the cases** (New York: F. A. Praeger, 1951; Toronto: the Carswell Co. Ltd. / Dobbs Ferry: Oceana Publ., 4th ed., 1978)

GREENBLATT, Stephen, **Marvellous possession: the wonder of the new world** (Chicago: Univ. of Chicago Press, 1991)

GREGOROVIUS, F., **Storia della città di Roma nel Medioevo** (orig. publ. **Geschichte der Stadt Rom im Mittelalter vom V. bis XV. Jahrhundert,** em 8 vols., 1859-1873, intr. Waldemar KAMPF, trad. Andrea CASALEGNO, Torino: Einaudi, 1973, 3 vols., ristampa 2011)

GREGOTTI, Vittorio, **Identità e crisi dell'architetura europea** (Torino: Einaudi, 1999)

GRELLARD, Christophe; ONG-VAN-CUNG, Kim Sang, **Le vocabulaire de Guillaume d'Ockham** (Paris: Ellipses, 2005)

GREWE, W. G., **Epochen der Völkerrechtsgeschichte** (Baden-Baden: Nomos, 1984; trad. em inglês, **The Epochs of international law**, Berlin – New York : W. de Gruyter, 2000)

___ (hrsg.), **Fontes Historiae Juris Gentium – Quellen zur Geschichte des Völkerrechts** vol. I – 1380 v. Chr.-1493 (Berlin / New York: Walter de Gruyter, 1995)

___, ___ vol. II – 1493-1815 (Berlin / New York: Walter de Gruyter, 1988)

___, ___ vol. III – 1815-1945 (Berlin / New York: Walter de Gruyter, em 2 tomos, 1992)

GRIMAL, P., **Virgílio, ou o segundo nascimento de Roma** (orig. publ. **Vergile ou la seconde naissance de Rome**, 1985, trad. Ivone C. BENEDETTI, São Paulo: Martins Fontes, 1992)

GRÓCIO, Hugo, **O direito da guerra e da paz** (orig. publ. **De jure belli ac pacis**, 1625, intr. Antonio Manuel HESPANHA, trad. de Ciro MIORANZA, col. clássicos do direito internacional, Ijuí: Ed. Unijuí, 2004, 2 vols.)

___, **De iure praedae** (escrito em 1604-5, publicado em 1868, edited, with an introduction by H. G. HAMAKER, The Hague: M. Nijhoff, 1868)

___, **De jure belli ac pacis** (ed. facsimilar da tradução de Jean BARBEYRAC, "avec les notes de l'auteur même, qui n'avoient point encore paru en françois; & de nouvelles notes du traducteur", orig. publ. Amsterdã: Pierre DUCOUP, 1724 / Caen: Publ. de l'Univ. de Caen, 1984, 2 tomos)

GROSSI, Paolo, **L'ordine giuridico medievale** (Roma – Bari: Laterza, 1995)

GROUSSET, René, **Histoire de la Chine**: des origines à la Seconde guerre mondiale (orig. publ. 1942, nouvelle éd. revue et corrigée , préface de François JOYAUX, Paris: Payot, 2000, impr. 2009)

___, **L'empire des steppes** ATTILA, GENGIS-KHAN, TAMERLAN (orig. publ. 1965, Paris: Payot, 2009)

GRUZINSKI, Serge, **Las cuatro partes del mundo** – Historia de una mundialización (México: FCE, 2010)

___, **L'aigle et la sybille** – fresques indiens des couvents du Mexique (Paris: Imprimerie nationale, 1994; tb. em espanhol, **El águila y la sibila** – frescos índios de México, Barcelona: M. Moleiro, 1994)

GUERREAU, Alain, Feudalismo (in Jacques Le GOFF e Jean-Claude SCHMITT, **Dicionário temático do Ocidente medieval**, orig. publ. **Dictionnaire raisonné de l'Occident médiéval**, 1999, coord. trad. H. FRANCO Jr., trad. Verbete E. MAGNANI, Bauru: Edusc, 2006)

GUGGENHEIM, P., *Droit international général et droit public européen* (SchwJIR, vol. 18, 1961)

___, **Contribution à l'histoire des sources du droit des gens** (RCADI, 1958, t. 94, p. 1-84)

GUICCIARDINI, Francesco, **Storia d'Italia** (a cura di Silvana Seidl MENCHI, saggio introduttivo di Felix GILBERT, Turim: Einaudi, © 1971, ristampa 2008, 3 vols.)

GUILLAUME de MOERBEEK, **Alexandre Affrodisiei ad Imperatores Antoninum et Severum Liber de fato** (édition critique avec introduction et index par Pierre THILLET, Paris: Vrin, 1963)

GILLINGHAM, John; GRIFFITHS, Ralph A., **Medieval Britain** (orig. publ. 1984, Oxford: Univ. Press – a very short introduction, 2000)

GUIMARÃES, Ângela, **Uma relação especial: Macau e as relações luso-chinesas (1780-1844)** (Lisboa: CIES – Centro de Investigação e Estudos de Sociologia, 2000)

GUNN, Geoffrey C., **Encountering Macau**: a Portuguese City-state on the periphery of China, 1557-1999 (Macau: Tipografia Macau – Hong Kong/Geoffrey C. Gunn, 1st publ. in English 1966, new edition 2005)

GUTZWILLER, Max, *International Privatrecht: die drei Grossen des 19. Jahrhunderts* (in **Festchrift für Frank FISCHER zum 60. Geburtstag**, herausgegeben von Peter BÖCKLI, Hans HINDERLING, Kurt EICHENBERGER, Hans-Peter TSCHUDI, Zurique: Schulthess, 1983, p. 131-140)

HAAKONSSEN, Knud, **Natural law and moral philosophy**: from Grotius to the Scottish Enlightenment (Cambridge: Univ. Press, 1st. publ., 1996, digital printing 2003)

HABERMAS, Jürgen **Mudança estrutural da esfera pública**: investigações quanto a uma categoria da sociedade burguesa (orig. publ. **Strukturwandel der Öffentlichkeit**, 1961, trad. Flávio R. KOTHE, Rio de Janeiro: Tempo brasileiro, 2003)

___, **La paix perpétuelle**: bicentennaire d'une idée kantienne (orig. publ. **Kants Idee des Ewigen Frieden** – aus dem historischen Abstand von 200 Jahren © 1996 Suhrkamp, trad. por Rainer ROCHLITZ, Paris: Cerf, 1996)

HALE, John, **The civilization of Europe in the Renaissance** (New York: Atheneum, 1994)

HALLAQ, Wael B., **An Introduction to Islamic Law** (orig. publ. 2009, Cambridge: Univ. Press, 3rd printing, 2011)

HALLER, Rudolf, **Wittgenstein e a filosofia austríaca** (trad. Norberto de ABREU E SILVA Neto, São Paulo: EDUSP, 1990)

HALPHEN, Louis, **Charlemagne et l'empire carolingien** (Paris: Albin Michel, 1947)

HAMMAN, A.-G., **A vida cotidiana dos primeiros cristãos** (95-197) (orig. publ. **La vie quotidienne des premiers chrétiens**, 1971, trad. B. LEMOS, São Paulo: Paulus, 1997)

HANKE, L., **Colonisation et conscience chrétienne au XVIIe siècle** (trad. F. DURIF, Paris: Plon, 1957)

HANSON, Victor Davis, **Le modèle occidental de la guerre** (orig. publ. **The Western Way of War**: infantry battle in classical Greece, 1989, trad. Alain BILLAULT, préf. John KEEGAN, Paris: Tallandier–Texto, 2007)

HARRIS, W. V. (ed. by), **Rethinking the Mediterranean** (Oxford: Univ. Press, 2005)

HARVEY, Paul (compiled by), **Classical Literature** (Oxford: U.P. – the Oxford Companion, orig. publ. 1937, reprinted, 1990)

HASKINS, Charles Homer, **The rise of universities** (Ithaca, NY.: Cornell Univ. Press, 1957)

___, *The Revival of Jurisprudence* (in **The Renaissance of the twelfth century**, orig. publ. 1939, Cambridge, Ma.: Harvard Univ. Press, 1990)

___, *The beginning of universities* (in **The Renaissance of the twelfth century**, orig. publ. 1939, Cambridge, Ma.: Harvard Univ. Press, 1990)

HATCH, Edwin, **The influence of Greek Ideas on Christianity** (foreword with new notes and a bibliography by Frederick C. GRANT, New York: Harper, 1957)

HEERS, Jacques, **Chute et mort de Constantinople** (1204-1453) (orig. publ. 2005, Paris: Perrin, 2008)

___, **Le Moyen Age, une imposture** (orig. publ. 1992, Paris: Perrin, 2008)

HEFFTER, August, **Le droit international public de l'Europe** (orig. publ. **Das europäische Völkerrecht der Gegenwart auf den bisherigen Grundlagen**, Berlim, 1844, trad. Jules BERGSON, Berlin: Schroeder / Paris: Cotillon, nouvelle édition revue et augmentée, après le décès du traducteur, par l'auteur, 1866)

HEGEL, G. W. F., **Vorlesungen über die Philosophie der Religion I** ("auf der Grundlage der Werke von 1832-1845 neu edierte Ausgabe, Redaktion Eva MOLDENHAUER und Karl Markus MICHEL", edição de 1969, Frankfurt am Main: Suhrkamp, impr. 1986)

___, **Vorlesungen über die Geschichte der Philosophie** (em três volumes, G. W. F. HEGEL Werke, vols. 18, 19 e 20, "auf Grundlage der Werke von 1832-1845 neu editierte Ausgabe, Redaktion Eva Moldenhauer und Karl Markus MICHEL", Frankfurt am Main: Suhrkamp, 1986)

___, **La philosophie de l'Histoire** (édition réalisé sous la direction de Myriam BIENENSTOCK, trad. française par M. BIENENSTOCK et al., appareil critique de Norbert WASZEK, Paris: Librairie générale française, 2009)

HEIDEGGER, Martin, **Kant und das Problem der Metaphysik** (herausgegeben von Friedrich Wilhelm von HERRMANN, Frankfurt-am-Main: Vittorio Klostermann, © 1973, "fünfte, vermehrte Auflage", 1991)

HELLER, Hermann, **Sovereignty** – a contribution to the theory of public and international law (orig. publ. 1927, ed. and introduced by David DYZENHAUS, translated by Belinda COOPER, Oxford: Univ. Press, 2019)

HENTIG, Hans von, **Der Friedenschluss**: Geist und Technik einer verlorenen Kunst (Munique: dtv, 1965)

HERDER, Johann Gottfried, **Une autre philosophie de l'histoire** (orig. publ. **Auch eine Philosophie der Geschichte zur Bildung der Menschheit**, 1774, in **Histoire et cultures**, trad. et notes par Max ROUCHÉ, présentation, bibliographie et chronologie par Alain RENAUT, Paris: GF-Flammarion, © 1964, 2000)

HERNANDEZ, Ramon, **Un español en la ONU: Francisco de Vitoria** (Madri: Biblioteca de autores cristianos, 1977)

HERÓDOTO, **História** (intr.. e trad. Mário da Gama KURY, 1985, Brasília: Ed. UnB, 2ª ed., 1988)

HERRERO-RUBIO, A., **Le droit des gens dans l'Espagne du XVIIe siècle** (RCADI, 1952, t. 81, p. 309-450)

HERTJE, Arnold (edité par), **Investir dans l'avenir de l'Europe** (préf. Yves LE PORTZ, Oxford: Basil Blackwell, publié pour la Banque Européenne d'Investissement, 1983)

HEYKING, A., **L'exterritorialité et ses applications en Extreme-Orient** (RCADI, 1925, t. 7, p. 237-340)

HIGMAN, B. W., **A concise History of the Caribbean** (Cambridge: Univ. Press, 2011)

HILL, Christopher, **O século das revoluções** (1603-1714) (orig. publ. **The century of revolution**, 1961, trad. Alzira Vieira ALLEGRO, São Paulo: Ed. Unesp, 2012)

___, **O mundo de ponta-cabeça** – Ideias radicais durante a revolução inglesa de 1640 (orig. publ. **The world turned upside down**, 1972, trad. e apresemtação Renato Janine RIBEIRO, São Paulo: Companhia das letras, 1987)

___, A Bourgeois revolution (in **The Collected Essays**, Amherst: Univ. Massachusetts Press, 1986, vol. 3)

HINDMARSH, Albert E., **Le Japon et la paix en Asie** (RCADI, 1936, t. 57, p. 97-199)

HISTORIA AUGUSTA (no original **Vitae Diversorum Principum et Tyranorum a Divo Hadriano usque ad Numerianum Diversis Composit**, with an English translation by David MAGIE, Cambridge, Ma. / London: Harvard U.P. , vol. I – HADRIAN to CLODIUS ALBINUS, LCL 139, first publ., 1921, reprinted 2000, vol. II – CARACALLA to MAXIMUS and BALBINUS, LCL 140 first publ., 1924, reprinted 2000, vol. III – The two VALERIANS to CARUS, CARINUS, NUMERIAN, 263, first publ., 1932, reprinted 1998)

HOBSBAWM, E., **Pessoas extraordinárias: resistência, rebelião e jazz** (orig. publ. **Uncommun people**, 1998, trad. Irene HIRSCH e Lólio L. de OLIVEIRA, São Paulo: Paz e Terra, 3ª ed., 2005)

___, *O velho mundo e o novo: quinhentos anos de Colombo* (orig. publ. na *London Review of Books*, 9 de julho de 1992, in **Pessoas extraordinárias ...**, 1998, trad. I. HIRSCH e L. L. de OLIVEIRA, São Paulo: Paz e Terra, 3ª ed., 2005)

___, *O Vietnã e a dinâmica da guerra de guerrilhas* (orig. publ. no *The Nation*, em 1965, in **Pessoas extraordinárias ...**, 1998, trad. I. HIRSCH e L. L. de OLIVEIRA, São Paulo: Paz e Terra, 3ª ed., 2005)

___, **Tempos interessantes: uma vida no século XX** (orig. publ. **Interesting times: a twentieth-century life**, 2002, trad. S. DUARTE, São Paulo: Companhia das Letras, 2002)

HOBZA, A., **Questions de droit international concernant les religions** (RCADI, 1924, t. 5, p. 367-424)

HOFBAUER, Jane A., **Sovereignty in the exercise of the right to self-determination** (Leiden / Boston: Brill, 2016)

HOFFET, Fréderic, **Psychanalyse de l'Alsace** (orig. publ. 1951, augmenté d'une préface de l'auteur et d'un avant-propos de Germain MULLER, Colmar: Alsatia, 1973)

HOLTZENDORFF, Franz de; RIVIER, Alphonse, **Principes du droit des gens** (Paris: Fischbacher, 1889)

HUIZINGA, J., **O outono da Idade média** – estudo sobre as formas de vida e de pensamento dos séculos XIV e XV na França e nos Países Baixos (orig. publ. **Herfstij der middeleeuwen**, 1919, ensaios de Peter BURKE e Anton van der LEM, entrevista Jacques LE GOFF, trad. Francis Petra JANSEN, São Paulo: Cosac Naify, 2010)

___, **El concepto de la historia y otros ensayos** (trad. Wenceslao ROCES, México: FCE, 1946, 5ª reimpr., 2005)

___, **Herbst des Mittelalters** – Studien über Lebens- und Geistesformen des 14. und 15. Jahrhunderts in Frankreich und in den Niederländen (herausgegeben von Kurt KÖSTER, der Übertraggung liegt die niederländische Ausgabe letzter Hand (1941) zugrunde / Deutsche Fassung – unter Benutzung der älteren Übersetzung von T. WOLFF-MÖNCKBERG (1923), Stuttgart: A. Kröner, 11a. ed., 1975)

___, *La valeur politique et militaire des idées de chevalerie à la fin du Moyen Âge* (Revue d'histoire diplomatique – Société d'histoire diplomatique, Paris: Librairie Plon-Nourrit et Cie., Imprimeurs Éditeurs, 35ᵉ année, 1921)

HUNTER, W. W., **The Indian Empire** – its people, history and products (orig. publ. 1886, New Delhi: Asian Educational Services, 2009)

HÜSLER, Angelo, **L'Espagne médiévale**: chrétiens, juifs et musulmans (Gollion, Suiça: Infolio ed., 2008)

IHERING, Rudolf von, **Der Zweck im Rechts** (Leipzig: Breitkopf und Härtel, 1898)

___, **Geist des römischen Rechts auf den verschiedenen Stufen seiner Entwicklung** (5a. ed., Leipzig: Breitkopf und Härtel, 1891)

Index librorum prohibitorum cum regulis confectis per Patres a Tridentina Synodo delectos, auctoritate Sanctiss. D. N. PII IIII, Pont. Max. Comprobatus (Venetiis, MDLXIIII) – https://upload.wikimedia.org/v... **Index librorum prohibitorum** on line Index_librorum_prohibitorum_... (última edição 1948, somente abolido em 1966)

INGHA, Mary Beth, **Initiation à la pensée de Jean Duns Scot** (orig. publ. **Scotus for Dunces – An Introduction to the Subtle Doctor**, 2003, trad. Yves SOUDAN, avec Geneviève EGUILLON et Luc MATHIEU, Paris: Les éditions franciscaines, 2009)

Institutes de Justinien, traduites et expliquées par A. M. DU CAURROY, Paris: Gustave Thorel, 8e éd., 1851, 2 vols.)

Institutionum sive elementorum (recognovit Paulus KRUEGER, in **Corpus iuris civilis**, volumem primum, Dublin / Zürich: Weidmann, 23a. ed., 1973)

INSTITUTO DE DIREITO INTERNACIONAL, sessão de Vancouver, 2001, 7ª Comissão, relator Georg RESS, *La succession d'Etats en matière de biens et de dettes* (Adotada em 26 de agosto de 2001)

ISIDORO DE SEVILLA, **Etimologias / Etymologiarum** (edição bilingue, texto latino de Wallace M. LINDSAY publicado na *Scriptorum Classicorum Biblioteca Oxoniensis*, em 1911, versión española y notas José OROZ Reta y Manuel-A. Marcos CASQUERO, intr. general por Manuel C. DIAZ Y DIAZ, Madri: Biblioteca de Autores Cristianos, vol. 647, 1ª. ed., 2004, reimpresión, 2009)

JACKSON, Kenneth Hurlstone (ed. and translated by), **A Celtic Miscellany** (1st publ., 1951, London: Penguin, revised ed., 1971)

JAEGER, W., **Paideia**: a formação do homem grego (orig. publ. **PAIDEIA**: die Formung des griechischen Menschen, 1936, trad. Artur M. PARREIRA, São Paulo: Martins Fontes, 1979)

___, **Early Christianity and Greek Paideia** (orig. publ. 1961, Londres: Oxford Univ. Press, 1969)

___, **Humanismo y teologia** (orig. publ. **Humanism and theology**, 1963, trad. de Alberto José GENTY TREMONT, Madri: Rialp, 1964)

JAGUARIBE, Hélio et al., **Um estudo crítico da história** (trad. Sérgio BATH, São Paulo: Paz e Terra, 2001, 2 vols.)

JAMBET, Christian, **Qu'est-ce que la philosophie islamique?** (Paris: Gallimard/Folio Essais 547, 2011)

JANIS, Mark W.; EVANS, Carolyn (ed. by), **Religion and International Law** (orig. publ. 1999, Leiden/Boston: M. Nijhoff, 2004)

JANIS, Mark, Religion and the literature of International Law: some standard texts (in **Religion and International Law**, ed. by M. W. JANIS and C. EVANS, orig. publ. 1999, Leiden / Boston: M. Nijhoff, 2004)

JASPERS, Karl, **The Great Philosophers**, vol. II – **Anselm and Nicholas of Cusa** (orig. publ. **Die grossen Philosophen**, 1957, ed. by Hannah ARENDT, transl. by Ralph MANNHEIM, © 1966, New York: Harvest Book – HBJ, 1974)

JAYME, Erik, **Identité culturelle et intégration : le droit international privé postmoderne** (RCADI, t. 251, 1995, p. 9-267)

___, **Pasquale Stanislao Mancini**: il diritto internazionale privato tra Risorgimento e attività forense (orig. publ. **Pasquale Stanislao Mancini**: Internationales Privatrecht zwischen Risorgimento und praktischer Jurisprudenz, 1980, Ebersbach: Verlag Rolf Gremer, trad. italiana Antonio RUINI, Padova: CEDAM, 1988)

___, **Considérations historiques et actuelles sur la codification du droit international privé** (RCADI, 1982, t. 177, p. 9-102)

___, *Introdução* (edição brasileira de F. C. von SAVIGNY, **Sistema do direito romano atual**, vol. VIII, orig. publ. **System des heutigen römischen Rechts**, trad. de Ciro MIORANZA, Ijuí: Ed. Unijuí, 2004, p. 15-21)

JEAN DE PARIS, **De potestate regia et papali – Über königliche und päpstliche Gewalt** (ed. Fritz BLEINSTEIN, Stuttgart: Ernst Klett Verlag, 1969)

JERPHAGNON, Lucien, **La ... sottise?** (vingt huit siècles qu'on en parle) (Paris: Albin Michel, 2010)

JIMENEZ DE ARECHAGA, E., **International law in the past third of a century** (RCADI, 1978, t. 159, p. 1-343)

JOÃO PAULO II, **Código de direito canônico / Codex iuris canonici** (1983, trad. CONFERÊNCIA NACIONAL DOS BISPOS DO BRASIL, notas, comentários e índice analítico Pe. Jesus HORTAL segunda edição revista e ampliada com a legislação complementar da CNBB, São Paulo: Loyola, 1987)

JOHN OF SALISBURY, **Policraticus**: Of the frivolities of Courtiers and the footprints of Philosophers (edited and translated by Cary J. NEDERMAN, Cambridge: Univ. Press / Cambridge Texts in the History of Political Thought, first publ. 1990, seventh printing, 2007)

JOHNSON, Geraldine A., **Renaissance Art** (Oxford: Univ. Press, 2005)

JOHNSON, Paul, **The Renaissance** – A short History (New York: The Modern Library, 2000)

JULIEN, **Misopogon** (edição bilingue, texte établi et traduit par Ch. LACOMBRADE, introduction et notes par Aude de SAINT-LOUP, Paris: Les belles lettres, 2003)

KAGAY, Donald J.; VILLALON, L. J. Andrew (ed. by), **The Circle of War in the Middle Ages** – Essays on Medieval Military and Naval History (Suffolk, U.K.: Boydell Press, 1999)

KAISER, Wolfgang, **Die Epitome Iuliani** – Beiträge zum römischen Recht im frühen Mittelalter und zum byzantinischen Rechtsunterricht (Frankfurt-am-Main: Veröffentlichungen des Max Planck Instituts für europäische Rechtsgeschichte, Nr. 175, 2004)

KALSHOVEN, Frits, **Reflections on the laws of war**: collected essays (Leiden: M. Nijhoff, 2007)

KAMALI, Mohammad Hashim, **Shari'ah Law** – An Introduction (Oxford/New York: Oneworld, 2008)

KAMTO, M., **La volonté de l'état en droit international** (RCADI, 2004, t. 310, p. 9-428, publ. 2007)

KAN, J. van, **Règles générales du droit de la paix**: l'idée de l'organisation internationale dans ses grandes phases, RCADI, 1938, t. 66, p. 295-601)

KANT, Immanuel, **Ideia de história universal de ponto de vista cosmopolita** (orig. publ.**Idee zu einer allgemeinen Geschichte in weltbürgerlicher Absicht**, 1784, org. Ricardo R. TERRA, trad. Rodrigo NAVES e Ricardo R. TERRA, São Paulo: Martins Fontes, 2ª ed., 2004)

___, **História natural e teórica do céu ou ensaio sobre a constituição e a origem mecânica do universo segundo as leis de Newton** (orig. publ. **Allgemeine Naturgeschichte und Theorie des Himmels**, 1755, trad. Graça BARROSO, prefácio Joaquim FERNANDES, Lisboa: Ésquilo, 2004)

___, **Projet de paix perpétuelle** (texte intégral, présentation et commentaires de J.-J. BARRÈRE et C. ROCHE, Paris: Nathan, 1991)

KANTOROWICZ, Ernst H., **L'empereur Frédéric II** (do original **Kaiser Friedrich der Zweite**, © 1927, trad. Albert KOHN, Paris: Gallimard – Quarto, 2000, **Kantorowicz oeuvres**, p. 9-641)

___, **Les deux corps du roi** (orig. publ. **The Kings two bodies: a study in medieval political theology**, 1957, trad. Jean-Philippe GENET e Nicole GENET, Paris: Gallimard – Quarto, 2000, **Kantorowicz oeuvres**, p. 643-1222)

___, *La royauté médiévale sous l'impact d'une conception scientifique du droit* (Paris: Philosophie – revue trimestrielle, n. 20, automne 1988, p. 48-72)

___, **Kaiser Friedrich der Zweite: Ergänzungsband, Quellennachweise und Exkurse** (Berlin: G. Bondi, 1931)

KANTOROWICZ, Hermann; BUCKLAND, William W., **Studies in the glossators of the Roman Law** – Newly discovered writings of the 12th century (orig. publ. Cambridge, 1938; reimpr. Aalen: Scientia Verlag, 1969)

KAPLAN, Robert D., **In Europe's shadow** – Two Cold wars and a thirty-year journey through Romania and beyond (New York: Random House, 2016)

KASBARIAN-BRICOUT, Béatrice, **L'Arméno-cilicie royaume oublié** (Paris: Ed. Astrid, 1982)

KATCHI, António, **As fontes do direito em Macau** (Macau: Faculdade de Direito da Univ. de Macau – teses e estudos, 2006)

KAUFMANN, Erich, **Règles générales du droit de la paix** (RCADI, 1935, t. 54, p. 309-620)

KAUTILYA, **The Arthashastra** (edited, rearranged and translated by L. N. RANGAJARAN, New Delhi: Penguin Books India, 1992)

KEEGAN, John, **Uma história da guerra** (orig. publ. **A history of warfare**, 1993, trad. Pedro Maia SOARES, São Paulo: Companhia das Letras, 2006)

KELSEN, Hans, **Théorie générale du droit et de l'état** (1945, trad. française de B. LAROCHE e V. FAURE, Paris: L.G.D.J., 1997)

KENNEDY, David, *Primitive legal scholarship* (Harvard Int'l. Law Journal, vol. 27, no. 1, 1986, p. 1-98)

KENT, Neil, **A concise History of Sweden** (orig. publ. 2008, Cambridge: Univ. Press, reprinted, 2010)

KEPEL, Gilles, **Jihad**: expansão e declínio do islamismo (trad. Lais ANDRADE, Rio de Janeiro: Biblioteca do Exército Ed., 2003)

KERAUTRET, Michel, **Histoire de la Prusse** (orig. publ. 2005, Paris: Seuil, 2010)
KERBRAT, Yann, **La référence au chapitre VII de la Charte des Nations Unies dans les résolutions à caractère humanitaire du Conseil de sécurité** (préface de Mario BETTATI, Paris: LGDJ, 1995)
KERN, D., *Voltaire* (in Jurandir MALERBA, org., **As lições da história**: o caminho da ciência no longo século XIX, Rio de Janeiro: Ed. FGV, 2010)
KERN, Fritz, **Gottesgnadentum und Widerstandsrecht in früheren Mittelalter** (orig. publ. Leipzig: Koehler, 1914, reed. Darmstadt: WBG – Wissenschaftliche Buchgesellschaft, 1954, reimpr. 1973)
KESSEDJIAN, Catherine, *L'influence de la culture sur le droit international et ses développements* (in **Culture and international law**, based on the annual conference From Peace to Justice 'Culture and International Law', 16-17 April 2007, ed. by Paul MEERTS, The Hague: Hague Academic Press, 2008, p. 23-41)
KÉVORKIAN, Raymond H. (direction de), **Arménie: entre Orient et Occident** – trois mille ans de civilisation (Paris: Bibliothèque nationale de France, 2006)
KHALDUN, Ibn, **Discours sur l'histoire universelle** (original **Al-Muqaddima**, traduction nouvelle, préf. et notes V. MONTEIL, Paris: Sindbad, 3 vols., 1978)
KNIGHT, Alfred H., **The life of the law** – the people and cases that have shaped our society, from King Alfred to Rodney King (New York: Oxford Univ. Press, 1998)
KIMBLE, G. H. T., **A geografia na Idade média** (orig. publ. **Geography in the Middle Ages**, 1938, trad. Márcia Siqueira de CARVALHO, 2ª ed. revista, Londrina: Eduel / São Paulo: Imprensa Oficial do Estado, 2005)
KINDLEBERGER, Charles, **World economic primacy, 1500-1990** (Nova York: Oxford Univ. Press, 1996)
KIRCHMANN, Julius Hermann von, **Die Wertlosigkeit der Jurisprudenz als Wissenschaft** (orig. publ. Berlim, 1848, mit einem Nachwort, einer kurzen Lebensbeschreibung und einer ausführlichen Bibliographie, hrsg. von Heinrich H. MEYER-TSCHEPPE, Heidelberg: Manutius Verl., 1988)
___, **La jurisprudencia no es ciencia** (trad. castellana y escrito preliminar de Antonio TRUYOL Y SERRA, Madri: Instituto de estudios políticos, 1949)
KLEFFENS, E. N. van, **Sovereignty in international law** (RCADI, 1953, t. 82, p. 1-132)
KNIVET, Anthony, **Admirables aventures & singuliers infortunes d'Anthony KNIVET** – qui accompagna Master Thomas CAVENDISH, dans son second voyage aux Mers du Sud (in **Un aventurier anglais au Brésil**: les tribulations d'Anthony KNIVET, 1591, introduction, traduction et notes d'Ilda MENDES DOS SANTOS, Paris: Chandeigne--Librairie Portugaise, 2003)
KOETSCHET, Pauline (textes choisis et présentés par), **La philosophie arabe IXᵉ-XIVᵉ siècle** (Paris: Seuil/Points, 2011)
KOHEN, Marcelo G. (edited by), **Promoting Justice, Human Rights and Conflict Resolution through International Law / La promotion de la justice, des droits de l'homme et du règlement des conflits par le droit international**: Liber amicorum Lucius CAFLISCH (Leiden: M. Nijhoff, 2007)
KOKOTT, Juliane, States, sovereign equality (in **Encyclopedia of International Law**, ed. by R. WOLFRUM, Oxford: Univ. Press, 2012, vol. IX, p. 571-585)

KOLB, R., ***Ius contra bellum*: le droit international relatif au maintien de la paix** (Basiléia: Helbing & Lichtenhahn, 2003)

___, ***Ius in bello*: le droit international des conflits armés** (Basileia: Helbing & Lichtenhahn, 2003)

___, **Esquisse d'un droit international public** des anciennes cultures extra européennes (Paris: Pedone, 2010 – traduz e atualiza Wolfgang PREISER, **Frühe völkerrechtliche Ordnungen der aussereuropäischen Welt**, cit. 1976)

KOMARNICKI, W., **La définition de l'agresseur dans le droit international moderne** (RCADI, 1949, t. 75, p. 1-114)

KONTLER, László, **Uma história da Hungria** (orig. publ. **A History of Hungary**, 2009, trad. Leila V. B. GOUVÊA, São Paulo: Edusp, 2021)

KOOIJMANS, Pieter Hendrik, **The doctrine of the legal equality of states: an inquiry into the foundations of international law** (Leiden: A. W. Sijthoff, 1964)

KOSCHAKER, P., **Europa und das römischen Recht** (Munique e Berlin: Biederstein Verlag, 1947)

___, **L'Europa e il diritto romano** (trad. italiana, introd. di F. CALASSO, Milão: Giuffrè, 1954, reimpr. 1962)

KOSKENNIEMI, Martti, **The gentle civilizer of nations: the rise and fall of international law (1870-1960)** ("Hersch Lauterpacht Memorial Lectures", Cambridge: University Press, orig. publ. 2001, reprinted 2005)

KOUTROULIS, Vaios, **Le début et la fin de l'application du droit de l'occupation** (Paris: Pédone, 2010)

KOYRÉ, Alexandre, **Do mundo fechado ao universo infinito** (orig. publ. **From the closed world to the infinite universe**, 1957, trad. Donaldson M. GARSCHAGEN, São Paulo: Edusp / Rio de Janeiro: Forense Univ., 1979)

KRYLOV, S. B., **Les notions principales du droit des gens**: la doctrine soviétique du droit international (RCADI, 1947, t. 70, p. 407-476)

KRYNEN, Jacques, L'église dans la *Lectura super Codice* de Guillaume de Cunh (in Cahiers de Fanjeaux, n. 29, 1994, p. 101-116 – disponível on line: portail persee.fr)

KURTZ, V. E., **Individuum und Gemeinschaft beim heil. Thomas von Aquin** (München: Kösel-Pustet, 1932)

LABRIOLLE, P. de, **La réaction païenne**: étude sur la polémique anti-chrétienne du Ier au VIe siècle (Paris: l'Artisan du livre, 1934)

LACHS, Manfred, **Le monde de la pensée en droit international public**: théories et pratique (Paris: Economica, 1989)

___, **The development and general trends of international law in our time**: general course in public international law (RCADI, 1980, t. 169, p. 9-377)

___, **Teachings and teaching of international law** (RCADI, 1976, t. 151, p. 161-252)

LADREIT DE LACHARRIERE, G., **L'influence de l'inégalité de développement des états sur le droit international** (RCADI, 1973, t. 139, p. 227-268)

LADURIE, Emmanuel Le Roy, **O estado monárquico 1460-1610** (do original **L'état royal de Louis XI à Henri IV**, © 1987, trad. Lúcia Maria MACHADO, São Paulo: Companhia das Letras, 1994)

LAFER, C., **Ensaios sobre a liberdade** (São Paulo: Perspectiva, 1980)

LAGARDE, G. de, **La naissance de l'esprit laïque au déclin du Moyen Âge** – tome 4 – **Guillaume d'Ockham, défense de l'empire** (Louvain: Nauwelaerts / Paris: Béatrice--Nauwelaerts, 1962)

___, ___ – tome 5 – **Guillaume d'Ockham, critique des structures éclesiales** (Louvain: Nauwelaerts / Paris: Béatrice-Nauwelaerts, 1963)

LAGHMANI, Slim, **Histoire du droit des gens: du *jus gentium* impérial au *jus publicum europaeum*** (Paris: Pedone, 2003)

LAMARTINE, Alphonse de, **Histoire de la Turquie** (Paris: Adolphe Delahays, 8 vols., publ. iniciada em 1854; t. III: 1859; t. IV-VIII: 1861)

___, **La vie de Mahomet** (introduction et annotations d'Ali KURHAN, Paris: Institut des Arts et Lettres Arabes-L'Harmattan, 2006)

LAPOUGE, Gilles, **Utopie et civilisations** (Paris: Flammarion / Champs, 1978)

LA PRADELLE, P. de GEOUFFRE de, **Notions de territoire et d'espace dans l'aménagement des rapports internationaux contemporains** (RCADI, 1977, t. 157, p. 415-484)

LAS CASAS, Bartolomé de, **Historia de las Indias** (ed. de Agustín MILLARES Carlo y estudio preliminar de Lewis HANKE, México: Fondo de Cultura Económica, 1ª ed., 1951, 2ª ed., 1965, 4ª reimpr., 1995, 3 vols.)

LAUTERPACHT, H., **Recognition in international law** (Cambridge: Univ. Press, 1947)

___, **Règles générales du droit de la paix** (RCADI, 1937, t. 62, p. 95-422)

___, **The function of law in the international community** (orig. publ., 1933, introduction Martti KOSKENNIEMI, Oxford: Univ. Press, 2011)

LAVISSE, Ernest, *Do determinismo histórico e geográfico* (1879, trad. Tereza Cristina KIRSCHNER, in J. MALERBA, **Lições da História** – o caminho da ciência no longo século XIX (Rio de Janeiro: Ed. FGV / coed. EdiPUCRS, 2010)

LEDUC, Jean, **Les historiens et le temps** (Paris: Seuil, 1999)

LE FUR, L. E., **Règles générales du droit de la paix** (RCADI, 1935, t. 54, p. 1-308)

___, **Le développement historique du droit international**: de l'anarchie internationale à une communauté internationale organisée (RCADI, 1932, t. 41, p. 501-602)

___, **La théorie du droit naturel depuis le XVIIe siècle et la doctrine moderne** (RCADI, 1927, t. 18, p. 259-442)

LE GLOANNEC, Anne-Marie; SMOLAR, Aleksander (direction de), **Entre Kant et Kosovo** – études offertes à Pierre HASNER (Paris: Presses de Sciences PO, 2003)

LE GOFF, Jacques, **Le Moyen Age et l'argent**: essai d'anthropologie historique (Paris: Perrin, 2010)

___, **Un long Moyen Age** (orig. publ. 2004, Paris: Hachette, 2009)

___, **Les intellectuels au Moyen âge** (orig. publ. 1957, Paris: Seuil – Histoire, 1985)

LEE, Alvin A., *Symbolic metaphor and the design of Beowulf* (in **The Guest Hall of Eden** – four essays on the design of Old English Poetry, New Haven and London: Yale Univ. Press, 1972)

Le FUR, Louis-Érasme, **Le développement historique du droit international**: de l'anarchie internationale à une communauté internationale organisée (RCADI, 1932, t. 41, p. 501-602)

___, **État féderal et conféderation d'états** (Paris: Marchal, 1896)

___, **La théorie du droit naturel depuis le XVIIe siècle et la doctrine moderne** (RCADI, 1927, t. 18, p. 259-442)

___, **Précis de droit international public** (Paris: Dalloz, 2e éd., 1933)

LEGNANO, Giovanni da, **De bello, de repraesaliis et de duello** (edited by Sir T. Erskine Holland, Oxford, 1917, No. 8 of the series, Collotype of the Bologna Manuscript of *circa* 1390, with an extended and revised text, introduction, list of authorities cited by Sir T. Erskine Holland, together with photograph of Legnano's Tomb, translation of the text, by J. L. Brierly, photographic reproduction of the first edition (1477))

LE GOFF, Jacques; MONTREMY, Jean-Maurice de, **Em busca da idade média** (trad. Marcos de CASTRO, Rio de Janeiro: Civilização brasileira, 2005)

Leis das XII TÁBUAS – *XII Tabulae sive Lex XII Tabularum* (in **Remains of Old Latin**, vol. III, edited and translated by E. H. WARMINGTON, Cambridge, Ma./London: Harvard UP, LCL 329, first publ. 1938, reprinted 2004, p. XXVI-XXXIII e 424-515)

LEIBNIZ, G. W., **Le droit de la raison** (textes réunis et présentés par René SÈVE, Paris: Vrin, 1994)

___, *Observations sur le projet de paix perpétuelle de l'abbé de SAINT-PIERRE* (**Oeuvres de LEIBNIZ**, publiées pour la première fois d'après les manuscrits originaux avec notes et introductions par A. FOUCHER DE CAREIL, volume quatrième **Histoire et politique**, Paris: Librairie de Firmin Didot Frères, Fils et Cie., 1862, pp. 325-327)

___, *Lettre de LEIBNIZ à l'abbé de SAINT-PIERRE* (datada de Hanover, 7 de fevereiro de 1715) seguido de *Observations sur le projet de paix perpétuelle de Mr. l'abbé de SAINT-PIERRE* (Avant propos Simone GOYARD-FABRE, Caen: Univ. de Caen / Centre de Philosophie politique et juridique, 1993)

LEHMANN, Karl, **Die Entstehung der Lbri feudorum** (orig. publ. 1891, Whitefish, Mo.: Kessinger – Rare reprints, 2010)

LENFANT, Jacques, **Histoire du Concile de Constance** (Amsterdam: chez Pierre Humbert, nouvelle édition, 1727, 2 vols.)

LEPARD, Brian D., **Customary international law** – a new theory with practical applications (Cambridge: Univ. Press, 2010)

LEQUAN, Mai, **La paix** (introduction, choix de textes, commentaires, vade-mecum et bibliographie par M.L., Paris: Flammarion, 1998)

LE RIDER, Jacques, **Modernité viennoise et crises de l'identité** (orig. publ. 1990, Paris: PUF- Quadrige, 2000)

LERNER, Ralph; MAHADI, Muhsin (eds.), **Medieval political philosophy**: a sourcebook (New York: Collier-Macmillan, 1963)

LEROY-BEAULIEU, Anatole, **L'empire des Tsars et les Russes** (éd. présentée par Marc RAEFF, Paris: Robert Laffont – Bouquins, 1990)

LÉRY, Jean de, **Histoire d'un voyage faict en la terre du Brésil** (orig. publ. 1578, 2e ed., à Génève: par Antoine Chuppin, 1580, précédé d'un entretien avec Claude LEVI--STRAUSS, texte établi, annoté et présenté par Frank LESTRINGANT, © pour l'entretien, la préface et les notes, Paris: Le livre de poche, 1994)

LEVENSON, Jay A. (edited by), **Circa 1492** (Washington / New Haven: National Gallery of Art / Yale University Press, 1992)

LÉVI-STRAUSS, Claude, **Regarder, écouter, lire** (Paris: Plon, 1993)

LÉVY, Bernard-Henri, **De la guerre en philosophie** (Paris: Grasset, 2010)

Lex Romana Burgundiorum (manuscrito Vat. Lat. 7277, Biblioteca Apostolica Vaticana; Ludwig Rudolf von SALIS (hrsg.), **Leges Burgundiorum** (MGH LL nat. Germ. II 1, Hannover 1892 – online, Univ. de Colônia: Bibliotheca legum, Lex Romana Burgundiorum, leges.uni-koeln.edu)

Lex Romana canonice compta (expanded introduction, text and notes, ed. by Simon CORCORAN, Benet SALWAY e Charles BARTLETT download cfbartlett-_em_The_--Bibtex.bib 189 B – scholar.harvard.edu – powered by Openscholars)

Lex Romana Curiensis [tb. ref. como **Lex Romana Raetica, Lex Romana Utinensis** ou **Epitome Sancti Galli**] (edição de Elisabeth MEYER-MARTHALTER, **Römisches Recht in Rätien im frühen und hohen Mittelalter**, orig. publ. Ed. Leemann, 1968, disponível on line – Open Library – E. MEYER-MARTHALTER, **Sammlung Schweizerischer Rechtsquellen**, 1959 etc – vários volumes)

LEYS, Simon, *Notre seul parapluie* e *Des mensonges qui disent la vérité* (in **Le bonheur des petits poissons** – Lettres des Antipodes, © 2008, J. C. Lattès; Paris: LGF – Librairie générale française, 2009)

LIBERA, Alain de, **Penser au Moyen âge** (orig. publ. 1991, Paris: Seuil – Essais, 1996)

___, **La philosophie médiévale** (orig. publ. 1989, Paris: PUF – Quadrige, 1993)

LIEBRECHT, Johannes, **Fritz Kern und das gute alte Recht** – Geistesgeschichte als neuer Zugang für die Mediävistik (Frankfurt am Main: Vittorio Klostermann – Studien zur europäischen Rechtsgeschichte – Veröffentlichungen des Max-Planck-Instituts für europäische Rechtsgeschichte, Band 302, 2016 – disponível on line 9783465142881.pdf)

LIMA, Fernando; TORRES, Eduardo Cintra, **Macau entre dois mundos** (Lisboa: Fund. Jorge Álvares / Edtrl. Inquérito, 2004)

LINDQVIST, Herman, **A History of Sweden** – from Ice Age to our Age (orig. publ. 2002, transl. by Rod BRADBURY, Estocolmo: Norstedts Förlag, 2006)

LIPOVETSKY, Gilles, **L'empire de l'éphémère**: la mode et son destin dans les sociétés modernes (Paris: Gallimard, 1987)

LLULL, Ramon, **Obres essencials** (Barcelona: Ed. Selecta – Biblioteca Perenne, 1957-1960, 2 vols.)

LOBATO, Manuel, **Política e comércio dos portugueses na Insulíndia: Málaca e as Molucas de 1575 a 1605** (Macau: Instituto português do Oriente, 1999)

LOCKE, John, **Carta sobre a tolerância** (edição bilingue, trad. F. Fortes e W. F. Lima, org., introdução, notas e comentários F. F. Loque, Belo Horizonte: Autêntica, 2019)

LOMBARD, Maurice, **L'Islam dans sa première grandeur (VIIIe-XIe siècle)** (préf. de Hichem DJAÏT, Paris: Flammarion / Champs, © 1971, impr. 1980)

LOQUIN, Eric; KESSEDJIAN, Catherine, (dir. de), **La mondialisation du droit** (Travaux du Centre de recherche sur le droit des marchés et des investissements internationaux, Paris: Litec, 2000)

LOPEZ, Robert S., *Back to Gold, 1252* (in Economic History Review, 1956, 2nd Series, n. 9)

LORENZ, Konrad, **So kam der Mensch auf den Hund** (orig. publ. Viena: Verlag Borotha-Schroeder, 1950; München: Saur, 2002)

___, **Os oito pecados capitais do homem civilizado** (orig. publ. **Die acht Todsünden der zivilisierten Menschheit**, 1973, trad. Henrique BECK, São Paulo: Brasiliense, 2ª. ed., 1991)

LOUREIRO, Rui Manuel, **O manuscrito de Lisboa da 'Suma oriental' de Tomé PIRES**: contribuição para uma edição crítica (palavras introdutórias pelo prof. Juan GIL, Macau: Instituto português do Oriente, 1996)

LOYER, Emmanuelle, **Une brève histoire culturelle de l'Europe** (Paris: Flammarion – champs – histoire, 2017)

LU Jianping, *MDM et son* ***Trois défis pour un droit mondial*** (in **Mireille DELMAS-MARTY et les années UMR**, Paris: Société de législation comparée – Unité Mixte de Recherche de droit comparé de Paris, 2005, p. 197-201)

LUCANO, Marco Aneu, **Farsália** (cantos I a V, intr., trad. e notas de Brunno V. G. VIEIRA, Campinas: Lumina – Ed. da Unicamp, 2011)

LUKOWSKI, Jerzy; ZAWADZKI, Hubert, **Histoire de la Pologne** (orig. publ. **A concise History of Poland**, 2001, trad. Eric CHÉDAILLE, Paris: Perrin, 2010)

LUO, Guanzhong, **Three Kingdoms** (translated by Moss ROBERTS, Beijing: Foreign Languages Press, 1st publ., 1995, 12th printing, 2010, quatro volumes)

LUTHAR, Otto (ed. by), **The land between – A History of Slovenia** (Frankfurt: Peter Lang, 2nd ed., 2013)

LYONS, Jonathan, **A casa da sabedoria** – como a valorização do conhecimento pelos árabes transformou a civilização ocidental (orig. publ. **The House of Wisdom** – How the Arabs transformed Western civilization, 2009, trad. Pedro Maia SOARES, Rio de Janeiro: Jorge Zahar, 2011)

MAALOUF, Amin, **Les croisades vues par les arabes** (orig. publ. 1983, Paris: Jean-Claude Lattès, 1988)

MACHADO, Lourival Gomes, **Tomás Antonio GONZAGA e o direito natural** (intr., rev. e notas de Oliveiros S. FERREIRA, São Paulo: Martins / EDUSP, 1968)

MACHIAVELLI, N. – ver MAQUIAVEL, N.,

MACMILLAN, Margaret, *A primeira guerra terminou neste ano* (O Estado de São Paulo, 28 de dezembro de 2010)

___, **Les artisans de la paix** – Comment LLOYD GEORGE, CLEMENCEAU et WILSON ont redessiné la Carte du monde (orig. publ. **Peacemakers**, 2001, trad. André ZAVRIEW, Paris: J. C. Lattès, 2006)

MADARIAGA, Salvador de, **Hernan Cortês** (orig. publ. **Hernán Cortéz**, s/d, trad. Jerônimo MONTEIRO, São Paulo: Ibrasa, 1961)

MAGNOLI, Demétrio (org.) et al., **História da paz** (São Paulo: Contexto, 2008)

MAHÉ, Annie; MAHÉ, Jean-Pierre, **Histoire de l'Arménie** – des origines à nos jours (Paris: Perrin-histoire, 2012)

MAHJOUBI, A.; SALAMA, P., O período romano e pós-romano na África do norte – parte I: o período romano, parte II: de Roma ao Islã (in **História geral da África** – vol. II: **A África antiga**, coord. G. MOKHTAR, orig. publ. **Histoire générale de l'Afrique**, 1980, trad. C. H. DAVIDOFF et al., São Paulo: Ática / Paris: Unesco, 1983)

MAHMASSANI, S., **The principles of international law in the light of Islamic doctrine** (RCADI, 1966, t. 117, p. 201-328)

MAILLARD, Christine, **L'Inde vue d'Europe** – histoire d'une rencontre (1750-1950) (Paris: Albin Michel, 2008)

MAKONNEN, Y., **State succession in Africa: selected problems** (RCADI, 1986, t. 200, p. 93-234)

MALLAT, Chibli, **Introduction to Middle Eastern Law** (orig. publ. 2007, Oxford: Univ. Press, reprinted, 2011)

MALERBA, Jurandir (org.), **As lições da história**: o caminho da ciência no longo século XIX, Rio de Janeiro: Ed. FGV, 2010)

MALHERBE, Michel, **La philosophie de Francis Bacon** (Paris: Vrin, 2011)

___ e J.-M. POUSSEUR, **Francis Bacon, science et méthode** ("colloque de Nantes", Paris: Vrin, 1985)

MANCINI, Pasquale Stanislao, **Direito internacional** (orig. publ. **Diritto internazionale. Prelezioni**, trad. Ciro MIORANZA, Ijuí, R.S.: Ed. Unijuí, 2003)

MANDONNET, P.; DESTRES, J., **Bibliographie thomiste** (Bibliothèque thomiste, I, Paris: Vrin, 2e éd., 1960)

MANENT, Pierre, **Les metamorphoses de la cité** – Essai sur la dynamique de l'Occident (Paris: Flammarion, 2010)

MANN, Thomas, **Buddenbrooks** – Verfall einer Familie – Roman (orig. publ 1922, Frankfurt: S. Fischer, 1979; em português, trad. Herbert CARO, intr. de Hildon ROCHA, Rio de Janeiro: Bruguera, s/d, 2 vols.)

___, **O escritor e sua missão** (trad. Kristina MICHAHELES, Rio de Janeiro: Zahar, 2011)

MANTRAN, Robert, **Histoire de la Turquie** (orig. publ. 1952, Paris: PUF – Que sais-je? 539, 7e éd., 1993)

MANZANO MORENO, Eduardo, **Historia de las sociedades musulmanas en la Edad media** (Madri: Síntesis, 1992)

MAQUIAVEL, Nicolau, **O Príncipe e outros escritos políticos** (trad. Lívio XAVIER, São Paulo: Folha de São Paulo, 2010)

___, **Comentários sobre a primeira década de Tito-Lívio** (trad. Sérgio BATH, Brasília: Ed. UnB, 1979)

___, **Tutte le opere** (a cura di Mario MARTELLI, Firenze: Sansoni, 1971)

___, **Discorsi** (in **Tutte le opere**, a cura di Mario MARTELLI, Firenze : Sansoni, 1971, p. 73-254)

___, **Dell'arte della guerra** (in **Tutte le opere**, a cura di Mario MARTELLI, Firenze: Sansoni, 1971, p. 299-398)

MARCEL, Raymond, **Marsile Ficin (1433-1499)** (Paris: Les Belles Lettres, 1958)

MARÈS, Antoine, **Histoire des Tchèques et des Slovaques** (orig. publ. 1995, Paris: Perrin-tempus, 2005)

MARGUERITTE, Victor, **Aristide BRIAND** (Paris: Flammarion, 1932)

MARITAIN, Jacques, **De la philosophie chrétienne** (Paris: Desclée de Brouwer, 1933)

___, **Trois réformateurs: Luther, Descartes, Rousseau** (Paris: Plon, 1945)

MARKUN, Paulo, **Cabeza de Vaca** (São Paulo: Companhia das letras, 2009)

MARQUES, A. H. de Oliveira, **Breve história de Portugal** (orig. publ. 1995, Lisboa: Presença, 11ª ed., 2019)

MARROU, Henri-Irénée, **Histoire de l'éducation dans l'Antiquité** (orig. publ. 1948, Paris: Seuil, 2000)

___, **L'Église de l'Antiquité tardive (303-604)** (orig. publ. 1963, Paris: Seuil, 1985)

___, **Décadence romaine ou Antiquité tardive?** III e-VIe siècle (Paris: Seuil, 1977)

___, **De la connaissance historique** (orig. publ. 1954, Paris: Seuil – histoire, 1975)

___, *Qu'est-ce que l'histoire?* (in **L'Histoire et ses méthodes**, dir. de Charles SAMARAN, Paris: Gallimard-Pleiade, 1961)

___, **L'ambivalence du temps de l'histoire chez Saint-Augustin** (Paris: Vrin, 1950)

MARROU, Henri-Irénée; BONNARDIÈRE, A.-M. La, **St. Augustin et l'augustinisme** (orig. publ. 1955, Paris: Seuil – Maîtres spirituels, 1980)

MARSÍLIO FICINO, **Traktate zur Platonischen Philosophie** ("übersetzt und mit Erläuterungen versehen von Elisabeth BLUM, Paul Richard BLUM und Thomas LEINKAUF", Berlim: Akademie, 1993)

MARTIN, Gottfried, **Wilhelm von Ockham**: Untersuchungen zur Ontologie der Ordnungen (Berlin: Walter de Gruyter, 1949)

MARTIN, Heinrich, **Repertorio de los tiempos e história natural de esta Nueva España** (orig. publ. 1606, estudo introdutório de Francisco de LA MAZA, apêndice bibliográfico de Francisco GONZALEZ de COSSIO, México: Conaculta, 1991)

MARTINS FILHO, Plínio (org. e seleção), **A arte invisível** ou **A arte do livro** (traduções Geraldo Gerson de SOUZA, São Paulo: Ateliê Edtrl., 2003)

MARTINS, Cristiano, *A vida atribulada de Dante Alighieri* (in **A divina comédia**, ed. Cristiano MARTINS, 1976, p. 7-81)

MARTINS, José Antonio, Sobre o *regimen politicum* no **De regimine principum** de Ptolomeu de Lucca (Porto Alegre: Veritas, 2017, vol. 62, n. 3, DOI: https://doi.org/10.15448/1984-6746.2017.3.22664)

MARTINS DO VALE, A. M., **Os portugueses em Macau (1750-1800)**: degredados, ignorantes e ambiciosos ou fiéis vassalos d'El-Rei? (pref. Artur Teodoro de MATOS, Macau: Instituto português do Oriente, 1997)

MAURER, Armand A., **Medieval philosophy** (New York: Random House, 1962)

MAUROIS, André, **História de Inglaterra** (orig. publ. **Histoire d'Angleterre**, 1957, trad. Maria Henriques OSSVALD, Lisboa: Aster, 1976, em 3 vols.: I. Época antiga e medieval; II. Época moderna; III. Época contemporânea)

McCOUBREY, Hilaire, Natural law, religion and the development of international law (in **Religion and International Law**, ed. by M. W. JANIS and C. EVANS, Leiden / Boston: M. Nijhoff, 2004, p. 177-189)

McWHINNEY, Edward, **Self-determination of peoples and plural-ethnic states (secession and state succession and the alternative federal option)** (RCADI, 2002, t. 294, p. 167-264)

MEDEIROS, Antonio Paulo Cachapuz de (org.), **Pareceres dos consultores jurídicos do Itamaraty**: vol. II – pareceres de Clóvis BEVILAQUA (1913-1934, pref. de Zuleika LINTZ, Brasília: Senado Federal, 2000)

MEGARGEE, Edwin I.; HOKANSON, Jack E., **Dinâmica da agressão**: análise de indivíduos, grupos, nações (trad. Dante Moreira LEITE, São Paulo: E.P.U. / EDUSP, 1976)

MEIRA MATTOS, Adherbal, *A proteção da pessoa humana e a recentralização humanista do direito internacional* (Belém do Pará: A Leitura/ Caderno da Escola Superior da Magistratura do Estado do Pará, vol. 4, n. 6, maio de 2011)

MELLO, Celso D. de A., **Curso de direito internacional público** (Rio de Janeiro: Renovar, 15ª ed., 2004)

MEMMI, Albert, **Portait du colonisé** précédé du **Portrait du colonisateur** (orig. publ. 1957, préface de Jean-Paul SARTRE, Paris: Gallimard-Folio actuel, 2010)

___, **Le racisme**: descriptions, définitions, traitement (nouvelle édition revue, 1982, Paris: Gallimard-Folio actuel, 1994)

___, **La dépendance** (Paris: Gallimard, 1979)

MENANT, François; MARTI, Hervé; MERDRIGNAC, Bernard; CHAUVI, Monique, **Les Capétiens** 987-1328 (Paris: Perrin-tempus, 1999, impr. 2008)

MÉNARD, Philippe, **Marco Polo à la découverte du monde** (Grenoble: Glenat – La Société de Géographie, 2007)

MENDELSON, M., **The formation of customary international law** (RCADI, 1998, t. 272, p. 155-410)

MENDES, José, **Direito internacional público** – preleções (São Paulo: Duprat & Cia., 1913)

MENJOT, Denis, *Les monarchies ibériques: la genèse de l'Espagne* (in **Histoire du monde au XVe siècle**, dir. de Patrick BOUCHERON, vol. 1 – Territoires et écritures du monde, Paris: Fayard, 2012)

MENK-BERTRAND, Ève, **L'image de Vienne et de Prague à l'époque baroque** (1650-1740) **Essai d'histoire des représentations** (Strasbourg: Presses univ. de Strasbourg, 2008)

MÉSZÁROS, István, **Para além do Leviatã: crítica do estado** (orig. publ. **Beyond Leviathan: Critique of the state**, 2021, org. prefácio e notas John Bellamy FOSTER, trad. Nélio SCHNEIDER, São Paulo: Boitempo, 2021)

___, **O poder da ideologia** (orig. publ. **The power of ideology**, 1989, trad. Paulo Cezar CASTANHEIRA, São Paulo: Boitempo, 2004)

MEYRINK, Gustav, **L'ange à la fenêtre d'Occident** (orig. publ. **Der Engel vom westlichen Fenster**, 1927, présentation, traduction, chronologie et bibliographie par Jean--Lacques POLLET, Paris: GF – Flammarion, 2005)

MICHEL, Alain, **Théologiens et mystiques au Moyen Âge**: la poétique de Dieu – V[e]--XVe siècles (orig. publ. 1997, choix présenté et traduit du latin par Alain MICHEL, Paris: Gallimard – Folio classique, impr. 2003)

MICHELET, Jules, **Origines du droit français** – cherchées dans les symboles et formules du droit universel (orig. publ. Bruxelas: Meline, Cans et Compagnie, 1840, reedição facsimile, Paris: L'Harmattan, 2009, dois tomos)

___, **Le Moyen Age** (livres I a XVII de **L'Histoire de France**, chronologie établie par Alain FERRARI, Paris: Robert Laffont, (c) 1981, impr. 2008)

MICHON, Cyrille, **Nominalisme – la théorie de la signification de Guillaume d'Ockham** (Paris: Vrin, 2002)

MIETKHE, Jürgen, **Ockhams Weg zur Sozialphilosophie** (Berlin: Walter De Gruyter, 1969).

MILHAUD, Edgar, **L'organisation économique de la paix** (RCADI, 1926, t. 15, p. 277-431)

MIRKINE-GUETZÉVITCH, Boris, **Le droit constitutionnel et l'organisation de la paix** (droit constitutionnel de la paix) (RCADI, 1933, t. 45, pp. 667-773)

MITTERAUER, Michael, **Warum Europa?** Mittelalterliche Grundlagen eines Sonderwegs (orig. publ. 2003, Munique: C. H. Beck, 5a. ed. rev., 2009)

MITTERRAND, Frédéric, **Les Aigles foudroyés** – La fin des Romanov, des Habsbourg et des Hohenzollern (orig. publ. 1997, Paris: Perrin-tempus, 2016)

MOKHTAR, G. (coord.), **História geral da África** – vol. II: **A África antiga** (orig. publ. **Histoire générale de l'Afrique**, 1980, trad. C. H. DAVIDOFF et al., São Paulo: Ática / Paris: Unesco, 1983)

MOLNAR, Miklós, **Histoire de la Hongrie** (orig. publ. 1980, Paris: Perrin, 2010)

MONDOLFO, Rodolfo, **Figuras e ideias da filosofia da Renascença** (orig. publ. **Figuras y ideas de la filosofia del Renacimiento**, 1954, trad. Lycurgo Gomes da MOTA, São Paulo: Mestre Jou, 1967)

MONTANELLI, Indro; GERVASO, Roberto, **L'Italia dei Comuni** – Il Medioevo dal 1000 al 1250 (Milão: Biblioteca Univ. Rizzoli, ed. aggiornata, 2010)

MONTEIRO LOBATO, J. B., **A onda verde e o presidente negro** (1921, São Paulo: Brasiliense, 1951)

MOR, Carlo Guido (ed.), **Lex romana canonice compta** (Pavia: Pubblicazioni dela R. Università di Pavia – Facoltà di giurisprudenza, vol. 31, 1927)

MORAES, Venceslau de, **Os serões no Japão** (Obras completas de Venceslau de MORAES, vol. IX, editor Carlos Morais JOSÉ, Macau: COD – "em parceria com a Comissão das comemorações dos 150 anos de Venceslau de MORAES, 2007)

___, **Paisagens da China e do Japão** (Obras completas de Venceslau de MORAES, vol. VIII, editor Carlos Morais JOSÉ, Macau: COD – "em parceria com a Comissão das comemorações dos 150 anos de Venceslau de MORAES, 2007)

MOREAU-REIBEL, Jean, **Le droit de société interhumaine et le *jus gentium***: essai sur les origines et le développement des notions jusqu'à Grotius (RCADI, 1950, t. 77, p. 481-598)

MORELLI, Gaetano, **Nozioni di diritto internazionale** (orig. publ. 1947, Padova: Cedam, 7° ed., 1967)

MORVAN, Alain (études réunies par), **Savoir et violence en Angleterre du XVIe au XIXe siècle** (Lille: Univ. de Lille III – Travaux et recherches – Diffusion Presses univ. de Lille, 1987)

MOU, Zongsan, **Spécificités de la pensée chinoise** (orig. publ. em chinês, em 1974, em Hong Kong, intr. Joël THORAVAL, trad. du chinois par Ivan P. KAMENAROVIC et Jean-Claude PASTOR, Paris: Cerf – Patrimoines – Confucianisme, 2003)

MOURÃO, Fernando A. de A., Prefácio (in **Mercosul: integração regional e globalização**, coord. P. B. CASELLA *et al.*, Rio de Janeiro: Renovar, 2000)

MOURÃO, Isabel Augusta Tavares, **Portugueses em terras do Daí-Viêt (Cochinchina e Tun Kim) 1615-1660** (Macau: Fundação Oriente / Instituto português do Oriente, 2005)

MULAS, Efisio, **Pierino Belli da Alba, precursore direito internacional Grozio** (Torino: UTET, 1878)

MULLER, Joseph, **L'oeuvre de toutes les confessions chrétiennes (églises) pour la paix internationale** (RCADI, 1930, t. 31, p. 293-392)

MÜLLER, Rainer A., (hrsg), **Deutsche Geschichte** in Quellen und Darstellung: vol. 1 – **Frühes und hohes Mittelalter 750-1250** (hrsg. Wilfried HARTMANN, orig. publ. 1995, Stuttgart: Ph. Reclam – UB Nr. 17001, 2011)

___, vol. 2 – **Spätmittelalter 1250-1495** (hrsg. Jean-Marie MOEGLIN und Rainer A. MUELLER, Stuttgart: Ph. Reclam, © 1996, impr. 2002)

___, vol. 3 – **Reformationszeit 1495-1555** (hrsg. Ulrich KÖPF, Stuttgart: Ph. Reclam – UB Nr. 17003, 2001)

___, vol. 4 – **Gegenreformation und Dreissigjähriger Krieg 1555-1648** (hrsg. Bernd ROECK, Stuttgart: Ph. Reclam – UB Nr. 17004, © 1996, impr. 2002)

___, vol. 5 – **Zeitalter des Absolutismus 1648-1789** (hrsg. Helmut NEUHAUS, Stuttgart: Ph. Reclam – UB Nr. 17005, © 1997, impr. 2006)

___, vol. 6 – **Von der Französischen Revolution bis zum Wiener Kongress 1789-1815** (hrsg.Walter DEMEL und Uwe PUSCHNER, Stuttgart: ph. Reclam – UB Nr. 17006, (c) 1995, impr. 2008)

___, vol. 7 – **Vom Deutschen Bund zum Kaiserreich 1815-1871** (hrsg. Wolfgang HARDTWIG und Helmut HINZE, Stuttgart: Ph. Reclam UB Nr. 17007, (c) 1997, impr. 2007)

___, vol. 8 – **Kaiserreich und Erster Weltkrieg 1871-1918** (hrsg. Rüdiger vom BRUCH und Björn HOFMEISTER, Stuttgart UB Nr. 17008, (c) 2000, impr. 2010)

___, vol. 9 – **Weimarer Republic und Drittes Reich 1918-1945** (hrsg. Heinz HÜRTEN, Stuttgart: Ph. Reclam – UB Nr. 17009, © 1995, impr. 2007)

___, vol. 10 – **Besatzungszeit, Bundesrepublik und DDR 1945-1969** (hrsg. Merith NIEHUSS und Ulrike LINDNER, Stuttgart: Ph. Reclam – UB Nr. 17010, © 1998, impr. 2009)

___, vol. 11 – **Bundesrepublik und DDR 1969-1990** (hrsg. Dieter GROSSER, Stephan BIERLING und Beate NEUSS, Stuttgart: Ph. Reclam – UB Nr. 17011, © 1996, impr. 2009)

MUMFORD, Lewis, **The city in history** – its origins, its transformations and its prospects (orig. publ. 1961, London: Peregrine Books, 1987)

MUTAFIAN, C., Le siècle mongol (1220-1320), planche de salut ou coup de grâce? (in **Arménie: entre Orient et Occident** – trois mille ans de civilisation, coord. Raymond H. KÉVORKIAN, Paris: Bibliothèque nationale de France, 2006)

___, **La Cilicie**: au carrefour des empires (Paris: Les Belles Lettres / Collection d'Études Anciennes, 1988, 2 vols.)

NADEAU, Christian; SADA, Julie, **Guerre juste, guerre injuste**: histoire, théories et critiques (Paris: PUF, 2009)

NASCIMENTO E SILVA, G. E. do; CASELLA. P. B., BITTENCOURT NETO, O. de O., **Direito internacional diplomático** (São Paulo: Saraiva, 4ª ed., 2012)

NASSER, S. H., **Fontes e normas do direito internacional**: um estudo sobre a *soft law* (São Paulo: Atlas, 2005)

NEDERMAN, Cary J., *The virtues of necessity: labor, money and corruption in John of Salisbury's thought* (Berkeley: University Press of California, **Viator**, n. 33, 2002, p. 54-68)

NELLI, René, **Les Cathares**: hérésie ou démocratie (orig. publ. 1972, Culture, Arts, Loisirs; Paris: Marabout – Histoire, 1987)

NEMO, Ph., **Histoire des idées politiques dans l'Antiquité et au Moyen Âge** (Paris: PUF – Quadrige, 2007)

___, **Histoire des idées politiques aux temps modernes et contemporains** (Paris: PUF – Quadrige, orig. publ., 2002, ed. 2009)

NEVEUX, François, **L'aventure des Normands** – VIIIᵉ – XIIIᵉ siècle (avec la collaboration de Claire RUELLE, Paris: Perrin – tempus, © 2006, nova ed., 2009, reimpr. 2010)

NÉZARD, H., *Albericus GENTILIS (1532-1608)* (in **Les fondateurs du droit international:** leurs oeuvres, leurs doctrines, introduction de Antoine PILLET, Paris: V. Giard & E. Brière, 1904, p. 37-93)

NICOL, Donald M., **Les derniers siècles de Byzance 1261-1453** (do original **The last centuries of Byzantium, 1261-1453,** © 1972, trad. Hughes DEFRANCE, Paris: Tallandier - coll. Texto, 2008)

NICOLESCU, Basarab, **Ciência, sentido e evolução** - a cosmologia de Jakob BOEHME (São Paulo: Attar, 1995)

NICOLLIER, Béatrice, **Le saint empire romain germanique au temps des confessions** (1495-1648) (Paris: Ellipses, 2012)

NIETZSCHE, Friedrich, **Also sprach Zarathustra** (in **Sämtliche werke**, Stuttgart: Kröner, 1964, vol. 6)

NOPPE, Catherine; HUBERT, Jean-François, **Arts du Vietnam** - La fleur du pêcher et l'oiseau d'azur (Mariemont: Musée royal de Mariemont - La Renaissance du livre, 2002)

NOREL, Philippe, **L'histoire économique globale** (Paris: Seuil, 2009)

NORTH, William L. (ed. by), **The revival of Roman Law: the Exceptiones Petri** (with contributions by Richard ALLEN, Uta-Renate BLUMENTHAL, Ruth Harwood CLINE, Thomas CRAMER, Mark GARDINER, C. Stephen JAEGER, David A. PELTERET, Sally SHOCKRO, Rebecca L. SLITT and Timothy SMIT, publ. on line by Cambridge University Press, 28 April 2017)

NORWICH, John Julius, **Histoire de Byzance** 330-1453 (orig. publ. **A short History of Byzantium,** 1988, trad. Dominique PETERS, Paris: Perrin, 2009)

NOUR, Soraya A., **À paz perpétua de KANT**: filosofia do direito internacional e das relações internacionais (prefácio Carlos Henrique CARDIM, São Paulo: Martins Fontes, 2004)

NOVAES, Adauto (org.), **A outra margem do Ocidente** (São Paulo: Companhia das Letras, 1999)

NUSSBAUM, Arthur, **Historia del derecho internacional** (orig. publ. **A concise History of the Law of Nations,** 1947, trad. Francisco Javier OSSET, adiciones sobre História de la doctrina hispanica de derecho internacional por Luís GARCIA ARIAS, Madrid: Revista de derecho privado, s/d, prólogo de L.G.A. datado 1949)

NYS, Ernest, **Le droit international: les principes, les théories, les faits** (Paris: Marcel Rivière, 1912)

___, **Les origines du droit international** (Paris: Thorin, 1894)

O'CONNELL, D. P., **Recent problems of state succession in relation to new states** (RCADI, 1970, t. 130, p. 95-206)

O'MALLEY, John W., **Os primeiros jesuítas** (do original **The first Jesuits,** © 1993, trad. Domingos Armando DONIDA, São Leopoldo / Bauru: Ed. Unisinos / EDUSC, 2004)

O'MEARA, Dominic; SCHAMP, Jacques, **Miroirs de prince** - de l'Empire romain au IVe siècle (Fribourg: Academic Press / Paris: Cerf, 2006)

OCKHAM, Guilherme de, **Traité sur la prédestination et la prescience divine des futurs contingents (Tractatus de praedestinatione ...** textes introduits, traduits et annotés par Cyrille MICHON, Paris: Vrin - *Translatio* - Philosophies médiévales, 2007)

___, **Intuition et abstraction** (textes introduits, traduits et annotés par David PICHÉ, Paris: Vrin - *Translatio* - Philosophies médiévales, 2005)

___, **Summa totius logicae – Commentaires sur les livres de l'art logique** (trad. R. GALIBOIS, Sherbrooke: Centre for Renaissance Studies, 1978)

___, **Somme de logique** – 1ere partie (trad. J. BIARD, Mauvezin: TER, 1988, 2e éd., 1993)

___, ___ – 2e partie (trad. J. BIARD, Mauvezin: TER, 1996)

___, ___ – 3e partie (trad. J. BIARD, C. GRELLAR, K.-S. ONG-VAN-CUNG, Mauvezin: TER, 2003 -)

___, **Dialogus** (Latin text and English translation, ed. by John KILCULLEN, John SCOTT, George KNYSH, Volker LEPPIN, Jan BALLWEG, Karl UBL and Semih HEINEN, under the auspices of the Medieval Texts Editorial Committee of the British Academy, 1995, 2002 – available online: publications.thebritishacademy.ac.uk)

___, **Texte zu Theologie und Ethik**, Lateinisch/Deutsch, Ausgewählt, übersetzt und herausgegeben von Volker LEPPIN und Sigrid MÜLLER, Stuttgart: Philipp Reclam – Universal Bibliothek Nr. 18083, 2000)

___, **Octo quaestiones de potestate papae** (ed. CAMASTRA, Milão: Rusconi, 1999)

___, **Breviloquium de principatu tyrannico**, texto latino por Richard SCHOLZ, **Wilhelm von Ockham als politischer Denker** und sein Breviloquium de principatu tyrannico (Stuttgart: Anton Hiersemann, 1944, reed. 1952)

___, **Court traité du pouvoir tyrannique** (trad. du latin et introduction Jeean-Fabien SPITZ, Paris: PUF, 1999)

___, **A short discourse on tyrannical government**: over things divine and human, but especially over the empire and those subject to the empire, usurped by some who are called highest pontiffs (edited by Arthur Stephen McGRADE, transl. by John KILCULLEN, "Cambridge texts in the history of political thought", Cambridge: Univ. Press, 1992)

___, **Opera philosophica** (New York: Saint Bonaventure Institute, 1974-1988)

___, **Opera theologica** (New York: Saint Bonaventure Institute, 1967-1986)

___, **Seleção de obras** (trad. e notas de Carlos Lopes de MATTOS, São Paulo: Abril – os Pensadores, 1973 vol. VIII)

___, **Opera politica** (Manchester: Univ. Press, 1956-)

___, **Questiones in libros physicorum – Expositio super physicam Aristotelis – Commentarii (sive Questiones) in quatuor Sententiarum libros – Philosophia naturalis (sive Summulae) in libros physicorum – Tractatus de praedestinatione et praescientia Dei** (in Léon BAUDRY, **Guillaume d'Occam** – sa vie, ses oeuvres, ses idées sociales et politiques – tome I – **L'homme et les oeuvres**, Paris: Vrin, 1950)

___, **Breviloquium de potestate papae** (éd. L. BAUDRY, Paris: Vrin, 1937)

___, **De Imperatorum et pontificium potestate** ('Imperial and papal power', ed. by C. K. BRAMPTON, Oxford: Clarendon Press, 1927)

OFFENSTADT, Nicolas, **Faire la paix au Moyen Âge**: discours et gestes de paix pendant la guerre de Cent ans (Paris: Odile Jacob, 2007)

OGILVIE, Robert M., **Roman literature and society** (London: Penguin, 1980)

OKIMOTO, Keiichiro, **The distinction and relationship between *Jus ad Bellum* and *Jus in Bello*** (Oxford & Portland, Oregon: Hart Publ., 2011, vol. 33 in the series Studies in International Law)

OLGIATTI, F., **Il concetto di giuridicità e S. Tommaso d'Aquino** (Milão: Vita e pensiero, 1943)

OLIVEIRA MARQUES, A. H. de, **Breve história de Portugal** (orig. publ. 1995, Lisboa: Presença, 11ª ed., 2019)

ONUMA, Yasuaki, **A Transcivilizational Perspective on International Law** (RCADI, 2009, vol. 342; tb. publ. Haia: AIL-Pocket, 2010)

___, **A normative approach to war** – peace, war and justice in Hugo Grotius (Oxford: Clarendon Press, 1993)

OPPENHEIM, L.; LAUTERPACHT, H., **International law**, vol. II – Disputes, war and neutrality (Londres: Longmans, Green & Co., 1955)

ORAKHELASHVILI, Alexander, Natural law and justice (in **Encyclopedia of International Law**, 2012, vol. VII, p. 523-535)

ORESME, Nicolau, **De moneta** (1355, ed. **The 'de moneta' of Nicolas Oresme** and English mint documents, translated by Charles JOHNSON, Londres: Thomas Nelson, 1956).

ORTA, Garcia Da, **Colóquios dos simples e drogas da Índia** ("reprodução em facsimile da edição de 1891, dirigida e anotada pelo Conde de FICALHO", Lisboa: Imprensa Nacional / Casa da Moeda, 1987, 2 vols.)

ORSENNA, Erik, **L'entreprise des Indes** (orig. publ. 2010, Paris: Stock/Fayard, 2011)

PADFIELD, Peter, **Maritime supremacy and the opening of the Western mind:** naval campaigns that shaped the modern world 1588-1782 (orig. publ. 1999, Londres: Random House, 2000)

PADIS, Marc-Olivier (direction de), **Horizons de la souveraineté** (Paris: Esprit – Revue internationale, n. 281, jan. 2002)

PADOVA, Marsílio da, **Il difensore della pace / Defensor pacis** (testo latino a fronte, estudo introdutório Mariateresa Fumagali Beonio BROCCHIERI, Milão: Rizzoli/BUR/ I classici, 1°. ed. 2001, 2°. ed., 2009)

___, **Oeuvres mineures. Defensor minor. De translatione imperii** (trad., notes et introduction Colette JEUDY et Jeannine QUILLET, préf. Bernard GUENÉE, Paris: Éd. CNRS – Sources d'histoire médiévale, 1979)

PAGDEN, A., **Mundos em guerra** – 2500 anos de conflito entre o Ocidente e o Oriente (orig. publ. **Worlds at war** – The Long Struggle between East and West, 2008, trad. Miguel MATA, Lisboa: Ed. 70, 2009)

___ (edited by), **The languages of political theory in early modern Europe** (orig. publ. 1987, Cambridge: Univ. Press, 1990)

___, *Dispossessing the barbarian: the language of Spanish Thomism and the debate over the property rights of the American Indians* (in **The languages of political theory in early modern Europe** (Cambridge: Univ. Press, 1990)

___, **Lords of all the world: ideologies of empire in Spain, Britain and France, c. 1500-c. 1800** (New Haven: Yale Univ. Press, 1995)

PAILLER, Jean-Marie; PAYEN, Pascal (éd.), **Que reste-t-il de l'éducation classique?** – Relire 'le MARROU', Histoire de l'éducation dans l'Antiquité (Toulouse: Presses Universitaires du Mirail, 2004)

PALADILHE, Dominique, **Les papes en Avignon** (orig. publ. 1974, Paris: Perrin, 2008)

PANOFSKY, Erwin, **La Renaissance et ses avant-courriers dans l'art d'Occident** (orig. publ. **Renaissance and Renascences in Western Art**, 1960, trad. Laure MEYER, Paris: Flammarion – champs – arts, ed. 1973, impr. 2012)

PAPINI, Giovanni, **Santo Agostinho** (orig. publ. **Sant'agostino**, trad. de M. G. da COSTA, Braga: Livr. Cruz, 3ª ed., 1958)

PASDERMADJIAN, H., **Histoire de l'Arménie**: depuis les origines jusqu'au traité de Lausanne (Paris: Libr. orientale H. Samuelian, 3e éd., 1971)

PATER, Walter, **The Renaissance** – Studies in Art and Poetry (the 1893 Text, ed. with textual and explanatory notes by Donald L. HILL, Berkeley: Univ. of California Press, 1980)

PATRIZZI, Francesco, **Nova de universis philosophia** (materiali per un'edizione emendata, ed. Anna Laura Puliafito BLEUEL, Firenze: Leo S. Olschki – Istituto Nazionale di Studi sul Rinascimento – Quaderni vol. 16, 1993)

PATTERSON, Ernest Minor, **Les bases économiques de la paix** (RCADI, 1931, t. 37, pp. 413-525)

PAULSON, Stanley L., *Ce que la* Stufenbaulehre *de MERKL nous apprend sur le concept de droit de KELSEN* (in **L'architecture du droit – Mélanges en l'honneur de Michel Troper** études coordonnés par D. de BÉCHILLON, P. BRUNET, V. CHAMPEIL-DESPLATS e E. MILLARD, Paris: Economica, 2006, p. 789-805)

PAVKOVIC, Aleksandar; RADAN, Peter, **Creating new states**: theory and practice of secession (Aldershot / Burlington: Ashgate, 2007)

PAZARTZIS, Photini, **La succession d'états aux traités multilatéraux: à la lumière des mutations territoriales récentes** (Paris: Pedone, 2002)

PELTONEN, M., **The Cambridge companion to Bacon** (Cambridge: Univ. Press, 1996)

PEREIRA, Manuel Pinto, **História da Índia no tempo em que a governou o Visorei Dom Luís de Ataíde** ("reprodução em facsimile do exemplar de 1617 da Biblioteca da INCM", intr. Manuel Marques DUARTE, Lisboa: Imprensa Nacional / Casa da Moeda, 1987)

PERROY, Edouard; AUBOYER, Jeannine; CAHEN, Claude; DUBY, Georges; MOLLAT, Michel, **A idade média** (trad. J. GUINZBURG e Vítor RAMOS, São Paulo: Difel, 4ª ed., 1974, História Geral das Civilizações, vols. 6, 7 e 8)

PETITOT, L. H., **La vie intégrale de saint Thomas** (Paris: Éd. de la Revue des Jeunes, 1930)

PETRARCA, Francesco, **Invectives** (1352-1373, **Invectiva contra medicum**, 1352-53; **Contra eum qui maledixit Italie**, 1373; **Invectiva contra quendam magni status hominem sed nullius scientie aut virtutis**, 1355; édition bilingue latin-français, texte traduit, présenté et annoté par Rebecca LENOIR, Grenoble: Jerôme Millon, 2003)

___, **Liber sine nomine** (1342-1361, **Sans titre**, édition bilingue latin-français, texte traduit, présenté et annoté par Rebecca LENOIR, Grenoble: Jerôme Millon, 2003)

___, **De otio religioso** (1346-1357, **Le repos religieux**, édition bilingue latin-français, préface de Jean-Luc MARION, intr., traduction et notes de Christophe CARRAUD, Grenoble: Jerôme Millon, 2000)

___, **De sui ipsis et multorum ignorantia** (1367-1368, trad. Juliette BERTRAND (1929) revue par Christophe CARRAUD (1999), **Mon ignorance et celle de tant d'autres**, ed. bilingue, Grenoble: J. Millon, 2000)

___, **Rime** (introduzione e note di Guido BEZZOLA, saggio di Andrea ZANZOTTO, Milano: Rizzoli, 1976)

PETRUS DE BELLAPERTICA ou PIERRE DE BELLEPERCHE, **De feudis – tractatus novus** (ed. 1564 – Coloniae: apud Ioannem Birckmanum & Wernerum Richswinum, MDLXIIII – disponível libriantichionline)

PETRUS HISPANUS, **Logische Abhandlungen** – Tractatus – Summulae logicales (aus dem Lateinischen von Wolfgang DEGEN und Bernard PABST, Munique: Philosophia Verlag – Analytica, 1995)

PHILO DE ALEXANDRIA, I. **On the Creation (*De Opificio Mundi*). Allegorical interpretation (*Legum Allegoriae*)** (with an English translation by F. H. COLSON and G. H. WHITAKER, Cambridge, Ma./London: Harvard UP, LCL 226, © 1929, reprinted 2004)

___, II. **On the Cherubim, the Flaming Sword and Cain, the first man created out of man (*De Cherubim*). On Abel and the sacrifices offered by him and Cain (*De sacrificiis Abelis et Caini*). That the Worse is wont to attack the better (*Quod deterius potiori insidiare solet*)** (with an English translation by F. H. COLSON and G. H. WHITAKER, Cambridge, Ma. / London: Harvard UP, LCL 227, © 1929, reprinted 2001)

___, III. **On the Unchangeableness of God (*Quod Deus immutabilis sit*). On Husbandry (*De Agriculture*). On Noah's work as a planter (*De Plantatione*). On drunkenness (*De ebrietate*). On sobriety (*De sobrietate*)** (with an English translation by F. H. COLSON and G. H. WHITAKER, Cambridge, Ma. / London: Harvard UP, LCL 247, 1930)

___, IV. **On the confusion of tongues (*De confusione linguarum*). On the migration of Abraham (*De migratione Abrahami*). Who is the heir of divine things (*Quis rerum divinarum heres*). On mating with the preliminary studies (*De Congressu quaerendae Eruditiones gratia*)** (with an English translation by F. H. COLSON and G. H. WHITAKER, Cambridge, Ma. / London: Harvard UP, LCL 261, © 1932, reprinted 1996)

___, V. **On Flight and Finding (*De Fuga et Inventione*). On the change of names (*De mutatione nominum*). On Dreams (*De Somniis*)** (with an English translation by F. H. COLSON and G. H. WHITAKER, Cambridge, Ma. / London: Harvard UP, LCL 275, © 1934, reprinted 2001)

___, VI. **On Abraham (*De Abrahamo*). On Joseph (*De Josepho*). Moses I and II (*De vita Mosis*)** (with an English translation by F. H. COLSON, Cambridge, Ma. / London: Harvard UP, LCL 289, © 1935, reprinted 1994)

___, VII. **On the Decalogue (*De Decalogo*). On the special laws I, II and III (*De specialibus legibus*)** (with an English translation by F. H. COLSON, Cambridge, Ma. / London: Harvard UP, LCL 320, © 1937, reprinted 1998)

___, VIII. **On the special laws IV (*De specialibus legibus*). On the virtues (*De Virtutibus*). On Rewards and Punishments (*De praemiis et poenis*)** (with an English translation by F. H. COLSON, Cambridge, Ma. / London: Harvard UP, LCL 341, © 1939, reprinted 1989)

___, IX. **Every good man is free (*Quod omnis probus liber sit*). On the contemplative life or Suppliants (*De Vita contemplativa*). On the eternity of the world (*De Aeternitate mundi*). Flaccus (*In Flaccum*). Hypothetica (*Apologia pro Iudaeis*). On Providence (*De Providentia*)** (with an English translation by F. H. COLSON, Cambridge, Ma. / London: Harvard UP, LCL 363, © 1941, reprinted 1995)

___, X. **The embassy to Gaius (*De legatione ad Gaium*)** (with an English translation by F. H. COLSON, Indices to volumes I-X by J. W. EARP, Cambridge, Ma. / London: Harvard UP, LCL 379, © 1962, reprinted 1991)

___, Supplement I. **Questions and Answers on Genesis (*Quaestiones et Solutiones in Genesim*)** (translated from the Ancient Armenian version of the original Greek by

Ralph MARCUS, Cambridge, Ma. / London: Harvard UP, LCL 380, © 1953, reprinted 2002)

___, Supplement II. **Questions and Answers on Exodus (*Quaestiones et Solutiones in Exodum*)** (translated from the Ancient Armenian version of the original Greek by Ralph MARCUS, Cambridge, Ma. / London: Harvard UP, LCL 401, © 1953, reprinted 2003)

PICCOLOMINI, Eneias Sílvio, **Commentaries / Commentariorum Pii Secundi Pontificis Maximi Libri XIII** (edição bilingue, edited by Margaret MESERVE and Marcello SIMONETTA, Cambridge, Ma. / London: Harvard Univ. Press – The I Tatti Renaissance Library, vol. I – Books I-II, 2003; vol. II – Books III-IV, 2007)

___, **Storia di due amanti** (orig. publ. **Historia de duobus amantibus**, trad. e intr. di Maria Luisa DOGLIO, testo latino a fronte, saggio di Luigi FIRPO, *Enea Silvio, pontefice e poeta,* (c) 1973, Milão: TEA, 1990)

PICCHI, Flavio Augusto, **Contribuição à análise econômica do direito internacional privado** (dissertação de mestrado em direito internacional, São Paulo: Faculdade de Direito da USP, 2010)

PICQ, Jean, **Une histoire de l'état en Europe** – pouvoir, justice et droit du Moyen âge à nos jours (Paris: Presses de Sciences Po., 2009)

PIERANTONI, Augusto, **Storia degli studi del diritto internazionale in Italia** (orig. publ. Modena: C. Vicenzi, 1869; 2° ed., Firenze, 1902)

___, **Storia del diritto internazionale nel secolo XIX** (Napoli: G. Marghieri, 1876)

PIERRARD, Pierre, **Dictionnaire des prénoms et des saints** (Paris: Larousse, 1974)

PINO, Angel; RABUT, Isabelle, *Shen Congwen, celui qui s'est tu* (postface a PA Kin, **À la mémoire d'un ami** © 1989, trad. A. PINO e I. RABUT, Paris: Les mille et une nuits, 1995, p. 59-63)

PINTO, Ana Fernandes, **Uma imagem do Japão: a aristocracia guerreira nipônica nas cartas jesuítas de Évora (1598)** (Macau: Fundação Oriente / Instituto português do Oriente, 2004)

PINTO, Fernão Mendes, **Peregrinação** (1614, transcrição de Adolfo Casais MONTEIRO, Lisboa: Imprensa Nacional / Casa da Moeda, 1984)

PIOT, A., **Droit naturel et réalisme: essai critique sur quelques doctrines françaises contemporaines** (Paris: LGDJ, 1930)

PIRENNE, Henri, **Mahomet et Charlemagne:** Byzance, Islam et Occident dans le haut Moyen Age (seguido de: Bruce LYON, *Le débat historique sur la fin du monde antique et le début du Moyen Age,* André GUILLOU, *Byzance et la genèse de l'Europe occidentale,* Francesco GABRIELI, *Effets et influences de l'Islam sur l'Europe occidentale* e Heiko STEUER, *De Théodoric le Grand à Charlemagne,* Milão: Jaca Book, trad. Hélène SEYRES, 1ª ed. francesa, 1987)

___, **Les villes du Moyen Âge** (Paris: PUF, 1971)

PIZA, Daniel, *Estética e ética segundo Thomas MANN* (OESP, 3 de dezembro de 2011, p. S-5)

PLATÃO, **República** (intr. e notas de Robert BACCOU, trad. J. GUINZBURG, São Paulo: Difel, 1973, 2 vols.)

___, **The Republic** (original grego, com intr. e trad. Paul SHOREY, I. Books I-V, LCL 237, Plato V, 1st publ. 1930, reprinted 1978; II. Books VI-X, LCL 276, Plato VI, 1st. publ., 1935, reprinted, 1987)

___, **Menexenus** (with an English translation by R. G. BURY, **PLATO**, vol. IX, 1st. publ., 1929, reprinted 1989, p. 329-381)

___, **Critias** (with an English translation by R. G. BURY, Cambridge, Ma. / London: Harvard UP, LCL vol. 234, PLATO vol. IX – **Timaeus – Critias – Cleitophon – Menexenus – Epistles**, © 1929, reprinted 1989, p. 255-307)

PLINE L'ANCIEN, **Histoire naturelle** (textes choisis et présentés d'après la traduction de LITTRÉ par Hubert ZEHNACKER, Paris: Gallimard-Folio 3090, © 1999, impr. 2007)

PLINII, **Naturalis historia** (with an English translation by H. RACKHAM, Cambridge, Ma.: Harvard U.P., 10 volumes, LCL 330 – preface and books 1-2, 1st. publ., 1938, rev. 1944 e 1949, reprinted, 2004)

Ronaldo POLETTI, **O conceito jurídico de império** (Brasília: Consulex, 2009)

___, *A ideia brasileira de Império* (in **Direito, política, filosofia, poesia** – estudos em homenagem ao prof. Miguel REALE, no seu octogésimo aniversário, org. C. LAFER e T. Sampaio FERRAZ Jr., São Paulo: Saraiva, 1992, p. 549-563)

POLÍBIO [POLYBE], **Histoire** (texte traduit, présenté et annoté par Denis ROUSSEL, Paris: Gallimard – Pléiade, 1970)

POLO, Marco, **Le livre des merveilles du monde** (org. Marie-Thérèse GOUSSET, Paris: Bibliothèque de l'Image, 2002)

___, **Milione** ("versione toscana del trecento", edizione critica a cura di Valeria Bertolucci PIZZORUSSO, índice ragionato Giorgio R. CARDONA, © 1975, Milão: Adelphi, 1994)

POPPER, Karl R., **A sociedade aberta e seus inimigos** (orig. publ. **The open Society and its ennemies**, ed. 1957, trad. Milton AMADO, São Paulo: Edusp / Belo Horizonte: Itatiaia, 1974)

PORTER, Yves, **Les Iraniens** – Histoire d'un peuple (orig. publ. 2006, Paris: A. Colin, 2007)

PORTMANN, Roland, **Legal personality in international law** (Cambridge: Univ. Press, 2010)

PORTOGHESI, Paolo, **Depois da arquitetura moderna** (orig. publ. **Dopo l'archittetura moderna**, 1980, trad. e apresentação Ana Luiza NOBRE, São Paulo: Martins Fontes, 2002)

POSÍDIO, santo, **Vida de San Agustín escrita por su discípulo** (in **Obras de San Augustín**, Madri: Biblioteca de Autores Cristianos, 1979, vol. I, p. 293-393)

POSSE, Abel, **Os cães do Paraíso** (do original **Los perros del paraíso**, © 1983, trad. Vera MOURÃO e Regina BRANDÃO, Rio de Janeiro: Casa Maria Edtrl.-LTC Livros técnicos e científicos, 1989)

PREISER, Wolfgang, **Frühe Völkerrechtliche Ordnungen der aussereuropäischen Welt**: ein Beitrag zur Geschichte des Völkerrechts (Sitzungzberichte der Wissenchafltichen Gesellschaft an der Johann Wolfgang Goethe Universität Frankfurt-am-Main – *Societas Scientiarum Francofurtensis*, Wiesbaden: Franz Steiner, 1976, trad. e adaptação Robert KOLB, **Esquisse d'un droit international public** des anciennes cultures extra européennes, Paris: Pedone, 2010)

___, History of International Law, Ancient times to 1648 (in **Encyclopedia of International Law**, ed. by R. WOLFRUM, Oxford: Univ. Press, 2012, vol. IV, p. 869-896)

___, History of the law of nations. Ancient times to 1648 (**Encyclopedia of Public International Law**, ed. by R. BERNHARDT, North Holland, 1984, vol. VII, p. 149)

___, **Die Völkerrechtsgeschichte, ihre Aufgaben und ihre Methode** (Wiesbaden: F. Steiner – Sitzungsberichte der Wissenschaftlichen Gesellschaft an der J. W. Goethe--Universität Frankfurt-am-Main, vol. 2, 1964 – disponível online)

PROCOPE DE CÉSARÉE, **Les guerres contre les perses** (trad. Janick AUBERGER, notes par Geoffrey GREATREX, Paris: Les belles lettres, 2022)

___, **Histoire des goths** (trad. Denis ROQUES, présenté, révisé et annoté par Janick AUBERGER, Paris: Les belles lettres, 2015, 2 vols.)

___, **La guerre contre les vandales** (trad. et commenté par Denis ROQUES, préf. Philippe MURRAY, Paris: Les belles lettres, 2004)

PRUDENCIO [Aurelius Prudentius Clemens], **Praefatio – Liber Cathemerinon – The divinity of Christ (Apotheosis) – Hamartigenia – Psychomachia – Contra orationem Symmachi (liber I)** (with an English translation by H. J. THOMSON, Cambridge Ma. / London: Harvard U.P. / LCL 387, 1st. publ., 1949, reprinted, 2006)

___, **Contra orationem Symmachi (liber II) – Peristephanon Liber – Tituli historiarum** (with an English translation by H. J. THOMSON, Cambridge Ma. / London: Harvard U.P. / LCL 398, 1st. publ. 1953, reprinted 2005)

PTOLOMAEUS LUCCENSIS, **De regimine principum ad regem Cypri** (in THOMAS AQUINAS, **Opuscula omnia necnon opera minora**, tomus primus – Opuscula philosophica, ed. R. P. Joannes PERRIER, Paris: Lethielleux, 1949)

PUFENDORF, Samuel, **Le droit de la nature et des gens** (trad. Jean BARBEYRAC, édition de Bâle, 1732, Caen: Centre de philosophie politique et juridique de l'Université de Caen – Bibliothèque de philosophie politique et juridique, 1987)

PUGA, Rogério Miguel, **A presença inglesa e as relações anglo-portuguesas em Macau (1635-1793)** (Lisboa: CHAM – Centro de história de além-mar / Faculdade de Ciências Sociais e de História da Universidade Nova de Lisboa / Centro Científico e Cultural de Macau, 2009)

QUADRI, Rolando, **Diritto internazionale pubblico** (orig. publ. Palermo: G. Priulla, 1949; Napoli: Liguori, 5° ed., 1968)

___, **Le fondement du caractère obligatoire du droit international public** (RCADI, 1952, t. 80, p. 579-634)

QUIDDE, Ludwig, **Histoire de la paix publique en Allemagne au moyen âge** (RCADI, 1929, t. 28, p. 449-598)

QUILLET, Jeannine, **La philosophie politique de Marsile de Padoue** (Paris: Vrin- reprise, 1970)

RABBATH, Edmond, **L'orient chrétien à la veille de l'Islam** (Beirute: Publ. de l'Univ. Libanaise, 1980)

RADER, Olaf B., **Friedrich II. Der Sizilianer auf dem Kaiserthron** – eine Biographie (orig. publ. 2010, Munique: C. H. Beck, 4a. ed., 2012)

RAHMAN, Fazlur, **O Islamismo** (orig. publ. **Islam**, 1966, trad. J. Teixeira de Aguiar, Lisboa: Arcádia, s/d)

RAHNER, K.; J. MOLTMANN, J. B. METZ, A. ALVAREZ-BOLADO, **Dios y la ciudad** – Nuevos planteamientos en teología política (Madri: Ed. Cristiandad, 1975)

RAPP, Francis, **Le Saint Empire romain germanique**: d'Otton le grand à Charles Quint (Paris: Tallandier, 2000, impr. 2003)

RASHED, Marwan, *Les débuts de la philosophie moderne* (in **Les Grecs, les arabes et nous – Enquête sur l'islamophobie savante**, dir. de Philippe BÜTTGEN, Alain de LIBERA, Marwan RASHED, Irène ROSIER-CATACH, Paris: Fayard, 2009)

RAUCHBERG, H., **Les obligations juridiques des membres de la Société des Nations pour le maintien de la paix** (RCADI, 1931, t. 37, p. 83-204)

RAY, J., **Des conflits entre principes abstraits et stipulations conventionnelles** (RCADI, 1934, t. 48, p. 631-708)

REALE, Giovanni, **História da filosofia antiga** vol. IV – **As escolas da era imperial** (orig. publ. **Storia dela filosofia antica**, in cinque volumi, 1975-1980, 9ª ed., 1992, trad. Marcelo PERINE e H. C. de LIMA VAZ, São Paulo: Loyola, vol. IV, 1994)

REALE, Giovanni; ANTISERI, Dario, **Filosofia – Antiguidade e Idade média** (orig. publ. **Il pensiero occidentale – Antichità e Medioevo**, 2013, trad. José BORTOLINI, São Paulo: Paulus, 2017)

REDEKER, Robert, **Le progrès ou l'opium de l'histoire** (Nantes: Éd. Pleins feux, 2004)

RENAN, Ernest, **Qu'est-ce qu'une nation?** et autres essais politiques (conferência na Sorbonne, em 1882, textos, escolhidos e apresentados por Joël ROMAN, Paris: Presses Pocket – Agora: les classiques, 1992)

RENDINA, Cláudio, **I papi** – Storia e segreti (orig. publ. 1983, Roma: Newton, nova ed., 1993)

RÉUNION DES MUSÉES NATIONAUX, **France 1500 – entre Moyen âge et Renaissance** (Paris: Réunion des musées nationaux / Galeries nationales, Grand Palais, 6 octobre 2010-10 janvier 2011)

RIASANOVSKY, Nicholas V.; STEINBERG, Mark D., **A History of Russia** (Oxford: Oxford Univ. Press, 7th ed., 2005)

RIBEIRO, Orlando, **Mediterrâneo** – Ambiente e tradição (orig. publ. 1962, Lisboa: Fund. C. Gulbenkian, 4ª ed., 2018)

RICE, Edward, **Captain Sir Richard Francis BURTON** (orig. publ. 1990, New York: Harpers' Perennial, 1991)

RICHER DE REIMS, **Histoire de France** (888-995) (texte établi et trad. Robert LATOUCHE, Paris: Les belles lettres, tome I – livres I-II, tome II – livres III-IV, 1964)

RICOEUR, Paul, **L'idéologie et l'utopie** (orig. publ. **Lectures on ideology and utopia**, 1986, trad. Myriam R. D'ALLONNES e Joël ROMAN, Paris: Seuil, 1997, impr. 2005)

RIFKIN, Jeremy, **The European dream** – How Europe's vision of the future is quietly eclipsing the American dream (orig. publ. 2004, Cambridge, U.K.: Polity Press, reprinted 2005)

RIPERT, Georges, **Les forces créatrices du droit** (Paris: LGDJ, 1955)

RIVIÈRE, J., **Le problème de l'église et de l'état au temps de Philippe le Bel** (Louvain / Paris: Champion, 1926)

ROBERTS, Adam; GUELFF, Richard (ed. by), **Documents on the laws of war** (orig. publ. 1982, Oxford: Univ. Press, 3rd ed., 2000, reprinted 2010)

RODIN, David, **War and self-defense** (Oxford: Univ. Press, 2002)

RODRIGO OCTÁVIO [LANGGAARD MENEZES], **Les sauvages américains devant le droit** (RCADI, 1930, t. 31, p. 177-292)

RÖLING, Bert V. A., **The law of war and the national jurisdiction since 1945** (RCADI, 1960, t. 100, p. 323-456)

ROMANELLI, Giandomenico (ed. by), **Venice**: art & architecture (orig. publ. **Venezia**: l'arte nei secoli, 1997, translated by Janett ANGELINI, Elizabeth CLEGG, Emma FRENCH and Gareth THOMAS, Colônia: Könemann, 1997, 2 vols.)

ROMANO, Ruggiero, **Mecanismos da conquista colonial** (orig. publ. **Mécanismes de la conquête coloniale**: les Conquistadores, 1972, trad. Marilda PEDREIRA, rev. Vera de Campos TOLEDO, São Paulo: Perspectiva, 1973)

ROMANOFF, Nikita; PAYNE, Robert, **Ivan o terrível** (orig. publ. **Ivan the terrible**, 1975, trad. Aurélio de LACERDA, Rio de Janeiro: Nova Fronteira, 1977)

ROPS, Daniel, **A igreja das catedrais e das cruzadas** (orig. publ. **L'église de la cathédrale et de la croisade**, 1993, trad. Emérico da GAMA, São Paulo: Quadrante, 1993)

___, **A igreja dos tempos bárbaros** (orig. publ. **L'Église des temps barbares**, 1991, trad. Emérico da GAMA, São Paulo: Quadrante, 1991)

___, **A igreja dos apóstolos e dos mártires** (orig. publ. **L'Église des apôtres et des martyrs**, 1988, trad. Emérico da GAMA, São Paulo: Quadrante, 1988)

ROQUEBERT, Michel, **Histoire des cathares**: Hérésie, Croisade, Inquisition du XIe au XIVe siècle (orig. publ. 1999, Paris: Perrin, 2010)

ROSENNE, Shabtai, *The influence of Judaism on the development of international law: an assessment* (in **Religion and International Law**, edited by Mark W. JANIS & Carolyn EVANS, © 1999, Leiden/Boston: M. Nijhoff, 2004, p. 63-94)

ROSTOVTZEV, Mikhail, **The social and economic history of the Hellenistic world** (Oxford: Clarendon Press, 1942, 3 vols.)

ROTHSTEIN, Marian (ed.), **Charting change in France around 1540** (Selingsgrove: Susquehanna University Press, 2006)

ROUCHE, Michel, **Les racines de l'Europe**: les sociétés du haut moyen âge 568-888 (Paris: Fayard, 2003)

ROUSSEAU, C., **Principes de droit international public** (RCADI, 1958, t. 93, p. 369-550)

ROUSSEAU, Jean-Jacques, *Écrits sur l'Abbé de SAINT-PIERRE* (**Oeuvres complètes**, direction de Bernard GAGNEBIN et Marcel RAYMOND, vol. III, colaboração de François BOUCHARDY, Jean-Daniel CANDAUX, Robert DERATHÉ, Jean FABRE, Jean STAROBINSKY et Sven STELLING-MICHAUD, Paris: Gallimard / Pleiade, © 1964, impr. 1991)

ROVAN, Joseph, **Histoire de l'Allemagne**: des origines à nos jours (orig. publ. 1994, Paris: Seuil, 1999)

RUBIN, Alfred P., *International Law in the age of Columbus* (Netherlands Int'l. Law Review, vol. XXIX, 1992, p. 5-35)

RUIZ, Rafael, **Francisco de Vitória e os direitos dos índios americanos** – a evolução da legislação indígena castelhana no século XVI (Porto Alegre: EDIPUCRS / Instituto brasileiro de filosofia e ciência Raimundo Lúlio, 2002)

RUIZ BUENO, Daniel (versión, introducción y notas de), **Padres apostólicos** ("edición bilingue completa", Madri: BAC, 1985)

RUNCIMAN, Steven, **História das Cruzadas** (orig. publ. **A History of the Crusades**, 1951, trad. Cristiana de Assis SERRA, Rio de Janeiro: Imago, 2002, vol. I – A primeira cruzada e a fundação do reino de Jerusalém; II – Cruzadas do século XII; III – O reino de Acre e as últimas cruzadas)

___, **A teocracia bizantina** (orig. publ. **The bizantine theocracy**, 1977, Cambridge Univ. Press, trad. Heloisa Toller GOMES, Rio de Janeiro: Zahar, 1978)

RUSSELL, Bertrand, **História da filosofia ocidental** livro 2 – **A filosofia católica** (orig. publ. **History of Western Philosophy**, 1945, trad. Hugo LANGONE, Rio de Janeiro: Nova Fronteira, 2015)

RUSSELL-WOOD, John, **Histórias do Atlântico português** (org. Ângela DOMINGUES e Denise A. S. de MOURA, São Paulo: Ed. Unesp, 2014)

RUTEBEUF, **Oeuvres complètes** (texte établi, traduit, annoté et présenté par Michel ZINK, Paris: Classiques Garnier, 2005)

RUTGERS, V. H., **La mise en harmonie du pacte de la Société des Nations avec le pacte de Paris** (RCADI, 1931, t. 38, p. 1-123)

RUYSSEN, Théodore, **De la guerre au droit** (Paris: Alcan, 1923)

RYBAKOV, B., **Early centuries of Russian History** (translated from the Russian by John WEIR, Moscou: Progress Publishers, 1965)

SAID, Edward W., **Cultura e imperialismo** (orig. publ. **Culture and Imperialism**, 1993, trad. Denise BOTTMANN, São Paulo: Companhia das Letras, 2011)

SAINT-ÉTIENNE, Christian, **Guerre et paix au XXIe siècle** – Comprendre le monde de demain (Paris: François Bourin, 2010)

SAINT-PIERRE, Abbé de – ver CASTEL, Charles-Irinée

SALDANHA, Antonio Vasconcelos de, **De Kangxi para o papa, pela via de Portugal**: memória e documentos relativos à intervenção de Portugal e da Companhia de Jesus na questão dos Ritos Chineses e nas relações entre o imperador Kangxi e a santa Sé (traduções chinesas por JIN Guo Ping, Macau: Instituto Português do Oriente, 2002, 3 vols.)

___, **A 'memória' sobre o estabelecimento dos portugueses em Macau do Visconde de Santarém (1845): os primórdios da discussão da legitimidade da presença dos portugueses em Macau** (Macau: Instituto português do Oriente, 1995)

SALDANHA, Antonio Vasconcelos de; JIN Guo Ping, **Para a vista do imperador – memoriais da dinastia Qing sobre o estabelecimento dos portugueses em Macau (1808-1887)** (Macau: Instituto português do Oriente, 2000)

SALLUSTE, **Conjuration de Catilina. Guerre de Jugurtha. Histoires** (trad., intr. et notes par François RICHARD, © 1968, Paris: Flammarion, 1990)

SALLMANN, Jean-Michel, **Charles Quint** – L'empire éphémère (orig. publ. 2000, Paris: Payot, 2004)

SALMON, Jean, **Le fait dans l'application du droit international** (RCADI, 1982, t. 175, p. 257-414)

SALUTATI, Coluccio, **Il Trattato 'de Tyranno' e lettere scelte** (a cura di Francesco ERCOLE, Bologna: N. Zanichelli, 1942)

SALVIOLI, Gabriele, **Les règles générales de la paix** (RCADI, 1933, t. 46, p. 1-164)

SALZBORN, Samuel; VOIGT, Rüdiger (Hrsg.), **Souveränität** – Theoretische und ideengeschichtliche Reflexionen (Stuttgart: Franz Steiner, 2010)

SAMUELSSON, Kurt, **Religion and economic action** (trad. do sueco por E. Geoffrey FRENCH, Estocolmo e Londres: Svenska Bokförlaget, 1961)

SANCHEZ LORENZO, S., *Postmodernismo y derecho internacional privado* (Revista Española de Der. Int'l., t. XLVI, 1994-2, p. 557 ss.)

SANDE, Duarte de, **Diálogo sobre a missão dos embaixadores japoneses à Cúria romana** (prefácio, tradução e comentário Américo da Costa RAMALHO, estabelecimento do texto latino Sebastião Taves de PINHO, coord. científica APENEL – Associação portuguesa de estudos neolatinos, Portugaliae Monumenta Neolatina, vol. I, Coimbra: Imprensa da Universidade, 2009, tomo I: colóquios I a XVIII e tomo II: colóquios XIX a XXXIV)

SANDIFORD, R., **Évolution du droit de la guerre maritime et aérienne** (RCADI, 1939, t. 68, p. 555-686)

SANDRI, G., *I vicariati imperiali perpetui di Henrico VII di Lussemburgo* (Atti dell'Istituto Veneto di Scienze, Lettere ed Arti, anno acad. 1944-45, t. CIV)

SANTI ROMANO, **Corso di diritto internazionale** (Padova: Cedam, 4° ed., 1939)

SANTOS, Antonio Ramos dos; VARANDAS, José (coord.), **A guerra na Antiguidade** (Lisboa: Centro de História da Universidade de Lisboa/ Caleidoscópio, 2006, 2008 e 2010, 3 vols.)

SARKOZY, N., **Un traité pour l'Europe** (Paris: Dalloz, 2008)

SARLO, Beatriz, **Cenas da vida pós-moderna**: intelectuais, arte e videocultura na Argentina (trad. Sérgio ALCIDES, Rio de Janeiro: Ed. UFRJ, 3ª ed., 2004)

___, **Tempo presente**: notas sobre a mudança de uma cultura (orig. publ. **Tiempo presente**: notas sobre el cambio de una cultura, 2004, trad. Luís Carlos CABRAL, Rio de Janeiro: José Olympio, 2005)

SASTRY, K. R. R., **Hinduism and international law** (RCADI, 1966, t. 117, p. 503-616)

SATUÉ, Enric, **Aldo Manuzio** (orig. publ **El disseny de llibres del passat, del persent e, tal vegada, del futur**. La petjada d'Aldo Manuzio, 2000, trad. Cláudio GIORDANO, São Paulo: Ateliê Edtrl., 2004)

SAUNDERS, Frances Stonor, **Quem pagou a conta?** – A CIA na guerra fria da cultura (do original **Who paid the piper?**, 1999, trad. Vera RIBEIRO, Rio de Janeiro: Record, 2008)

SAUPIN, Guy, **La France à l'époque moderne** (Paris: Armand Colin, © 2000, impr. 2004)

SAVIGNY, F. C. von, **Sistema do direito romano atual** (orig. publ. **System des heutigen römischen Rechts**, vol. VIII, trad. de Ciro MIORANZA, Ijuí: Ed. Unijuí, 2004)

SCARRE, Geoffrey, **Witchcraft and magic in 16th and 17th century Europe** (Atlantic Highlands, NJ: Humanities Press International Inc., 1987)

SCELLE, Georges, **Théorie et pratique de la fonction exécutive en droit international** (RCADI, 1936, t. 55, p. 87-202)

___, **Règles générales du droit de la paix** (RCADI, 1933, t. 46, p. 327-703)

___, *Le droit public et la théorie de l'état* (in **Introduction à l'étude du droit** de Léon Julliot de la MORANDIÈRE, Paul ESMEIN, Henri LÉVY-BRUHL et Georges SCELLE, Paris: Rousseau et Cie., tome I, 1951, p. 8)

SCHAFF, Adam, **História e verdade** (orig. publ. **Histoire et vérité**, 1971, trad. Maria Paula DUARTE, rev. Carlos Roberto F. NOGUEIRA, São Paulo: Martins Fontes, 4ª ed. bras., 1987)

SCHAMA, Simon, **A History of Britain** – at the edge of the world? 3000BC – AD1603 (New York: Hyperion, 2000)

___, **The embarrassment of riches**: an interpretation of Dutch culture in the Golden Age (Berkeley and Los Angeles: Univ. of California Press, 1988)

SCHELER, Max, **Le sens de la souffrance**: suivi de deux autres essais **Repentir et renaissance, Amour et connaissance** (trad. de l'allemand par Pierre KLOSSOWSKI, Paris: Fernand Aubier / Ed. Montaigne, 1936)

___, **Die Idee des Friedens und der Pazifismus** (Berlim: Der neue Geist, 1931)

SCHILLING, O., **Die Staats und Soziallehre des heil. Augustinus** (Freiburg, 1910)

SCHLINK, Bernhard, **Guilt about the Past** ("these lectures were presented in 2008 as part of the Lord Weidenfeld Lecture Series at St. Anne's College in Oxford", London: Beautiful Books, 2010)

SCHMITT, Carl, **Verfassungslehre** (orig. publ.1928, Berlin: Duncker & Humblot, 11. Auflage, 2017)

SCHOLZ, Richard, **Wilhelm von Ockham als politischer Denker und sein *Breviloquium de principatu tyrannico*** (Leipzig-Stuttgart: K. W. Hiersemann, 1944, reed. 1952)

___, **Die Publizistik zur Zeit Philip des Schönen und Bonifaz VIII** – Ein Beitrag zur Geschichte der politischen Anschauungen des Mittelalters (Stuttgart: F. Enke, 1903)

SCHOOYANS, M., *Bibliographie philosophique de Saint Albert le Grand* (in **Revista da Universidade Católica de São Paulo**, 21 (1961))

SCHRADER, Fred E., **L'Allemagne avant l'État-nation**: le 'corps germanique' (1648-1806) (Paris: PUF, 1998)

SCHUHL, P.-M., **L'oeuvre de Platon** (Paris: Vrin, 4e éd., 1967)

SCHWEBEL, S. M., **Aggression, intervention and self-defense in modern international law** (RCADI, 1972, t. 136, pp. 411-498)

SCOTT, James Brown, **The Spanish conception of international law and of sanctions** (Washington: Carnegie Endowment for international peace, 1934)

___, **Suarez and the international community** – addresses in commemoration of his contribution to international law and politics (Washington: Catholic University of America, 1933)

___, **Le principe de l'égalité juridique dans les rapports internationaux** (RCADI, 1932, t. 42, pp. 467-630)

SEABRA, Leonor de, **A embaixada ao Sião de Pero Vaz de Siqueira (1684-1686)** (Macau: Fundação Oriente / Instituto português do Oriente / Univ. de Macau, 2004)

___, **The embassy of Pero Vaz de Siqueira to Siam (1684-1686)** (translated by Custódio C. MARTINS, Mário P. NUNES and Alan N. BAXTER, Macau: Univ. of Macau Publications Centre, 2005)

SEBTI, Meryem, **Avicenne: l'âme humaine** (Paris: PUF, 2000)

SCHNERB, Bertrand, **L'état bourguignon** 1363-1477 (orig. publ. 1999, Paris: Perrin – tempus, 2005)

SCHOENIAN, E., **Die Idee der Volkssouveränität in mittlealterlichen Rom** (Leipzig: J. Särchen – Frankfurter historischer Forschungen, vol. 2, 1919 – disponível on line books.google.com.br)

SCLOPIS, Federico, **Storia della legislazione italiana** (Torino: UTET, 1863, 3 vol. in 5 tomi)

SÉDOUY, Jacques-Alain de, **Le concert européen**: aux origines de l'Europe (1814-1914) (Paris: Fayard, 2009)

SEED, Patricia, **Ceremonies of possession in Europe's conquest of the new world 1492-1640** (New York / Cambridge: Cambridge Univ. Press, 1995)

SÉFÉRIADES, Stélio, **Principes généraux du droit international de la paix** (RCADI, 1930, t. 34, p. 177-492)

SEGUSIA, Henrique de [HOSTIENSIS ou tb. ENRICO DA SUSA], **Henrici Cardinalis Hostiensis Summa Aurea** (orig. publ. Lyon: Compagnie des Libraires, 1568; tb. Venezia, 1586 – disponível na Biblioteca Virtual Cervantes – Fondo antiguo de la Universidad de Salamanca – Corpus iuris canonici – Decretales – Comentarios – Obras anteriores a 1800 – Derecho canónico – Obras anteriores a 1800 – ref. Bibtex @Book {BVMC: 629082, author = {Enrico da Susa}, title = {Henrici Cardinalis Hostiensis Summa Aurea} url = {https://www.cervantesvirtual}

SÉNAC, Philippe, **L'Occident médiéval face à l'Islam** – L'image de l'autre (orig. publ. 1983, Paris: Flammarion, 2e éd. rev., 2000)

SÉROUSSI, Roland; PLANTIN, Jade, **Le droit international public à l'épreuve de la mondialisation** (Paris: Gualino Éd., 1997)

SÉVILLIA, Jean, **Le terrorisme intellectuel**: de 1945 à nos jours (Paris: Perrin, 2000)

SHIELDS, Christopher, **Aristotle** (London: Routledge, 2007)

SICILIANO, Italo, **François Villon et les thèmes poétiques du Moyen Âge** (orig. publ., 1967, Paris: Libr. A.-G. Nizet, 1992)

SIDEBOTTOM, Harry, **Ancient Warfare** (Oxford: Univ. Press, 2004)

SIGMUND, Paul E., **St. Thomas Aquinas on Politics and Ethics** (a new translation, backgrounds, interpretations, translated and edited by Paul E. SIGMUND, New York: Norton, 1988)

SILVA, Franklin Leopoldo e, **O outro** (São Paulo: Ed. WMF-Martins Fontes, 2012)

SILVEIRA, Francisco Rodrigues, **Memórias de um soldado da Índia** (1598, "compiladas de um manuscrito português do Museu Britânico, por A. de S. S. COSTA LOBO, Lisboa: Imprensa Nacional, 1877", Lisboa: Imprensa Nacional / Casa da Moeda, edição facsimilar, 1987)

SIMMS, Brendan, **Europe** – The Struggle for Supremacy, 1453 to the present (London: Allen Lane – Penguin, 2013)

SKINNER, Q., **The foundations of modern political thought**, vol. 2 – **The age of reformation** (Cambridge: Univ. Press, 1978)

SMITH, Julia M. H., **L'Europa dopo Roma** – una nuova storia culturale 500-1000 (orig. publ. **Europe after Rome** – a new cultural History 500-1000, Oxford: Univ. Press, 2005, trad. by Giovanni ARGANESE, Bologna: Il Mulino, 2008)

SOLIS, Gary D., **The law of armed conflict** – International Humanitarian Law in War (Cambridge: Univ. Press, 2010)

SOUDEK, Josef, The genesis and tradition of Leonardo Bruni's annotated Latin version of the (Pseudo-) Aristotelian Economics (Scriptorium – Revue internationale des études relatives aux manuscrits / International review of manuscript studies, publiée avec le concours de la Fondation universitaire de Belgique, année 1958, vol. 12-2, p. 260-268 – on line no site persee.fr)

SOUSA SANTOS, Boaventura de; GOMES, Conceição, **Macau**: o pequeníssimo dragão (Porto: Afrontamento / Macau: Instituto Português do Oriente, 1ª ed., 1998)

SOUSTELLE, Jacques, **Os astecas na véspera da conquista espanhola** (orig. publ. **Les aztèques à la veille de la conquête espagnole**, 1955, trad. Eduardo BRANDÃO, São Paulo: Companhia das Letras, 1990)

SOUTHERN, R. W., **L'église et la société dans l'Occident médieval** (orig. publ. **Western society and the church in the Middle Ages**, 1970, trad. Jean-Pierre GROSSEIN, Paris: Flammarion, 1997)

___, **The making of the Middle Ages** (New Haven: Yale Univ. Press, 1953)

SPENGLER, Oswald, **Der Untergang des Abendlandes:** Umrisse eine Morphologie der Weltgeschichte (edição original definitiva 1923, nova impressão Düsseldorf: Albatroz, 2007)

SPERANZA, Giuseppe, **Alberico GENTILI: Studi, parte prima** (Roma: F. Pallotta, 1876)

___, **Alberico GENTILI, parte seconda** (Roma: Ascoli Piceno, 1910)

STADEN, Hans, **Viagem ao Brasil** (versão do texto de Marpurgo, de 1557, por Alberto LÖFGREN, revista e anotada por Theodoro SAMPAIO, Rio de Janeiro: Publicações da Academia Brasileira / Officina Industrial Graphica, 1930 – on line: hans-staden--viagem-ao-brasil.pdf)

STEAD, M. T., *Manegold of Lautenbach* (in The English Historical Review, vol. 29, no. 113, Jan. 1914, p. 1-15, publ. by Oxford Univ. Press – https://www.jstor.org/stable/551260)

STELA, Attilio, **The Libri feudorum** (annotated English translation of the *Vulgata* recension with Latin text, Leiden: Brill – Medieval Law and its practice, vol. 38, 2023 – e-book (PDF) ISBN 9789004 529175)

STERN, Brigitte, **La sucession d'états** (RCADI, 1996, vol. 262, p. 9-437)

STRACHAN, Hew; SCHEIPERS, Sibylle (ed. by), **The changing character of war** (Oxford: Univ. Press, 2011)

STRAUSS, Leo, **Reflexões sobre Maquiavel** (orig. publ. **Thoughts on Machiavelli**, 1954, trad. e apresentação à ed. bras. Élcio VERÇOSA, São Paulo: É realizações, 2015)

STRENGER, Irineu, **Direito internacional privado** (São Paulo: LTr, 4ª ed., 2000)

STRISOWER, L., **L'exterritorialité et ses principales applications** (RCADI, 1923, t. 1, p. 229-288)

___, **Der Krieg und die Völkerrechtsordnung** (Viena: Manz, 1919 – disponível on line)

STRUPP, Karl, **Les règles générales du droit de la paix** (RCADI, 1934, t. 47, pp. 259-595)

TACHIAOS, Anthony-Emil N., **Cirillo e Metodio** – le radici cristiane della cultura slava (orig. publ. **Cyril and Methodius of Thessalonica** – the acculturation of the Slavs, 2001, ed. italiana a cura di Marcello GARZANITI, Milão: Jaca Book, 2005)

TACITUS, Cornelius, **Annals (IV-VI, XI-XII)** (with an English translation by John JACKSON, Cambridge, Ma: Harvard UP – Loeb Classical Library, 1st. publ., 1937, reprinted 2006)

TAUBE, Michel de, **L'apport de Byzance au développement du droit international occidental** (RCADI, 1939, t. 67, p. 233-340)

___, **Les origines de l'arbitrage international: Antiquité et Moyen Âge** (RCADI, 1932, t. 42, p. 1-116)

___, **Études sur le développement historique du droit international dans l'Europe orientale** (RCADI, 1926, t. 11, p. 341-536)

TAWNEY, Richard Henry, **Religion and the rise of capitalism**: a historical study (Londres: J. Murray, 1926)

TEHINDRAZANARIVELO, Djacoba Liva, **Les sanctions des Nations-Unies et leurs effets secondaires**: assistance aux victimes et voies juridiques de prévention (avant-

-propos de Raymond RANJEVA, préface de Georges ABI-SAAB, Paris: PUF / publications de l'IUHEI, de Genebra, 2005)

TELESIO, Bernardino, **De natura iuxta propria principia** (orig. publ. Roma, 1565, B. Telesii **Opera omnia. Liber primus et secundus**, a cura di Alessandro OTTAVIANI, Torino: Nino Aragno, 2006)

TERNON, Yves, **Empire ottoman**: le déclin, la chute, l'effacement (orig. publ. 2002, Paris: Michel de Maule, 2005, impr. 2007)

THESEIDER, Eugenio Dupré, **L'idea imperiale di Roma nella tradizione del Medioevo** (orig. publ. Milão, 1942, premessa alla ristampa di Raffaele SAVIGNI, ristampa – Spoleto: Centro italiano di studi sull'alto medioevo, 2015)

THORAVAL, Joël, *Idéal du sage, stratégie du philosophe*: introduction à la pensée de MOU Zongsan (1909-1995) (in **Spécificités de la pensée chinoise** de MOU Zongsan, Paris: Cerf – Patrimoines – Confucianisme, 2003, p. 7-65)

TIEYA, Wang, **International law in China: historical and contemporary perspectives** (RCADI, 1990, t. 221, p. 195-370)

TIERNEY, Brian, **The foundations of Conciliar Theory** (Cambridge: Univ. Press, 1995, new ed. 1997)

___, **Origins of papal infallibility**: a study on the concepts of infallibility, sovereignty and tradition in the Middle Ages (Leiden: E. J. Brill, 1972)

TITO LÍVIO, **História de Roma** (intr., trad. e notas Paulo M. PEIXOTO, São Paulo: Paumape, 1989, 6 vols.)

TODOROV, Tzvetan, Viajantes e indígenas (in **O homem renascentista**, dir. Eugenio GARIN, orig. publ. **L'uomo del Rinascimento**, 1988, trad. Maria J. V. de FIGUEIREDO, Lisboa: Presença, 1991, cap. IX, p. 227-248)

TODD, Emmanuel, **L'invention de l'Europe** (Paris: Seuil – Coll. Histoire immédiate, 1990)

TOMÁS DE AQUINO [THOMAE AQUINATIS, Ord. Praed.], **Suma teológica** (escrita entre 1268 e 1273, tradução de Alexandre CORREIA, Campinas: Ecclesiae, 5 vols., 2016)

___, **Opera omnia ad fidem optimarum editionum accurate recognita** (Parmae: P. Fiaccadori, 1862-1873, 25 vols.)

___, **Doctoris angelici divi** THOMAE AQUINATIS **opera omnia ...** Studio St. FRETTÉ et P. MARÉ (Paris: Vivés, 1871-1880, 34 vols.)

___, **In libros posterium analyticorum** (Roma / Turim: Marietti, 1955)

___, **In libros posterium physicorum** (Roma / Turim: Marietti, 1954)

___, **In duodecim libros metaphysicorum** (Roma / Turim: Marietti, 1950)

___, **In libros de caelo et mundo** (Roma / Turim: Marietti, 1952)

___, **In libros de generatione et corruptione** (Roma / Turim: Marietti, 1952)

___, **In decem libros ethicorum** (Roma / Turim: Marietti, 1949)

___, **In libros de anima** (Roma / Turim: Marietti, 1949)

___, **In libros meteorologicorum** (Roma / Turim: Marietti, 1952)

___, **In libros peri hermeneias** (Roma / Turim: Marietti, 1955)

___, **In libros politicorum** (Roma / Turim: Marietti, 1951)

TOMEI, Samuël, **Clemenceau, le combattant** (Paris: La documentation française, 2008)

TOMUSCHAT, Chr., **International law**: ensuring the survival of mankind on the eve of a new century - general course on public international law (RCADI, 1999, t. 281, pp. 9-438)

TOUBERT, Pierre; ZINK, Michel (dir. de, collab. Odile BOMBARDE), **Moyen âge et Renaissance au Collège de France** - leçons inaugurales (Paris: Fayard, 2009)

TOURME-JOUANNET, Emmanuelle, *À quoi sert le droit international? Le droit international providence du XIXe siècle* (Revue belge de droit international, 2007/1, Bruxelles: Bruylant, p. 5-51)

___, **Le droit international** (Paris: PUF, 2013)

___, **What is a fair international society** - International law between development and recognition (Oxford and Portland, Oregon: Hart Publ. - French Studies in International Law, 2013)

___, **Le droit international libéral-providence** - une histoire du droit international (Bruxelles: Bruylant / éds. de l'Université de Bruxelles, 2011)

TOURTOULON, Pierre de (ed), **Les oeuvres de Jacques de Révigny (Jacobus de Ravanis)** d'après deux manuscrits de la Bibliothèque nationale (ed. Morescq ainé, 1899, online Les_oeuvres_de_Jacques_de_Révigny 311B - books.google.com.br)

TOYNBEE, Arnold, **Um estudo da História** (orig. publ. **A Study of History**, em 11 vols., edição rev. e condensada por A. TOYNBEE e Jane CAPLAN, 1972, trad. Isa Silveira LEAL e Miroel SILVEIRA, Brasília: Ed. UnB / São Paulo: Martins Fontes, 1987)

Trail Smelter Case (United States, Canadá) (16 April 1938 and 11 March 1941, United Nations - Nations Unies - **Reports of International Arbitral Awards / Recueil des sentences arbitrales**, vol. III, p. 1905-1982)

TROELTSCH, Ernst, **Die Soziallehre der christlichen Kirchen und Gruppen** (Tübingen: Mohr, 1923)

TRUYOL Y SERRA, A., **Histoire du droit international public** (Paris: Economica, 1995)

___, **L'expansion de la société internationale au XIXe etXX[e] siècles** (RCADI, 1965, t. 116, p. 89-180)

___, **La conception de la paix chez VITORIA et les classiques espagnols du droit des gens** suivi de Paul FORIERS **L'organisation de la paix chez GROTIUS** (Paris: Vrin, 1987 / la présente édition est la reprise de deux articles parus dans les 'Recueils de la société Jean BODIN pour l'histoire comparative des institutions', tome XV - "La paix", deuxième partie, Bruxelles: Éditions de la Librairie Encyclopédique, 1961)

___, **Génèse et structure de la société internationale** (RCADI, 1959, t. 96, p. 553-642)

___, **El derecho y el estado en San Augustin** (Madrid: Editorial Revista de Derecho Privado, 1944)

TUCÍDIDES, **História da guerra do Peloponeso** (trad. do grego, intr. e notas de Mário da Gama KURY, Brasília: Ed. UnB, © 1982, 3ª ed., 1987)

TUNKIN, Grigory I., *Droit international et modèle généralement reconnu du système international* (in **Droit des peuples à disposer d'eux-mêmes: méthodes d'analyse du droit international** - mélanges offerts à Charles CHAUMONT (Paris: Pedone, 1984, p. 542-554)

TURNER, Frederick, **O espírito ocidental contra a natureza** (orig. publ. **Beyond geography**, 1980, trad. José Augusto DRUMMOND, Rio de Janeiro: Campus, 1990)

TURK, Milton Haight (ed. & introduction by), **The legal code of Alfred the Great** (Boston: Ginn and Company, 1890, reprinted Clark, NJ: The Lawbook exchange, 2004)

TUSO, Joseph F. (edited by), **Beowulf** (the DONALDSON translation, backgrounds and sources, criticism, New York: Norton, 1975)

UDINA, Manlio, **La succession des états quant aux obligations internationales autres que les dettes publiques** (RCADI, 1933, t. 44, p. 665-774)

ULLMANN, Walter, **Medieval political thought** (London: Routledge revivals, 2010, 3 vols.)

___, **The medieval idea of law as represented by Lucas de Penna** – a study in fourteenth century scholarship (orig. publ. Londres, 1946, new ed. London: Routledge, 2011)

URBAN, William, **The Teutonic Knights** – a military history (London: Greenhill Books/ Mechanicsburg, PA.: Stackpole Books, 2003)

UNGERN-STERNBERG, Antje von, Religion and religious intervention (in **The history of International Law**, ed. by B. FASSBENDER and A. PETERS, Oxford: Univ. Press, 2012, chap. 12, p. 294-316)

URUSZCZAK, Waclaw, Wydawnictwo Zródlowe Starodawne Prawa Polskiego Pomniki (1856-1921, online W URUSZCZAK 2016, p. 11-22 in ruj.uj.edu.pl https://ruj.uj.edu.pl>item/pdf)

VALDEÓN, Julio; PÉREZ, Joseph; JULIÁ, Santos, **História de Espanha** (orig. publ. **Historia de España**, 2009, trad. Luís Felipe SARMENTO, Lisboa: Ed. 70, 2014)

VALLA, Lorenzo, **On the Donation of Constantine** (translated by G. W. BOWERSOCK, Cambridge, Ma. / London: Harvard Univ. Press – The I Tatti Renaissance Library, 2007)

VALLERY-RADOT, Maurice, **L'Église des premiers siècles** (orig. publ. 1999, Paris: Perrin, 2006)

VANDERPOL, Alfred, **La doctrine scolastique du droit de guerre** (Paris: Pedone, 1919)

___, **Le droit de guerre d'après les théologiens et les canonistes du Moyen Âge** (Paris/ Bruxelles: Tralin, 1911)

VAROUFAKIS, Yanis, **Conversations entre adultes** – Dans les coulisses secrètes de l'Europe (orig. publ. **Adults in the room** – My battle with Europe's deep establishment, 2017, trad. Cécile DUTHEIL DE LA ROCHÈRE avec Abel GERSCHENFELD, Arles: Actes Sud – Babel, 2019)

VASCO DE GAMA, **Le premier voyage aux Indes** (1497-1499) ("La relation attribuée à ÁLVARO VELHO & les lettres de marchands florentins", traduites et présentées par Paul TEYSSIER, Paris: Chandeigne / Libr. portugaise et brésilienne, orig. publ. 1998, 3e éd., 2016)

VAST, Henri, **Le Cardinal Bessarion**: étude sur la chrétienté et la Renaissance vers le milieu du XVe siècle (Paris: Hachette, 1878)

VERBRUGGEN, J. F., **The art of warfare in Western Europe during the Middle Ages** – from the eighth century to 1340 (orig. publ. **De Krijgskunst in West-Europa in de Middeleeuwen** – IX. tot begin XIV. eeuw, 1954, translated by C. S. WILLARD and Mrs. R. W. SOUTHERN, Suffolk, U.K.: Boydell Press, second edition, revised and enlarged, 1997, reprinted, 2002)

VERDROSS, A. von; SIMMA, B., **Universelles Völkerrecht** (Berlim: Duncker & Humblot, 2a. ed., 1981)

VERDROSS, A., **Règles générales du droit international de la paix** (RCADI, 1929, t. 30, pp. 271-517)

VERNANT, Jean-Pierre (direction de), **Problèmes de la guerre en Grèce ancienne** (orig. publ. 1968, Paris: Éditions de l'École des Hautes Études en Sciences Sociales, 1999)

VERON, Eugène, **La politique internationale** (Paris: Felix Alcan, 1886)

VEROSTA, Stephan, **International Law in Europe and Western Asia between 100 and 650 A.D.** (RCADI, 1952, t. 80, p. 485-620)

VEUTHEY, Léon, **Jean Duns Scot** – pensée théologique (Paris: Éd. franciscaines, 1967)

VEYNE, Paul, **Quand notre monde est devenu chrétien** (312-394) (Paris: Albin Michel, 'édition revue et augmentée', 2007)

VIAN, Giovanni Maria, **La donazione di Costantino** (Bolonha: Il Mulino, 2004)

VICO, G., **Vita scritta da se medesimo** (1723-1728, in G. VICO, **Opere**, a cura di A. BATTISTINI, Milano: Mondadori, 1990, 2 vols., t. I, p. 3-85)

___, **Principi d'una scienza nuova d'intorno alla commune natura delle nazioni** (1725, , in G. VICO, **Opere**, a cura di A. BATTISTINI, Milano: Mondadori, 1990)

VIEIRA, Antonio, **História do futuro – livro anteprimeiro. Prolegômeno a toda a história do futuro, em que se declara o fim e se provam os fundamentos dela Matéria, verdade e utilidade da história do futuro** (ed. original, Lisboa: Oficina de Antonio Pedroso Galram, 1718, org. José Carlos Brandi ALEIXO, Brasília: Ed. UnB, 2005)

VIEIRA, Jair Lot (supervisão editorial), **Código de Hamurabi – Código de Manu (excertos) – Lei das XII Tábuas** (Bauru, SP: EDIPRO, 2ª ed., 2002)

VIEIRA DE MELLO, Sérgio, **Pensamento e memória: textos escolhidos** (org. Jacques MARCOVITCH, São Paulo: EDUSP / Saraiva / Fundação BUNGE, 2004)

VIGNAUX, Paulo, **A filosofia na Idade média** (orig. publ. **Philosophie au Moyen âge**, terceira ed. francesa, 1958, trad. A. Pinto de CARVALHO, rev. por A. Martins de CARVALHO, Coimbra: Arménio Amado ed., 2ª ed., 1959)

VILLANI, Ugo, **Les rapports entre l'ONU et les organisations régionales dans le domaine du maintien de la paix** (RCADI, 2001, t. 290, p. 225-436)

VILAR, Pierre, **A History of Gold and Money, 1450-1920** (Londres: New Left Books, 1976)

VILLEMAIN, M., **Lascaris ou les grecs du Quinzième siècle** – suivi d'un essai historique sur **L'état des grecs** – depuis la conquête musulmane jusqu'à nos jours (Paris / Bruxelas: chez Ladvocat Libraire, 1826)

VILLEY, Michel, **A formação do pensamento jurídico moderno** (trad. by Claudia BERLINER, São Paulo: Martins Fontes, 2005, 2a. ed., 2009)

___, **La formation de la pensée juridique moderne** (texte établi, révisé et présenté par Stéphane RIALS, notes revues par Eric DESMONS, Paris: PUF – Leviathan, 2003)

___, **Réflexions sur la philosophie et le droit** – les Carnets ("textes préparés et indexés par" Marie-Anne FRISON-ROCHE et Christophe JAMIN, préf. de Blandine KRIEGEL et François TERRÉ, Paris: P.U.F., 1995)

___, **Le droit et les droits de l'homme** (Paris: P.U.F., 1983)

___, *La doctrine du droit dans l'histoire de la science juridique: préface à Emmanuel KANT* (in E. KANT, **Métaphysique des moeurs**, première partie, **Doctrine du droit**, trad. A. PHILONENKO, Paris: Vrin, 1979)

VILLON, François, **Oeuvres complètes** (éd. bilingue, trad. de l'ancien français par Jacqueline CERQUIGLINI-TOULET avec Laëtitia TABARD, Paris: Gallimard-Pleiade, 2014)

VINOGRADOFF, Paul, **Roman Law in Mediaeval Europe** (London/New York: Harper & Brothers, 1909; reprinted Charleston, SC: Bibliolife, 2011)

___, **Common Sense in Law** (orig. publ. 1913, London: Oxford Univ. Press, 2nd ed., rev. by Dr. H. G. HAMBURY; em espanhol, **Introducción al Derecho**, trad. Vicente HERRERO, Mexico: FCE, 1952, 3ª. ed., 1992, 6ª. reimpr., 1997)

VIRALLY, M., **Le droit international au service de la paix, de la justice et du développement**: Mélanges Michel Virally (Paris: Pedone, 1991)

___, **Le principe de réciprocité dans le droit international contemporain** (RCADI, 1967, t. 122, p. 1-106)

VITORIA, Francisco de, **Political writings** (ed. by A. PAGDEN e J. LAWRANCE, Cambridge: UP – Cambridge texts in the history of political thought, 1991)

___, **Leçons sur le pouvoir politique** (intr., trad. et notes par M. BARBIER, Paris: Vrin, 1980)

___, **Obras: relectiones teológicas** (ed. crítica, versão espanhola, intr. geral Pe. Teófilo URDANOZ (OP.), Madri: BAC, 1960)

___, **De potestate civili** (1528, in **Political writings**, ed. by A. PAGDEN e J. LAWRANCE, Cambridge: UP – Cambridge texts in the history of political thought, 1991, p. 1-44)

___, **De Indis noviter inventis & De jure bellis hispanorum in barbaros** (ed. by Ernest NYS, translated by John Pawley BATE, Washington: Carnegie Institution of Washington, 1917 – Classics of International Law, reprinted, 1963, vol. I)

___, **Comentários às Secunda Secundae de Santo Tomás** (ed. Vicente BELTRÁN DE HEREDIA, Salamanca: Biblioteca de Teólogos Españoles, vols. I-IV, 1932-1934)

VLADIMIRI, Paulus [em polonês, Pawel WLODKOWIC], **De potestate papae et imperatoris respectu infidelium** (republicado por BOBRZYNSKI, em **Monuments du droit polonais / Starodawne prawa Polskiego Pomniki**, Cracóvia, [inicialmente edição privada e] Academia de ciências e letras de Cracóvia, doze volumes 1856-1921, vol. 5, 1878, p. 145 ss.)

VLUGT, W. van der, **L'oeuvre de Grotius et son influence sur le développement du droit international** (RCADI, 1925, t. 7, p. 395-510)

VOÏNOVITCH, L. de, *Le traité franco-serbe de Melun du 27 mars 1308* (Revue d'histoire diplomatique – de la Société d'histoire diplomatique, Paris: Plon, 33e année, 1919)

VOLTAIRE, **Le siècle de Louis XIV** (1753, édition établie, présentée et annotée par Jacqueline HELLEGOUARCH et Sylvain MENANT, Paris: Libr. Gén. Française, 2005)

WALDOCK, C. H. M., **The regulation of the use of force by individual states in international law** (RCADI, 1952, t. 81, p. 451-518)

WALTER, Henriette, **L'aventure des langues en Occident**: leur origine, leur histoire, leur géographie (préface d'André MARTINET, Paris: Robert Laffont, 1994)

WALZER, Michael, **Arguing about Wars** (New Haven/London: Yale Univ. Press, 2004)

WARD-PERKINS, Bryan, **La caduta di Roma e la fine della civiltà** (orig. publ. **The Fall of Rome and the end of civilization**, Oxford: Univ. Press, 2005, trad. by Mario CARPITELLA, Roma/Bari: Laterza, 2008)

WEBER, Max, **Die protestantische Ethik und der Geist des Kapitalismus** (orig. publ. 1904-1905, Erftstadt: Area Verlag – Wort-Schätze, 2005)

___, **Wirtschaft und Gesellschaft** – Grundriss der verstehenden Soziologie (besorgt von Johannes WINCKELMANN, Tübingen: Mohr-Siebeck, 5a. ed., 2002)

___, **Political writings** (ed. by Peter LASSMAN and Ronald SPEIRS, Cambridge: Univ. Press, 1984)

WEERAMANTRY, Christopher C., **Nauru: environmental damage under international trusteeship** (New York / Oxford: Oxford Univ. Press, 1992)

WEHBERG, H., **L'interdiction du recours à la force:** le principe et les problèmes qui se posent (RCADI, 1951, t. 78, p. 1-122).

___, **La contribution des conférences de la paix de La Haye au progrès du droit international** (RCADI, 1931, t. 37, p. 527-669)

WEIBEL, Ernest, **Histoire et géopolitique des Balkans de 1800 à nos jours** (Paris: Ellipses, 2002)

WEIL, P., **Le droit international en quête de son identité**: cours général de droit international public (RCADI 1992, t. 237, p. 9-370)

WENGLER, W., **Public international law**: paradoxes of a legal order (RCADI, 1977, t. 158, p. 9-86)

WERNER, Karl F., **Les origines – avant l'an mil** ('texte français original, mis au point par Jean FAVIER', in **Histoire de France**, dir. de J. FAVIER, vol. I, Paris: A. Fayard, 1984, impr. 2001)

WHARTON, Francis, **A Treatise on the Conflicts of Laws or Private International Law, including a comparative view of Anglo-American, Roman, German and French Jurisprudence** (Philadelphia: Kay & Brother, 1872)

WHEATON, Henry, **Elements de droit international** (orig. publ. 1836; Leipzig: Brockhaus, 1858, 2 vols.)

WHITAKER JR., Urban G., **Politics and power: a text in international law** (New York: Harper & Row, 1964)

WIEACKER, Franz, **História do direito privado moderno** (orig. publ. **Privatrechtsgeschichte der Neuzeit** – unter besonderer Berücksichtigung der deutschen Entwicklung, 1967 – 2ª ed., trad. A. M. Botelho HESPANHA, Lisboa: Fund. C. Gulbenkian, 4ª ed., 2010)

WILLIAMS Jr., Robert A., **The American Indian in Western legal thought: the discourse of conquest** (New York / Oxford: Oxford Univ. Press, 1990)

WILLIAMS, Thomas (org.), **Duns Scotus** (orig. publ. **The Cambridge Companion to Duns Scotus**, trad. Cassiano T. RODRIGUES, São Paulo: Ideias e letras, 2013, 2ª impressão, 2017)

WILLIAMSON, David G., **Germany since 1789** – a Nation forged and renewed (orig. publ. 2005, London: Palgrave – Macmillan, 2016)

WILLIS JR, John E., **1688 – o início da era moderna** (orig. publ. **1688: a global history**, 2001, trad. Gilson Baptista SOARES, Rio de Janeiro: Campus, 2001)

WILSON, Peter H., **The Holy Roman Empire** – a thousand years of Europe's History (orig. publ. 2016, London: Penguin, 2017)

WITTGENSTEIN, Ludwig, **Tractatus logico-philosophicus** (orig. publ. **Logisch-philosophische Abhandlung**, 1921, trad. e apresentação J. A. GIANNOTTI, São Paulo: Edusp / Ed. Nacional, 1968)

WOLFF, Christian, **Jus Gentium methodo scientifico pertractatum** (ed. 1764, reprodução fotográfica, ed. by James B. SCOTT, Oxford e Londres: Carnegie Endownment for International Peace – *Classics of International Law*, 1934)

WOODWARD, E. L., **Uma história da Inglaterra** (orig. publ. **A History of England**, 1962, trad. Álvaro CABRAL, Rio de Janeiro: Zahar, 1964)

WRIGHT, Quincy, **Mandates under the League of Nations** (Chicago: Univ. of Chicago Press, 1930)

WYLER, Éric; PAPAUX, Alain (eds.), **L'extranéité ou le dépassement de l'ordre juridique étatique** (Actes du colloque des 27 et 28 novembre 1997, org. par l'Institut d'études de droit international de la Faculté de droit de l'Université de Lausanne, Paris: Pedone, 1999)

YANAGI, Munemoto; TAKAHASHI, Eiichi; TSUJI, Shiguebumi; NAGASUTKA, Yasushi, **Byzantium** (orig. publ. 1969, translated from the German by Nicholas FRY, Londres: Cassell, 1978)

YERASIMOS, Stéphane, **Constantinople: de Byzance à Istanbul** (orig. publ. 2000, Paris: Place des Victoires, 2010)

YNTEMA, Hessel E., *The historic bases of private international law* (American Journal of Comparative Law, vol. 2, no. 3, 1953, p. 298-317)

ZAVALA, Silvio, **Hernán Cortés ante la justificación de su conquista** (orig. publ. 1981, México: Edtrl. Porrúa, 2ª ed., 1985) – precedido de – ESQUIVEL Obregón, Toribio, **Hernán Cortés y el derecho internacional en el siglo XVI** (orig. publ. 1939)

ZEMAN, Ihor, Die völkerrechtliche Tätigkeit von Leo Strisower und sein Einfluss auf Hans Kelsen, Alfred Verdross und Hersch Lauterpacht (ZöR – Zeitschrift für öffentliches Recht – Journal of Public Law, Band 73, Heft 2, Juni 2018, p. 373-396)

ZEMANEK, Karl, **The legal foundations of the international system**: general course on public international law (RCADI, 1997, t. 266, p. 9-335)

___, *Österreichs Neutralität und die GASP* (Vortrag vor dem Europa-Institut der Universität des Saarlandes, Saarbrücken, den 17. Januar 1995, Saasrbrücken: Vorträge, Reden u. Berichte aus dem Europa-Institut – Sektion Rechtswissenschaft, vol. 315, 1995)

___, *What is 'state practice' and who makes it?* (in **Festschrift fur Rudolf BERNHARDT**, Berlim: Springer Verlag, 1995)

___, **State succession after decolonization** (RCADI, 1965, t. 116, p. 181-300)

ZERI, Federico, **Renaissance et pseudo-Renaissance** (orig. publ. **Rinascimento e pseudo-Rinascimento**, 1983, trad. Christian PAOLONI, Paris: Payot, 2001)

ZERNOV, Nicholas, **Il cristianesimo orientale** (orig. publ. **Eastern Christendom**, 1961, trad. Orazio NICOTRA, Milão: Il Saggiatore, 1962)

ZICCARDI, P., **Les caractères de l'ordre juridique international** (RCADI, 1958, t. 95, p. 263-408)

ZIEGLER, Karl-Heinz, **Völkerrechtsgeschichte** (orig. publ. 1994, Munique: C. H. Beck, 2ª ed., 2007)

ZIMMERMANN, M., **La crise de l'organisation internationale à la fin du Moyen Âge** (RCADI, 1933, t. 44, p. 315-437)

ZORZI, Alvise, **Histoire de Venise** – La République du Lion (orig. publ. **La Repubblica del Leone – Storia di Venezia**, 1979, trad. Jacques ROQUE, Paris: Perrin – tempus, vol. 95, nova ed., 2005, impr. 2010)

ZOUREK, J., **La définition de l'agression et le droit international: développements récents de la question** (RCADI, 1957, t. 92, pp. 755-860)

ZUMTHOR, Paul, **Guillaume le conquérant** (orig. publ. 1964, Paris: Tallandier, nova ed. 2003, reimpr. 2004)